Über dieses Werk Die Französische Revolution in Selbstzeugnissen, ein in seinem Stoffreichtum einzigartiger Dokumentarbericht zum großen Aufbruch der Franzosen in eine neue Zeit, berichtet aus der Sicht der »Täter« und aus der Sicht der »Opfer«.
Der vorliegende Band 1 »Aussagen und Analysen« ist eine in sich geschlossene Arbeit über den Ablauf des revolutionären Geschehens, belegt durch die Aussagen von Zeitgenossen.
Der anschließende Band 2 »Gesprochenes und Geschriebenes« enthält das Beweismaterial: eine chronologisch geordnete Auswahl von 212 bedeutsamen Dokumenten.
Beide Bände zusammen vermitteln ein Bild der Revolution gleichsam in Totalvision. Dargestellt werden die revolutionären Kämpfe im Alltag des Volkes, die großen Schlachten, die Epoche machten. Festgehalten sind die Knoten- und Wendepunkte des Geschehens. Sichtbar wird, wie und von wem Geschichte geschrieben und wie sie erlitten wird. Auf diese Weise gewinnt das weltverändernde Ereignis Kontur und Leben für den heutigen Leser.
Aus einer schier unübersehbaren Fülle des Materials hat Walter Markov in souveräner Kenntnis und mit Akribie die Bände zusammengestellt und kommentiert.

Der Herausgeber Walter Markov, geboren 1909 in Graz, studierte Geschichte, Geographie, Philosophie, Religionsgeschichte, Orientalistik und Slawistik in Leipzig, Köln, Hamburg und in Bonn, wo er 1934 zum Dr. phil. promoviert wurde. Dort beteiligte er sich an der Gründung einer antifaschistischen Widerstandsgruppe und gab illegal die Zeitschrift »Sozialistische Republik« heraus. 1935 wurde er verhaftet und vom sogenannten Volksgerichtshof zu 12jähriger Haft verurteilt. 1945 leitete er die Selbstbefreiungsaktion der Häftlinge im Zuchthaus Siegburg.
1946 erhielt er einen Lehrauftrag an der Leipziger Universität; 1949 wurde er zum Professor und Institutsdirektor berufen. Markov, Nestor der DDR-Geschichtsschreibung, zählt zu den international renommiertesten Gelehrten unserer Zeit. Über 700 Publikationen zeugen von der Vielfalt seiner Interessen. Er ist Mitglied mehrerer Akademien und gelehrter Gesellschaften und wurde mit zahlreichen hohen Auszeichnungen geehrt.

Walter Markov

Revolution im Zeugenstand

Frankreich 1789–1799

Band 1: Aussagen und Analysen
Band 2: Gesprochenes und Geschriebenes

Fischer
Taschenbuch
Verlag

Walter Markov

Revolution im Zeugenstand

Frankreich 1789–1799

Band 1
Aussagen und Analysen

Fischer
Taschenbuch
Verlag

Vom Autor durchgesehene Ausgabe
Veröffentlicht im Fischer Taschenbuch Verlag GmbH,
Frankfurt am Main, Januar 1987

Lizenzausgabe mit freundlicher Genehmigung
des Verlages Philipp Reclam jun. Leipzig
für die BRD, Berlin (West), Österreich und Schweiz

Umschlaggestaltung: Jan Buchholz / Reni Hinsch
Druck und Bindung: Clausen & Bosse, Leck
Printed in Germany
1980-ISBN-3-596-24355-6

Zur Einführung

Unser Zweibänder möchte sich von praktischem Nutzen erweisen. Es sei folglich vorausgeschickt, was man von ihm erwarten soll und insbesondere auch, was nicht.
Er will und kann weder Standardwerke noch Leitfäden zur Geschichte der Großen Französischen Revolution ersetzen; die einen wie die anderen stehen dem interessierten Leser französisch wie auch deutsch zur Verfügung und sind aus der Auswahlbibliographie zu ersehen. Ihre Lektüre wird erlauben, aus den *Selbstzeugnissen* den größtmöglichen Vorteil zu ziehen. Dennoch verstehen sich diese nicht einfach als Dokumentensammlung zur Untermauerung einer Darstellung, auch nicht des Verfassers eigener. Sie sind weder als Lesebuch noch als Sittenchronik und erst recht nicht als Anekdotenschatz gedacht, so berechtigt — oder vergnüglich — jedes dieser Genres sein mag. Sie streben ein Zeitgemälde in Mosaikausführung an — mit den Unvollkommenheiten, die einem solchen notgedrungen anhaften. Herausgeber und Verlag gehen davon aus, daß vielfach das Bedürfnis besteht, eine aktenmäßig beglaubigte und nichtsdestoweniger lebendige Vorstellung vom Revolutionsgeschehen in Frankreich durch Befragung seiner Handlungsträger und seiner Lauscher zu gewinnen: nach ihren Erlebnissen und Teilsichten, ihrer Motivation und Reflexion.
Wer selbständige Forschung betreiben will, ist gehalten, sich der Originalquellen an Ort und Stelle zu bedienen. Ihm wird eine im Umfang unvermeidbar begrenzte und letztlich bis zu einem gewissen Grade doch immer subjektive Auswahl mit bewußt knappem kritischem Apparat, noch dazu in Übersetzung, allenfalls Anregung und erste Fingerzeige geben.
In Teil I werden geraffte Bekundungen von Zeitgenossen in den Rahmen des fortlaufenden revolutionären Prozesses eingestellt. Der Versuchung, diesen stets allseitig zu beleuchten, war zu widerstehen. Dazu erforderte jede seiner Etappen und Ebenen, jedes Kapitel, jede Haupt- und Staatsaktion, jeder Streitfall, ja, jeder herausragende Revolutionär ein eigenes

Buch (das im übrigen zumeist auch schon geschrieben ist). Nachgezogen und belegt werden außer den Dominanten auch Nebenlinien, insoweit sie für das Ganze aufschlußreich erscheinen — sei es auch erst aus der Rückschau: Wer erinnerte sich nicht des Marxschen Ausspruchs in der *Heiligen Familie* über das Hervortreten des Kommunismus in der Französischen Revolution als „Idee des neuen Weltzustandes"? Festgehalten sind insbesondere Knoten- und Wendepunkte, ohne darüber den revolutionären Alltag zu vergessen. Meinungen und Wertungen der Revolutionäre werden nicht unbesehen in luftleere museale Räume eingeschreint. Sie stellen sich dem Urteil nachgeborener Historiker, und man tut gut daran, ihnen auch unsere eigene Fragestellung anzulegen, so ideologische Plattform und internationale Dimension polemisch berücksichtigend: Rezeptionsgeschichte, die sich als Problemgeschichte versteht.

Das Beweismaterial muß vornehmlich Teil II erbringen. Als festes Gerüst jeder Dokumentation empfehlen sich — trotz ihrer unheilbaren Steifheit — gesetzgeberische Akte, die Art und Weise des revolutionären Übergangs vom feudalabsolutistischen Ancien Régime zur bürgerlichen Ordnung in Staat und Gesellschaft Frankreichs widerspiegeln, die Rechtsformen und -normen, in denen er seinen Niederschlag findet: in Dekreten, Gesetzes- und Verfassungstexten, mit denen vornehmlich der Studierende arbeiten möchte.

Reden und Debatten in den Generalständen, den drei Nationalversammlungen, den Klubs und der Pariser Commune veranschaulichen das Ringen um die Positionen, die von den Vertretern der jeweiligen politischen Gruppierungen und Lehrmeinungen eingenommen oder bekämpft werden.

Denkschriften, französische wie auch deutsche Presseberichte und Briefe nehmen zu den Begebnissen Stellung: zu den großen Kampftagen der Revolution, zur Erfolgsbilanz und zu eingetretenen Rückschlägen, zu Krieg und Bürgerkrieg. Nicht weniger Licht werfen sie auf die Persönlichkeit des Schreibenden, seine klassenmäßige Zuordnung, seine Empfindungen und seine Urteilskraft.

Dies alles betrifft allerdings mehrheitlich die Kommandohöhen der Revolution, ihre Führungskader. Das Volk erscheint darin überwiegend als — wenngleich von den Fortschrittskräften

respektierte — „Armee zum Schlagen". Um es „bei sich zu Hause" anzutreffen, muß man zu anderen Papieren greifen:
zu den Beschwerdeheften der Urwähler von 1789;
Petitionen bedrückter Bauern und Handwerker;
Protokollen von oft stürmischen Versammlungen der Pariser Stadtbezirke;
Berichten von Polizeiagenten;
Flugschriften und Maueranschlägen;
Liedern schließlich, die von Mund zu Mund gehen: nicht selten von Bänkelsängern improvisiert, die Augenblicksstimmungen oder -losungen einfangen und etwas vom Witz des Volkes beim Reagieren auf bisweilen überraschend eintretende Situationsumschwünge verraten.

Zum Auswahlverfahren

Im Mittelpunkt steht die aufsteigende Phase der Revolution, ihr Sturmlauf 1789 bis 1794. Die anbrandende revolutionäre Krise (1787—1789) wird in wenigen Stücken vorgestellt, die zum Verständnis des nachfolgenden Revolutionsdramas unentbehrlich scheinen. Ebenso wird der Zeitabschnitt vom 9. Thermidor (1794) bis zum 18. Brumaire (1799) lediglich als Ausklang der Revolution verdeutlicht.
Die einzelnen Etappen der Revolution werden im Umfang annähernd gleichmäßig bedacht, mit mehreren Stücken — aus verschiedener Blickrichtung — indessen bestimmte Schlüsselereignisse wie die Erstürmung der Bastille, der Sturz der Monarchie, die Hinrichtung des Königs, die jakobinische Machtergreifung oder der Fall Robespierres.
Herausragende Revolutionäre kommen — teils mehrfach — zu Wort: Armonville, Babeuf, Barère, Brissot, Buonarroti, Chaumette, Collot, Couthon, Danton, Desmoulins, Fouché, Fouquier-Tinville, Hébert, Larevellière, Pauline Léon, Marat, Maréchal, Mirabeau, Robespierre, Roland, Jacques Roux, Saint-Just, Sieyès, Varlet und andere. Jedoch fehlen Stimmen von „unbekannten Soldaten der Revolution" ebensowenig wie solche aus dem Lager der Konterrevolution.
Die chronologische Reihenfolge wird aus Gründen der Übersichtlichkeit im allgemeinen eingehalten. Nur bei wenigen

reichlicher belegten Geschehnissen folgt der zeitgleichen Niederschrift bisweilen eine auf denselben Gegenstand bezogene spätere unmittelbar.

Eingespart werden langatmige Anreden, Höflichkeitsfloskeln und nichtssagende Unterfertigungen. Grundsätzlich werden jedoch im Gegensatz zu Teil I in Teil II nur ungekürzte Stücke oder in sich geschlossene Teile von solchen wiedergegeben, weil Auszüge durch Weglassung von weniger Gehaltvollem unter Umständen den Gesamteindruck abfälschen.

Leider bringt das mit sich, daß von einer gehäuften Wiedergabe bedeutsamer, jedoch umfänglicher Broschüren, vollständiger Verfassungsurkunden (mit Ausnahme der lakonischen von 1793), zu ausschweifender Reden und Zeitungsberichte Abstand genommen werden muß.

Es war ferner zu fragen, ob ein stimmiger Proporz zwischen Paris und der „Provinz“ einzuhalten sei. Nach reiflicher Überlegung wurde darauf verzichtet. Da sich das Geschehen hauptsächlich in der dynamischen Seinemetropole verdichtete und in ihr die entscheidenden Durchbruchsschlachten geschlagen wurden, braucht man ihren — gewiß auch kritisierten — revolutionären Primat um einer geographisch gerechteren Streuung willen nicht unbedingt anzutasten. Daß schließlich von ausländischen Stimmen der Zeit im wesentlichen deutsche wiedergegeben werden, obwohl sich andere in nicht geringerer Anzahl und Güte anbieten, geschieht zum einen aus der Befürchtung, ansonsten gar bald auszuufern, und zum anderen im Hinblick auf ihre leichtere Zugänglichkeit für den Reclam-Leser.

Vorgabe: Abschied von der „guten alten Zeit“

Sicht des Richters und Sicht des Täters

Die Französische Revolution hat manche Auslegung erfahren — je nachdem, wie weit Information und Einsicht ihres Betrachters reichten, wie tief er lotete und welche Ziele seine Andienung verfolgte. Wie an jeder Weltwende schieden sich an ihr die Geister. Das wird auch in Zukunft so sein. Hinzugewonnene gesellschaftliche Erfahrungen und Erkenntnisse werfen immer wieder neues Licht auf scheinbar abgetane Sachverhalte.

Insofern versteht der Nachgeborene die Revolution umfassender als der vom Kampflärm umbrauste Zeitgenosse.

> Ich war dabei, räumt Louis Sébastien Mercier 1798 freimütig ein, und ich habe nie gewußt, wo ich war, das heißt, die Gefahr zu begreifen, in der ich mich befand, noch alle Merkwürdigkeiten, die mich umgaben. (...) Die Geschichte der Revolution zu schreiben, wird vor Ablauf eines Halbjahrhunderts eine fast unmögliche Aufgabe sein. (Le Nouveau Paris, 1862, II, 408, 410.)

Nur wer ihre Ergebnisse unter Einfluß von Neben- und Folgehandlungen überschaut, vermag sie einzuordnen. Mignet, Thiers und Guizot spüren in ihr erstmalig die geschichtliche Kontinuität von Klassenkämpfen auf. Aus dem von Mercier geforderten Abstand erkennt Karl Marx in der *Heiligen Familie*:

> Die Lebensgeschichte der französischen Revolution, die von 1789 her datiert, ist mit dem Jahre 1830, wo eins ihrer Momente, nun bereichert mit dem Bewußtsein seiner sozialen Bedeutung, den Sieg davontrug, noch nicht beendigt. (MEW, II, 131.)

Der Historiker weiß um Platz und Rang des französischen Umsturzes in einem sich über viele Länder und Generationen erstreckenden revolutionären Weltprozeß, in dem sich der — gesetzmäßige — Übergang von der feudalen zur bürgerlichen Gesellschaftsordnung bis in den entferntesten Winkel der Erde vollzieht. In diesem Sinn kann Marx schreiben:

> Die Revolution von 1648 war der Sieg des 17. Jahrhunderts über das 16. Jahrhundert, die Revolution von 1789 der Sieg des 18. Jahrhunderts über das 17. Jahrhundert. Diese Revolutionen drückten mehr noch die Bedürfnisse der damaligen Welt als der Weltausschnitte aus, in denen sie vorfielen, Englands und Frankreichs. (Ebenda, VI, 107 f.)

Das Miterleben des Ereignisses bedeutet indessen schon Fantin Desodoards, einem unter den ersten Geschichtsschreibern der Revolution (1796),

> einen Glücksumstand, der mir zur Vervollkommnung meines Werkes eine Gelegenheit verschaffte, die sich der Untersuchung des Philosophen nur selten darbietet: Ich durfte sie mir nicht entgehen lassen. (Histoire philosophique, Vorwort, S. V f.)

Sie erkühnt ihn zu der Feststellung:

> Als sich der Freiheitsruf in Paris vernehmen ließ und von den Ufern des Rheins und der Maas bis zu den Gletschern der Alpen und der Pyrenäen widerhallte, hielten alle, die geübt waren, Ereignisse einzuschätzen, die Szene, die sich in Frankreich abspielte, nicht so sehr für eine örtliche und besondere Revolution als für den Keim einer allgemeinen Veränderung, für eine neue Kombination in den politischen und wirtschaftlichen Beziehungen Europas. (Ebenda, I, 67.)

Die Teilsicht des Tatzeugen bleibt allerdings auf jene Ausschnitte eingegrenzt, die sich seinem Blick erschließen. Was spätere Geschlechter bestätigen oder verwerfen werden, kann er bestenfalls ahnen, nicht wissen; wohingegen Lenin ein Fazit ziehen darf:

> Nicht umsonst nennt man sie die Große. Für ihre Klasse, für die sie wirkte, hat sie so viel getan, daß das ganze 19. Jahrhundert, jenes Jahrhundert, das der gesamten Menschheit Zivilisation und Kultur gebracht hat, im Zeichen der Französischen Revolution verlief. (Werke, XXIX, 360.)

Dennoch vermag nichts und niemand die Wortmeldung der Revolutionäre in eigener Sache zu ersetzen. Mit Sorgfalt auf ihre Verläßlichkeit geprüft, verhilft ihre subjektive Vermittlung des Objektiven dazu, sich — so gut es noch geht — in die Epoche und ihre Menschen, ihre Hoffnungen und Ängste, Triumphe und Enttäuschungen hinein- und zurückzuversetzen; zu ergründen, was ihnen wichtig genug war oder schien, um dafür zu köpfen oder geköpft zu werden.

A. Barnave: Introduction à la Révolution française. (Grenoble, Ms) 1792, Paris 1843. Hrsg. F. Rude, Paris 1960, dt. München 1972 (Hrsg. E. Schmitt: Theorie der Französischen Revolution).
L. C. de Saint-Martin: Considérations sur la Révolution française. Paris 1795.
A. Fantin Desodoards: Histoire philosophique de la Révolution de France. 2 Bände, Paris 1796, [2]1797.
A. Barruel: Mémoires pour servir à l'histoire du jacobinisme. 4 Bände, London 1797—1798, Hamburg 1798—1799.
L. S. Mercier: Paris pendant la Révolution, ou le Nouveau Paris. 6 Bände, Paris 1798, [2]1800, in 2 Bänden 1862.
G. de Staël (†): Considérations sur les principaux évenements de la Révolution française. Paris 1818.
A. Thiers: Histoire de la Révolution française. 10 Bände, Paris 1823—1827.
F. A. Mignet: Histoire de la Révolution française de 1789 à 1814. 2 Bände, Paris 1824, dt. Reclam, Leipzig 1975.
K. Marx/F. Engels: Die heilige Familie (Kap. 6c: Kritische Schlacht gegen die Französische Revolution). Frankfurt (Main) 1845. (MEW, Bd. II, 125—131.)
F. Engels an K. Kautsky, London, 20. Februar 1889, in: MEW, Bd. XXXVII, 154—158.
G. Lefebvre: Quatre-vingt-neuf. Paris 1939, [2]1970.
A. Cobban: The Social Interpretation of the French Revolution. London 1964.
W. Markov: Jacques Roux oder vom Elend der Biographie. Berlin 1966.
La Pensée socialiste devant la Révolution française = AHRF, Nr. 184, 1966, H. 2.
A. Soboul: La Révolution française dans l'histoire du monde contemporain, in: Studien über die Revolution. Berlin u. Glashütten (Taunus) 1969, [2]1971.
A. Gérard: La Révolution française. Mythes et interprétations, 1789—1970. Paris 1970.
C. Mazauric: Sur la Révolution française. Contributions à l'histoire de la révolution bourgeoise. Paris 1970.
V. M. Dalin(e): Lénine et le jacobinisme, in: AHRF, Nr. 203, 1971, H. 1.

P. Hartig (Hrsg.): Die Französische Revolution im Urteil der Zeitgenossen und der Nachwelt. Stuttgart 1973, ²1976.
J. R. Suratteau: La Révolution française, certitudes et controverses. Paris 1973.
J. Godechot (Hrsg.): Un jury pour la Révolution. Paris 1974.
W. Grab (Hrsg.): Die Debatte um die Französische Revolution. München 1975.
C. Träger (Hrsg.): Die Französische Literatur im Spiegel der deutschen Literatur. Reclam, Leipzig 1975, ²1979.
Colloque Albert Mathiez — Georges Lefebvre (1974): Voies nouvelles pour l'histoire de la Révolution française. Paris 1978.
F. Furet: Penser la Révolution française. Paris 1978.
I. Hartig (Hrsg.): Geburt der bürgerlichen Gesellschaft: 1789. Frankfurt (Main) 1979.
H. P. Jaeck: Die französische bürgerliche Revolution von 1789 im Frühwerk von Karl Marx (1843—1846). Berlin 1979.
W. Markov: 1789 — Legende und Wirklichkeit einer großen Revolution. Vorlesung. Leipzig 1981.
A. Soboul: Comprendre la révolution. Problèmes politiques de la Révolution française, 1789–1797. Paris 1981.

Monarchie von Gottes Gnaden

> Zwei feindliche Nationen bewohnten gemeinsam den Boden Frankreichs. Das war fast die einzige Bindung, die sie zusammenhielt, ohne sie zu vereinigen: Die eine dieser Nationen war das erniedrigte und zu Boden gedrückte Volk, die andere der Adel, der kaum ein Sechzigstel der Franzosen erfaßte, aber ausschließlich sich selbst als die französische Nation betrachtete. (Fantin Desodoards, I, 6.)

Diese Feudalordnung war in der französischen Gesellschaft jedoch tief verwurzelt. Sie hatte sich, alle Lebensbereiche durchdringend, ein Jahrtausend lang ungebrochen entfaltet. Hier war das für Westeuropa beispielhafte fränkische Lehnswesen entstanden. Im Zeitalter der Kreuzzüge kamen Ritterschaft, städtische Kommunen, scholastische Bildung und Kunst der Gotik dem hochmittelalterlichen Idealtyp des Abendlandes am nächsten. Auf dem Weg vom Ständestaat zum Absolutismus bildete Frankreich ebenfalls Einrichtungen aus, die als mustergültig und nachahmenswert empfunden wurden.

Unter dem „Sonnenkönig“ Ludwig XIV. (1643—1715) erreichte die unbeschränkte Monarchie „von Gottes Gnaden“ den Gipfel ihrer Machtentfaltung.

Derjenige, der den Menschen Könige gab, hat gewollt, daß man sie verehre als seine Stellvertreter auf Erden, hielt Ludwig XIV. in seinen *Erinnerungen* fest.

Die Überbeanspruchung des Landes zwecks Durchsetzung der königlichen Allmacht („Der Staat bin ich!“) und Behauptung der französischen Hegemonie trieb jedoch erste Krisenanzeichen hervor, die zur theoretischen Auseinandersetzung mit der Willkürherrschaft anspornten.

Die Umwälzung im Denken, die jetzt von einem Ende Europas bis zum anderen so weit fortgeschritten ist, bemerkte Marie Joseph de Chénier schon 1788, *begann gegen Ende der Herrschaft Ludwigs XIV.* (Charles IX, Discours préliminaire.)

Das — bis 1762 freilich nur in Geheimabschriften zirkulierende — atheistisch und kommunistisch eingestimmte „*Testament*“ des Landpfarrers Jean Meslier ging sogar mit der Adelsherrschaft insgesamt schonungslos ins Gericht.

Der Absolutismus, aus einer Aufstiegs- in seine Niedergangsphase gleitend, geriet in die Defensive. Von den Parlementsräten schon in die Enge getrieben, mußte Ludwig XV. einem widerspenstigen Gerichtshof 1766 ins Stammbuch schreiben: *Die Staatsordnung geht samt und sonders von Mir allein aus; die Rechte und Interessen der Nation sind notwendigerweise mit den Meinigen eins und ruhen allein in Meinen Händen.*

Demgegenüber machte Mercier in einem *Neuen Versuch über die Schauspielkunst* 1773 geltend:

Es ist wahr, die Leidenschaften der Fürsten stehen mit ihrer Macht im Verhältnis; sie sind mehr als andere Menschen zum Zorn geneigt, und die Rache ist ihnen von jeher kostbar gewesen. Sie haben Laster, die ihnen eigen sind und die sie mit keinem anderen teilen. Ich weiß, daß es sich für ihre Größe nicht schickt, ihre Neigungen zu bessern; sie müssen ihnen blindlings gehorchen. Wenigstens predigt man es ihnen oft genug.

Desungeachtet stand Frankreich im 18. Jahrhundert hinsichtlich seines Bevölkerungsreichtums, der agrarischen wie der gewerblichen Erzeugung in Europa immer noch an erster

Stelle; es war führend in der Ausbreitung der Manufaktur, im Handel und in der Edelmetallprägung, im Steueraufkommen, im Ausbau seiner Verwaltung und im Umfang seines stehenden Heeres. Französische Kultur und Sprache strahlten vom Hof in Versailles, insbesondere aber von Paris, der *ville lumière* — oder, nach Thiers, dem *Mekka der Zivilisation* —, auf den ganzen Erdteil aus. Die militärische Stellung des Königreiches auf dem Festland hatte sich mit der Thronbesteigung bourbonischer Seitenlinien in Spanien und in Italien zu strategischer Unangreifbarkeit verfestigt, wogegen es allerdings sein Kolonialreich gegen die überlegene britische Seemacht nur bis zur Jahrhundertmitte behaupten konnte.

C. L. comte de Saint-Germain: Mémoires. Amsterdam 1779.
J. M. Roland de la Platière: Manufactures, arts et métiers. 3 Bände, Paris 1784—1790.
M. J. de Chénier: Charles IX, ou l'Ecole des rois. Discours préliminaire. Paris 1788 (veröffentlicht 1790).
J. F. comte de Maurepas: Mémoires. 4 Bände, Paris 1792.
G. P. M. duc de Lévis: Souvenirs et portraits. Paris 1814.
Remontrances du Parlement de Paris au XVIIIe siècle, 1715—1788. 3 Bände, Paris 1888—1898.
E. F. duc de Choiseul: Mémoires. Paris 1904.
E. duc de Croy: Journal inédit. 2 Bände, Paris 1906.
G. E. Guignard comte de Saint-Priest: Mémoires, T. I: Règne de Louis XV et de Louis XVI. Paris 1929.
B. F. Poršnev: Meslier. Moskva 1964.
J. Deprun/R. Desné/A. Soboul (Hrsg.): Œuvres complètes de Jean Meslier. 3 Bände, Paris 1969—1970.
Y. Durand: Les fermiers généraux au XVIIIe siècle. Paris 1971.
G. Richard: Noblesse d'affaires au XVIIIe siècle. Paris 1974.
P. Alatri: Parlamenti e lotta politica nella Francia del Settecento. Bari 1977.
R. Mandrou: L'Europe absolutiste. Raisons et raisons d'Etat 1649—1775. Paris 1977.
G. Chaussinand-Nogaret: La vie quotidienne des Français sous Louis XV. Paris 1979.
R. Petermann/P. V. Springborn (Hrsg.): Theater und Aufklärung. Berlin 1979.

Despotie und Aufklärung

Dennoch wurde das äußerlich imposante und oft beneidete Gebilde von tiefen Widersprüchen durchzogen.
Die aufgeklärtesten unter den Zeitgenossen faßten sie — nicht unzutreffend — im Grundwiderspruch zwischen *pays réel* und *pays légal* zusammen. Sie wollten damit besagen, daß die auf Sonderprivilegien für Adel und Klerus gegründeten Eigentums-, Macht- und Rechtsverhältnisse, die Einrichtungen und Zwänge des Staates mit den materiellen und geistigen Bedürfnissen der Gesellschaft nicht mehr übereinstimmten.

> Politische Freiheit, lehrte Montesquieu 1748 im „Geist der Gesetze", findet sich allein bei gemäßigten Regierungen. Aber auch in den gemäßigten Staaten ist sie nicht immer vorhanden; es gibt sie nur dann, wenn die Gewalt nicht mißbraucht wird. Es ist jedoch eine ewige Erfahrung, daß jeder Mensch, der Macht besitzt, zu ihrem Mißbrauch neigt. Er geht so weit, bis er an Grenzen stößt. Damit man also Macht nicht mißbrauchen kann, muß es eine solche Regelung geben, daß eine Gewalt die andere im Zaum hält.

Zur Behebung des Übelstandes strebte die Mehrzahl der Aufklärer, der Lumières, mehr oder weniger konsequent einen Wandel an, den einige Revolution nannten. So Voltaire (1764, an Chavelin):

> Alles, was ich wahrnehme, legt die Samen einer Revolution, die ich unfehlbar herannahen sehe und deren Zeuge zu sein ich nicht mehr das Vergnügen haben werde. Die Franzosen kommen zu allem spät, aber schließlich kommen sie an, (...) und das wird dann ein schönes Schauspiel sein.

Halbwegs im klaren über das Ziel, doch in Ungewißheit über mögliche Wege dorthin, verstanden sie unter „Revolution" allerdings keine offene Klassenschlacht und schon gar keine bewaffnete Volkserhebung, sondern allmähliche Verbreitung von Kenntnissen, begleitet von einer Reform an Haupt und Gliedern, die ein von erleuchteten Männern beratener Herrscher, getragen von breiter Zustimmung der Nation, mit Entschlossenheit durchführen würde.

Die ausführende Gewalt soll — laut Montesquieu — in den

> Händen eines Monarchen liegen, weil dieser Teil der Regierung, der fast immer ein sofortiges Handeln erfordert, besser von einem einzelnen als von mehreren verwaltet wird. (...) Seine Person muß geheiligt sein, denn er ist für den Staat notwendig, damit die gesetzgebende Körperschaft nicht tyrannisch wird.

Ihm allein traute die „Philosophenpartei" zu, die einkalkulierte Obstruktion der Ewiggestrigen kraft seiner Autorität brechen zu können. Sie hing der Illusion eines „aufgeklärten Absolutismus" an, dessen geschichtliche Aufgabe sie in der friedlichen Überleitung der veralteten in eine moderne Regierungsweise erblickte, die in der Sache zumeist auf einen Ausgleich zwischen adliger Routine und bürgerlicher Leistung hinauslief.

> Das menschliche Geschlecht — schrieb d'Alembert 1762 an Voltaire — ist heute nur aufgeklärter, weil man Sorge getragen hat, es *allmählich* aufzuklären. Wenn die Sonne sich *plötzlich* in einem Keller zeigte, würden die Bewohner nur den Schmerz bemerken, den sie ihren Augen bereitete.

Während kommunistische Utopien gleich Morellys *Gesetzbuch der Natur* (1755) als gelehrte Spielereien passierten, erregte die demokratische Lehre von der Volkssouveränität die Gemüter: Der Genfer Uhrmachersohn Jean Jacques Rousseau stellte mit seiner Theorie vom *Gesellschaftsvertrag* (1762) nicht allein die spätfeudale Herrschaftsstruktur insgesamt in Frage:

> Damit der Gesellschaftsvertrag keine leere Form bleibt, enthält er stillschweigend jene Verpflichtung, die allein allen übrigen Kraft zu verleihen vermag: daß jeder, der sich weigert, dem Gemeinwillen (*volonté générale*) zu gehorchen, von der ganzen Gesellschaft dazu gezwungen wird. Das bedeutet nichts anderes, als daß man ihn dazu zwingen wird, frei zu sein.

Womit er schlagend den Ausspruch Montesquieus bestätigte, daß „kein Wort verschiedenere Bedeutungen erhalten hat als das Wort Freiheit".

> Wir sind uns also darüber einig, daß Gewalt kein Recht schafft und daß man nur gegenüber den gesetzmäßigen Gewalten zum Gehorsam verpflichtet ist.

Seine Gleichheitsforderungen schossen indessen über die Fernziele der Bourgeoisie um einiges hinaus:

> Kein Bürger soll so reich sein, daß er einen anderen kaufen kann, und keiner so arm, daß er gezwungen wäre, sich zu verkaufen (...). Nähert die extremen Unterschiede so weit wie möglich einander an: duldet weder sehr Reiche noch Bettler. Beide Zustände, die ihrer Natur nach unzertrennbar sind, gereichen dem Staatswohl gleichermaßen zum Unheil; dem einen entspringen die Beförderer der Tyrannei und dem anderen die Tyrannen. Stets vollzieht sich zwischen ihnen die Übertragung der Freiheit im Gemeinwesen: Der eine kauft und der andere verkauft sie. (Du contrat social, II, 11.)

Worauf Voltaire erschrocken replizierte:

> Gleichheit ist die natürlichste Sache und das größte Hirngespinst zugleich (...). Das Menschengeschlecht ist so geartet, daß es nicht bestehen kann ohne eine unendliche Vielzahl von nützlichen Menschen, die nichts besitzen.

Und er drohte Rousseau sogar mit erhobenem Zeigefinger:

> Aber man muß ihm beibringen, daß man zwar einem gottlosen Romancier nur eine leichte Sühne auferlegt, einen gemeinen Aufwiegler jedoch strengstens bestraft. (Le Sentiment des Citoyens, 1764.)

Darin bewies er Gespür. Chénier wird 1788 einschätzen:

> Voltaire hat in seinen Tragödien mehr die eigentliche Moral als die Politik ergründet. Sechzig Jahre lang hat er die Geißel des Aberglaubens bekämpft. Seine Feder hat unablässig widerrechtliche Besitzergreifungen durch die Geistlichkeit geschildert, selten die willkürlichen Ansprüche der Könige und der Großen. (Charles IX, Discours préliminaire.)

Rousseau indessen wird 1790 aus dem Munde Robespierres die Totenklage zuteil werden:

> Warum lebt er nicht mehr, haben wir manchmal gesagt, indem wir die Idee der großen Revolution mit der eines großen Mannes verknüpften, der beigetragen hat, sie vorzubereiten; (...) dessen Schriften unter uns jene Prinzipien der Bürgertugend entwickelt haben, die uns des Vorsatzes würdig machten, die Wiedergeburt unseres Vaterlandes zu bewirken?

Die vielstimmige Aufklärung, „Ausgang des Menschen aus seiner selbstverschuldeten Unmündigkeit" (Kant), Ausdruck der wachsenden Stärke und Selbstbewußtheit eines Bürgertums, dessen kühne Neuerer sowohl „klassenflüchtige“ Edelleute als auch ein Heer kleiner Leute auf ihre Gedankenbahnen zu ziehen vermochten, verfolgte verschiedene Stoßrichtungen. Sie durchlöcherte das Ideologiemonopol der Kirche (deren residierende Bischöfe, weit entfernt von apostolischer Armut, ausnahmslos von Adel waren) als mit Abstand massenwirksamstes Legitimationsmittel der Feudalmonarchie, immer noch funktionierende Schranke gegen freie Erörterung fundamentaler Lebensfragen.

> Sie werfen uns Lauheit vor, aber ich glaube Ihnen schon gesagt zu haben, daß die Furcht vor dem Scheiterhaufen sehr abkühlt. (D'Alembert an Voltaire, 1762.)

Eine erste rudimentäre ökonomische Theorie des Kapitalismus entwickelte die Schule der Physiokraten. Die Aufklärer waren jedoch seit Montesquieu ebenfalls unmittelbar politisch engagiert. Ihre repräsentative Plattform, die von d'Alembert und Diderot konzipierte *Enzyklopädie* (1751—1772), faßte die Summe ihrer Antithesen — ein Ensemble von Strömungen, Meinungen und Persönlichkeiten — zu gemeinsamem Vorgehen auf geniale Weise zusammen, noch ehe die Krise der bestehenden Ordnung allen sichtbar an die Oberfläche trat. Sie arbeitete der Frontbildung des vereinten Dritten Standes und seinem Anspruch, die souveräne französische Nation zu bilden, vor.

F. Quesnay: Tableau économique. Paris 1758, dt. Berlin 1965.
N. Baudeau: Explication du Tableau économique. Paris 1776.
I. Kant: Was ist Aufklärung? Berlin 1784.
B. Groethuysen: Die Entstehung der bürgerlichen Welt- und bensanschauung in Frankreich. 2 Bände, Halle (Saale) 1927 bis 1930.
D. Mornet; Les origines intellectuelles de la Révoluction française (1715—1787). Paris 1933.
F. Borkenau: Der Übergang vom feudalen zum bürgerlichen Weltbild. Studien zur Geschichte der Philosophie der Manufakturperiode. Paris 1934, Darmstadt ²1976.
W. Krauss/H. Mayer (Hrsg.): Grundpositionen der französischen Aufklärung. 2 Bände, Berlin 1955—1965.
L. Althusser: Montesquieu. La politique et l'histoire. Paris 1959.
F. Diaz: Filosofia e politica nel Settecento francese. Torino 1962.

W. Krauss: Die französische Aufklärung im Spiegel der deutschen Literatur. Berlin 1963.
P. Alatri: Voltaire, Diderot e il „partito filosofico“. Messina/Firenze 1965.
V. P. Volgin: Die Gesellschaftstheorie der französischen Aufklärung. Berlin 1965.
F. Bluche: Le despotisme éclairé. Paris 1968.
M. Naumann (Hrsg.): Artikel aus der Enzyklopädie. Reclam, Leipzig 1972.
K. O. von Aretin (Hrsg.): Der aufgeklärte Absolutismus. Köln 1974.
W. Schröder (Hrsg.): Französische Aufklärung. Bürgerliche Emanzipation, Literatur und Bewußtseinsbildung. Reclam, Leipzig 1974.
D. Roche: Le siècle des lumières en province. Académies et académiciens provinciaux, 1680—1789. 2 Bände, Paris 1978.

Kritik und Krisenbewußtsein

Um Beweisstücke kritischer Selbsteinschätzung aus vorrevolutionärer Zeit ist man also nicht verlegen. Was ergeben sie?

Die Schriftsteller gingen an die Erscheinungen selten historisch heran. In der Regel beriefen sie sich auf ewige und unabänderliche „natürliche“ Rechte der Menschen und vornehmlich des einzelnen. Sie hielten sich folglich nicht bei einstmaligen Zweckmäßigkeiten des Feudalsystems auf, das ihnen im Vergleich zur idealisierten Antike als minderwertig galt, sondern zerrten seine Verfallssymptome ungerührt von jedem Edelrost vor den Richterstuhl einer unbestechlich vermuteten Vernunft: Der Philosoph setzt sich — Diderot zufolge — über Herkommen und Autorität kühn hinweg; er wagt es, für sich selbst zu denken, zu den klarsten allgemeinen Grundsätzen vorzudringen und nichts anzuerkennen außer dem Zeugnis der Sinne und der Vernunft.

Friedrich Engels kommentierte im „Anti-Dühring“:

> Wir wissen jetzt, daß dies Reich der Vernunft weiter nichts war, als das idealisierte Reich der Bourgeoisie; (...) und daß der Vernunftstaat, der Rousseausche Gesellschaftsvertrag ins Leben trat und nur ins Leben treten

> konnte als bürgerliche, demokratische Republik. (MEW, XX, 17.)

Dies hinderte nicht, daß viele der praktischen Probleme annähernd richtig erkannt und angeprangert wurden: die Inkompetenz, der hemmende, parasitäre, inhumane Charakter der „Feudalität", die zum Sammelwort erhoben wurde; ihm warfen die Aufklärer den neugeprägten Begriff des — bürgerlichen — Fortschritts entgegen. Die Spuren beider verfolgten sie, abwägend und vergleichend, durch alle Sphären der Gesellschaft. *Sie sind Sklaven der Gesetze,* erläutert Voltaire 1766 seinem englischen Besucher Boswell, *die Franzosen sind Sklaven von Menschen.* Ein in der Schweiz beheimateter, noch unbekannter Arzt des Namens Marat, der sein erstes Buch, *Die Ketten der Sklaverei,* 1774 in England herausbrachte, verhielt sich gegenüber der grassierenden Anglomanie noch skeptischer:

> Wo sind die Freunde der Armen in einem Senat, der sich aus Reichen zusammensetzt? (...) Solange der Gesetzgeber nur aus *einer* Klasse von Bürgern hervorgeht, mache man sich doch keine Hoffnung, ihn für das Gemeinwohl arbeiten zu sehen!

Ausgelaugten adligen Wertvorstellungen von Ehre und Treue aber hielt Voltaire die Würde und Nützlichkeit produktiver Arbeit entgegen: *Der wahre Philosoph macht jungfräulichen Boden urbar, vermehrt die Zahl der Pflüge und folglich der Einwohner, beschäftigt die Armen und hebt seinen Wohlstand; er ermutigt die Heirat, versorgt die Waisen und murrt nicht gegen notwendige Steuern, sondern versetzt den Landmann in die Lage, sie gern zu zahlen.*

Die Lumières wußten nichts von den langfristigen Aufundabschwungszyklen der Wirtschaft, die Simiand und Labrousse ausmitteln und in Beziehung zur Sozialgeschichte Frankreichs setzen werden. Der oft stumme, aber verbissene Kampf zwischen Schlössern und Katen, die Last der Feudalrente, die außer den nicht geringeren Steuerauflagen des Fiskus — und dem Kirchenzehnt dazu — auf den Bauern ruhte; die den Landmann verwirrenden Anfänge agrarkapitalistischer Ausbeutung durch Großpächter; die leibeigenschaftsähnliche „Tote Hand" und das Elend der landlosen Dorfarmut, steigende Pachtsätze und das Gerangel um Gemeindeland, das

Grundherren ihren Hintersassen zu entreißen suchten, standen ihnen hingegen lebhaft vor Augen und machten einige zu beredten Anwälten der Unterdrückten.
Philosophen und Physiokraten legten ihre Finger auf wirkliche Wunden. Zu den anonym in London erschienenen *Nachteilen der Feudalrechte* von Turgots Sekretär P. F. Boncerf vermerkte das Pariser Parlement, das ihre Verbrennung anordnete, am 23. Februar 1776 übellaunig:

> Wenn sich der systematische Geist, der die Feder dieses Schriftstellers geführt hat, unglücklicherweise der Menge bemächtigte, würde man die Verfassung der Monarchie alsbald vollständig und gänzlich erschüttert sehen: Die Vasallen würden sich binnen kurzem gegen ihre Herren, und das Volk würde sich gegen seinen Souverän erheben.

Chénier versah die Logik dieses Spruches mit einem Zusatz:

> Ich weiß, daß man am Ende des 18. Jahrhunderts immer noch druckt, daß die Philosophie eine verderbliche Erfindung sei und daß alles umgestürzt werden wird, wenn es ihr gelingt, den Verstand der Menschen zu beherrschen. Das heißt mit anderen Worten, daß alles umgestürzt werden wird, wenn die Menschen gesunden Menschenverstand haben. (Charles IX, Discours préliminaire.)

Die Herausforderer ereiferten sich im Interesse eines nationalen Marktes gegen das Fortbestehen von Binnenzöllen; sie nahmen — gleich Mercier — gegen zopfige Zunftschranken Partei:

> Die Zünfte sind hartnäckig und eigensinnig geworden und wollen sich aus den Zusammenhängen des politischen Wirkungsfeldes lösen und isolieren: Heute spürt jede Zunft nur das Unrecht, das einem ihrer Mitglieder zugefügt wird, und betrachtet die Unterdrückung des Bürgers, der nicht der eigenen Klasse angehört, als außerhalb ihres Interesses liegend. (Tableau de Paris: Selbstsucht der Zünfte.)

Sie verspotteten den Behördenwirrwarr, in dem altherkömmliche und neugeschaffene Einrichtungen unfriedlich mehr durch- und gegeneinander als miteinander koexistierten. Sie entlarvten die Praxis des Ämterkaufs und die gewohnheitsrechtliche Bestechung der Richter durch ,,kleine Aufmerksamkeiten"; die nach Gutdünken, mitunter sogar blanko ausgestellten geheimen Verhaftsbriefe („lettres de cachet") zur Sicherungsverwahrung schuldloser Mißliebiger und die vorsintflutlichen Bedingungen des Strafvollzugs. Mitunter erzielten sie kleine Erfolge wie die postume Rehabilitierung von Justizopfern dank einer von Voltaire energisch betriebenen Kampagne oder die vom Zeitgeist 1780 erzwungene Einschränkung der Folter, doch am Grundsätzlichen änderte sich nichts.

Voltaire hat die Aufklärer in Pflicht genommen,

> dem Menschengeschlecht nicht in Worten, sondern mit Taten einen Dienst zu erweisen. (Brief an d'Alembert, 22. Juni 1761.)

Sie haben den Boden gelockert, ein nicht mehr abreißendes Streitgespräch in Gang gebracht, Losungen ausgegeben und verbreitet, die in Teilen von den Volksmassen in Stadt und Land aufgegriffen wurden, weil und insoweit sie ihrer realen Situation entsprachen.

> Ja, das Stück, das wir gegeben
> und das ihr jetzt kritisiert,
> zeigt des guten Volkes Leben,
> falls ich's richtig hab kapiert.
> Wenn man's drückt, wird sich's erheben —
> und wer weiß, was dann geschieht...
> (Beaumarchais, Figaros Hochzeit, 1784.)

Sie haben auch organisatorische Voraussetzungen für eine Sammlung der Opposition und insbesondere von deren intellektuellen Wortführern geschaffen: mit der Einrichtung von Lesegesellschaften und anderen freien Bildungseinrichtungen, vor allem aber mit der Nutzung von Freimaurerlogen unterschiedlicher Observanz, bevorzugte Stätten der Begegnung einer Vorhut, die im Verein mit Literatur und Pamphletistik auf die Herausbildung einer immer vernehmlicheren öffentlichen Meinung zurückwirkten:

> Die öffentliche Meinung, diese Triebfeder, deren ganze Kraft zum Guten wie zum Bösen Sie kennen, ist anfänglich nur die Leistung einer kleinen Anzahl von Männern, die sich äußern, nachdem sie nachgedacht haben, und die unablässig an verschiedenen Punkten der

> Gesellschaft Zentren der Belehrung bilden, von wo aus sich Irrtümer und verständige Wahrheiten immer weiter ausbreiten, bis zu den entferntesten Grenzräumen der Gesellschaft, wo sie sich als Glaubensartikel festsetzen. (Diderot an Necker, 12. Juni 1775.)

Es waren Blinklichter auf dem Weg, den der kritische Gedanke bis zu seiner Umsetzung in revolutionäres Handeln noch zurückzulegen hatte.

> Unstreitig hat die Philosophie — wird Marat 1789 bekennen — der gegenwärtigen Revolution den Weg bereitet, sie eröffnet und gefördert. Worte allein sind jedoch unzureichend: Es bedarf der Taten. Und wem sonst außer der Erhebung des Volkes verdanken wir die Freiheit? (Ami du peuple, 10. November 1789.)

Morelly: Le Code de la nature. Paris 1755.

G. T. Raynal: Histoire philosophique et politique des établissements et du commerce des Européens dans les deux Indes. Amsterdam 1770, (verschärfte) Neuausg. Genève 1780.

L. S. Mercier: L'an 2440, rève s'il en fut jamais. Paris 1770. — Derselbe: Tableau de Paris. Paris 1781—1790, dt. Berlin ^{2}1979 (Mein Bild von Paris). — Derselbe: Jean-Jacques Rousseau considéré comme l'un des premiers auteurs de la Révolution. Paris 1791.

P. F. Boncerf: Les inconvénients des droits féodaux. London 1776, Paris 1791, ^{2}1976.

L. Petit de Bachaumont: Mémoires secrets pour servir à l'histoire de la république des Lettres en France, depuis 1762 jusqu'à nos jours. 36 Bände, London 1777—1789.

N. E. Rétif de la Bretonne: La vie de mon père. Paris 1779.

J. P. Brissot: Recherches philosophiques sur le droit de propriété. Paris 1780.

A. Barruel: Les Helviennes, ou Lettres provinciales philosophiques. Amsterdam/Paris 1781—1788.

J.-J. Rousseau: Confessions. (Genève, Paris) 1782—1789.

N. H. Linguet: Mémoires sur la Bastille. London 1783.

P. A. Caron de Beaumarchais: Le mariage de Figaro. Paris 1784, dt. Reclam, Leipzig 1980 (Figaros Hochzeit oder Der tolle Tag).

J. v. Sonnenfels: Von dem Einflusse der Maurerey auf die bürgerliche Gesellschaft, in: Journal für Freymaurer I/1, Wien 1784.

C. B. Collignon: L'Avant-Coureur du changement du monde entier. London 1786.

(Anonym:) I segreti dei Liberi Muratori svelati al pubblico, a loro dispetto. Lugano 1787.

H. Masers de Latude: Mémoires. Amsterdam 1787, dt. Leipzig 1981.
J. B. Louvet de Couvrai: Aventures du chevalier de Faublas. Paris 1787—1789.
H. Wolpe: Raynal et sa machine de guerre. Paris 1957.
R. Desné: Les matérialistes français de 1750 à 1800. Paris 1965.
A. Le Bihan: Franc-maçons parisiens du Grand Orient de France (fin du XVIIIe siècle). Paris 1966. — Derselbe: Loges et chapitres de la Grande Loge et du Grand Orient de France (2e moitié de XVIIIe siècle). Paris 1967.
L. S. Gordon: Studien zur plebejisch-demokratischen Tradition in der französischen Aufklärung. Berlin 1972.
R. Vierhaus (Hrsg.): Eigentum und Verfassung. Zur Eigentumsdiskussion im 18. Jahrhundert. Göttingen 1972.
M. Grimm: Paris zündet die Lichter an. Literarische Korrespondenz. Hrsg. K. Schnelle, Reclam, Leipzig 1977, ^{2}1981.
G. Murano-Ganz (Hrsg.): Frankreichs Weg zur Revolution. Gedanken Jacques-Henri Meisters zum Niedergang der französischen Monarchie. Bern 1977.
R. Barny (Hrsg.): Jean-Jacques Rousseau dans la Révolution française (1788—1801). EDHIS, Paris (1978).
J. Vercruysse (Hrsg.): Les Voltairiens. Pamphlets, 1788—1830. EDHIS, Paris 1979.
J. Boswell: Besuch bei Rousseau und Voltaire. Frankfurt (Main) 1980.
Ancien Régime — Aufklärung — Revolution. Sozialgeschichte der Aufklärung in Frankreich. Hrsg. W. Gumbrecht/R. Reichardt/T. Schleich. 2 Bände, München 1981.

Louis Seize oder das mittelfristige Übel

1763 hatte Frankreich mit dem Siebenjährigen Krieg Louisiana, die von Voltaire leichtherzig abgeschriebene *Schneewüste Kanada* und anderes mehr verloren. Die Schulden verdoppelten sich von einer auf zwei Milliarden Livres, doch der Friede bescherte wiederbelebte Prosperität. Nie wurde in Hauptstadt und Provinz so viel und so schön klassizistisch gebaut. Plantagenbarone auf Saint-Domingue (dem heutigen Haiti) oder vielmehr deren Negersklaven versorgten auf dem Umweg über aufstrebende französische Heimathäfen die Hälfte des Weltmarktes mit dem begehrten Rohrzucker und glätteten mit ihm die Zahlungsbilanz des Mutterlandes. In Bordeaux, Nantes, Le Havre begann bürgerlicher Wohlstand aus den Nähten zu platzen. Namentlich im Osten und im Dauphiné festigte das Manufakturkapital der Wendel, Dietrich, Oberkampf, Périer seine Positionen.

Die Zeichen standen insoweit nicht ungünstig, als Ludwig XV. mit dem Reuebekenntnis, *schlecht regiert zu haben,* 1774 verstarb. Sein Enkel, Ludwig XVI., schien die auf den Thronwechsel gesetzten Hoffnungen mit der Berufung eines aufgeklärten Ministeriums Malesherbes-Turgot zu rechtfertigen. Schon 1776 trug indessen das Mißtrauen beim harten Kern der herrschenden Klasse den Sieg davon: Die glücklos operierende Reformregierung, die sich mehr Feinde als Freunde machte, wurde in die Zange genommen und fiel in Ungnade.

Ihr folgte in der Leitung des Schatzamtes Bankier Necker aus Genf. Es gelang ihm, die überaus hohen Unkosten der Beteiligung am Amerikanischen Unabhängigkeitskrieg gegen England (1775—1783) aufzubringen, allerdings um den Preis einer weiteren Auftürmung der Schuldenlast. Fachmann Necker konnte sich nicht verhehlen, daß gleichzeitig eine lange Konjunkturwelle auslief und einer Regression wich, die im übrigen bis in die Revolutionsjahre hinein andauern wird. Seine 1781 an den König gerichtete Warnung *(Compte rendu au Roi),* Vorsorge zu treffen, ehe das Staatsschiff an den Klippen eines Bankrotts zerschellte, trug ihm indessen Entlassung ein. Hatte er doch gewagt, in sein Sanierungsprojekt eine Besteuerung der Privilegierten einzuschleusen und damit einen der Grundpfeiler anzubohren, auf denen die Adelsherrschaft ruhte.

Der Fortgang der Geschichte schien den Unheilspropheten zu widerlegen. Die Flotte schlug sich prächtig, der Krieg wurde gewonnen, und der König war — im Unterschied zu seiner leichtlebigen und hoffärtigen Gemahlin, der „Österreicherin" Marie Antoinette — ob seiner Parteinahme in diesem „edlen", Krieg populärer denn je.

Freilich setzte die Unterstützung der „Rebellen" in Übersee auch ganz andere Gefühlsregungen frei. Während „schlecht unternommene und schlecht geleitete Revolutionen" in den Niederlanden, in Belgien und Polen nach dem vergleichenden Urteil von Fantin Desodoards ihren Effekt verfehlen werden,

> hat die Amerikanische Revolution auf Europa eingewirkt und insbesondere auf Frankreich, das die innigsten Beziehungen an die Freiheit Amerikas banden. (I, 66.)

Als Pidansat de Mairobert einen nach englischem Muster in Marseille gegründeten Klub besuchte, dessen „13 Mitglieder die 13 Vereinigten Kolonien versinnbildlichten", beeindruckte ihn insbesondere der — alsbald „geflügelte" — Wahrspruch unter dem Bildnis des Benjamin Franklin:

> Er hat dem Himmel den Blitz und dem Tyrannen das Zepter entrissen. (L'Observateur anglais ou Correspondance secrète entre Milord All-eye and Milord All-ear, London 1778.)

Johann Jakob Meyer wird 1788 in Stettin Franklin als den „amerikanischen Orpheus" preisen, und Mercier seinerseits wird sich 1791 erinnern:

> Die Amerikanische Revolution hat uns die Möglichkeit des Widerstandes und die Notwendigkeit einer Verfassung erahnen lassen. (...) Danach ist die Philosophie, bislang beschäftigt mit der Niederreißung des Altars des Aberglaubens, zum Angriff auf das altertümliche Gebäude des Despotismus übergegangen. (J.-J. Rousseau, betrachtet als einer der ersten Urheber der Revolution.)

Generalkontrolleur Calonne machte sich seit 1783 angenehm, indem er dazu ermunterte, fröhlich weiter zu borgen und Geld unter die Leute zu bringen, um ein Investitionsklima zu schaffen und die Wirtschaft wieder flottzumachen, die der Staat danach und nicht davor nach Kräften melken sollte.

Einen einheitlichen Staatshaushalt gab es bis dahin nicht. Niemand wußte verläßlich, wie tief das Königreich in der Kreide stand. Sobald sich Calonne einen ersten Überblick verschafft hatte, gewahrte er mit Entsetzen, daß das Defizit — seitdem auf allen Lippen — die schlimmsten Befürchtungen übertraf. Die Verpflichtungen näherten sich der Fünf-Milliarden-Grenze, und allein der Zinsendienst verschlang gut die Hälfte der Jahreseinnahmen. Mit dem kärglichen Rest war an Tilgung nie zu denken; die Ausgaben für Landesverteidigung und Verwaltung konnten selbst bei Einschränkung der verschwenderischen Hofhaltung nicht mehr gedeckt werden.

Vor dem Sachzwang kapitulierend, mußte sich sogar der aalglatte Calonne zum Eingeständnis durchringen, daß es so einfach nicht weiterging:

> Wenn so viele Mißbräuche trotz anhaltenden Tadels bis jetzt sowohl der öffentlichen Meinung, die sie geächtet hat, als auch den Bemühungen der Staatsmänner, die auf Abhilfe sannen, widerstanden haben, so deshalb, weil man durch Teileingriffe erreichen wollte, was nur durch eine allgemeine Operation gelingen konnte; daß man meinte, die Unordnung beheben zu können, ohne ihren Quell zu verstopfen; daß man die Verwaltung bessern wollte, ohne ihre inneren Widersprüche zu beheben. (22. Februar 1787, A. P., I, 189.)

Aus dem geschundenen werktätigen Volk war angesichts seines sinkenden Realeinkommens im Augenblick beim besten Willen nicht mehr herauszuholen. Die Geldsäcke, bei denen die Regierung fallweise betteln mußte, wagte man in solcher Lage nicht auch noch zu verprellen. Wollten die Privilegierten, daß ihr Staat überlebte, mußten sie sich an den Spesen der Rettungsaktion in wohlverstandenem Eigeninteresse beteiligen und demzufolge die heilige Kuh der Steuerfreiheit auf dem Altar der absoluten Monarchie schlachten.

> Unterläßt man es, sehe ich Mißhelligkeiten voraus, die mich schaudern lassen. (Dok. 1.)

Calonne getraute sich das in seiner *Denkschrift an den König* vom 20. August 1786 nur verklausuliert auszusprechen, doch Ludwig XVI. durchschaute die gefällige Verpackung und rief verblüfft aus:

> Aber das ist mir ja reinster Necker!

Calonne hatte Rückhalt beim jüngsten Königsbruder, Graf d'Artois, und stolperte nicht sogleich über die Zwirnsdrähte, die dem Nestbeschmutzer flugs gespannt wurden. Wohl wissend, daß der kürzeste Weg zum Ohr des Königs über Marie Antoinette lief, packte er den Stier bei den Hörnern: Er suchte seinem Hauptgegner die Konzeption durch eine geschmeidige Darlegung schmackhaft zu machen. In seinem Schreiben an die Königin von Ende Dezember 1786 fand er geradezu beschwörende Töne:

> Ich flehe die Königin um Unterstützung an, und ich bin ganz sicher, sie zu erhalten, wenn die Königin überzeugt ist, daß der Ruhm dieser Herrschaft, deren Zierde sie ist,

das Glück des Königs, mit dem sie das ihrige verbindet, und die Wohlfahrt des gesamten Königreichs, an dessen Dankbarkeit sie Anteil haben wird, ganz wesentlich von diesem großen Unternehmen abhängen. (Dok. 1.)

Die „Falken" bei Hofe gewahrten, daß nicht mehr eine Ressortfrage, sondern die machtspendende Fiktion ihres Sonderstatus auf dem Spiel stand:

> Man wird mehr zu zahlen haben? (...) Zweifellos, aber wer? Jene nur, die nicht genug zahlen. (...) Privilegien werden geopfert? (...) Jawohl: die Gerechtigkeit will es, die Notwendigkeit verlangt es. (Calonne, De l'état de la France, 439.)

Sie waren demnach nicht zu überreden. Calonnes Offenbarungseid mobilisierte jedoch die Öffentlichkeit und entfesselte einen Sturm, der dem Minister wie seinen Gegenspielern das Streitobjekt aus den Händen wand: Er schürzte den ersten Knoten zur Revolution.

S. Hardy: Mes loisirs, ou journal d'événements tels qu'ils proviennent à ma connaissance. 8 Bände, 1764—1789. B. N., fonds français, IV, 9, mss 6680—6687 (partienweise veröffentlicht seit 1912).

Les édits de Turgot. Paris 1776, [2]1976.

(Abbé) J. M. Terray: Mémoires, avec une relation de l'émeute arrivée à Paris en 1775. Paris 1776.

P. J. B. Nougaret: Anecdotes du règne de Louis XVI. 3 Bände, Paris 1776—1780.

J. A. de Condorcet: La Vie de Turgot. Paris 1781.

J. Necker: Compte-rendu au Roi. Paris 1781 (A. P., I, 155—175). — Derselbe: Traité de l'administration des finances de la France. Paris 1784.

C. A. de Calonne: De l'état de la France à présent et à venir. London 1790.

Abbé Soulavie (d. i. J. L. Giraud): Mémoires historiques et politiques du règne de Louis XVI. 6 Bände, Paris 1801—1802.

H. M. Williams (Hrsg.): Correspondance politique et confidentielle inédite de Louis XVI. 2 Bände, Paris 1803.

A. de Tocqueville: Coup d'oeil sur le règne de Louis XVI. Paris 1850.

J. N. Moreau: Mes souvenirs. 2 Bände, Paris 1898.

E. Faure: 12 mai 1776. La Disgrâce de Turgot. Paris 1961.

J. F. Bosher: French Finances, 1770—1795. Cambridge (Mass.) 1970.

A. Kaspi: Révolution ou guerre d'indépendance? La naissance des Etats-Unis. Paris 1972.

C. Manceron: Les hommes de la liberté. Bd. I—III (1774—1785), Paris 1972—1976.

M. Allain/G. R. Conrad: France and North America. The Revolutionary Experience. Lafayette (Louis.) 1974.

H. Grange: Les idées de Necker. Paris 1974.

R. de Castries: La France et l'indépendance américaine. Paris 1975. M. M. marquis de Bombelles: Journal T. I (1780–1784). Genève 1977.

Arrêts du Conseil du Roi. Règne de Louis XVI. Inventaire analytique. Bd. I: 10. Mai 1774 bis 12. Mai 1776 (Ministerium Turgot). Hrsg. D. Gallet-Guerne, Paris 1978.

E. Badinter: Les „Remontrances" de Malesherbes, 1771—1775. Paris 1978.

Quellen und Standpunkte

Unter Ancien Régime wird seit 1789 die feudale Herrschafts- und Gesellschaftsordnung der absoluten Monarchie, im engeren Sinn ihre der Revolution vorausgehende letzte Phase verstanden. Im „Stil Louis Seize“ wuchsen die Revolutionäre auf; zu ihm bestanden noch unmittelbare Bezüge.

Nur wer diese Zeit erlebt hat, weiß, wie süß das Leben sein kann, wird Talleyrand im Alter zurückdenken: er, der es als hochadeliger Kirchenfürst in vollen Zügen genoß — und dank seiner Witterung für Konjunkturumschwünge als einer der ersten „verriet“.

Den Rechtsanwalt Barnave behaftete hingegen ein Trauma: Seine respektable, aber eben „nur“ bürgerliche Mutter wurde von Edelleuten in Grenoble kurzerhand aus ihrer Theaterloge gewiesen.

Je nach Standort flossen konträre Erfahrungen in Briefe, Tagebücher und Erinnerungen. Sie färbten auf die Vergleiche ab, die ihre Verfasser zwischen alter und neuer Ordnung zogen. Manche liefern brauchbare Aufschlüsse über Zustände und Haltungen in der „guten“ oder „bösen“ alten Zeit: ein intriganter Abbé *de Véri,* recht kluge Grafen *(Ségur, Saint-Priest),* dümmlichere Herzöge und Fürsten *(Lévis, Lauzun, Montbarey);* der stramm altroyalistische Marschall *Bouillé* und Madame *de Genlis,* Vertraute des Herzogs von Orléans; der martialische Schürzenjäger Baron *Besenval* und Graf *Mirabeau,* der sich mit seiner Klasse gründlich überwarf, ohne jemals von ihrer frivolen Lebensweise zu lassen; der Höfling *Bombelles* und der kalvinistische Patrizier *Necker,* dessen Aufstieg keiner Revolution bedurfte und sie doch unfreiwillig beförderte; der Bourgeois *Hardy* und die Kleinbürgerin Manon Phlipon, verehelichte *Roland,* aus der bereits ein an klassischer Literatur genährter Emanzipationsdrang spricht.

Solche Schriftdenkmäler sind einseitig, insofern sie sich auf die Gebildeten unter den Bewunderern und den Verächtern der Revolution beschränken. Das einfache Volk griff selten zum Federkiel: eine immense Lücke, die dem Historiker zu schaffen macht.

Geschrieben haben die Aufklärer, und die Kinder ihres Geistes besitzen oft keinen geringeren Quellenwert als persönliche

Lebensbeichten. Die Großen unter ihnen waren — mit zwei Ausnahmen — vor Ausbruch der Revolution abgeschieden. Sie blieben aber durch Neuausgaben gegenwärtig: *Montesquieu* (1689—1755), *d'Alembert* (1717—1783), *Diderot* (1713—1784), dem man damals auch Morellys Hauptwerk zuschrieb, und *Mably* (1709—1785); ganz zu schweigen von *Voltaire* (1694—1778), den *Condorcet* (1743—1794) herausgab, und von *Rousseau* (1712—1778), dessen — anstößige — postume *Bekenntnisse* ihn sozusagen noch unter die Lebenden einreihten. *Raynal* (1713—1796) erzielte Auflage auf Auflage; die Erinnerung an die Materialisten *Helvétius* (1715—1771) und *Holbach* (1723—1789) hielt Melchior Grimm in der *Correspondance littéraire* wach.

Auf der Linie der Aufklärung und sie befruchtend, wiewohl den politischen Fragen abgewandter, lagen bahnbrechende naturwissenschaftliche Arbeiten eines *Réaumur* und *Buffon*, des Chemikers *Lavoisier*, der Astronomen *Laplace* und *Lalande*, des Mathematikers *Lagrange*; nehmen wir die Weltumsegler *La Pérouse* und *La Bourdonnaye* hinzu. In den Meinungsstreit griffen physiokratische „Ökonomisten" ein: *Quesnay, Mirabeau d. Ä., Dupont de Nemours.* Auch *Necker* trat als polemischer Autor auf.

Mit viel Beobachtungsgabe schilderte das Leben und Treiben in der Hauptstadt bei realistischer Verteilung von Licht und Schatten Louis Sébastien Merciers *Bild von Paris*, das bis an die Revolution heranreicht. Die Verspottung des Adels erreichte einen literarischen Höhepunkt mit Beaumarchais' (von Mozart sogleich vertonter) Komödie *Die Hochzeit des Figaro.* Zu den Pornographen rechnete man nicht nur den Marquis de Sade (auf den die Wortschöpfung Sadismus zurückgeht), sondern ebenfalls den Bauernsohn und hochbegabten sozialkritischen Vielschreiber *Rétif de la Bretonne.* Daneben gab es in der Tat Trivialliteratur und Pamphletistik in Mengen. Ein Heer freier Schriftsteller, oft Hungerleider, popularisierte berühmte Kriminalfälle wie gesellschaftliche und politische Skandale (Latude, Baron Trenck, das „Halsband der Königin" und den darin verwickelten „Grafen Cagliostro"). Das Volk las, soweit es las, vorwiegend Kalender, die sich daher großer Nachfrage erfreuten.

Natürlich war bei weitem nicht alle Literatur aufgeklärt. Der

Mystiker Louis Claude de Saint-Martin (*Über Irrtümer und die Wahrheit*, 1775) sammelte eine Gemeinde um sich, und der Exjesuit Barruel fand mit den *Lettres helviennes* sein Publikum. Kolportierter Hofdamen- und Kulissenklatsch erfreute sich damals wie heute in gewissen Kreisen großer Beliebtheit. Ludwig XVI. hinterließ ein *Tagebuch*, dessen Gedankenblässe Rückschlüsse auf sein Format erlaubt.

J. Favier (Hrsg.); Les Archives nationales. Etat général des fonds. T. I: L'Ancien Régime. Hrsg. E. Taillemite, Paris 1978.

G. Cabourdin/G. Viard: Lexique historique de la France d'Ancien Régime. Paris 1978.

M. Marion: Dictionnaire des institutions de la France aux XVIIe et XVIIIe siècles. Paris ²1978.

*

A. de Tocqueville: L'Ancien Régime et la Révolution. Paris 1856 (zahlreiche Neuausg. u. Übersetzungen).

H. Méthivier: L'Ancien Régime. Paris ²1964.

P. Goubert: L'Ancien Régime. 2 Bände, Paris 1969—1973.

A. Soboul: La civilisation et la Révolution française. Bd. I: L'Ancien Régime, Paris 1970.

*

N. I. Kareev: Krest'jane i krest'janskij vopros vo Francii v poslednej četverti XVIII veka. 2 Bände, Moskva 1879, Paris 1899 (Les paysans et la question paysanne en France au dernier quart du XVIIIe siècle).

M. M. Kovalevski: La France économique et sociale à la veille de la Révolution. 2 Bände, Paris 1909—1911.

I. V. Lučickij: Krest'janskoe zemlevladenije vo Francii nakanune revoljucii. Kiev 1900, Paris 1911 (L'état des classes agricoles en France à la veille de la Révolution).

E. Labrousse: Esquisse du mouvement des prix et des revenus en France au XVIIIe siècle. 2 Bände, Paris 1933. — Derselbe: La crise de l'économie française à la fin de l'Ancien Régime et au début de la Révolution. Paris 1944.

F. Braudel/E. Labrousse (Hrsg.): Histoire économique et sociale de la France. Bd. II, Paris 1970.

M. Dobb/P. Sweezy (Hrsg.): The Transition from Feudalism to Capitalism. London ²1976, dt. Frankfurt (Main) 1978.

*

P. Léon: La naissance de la grande industrie en Dauphiné. Gap 1954.

R. Forster: The Nobility of Toulouse in the Eighteenth Century. Baltimore 1960.

P. de Saint-Jacob: Les paysans de la Bourgogne du Nord au dernier siècle de l'Ancien Régime. Paris 1960.

A. Poitrineau: La vie rurale en Basse-Auvergne au XVIIIe siècle, 1726—1789. 2 Bände, Aurillac 1965.

J. Meyer: La noblesse bretonne au XVIIIe siècle. 2 Bände, Paris 1966.

M. Richard: La vie quotidienne des protestants sous l'Ancien Régime. Paris 1966.

A. J. Bourde: Agronomie et agronomes en France au XVIIIe siècle. 3 Bände, Paris 1967.

M. Garden: Lyon et les Lyonnais au XVIIIe siècle. Paris 1970.

F. Bluche: La vie quotidienne de la noblesse française au XVIIIe siècle. Paris 1973.

C. Carrière: Négociants marseillais au XVIIIe siècle. Marseille 1973.

G. Frèche: Toulouse et la région Midi-Pyrénées au Siècle des Lumières, vers 1670—1789. Paris 1974.

G. Chaussinand-Nogaret: La Noblesse au XVIIIe siècle: De la Féodalité aux Lumières. Paris 1976.

J. Rives: Dîmes et société dans l'archevêché d'Auch au XVIIIe siècle. Paris 1976.

A. Babeau: Le village sous l'Ancien Régime. Paris (1885), [2]1978.

J. Quéniart: Culture et société urbaines dans la France de l'Ouest au XVIIIe siècle. Paris 1978.

G. van den Heuvel: Grundprobleme der französischen Bauernschaft 1730–1794. München/Wien 1982.

I. Im Vorfeld der Explosion

Reform und Adelsfronde

Calonnes *Plan zur Verbesserung der Finanzlage* versprach Handel und Gewerbe Erleichterungen. Kronland sollte zwecks Schuldentilgung veräußert werden; vorgesehen waren beratende Körperschaften in Gestalt von Stadt-, Distrikts- und Provinzialversammlungen; das Kernstück bildete eine von jedermann gleichmäßig zu entrichtende Territorialsteuer.

Der Plan räumte Teilen der Bourgeoisie begrenzte Vorteile ein, mutete den Privilegierten Abstriche zu und stärkte die Zentralgewalt

> (...) in der weisen Absicht, Schädliches abzuschaffen und Gutes zu vervollkommnen. (Calonne, 1.)

Der König wagte nicht, „seinem Adel" die hierzu erforderlichen Gesetze aufzuzwingen; seine Unterstützung fiel entsprechend lau aus.

> Es wird — gab Calonne zu — Einsprüche noch und noch geben! Man hat sie erwartet. Kann man das Gemeinwohl üben, ohne einige Einzelinteressen zu kränken? Verbessert man, ohne daß es Klagen gäbe? (Ebenda, 439.)

Da er andererseits ablehnte, den politisch entmündigten Dritten Stand (den „Tiers") aufzurufen, hätte er die Zustimmung des Parlements einholen müssen. Das aber war unmöglich, weil die Obersten Gerichtshöfe mit der Willkürherrschaft königlicher Regierungen seit langem auf Kriegsfuß lebten, allen voran das Parlement von Paris. Diesem Bollwerk des Beamtenadels (noblesse de robe, „robins") oblag es, Gesetze auf ihre Korrektheit zu prüfen und „einzutragen". Funktionen einer ständischen Kontrollinstanz, die Krone und Regierung bestritten, hatte es usurpiert. Als starrer Hüter „verbriefter Rechte" wußte es die Adelsgenossen mehrheitlich hinter sich; seine Opposition gegen despotische Auswüchse sicherte der Spitze des Richterstandes (der „Magistratur") gleichfalls Rückhalt im Bürgertum; mit der Ämterbourgeoisie,

aus der viele Parlementsräte aufgestiegen waren, verknüpften sie zahlreiche Bande.
Calonne umging sie, indem er zum Februar 1787 eine Versammlung von 144 gesiebten „Notabeln" einberief: Prälaten, Grandseigneurs, Parlementsräte, Intendanten und Staatsräte, Provinzialstände und Stadtmagistrate. Er täuschte sich in der Voraussetzung ihrer Gefügigkeit. Als Privilegierte verteidigten sie nicht minder als das Parlement in erster Linie ihre Sonderrechte, feilschten um jedes Komma und richteten volles Rohr auf Calonnes üppige Finanzgebarung. Da zudem die Geschäftswelt gegenüber dem undurchsichtigen Manöver zurückhaltend, die Publizistik skeptisch und das Volk teilnahmslos blieb, geriet der Minister in eine Sackgasse:

> Kann man daran zweifeln, hatte er gefragt, daß die hohe Gesinnung eines Souveräns, (...) daß die Ehre, die so mächtig im Herzen der Franzosen wohnt, nicht schließlich über jede andere Erwägung obsiegen werden? (Ebenda, 439f.)

Die Antwort war eindeutig: Am 8. April ließ Ludwig ihn fallen. Loménie de Brienne, weltmännischer Erzbischof von Toulouse („ich bin Atheist, jedoch Katholik"), trat als Schützling Marie Antoinettes seine Nachfolge an.
Er geizte nicht mit Prämien, um den Dritten Stand aus der gegnerischen Front herauszubrechen: Verwandlung der Wegefron in eine Abgabe, Freiheit des Getreidehandels und Provinzialversammlungen, in denen der Tiers mit den Privilegierten gleichzog. Als er jedoch auf die einzig geldversprechende Grundsteuer Calonnes zurückkam, erklärten sich die Notabeln für unzuständig (was formal stimmte) und nahmen ihre Verabschiedung am 25. Mai gern in Kauf.
Da Bargeld her mußte, blieb Brienne nichts übrig, als sich nun doch mit dem Parlement von Paris auseinanderzusetzen, das seine Revanche nahm. Ein heftiger Schlagabtausch, in dem man sich gegenseitig Rechtsbrüche an den Kopf warf, machte deutlich, daß gegen ein Parlement, das als Interessenwahrer *aller* Privilegierten auftrat, eine Finanzreform nicht durchführbar war.
Am 19. November kam es zum Frontalzusammenstoß. Auf den Einspruch des Herzogs von Orléans,

> er müsse eine Eintragung, die durch Umwandlung einer

> regulären Parlementssitzung in ein außerordentliches Königsgericht (lit de justice) erzwungen werde, als gesetzwidrig betrachten,

antwortete der König:

> Die Eintragung ist rechtens, weil ich die Ansichten aller eingeholt habe,

und meinte damit, daß aber die Entscheidungsgewalt ausschließlich bei ihm selber liege. Siegelbewahrer Lamoignon mochte noch so lautstark tönen, daß

> dem König allein die souveräne Gewalt in seinem Königreich gehört (...) und die gesetzgebende Gewalt unabhängig und ungeteilt in der Person des Souveräns ruht (Dok. 2):

Das Tauziehen nahm kein Ende. Nach Rede und Widerrede verkündete am 3. Mai 1788 das Parlement eine *Gegenerklärung der Grundgesetze des Königreichs,* als deren bestallter Treuhänder es sich betrachtete: Zurückweisung der absoluten Monarchie in geschickter Mischung aufgeklärter Prinzipien und handfesterer aristokratischer Klassenforderungen; worunter

> die Bräuche der Provinzen und die ihnen gewährten Privilegien; (...) das Recht der Parlements, in jeder Provinz die königlichen Beschlüsse zu überprüfen und ihre Eintragung nur dann anzuordnen, wenn sie mit den Grundgesetzen der Provinzen wie auch mit den Gesetzen generell übereinstimmen.

Der Dritte Stand durchschaute die Doppelbödigkeit noch nicht und stellte sich hinter das Parlement um so mehr, als die Regierung nun, der Mißerfolge müde, schärfere Saiten aufzog. In der Nacht vom 5. zum 6. Mai verhaftete sie gegen den Protest des Parlements in dessen Sitzungssaal zwei Führer der Opposition, die Räte Duval d'Eprémesnil und Goislard de Montsabert. Am 8. empörte sich Ludwig XVI.:

> Es gibt keinen Verstoß, den sich mein Parlement von Paris seit einem Jahr nicht geleistet hätte. (...) Ich schulde es meinen Völkern, ich schulde es mir selber, ich schulde es meinen Nachfolgern, derartige Verstöße anzuhalten. Ich hätte sie unterdrücken können; ich ziehe es vor, ihren Auswirkungen zuvorzukommen. (...) Ich will also keineswegs meine Parlements zerstören, sondern sie zu ihrer Pflicht und ihrer Satzung zurückführen. (A. P., I, 294.)

Er erzwang die Registrierung von sechs Verordnungen, mit denen er — unter anderem — dem Parlement sein höchstes Vorrecht, die Kontrolle über Gesetzgebung und Staatsfinanzen, auf dem Umweg über eine von Lamoignon besorgte Justizreform entzog. Sie ging auf eine vom König berufene Große Hofkammer (Grande Cour plénière) über. Da die Adelsfronde damit ihr natürliches, gewissermaßen durch Gesetz und Brauch abgeschirmtes Zentrum in der Hauptstadt verlor, verlagerte sich der Widerstand in die Provinz und nahm so nationales Ausmaß an.

> Schaut auf die Bretagne, die Guyenne, das Languedoc und das Dauphiné! Dort sammelt sich das Volk, faßt Beschlüsse, um das Joch abzuschütteln, das man ihm auferlegen möchte. (Dok. 5.)

Noch war das keine „Vorrevolution", wie von Egret behauptet, denn noch zogen sich Gruppierungen der herrschenden Klasse untereinander an den Haaren. Die eine scheute ökonomische, die andere politische Einbußen; jede wollte der anderen den Unkostenbeitrag zuschieben: Abbau des Fehlbetrags zu Lasten der Privilegierten oder Rückkehr zum Ständestaat bei Abbau des Absolutismus?
Noch zögerte daher der Dritte Stand, tastete die Lage ab. Noch hatte er sich nicht einseitig gebunden, geschweige denn, sich selbst zur Partei im Streit erhoben.

> Lamoignon weiß nicht recht warum,
> kläfft uns in Königs Namen dumm (...).
> Um das Geheimnis klar zu zeigen,
> will sprechen er und heißt uns schweigen.
> Doch großer Herr, doch großer Herr,
> wenn man auf euch vertrauen kann,
> so laßt uns an den König ran! (Semmer, 23.)

Andererseits, dem Parlement „mit Liebe":

> Schweigt still, ihr Herren vom Talar,
> ihre Hunde, die man brauchte,
> ihr tut des Königs Willen zwar,
> doch nichts, was etwas taugte.
> (...) *Ich* hatte niemals Treu noch Macht
> und halte doch dem König Wacht. (Ebenda, 23, 25.)

Über einen Sammelpunkt verfügte der Tiers nicht. Der Auseinanderfall der Feudalkräfte wurde indessen so manifest, daß jetzt wirkliche Bewegung Frankreich durchflutete. Noch waren die Kampfpreise begrenzt, aber es *war* Bewegung, und sie zog Kreise.

> Wenn das Vaterland in Gefahr ist, mahnte der protestantische Pastor Rabaut Saint-Etienne, verrät man es, wenn man die Wahrheit verschweigt.

Die gedemütigten Parlements der Provinzen boten ihren Anhang im örtlichen Justizapparat auf, die Gerichtsreform zu sabotieren und sich Protesthandlungen anzuschließen. Sie fanden Verbündete, denn die Verordnung über die Einsetzung von „paritätischen" Provinzialversammlungen hatte den Schwertadel bis herunter zum Krautjunker in Wallung gebracht. So forderten die Privilegierten in Hochburgund, Provence und Dauphiné ihre alten Provinzialstände zurück; eine vorgezogene Generalversammlung des Klerus erhob im Juni 1788 Einspruch gegen die Große Hofkammer: Unbotmäßiger Schwertadel und besorgte Prälaten traten den Robins zur Seite. Die „Philosophenpartei" riet dem bürgerlichen Lager, hinter dieser „Koalition" nicht zurückzustehen. Immerhin, schrieb Chénier am 22. August 1788:

> Die Meinung des Volkes ist jetzt eine Macht.

Es blieb nicht bei Justizstreiks und Kundgebungen. Die Agitation schwoll zum Aufruhr an. Im Juni kam es zu — teils sehr heftigen — Zusammenstößen in Dijon, Toulouse, Pau, in Grenoble (am 7.) zur „Dachziegelschlacht". Wo das Volk, wie in den beiden letztgenannten Städten, auf die Straße ging, war es zwar entweder vom Adel oder von den Rechtshütern aufgemuntert worden, um auf die Behörden Druck auszuüben. Seine Beteiligung setzte aber ein neues Ausrufezeichen, das mitunter schon ein Stirnrunzeln auslöste, die Sache möchte zu weit gehen...

Im industriell höchstentwickelten Dauphiné riß auf einer selbstherrlich einberufenen Zusammenkunft in Grenoble am 14. Juni der Tiers erstmalig die Führung an sich. Zu der von ihr beschlossenen Notabelnversammlung erschienen am 21. Juli auf Schloß Vizille (das dem Millionär Périer gehörte), 276 Vertreter des Dritten Standes und 215 Privilegierte, laut Sitzungsprotokoll sogar 391 und 282. Sie machten sich die

Forderung der Parlements nach Einberufung von Generalständen zu eigen,

> die allein die erforderliche Macht hätten, gegen den Despotismus der Minister anzukämpfen und der Veruntreuung der Finanzen ein Ende zu setzen. (...) Weder Ort noch Zeit können den Despotismus rechtfertigen. Die Menschenrechte leiten sich allein aus der Natur her und sind unabhängig von ihren konventionellen Formen. Da der Wohlstand des Vaterlandes das Gut aller ist, sind unleugbar alle gehalten, zu Hilfe zu eilen, wenn er in Gefahr ist.

Wohl sollten Parlements und Provinzialstände wiedereingesetzt werden, jedoch erstere ohne ihre politischen Vorrechte und letztere „nach Köpfen", das heißt mit bürgerlicher Mehrheit. Damit rückte ein Klassenanspruch in den Vordergrund, der gleichzeitig die — bürgerliche — *Nation* über allen Kirchturmhorizont, wie er in der Bretagne und im Béarn vorwaltete, hinaushob.

> Die drei Stände des Dauphiné werden ihre Angelegenheiten niemals von denen der anderen Provinzen trennen, und wenn sie ihre besonderen Rechte betreiben, vernachlässigen sie darüber nicht diejenigen der Nation. (...) Die drei Stände der Provinz werden nur dann Steuern festsetzen, wenn ihre Vertreter darüber in den Generalständen des Königreichs einen entsprechenden Beschluß gefaßt haben.

Daß widerspenstige Privilegierte und Bourgeois in sozialer Hinsicht keineswegs dieselben konkreten Zielpunkte ansteuerten; daß die einen ihre bedrohten Vorrechte retten, die anderen solche liquidieren wollten, hinderte sie nicht, gegen Brienne eine taktische Allianz zu schmieden, wider die er nicht aufkam. Wer gehorchte denn noch? Sogar die von ihm aus der Taufe gehobenen Provinzialversammlungen erwiesen sich als wenig gelehrig und schwenkten auf die populäre Linie der Opposition ein. Seitdem der Adel meuterte, war auf die von Edelleuten geführte Armee auch kein Verlaß mehr. Die Kassen leerten sich mittlerweile vollends, denn natürlich verweigerten die Bankiers unter so verworrenen Umständen die Zeichnung von Anleihen zweifelhafter Bonität. Brienne strich vor der Revolte die Segel, suspendierte am 8. August die

Große Hofkammer als Stein des Anstoßes und setzte die Eröffnung der — im Prinzip schon am 5. Juli zugestandenen und allseits lauthals als Allheilmittel herbeigebeteten — Generalstände auf den 1. Mai 1789 fest (Dok. 3).

> Kein Zweifel mehr, schrieb Mirabeau am 16. August an Levrault, die Generalstände werden zusammentreten. Ich frage Sie: Wer würde sonst am 1. Mai 1789 bezahlen? Es ist der Regierung ergangen, wie ich es ihr so oft vorhergesagt habe: Wenn ihr sie nicht zu Fuß wollt, werden sie zu Pferd kommen. (Dok. 4.)

Am 24. August 1788 nahm Brienne seinen Abschied, und Ludwig XVI. griff zwei Tage darauf mißmutig auf Necker zurück. Würde *er* Mirabeau das Zauberwort nachsprechen: *Krieg den Privilegierten und den Privilegien, da haben Sie meine Losung?*

> Der kühne Reichstag Galliens dämmert schon,
> die Morgenschauer dringen den Wartenden
> durch Mark und Bein: O komm, du neue,
> labende, selbst nicht geträumte Sonne!
> (Klopstock, Die Etats Généraux.)

C. R. Gosselin: Réflexions d'un citoyen adressées aux Notables. O. O. 1787.
H. G. (Riquetti) de Mirabeau: Sur Moses Mendelssohn, sur la réforme politique des Juifs. London 1787.
J. P. Rabaut Saint-Etienne: Réflexions impartiales d'un philanthrope sur la situation présente des Protestants et sur les moyens de la changer. O. O. 1787. — Derselbe: A la nation française, sur les vices de son gouvernement, sur la nécessité d'établir une constitution, et sur la composition des Etats Généraux. (Paris, Juni) 1788.
L. N. H. Chérin: La noblesse considérée sous ses divers rapports. Paris 1788.
Procès-verbal de l'assemblée du clergé de France. Paris 1788.
Procès-verbal de l'Assemblée des Notables tenue à Versailles, en l'année 1788. Paris 1789.
H. Carré: La fin des parlements (1788—1790). Paris 1912.
P. Renouvin: Les assemblées provinciales de 1789: origines, développements, résultats. Paris 1921.
J. Egret: Necker, Ministre de Louis XVI, 1776—1790. Paris 1975.

Necker genoß beim Tiers Kredit; das half politisch wie finanziell über die ersten Runden. Er widerrief Lamoignons Justizreform endgültig und setzte die Parlements allesamt in ihre Rechte wieder ein. Der eigentliche Erfolg fiel ihm indessen ohne sein Zutun in den Schoß: Das „widernatürliche“ Bündnis von Aristokratie und Bourgeoisie zerbrach in dem Augenblick, als das Parlement von Paris, Initiator und gewissermaßen anerkannte Speerspitze der Kampagne, am 21. September verlangte, die Generalstände nach dem verstaubten Muster der zuletzt 1614 in Tours, getrennt nach Ständen, abgehaltenen einzuberufen, wonach der Tiers im Verhältnis von 2 zu 1 überstimmt werden konnte. Über Nacht sank die Volkstümlichkeit der „Gerichtspersonen, die sich die Überprüfung der Gesetze angemaßt und kühn behauptet hatten, Vertreter des Volkes zu sein“, auf den Nullpunkt.

> Der Erfolg gegen Herrn von Calonne machte sie dreist: Sie widersetzen sich der Besteuerung der Wohlhabenden, so wie sie sich der Territorialsteuer widersetzt haben. (. . .) Da sich der Klerus, der Adel und der Richterstand absondern wollen, so laßt uns jede Verbindung mit ihnen abbrechen! (Dok. 5.)

Das Bürgertum löste sich aus der Zweckgemeinschaft, und im Januar 1789 konnte der Schweizer Mallet du Pan als Ergebnis des Meinungsumschwungs eine Hinführung auf tieferliegende Klassenantagonismen festhalten: Die öffentliche Auseinandersetzung habe sich von Grund auf gewandelt. Es gehe nur noch sehr zweitrangig um den König, den Despotismus und die Verfassung; nunmehr sei Krieg zwischen dem dritten und den beiden ersten Ständen.

> Es geht jetzt bei uns ohngefähr so her wie in Amerika zur Zeit des Aufstandes gegen England, hören die „Leipziger Zeitungen“ am 4. Januar 1789 aus Paris. Auf ebendie Art und aus ebenden Gründen, wie die Amerikaner sich gegen das Parlament, so lehnen sich hier die Bürger gegen den Adel und die Geistlichkeit auf. (Nr. 16, 1789.)

Hof und Regierung wiegten sich in der Hoffnung, zwischen den Lagern zu lavieren, getreu der Maxime aus Ludwigs XIV. Tagen: Von Zeit zu Zeit dem Bürgerstand Gunst zu erweisen, um die Ansprüche des Adels zu dämpfen ... Diese Rechnung machten sie ohne den Wirt.

> In den Provinzen ist alles in Aufruhr, wird den „Berlinischen Nachrichten" unter dem 16. Dezember 1788 berichtet. Die Bürger sind sich ihres Rechts und ihrer Kraft bewußt und wollen daher mit Gewalt durchsetzen, was der Adel und die Geistlichkeit ihnen im Guten zuzugestehen sich weigern. An manchen Orten hat man die Bürger durch Herbeirufung des Militärs hindern wollen, Zusammenkünfte zu halten, in welchen sie über die Mittel, zu ihrem Zweck zu gelangen, beratschlagen; allein es wird wohl vergebens sein, weil die Gärung zu allgemein ist und der große Haufe wohl einsieht, daß er den jetzigen Zeitpunkt nützen oder alle Hoffnung aufgeben müsse, je aus seiner Sklaverei zu kommen. (Nr. 1, 1789.)

George Washingtons Edelspion Morris (der auf den eigenartigen Vornamen Gouverneur hörte) vermerkte unter dem 23. Februar 1789:

> Ihre Nation ist jetzt in einer höchst wichtigen Krise, und die große Frage: Werden wir von nun an eine Verfassung haben oder wird die Willkür weiter Gesetz bleiben? beschäftigt alle Köpfe und bewegt alle Herzen in Frankreich. (Landauer, I, 219.)

Am 3. März ergänzte er:

> Alles ist nach englischer Mode, und das Verlangen, die Engländer nachzuahmen, herrscht gleichermaßen im Schnitt eines Rocks wie in der Form einer Verfassung. (Ebenda, 220.)

Wortführer des Tiers — Rechtsanwälte, Schriftsteller, Geschäftsleute, die sich (vielleicht nach niederländischem Vorbild) als „Patriotenpartei" zu bezeichnen begannen — bemächtigten sich der Leitung der Gesamtbewegung. Der Herzog von Orleans, seit jeher Frondeur, unterstützte sie, war jedoch entgegen beharrlich umgehenden Gerüchten niemals ihr „Haupt". Marmontel, der „gestand, keine hohe Meinung von seinem Mut zu haben", wollte von Chamfort, der sich in allerhöchsten Kreisen bewegte, vernommen haben:

> Da haben Sie recht. Auch Mirabeau, der ihn gut kennt, meint: auf ihn zählen, hieße auf Sand bauen. Aber er hat

sich volkstümlich gezeigt und trägt einen imponierenden Namen. Er kann Millionen ausschütten, verabscheut den König und noch mehr die Königin. Sollte es ihm an Mut mangeln, so wird man ihm diesen schon einflößen. (Marmontel, 735.)

Nicht wenige liberale Adlige, worunter Lafayette und Mirabeau, schlossen sich ehrlich, wenngleich unter einer stillschweigenden Voraussetzung an:

> Es hieße unser Zeitalter barbarisch zurückschrauben, wenn man zu gewalttätigen Revolutionen seine Zuflucht nähme. Der Unterricht genügt dank der Buchdruckerkunst, um all die Revolutionen durchzuführen, die die Menschheit sich schuldig ist; und bei diesem Verfahren allein werden die Nationen nichts von ihren Errungenschaften verlieren. (Dok. 4.)

Die Patrioten setzten einen Propagandaapparat in Bewegung, der sich sowohl persönlicher Beziehung als auch verschiedener Gesellschaften bediente, darunter der Freimaurerlogen (namentlich der „Neun Schwestern' in Paris) und der Sklavereigegner, die sich (mit Abbé Grégoire, Lafayette und Brissot) „Freunde der Schwarzen" (Dok. 16) nannten. Die Zensur verstummte — ohne förmlichen Beschluß — oder doch nahezu. Druck- und Pressefreiheit erzeugten eine wahre Springflut von Aufklärungsschriften zur Lage, in denen sich später berühmte Publizisten gleich Carra, Loustalot, Cerutti, Dolivier, L'Ange (Dok. 6) erste Sporen verdienten. Auch künftige Häupter der Konterrevolution spitzten bereits ihre ätzende Feder: d'Antraigues in Avignon, J. N. Moreau in Paris und Calonne aus seinem Londoner Asyl mit einem *Offenen Brief* an Necker (1788) und zweien an den König, worin er ihm riet, die Revolution präventiv „selber zu machen" (am 9. Februar und 4. April 1789).

> Der Privatmann gibt wirklich all sein voriges Geld jetzt nur für Broschüren über Staatssachen aus und ist abgeneigt und gleichgültig gegen alles andere,

schrieb ein darüber gar nicht entzückter Lavater (Sohn) am 27. Februar aus Paris (Landauer, II, 107). Pariser Literatencafés (wie Zoppis „Procope") wurden zu Zentren der Agitation. In ihrem Verlauf änderte sie den Ton, und die erschrockenen „Prinzen von Geblüt" fühlten sich gedrängt, dem König am

12. Dezember 1788 eine Bittschrift zu unterbreiten, in der sie klagten:

> Schon hat man die Abschaffung der Feudalrechte vorgeschlagen (...). Könnte sich Ew. Majestät entschließen, Ihren tapferen, alten und ehrwürdigen Adel zu opfern und zu demütigen?

Davon war Ludwig XVI. weit entfernt. Jedoch wollte und konnte er nicht wider den Strom schwimmen, um einer — sogar veröffentlichten — Aufforderung des Prinzen Conti vom 28. November zu folgen, *alle neuen Systeme auf ewig zu ächten und die Verfassung und die alten Formen in ihrer Ganzheit aufrechtzuerhalten.* Eine zum November einberufene zweite Notabelnversammlung (von der man Zeitaufschub erhoffte) stemmte sich wider die Verdoppelung der bürgerlichen Abgeordnetensitze:

> Bürger und Bauern hätten auf dem Reichstag nichts zu schaffen; ihre Rechte würden die Magistratspersonen aus den Städten wahrnehmen, und von den alten Gerechtsamen des Adels und der Geistlichkeit könne nichts abgeschafft werden. (Berlinische Nachrichten, Nr. 1, 1789.)

Sie spielte den Schwarzen Peter an Necker zurück, während das Parlement am 5. Dezember zwar diesbezüglich nachgab, jedoch über den Abstimmungsmodus schwieg. Diese Taktik machte sich Necker am 27. Dezember in seinem *Bericht an den Kronrat in Versailles* zu eigen. Darin hob er ganz eindeutig die „staatserhaltende" Rolle der Großbourgeoisie hervor:

> Diese Zwischenzeit (seit 1614 — W. M.) hat auf allen Gebieten große Veränderungen mit sich gebracht. Das bewegliche Vermögen wie auch die Regierungsanleihen haben den Dritten Stand zum Teilhaber am öffentlichen Wohlergehen gemacht. Wissen und Aufklärung sind zum Besitz aller geworden. (...) Es gibt eine Vielzahl öffentlicher Angelegenheiten, in denen nur er bewandert ist, so die Transaktionen des Binnen- und Außenhandels, der Stand der Manufakturen und die geeignetsten Mittel zu ihrer Förderung, das öffentliche Kreditwesen, Zinswesen und Geldumlauf (...) und so viele andere Geschäfte, in denen er allein Erfahrung besitzt.

Die umstrittene Sitzverdoppelung wurde daraufhin vom König beschlossen:

nicht (nach Necker), um die Beratung nach Köpfen zu forcieren, wie man zu befürchten scheint, sondern um den vernünftigen Wunsch der Gemeinen seines Königreichs zu befriedigen, insoweit das getan werden kann, ohne den Interessen der beiden anderen Stände zu schaden. (A. P., I, 493.)

Als nicht stichhaltig wurde der Verdacht zurückgewiesen, Zugeständnisse könnten die Begehrlichkeit des Tiers nur ins Ungemessene steigern: Böte man den kleinen Finger, nähme er die ganze Hand.

Einberufungsschreiben und Wahlordnung ergingen am 24. Januar 1789:

Es ist der Wunsch Seiner Majestät, bis zu den äußersten Enden des Königreichs jedermann zu versichern, daß seine Wünsche und Beschwerden bis zu ihr dringen werden.

Von den Männern, die mit Traktaten und Flugschriften den entbrennenden „Wahlkampf" — den ersten von solcher Wucht in der Geschichte überhaupt — auf den springenden Punkt zu lenken unternahmen, sind danach viele in der Revolution hervorgetreten; nicht nur in der Hauptstadt, wo sich vor allem ein „Dreißigerausschuß" (bei Federführung Condorcets) hervortat, sondern ebenfalls in der Provinz: unter anderen

Robespierre in Arras: *Aufruf an die Nation des Artois*

Thouret in Rouen: *Warnruf an die guten Bewohner der Normandie*

Taboureau de Montigny in Orléans: *Ansuchen des Dritten Standes an den König.*

Mirabeau *(Aufruf an die Nation der Provence)*

ist in Aix als Triumphator eingezogen, das Volk ist vor ihm hergegangen und hat ihn unter den schmeichelhaftesten Zurufen zu seinem Hotel getragen, und immer wieder ertönten Rufe: Es lebe der Verteidiger, der Schutzengel des Volkes! (Landauer, I, 70.)

In Paris verfaßte Target einen *Brief an die Generalstände,* Marat eine *Opfergabe an das Vaterland* (Offrande à la patrie), Camille Desmoulins *Das freie Frankreich*:

Jawohl, alle diese Errungenschaften werden sich durchsetzen. Jawohl, diese glückhafte Revolution, diese Läuterung wird sich erfüllen! Keine Macht auf Erden ist imstande, sie zu verhindern. Erhabene Wirkung der Philoso-

> phie, der Freiheit und des Patriotismus! Wir sind unbesiegbar geworden.

Eindruck machten anonyme Pamphlete gleich dem *Guten Rat an die Pariser* (Dok. 5), *Vier Schreie eines Patrioten* (Quatre cris d'un patriote) oder *Die entlarvte Geistlichkeit* (Le clergé dévoilé). Manche Sensation des Tages ist freilich auch wieder verschollen. Den mit Abstand größten *und* dauerhaftesten Erfolg erzielte der Abbé Sieyès mit seinem Bestseller *Was ist der Dritte Stand?* (Dok. 8), in dem die Klassenziele der Bourgeoisie mit größter Deutlichkeit hervortraten. Er scheute sich nicht, scharfe und deshalb einsichtige Schlußfolgerungen zu ziehen: Logisch weitergedacht, konnten sie nicht bei einer Reform der Institutionen und ihrer Regierungsweise anhalten; sie mußten zur Stellung der Machtfrage überleiten:

> Der Dritte Stand ist eine vollständige Nation. (...) Nichts kann ohne ihn geschehen, alles würde ohne die anderen unendlich besser vor sich gehen. (...) Der Dritte Stand umschließt mithin alles, was zur Nation gehört, und alles, was nicht Dritter Stand ist, kann nicht als Teil der Nation betrachtet werden. (...)
>
> Die Versammlung des Dritten Standes vertritt 25 Millionen Menschen und beratschlagt über das Interesse der Nation. Die beiden anderen, sollten sie sich vereinigen, besitzen nur von ungefähr 200 000 Personen Vollmachten und denken nur an ihre Vorrechte. Der Dritte Stand allein, wird man sagen, kann die Reichsstände nicht bilden. Ei, desto besser! Er wird eine Nationalversammlung bilden. (...)
>
> Und: Die Regierung übt nur insofern eine wirkliche Gewalt aus, als sie verfassungsmäßig ist; sie ist nur insofern gesetzmäßig, als sie den ihr auferlegten Gesetzen treu ist. Der Nationalwille hat im Gegenteil nur seine Realität nötig, um gesetzmäßig zu sein; er ist der Ursprung aller Gesetzlichkeit.

Die Propagandaschreibe spiegelte vornehmlich Bestrebungen eines gehobenen Mittelstandes wider, der sich mit Aussicht auf gute Chancenverwertung gegen feudale Vorrechte aufbäumte, weil sie seinen ureigensten Interessen zuwiderliefen. Das Schicksal der Werktätigen in Stadt und Land bekümmerte ihn weniger. Ihrer gedachten nur vereinzelte Stimmen gleich Rétif de la Bretonne *(Der Bauernstand an die Generalstände)*, der Marquis de Villette *(Einspruch eines Leibeigenen aus dem Juragebirge)* oder der Schauspieler Dufourny de Villiers in seinem *Beschwerdeheft des Vierten Standes.*

C. A. de Calonne: Réponse à Necker. London 1788. — Derselbe: Lettre adressée au roi. London, (9. Februar) 1789; Seconde lettre adressée au roi. London, (4. April) 1789.

P. Dolivier: La voix d'un citoyen sur la manière de former les Etats Généraux. (Etampes) 1788.

J. L. Carra: Système de la raison. Paris 1789 ([2]1791).

J. A. Cerutti: Vues générales sur la constitution française. Paris 1789.

Le clergé dévoilé ou l'iniquité retombant sur elle-même. O. O. 1789 (anonym).

Doléances du pauvre peuple. Paris 1789 (anonym).

Etats-Généraux. Convocation des habitants du Tiers-Etat de la Ville et Faux-Bourgs de Paris. (15. April) 1789.

H. Grégoire: Essai sur la régénération physique, morale et politique des Juifs. Metz/Paris/Strasbourg 1789.

J. M. Lequinio: Les trois chapitres, ou la Voix du patriotisme. Paris 1789.

E. J. Sieyès: Qu'est-ce que le Tiers-Etat? Paris, Januar 1789, dt. u. a. Berlin 1924, Frankfurt (Main) 1968, Neuwied/Darmstadt 1975.

C. M. de Villette: Protestation d'un serf du Mont-Jura. O. O. 1789.

C. F. de Volney: La sentinelle du peuple. Paris 1789.

Zalkind-Hourwitz: Apologie des Juifs. Paris 1789.

A. Brette: Recueil de documents relatifs à la convocation des états généraux de 1789. 4 Bände, Paris 1894—1915.

N. Herrmann-Mascard: La censure des livres à Paris à la fin de l'Ancien Régime, 1750—1789. Paris 1968.

Stimme des Volkes: die Beschwerdehefte

Die erlassene Wahlordnung war ohne Fußangeln. Sie verzichtete auf Gängelung der Versammlungen durch königliche Kommissare. Die Regierung suchte das Wahlvolk bei Laune zu halten.

Adel und Geistlichkeit, da wenig zahlreich (zusammen 3 % der Bevölkerung), bestimmten ihre Vertreter direkt. Der Tiers — alle männlichen Franzosen „gemeinen Standes" über 25 Jahre

mit eigenem Wohnsitz und mit wenigstens 6 Livres in der Steuerrolle veranlagt — wählte in zwei Stufen (auf dem Lande und in Paris) oder gar in drei (in den übrigen Städten):
1. in den Gemeinde-, Zunft- oder Stadtviertelversammlungen der Urwähler und
2. in den Wahlmännerversammlungen (Elektorenkollegien), die die Abgeordneten zu den Generalständen benannten.

Die Adelsversammlungen wurden erwartungsgemäß von konservativen Kräften beherrscht, die sich auf die Masse der Krautjunker stützten. Von deren gängigstem Typ hat der — hierzu gewiß unverdächtige — Tocqueville eine berühmt gewordene „Strichzeichnung" entworfen:

> Oft verschuldet und immer in Geldnot, lebte er in der Regel sehr kärglich in seinem Schloß, nur darauf bedacht, dort das Geld zu sammeln, das er den Winter über in der Stadt ausgeben würde. Das Volk, das mit einem Wort oft den Nagel auf den Kopf trifft, hatte diesem kleinen Edelmann den Namen des kleinsten unter den Raubvögeln gegeben: Es nannte ihn den Baumfalken (hobereau).

Auf die einem Ausgleich zuneigenden Reformfreunde — nicht immer (Dok. 10), aber oft Grandseigneurs, deren Reichtum ihnen einen gewissen Spielraum gewährte (La Rochefoucauld, Aiguillon, Noailles, Lafayette ...) — entfielen nur wenige Mandate.

Stürmischer ging es bei der Geistlichkeit zu, nachdem die Gemeindepfarrer zu der bisher den Prälaten vorbehaltenen Wahlhandlung zugelassen wurden. Die Regierenden hatten sich von ihnen mehr Frömmigkeit und demzufolge mehr Gefügigkeit versprochen. Daß beides nicht konform zu gehen brauchte, lehrten sie alsbald Pfarrer des Dauphiné, die ihre Amtsbrüder in der Bretagne beschworen:

> Solange die Adligen in den Plebejern zur Knechtschaft bestimmte Menschen von niedriger Natur erblicken, werden sich Eure Bischöfe nicht dazu durchringen, Euch als ihre Mitarbeiter zu betrachten. In die Fülle Eurer Rechte werdet Ihr erst dann eintreten, wenn das Volk seine vollen Rechte wiedererlangt. Wenn Ihr für das Volk streitet, wird das Volk für Euch streiten. Was haben wir denn schon von den Bischöfen zu befürchten? (...) Wir

> sind 40 000 Seelenhirten, nach Bildung, Verstand und Tugenden die Blüte des Dritten Standes, (...) dazu beauftragt, im Namen Gottes zu verkünden, daß wir vor ihm alle gleich sind. (Bertaud, Origines, 25 f.)

Der „Tiers des Klerus" zeigte sich — so auch im *Pastoralen und patriotischen Katechismus der Pfarrer der Auvergne* — von Argumenten der Patriotenpartei beeindruckt und legte öffentlich Verwahrung ein

> gegen den Mangel an Freiheit, in dem ihn die hohe Geistlichkeit während der Wahlen gehalten hat. (A. P., I, 537.)

Von Pfarrer Jallet bekamen die Prälaten zu hören:

> Wir sind euresgleichen; wir sind Staatsbürger wie ihr; wir sind Abgeordnete der Nation wie ihr. Eure Rechte sind nicht ausgedehnter als die unsrigen, und eine der eurigen widersprechende Ansicht haben, heißt nicht die Fahne des Aufruhrs erheben. (Leflon, 44.)

Die umgestülpten Mehrheitsverhältnisse brachten gar manchen der unzugänglichen Oberhirten zu Fall,

> die ihr Amt Beziehungen und Ränken verdanken und fast alle ihren Bistümern fremd sind. (Bertaud, Origines, 26.)

Die Beschwerdehefte (cahiers de doléances) des Dritten Standes, von denen mehrere zehntausend erhalten sind, geben Aufschluß über die Bewegung der Gemüter. Allerdings spiegeln sie diese nicht in reiner Gestalt wider. Viele zeigten sich von umlaufenden Flugschriften beeinflußt, die die „Einheit des Tiers" hervorhoben. Im *Katechismus des Dritten Standes zum Gebrauch für alle Provinzen Frankreichs und insbesondere der Provence* vom Dezember 1788 hieß es:

> Was bist du? Ein Bauer. — Was ist ein Bauer? Ein Mensch, ein Bürger, ein Glied des Dritten Standes. — Was ist der Dritte Stand? Der Nährvater des Staates, sein edelster Verteidiger. Inwiefern ist er der Nährvater? Durch den Ackerbau, den Handel, die Gewerbe, die er allein treibt zum Vorteil aller. — Wieso sein edelster Verteidiger? Weil er sich allem widmet, indem er alles opfert, ohne andere Entschädigung noch Hoffnung als 5 Sous, das Spital oder den Tod.

Es gab „Musterhefte", die die Runde machten wie die im Auftrag des Herzogs von Orléans durch Choderlos de Laclos verfaßten *Instruktionen*. Das vom Stückeschreiber François de Neufchâteau entworfene Beschwerdeheft von Vicherey nahmen sich mehrere Nachbarorte zum Muster. Oft verfertigte ein gefälliger Federführer — Pfarrer, Notar oder Rechtsanwalt — das Dokument für verschiedene Gemeinden.

Hinzu kam, daß die runde Hälfte der Urwähler Analphabeten waren, die Redaktion aber einem Schriftgewandten zufallen mußte. Juristen und Geistliche, die die Debatten zu lenken wußten, gossen den bisweilen ungeschminkten Volkszorn gern in geschmeidigere bürgerliche Schläuche. Erst recht wurden die Beschwerden auf der zweiten (beziehungsweise dritten) Verarbeitungsstufe, auf der sie zusammengefaßt wurden, geglättet.

Fast einmütig wandten sich die Cahiers aller drei Stände gegen den Absolutismus.

> Die Konstitution des Königreichs, sagte der Adel von Aix nahezu gleichlautend zum Tiers von Toulon, wird durch eine authentische Urkunde festgelegt werden, mit der man sich vor jedem anderen Gegenstand befassen wird.

Viele andere sprachen sich (allerdings zum Teil mit verklausulierten Vorbehalten) für eine Verfassung zur Beschränkung der monarchischen Gewalt aus, für eine Nationalvertretung, die Steuern bewilligt und Gesetze beschließt. Hin und wieder glaubte man, daß Provinzialstände die königlichen Intendanten in Schach halten sollten. Für Reformen im Finanz- und Gerichtswesen war man gemeinhin, für Garantien gegen Willkürverfügungen der Regierung, überwiegend auch für Pressefreiheit. Wieweit echte Begeisterung daraus sprach oder wem es Lippenbekenntnis, unvermeidlicher Tribut an das Gebot der Stunde war, steht auf einem anderen Blatt.

Jedenfalls endete hier die Übereinstimmung. Während der Adel die Rechtsgleichheit der Staatsbürger mehrheitlich ablehnte, umging die Geistlichkeit die Privilegien und mäkelte an „gottlosen Büchern", an der Gewissensfreiheit — das heißt dem Ende ihres Ideologiemonopols — herum.

> Schon eine gesunde Politik verbietet es, in einem Staat zwei Religionen öffentlich zuzulassen,

gab der Klerus von Alençon zu bedenken.

Der Tiers war sich einig in der Forderung nach staatsbürgerlicher Freiheit und Gleichheit (eines von den Freimaurern popularisierten Begriffspaares), nach Abschaffung des Zehnten und Aufhebung der grundherrlichen „Feudalrechte" im wesentlichen durch Loskauf. Erklärlich war er für Einheit des Marktes, der Zölle, der Währung, der Maße und Gewichte. Hefte wie dasjenige von Domfort gingen geradlinig die Machtfrage an:

> Die erste Forderung, ohne welche alle nachfolgenden nutzlos wären, ist, daß der Tiers in den Generalständen nach Köpfen und nicht nach Ständen abstimmt. Das ist so selbstverständlich, daß es nicht nachgewiesen zu werden braucht.

Kontrastierten solcherweise Anliegen der drei Stände, so fehlte es an Diskrepanzen innerhalb derselben ebenfalls nicht: Krautjunker neideten dem Hofadel den bevorzugten Zugang zu lukrativen Ämtern und Pensionen. Pfarrer wetterten gegen opulente Pfründner, klagten über Hungergehälter und fanden darin Flankendeckung beim Tiers:

> In nahezu allen Kirchspielen gibt es fette Pfründner, die den gesamten Zehnt einstreichen, während andererseits die Pfarrer die ganze Last des Amtes tragen. Die meisten unter ihnen sind auf eine magere Abfindung, die portion congrue, beschränkt und in ihrer oft ausgedehnten Gemeinde außerstande, die Armen zu unterstützen, wenn sie nicht über private Mittel verfügen. (Saint-Ciers de Conac, Scripta et Acta, 360 f.)

Einige erhoben ihre Stimme für die Dorfarmut — bisweilen so drastisch, daß sie ein illegales Beschwerdeheft in Kurs setzten wie Carion in Issy l'Evêque (Dok. 11). Der niedere Klerus von Digne drückte das Ansinnen durch, eine eigene Genossenschaft bilden zu dürfen.

Der Tiers ließ die ganze Palette gegensätzlicher Teilinteressen der einzelnen Schichten und Gruppen schillern. So setzte sich in den Zünften — entgegen der bei bürgerlichen Theoretikern überwiegenden Meinung — der Standpunkt der Meister durch: Von 943 Cahiers aus 31 Städten (185 Freiberufliche, 158 Goldschmiede und Detailhändler, 618 von Handwerksinnungen) erklärten sich nur 41 für ihre Aufhebung. Die Seidenweber von Lyon blockierten am 26. Februar in der Wahlversammlung die Nominierung ihrer Großverleger. Sie beantragten den Widerruf der 1786 gesetzlich eingeführten freien

Lohnabsprache zwischen Arbeitnehmer und Arbeitgeber mit der Begründung:

> Zwischen Menschen, die an Mitteln und an Macht gleich sind und von denen deshalb keiner dem Gutdünken des anderen unterworfen sein kann, wird sich die von dieser Regelung begründete Freiheit nur vorteilhaft auswirken. Die Seidenarbeiter aber, die von allen Mitteln entblößt sind und deren tägliches Brot gänzlich von ihrem Tagewerk abhängt, liefert diese Freiheit auf Gnade und Ungnade dem Fabrikanten aus, der ohne eigenen Schaden die Produktion einstellen und damit den Arbeiter auf den Lohn beschränken kann, den er festzusetzen beliebt, wohl wissend, daß dieser durch das gebieterische Gesetz der Notdurft gezwungen wird, sich zu den Bedingungen zu unterwerfen, die man ihm auferlegen will. (Mémoire des électeurs, 4 f.)

Kaufleute und Manufakturherren, im Inland prinzipiell für Freizügigkeit von Kapital und Arbeit, beklagten ihrerseits abträgliche Folgen eines Handelsvertrages mit England, der zwar (1787) französischem Wein den britischen Markt öffnete, hingegen das ohnehin daniederliegende Textilgewerbe überlegener Konkurrenz preisgab. Die Bauern waren je nach den örtlichen Gegebenheiten (in Weindörfern, Fischerdörfern, Bergdörfern, auf Weizenland ...) und ihrer Wirtschaftskraft — marktproduzierende Großbauern, Selbstversorger, Landarme und Landlose — entzweit über freies Weiderecht und Nutzung des Gemeindelandes:

> Sieben bis acht der Reichsten in der Gemeinde haben sich des größeren Teils des Gemeindelandes bemächtigt. Die Einwohner verlangen, daß es ihnen zurückgegeben wird.

So Olloix im Clermontais, in Artikel 9. Das naheliegende Saint-Donat wiederum meinte:

> Durch die Generalstände sollte die Aufteilung des Gemeindelandes in jedem Dorf angeordnet werden (Mège, Cahiers, 269.)

Im bretonischen Peumerit-Cap (Dok. 12) lautete die Reihenfolge der Wünsche: gut katholische Religion, ein starker König, Ständegleichheit und dann erst Wirtschaftsfragen, während Taponas (Dok. 9) gerade den Klerus rupfen wollte.

Ungerechtigkeiten des Steuersystems rangierten oft noch vor der Last der Feudalabgaben, doch kehrten diese beiden Hauptgravamina am öftesten wieder. Auch bessere Rechtsprechung und Verbot des Ämterkaufs standen unter den Forderungen obenan. Chenas im Beaujolais stellte in Artikel 12 seines Cahier alternativ zur Wahl:

> Entweder ein Allgemeines Gesetzbuch anzufertigen oder ein besonderes für jede Provinz.

Eigentumsfeindliche Manifestationen fehlten nicht ganz; ihre Kritik haftete indessen wesentlich an Auswüchsen und Mißbräuchen. Der ansonsten vergleichsweise zahme Tiers von Verneuil verlangte immerhin die Einweisung hilfloser Armer in adlige wie in königliche Hospitäler.

Manche Hefte waren — gleich dem von Paris — ausgedehnte und säuberlich gegliederte Verfassungsentwürfe. Andere begnügten sich mit einer knappen Aufzählung ortsgebundener Wünsche; auch absonderliche waren darunter.

Die Cahiers des Tiers stimmten insofern mit dem „Wahlausgang" überein, als beide die Bourgeoisie — die ja, alle ihre Fraktionen eingerechnet, in seinen Reihen nur eine kleine Minderheit darstellte — eindeutig an die Spitze lancierten. Ließ schon die Mehrzahl der Urhefte ihre Leitlinien durchscheinen, so erst recht diejenige der Wahlbezirke. Aus den 523 erhaltenen (von 613) ersieht man, daß die Redaktoren nahezu alle Passagen ausschieden, die dem gehobenen Mittelstand unwichtig oder gar unliebsam dünkten (wie solche gegen den Wucher, die Großpacht, Erbschaftsregelungen). Dementsprechend sank von Wahlstufe zu Wahlstufe der Anteil der kleinen Bauern und Handwerker oder gar Arbeiter unter den Delegierten. Bis in die Generalstände gelangte keiner. Hier blieb die Bourgeoisie ziemlich unter sich: von den 578 Abgeordneten des Tiers bestand fast die Hälfte aus Juristen (darunter an 200 Rechtsanwälte); rund 100 waren Kaufleute, Bankiers und Industrielle, rund 50 Grundbesitzer, dazu Beamte, Schriftsteller und Gelehrte. Auch aufgeschlossene Angehörige der beiden privilegierten Stände wie Sieyès und Mirabeau wurden auf Listen des Tiers gewählt. Vergeblich monierte das Cahier von Gastines im Craonnais:

> Es wäre sehr ratsam, die Abgeordneten des Tiers eher aus der Landbevölkerung zu wählen als aus den Stadtbürgern,

> die (auf dem Lande — W. M.) nicht Bescheid wissen (...) und sich berechtigt wähnen, auf den Spuren der Adligen zu wandeln. (Goubert/Denis, 34.)

Die Beschwerdehefte geben dem Historiker so viel, weil er ihnen, wenn nicht die Meinung eines ganzen erwachenden Volkes, so doch mächtige Gesprächsfetzen ablauschen kann; 4 bis 5 Millionen Menschen dürften daran beteiligt gewesen sein. Ihre unmittelbare Wirkung war beschränkter: erstens, weil nur die Cahiers der höchsten Wahlstufe zu Wähleraufträgen wurden; und zweitens, weil sie zwar den Deputierten oft als bindend auf den Weg gegeben wurden, es aber diesen überlassen blieb, sich danach zu richten oder „nach ihrem Gewissen" anders zu entscheiden.

Die Abfassung der Beschwerdehefte führte zu nicht voraussehbaren Konsequenzen. Einmal hat *sie* erst die Massen in der Tiefe aufgewühlt. Was hatte sie schon die Bilanzlücke geschert oder ein Hausstreit zwischen Ministern und aufsässigen Aristokraten oder selbst der Philosophen Traum, jetzt taufrische Gesellschaftsideale an den Mann zu bringen? Die Aufforderung, sich alle Beschwernis von der Seele zu schreiben, verwob die allgemeine Schicksalsfrage des Staates mit der hautnahen eigenen Sorge. Wer Latein verstand, konnte mit Recht sagen: tua res agitur, und natürlich floß Hoffnung auf eine märchenhafte Wendung zum Guten in oft ungelenke Schriftzeichen oder Namenskreuze ein. Die Kampagne schärfte das Ohr des Handwerkers, des Landmannes für bisher nicht vernehmbare Schwingungen. Der Bauer, der sich erkühnte, seinem Intendanten die Meinung zu geigen (Dok. 7) über Zustände, *schlimmer als beim König in Preußen,* paßte bereits ins Bild.

Der Allerchristlichste König hatte gerufen, der Pfarrer hatte es von der Kanzel verkündigt, und alle waren gekommen. Dies Kommen aber hat das Volk bereits zu verändern begonnen, „Eintritt in die Nation" bedeutet. Und es war dann — was die Regierung weniger schätzte — auch nicht einfach zu Pflugschar und Werkbank zurückgekehrt. Manche Wählerausschüsse hielten darauf, zusammenzubleiben, um Fort- und Ausgang der unglaublichen Geschichte abzuwarten. Damit aber bildeten sich — unbeabsichtigt — keimhafte Machtzellen einer neuen Ordnung.

Catéchisme pastoral et patriotique des curés auvergnats. O. O. 1789.
Mémoire des électeurs fabricants d'étoffes en soie de la ville de Lyon. Lyon 1789.
H. M. Duveyrier: Procès-verbal des séances et délibérations de l'assemblée générale des électeurs de Paris. 3 Bände, Paris 1790.
C. L. Chassin: Les cahiers des curés. Paris 1882. — Derselbe (Hrsg.): Les élections et les cahiers de Paris en 1789. 4 Bände, Paris 1888—1889.
A. Charmasse/P. Montarlot (Hrsg.): Cahiers des paroisses et communautés du bailliage d'Autun pour les Etats Généraux de 1789. Autun 1895.
F. Mège (Hrsg.): Les cahiers des paroisses d'Auvergne en 1789. Clermont 1899.
C. Bloch (Hrsg.): Cahiers de doléances du bailliage d'Orléans pour les Etats Généraux de 1789. 2 Bände, Orléans 1906—1907.
M. Godard/L. Abensour (Hrsg.): Cahiers de doléances du bailliage d'Amont. 2 Bände, Besançon/Auxerre 1918—1927.
J. Savina/D. Bernard (Hrsg.): Cahiers de doléances des senéchaussées de Quimper et de Concarneau pour les Etats Généraux de 1789. 2 Bände, Rennes 1927.
B. Hyslop: Répertoire critique des cahiers de doléances pour les Etats Généraux de 1789. Paris 1933, Supplément 1952.
Cahiers de doléances du Beaujolais pour les Etats Généraux de 1789. Hrsg. C. Faure, Lyon 1939.
M. Bouloiseau (Hrsg.): Cahiers de doléances du Tiers-Etat du bailliage de Rouen pour les Etats Généraux de 1789. 2 Bände, Paris 1957—1960.
P. Goubert/M. Denis: 1789. Les Français ont la parole. Cahiers de doléances des Etats Généraux. Paris 1964, ^{2}1975.
R. Robin: La société française en 1789: Semur-en-Auxois. Paris 1970.
F. Job (Hrsg.): Cahiers de doléances des corporations de Lunéville. Paris 1978.

Not kennt kein Gebot

Die Wahlkampagne trieb auf einer Sympathiewelle für den König. Mehrere Cahiers zierte der Vorschlag, dem *Wiederhersteller der Freiheit* ein würdiges Denkmal zu errichten. Man vertraute ihm als über den gemeinen Niederungen thronendem

Unparteiischen, der mit seinem Entschluß, die Nation anzuhören, das Eis gebrochen habe. Der Dritte Stand sah das Ende der Privilegienherrschaft durch eine von ihm vornehmlich erarbeitete Konstitution heraufdämmern.

Dazu war die Einberufung zwar nicht erfolgt. Nach Vorstellung des Hofes, aber auch Neckers, sollte ein Plazet der Stände drastische Maßnahmen zur Bereinigung des Staatshaushaltes ermöglichen, wofür man bereit war, „pekuniäre Privilegien" abzuschaffen und in Maßen politisches Entgegenkommen zu zeigen. Die Befürchtung,

> daß der Dritte Stand — und man nennt ihn dann das Volk — oft unbesonnen in seinen Ansprüchen ist; daß, wenn die erste einmal befriedigt ist, eine ganze Reihe anderer Forderungen nachfolgen und uns unmerklich der Demokratie annähern kann (A. P., I, 491),

war nicht gänzlich aus dem Ärmel geschüttelt. In der Tat drehte der Tiers den Spieß gewissermaßen um: Erst eine Verfassung mit Hand und Fuß, dann soll es an Geld nicht fehlen! Der *Staat* war arm, nicht die Bourgeoisie.

Wie groß ihr Reichtum war, ist eine alte Streitfrage. Zweifellos eignete ihr wesentlich weniger als der Feudalklasse. Sie erwirtschaftete jedoch mehr. Während der auf großem Fuß lebende und aus Sozialprestige dazu sogar gezwungene Edelmann verschuldete, akkumulierte und investierte der bürgerliche „Roturier". Die Rendite mobilen Kapitals überrundeten die Feudalrente. Für den Bourgeois war daher die Gegenposition: her mit Einrichtungen, die ihm Einfluß auf das Staatsgebaren sicherten, nicht nur logisch, sondern Schlüssel zum Ganzen. Sein Problem war, bis zu welchem Grad er gleichzeitig Forderungen derjenigen Fraktionen des Dritten Standes, die nicht zur Bourgeoisie rechneten, deren Zusammenwirken er indessen zur Durchsetzung seiner unmittelbaren Eigeninteressen gegenüber dem Feudallager benötigte, mitvertreten konnte, ohne vom Regen in die Traufe zu geraten.

In den Beschwerdeheften von Urwählern wurden abweichende Stimmen aus den Unterschichten bisweilen laut:

> Art. 13: In Zukunft soll sich der Gemeinderat von Pont-l'Abbé aus vier Bourgeois, vier der angesehensten Handwerker und vier der würdigsten Bauern zusammensetzen. (...) Alle Gemeindeämter sollen den Bauern und

Handwerkern ebenso offenstehen wie den Bourgeois. Denn es ist empörend und ungerecht, ehrenwerten Staatsbürgern die Gemeindeämter vorzuenthalten, wie es die Bourgeois von Pont-l'Abbé seit einigen Jahren getan haben.

Art. 16: Wir erklären und bezeugen, daß sich die Klasse der Herren Bourgeois von Pont-l'Abbé geweigert hat, unsere Beschwerden anzuhören, unsere Forderungen entgegenzunehmen und das Beschwerdeheft der Gemeinde zu registrieren. Vor acht Tagen haben wir Abgeordnete aus der Klasse der Bauern wie der Arbeiter benannt. (...) Trotz aller nur möglichen Behutsamkeit, die wir walten ließen und die der Anstand verlangt, haben sich die Herren Bourgeois zu keiner Zeit bereit gefunden, unseren Beschwerden und Forderungen Gehör zu schenken. Sie haben uns sogar von ihrer Absicht unterrichtet, gegen uns (...) vorzugehen. Nachdem uns diese Herren abgewiesen hatten, kamen wir alle überein, uns in die Kirche Saint-Sauveur zu begeben (...), um unsere Klagen und Beschwerden gegen die Bourgeoisklasse von Pont-l'Abbé, die sich seit Beginn dieser Staatsangelegenheiten nur gegen uns gestellt hat, einzuschreiben. (Savina/Bernard, Cahier der Handwerker von Pont-l'Abbé, 13. April 1789.)

Sie waren es indessen nicht allein, die die Situation im Spätwinter und Frühjahr 1789 kennzeichneten. Die Massen drückten noch ganz andere Kümmernisse als die, um die es bei der Abgeordnetenwahl ging. Zum Mißbehagen nicht nur der Regierung und der Aristokraten, sondern auch der Wortführer des Tiers, die sich alle im institutionellen Bereich festgebissen hatten, trat ein „außerparlamentarischer" Faktor in Erscheinung, der dem Wahlfeldzug eine zusätzliche Dimension verlieh: das Hungergespenst.

Die seit einem Jahrzehnt schwelende ökonomische und soziale Krise brach infolge einer Verkettung von Umständen jetzt jäh und in voller Wucht herein. Sie traf in erster Linie die Armen und Ärmsten, die des Königs Schuldenpaket oder Sorgenfalten der Rentiers über Entwertung ihrer Policen im Falle eines Staatsbankrotts erst an letzter Stelle betrübten.

Den wichtigen Weinbau erwischte es zuerst. Lange schon litt

er unter Preisstürzen, und als sich die Marktlage gerade aufhellte, machten Frostschäden den Vorteil wieder zunichte. Da sich umgekehrt der Getreidepreis um diese Zeit schon erholte, zahlten Halbpächter und Tagelöhner drauf, die gleich vielen kleinen Weinbauern ihr Brot hinzukaufen mußten; wer über keine Reserven verfügte, wurde ruiniert.

Gleichzeitig vermehrte der mit Großbritannien geschlossene Handelsvertrag die Stockungen in der gewerblichen Tätigkeit, weil die französische Industrie dem Vorantrieb der maschinellen Ausrüstung ihres Rivalen hinterherhinkte. Andere Branchen und auch das Kreditgeschäft wurden in Mitleidenschaft gezogen. Die Arbeitslosigkeit griff namentlich im verbreitetsten Gewerbezweig, der ohnehin schon vom Kaufkraftschwund hart getroffenen Textilindustrie, noch weiter um sich.

Ungemein verschärft wurde das Elend der Volksklassen durch eine schwere Mißernte. Das Brot (auf das damals rund die Hälfte des Budgets einer Arbeiterfamilie entfiel) wurde nicht nur für eine steigende Anzahl von Arbeitslosen unerschwinglich. Die Stadtverwaltungen — Paris an der Spitze — suchten sie mit Notstandsarbeiten in „Wohltätigkeitswerkstätten" über Wasser zu halten. In Strasbourg empfahl ein Merkblatt

> eine wohlfeile Suppe, durch die Wohlhabigen denen Armen auszuteilen: (...) Gefrorene Erdäpfel, welche man zuvor in kaltem Wasser hat auffrieren lassen, wie auch solche, die man ganz oder in Schnitten gedörrt hat, wenn sie vorher gefroren waren, können gleichfalls zu dieser Suppe gebraucht werden, wenn man sie rein zerstößt, ehe sie mit den übrigen Zubehörden in den Kessel gelegt werden. (A. N., DXLI-1.)

Jedoch reichten die Mittel um so weniger, als hungernde Arbeitsuchende auch aus den Dörfern in die Städte strömten, während andere in Bettler- und Landstreicherhaufen das flache Land verunsicherten. Prediger drohten den hartherzigen Reichen — zumeist ohne Erfolg — mit dem Strafgericht Gottes.

In den ersten Monaten des Jahres 1789 dehnten sich in mehreren Provinzen Hungerunruhen aus. Marie Antoinette dazu:

> Wenn es den armen Leuten an Brot fehlt, warum essen sie dann nicht Kuchen?

In klirrender Winterkälte häuften sich Volksaufläufe, und es kam zu handfesten Tumulten. Die städtischen Massen verlangten von den Behörden eine Festlegung des von spekulierenden Aufkäufern (accapareurs) hochgeschraubten Brotpreises von Amts wegen: die „Taxation". Wo sich die Stadtväter unfähig oder unwillig zeigten, nach Aushilfen zu suchen, brach Aufruhr los: so — unter anderem — in Dünkirchen, in und um Lille, Valenciennes, Le Havre und Cambrai im Norden, in Toulon, Marseille, Gap und Aix im Süden. Bisweilen leistete das Volk der eingesetzten bewaffneten Macht Widerstand. Solchermaßen verflocht die soziale Unrast mit politischer „Aufsässigkeit", die in der Bretagne den Rand eines Bürgerkrieges streifte und in Angers am 6. Februar sogar die Frauen mobilisierte:

> Wir Mütter, Schwestern, Gattinnen und Geliebten der jungen Bürger der Stadt Angers (...) erklären: Wenn der (vom Adel in Rennes am 26./27. Januar inszenierte — W. M.) Aufruhr wiederbeginnt, unsere Jugend ausmarschiert und sich alle Bürger für die gemeinsame Sache vereinigen, werden wir uns der Nation anschließen, deren Interessen die unsrigen sind. (A. P., I, 531.)

Am angespanntesten war die Lage im März, doch beruhigte sie sich auch in der Folgezeit nicht. Sogar das Ausland vernahm mit Sorge davon:

> Die Klagen über die Teuerung des Brotes sind allgemein, berichteten die „Leipziger Zeitungen" aus Paris am 29. April, und noch entstehen daraus überall Empörungen; zu Sanslieu in Bourgogne, Orléans, Montpellier, Arles usw. sind dergleichen wieder in der vorigen Woche ausgebrochen. (Nr. 93, 1789.)

Sie warfen über die Auseinandersetzung zwischen den besitzenden Klassen einen langen Schatten voraus.

Morris machte in einem Brief an Washington vom 29. April aus seinem selbstgerechten Bürgerherzen keine Mördergrube:

> Die große Masse des gemeinen Volkes hat keine Religion als ihre Priester, kein Gesetz als ihre Vorgesetzten, keine Moral als ihr Interesse. Das sind die Geschöpfe, die, geführt von trunksüchtigen Pfarrern, jetzt gewaltig in Freiheit schwelgen, und die erste Anwendung, die sie von ihr machen, ist, allenthalben um des Brotmangels willen

> Aufstände hervorzurufen. (Landauer, I, 222.)

In Paris erreichte die fiebrige Unruhe gerade Ende April ihren Höhepunkt, als aufgebrachte Arbeiter die Manufakturbetriebe der Herren Réveillon und Henriot stürmten und verwüsteten. Es mag sein, daß diesen spontanen Ausbrüchen im Faubourg Saint-Antoine, Hochburg der ausgesuchtesten Kunsttischlerei (deren Erzeugnisse noch heute manche Datsche schmücken), wie behauptet, mißverständliche Gerüchte zugrunde lagen:

> Man unterstellt mir den Ausspruch, schrieb Réveillon, daß „ich mich bemühen werde, damit die Arbeiter von 15 Sous täglich leben können". (...) Und es ist leicht einzusehen, daß ich diese Worte nicht gebrauchen konnte, denn es hängt nicht von einem Privatmann, nicht einmal von den Behörden ab, ob ein Arbeiter von 15 Sous am Tag leben kann. Eine so beträchtliche Herabsetzung der Lebensmittelpreise kann kein Mensch bewerkstelligen. (Dok. 14.)

Unabhängig davon verrieten sie nachdenklichen unter den Zeitgenossen gleich Sillery, Garron de La Bévière und Villedeuil die explosive Verfassung der Gemüter, Nervosität und Brutalität des mit der Niederschlagung beauftragten Militärs, insbesondere aber: das Zutagetreten einer klassenmäßigen Trennungslinie *innerhalb* des Dritten Standes, dem ja die Manufakturarbeiter ebenso wie der emporgekommene und nun jäh aus allen Wolken fallende Tapetenfabrikant und Pariser Wahlmann Réveillon angehörten. Hellsichtig kommentierte der Schweizer Ritter de Moret in einem Brief vom 28. April 1789:

> Gestatten Sie mir, Ihnen hinsichtlich des Aufruhrs, der gestern in jener Klasse des Dritten Standes von Paris ausbrach, deren Mitglieder weniger als 6 Livres Kopfsteuer entrichten, ehrerbietigst vorzustellen, daß sie unstreitig die zahlreichste der Hauptstadt und die dem Staatswesen nützlichste und wertvollste ist. Sie verkörpert, kurz gesagt, die Seele des Gewerbes, verschafft jener anderen Klasse des Dritten Standes ihr Auskommen und bereichert sie, indem sie das schlechteste Material in Gold umwandelt. Diese erste Zusammenrottung könnte sehr wohl erst das Vorspiel einer allgemeinen Erhebung besagter Klasse sein. Gerade jetzt, wo ein wohltätiger

König und ein ebensolcher Minister an Frankreichs Glück arbeiten, wäre es höchst ärgerlich, wenn diese Klasse eine so bedeutsame Anstrengung störte, indem sie die größten Ausschreitungen begeht. Demzufolge ist es unendlich wichtig, daß die Regierung alles unternimmt, um Ruhe und Ordnung zu bewahren: nicht durch Kraftakte und Gewalt, sondern durch Mäßigung, indem sie Angst und Not dieser Klasse lindert, indem sie ihr gewährt, was zu beanspruchen sie ein Recht hat.

Das sind die einzigen Bürger des Königreiches, die in der Versammlung der Generalstände entweder gar nicht oder aber — gegen ihren Willen — durch Abgeordnete jener Klasse des Dritten Standes vertreten werden, deren Zugehörige 6 und mehr Livres Kopfsteuer zahlen. Die Interessen beider Klassen sind verschieden und sogar entgegengesetzt, da die Reicheren das größte Interesse daran haben, die Ärmeren weiterhin in ihrer Abhängigkeit und Dienstbarkeit zu halten. (Chassin, Les élections, I, 477 f).

(Anonym:) Mémoire sur les calamités de l'hiver 1788/89. Paris 1789.

(Anonym:) Soupe de Vauban. Strasbourg 1789. A. N., DXLI-1.

C. Martin de Salins: Nécessité et moyens d'établir une loi agraire, d'assurer la subsistance des pauvres, de réformer le clergé et la constitution militaire. O. O. 1789.

A. Rendu, Essai d'une loi populaire agraire. Paris (o. J.).

J. Rutledge: Mémoire pour la communauté des maîtres boulangers de la ville et faubourgs de Paris. Paris (19. Februar) 1789.

H. Monin: L'état de Paris en 1789. Etudes et documents sur l'Ancien Régime à Paris. Paris 1889.

C. Porée (Hrsg.): Cahiers des curés et des communautés ecclésiastiques du bailliage d'Auxerre, pour les Etats Généraux de 1789. Auxerre 1927.

P. Chauvet: 1789. L'insurrection parisienne et la prise de la Bastille. (Zur Affäre Réveillon.) Paris 1946.

S. A. Lotte: Delo Reveillona, in: Francuzskij ežegodnik 1958, Moskva 1959.

O. Hufton: The Poor of Eighteenth-Century France, 1750—1789. London 1974.

M. Failevic/J. D. de La Rochefoucauld: 1788, luttes révolutionnaires pour une propriété paysanne. Paris 1978.

E. Frenay (Hrsg.): Cahiers de doléances de la Province de Roussillon, 1789. Perpignan 1979.

Quellen und Standpunkte

Alle Parteien melden sich zu Wort: sowohl unter den ratlosen Herrschenden als auch unter den Beherrschten, denen es langt. Es sind Quellen erhalten (und weitgehend handlich gesammelt), aus denen hervorgeht, wie die Entwicklung auf eine revolutionäre Situation zutrieb. Einige verdeutlichen die Verflechtung von lang- und kurzfristigen ökonomischen Faktoren mit dem Streit um politisch-institutionelle Veränderung. Es fehlt hingegen eine befriedigend dokumentierte Zusammenfassung über den Hungerwinter 1788/89 und die Unruhen Anfang 1789 ebenso wie eine erschöpfende Monographie darüber.

Bulletin à la main. 3 Bände, Paris 1787—1789.

A. de Rivarol: Petit almanach de nos grands hommes. Paris 1788.

L. C. Comte de Waroquier: Etat général de la France. Paris 1789.

P. Dufourny de Villiers: Cahier du Quatrième Ordre. Paris (25. April) 1789.

J. N. Moreau: Exposition et défense de la constitution monarchique de la France. Paris (Februar) 1789.

N. E. Rétif de la Bretonne(?): Le plus fort des pamphlets. L'ordre des paysans aux Etats Généraux. Paris (26. Februar) 1789 (fordert zu einem 4. Stand der Bauern einen 5. der „Mütter"!).

Abbé Soulavie: Histoire de la convocation et des élections aux Etats généraux en 1789. 2 Bände, Paris 1790—1791.

G. Sénac de Meilhan: Des principes et des causes de la Révolution. Paris 1790. — Derselbe: Du gouvernement, des moeurs et des conditions en France avant la Révolution. Hamburg 1795.

A. Young: Travels in France during the Years 1787, 1788 and 1789. 2 Bände, Bury St. Edmund's 1792—1794 (oft neu aufgelegt und übersetzt, u. a. Voyages en France, Paris 1860).

Die Frage nach Kontinuität und Diskontinuität — jede für sich nachweisbar im Verhältnis von Ancien Régime und Revolution — wird von nicht wenigen bürgerlichen Autoren dahingehend verbogen, daß die Bourbonenmonarchie auf dem besten Wege gewesen sei, sich durch friedliche Reformen selber zu modernisieren (wenn nicht à la longue aufzuheben), und die Revolution ergo überflüssig, ein im Grunde vermeidbarer „Betriebsunfall" gewesen sei — unabhängig davon, wem man die Schuld hierfür aufládt: der Schwäche des Königs, der

Uneinsichtigkeit der Adelsmehrheit, dem Starrsinn der Parlementsräte, der Fehlkalkulation Neckers, ungezügelten Begierden der Neureichen und ihrer Agitatoren oder einer finsteren Verschwörung der Philosophenpartei, eventuell gekoppelt mit einer Intrige des auf den Großorient von Frankreich gestützten Herzogs von Orléans, sich des Throns seines Vetters zu bemächtigen.
Gewiß hätte die Krise auch andere Lösungswege als die begangenen erlaubt. Die Personen hätten sich (etwas) anders verhalten können. Schon ausgeschlossen war indessen über längere Distanz ein auf feudale Standesprivilegien gestütztes absolutes Königtum, unmöglich beim bestehenden Kräfteverhältnis ein Ausschluß des Dritten Standes aus der konstituierten Nation. Während der von den Parlements eingeleiteten Adelsrevolte verlor das Besitz- und Bildungsbürgertum seine politischen Milchzähne.
Die aufgerüttelten Gemeinen gewannen in ihm eine Führung, und der systemimmanente Disput unter den Privilegierten mündete in eine revolutionäre Öffnung zum bürgerlichen Staat.
An ausgesparten Einzelfragen seien genannt die von Necker, Calonne und Brienne berufenen Provinzialversammlungen: Versuchsballons, der Bourgeoisie auf mittlerer Ebene (mit allerdings nur beratender Stimme) Verantwortung zuzuschieben, ohne den feudalen Charakter des Staates zu verletzen. Die Sache scheiterte, aber die Provinzautonomie fand als Schutzwehr gegen übertriebene Zentralisation in manchem Cahier Befürworter, und erst die Revolution wischte sie vom Diskussionstisch.
Der „Vierte Stand" trat noch als literarische Provokation auf, die aber auf einen wichtigen Umstand weist: daß der Tiers in Wirklichkeit eben nicht die von Sieyès apostrophierten 96 % der Nation umfaßte, sondern bestenfalls ihre Steuerzahler. Die Habenichtse blieben ebenso unvertreten wie die Frauen und die Randgruppen außerhalb der etablierten Ständeordnung: Juden, „unehrliches Volk" (worunter die Schauspieler!), Gestrandete — jeder ein Problem für sich, jedoch kein Schlüssel zur Erklärung der Revolution, den eine Modeströmung in verschiedenartigsten „marginaux" gefunden haben will.
Lamoignons „Kleines Toleranzpatent" von 1787 für die Pro-

testanten war von Rücksichten auf deren Finanzkraft („la banque protestante") mitbestimmt.
Stark ausgeprägte Partikularismen mit Lokalkolorit wie in „Provinz und Königreich" Bretagne färbten auf die allgemeine Auseinandersetzung ab.

A. Cherest: La Chute de l'Ancien Régime. 3 Bände, Paris 1884—1887.

H. Blet/E. Esmonin/G. Letonnelier: Le Dauphiné. Recueil de textes historiques. Grenoble 1938.

H. Lüthy: La banque protestante en France, de la révocation de l'Edit de Nantes à la Révolution. Bd. II: De la banque aux finances, 1730—1794. Paris 1961.

J. Egret: La pré-révolution française, 1787—1788. Paris 1962.

A. Soboul: La France à la veille de la Révolution. Bd. I: Economie et société, Paris 1966, ^{2}1974.

J. P. Bertraud: Les origines de la Révolution française. Paris 1971.

E. Hinrichs/E. Schmitt/R. Vierhaus (Hrsg.): Vom Ancien Régime zur Französischen Revolution. Forschungen und Perspektiven. Göttingen 1978.

W. Doyle: Origins of the French Revolution. London 1980.

II. Ausbruch der Revolution

Es beginnt mit einem toten Punkt

Die Eröffnung der Generalstände verzögerte sich — nicht aus finsterer Absicht — um einige Tage:

> Der König wurde davon unterrichtet, daß mehrere Abgeordnete zu den Generalständen noch nicht in Versailles eingetroffen und einige Wahlen, wie diejenigen seiner guten Stadt Paris, sogar noch nicht beendet sind. Seine Majestät hat daher beschlossen, die Eröffnung der Generalstände auf Montag, den 4. Mai, zu verschieben, und bestimmt, daß nach einer vorangehenden allgemeinen Prozession eine Festmesse gehalten werden soll, um den göttlichen Beistand für eine so große und bedeutsame Angelegenheit zu erflehen. (26. April 1789, A. P., I, 629.)

Am 2. Mai wurden die Abgeordneten, soweit schon am Ort, dem König vorgestellt. Er gab zu erkennen, daß er gesonnen war, die traditionelle Unterscheidung der Stände beizubehalten: Während er — gemäß dem Zeremoniell — die Geistlichkeit bei geschlossenen, den Adel bei offenen Türen in seinem Kabinett empfing, ließ er den Tiers, der eine lange Wartezeit übel vermerkte, in seinem Schlafzimmer defilieren. Gegen die „diskriminierende" Kleiderordnung erscholl vorerst noch vergeblicher Einspruch:

> Der Unterschied in der Bekleidung kann die Vorstellung erzeugen, daß noch andere Unterschiede zugelassen werden, sei es bei der Überreichung der Beschwerdehefte, sei es hinsichtlich der Art und Weise der Stimmenzählung usw. (...) Einer der Artikel der Sondervollmacht der Provinz, die zu vertreten ich die Ehre habe, fordert die Nichtzulassung von Unterscheidungsmerkmalen des Adels, die den Dritten Stand erniedrigen könnten. (Dok. 13.)

Mirabeau, der als erster — sogleich am Abend des 5. Mai — mit einer neuen Zeitung *Etats Généraux* bei der Hand war, kommentierte:

> Die Unterscheidungen der Kleiderordnung werden allgemein mißbilligt; sie sind in ihren politischen Konsequenzen zu bedeutsam, um nicht gesondert behandelt zu werden, sobald sich die Nationalversammlung mit ihnen beschäftigen wird.

Auch solche protokollarische Nichtigkeiten verrieten, daß der Hof dem Dritten Stand schwer entgegenkommen konnte, ohne gleichzeitig das feudale Gesellschaftsgerüst, auf dem der Thron ruhte, zu Fall zu bringen. Bereits am Eröffnungstage der Generalstände (denen viele Edelleute, wie aus ihren Briefen ersichtlich, mit Hangen und Bangen entgegensahen) wurde das offensichtlich.

An diesem denkwürdigen 5. Mai 1789

> (...) Gallien krönet sich
> mit einem Bürgerkranze, wie keiner war!
> Der glänzet heller — und verdient es —
> schöner als Lorber', die Blut entschimmert.
> (Klopstock, Die Etats Généraux.)

Der Hof trat mit einem ausgearbeiteten Programm des Herunterspielens vor die Versammlung. Zur Rede des Königs gibt es nicht weniger als zehn Entwürfe; man erkennt den Anteil der Minister Necker, Saint-Priest, Barentin, Montmorin und ebenso denjenigen der Königin. Trotzdem — oder ebendeshalb — ergab sie einen Fehlschlag auf der ganzen Linie. Sie enthielt keinerlei Umrisse des *Reformpakets,* das mit Spannung erwartet worden war. Nach Hinweisen auf die drückende Staatsschuld und dem Wunsch, die Generalstände mögen sich „im wesentlichen damit befassen", sie der Krone vom Halse zu schaffen, ertönte die Warnung vor „übertriebener Neuerungssucht":

> Die Gemüter sind erregt. Eine Versammlung von Vertretern der Nation wird jedoch ohne Zweifel nur solchen Ratschlägen Gehör schenken, die der Weisheit und Klugheit entspringen. Sie werden selbst wahrgenommen haben, meine Herren, daß man bei verschiedenen Gelegenheiten in letzter Zeit davon abgewichen ist. (Dok. 15.)

Anschließend winkte Siegelbewahrer Barentin mit möglichen Zugeständnissen (die ihm — einem „Falken" — persönlich sauer gefallen sein mögen): Steuergleichheit, Pressefreiheit, Verbesserungen im Justizwesen als Prämien für Wohlverhalten. Zur Bedingung stellte er die Aufrechterhaltung der Ständeordnung und der historisch begründeten Privilegien.

> Die Rede wurde so schlecht und so leise gelesen, daß niemand etwas verstehen konnte. Was ich davon aufzuschnappen vermochte, schienen nur arge Gemeinplätze zu sein, schrieb der Edelmann de Châtenay-Lanty.

Necker schließlich, der Sympathievorschüsse des Tiers bereitwillig einkassiert hatte, enttäuschte diesen vollends. Er ging in seinem unendlich monotonen dreistündigen Rechenschaftsbericht auf die brennendsten Fragen der Nation kaum ein und tat als Finanzminister so schönfärberisch, daß man sich kopfschüttelnd fragte, wozu er dann überhaupt der Generalstände bedurfte.

Graf Castellane notierte in sein Tagebuch:

> Der Vortrag des Herrn Generaldirektors bezog sich hauptsächlich auf die Finanzen; er brachte den festen Fehlbetrag auf 50 Millionen herunter. Im übrigen war in beiden Reden sehr wenig von Verfassung zu hören.

Sogar ein ihm gewogener ehrbarer Bürger wie der Rechtsanwalt Poncet-Delpech, der (während der Rede) „seinen gefühlvollen Aussprüchen oft Beifall gespendet hatte", vermerkte unzufrieden:

> Hundertmal ist er darauf zurückgekommen, ein Loblied auf den König zu singen. Viel hat er von sich selber gesprochen, (...) und die Sitzung ging erst nach 5 Uhr zu Ende. (Bulletin, Nr. 2, 9. Mai 1789.)

Wohl dankte — etwas voreilig — die „Gesellschaft der Negerfreunde"

> für die Ehrerbietung, die Sie in Ihrer Rede (...) den Rechten der unglücklichen Afrikaner erwiesen, und für die von Menschlichkeit erfüllten Wünsche, die Sie (in einem Nebensatz! — W. M.) zu Ihren Gunsten geäußert haben. (...) Es war Ihrer aufgeklärten Ideen würdig, durchblicken zu lassen, daß das Gedeihen der Kolonien mit der Abschaffung des Sklavenhandels durchaus in Einklang gebracht werden könnte. (Dok. 16.)

Necker deutete verschwommen ein politisches Netzwerk an, wonach sich die Generalstände — irgendwann — vielleicht in eine Gesetzgebende Versammlung mit zwei Kammern nach englischem Vorbild umwandeln ließen. Doch über den Kernpunkt der Tagesordnung: Abstimmung nach Köpfen oder Ständen, gab auch er keine Auskunft. Mit Bedauern resümierte Mirabeau (in Nr. 2 seiner Zeitung):

> Es gibt gewiß einige schöne Einzelheiten in dieser Rede. Aber unerträgliche Längen, Wiederholungen ohne Zahl, schwülstig vorgebrachte Trivialitäten, unverständliche Sachen, nicht ein unangreifbares Prinzip, (...) keine wahrhafte Grundlage für Stabilität. (...) Wie wird einer, der nicht von der Verfassung zu sprechen wagt, eine andere Ordnung der Dinge schaffen und vor allem konsolidieren können?

Krone und Regierung ließen dergestalt die Stunde verstreichen, in der es noch in ihrer Macht lag, sich im Bündnis mit dem Dritten Stand eine neue Existenz in einer bürgerlich-konstitutionellen Monarchie wie jenseits des Kanals aufzubauen. Vergeblich hatte Calonne sie aus seinem Londoner Exil (noch im April) beschworen, „die Revolution selber zu machen", um einem unkontrollierten Umsturz zuvorzukommen; vergeblich stieß der königstreue Schriftsteller Antoine de Rivarol in dasselbe Horn.

Angesichts des Zauderns bei Hofe reifte beim Tiers die Überzeugung, daß er nur auf sich selbst und auf niemand sonst rechnen könne.

> Noch am Abend (des 5. Mai — W. M.) kam es zu sehr zahlreichen privaten Zusammenkünften, jedermann schien erhitzter denn je über seine Rechte oder seine Ansprüche, berechtigte wie unvernünftige, urteilte d'Allarde.

Abgeordnete aus derselben Provinz nahmen untereinander Verbindung auf; aus Treffen von Deputierten der Bretagne um Le Chapelier und Lanjuinais ging als erste politische Vereinigung der „Bretonische Klub" hervor, Wiege des nachmaligen Jakobinerklubs. Am 6. Mai legten sich in Anlehnung an das britische Unterhaus die Vertreter des Dritten Standes die Bezeichnung „Abgeordnete der Gemeinen" (députés des Communes) zu und verweigerten die befohlene Konstituierung zu einer gesonderten Ständekammer. Der Adel lehnte währenddessen mit 141 zu 47 die Abstimmung nach Köpfen ab, wogegen beim Klerus der Sieg der Unnachgiebigen mit 133 gegen 114 beträchtlich magerer ausfiel.

Die Streitfrage war von solcher Tragweite, daß für Konzessionen kein Raum blieb. Gab der in beiden privilegierten Ständen Regie führende Adel nach, brach mit dem rechtlichen Erlöschen der Privilegien eine substantiell bürgerliche Ära an. Gab sich (um des lieben Friedens willen) der Tiers geschlagen, begrub er die im Volk geweckten Hoffnungen, verleugnete sein Mandat und beugte sich unter die überlebte Hierarchie. Die Öffentlichkeit fest hinter sich wissend, dachte er nicht im entferntesten daran. Mit Mirabeau verstand er, daß es für ihn genüge,

> bewegungslos standzuhalten, um seinen Feinden fürchterlich zu werden.

Der Stellungskrieg zog sich über einen Monat.

> Sie sehen, schrieb Poncet-Delpech am 6. Juni, daß sich noch nichts von Bedeutung getan hat. (...) Diese ärgerliche Untätigkeit macht uns krank. (Bulletin, Nr. 5.)

Erst am 10. Juni gerieten die starren Fronten in Bewegung. Die Gemeinen, sehr verstärkt durch die endlich hinzutretenden Pariser Abgeordneten, beschlossen auf Antrag des von der Hauptstadt deputierten Sieyès, ihre „Kollegen" vom Ersten und Zweiten Stand zur gemeinsamen Prüfung der Vollmachten in ihr Versammlungslokal, den großen Ständesaal des Menu des plaisirs (als den einzigen, der alle faßte), einzuladen. Am 12. begann der Tiers („bei Ab- wie bei Anwesenheit der privilegierten Deputierten ...") mit dem Aufruf der Wahlbezirke, und schon zeigten sich Risse beim Ersten Stand: 3 Geistliche antworteten am 13. Juni auf ihren Namensaufruf, 6 am 14. und weitere 10 am 16.

Die Gemeinen wagten sich einen Schritt weiter vor. Am 15. Juni verlangte Sieyès,

> sich ohne Verzug mit der Konstituierung der Versammlung zu befassen. Die Ergebnisse der Wahlprüfung spiegeln eindeutig wider, daß diese Versammlung bereits aus Vertretern zusammengesetzt ist, die von wenigstens 96 Hundertteilen der Nation auf direktem Wege entsandt worden sind.
>
> Nur weil Abgeordnete einiger Wahlbezirke und einiger Bürgerklassen noch fehlen, dürfen so viele Abgeordnete nicht müßig bleiben. Die abwesenden Deputierten wurden ja eingeladen und können die anwesenden nicht daran

> hindern, alle ihre Rechte auszuüben, vor allem dann nicht, wenn die Ausübung dieser Rechte eine gebieterische und dringliche Pflicht ist. (Buchez/Roux, I, 443.)

Noch tat man sich schwer mit der Feststellung, wer man eigentlich sei. Sieyès schlug vor, sich als

> Versammlung der anerkannten und überprüften Vertreter der französischen Nation

zu identifizieren. Mounier, angesehener Jurist aus Grenoble, der sich ungern außerhalb der striktesten Legalität bewegen mochte, bevorzugte eine

> Gesetzmäßige Versammlung der Vertreter des größeren Teils der Nation, handelnd in Abwesenheit des kleineren Teils.

> Mirabeau verteidigte die einfachere Formel „Vertreter des französischen Volkes", bis schließlich nach diesen drei Koryphäen der Rednertribüne ein ansonsten unauffälliger Legrand mit „Nationalversammlung" (Assemblée nationale) das Ei des Kolumbus legte. Als Sieyès am 17. Juni die Bezeichnung aufgriff und zur Abstimmung stellte, überschritt der Tiers gewissermaßen seinen ersten Rubikon.

L. A. Beffroy de Reigny („Le Cousin Jacques"): Histoire de France pendant trois mois, depuis le 15 mars 1789. Paris 1789.

A. Brette: Les Constituants. Liste des députés er des suppléants élus à l'Assemblée constituante de 1789. Paris 1897.

J. A. Creuzé-Latouche: Journal des Etats Généraux. Hrsg. J. Marchand, Paris 1946.

Recueil de documents relatifs aux Séances des Etats Généraux mai-juin 1789. Bd. I/1: Les Préliminaires — La Séance du 5 mai. Hrsg. G. Lefebvre/A. Terroine, Paris 1953. (Darin, 359—363, L. Rondonneau: Préliminaires des Etats Généraux de 1789.) — Bd. II/1: Les Séances de la Noblesse, 6—27 mai. Hrsg. O. Ilovaïsky, Paris 1974.

F. Furet: Les Elections de 1789 à Paris, le Tiers Etat et la naissance d'une classe dirigeante, in: AHRF, Nr. 217, 1974.

P. Lamarque: Le Franc-Maçon aux Etats Généraux de 1789 et à l'Assemblée nationale. Paris 1981.

Die staatsrechtliche Umwälzung

Der Hintergedanke, die Volksvertreter in der Hofluft von Versailles gegen den Gluthauch aufgepeitschter Massenstimmungen abzudichten, erwies sich als vergeblich. Flinke Federn und Redner im brodelnden Paris gaben dem Tiers Hilfestellung. Mit den Worten Brissots in der ersten Nummer seines *Patriote français* (vom 6. Mai):

> Der Dritte Stand hat das Recht und die Macht der Umstände auf seiner Seite. Aufgrund seines Rechts muß er frei sein, und die Macht der Umstände will, daß es eine Verfassung gibt. Die Macht der Umstände wird allmählich alle drei Stände zu einem einzigen vermengen, alle Unterscheidungen in ein System der allgemeinen Freiheit und Gleichheit aufgehen lassen.

Aus den Wahlkreisen wurde der Tiers angemahnt, fest zu bleiben in der Ausführung seiner Wähleraufträge. So fühlten sich die Gemeinen zu keiner Zeit vereinsamt, sondern an der Tete der Nation. Gestandene Männer, traten sie keine kopflose Flucht nach vorn an und bewahrten den Kontakt zur Basis, die sie trug, solange sie vorwärtsschritten. Arthur Young wunderte sich (am 9. Juni):

> Die Läden, die Flugschriften verkaufen, machen unglaubliche Geschäfte. (...) Aber die Kaffeehäuser des Palais-Royal bieten noch beispiellosere und erstaunlichere Szenen: Nicht nur, daß ihr Inneres überfüllt ist, auch an Türen und Fenstern drängt sich eine geduldige Menge und hört mit aufgerissenem Mund einigen auf Tisch oder Stühle gestiegenen Rednern zu, von denen jeder sein kleines Publikum anspricht. Man stellt sich nicht leicht die Gier vor, mit der sie angehört werden, und den donnernden Beifall, den sie für jede Äußerung gegen die Regierung erhalten, die an Kühnheit und Gewalttätigkeit das gewöhnliche Maß übersteigt (Voyages en France, 1860, 183 f.)

Als sich am 17. Juni die Gemeinen auf Antrag von Sieyès mit 491 gegen 90 Stimmen zur Nationalversammlung erklärten, schlußfolgerten sie,

> daß es der Versammlung — und nur ihr — zukommt, den Gesamtwillen der Nation auszudrücken und zu vertreten;

> zwischen dem Thron und dieser Versammlung kann kein Veto, keine Macht des Einspruchs stehen. (Dok. 17.)

Wenn sie damit durchkamen, war die Ständeordnung gestorben. Aber sie implizierten noch mehr: die Übertragung der Souveränität vom König an die Nation. Praktisch demonstrierte es die Versammlung, indem sie sich sogleich das Recht der Steuerbewilligung zusprach. Ihr erstes, bezeichnendes Dekret gewährleistete die Aufrechterhaltung des Schuldendienstes der öffentlichen Hand: Während sie ihrerseits die Regierung mit der Waffe des Steuerstreiks kitzelte, legte sie größten Wert darauf, die ganz überwiegend der Bourgeoisie zugehörigen Staatsgläubiger zu beruhigen.

Noch stand aber die Kraftprobe aus. Während sich der Klerus am 19. Juni mit 149 gegen 137 Stimmen in die neue Lage schickte, wandte sich der Adel gleichen Tages an den König:

> Sire, es sind nicht unsere Rechte allein, die wir verteidigen. Es sind ebenfalls die Ihrigen, jene des Staates; es sind schließlich jene des französischen Volkes.

Höher ging es nimmer. Die Prinzen von Geblüt bewogen Ludwig XVI., die Entscheidung der Gemeinen durch einen Beschluß des königlichen Rates noch an diesem 19. Juni aufzuheben. Der Kompetenzkonflikt war da.

Die Gemaßregelten nahmen den Fehdehandschuh auf. Als sie tags darauf, am 20. Juni, ihr Lokal („wegen der Zubereitung für eine Thronsitzung") ohne Vorankündigung geschlossen fanden, zogen sie auf Anregung des Abgeordneten Guillotin unter Protest zur benachbarten Sporthalle, um eine Grundsatzerklärung abzugeben, die als „Ballhausschwur", von David im Bilde verewigt, in die Geschichte einging. Sie war improvisiert, und man merkt ihr den Ärger an, der in ihren Verfassern verständlicherweise kochte. Unter Vorsitz des Astronomen Bailly stellte Mounier die Forderung, daß sich

> die in ihren Rechten und in ihrer Würde verletzten Vertreter der Nation in Kenntnis der wütenden Ränke, mit welchen man den König zu verheerenden Maßnahmen zu drängen sucht, durch einen feierlichen Eid an das Staatswohl und die Interessen des Vaterlandes binden müssen.

Mit allen gegen die Stimme von Joseph Martin Dauch

(d'Auch) gingen — bei einigen Enthaltungen — die Abgeordneten die Verpflichtung ein,

> niemals auseinanderzugehen und sich überall zu versammeln, wo es die Umstände gebieten sollten, so lange, bis die Verfassung des Königreiches ausgearbeitet ist und auf festen Grundlagen ruht. (Dok. 18.)

Danach hing alles vom Ausgang der Thronsitzung ab, die zwecks Beseitigung der Zuschauerbänke, von wo man Kundgebungen befürchtete, vom 22. auf den 23. Juni verschoben worden war.

Der König erklärte die Beschlüsse des 17. (und mittelbar die des 20.) Juni für nichtig. Dem Grundsatz der Steuergleichheit, Garantien der persönlichen und der Pressefreiheit stimmte er zu, erhielt hingegen „Zehnt, feudale und grundherrliche Rechte und Verpflichtungen" ausdrücklich aufrecht. Er schloß mit der Vorwarnung, im Falle von Widerspenstigkeit die Versammlung nach Hause zu schicken:

> Wenn (...) Sie mich bei einem so schönen Unterfangen im Stiche lassen, werde ich das Wohl meiner Völker allein besorgen. Ich allein würde mich als ihr wahrhafter Vertreter betrachten. (...) Ich befehle Ihnen, sogleich auseinanderzugehen und sich morgen früh in die Räume zu begeben, die Ihrem Stand zugewiesen sind, um die Beratungen wiederaufzunehmen. (Buchez/Roux, II, 21.)

Mit offener Unbotmäßigkeit hatten Hof und Regierung kaum gerechnet. Der Tiers trotzte jedoch der Order und verblieb nach Ludwigs Weggang im großen Ständesaal, um seine Beratungen gemeinsam mit jenen Geistlichen und Adligen, die mittlerweile zu ihm gestoßen waren, fortzusetzen. Ohne von der königlichen Weisungsbefugnis Notiz zu nehmen, bekräftigte er die beanstandeten Beschlüsse der Nationalversammlung und erklärte — mit 493 gegen 34 Stimmen — ihre Mitglieder für unverletzlich. Mirabeau hatte seinen großen Auftritt: Die versammelte Nation empfange keine Befehle.

> Nur vor der Gewalt der Bajonette werden wir vom Platze weichen!

Das Lokal durch Militär räumen zu lassen, erwog der König einen Augenblick; er resignierte phlegmatisch, als ihm gemeldet wurde, daß „Personen von Stande" wie Lafayette, die zur Patriotenpartei hielten, ihre Degen zückten:

Na schön, dann mögen sie bleiben, zum Kuckuck!

Die Versammlung meisterte folglich die Situation. Sie hatte eine erste Klärung des Kräfteverhältnisses herbeigeführt. Würde es andauern?

Euphorie wehte durch die Nationalversammlung, die Ludwig schließlich am 27. Juni anzuerkennen geruhte, indem er nun seinerseits Adel und Klerus aufforderte, sich mit ihr, soweit nicht schon geschehen, zu vereinigen:

> unter dem Gewicht der Umstände, angesichts der drohenden Strandung des Staatsschiffes,

wie Minister Saint-Priest schon am 22. gejammert hatte. Sein Kollege Montmorin mußte kleinlaut beipflichten:

> Wie ungewöhnlich, wie verdammenswert das Betragen des Dritten Standes auch sein mag: Das Publikum beurteilt es ganz anders; durch diese Meinung gestützt, wird sich der Tiers nicht von der Richtlinie entfernen, die er sich gezogen hat.

Dieser Tiers hatte in der Tat aus dem Verlauf der Ereignisse Zuversicht getankt. Nur wenige Zweifler ließen sich vernehmen, Schein nicht unbedingt schon für Sein zu halten:

> Erst dann, wenn die „Unterschichten" das *Alte nicht mehr wollen* und die „Oberschichten" *in der alten Weise nicht mehr können,* erst dann kann die Revolution siegen. (Lenin, Werke, XXXI, 71.)

Von den meisten wurde aber bereits der erste Rückzug des Königtums als entscheidend empfunden: vorbei der Alpdruck der Despotie, eines der großen politischen Ziele der patriotischen Bewegung erreicht! War die Monarchie nicht unter Aufsicht einer gewählten Körperschaft geraten, die daranging, ein neues Staatsgebäude auf den Trümmern des alten zu errichten? Am 7. Juli rief sie einen Verfassungsausschuß ins Leben, am 9. erklärte sie sich zur Verfassunggebenden Nationalversammlung, Assemblée nationale constituante, im Kürzel Konstituante.

Die staatsrechtliche Umwälzung hatte sich zwar unter schärfstem moralischem Druck des „Volkswillens", jedoch gewaltlos vollzogen. Im selben Atemzug indessen, in dem sich König und Adel den in offener politischer Diskussion geschaffenen Tatsachen zu fügen schienen, nahmen *sie* zur Gewalt Zuflucht, um einen ihnen über den Kopf wachsenden Tiers zum Gehorsam zurückzuführen. Von da an konnte die Frage nur noch lauten: wer — wen?

Procès-verbal (des Communes et) de l'Assemblée nationale, imprimé par son ordre. 75 Bände, Paris (o. J.).
Recueil de documents relatifs aux Séances des Etats Généraux mai—juin 1789. Bd. I/2: La Séance du 23 juin. Hrsg. G. Lefebvre, Paris 1962.
E. Schmitt: Repräsentation und Revolution (1760—1789). München 1969.

Die Bastille

> Die Gewalt ist der Geburtshelfer jeder alten Gesellschaft, die mit einer neuen schwanger geht.
> (MEW, XXIII, 779.)

Am 11. Juli erteilte der König Necker zum zweitenmal den Laufpaß, verbannte ihn sogar aus Frankreich und berief ein ultrakonservatives Kabinett Breteuil: improvisierter Gegenzug zur selbstherrlichen Proklamierung der Konstituante? Die nach Vorberatung im Vertrautenkreis von Ludwig am 23. Juni angebotene Erweiterung des Reformpakets wäre am 5. Mai vom Tiers vielleicht noch als Verhandlungsgrundlage begrüßt worden. Inzwischen war die Entwicklung darüber hinweggeschritten; zusätzlich waren die Vorschläge in ein Ultimatum gekleidet: friß, Vogel, oder stirb! Bei der empörten Versammlung abgeblitzt, machte der König seine keineswegs leere Drohung wahr: am 26. Juni — dem Vorabend seiner „Billigung" der Nationalversammlung! — befahl er die Bereitstellung von 20000 Mann, darunter deutsche und Schweizer Söldner, im Raum Versailles—Paris.

> Sobald der König gezwungen war, seine Sitzung zu der National-Assemblee am 23. Junius selbst für ungültig zu erklären; sogleich sähe man ja, daß die Sache ernstlich würde. Aber die Royalisten verließen sich auf die Macht des Militärs — und hatten doch schon gesehen, daß das Militär ihnen nicht gehorchte, zu den Bürgern desertierte. (Politisches Journal, Ein Schreiben aus Paris, 8. August 1789.)

Er spielte demnach von Anfang an mit gezinkten Karten. Von divergierenden Einflüsterungen hin und her gestoßen, scheute er sowohl die Anerkennung der Realitäten wie andererseits den

Bürgerkrieg. Morris (in seinem Brief an Washington vom 4. Juli) durchschaute ihn und die Lage, in der er sich befand:

Das Oberhaupt hat nicht einmal Mut, und Sie wissen, daß ohne ihn in Revolutionen nichts zu wollen ist. Die französischen Truppen würden, soweit man darüber Sicherheit erlangen kann, gegen ihre Landsleute nicht dienen; die fremden Truppen aber sind nicht zahlreich genug, um einen ernsthaften Eindruck zu machen. (Landauer, I, 226.)

Die Truppenbewegungen blieben nicht unbemerkt. Die Nationalversammlung beunruhigte sich über die „unnötigen" Maßnahmen und wurde am 8. Juli vorstellig:

Warum läßt ein Monarch, den 25 Millionen Franzosen verehren, mit großem Kostenaufwand einige Tausend Ausländer um den Thron zusammenziehen?

Der König ließ kurz angebunden übermitteln,

die Soldaten seien dazu bestimmt, gegebenenfalls Unruhen zu unterdrücken oder vielmehr, ihnen vorzubeugen.

Die Versammlung stand indessen nicht allein. Das ganze Land folgte dem Tauziehen in Versailles mit gespanntester Aufmerksamkeit. Viele Abgeordnete unterrichteten ihre Wähler regelmäßig über die Lage. Auf Straßen und Plätzen bildeten sich Diskussionsgruppen, in denen die Nachrichten bei- oder abfällig kommentiert wurden. Man lauschte Vorlesern und Volksrednern oder sammelte sich um einen der vielen Maueranschläge. Unbekannte — und zum Unwillen der Offiziere auch Soldaten mit Zivilisten — verbrüderten sich „im Zeichen der Freiheit".

In Zeiten der Revolution — schreibt Lenin — lernen Millionen und aber Millionen Menschen in jeder Woche mehr als in einem Jahr gewöhnlichen trägen Lebens. (Werke, XXV, 229.)

In Rouen und in Lyon, wo es am 3. Juli zu Kämpfen mit dem Militär gekommen war, gliederten sich um ihre Haut bangende Magistrate bürgerliche Wahlmänner und Notabeln an.

Das Ausmaß der Freude über den Zusammentritt der Generalstände schlug viel zu hohe Wellen, und so kam es, daß diese Freude ein böses Ende nahm. Das Volk ging vom Wege des wahren Patriotismus ab und wollte die letzte Kraft der Aristokratie brechen ... (Récit sanglant, 8. Juli 1789.)

Bisweilen ging die örtliche Macht, wie am 10. Juli in Saintes, schon in die Hände der Bourgeoisie über. Als sich ein Gewaltstreich des Hofes abzuzeichnen begann, trug sie zur Organisierung seiner Abwehr bei und förderte den Widerstandswillen werktätiger kleinbürgerlicher Kräfte, die in allen Erhebungen dieser Revolution eine Schlüsselstellung einnehmen werden: Handwerksmeister und kleine Ladeninhaber, denen ihre Gesellen und Gehilfen in der Regel folgten.
In Paris waren die 407 Wahlmänner am 25. Juni erneut zusammengetreten, um ein Gremium zu seiten der bestallten Stadtväter zu bilden. Die Lage spitzte sich enorm zu. Die leibliche Not der Massen erreichte während der Erntelücke in diesem Juli einen zweiten Höhepunkt. Sie beschuldigten die Aristokraten, Getreide zu horten in der Absicht, den Dritten Stand in die Knie zu zwingen. Die Regierung bezichtigten sie, es auf Provokationen anzulegen, um Truppen in die Stadt einrücken zu lassen. Schon am 1. Juli ermahnte eine Flugschrift des Arztes Jean Paul Marat zu revolutionärer Wachsamkeit:

> Mitbürger! Beobachtet immer die Aufführung der Minister, um die eurige danach zu richten! Ihre Absicht ist die Auflösung unserer Nationalversammlung, ihr einziges Mittel der Bürgerkrieg (...). Sie umzingeln euch mit einem furchtbaren Apparat von Soldaten und Bajonetten! (Warnung an das Volk oder: Die entlarvten Minister.)

Am 12. Juli sprach sich die Entlassung Neckers herum und wurde zum Funken im Pulverfaß. Die Nachricht erreichte auch den zwanzigjährigen korsischen Leutnant Napoleon Buonaparte in der Garnison Auxonne:

> Soeben vernehme ich höchst seltsame und beunruhigende Neuigkeiten aus Paris. Die Gärung hat einen Höhepunkt erreicht. Man weiß nicht, wohin das noch führt. (Brief an Onkel Lucien, 15. Juli 1789.)

Nun, Kundgebungen und Umzüge häuften sich; die Säbelattacke eines deutschen Dragonerregiments schlugen Demonstranten in Paris furchtlos zurück. Börse und Theater schlossen; in der Nacht wurde die Sturmglocke geläutet. Die Elektoren setzten einen „Ständigen Ausschuß" ein und stellten eine Bürgerwehr auf — gegen Ausschreitungen der Königsgewalt ebenso wie zur Niederhaltung eines „Pöbels", der von den

„ehrbaren Bürgern“ als nicht minder bedrohlich erachtet wurde.

> Es steht fest, wird eine Pariser Abordnung der Nationalversammlung versichern, daß eine Anzahl von Personen, die sich aus eigenem Antrieb mit Waffen versehen haben, wieder entwaffnet und durch die Bürgermiliz zur Ordnung gerufen wurden.

Davon ungerührt, griff am 13. Juli der Aufstand um sich. Waffenläden wurden geplündert, Piken geschmiedet. Soldaten des Regiments der Französischen Garde verweigerten den Befehl, Paris zu räumen (wo man ihre „Ansteckung“ durch den Revolutionsbazillus fürchtete), und unterstellten sich dem Ausschuß.

Die Ereignisse, die am 14. Juli zur Besetzung des Zeughauses und mit dessen 32000 Gewehren zur allgemeinen Volksbewaffnung führten, sind gut bekannt. Sie gipfelten in der Erstürmung eines Wahrzeichens der Despotie, der als Staatsgefängnis berüchtigten alten Zwingburg am Zugang zur Ostvorstadt Saint-Antoine: der *Bastille.*

Geschehnisse und Erlebnisse sind vielfach wiedergegeben worden: von Siegern, Besiegten und Zuschauern; unter letzteren nicht wenige in Paris wie üblich flanierende Ausländer. Jeder sah es — erschüttert, verwundert, hingerissen — aus seinem Winkel, und der wich begreiflicherweise erheblich von anderen ab. Lapidarisch Marats Rückblendung:

> Es steht fest, daß wir die Revolution dem Aufstand des einfachen Volkes verdanken; und es ist nicht weniger gewiß, daß die Einnahme der Bastille hauptsächlich Zehntausenden armen Arbeitern der Vorstadt Saint-Antoine zu verdanken war. (Ami du peuple, 30. Juni 1790.)

Für Campe, der in Begleitung Wilhelm von Humboldts herbeigeeilt war, „dem Leichenbegängnis des französischen Despotismus beizuwohnen“, waren es

> (...) der Hefen von Paris, vermischt mit dem Auswurf der Provinzen, ein Heer von armen, zerlumpten und ausgehungerten Bettlern, welche das große Werk der bürgerlichen Erlösung ohne Anführer (...) begannen (...) und zustande brachten. (Brief vom 10. August 1789.)

Und er fand auch eine Erklärung dafür:

> Welche göttliche Eingebung lehrte denn diesen sogenannten Pöbel, auf einmal so uneigennützig großmütig, so ordentlich, so einsichtsvoll, so heldenmütig handeln? Die Eingebung war vorhergegangen, die Vorsehung hatte sie, trotz den menschenfeindlichen Despoten, die sie zu verhindern suchten, zu bewirken gewußt; sie heißt: Kultur und Aufklärung!

Ganz anders las es sich bei Rivarol:

> Obwohl es Schuld des Ministeriums war, trotz dringender Warnungen keine Maßnahmen gegen den Sturm getroffen zu haben, war Herr de Launay nicht weniger zu tadeln, sich mit einem wütenden Pöbel eingelassen zu haben. Hätte er sich in der Bastille eingeschlossen, wäre er unüberwindlich geblieben. Wie es auch sei, dieser unglückliche Gouverneur wurde für seine Unvorsichtigkeit hart bestraft. Das Volk, durch seinen Widerstand und den Tod einiger Bürger während des Angriffs erbittert, schleifte ihn bis zum Grèveplatz und schnitt ihm, nachdem es ihn mit Schlägen und Beschimpfungen überhäuft hatte, den Kopf ab. Dieser Kopf, auf einer Lanzenspitze durch die Straßen getragen, wurde ins Palais-Royal gebracht.
> Darauf beschränkte sich diese Einnahme der Bastille. (Journal politique-national, Nr. 8 vom 28. Juli 1789.)

Gewissermaßen als Antwort darauf Prudhommes vorzügliche *Révolutions de Paris,* die das Motto schmückte: *Die Großen erscheinen uns nur groß, weil wir auf den Knien liegen ... Erheben wir uns!*:

> Alle Völker, die frei sind, wurden es nur, indem sie einige große Schuldige ihrer Strafe zuführten. Rom, zur Freiheit geboren, verdankte sein Heil nur der Verurteilung der Kinder seines ersten Konsuls. (Nr. 4, 2.–8. August 1789.)

Und Mirabeau, nicht frei von Zynismus:

> Wer wüßte nicht, daß der Übergang vom Bösen zum Guten oft schrecklicher ist als das Übel selbst? (Courrier de Provence, 5. August 1789.)

Alle Berichte aber verraten den hohen Grad von Erregung, der die Hauptstadt durchpulste: der junge Camille Desmoulins, einer der ersten unter den anfeuernden Rednern in den Anlagen des Palais-Royal (das dem Herzog von Orléans gehörte und ein Vergnügungszentrum darstellte), vergaß darüber sogar sein angeborenes Stottern und fand danach immer noch nicht aus dem Staunen heraus:

> Wie hat sich doch in nur drei Tagen das Gesicht der Dinge verändert! (Dok. 19.)

Jean Baptiste Humbert, „der als erster die Türme der Bastille erstiegen hat", mühte sich, das Vorgefallene möglichst genau aus der Sicht des Einzelkämpfers zu beschreiben, Tatsache an Tatsache reihend und sich dabei des Philosophierens enthaltend. Er ließ sich wohlweislich von fünf Kanonieren bestätigen,

> daß die in dem 16 Seiten umfassenden Bericht angeführten Einzelheiten über die Erstürmung der Bastille der Wahrheit entsprechen (Dok. 20),

was hinsichtlich seiner subjektiven Ehrlichkeit sicher zutraf, aber natürlich trotzdem kein lupenreines Bild vom Handlungsablauf ergibt. Erst recht verschob er sich in den Darstellungen Unterlegener wie des Schweizer Offiziers von der Fluhe.

Daß in diesen wenigen Stunden „die Welt umgekrempelt" wurde, erfuhr nicht nur Desmoulins an sich selbst. Ein solches Gefühl war diesseits wie jenseits der Grenzen weit verbreitet; es schlägt dem Nachfahr aus fast jedem erhaltenen Blatt entgegen. Nichts mehr konnte nach dem erfolgreichen Volksaufstand, der die *reale* Revolution eingeleitet hatte, so sein wie zuvor, und die Menschen wußten es, der Freund wie der Feind.

Der fünfzehnjährige (!) Marc Antoine Jullien ließ sogleich am 14. Juli ein Flugblatt los:

> Es ist wenig, die Bastille niedergeworfen zu haben; man muß den Thron umstürzen!

Gorsas verkündete am 15. im *Courrier de Versailles:*

> Dieser gestrige Kampftag wird als ewig denkwürdig in den Festkalender unserer Geschichte eingehen: Er bereitet die größte und vielleicht die glücklichste Umwälzung vor!

Der Duke of Dorset, britischer Botschafter, stimmte dem im Schreiben an seinen Minister vom 15. Juli im wesentlichen zu:

> Auf diese Weise hat sich die größte Revolution vollzogen,

deren Gedächtnis die Geschichte bewahrt hat, und wenn man die Wichtigkeit der Ergebnisse in Betracht zieht, hat sie verhältnismäßig wenig Blut gekostet. (Rund 100 Tote auf jeder Seite — W. M.)

Doktor Rigby sagte am 18. Juli:

Ich bin Zeuge der außerordentlichsten Revolution gewesen, die vielleicht jemals in der menschlichen Gesellschaft stattgefunden hat. Ein großes und weises Volk kämpfte für Freiheit und die Rechte der Menschheit; sein Mut, seine Umsicht und Ausdauer sind mit Erfolg belohnt worden. (Landauer, I, 161.)

Die *Revolutions de Paris* fühlten insbesondere die Verantwortung, die das Ereignis den Franzosen auflud:

Ganz Europa richtet seine Augen auf euch. Es ist an euch, den Völkern zu zeigen, wie man die Früchte des Sieges nutzt, nachdem man Tyrannen geächtet hat. Siegen ist noch nicht alles, man muß seinen Sieg auszuwerten verstehen. (Nr. 2 vom 18.–25. Juli 1789.)

Dieweil Abbé Fauchet als Parlamentär des „Ständigen Ausschusses" vor der Bastille seine Feuertaufe erhielt, predigte in der fernen Saintonge Vikar Jacques Roux bedenklicheren Standesgenossen zum Trotz: Die wackeren Pariser hätten

(...) die kostbarste Epoche der Geschichte eröffnet, die künftigen Geschlechtern die teuerste sein wird. (Scripta et Acta, 10.)

George Washington, dem Freund Lafayette symbolträchtig die Schlüssel der Bastille übersandt hatte, gab Morris am 13. Oktober aus New York (die Post mußte einen Ozean überqueren!) zu bedenken:

Die Revolution, die in Frankreich durchgeführt wurde, ist von so wunderbarer Natur, daß der Geist sich die Tatsache kaum vergegenwärtigen kann. Geht sie so zu Ende, wie unsere letzten Berichte vom 1. August ankündigen, so wird diese Nation die mächtigste und glücklichste in Europa werden. Ich fürchte jedoch, daß es, ob sie zwar triumphierend durch ihren ersten Kampf hindurchgegangen ist, nicht der letzte sein wird, der ihr zu schaffen macht, ehe die Dinge endgültig geregelt sind. Mit einem Wort, die Revolution ist zu groß, um in so kurzer Zeit und

> mit so geringem Blutverlust erledigt zu sein. (Landauer, I, 226 f.)

Die Bastille wurde geschleift (und bald abgerissen). Ein Desmoulins wäre am liebsten gleich nach Versailles durchmarschiert, um den Hof auszuheben, solange diesem noch der Schreck in den Gliedern saß. Daraus wurde nichts. Schon am 15. Juli hatte Bailly, wie er in Band II seiner *Memoiren* gestand, Sorgen eher entgegengesetzter Art: die Nationalgarde zur Sicherung des Eingangs städtischer Abgaben einzusetzen und alle Gewehre aufzukaufen, „deren sich eine große Menge zusammengelaufenen Volkes bemächtigt hat". Am gleichen Tage

> haben die 150 Abgeordneten (die Paris ihre Reverenz erwiesen — W. M.) und die Wahlmänner im Rathaus den Frieden verkündet. (Dok. 19.)

Davor las man es in Versailles beträchtlich anders. Der Erleuchtung mußte das Volk nachhelfen, wie Ludwigs Brief an Graf d'Artois vom 13. Juli, 11 Uhr morgens, beweist:

> Mein lieber Bruder, ich hatte Ihren dringenden Bitten und den Vorstellungen einiger treuer Untertanen nachgegeben; ich habe es jedoch inzwischen reiflich überdacht. In diesem Augenblick Widerstand leisten, hieße sich der Gefahr aussetzen, die Monarchie zugrunde zu richten. Ich habe die ausgegebenen Befehle zurückgenommen; meine Truppen werden Paris verlassen; ich werde sanftere Mittel anwenden. (Landauer, I, 340 f.)

Wieviel von dem, was vorging, hatte das gekrönte Haupt eigentlich verstanden? Nach Morris' Tagebucheintrag vom 14. tat man in Versailles am 13. noch so, als gäbe es in Paris wenig Aufregendes. Ludwigs eigener Tagebuchvermerk unter diesem Datum: „Nichts"; am 14. nochmals: „Nichts." Als im Morgengrauen des 15. Herzog La Rochefoucauld-Liancourt schlechte Nachricht vom Fall der Bastille überbrachte, der „geflügelte" Wortwechsel: „So ist es eine Revolte" — „Nein, Sire, es ist eine Revolution."

Mit — vielleicht unerwarteter — Behendigkeit kroch Majestät nun zu Kreuze. Ohne Zeit zu verlieren,

> ging der eingeschüchterte König in die Nationalversammlung; er ergab sich ihr bedingungslos, und nun sind (laut Desmoulins — W. M.) alle seine Sünden vergeben. Unsere

Abgeordneten führten ihn im Triumph zum Schloß zurück. Er weinte viel, wie man versichert. (Ebenda.)

Liberale Grandseigneurs hatten ihm angesichts des ungewissen Ausgangs eines Straßenkampfes Nachgiebigkeit anempfohlen. Folgsam nahm er das Heer aus der Feuerlinie und teilte der Konstituante dessen dauernde Zurückziehung aus Stadt und Bannmeile von Paris mit. Unter demselben Datum unterrichtete allerdings eine Protestnote die auswärtigen Höfe, daß er jegliche Handlung, zu der er von nun an durch höhere Gewalt gezwungen sein könnte, vorsorglich für null und nichtig erkläre.

Die Bourgeoisie nutzte den Sieg des Volkes dazu, sich der Verwaltung der Hauptstadt zu bemächtigen. Der Ständige Ausschuß wurde zur Commune, das heißt zum Gemeinderat, der Bailly zum Maire (Bürgermeister) wählte und Lafayette zum Kommandanten der aus der Bürgerwehr hervorgehenden Nationalgarde ernannte. Ludwig vollendete sein Absetzmanöver. Erwogen und verworfen wurde eine Flucht nach Metz, die Marschall de Broglie ungenügend durchdacht fand: Nach Metz gehen könne man schon, aber was man dort wohl anstellen wolle? Statt dessen willigte der König am 16. Juli in die Rückberufung Neckers, der in vielsagender Voraussicht seine Abreise nicht überhastet hatte. Am 17. bestätigte Ludwig durch seinen Besuch im Rathaus von Paris stillschweigend die Ergebnisse des Aufstandes.

Sire, sprach Bailly, ich habe die Ehre, Ew. Majestät das Abzeichen der Franzosen zu überreichen.

Der König nahm es sehr liebenswürdig und befestigte es an seinem Hut (Bailly, Mémoires.)

Blau und Rot als Farben von Paris, dazwischen die weiße Farbe der Bourbonen: die Trikolore:

Sinnbild des erhabenen und ewigen Bundes zwischen Monarch und Volk?

Récit sanglant de ce qui s'est passé à Lyon le 3 juillet au sujet des réjouissances occasionnées par la réunion des trois ordres. Lyon (8. Juli) 1789.

L. A. Beffroy de Reigny: Précis exact de la prise de la Bastille. Paris (Juli) 1789 (mit einem Supplement).

S. Maillard: Noms des vainqueurs de la Bastille. Paris 1789.

J. S. Bailly: Mémoires d'un témoin de la Révolution. 3 Bände, Paris 1804.
P. V. baron de Besenval: Mémoires. Paris 1805, [2]1821.
Lady Eastlake (Hrsg.): Dr. Rigby's Letters from France in 1789. London 1880.
J. Flammermont (Hrsg.): Relations inédites de la prise de la Bastille. Paris 1885.
J. Durieux: Les Vainqueurs de la Bastille. Paris 1911.
G. de La Batut: La Bastille. 2 Bände, Paris 1946.
J. Michaud: Les Etats Généraux et le 14 juillet 1789. Paris 1960.
J. Godechot: La prise de la Bastille. 14 juillet 1789. Paris 1965.
P. Romi u. a.: Le 14 juillet inconnu. Paris 1965.
R. Sanson: Les 14 juillet (1789—1975) — fêtes et conscience nationale. Paris 1976.
J. D. de La Rochefoucauld/C. Wolikow/G. Ikni: Le duc de La Rochefoucauld Liancourt, 1747—1827. Paris 1980.

Widerhall des 14. Juli

Der Sieg der Volkserhebung in Paris wühlte die Zeitgenossen auf und löste weltweit unterschiedlichste Reaktionen aus. Bailly bemühte sich, dem König die Niederlage zu verzukkern:

> Ich überbringe Ew. Majestät die Schlüssel seiner guten Stadt Paris. Es sind die nämlichen, die Heinrich IV. überreicht worden sind: Er hatte sein Volk zurückerobert; hier hat das Volk seinen König zurückerobert. (Mémoires, II, 231.)

Marie Antoinette indessen soll beim Anblick ihres aus der Hauptstadt kokardengeschmückt zurückkehrenden Gemahls verächtlich bemerkt haben:

> Ich wußte nicht, daß ich einen Bürgerlichen geheiratet habe.

Mit ihr trug das ganze aristokratische Lager schwer am „Kniefall" des Monarchen.

> Die mehrsten Großen, die zu der gestürzten Partei gehören, von dem Grafen von Artois an bis zu den Lakaien der Royalisten, haben sich geflüchtet, die meisten unter Verkleidung, einige sind unterwegs arretiert worden,

> andere haben komische Avantüren gehabt, dramatisierte das „Politische Journal". (Ein Schreiben aus Paris, 5. August 1789.)

Sie bildeten die erste Welle der Emigration, zu deren konspirierendem Haupt sich besagter Königsbruder d'Artois (und nachmaliger Karl X.) aufwarf.

> In Frankreich ist alles Sache der Mode; jene der Emigration begann damals. Man nahm Geld auf seine Ländereien auf, um eine fette Summe mitzunehmen. Jene sehr Zahlreichen, die Gläubiger hatten, sahen darin eine Möglichkeit, ihnen zu entgehen. Die Jüngsten erblickten darin ein treffliches Motiv, um auf Reisen zu gehen, oder einen gute Vorwand, um ihren Freunden und ihrer Gesellschaft nachzureisen. Noch dachte niemand im leisesten an die Folgen, die ein solcher Entschluß haben konnte. (Marquise de La Tour du Pin, I, 199.)

Die Höfe und ihre Schranzen quittierten die Kunde mit gemischten Gefühlen: von Gänsehaut vor dem Aufruhr bis zu Schadenfreude über die Lähmung der Großmacht Frankreich durch „innere Wirren". Da war nun doch mehr als der ihnen wohlbekannte „Ärger eines Königs mit seinen Ständen". Mit (unsanfter) Kritik an der schwächlichen Haltung der Feudalen wurde nicht gespart:

> Man dachte nicht einmal an Pulver und Kugeln, als die Empörung in Paris schon im vollen Ausbruch war. Man wollte bloß schrecken. Aber man wurde bald selbst bis zum Tode und zum Exil erschreckt. Die Großen wollten nicht resignieren, wollten alles behaupten und verloren darüber alles. (Politisches Journal, 5. August 1789.)

Aufgeklärte Dichter und Denker frohlockten über die Botschaft. Graf Alfieri aus Turin, zur Zeit Wahlpariser, erkühnte sich in seinem Poem *Parigi sbastigliata* zu einer Wortschöpfung: das „entbastillte" Paris. Friedrich Leopold Graf zu Stolberg hatte so ganz unrecht nicht, wenn er am 12. September an F. H. Jacobi schrieb:

> Es ist doch wohl kein Land, in welchem so viele den Franzosen lauten Beifall zurufen als unser zwar unvaterländisches, aber desto mehr kosmopolitisches Deutschland.

Ein davor auf dem Hohenasperg von seinem Herzog gequälter

Schubart besang die *Trümmer der Bastille.* Der gar wohl „vaterländische" Barde Klopstock brach in den Jubel aus:

> Frankreich schuf sich frei. Des Jahrhunderts edelste Tat hub da sich zum Olympus empor...
> Durchwandre die Weltannalen und finde etwas darin, das ihr ferne nur gleicht, wenn du kannst ... (Kennet euch selbst, 1789.)

Campe, der vor Ort berichtete, nannte

> diese französische Staatsumwälzung die größte und allgemeinste Wohltat, welche die Vorsehung, seit Luthers Glaubensverbesserung, der Menschheit zugewandt hat. (Brief aus Paris, 26. August 1789.)

Sonnenfels in Wien, ansonsten ein Rückversicherer, blieb noch 1797 bei seiner Meinung:

> Ein Bau, dessen Grundfeste von allen Seiten untergraben war, mußte bei dem ersten Windstoß einstürzen. (Der neue Teutsche Merkur, III/7, 271.)

Paris hatte sich an diesem 14. Juli das Erstgeburtsrecht der Revolution erstritten — und wird es bis zu den „Himmelstürmern" der Commune von 1871 stolz festzuhalten wissen...
Man reichte die „Sieger der Bastille" zur Auszeichnung ein, rund tausend an der Zahl, wovon fast ein Drittel Arbeiter. Für die Gefallenen hielt Hofprediger Fauchet, der Feldpropst der Nationalgarde wurde, ein Tedeum in Notre-Dame:

> Gott des Menschengeschlechts, mit welch einmütiger Inbrunst verehren wir Dich als den Gott der Franzosen!

Argwohn vor einem „Aristokratenkomplott" hielt nichtsdestoweniger an, und es herrschte nach dem verkrampften „Versöhnungsakt" im Rathaus beileibe nicht eitel Sonnenschein. Der soeben erst in der Hauptstadt angelangte Provinzler Babeuf war in ständiger Aufregung:

> Alles um mich herum befindet sich in einer solchen Wirrnis und Gärung, daß ich, obwohl Zeuge dessen, was sich hier abspielt, meinen Augen nicht zu trauen glaube. (Dok. 21.)

Er erzählte seiner Frau:

> Die Hinrichtungen haben begonnen. Übergroße Empfindsamkeit wird nicht an den Tag gelegt. Der Volkszorn ist weder durch den Tod des Gouverneurs der Bastille, die Zerstörung dieses teuflischen Gefängnisses und den Tod

des Vorstehers der Kaufmannschaft (Bürgermeister Foulon — W. M.) noch durch die Verzeihung, um die Ludwig XVI. seine Untertanen soeben angefleht hat, die Wiedereinsetzung Neckers und anderer ehemaliger Minister oder die Zurückziehung der Truppen besänftigt worden. Um das Volk auszusöhnen, sind viele andere Sühneopfer notwendig. (Ebenda.)

Er erkannte an, daß das einfache Volk keinen kalten Berechnungen anhing, sondern nach moralischen Maßstäben abzuurteilen verlangte: Verbrecher müssen büßen. Georges Lefebvre hat dies den Sühnewillen des Volkes genannt. Babeuf, der die Abführung des Intendanten Berthier zur Hinrichtung miterlebte, schmerzte die „Fröhlichkeit" der Menge, und nicht ihn allein. Er suchte jedoch zu begreifen und nahm vorweg, was noch zu vielen Ausschreitungen und Grausamkeiten im Revolutionskampf zu sagen sein wird:

> Ich habe Verständnis dafür, daß das Volk Rache nimmt. Ich heiße dieses Recht gut, denn es tut der Ausrottung von Schuldigen Genüge. Könnte dieses Recht aber nicht heutzutage unerträglich werden? Die Strafen aller Art, die Vierteilung, die Folter, das Rädern, der Scheiterhaufen, die Peitsche, der Galgen und die allerorts zahlreicher gewordenen Henker haben uns derart verrohen lassen! Statt uns gute Sitten zu lehren, haben uns die Herren zu Barbaren gemacht, weil sie selbst Menschen solchen Schlages sind. Sie ernten und werden das ernten, was sie gesät haben. Alle diese Dinge, meine arme Frau, werden allem Anschein nach gräßliche Auswirkungen haben. Wir stehen erst am Anfang. (Ebenda.)

Jacques Roux in der Saintonge wird über die Rolle der aufgewandten revolutionären Gewalt predigen:

> Es gibt bestimmte Wunden, die man nur heilen kann, indem man sie öffnet, auch wenn sie dabei dampfen und noch mehr bluten. (...) Sagen wir lieber, es gibt Handlungen der Gerechtigkeit und der Liebe, über die wir nicht Herr sind (...) (Scripta et Acta, 14.)

Auch „Gebildete" wollten oft nicht zurückstehen. Camille Desmoulins wertete die große Rathauslaterne, Glanzstück der ersten modernen Straßenbeleuchtung, bevor ihre gußeiserne Verstrebung der Lynchjustiz als improvisierter Galgen diente, poetisch auf. Manon Roland zürnte am 26. Juli aus Lyon:

> Ihr beschäftigt euch mit einer Stadtverwaltung, und ihr laßt Köpfe davonkommen, die neue Greuel heraufbeschwören können! (Dok. 23.)

Ein in Latein wie in antiker Mythologie beschlagener Anonymus brachte den abgeschmackten Vorschlag ein, Ludwig XVI. als

> dem weisen Monarchen, dem Wiederhersteller der französischen Freiheit,

einen Obelisken auf den Trümmern der Bastille zu errichten und darunter

> die Scheusale, die die fluchwürdigen Urheber der Leiden des Volkes waren,

lebend in die Kloaken einzumauern, für 6 Monate mit Speise versehen, damit sie, von Gewissensbissen gequält, langsam dahinstürben. (Les nouvelles philippiques ou le Te Deum des Français, Paris 1789.)

Was Paris recht war, schien anderen Städten billig. Madame Roland verallgemeinerte vorschnell, wenn sie am 25. August schrieb:

> Unsere albernen Provinzstädte sind in jedem Sinn hundert Meilen von euch entfernt. Die Eitelkeit ist da so groß, daß jedes Individuum durch sie um die Hälfte verkleinert wird; jeder will nur sich in Betracht ziehen, und auf diese Weise bekommen alle nur Dummköpfe zu sehen. (Dok. 29.)

Zutreffender hatte Loustalot bemerkt:

> Das Beispiel der Hauptstadt hat den Provinzen eine rasche und fürchterliche Erschütterung mitgeteilt. Überall hat man sich losgerissen von angenehmen und einträglichen Beschäftigungen, überall hat man Waffen gefunden. (Révolutions de Paris, Nr. 6.)

Einige hatten das Blinkfeuer von der Seine gar nicht erst abgewartet. In Dijon folgte die „Munizipalrevolution" — parallel zu Paris — der Meldung vom Hinauswurf Neckers, in Montauban löste Nachricht vom Fall der Bastille sie aus. Auf die Art ihrer Durchsetzung übten örtliche Umstände oft bestimmenden Einfluß. Sie verlief im allgemeinen dort flacher, wo die Bourgeoisie bereits starke Positionen innehatte: In Toulouse wie in Tarbes vertrat der Stadtrat die verschiedenen

Schichten der Mittelklasse auf angemessene Weise; daher bezeigten die Patrioten keine Eile, ihn auszuwechseln. In Flandern war die Bewegung schwach, weil die Forderungen der Bourgeoisie politischen, die Volksforderungen hingegen sozialen Charakter trugen, beide aber zeitlich auseinanderklafften. In Angers rührte sich die Stadtverwaltung nicht vom Fleck, worauf die Nationalgarde, energischer als ihre Gründer, die Einrichtung eines Leitungsausschusses erzwang.

Manchmal ergab das ungefähre Gleichgewicht von rivalisierenden Gruppen eine Art Doppelherrschaft: infolge sozialer Spannungen in Metz; aus einem Klassengegensatz, der in Feindseligkeiten zwischen katholischem Volk und protestantischem Mittelstand einmündete, in Nîmes. In der Normandie, wo man „der Zukunft (das heißt einer gesetzlichen Regelung — W. M.) nicht vorgreifen wollte", blieben die alten Gewalten zu seiten der neuen am Ruder. Ähnliches vernahm Arthur Young am 15. Juli in Nancy:

> Wir sind eine Provinzstadt. Man muß die Nachricht über das abwarten, was in Paris geschieht, aber man muß vom Volk alles befürchten. Da das Brot teuer verkauft wird, ist es halb ausgehungert und infolgedessen bereit, zu krawallieren.

Mitunter hatte eine Gegenoffensive der alten Kräfte Erfolg. So in Troyes und — infolge des Eingreifens des Schweizer Regiments Sonneberg — in Lyon, obwohl hier

> die Mehrzahl des Volkes von dem Verlangen verzehrt zu werden scheint, die Pariser durch die Hinrichtung irgendeines hervorragenden Opfers nachzuahmen. (Dok. 25.)

In Bordeaux hatte die Monarchie jegliche Selbstverwaltung zerstört; die Gemeindebeamten, die niemanden vertraten, wurden folglich hinweggefegt. In Strasbourg wiederum mußte ein halsstarriges patrizisches Stadtregiment gewaltsam gestürzt werden. Der unermüdliche Reisende Arthur Young sah am 21. Juli

> nach Ablauf einer Viertelstunde, die die Stadtbeamten zur Flucht durch die Hintertüren nutzten, den Pöbel eindringen. (...) Aus allen Öffnungen des Rathauses regnete es Fenster, Stühle, Fensterläden, Sessel, Tische, Sofas, Bücher, Papiere, (...) zuletzt alles, was in einem Haus mit

> Gewalt abgerissen werden kann. Sowohl die Fußtruppen wie die zu Pferde verhielten sich gleichgültig. (Dok. 22.)

Was den aus geordneten kapitalistischen Verhältnissen kommenden Engländer am meisten schockte, war aber, daß die Depots von Besitztiteln und Wertpapieren zerstört wurden und die umliegenden Straßen mit Schriftstücken übersät waren:

> Das ist mutwilliges Barbarentum, denn damit wurden viele (vermögende — W. M.) Familien ruiniert, die mit den Stadtoberen nichts gemein hatten. (Ebenda.)

Young hatte allerdings weder das Vor- noch das Nachspiel mitbekommen: Nach turbulenter nächtlicher Feier der Pariser Ereignisse forderten am 20. Juli mehrere Abordnungen des Bürgertums den Erlaß der Schlachtsteuer, die Zulassung eines Bürgerausschusses im Rathaus, die Bildung von Stadtbezirken, einer Bürgerwehr und so weiter. Der Platzkommandant unterstützte diese Forderungen; der Stadtrat erhob indes Einwände und vertagte die Entscheidung.

Erst daraufhin riß der Menge der Geduldsfaden, und es kam am 21. zur Plünderung des Rathauses. Dem selbständigen Eingreifen des Regiments Prinz Friedrich von Hessen-Darmstadt

> verdankte man die Rettung von ungefähr der Hälfte der edlen Weine, die im Rathauskeller lagerten. Die Rebellen hatten bereits einige Fässer zerschlagen, und man watete bis zu den Waden durch die Weinfluten. (Courrier de Versailles, II, 30.)

Die Bourgeoisie, der Unentschlossenheit des Kommandierenden Generals Rochambeau müde, übernahm am 22., einem Mittwoch, in der Stadt die Macht und bewaffnete ihre Bürgerwehr.

> Sie nahm an die 400 der größten Unruhestifter („die sich erneut zusammengerottet hatten") fest. Mehrere von ihnen wurden als öffentliche Ruhestörer gehängt. (Ebenda.)

Ende gut, alles gut?

> Einige Tage später erhielten die Soldaten eine Belohnung, die sie für ihre (...) Strapazen entschädigen sollte. Auf öffentlichen Plätzen mischten sie sich unters Volk. Von dort aus brachen sie gemeinsam auf, die Gefängnisse zu

stürmen, in denen die Leute gefangengehalten wurden, die an besagtem Mittwoch eingesperrt worden waren. 24 Stunden lang waren die Offiziere nicht in der Lage, die Disziplin wiederherzustellen. Die Soldaten blieben in den Straßen und verbrüderten sich mit den Massen. Zweifellos erfolgten im Alkoholrausch einige Plünderungen, schließlich ebbte er wieder ab. Nur dem Regiment Darmstadt wurde Strafe auferlegt; man ließ es mehrere Tage lang außerhalb der Wälle kampieren. (Buchez/Roux, II, 143.)

C. Fauchet: Discours sur la liberté française. 3 Broschüren, Paris 1789.

J. Roux: Le triomphe des braves Parisiens sur les ennemis du bien public. O. O., o. J. (Scripta et Acta, 6—19.)

M. Metzger (Hrsg.): Lyon en 1789. Lyon 1881.

Marquise de la Tour du Pin (Henriette Lucie Dillon): Journal d'une femme de cinquante ans (1778—1815). 2 Bände, Paris 1914.

D. Ligou: A propos de la révolution municipale, in: Revue d'histoire économique et sociale, 1960, Nr. 2.

Die „Große Furcht“

Dem Landmann meinte die in Paris eingesegnete Freiheit nicht irgendein abstraktes Philosophenglück, sondern konkrete Freiheiten im Plural: von Zins, Wegefron und Zehnt, von Spanndienst und Patrimonialgerichtsbarkeit, Plackerei und lästigen Abgaben schlechthin, womöglich von Steuern. Sie bedeutete ihm beliebige Nutzung der Allmende, der Mühle, der Backstube, der Gewässer und anderes mehr. Der Bauer, von der Pikardie bis zur Provence seit dem Frühjahr in heftiger Bewegung und nur auf ein Zeichen wartend, fühlte sich ermächtigt, einem freundlichen Gesetz Geltung zu verschaffen (Dok. 31). In der Normandie und im Franche-Comté, an Scarpe und Sambre, im Maconnais brach er auf, sich sein Recht zu holen. Ohne ihn, beharrt Kropotkin, hätte es vermutlich keine Revolution und schon gar keine „Große“ gegeben.

Agrarrevolte und eine Wirtschaftskrise, die die Zahl der Notleidenden emporschnellen ließ, Furcht vor einem

„Aristokratenkomplott", das sich auch streunender Banden bedienen mochte, erzeugten eine unglaubliche Panikstimmung: die „Große Furcht" im engeren Sinn, *la Grande Peur*. Schon am 25. Juli meldete die *Correspondance de Nantes*:

> Böswillige haben den Sinn der in Nantes getroffenen militärischen Vorbereitungen entstellt und in den benachbarten Weilern furchtbaren Schrecken verbreitet. Man müßte schon eine grausame Freude am Unglück des Vaterlandes verspüren, um auf den Einfall zu kommen, mit so viel Unverfrorenheit die Einwohner einer blühenden Stadt zu verleumden, die durch eine Verwüstung ihres Umlandes dem größten Unheil ausgesetzt wäre.

Gerüchte schwollen zur Lawine, immer entstellter und aufgeblähter, wonach Räuberhaufen vorrückten, um die Ernte am grünen Halm abzusicheln und Gehöfte in Brand zu stecken. Das ging etwa so vor sich:

> Einwohner (...) sahen aus der Ferne einen Streit zwischen Flurhütern und Wilddieben; sie meinten, Schurken gesehen zu haben, die sich anschickten, ihre Äcker zu verwüsten. Sie läuteten die Sturmglocke und trommelten die ganze Einwohnerschaft zusammen. Die benachbarten Gemeinden taten es ihnen gleich. (Dok. 24.)

In Ruffec war es ein Mann,

> der am 28. Juli mitteilte, im Wald 16 wie Husaren gekleidete Personen mit Säbeln gesehen zu haben. Da wir tags zuvor von Banditen gehört hatten, die bei Niort an mehreren Stellen Feuer gelegt und geplündert hätten, zweifelten wir keinen Augenblick, daß sich diese Räuber von Niort in den Wald von Ruffec geflüchtet hätten. (...) Alle Frauen schlossen in schmerzlichster Bestürzung ihre Türen und begaben sich mit Steinen bewaffnet in ihre Oberstuben. (Bulletin de la Charente, Nr. 263, 1947: ein Brief vom 11. August 1789.)

Der Mann wurde später festgenommen, blieb bei seiner Aussage, und man ließ ihn auf Anraten des Abgeordneten Dulimbert laufen. In Angoulême erfuhr am selben 28. Juli

> ein Kurier von einem Bauern, daß sich im Wald ein Räuber- und Diebeshaufen befinde, der sich Angoulême nähere und auf 15000 Mann anwachse. Er stürzte die Stadt in Aufregung. Man patrouillierte die ganze Nacht

> und ließ Geschütz am Palet-Tor auffahren. (Ebenda, 1900, Livre-Journal de F.-J. Gilbert.)

Gegen solche eingebildete Gefahren rüsteten Bauern und Städter nach bestem Wissen und Gewissen.

Mirabeau argwöhnte, daß „die Feinde der Freiheit" an der Auslösung des blinden, die Neuordnung aber in Verruf bringenden Alarms nicht unbeteiligt seien, und empfahl, kühlen Kopf zu bewahren:

> Nichts verblüfft den Beobachter mehr als die allgemeine Neigung, in schwierigen Zeiten schlechte Nachrichten zu glauben und zu übertreiben. Es scheint, daß die Logik nicht mehr darin besteht, den Grad der Wahrscheinlichkeit abzuschätzen, sondern den unwahrscheinlichsten Gerüchten Wahrscheinlichkeit zuzusprechen, sobald sie Anschläge ankündigen und durch finstere Schreckbilder die Phantasie entzünden. Wir gleichen dann Kindern, die den fürchterlichsten Geschichten immer am liebsten zuhören. (Courrier de Provence, 1789, Nr. 21.)

Glaubte die Nationalversammlung selber ihrer an den Haaren herbeigezogenen amtlichen Proklamation vom 10. August?

> Da die Feinde der Nation die Hoffnung verloren haben, die Erneuerung des Staates und die Festigung der Freiheit durch den Einsatz von despotischer Gewalt zu verhindern, scheinen sie den verbrecherischen Plan gefaßt zu haben, über den Weg der Unordnung und Anarchie zum selben Ziel zu gelangen. Nebst anderen Methoden haben sie gleichzeitig, fast am selben Tag, in den verschiedenen Provinzen des Königreichs falschen Alarm ausgelöst und verbrecherische Ausschreitungen, die sich gegen Güter und Personen richteten, veranlaßt, indem sie Einfälle und Raubzüge ankündigten.

Sechs oder sieben solche Panikherde sind nachzuweisen: im Beauvais (Dok. 24), der Champagne, im Franche-Comté, im Maine, um Nantes und um Ruffec. Von ihnen gingen Wellen aus, die sich zwischen dem 20. Juli und 6. August über den größeren Teil Frankreichs ausbreiteten. Die Grundlosigkeit der „Schreckbilder" stellte sich bald heraus, aber die Bauern blieben unter Waffen. Sie wandten sie gegen die Schlösser (und bisweilen Abteien) ihrer weltlichen und geistlichen Oberherren, bestanden auf Öffnung der Archive und Auslieferung der Urkunden, auf die sich die Feudalrechte gründeten oder das vorgaben. Auf dem Dorfplatz oder im Walde entzündeten sie Scheiterhaufen und verbrannten die „Titel".

> Wer wird jemals den Schaden feststellen und beweisen können, den sie (am 29. Juli — W. M.) meinem Eigentum zugefügt haben,

klagte Graf Germigny der Konstituante (Dok. 28). Baron Bornevin von Sousmoulins belehrten die Bauern:

> Du bist nicht mehr als wir, heute sind alle Menschen gleich,

und zwangen ihn, sich von seinem Ludwigskreuz zu trennen. Wurde die Herausgabe der Pergamente verweigert, zerstörten sie feudale Wahrzeichen, töteten aus Haß auf den Jagdbann die herrschaftliche Meute, setzten auf Schloß und Archiv den roten Hahn, erschlugen dann und wann einen starrköpfigen Schloßherrn oder Verwalter. Nicht selten wurde der Notar des Ortes herbeigeholt, um einen Verzicht des angstschwitzenden Seigneurs auf seine Feudalrechte unter Einhaltung der gesetzlichen Form zu beglaubigen. Graf Montausier machte am 30. Juli nach einem „Krach", der von 6 bis $^{1}/_{2}$ 11 Uhr abends dauerte, „ehe mir gestattet wurde, das Hemd zu wechseln", eine entsprechende Erfahrung:

> (...) Sie zwangen mich, vor meinem Notar in aller Form die Erklärung abzugeben, daß ich vom Dritten Stand sei und sie verteidigen würde — sie fügten hinzu: den Dritten Stand. Ich ließ sie die Hand darauf heben, daß sie dem König treu sein und mir gehorchen würden, was sie unter Hochrufen auf den König und ihre Herren taten. (Exkurse, 55.)

Trotz dieses halbwegs glimpflichen Ausgangs erbat Montausier umgehend eine Landjägerbrigade zu seinem Schutz,

> die die einzige Truppe zu sein scheint, die das Volk fürchtet, und die in diesem Augenblick eine allgemeine Beruhigung herbeiführen kann. (Ebenda.)

Das wird verständlicher, wenn man die Version des Steuerdirektors Paulian von den Vorfällen mit heranzieht. Er urteilt, daß die Ausführungen des Grafen nur bewiesen, wie unfrei er bei ihrer Abfassung war:

> Er hat nicht deutlich gemacht, daß seine notarielle Erklärung den vollständigen Verzicht auf alle seine Feudal-

rechte enthält; daß einer der Übeltäter ihn zweimal Knoblauch und Brot essen ließ und ihn „Halunke von einem Grafen" titulierte; daß ein anderer Übeltäter eine Sense über seinem Körper schwang, ihm die Hand aufs Haupt legte, als wäre er hingekniet, die Drohung ausstieß, ihm den Kopf abzuschneiden, und ihm sagte, er sei noch nicht quitt und der Tag noch nicht vorbei. (Ebenda.)

Paulian war nicht unvoreingenommen. Der Zorn der Landleute richtete sich in nicht geringerem Maße gegen den Steuereintreiber des königlichen Intendanten, dessen Beamten von ihnen eingesperrt oder davongejagt wurden. So, wie sich in den Städten das Bürgertum bewaffnet und die Verwaltung „usurpiert" hatte, bemächtigte sich jetzt der Bauer der öffentlichen Gewalt im Dorf.

Das flache Land ging aus der vielschichtigen Bewegung dieses Sommers 1789 gewandelt hervor. Bauernausschüsse und Dorfmilizen entstanden. Das Feudalwesen war in seiner Kernsubstanz getroffen, und die gründlich entzauberten „Herren" nahmen sich im Augenblick überaus kläglich aus. Die mehrheitlich aus Besitzbürgern zusammengesetzte Nationalversammlung hinkte den Ereignissen indessen einigermaßen ratlos nach. Sie tadelte, daß sich

bewaffnete Menschenhaufen der Gewalttätigkeit schuldig machten.

Auf einem Fünftel Frankreichs waren die Bourgeois selber Grundeigentümer, manchmal mit allen dazugehörigen Herrenrechten; darüber hinaus traten sie als Großpächter unangenehm in Erscheinung (Dok. 27). So fühlten sie vom Bauernkrieg, der auf die erste Phase der ziellosen Panik gefolgt war, auch ihr eigenes heiligstes Gut bedroht. Sie konnten nicht anders, als der spontanen Entwicklung auf dem Lande mit einem lachenden und einem weinenden Auge zuzuschielen. Die Entmachtung der sozialen Stützen des Ancien Régime — möglicher Brutnester einer Konterrevolution — kam ihnen zupaß. Vor dem heraufziehenden Schatten eines tiefergreifenden sozialen Umsturzes mußten sich Bourgeoisie und Aristokratie jedoch gegen die in Aktion getretenen Bauern zusammenschließen. Oft waren es die neuen, schon vom Bürgertum kontrollierten Stadtverwaltungen, die angesichts des Zerfalls des alten Unterdrückungsapparates die Initiative ergriffen, um in ihrem Umkreis ohne Zimperlichkeit „Ruhe und Ordnung wiederherzustellen". Sie scheuten vor Strafexpeditionen nicht zurück; zwischen Bauernabteilungen und Stadtmilizen beziehungsweise der Nationalgarde kam es zu Gefechten.

> Es hat — wird Madame Jullien schreiben — viele verbrannte Schlösser gegeben, und was viel grausamer ist, eine große Anzahl Bauern ist von den Soldaten der Bürgerwehr niedergemetzelt oder von der Hand des Henkers geopfert worden. (Dok. 31.)

Eindeutig traten die sozialen Optionen im Dauphiné hervor, wo die Bourgeoisie dem Adel beisprang, während die Stadtplebs das Panier der aufständischen Bauern ergriff.
Eine Lösung des Problems bot das nicht. Die Konstituante erfaßte wohl, daß sie das Risiko lief, zwischen Bourgeoisie und Bauernschaft einen unüberbrückbaren Graben zu legen, wenn sie jedem Zugeständnis widerriet, zumal ihr ja selber an einer „Durchlüftung des feudalen Grund und Bodens" gelegen sein mußte. Wie aber den Pelz waschen, ohne ihn naß zu machen?
Die Antwort erteilte die „Nacht des 4. August".

(Anonym:) Les fléaux de l'agriculture. (Paris 1789.)
Livre-Journal de F.-J. Gilbert, in: Bulletin et Mémoires de la Charente, Angoulême 1900.
P. Conard: La Peur en Dauphiné. Paris 1904.
P. Sagnac/P. Caron: Les Comités des droits féodaux et de législation et l'abolition du régime seigneurial (1789—1793). 2 Bände, Paris 1907.
G. Lefebvre: La Grande Peur de 1789. Paris 1932, [2]1970.
A. Soboul (Hrsg.): Contributions à l'histoire paysanne de la Révolution française. Paris 1977.

Die Nacht des 4. August

Sie fiel nicht als Geschenk vom Himmel. Es war der Club breton, der mit ihrer Vorbereitung seine Reifeprüfung bestand: einen Kompromiß auszuhandeln, der den Wolf satt und die Ziege heil beließ. Die bittere Pille mußte geschluckt, die bereits irreversible Aktion der Bauern in der Sache sanktioniert, jedoch in immerhin „zumutbare" gesetzliche Schranken gewiesen werden. Um Freiwilligkeit wie Großherzigkeit des Angebots zu demonstrieren, stellte sich der liberale Herzog d'Aiguillon im Namen der Verlierer als erster Sprecher zur Verfügung.

Der Ablauf war also zwischen Adel und Tiers verabredet, „abgekartet", wenn mit unfreundlichen Augen betrachtet, um die lendenlahme Erklärung einer Kommission der Nationalversammlung durch Zusatzanträge aufzubessern. Allerdings rollte das dann nicht ganz nach Plan ab. Der junge Vicomte de Noailles fühlte sich gedrängt, dem vorgesehenen Antragsteller zuvorzukommen und ihn zu übertrumpfen.

> Alle öffentlichen Lasten sind gleichmäßig unter alle zu verteilen. Alle Feudalrechte können von den Gemeinden durch Geld abgelöst oder derartig reguliert werden, daß der Berechnung eine gerechte Abschätzung, das heißt der Ertrag eines Normaljahres, also der Jahresdurchschnitt aus den Erträgen eines Jahrzehnts, zugrunde gelegt wird. Ebenso können auch alle Abgaben an den Seigneur, ganz gleich, ob sie in Geflügel, Eßwaren, Getreide oder Geld bestehen, durch die Besitzer oder Bewirtschafter von Grundstücken sowie die Gutsuntertanen nach dem Durchschnittsertrag der letzten zehn Jahre abgelöst werden. Sämtliche Frondienste, Rechte der Toten Hand und andere persönliche Dienstverpflichtungen werden dagegen ohne Ablösungsgebühr aufgehoben.

Das brachte sogleich Hektik in die von Le Chapelier geleitete Sitzung. Nachdem d'Aiguillon seinen Spruch losgeworden war, öffneten sich Schleusen einer Redeflut, und die Wortmeldungen überschlugen sich. Le Guen de Kerangel vom Tiers:

> Sagen Sie dem Volk, daß Sie die Ungerechtigkeit dieser Rechte anerkennen, die in Zeiten der Unwissenheit und der Finsternis erworben worden sind. Im Namen des Friedens, eilen Sie, Frankreich dieses Versprechen zu geben! Ein allgemeiner Schrei erhebt sich, Sie haben keinen Augenblick mehr zu verlieren. Jeder Tag Aufschub bedeutet neue Brände. Wollen Sie Ihre Gesetze erst einem verwüsteten Frankreich geben?

Der Fortgang ist oft geschildert worden: Der grundbesitzende Adel ließ angemaßte Gerechtsame fahren, die ihm vorpreschende Zinsbauern sowieso schon mit Gewalt entwunden hatten. Er riß — außer der Reihe sozusagen — den Klerus mit, und beide heimsten daraufhin donnernden Beifall des erleichterten Hauses ein. Feudale Tabus erloschen, und Ludwig XVI. kam, wie die Jungfrau zum Kinde, nochmals zum Ehrenprädikat eines „Wiederherstellers der französischen Freiheit". Man kann sich dabei gewiß des Eindrucks schwer erwehren, als hätten die Mimen so hinreißend über die Regie hinausgespielt, daß sie auf diesem Schleichweg bei der Überführung der feudalen in eine kapitalistisch orientierte Landwirtschaft am Ende selbst der Suggestivkraft ihrer Rollen erlagen.

Poncet-Delpech schwoll die Brust ob dieser

> Frucht bewundernswerter Gefühle und Auftritte: Niemals ist die französische Hochherzigkeit in hellerem Glanz erschienen. (Bulletin, Nr. 8, 8. August 1789.)

Babeuf teilte seinen Überschwang. Er bescheinigte der Versammlung, sie habe auf dieser

> glückseligen Sitzung (...) dem Philosophen J.-J. (Rousseau — W. M.) und allen seinen Brüdern, den Menschenfreunden, Dank abgestattet dafür, daß sie die erhabenen Ideen emporgebracht haben, die euch die Rechte anerkennen ließen, die die Gewohnheit, als Sklaven zu leben, so lange Zeit als Hirngespinste betrachten ließ. (La nouvelle distinction des Ordres, 15. August 1789.)

Die „Kollektivorgie des Selbstverzichts" bei Tageslicht betrachtend gelangte Marat zu dem ernüchternden Urteil:

> Wenn es der Wohltätigkeitssinn war, der jene Opfer diktierte, dann hat er, wie man zugestehen muß, recht lange gewartet, bis er sich offenbarte. Ja, erst angesichts des Flammenscheins ihrer brennenden Schlösser finden sie jene Seelengröße, auf das Vorrecht zu verzichten, die Männer in Fesseln zu halten, die ihre Freiheit mit der Waffe in der Hand erobert haben. Erst beim Anblick der Strafe, die die Erpresser, Leuteschinder und Trabanten des Despotismus trifft, finden sie endlich die Großmut, auf ihre Grundzehnten zu verzichten und nichts mehr von den Armseligen zu verlangen, die kaum ihr Leben zu fristen vermögen. (...) Und wie ist es denn um die Größe dieser Opfer bestellt? Muß ich erst noch beweisen, daß

> sie größtenteils illusorisch sind? Ist die Abschaffung aller Vorrechte (...) eine wirkliche, eine tatsächliche, wenn das Gesetz über die Herren-, die Grund- und Feudalrechte nichts anderes zu bestimmen weiß, als daß sie abgelöst werden können? Was die Abschaffung der Rechte der Toten Hand und der anderen Feudalrechte anbetrifft, die bisher auf den Personen lasteten — diese ungeheuerlichen Mißbräuche, die man mit dem schönen Namen eines Rechts verbrämt hat —, so müssen sie ja ohnehin zwangsläufig fallen, sobald das Grundgesetz zur Annahme gelangt, das die persönliche Freiheit des einzelnen verkündet. (Ami du peuple, Nr. 11, 1789.)

Dasselbe sagte Marquis de Ferrières auch, nur mit etwas anderen Worten:

> Die von heftigsten Unruhen betroffenen, zum Teil verwüsteten Provinzen Franche-Comté, Dauphiné, Bourgogne, Elsaß, Normandie und Limousin, wo über 150 Herrensitze in Brand gesetzt worden waren; die Wut, mit der Feudalurkunden aufgespürt und verbrannt wurden; die Aussichtslosigkeit, sich der Woge der Revolution entgegenstemmen zu wollen (...): all das schrieb uns (...) das Verhalten vor, das wir bezeigen mußten. Die Vertreter der Geistlichkeit wie des Adels (...) nahmen alle eingebrachten Anträge an.
>
> (...) Es wäre für sie vergeblich und sogar gefährlich gewesen, dem Gemeinwillen der Nation Widerstand zu leisten. (...) Ich beschwöre Sie deshalb, meine Herren Adligen, weder über den von Ihnen soeben geleisteten großmütigen Verzicht Bedauern zu zeigen, noch den Beschluß der Nationalversammlung öffentlich zu tadeln. (Ferrières, Correspondance.)

Angst vor der eigenen Courage stellte sich auch beim Tiers ein. Da die zahlreichen von der Versammlung angenommenen Anträge erst einmal durch eine Redaktionskommission in Gesetzesform gebracht werden mußten, verblieb eine Woche Zeit, nochmals kritische Sonden anzulegen: Hatte gallische Lebhaftigkeit nicht das Ganze — eventuell in bester Absicht — überstürzt?

> Abschaffung der Hörigkeit und der Toten Hand in jeglicher Gestalt —

Käufliche Ablösung der Herrenrechte —
Abschaffung der grundherrlichen Gerichtsbarkeit —
Abschaffung der Privilegien der Jagd, der Haltung von Taubenschlägen und Kaninchengehegen —
Umwandlung des Naturalzehnten in Geldabgaben —
Abkäuflichkeit der Zehnten —
Abschaffung aller fiskalischen Vorrechte und Steuerbefreiungen —
Gleichheit der Steuerpflicht ab Jahresanfang 1789 —
Zulassung aller Bürger zu sämtlichen zivilen und militärischen Ämtern und Rängen —
Unentgeltlichkeit der Rechtspflege und Abschaffung des Ämterkaufs —
Aufhebung der Privilegien von Provinzen und Städten —
Abschaffung der Annaten und der Pfründenhäufung —
Abschaffung der ohne Anspruch erlangten Pensionen —
Umbildung der Zünfte.

In seinem *Courrier de Provence* vom 5. bis 7. August ging Mirabeau temperamentvoll darauf ein: Wie, fragt man, nachdem die Nationalversammlung bisher so viel Zeit mit Kleinkram vertrödelte, nun plötzlich in einer einzigen Nacht mehr als 20 hochwichtige Gesetze durch Zuruf, ohne Diskussion durchgepeitscht?

Gewiß — antwortete unser Graf — hätte man methodischer vorgehen können. Aber wer große Versammlungen kennt, weiß, daß es in ihnen immer wieder zu dramatischen Gefühlsaufwallungen kommt (...). Beifall verführt sie (...), es stellt sich eine Art edler Trunkenheit ein, die einen Ausbruch von Großmut begleitet (...). Ja, die Versammlung befand sich in einem elektrisierenden Taumel. (Dok. 26.)

Zur Sache aber:

Die Männer hohen Standes, die vorschlugen, (...) dem Volk seine ursprünglichen Rechte zurückzugeben (denn nicht sie haben diesen Akt der Gerechtigkeit durch die Bezeichnung „Opfer" entehrt), haben selbstverständlich allgemeine Beifallskundgebungen entfesselt. (Ebenda.)

Gaultier de Biauzat konnte das nur bestätigen:

Wir kommen aus der erquicklichsten und interessantesten

Sitzung, die wir je gehabt haben. Voll von meinem Gegenstand (...) bin ich versucht, in der Sprache des Dichters zu reden. Ich rufe die Gottheit an, sie möge mir die geziemenden Ausdrücke eingeben, damit ich Ihnen auf würdige Art von Frankreichs Glück Bericht erstatte (...). Man fühlte sich hingerissen und berauscht, als sich die Szene von gut zu besser und allerbest verwandelte (...). Die Abgeordneten der Gemeinen hatten nur zuzuhören und sich zu freuen. (Landauer, I, 239, 242.)

Weit weniger entzückt zeigte sich (am 13. August) der Adressat seines Briefes, Advokat Bergier in Clermont-Ferrand, bürgerlicher Nutznießer der alten Ordnung:

Ich für meinen Teil indessen fühle mich nicht verpflichtet, Beifall zu spenden. Ein Beschluß, der mir die Mitgift einer meiner Töchter entreißt, der mich ohne meine Zustimmung eines Eigentums beraubt, das ich sehr redlich für gutes bares Geld unter öffentlich-rechtlicher Garantie erworben habe, braucht mir weder erfreulich noch sehr gerecht vorzukommen. (Ebenda, 243 f.)

Leutnant Buonaparte, der auf Befehl seines fünfundsiebzigjährigen Generals („zu erschöpft, um selber noch etwas zu unternehmen") den Stadtbehörden von Auxonne behilflich war, „räuberische Haufen" zu unterdrücken, teilte dennoch Bergiers Vorbehalte nicht, als er am 9. August seinem Älterbruder Joseph (dem nachmaligen König von Spanien) schrieb:

In ganz Frankreich ist Blut geflossen, doch war es nahezu überall das unreine Blut von Feinden der Freiheit und der Nation, die sich seit langem auf deren Kosten bereichert haben.

Er beurteilte deshalb die Nacht des 4. August als „einen großen Schritt zum Guten".

Georg Forster in Mainz wog ab. Einerseits:

Welch eine Sitzung war die vom 5. August von der französischen Nationalversammlung! Ich glaube, sie ist noch in der Welt ohne Beispiel.

Andererseits:

An Vollkommenheit, zu der es in menschlichen Dingen gebracht werden könnte, glaube ich freilich nicht mehr; allein es gibt doch Grade und Stufen des mehr oder weniger Unvollkommenen, und wenn da nur das Bessere errungen wird, so ist alles geleistet, was man von der Menschheit verlangen kann. Das Ideal denken wir uns, stellen es uns zum Ziel, und ohne es je zu erreichen, kommen wir denn doch so weit wir können und weiter als ohne Ideal.

Er schlußfolgerte:

> Ich wünschte daher nicht, daß jener Enthusiasmus, den manche gewiß für sehr übertrieben und deplaciert halten, vernichtet würde. (15. August 1789, Landauer, II, 179 f.)

Manöver des Klerus, den Zehnt vielleicht doch noch aus der „Bartholomäusnacht des Eigentums" (was sie mitnichten war) zu retten, widerlegte der Abgeordnete Buzot — einer der ganz wenigen Demokraten der Versammlung — schroff:

> Diejenigen, die bisher Opfer gebracht haben, sind der Adel und die Gemeinden. Die Geistlichkeit kann überhaupt keine bringen, denn die Kirchengüter, die sie die ihrigen nennt, gehören gar nicht ihr, sondern der Nation. Es bleibt der Geistlichkeit nur übrig, den äußeren Schein zu wahren und so zu tun, als brächte sie aus freiem Antrieb jene Opfer, zu denen sie ohnehin bald durch die Umstände gezwungen sein würde.

Und Mirabeau fühlte sich zu einer großen Rede herausgefordert:

> Der Zehnt ist kein Eigentum, denn der Geistliche darf ihn nicht veräußern. Er ist auch kein Besitz, sondern nur Besoldung für die Beamten der Moral und des Dogmas (...). Das Wort „besolden" erregt ihren aus alten Vorurteilen überheblicher Unwissenheit hervorgegangenen Unwillen. Ich aber kenne nur drei Arten gesellschaftlicher Existenz: als Bettler, als Dieb oder als Besoldeter. Der Eigentümer ist der erste Besoldete (...). Die Eigentümer sind die Geschäftsführer, die Ökonomen des Sozialkörpers. Es mag schon sein, daß die Angestellten der Moral und des Dogmas gut bezahlt werden müssen; sie dürfen jedoch eine verderbliche Art der Auflage deshalb nicht Eigentum nennen.

So mußte denn am 11. August Erzbischof Juigné von Paris beigeben und „im Namen meiner Brüder, meiner Mitarbeiter und aller Mitglieder der Geistlichkeit, die dieser erhabenen Versammlung angehören", den Kirchenzehnt (es gab noch zwei andere) „in die Hände der gerechten und edelmütigen Nation zurücklegen":

> Daß das Evangelium verkündigt, daß der Gottesdienst mit Abstand und Würde begangen, daß die Kirche mit tugendhaften und werkeifrigen Dienern versehen werde: das war die Bestimmung unseres Zehnten, das war der Zweck unseres Dienstes. Wir setzen unser Vertrauen in die Nationalversammlung und zweifeln nicht, daß sie uns die Mittel geben wird, so hochachtbare und heilige Dinge auch fürderhin zu verrichten.

Am 10. August beklagte die Nationalversammlung, daß

> in der allgemeinen Aufwallung das heiligste Eigentum und sogar die Ernten, einzige Hoffnung des Volkes in diesen Zeiten des Mangels, nicht respektiert wurden.

Sie erließ daher an erster Stelle Verordnungen über die Gewährleistung von Ruhe und Sicherheit.

> Auf einfache Anforderung der Gemeindeverwaltungen, sei es der Städte wie auf dem Lande, erhalten die Nationalmilizen ebenso wie die Landjäger militärische Unterstützung.

Das war durchaus im Sinne von Gaultier, der am 13. August aus Versailles schrieb:

> Wie sehr wichtig ist es in diesem Augenblick, Pöbelansammlungen zu vermeiden! Wenn sie auch bloß gelegentlich und planlos zustande kommen, können sie in dem Maße gefährlich werden, daß es der öffentlichen Gewalt unmöglich wird, ihren schrecklichen Einwirkungen Widerstand entgegenzusetzen.
>
> Ich bin überzeugt, daß Sie mit mir die unausweichliche Notwendigkeit erkennen, die Bildung zu beträchtlicher Gruppen von Leuten aus dem niederen Volk zwar nicht ausdrücklich zu verbieten, aber, ohne daß man es merkt, zu verhüten. (Landauer, I, 247.)

Am 11. August erhob die Konstituante die meisten der — etwas begradigten — Anträge vom 4. zu einem Beschluß in 19 Artikeln, deren erster mit dem lakonischen Satz begann:

> Die Nationalversammlung vernichtet die Feudalität völlig.

Der König, der ihn bestätigen mußte, um ihm Gesetzeskraft zu verleihen, umging eine bindende Zusage. Dem Bischof von Arles gegenüber machte er jedoch aus seinem Herzen keine Mördergrube:

> Das Opfer ist schön, aber ich kann es nur bewundern. Nie werde ich einwilligen, meine Geistlichkeit und meinen Adel um ihr Vermögen zu bringen (...). Dekreten, die sie berauben würden, werde ich meine Zustimmung verweigern (...). Nötigte mich Gewalt dazu, würde ich nachgeben; dann aber würde es in Frankreich auch keine Monarchie, keinen Monarchen mehr geben. (Cunow, 67 f.)

So war es „zu gropf" (und er sollte besagte Gewalt, der zu weichen war, zu kosten bekommen). Mit feinerem Gespür für Angriffsflächen opponierte Rivarol, Laureat der Berliner Akademie, dessen bissigen Witz schon der Alte Fritz — von verwandter Denkart — goutiert hatte: Gewiß gäbe es in der „Verzichtliste" einige untadelhafte Artikel. Der Grünling Noailles

> hätte sich indessen damit begnügen sollen, sein persönliches Opfer anzubieten, und nicht aus seiner persönlichen Tugend eine Notwendigkeit für alle machen. (Journal politique-national, Nr. 1.)

Rivarol spie Gift und Galle über „so viel Nutzlosigkeit". Die Verzichte hätten das Volk keineswegs beruhigt: Es habe nur noch mehr niedergebrannte Schlösser, noch mehr Morde gegeben. Er hielt die Widerstände in der Nationalversammlung für immerhin beträchtlich und spielte auf verschiedene Formen ausgeübten Drucks an, die zur Kapitulation Juignés am 11. August geführt hätten. Dies war, wiewohl eine Übertreibung, nicht gänzlich aus der Luft gegriffen. Als pures (jedoch stets neu aufgewärmtes) royalistisches Geschwätz erweist sich hingegen die Behauptung, daß

> die Dekrete der Nationalversammlung in den Pariser Distrikten und im Palais-Royal vorbereitet und revidiert wurden. (Ebenda, 20.)

Schärfer hinwiederum als die Enthusiasten der „Nacht" erkannte ihr Gegner, daß am übelsten fährt, wer es allen recht machen will, indem er beide Seiten betrügt wie Abbé Sieyès,

> Idol des Palais-Royal und erster Apostel der Demokratie,

> der seine Popularität auf einen Schlag einbüßte, als er die Rednerbühne zur Verteidigung des Zehnten (der ihm selber Erkleckliches abwarf — W. M.) bestieg.

Überraschend schließlich sein Durchblick, daß

> den Brocken, den die Kirche verlor, die Klasse der reichen Eigentümer gewann, an die man gar nicht gedacht hatte (...). Der Zehnt wurde doch nur abgeschafft, um den Boden mit höheren Steuern belasten und damit die Kapitalisten zufriedenstellen zu können. (Ebenda, 15, 17.)

Courrier de Provence pour servir de suite aux Lettres du comte de Mirabeau à ses commettants, 1789.

F. N. Babeuf: La nouvelle distinction des Ordres, par M. de Mirabeau. Paris (15. August) 1789.

(A. de Rivarol:) Journal politique-national, publié d'abord par M. l'Abbé Sabatier, et maintenant, par M. Salamon, à Cambrai, 1789, Nr. 1.

F. Mège: Gaultier de Biauzat, sa vie et sa correspondance. 2 Bände, Paris 1890.

(C. E.) marquis de Ferrières: Correspondance inédite, 1781—1791. Hrsg. H. Carré, Paris 1932.

P. Kessel: La nuit du 4 août 1789. Paris 1969.

J. P. Hirsch: La nuit du 4 août. Paris 1978.

Die Menschenrechte

Als Konstituante war die Nationalversammlung vordringlich der Ausarbeitung einer geschriebenen Verfassung verpflichtet. Vergleichbares gab es in Europa nicht, seit die Engländer in ihrer Revolution damit unter Cromwell schlechte Erfahrung gemacht hatten. Hingegen wirkten die Verfassungsakte Virginias (1776) und der Vereinigten Staaten von Amerika (1787) anregend. Thomas Jefferson, einer ihrer geistigen Väter und bis 1789 als Gesandter in Paris greifbar, wurde von französischen Freunden konsultiert. Beiden Verfassungen (wie auch der Unabhängigkeitserklärung vom 4. Juli 1776) war eine Deklaration über die allgemeinsten Menschenrechte vorangestellt, und bereits am 9. Juli 1789, dem „Geburtstag“ der

Konstituante, war Mounier für eine solche eingetreten:

> Damit eine Verfassung gut sei, muß sie sich auf die Menschenrechte gründen und sie schützen. Man muß die Rechte kennen, die das Naturrecht allen Individuen zugesteht; man muß an alle Grundsätze erinnern, die die Basis für jede Art von Gesellschaft bilden, und jeder Artikel der Verfassung muß aus einem solchen Grundsatz folgern (...). Die Erklärung soll kurz, einfach und genau sein.

Ein Verfassungsausschuß nahm seine Tätigkeit auf. Das Plenum begann am 1. August mit der Diskussion. Barère kommentierte am 5. in seinem *Point du jour*:

> Eins der interessantesten Schauspiele für einen Philosophen ist die Beobachtung der raschen Fortschritte von Wahrheit und Vernunft in der Nationalversammlung. Am ersten Tag der Debatte schien es zweifelhaft, ob man die Idee einer von der Verfassung getrennten Erklärung der Rechte überhaupt annehmen würde; am zweiten (...) haben sich die gegen alle Deklarationen erhobenen Einwände verflüchtigt; schließlich diskutierte man am dritten Tag nur noch darüber, ob eine Erklärung der Pflichten mit der Erklärung der Rechte zusammenzuspannen wäre.

Abbé Grégoire wünschte jede Aufreihung von Rechten durch einen Pflichtenkatalog ergänzt. Andere Geistliche suchten sie — vergeblich — auf die Anerkennung einer katholischen Staatsreligion festzulegen. Ein von den jüngsten Vorfällen ins Bockshorn gejagter Malouet hielt eine obligatorische Bindung an „allgemeine Wahrheiten" für unnütz oder sogar für gefährlich, während Mirabeau am 10. August im Gegenteil versicherte:

> Alle Arbeiten der Nationalversammlung seit dem 4. August sind darauf gerichtet, im Königreich die Herrschaft der Gesetze wiederherzustellen, dem Volk eine Anzahlung auf sein Glück zu geben und seine Unruhe dadurch zu mindern, daß es unverzüglich in den Genuß der ersten Wohltaten der Freiheit kommt. (Courrier de Provence, Nr. 26.)

Indessen fehlte auch bei ihm ein „aber" nicht:

> Der Philosoph, der für die Zukunft arbeitet und sich (...)

nicht an die Menge wendet, muß ohne Schonung als Rächer der Menschheit auftreten (...). Der Staatsmann jedoch, der auf alle wirkt, und zwar zu einem gegebenen Zeitpunkt, muß sein Vorgehen bedächtiger abmessen. Er gibt dem Volk keine Waffen in die Hand, ohne es deren Gebrauch zu lehren, damit es diese nicht im ersten Taumel mißbrauche, gegen sich selber kehre und endlich, von Reue und Schrecken ergriffen, wegwerfe. (Ebenda, Nr. 28.)

Solche Strategie und Taktik sprach vielen aus dem Herzen.

Sorgt dafür, schrieb Manon Roland aus Lyon nach Paris, daß unsere Rechte erklärt werden, daß sie uns zur Bestätigung vorgelegt werden, und daß dann die Verfassung komme! (Dok. 29.)

Eine große Mehrheit der Versammlung entschied sich für eine feierliche Deklaration, die vorab verkündet werden sollte, ohne die Fertigstellung der Verfassung, der sie als Präambel zu dienen hatte, abzuwarten. Um die Fassung ihrer 17 Artikel wurde angestrengt gerungen und an ihnen gefeilt. Sieyès verlangte für jeden ihrer Grundsätze „Evidenz".

Dies ist keineswegs eines jener raschen und übereilten Dekrete, die auch den weisesten Versammlungen oft entschlüpfen. Es ist eine große und bedeutsame Wahrheit, die in allen Cahiers zum Ausdruck kommt und die in annähernd gleichem Wortlaut aus 50 unterschiedlichen Entwürfen für eine Erklärung der Rechte hervorgeht, die von verschiedenen Mitgliedern der Versammlung in Vorschlag gebracht wurden. Es ist dies eine Frucht des Nachdenkens, von Überlegungen, die aus Beratungen in mehreren Sitzungen hervorgingen. (Courrier de Provence, Nr. 30, 20.—21. August 1789.)

Vom 20. bis 26. August wurde über jeden Artikel einzeln verhandelt und abgestimmt.

Die Erklärung der Menschenrechte *(Droits de l'homme et du citoyen)* schloß, wenngleich mehr in der Sache als im unmittelbaren Wortlaut, eine Verurteilung der feudalen Klassengesellschaft und der absoluten Monarchie ein. Sie stellte dem Ancien Régime gewissermaßen den amtlichen Totenschein aus. Heraus kam dabei weniger ein systematisiertes gesellschaftliches Leitmotiv als der Schutzbrief eines bürgerlichen Staatswesens und insbesondere des einzelnen Staatsbürgers gegen königliche

Willkürherrschaft oder die Wiederkehr ständischer Privilegien. Darin war sie zwar der englischen Bill of Rights von 1689 vergleichbar, jedoch nicht mehr von einem König huldvoll bewilligt, sondern von einer mit dem Mandat der Wähler ausgestatteten Volksvertretung aus eigener Machtvollkommenheit dekretiert. Im Geiste der herrschenden Aufklärung drückte sie die politischen Vorstellungen und Wertmaßstäbe der Bourgeoisie vernehmlich aus. Sie mauerte Ecksteine einer Ordnung ein, deren idealisierte Lebensnormen sich über Frankreichs Grenzen hinweg der gesamten noch entfremdeten Welt empfahlen. Robespierre, der Anwalt aus Arras, wird (1791) bekennen, daß er diese Erklärung der Rechte nie als eine „leere" Theorie betrachtet habe, sondern ganz entschieden als *universale, unabänderliche und unverjährbare Rechtsgrundsätze, geschaffen, um auf alle Völker angewandt zu werden.*

Die Deklaration führte sich mit dem kennzeichnenden Satz ein, daß

> die als Nationalversammlung vereinigten Vertreter des französischen Volkes die Unkenntnis der Menschenrechte, der Vergessenheit oder Mißachtung, in die sie geraten sind, als die einzigen Ursachen der Mißstände im Staat und der Verderbtheit der Regierungen betrachten. (Dok. 30.)

Nachdem ihr erster (an Jefferson gemahnender) Artikel stipulierte, daß

> die Menschen frei und gleich an Rechten geboren werden und es bleiben,

schrieb der zweite das Eigentum — neben Freiheit, Sicherheit und Widerstand gegen Unterdrückung — unter den „natürlichen und unverlierbaren Menschenrechten" fest. So zeigte denn der junge Marx die Grenzen, an die sie stieß:

> Die sogenannten Menschenrechte sind nichts anderes als die Rechte (...) des egoistischen Menschen, des vom Menschen und vom Gemeinwesen getrennten Menschen. (...) Keines der sogenannten Menschenrechte geht also über den egoistischen Menschen hinaus, über den Menschen, wie er Mitglied der bürgerlichen Gesellschaft, nämlich auf sich, auf sein Privatinteresse und seine Privatwillkür zurückgezogenes und vom Gemeinwesen abgesondertes Individuum ist. Weit entfernt, daß der

Mensch in ihnen als Gattungswesen aufgefaßt wurde, erscheint vielmehr das Gattungsleben selbst, die Gesellschaft, als ein den Individuen äußerlicher Rahmen, als Beschränkung ihrer ursprünglichen Selbständigkeit. Das einzige Band, das sie zusammenhält, ist die Naturnotwendigkeit, das Bedürfnis und das Privatinteresse, die Konservation ihres Eigentums und ihrer egoistischen Person. (MEW, I, 364, 366.)

Zu ihrer Zeit fand die Erklärung aus anderen Gründen eine geteilte Aufnahme. Einig war man sich eigentlich nur in der Anerkennung ihrer prinzipiellen Bedeutung — sei es mit positivem oder negativem Vorzeichen. Der Adel, der sich von ihr getroffen und beleidigt fühlte, lehnte sie mehrheitlich ab. Der Papst und sein Anhang hielten sie für unvereinbar mit den Grundsätzen der Kirchenlehre; „leider" hatten Hirtenbriefe wie derjenige des Bischofs La Rochefoucauld-Bayers von Beauvais vom 4. Mai nichts gefruchtet:

> Eine besonnene Unterwerfung unter eine altehrwürdige und achtbare Autorität ist tausendmal den neuen Systemen vorzuziehen, die den menschlichen Hochmut durch das Versprechen der Freiheit großzüchten. (Exkurse, 53.)

Die einflußreichen Sklavenhalter in den Kolonien spielten mit Erfolg Artikel 2 — ihr „Eigentum an den Sklaven" — gegen deren „Recht auf Freiheit und Gleichheit" aus und zwangen die Nationalversammlung zum ersten Abstrich an der universellen Gültigkeit ihrer Prinzipien.

Vom Bürgertum hingegen wurde die Erklärung als verheißungsvoller Auftakt begrüßt. In etwa entsprach sie der Forderung nach „selbständigen" (das heißt vom König unabhängigen — W. M.) „Verfassungsgrundsätzen", die Marat in seiner *Weihgabe an das Vaterland* am Anfang des Jahres erhoben hatte. Ihr Wortlaut wurde in massenwirksamen Couplets und Vaudevilles Artikel für Artikel popularisiert:

> Alle Menschen, einmal geboren,
> haben ständig gleiches Recht,
> frei sind sie, doch unverloren,
> bleiben dem Gesetz gerecht.
> Keinerlei verstiegnes Trutzen,
> Ränke und Kabalen mehr:

Nur der allgemeine Nutzen
macht die Unterschiede her. (Semmer, 27.)

Oder, zu Artikel 5:

Wer gut verwendet seine Zeit,
wird nicht bestraft, Gesetzlichkeit
verbietet Lieben nicht noch Trinken:
Doch wer nach seinem Nächsten schlug
mit Rauben oder auch Betrug (...).

Mann, da versteht das Gesetz keinen Spaß mehr, da schüttelt es dich wie seinen furchtbaren Helmbusch, vor dem der Schuldige zittert, und sagt ihm mit Donnerstimme:

Ein Hund will ich sein ... (Ebenda, 31.)

Das Für und Wider erzeugte „Weltliteratur". Auf Burkes *Betrachtungen über die Französische Revolution* (1790), den wirkungsvollsten „Katechismus der Konterrevolution", antwortete ein anderer Engländer, Thomas Paine, mit seinen nicht weniger gerühmten *Menschenrechten* (1791—1792). Der Nationalversammlung aber mußte es vor allem darauf ankommen, die bürgerliche Neuordnung, zu der die Rechte den Grundstein legen wollten, schnell voranzutreiben.
Nägel mit Köpfen zu machen erwies sich jedoch als gar nicht einfach. Im alten Tiers zeigten sich schon erste Risse.

Man wird sich balgen, ich bin darauf gefaßt, schrieb am 25. August Manon Roland. Was tun? Sich mit Mut wappnen. Ich würde gern Wissenschaft und alles übrige beiseite stellen und nichts tun und träumen als Politik. Kann es in diesem Augenblick etwas geben, was sich mit ihr an Interesse messen kann? (Dok. 29.)

Die Volksbewegung in Stadt und Land hatte bürgerliche Gemüter von geringer Streitlust kopfscheu gemacht. Sie begannen um ein Gleichgewicht besorgt zu sein, das Adel und Königtum ins Spiel zurückbrachte. Zwar unterlag ein Antrag der „Monarchisten" (wegen ihrer Kopiersucht auch Anglomanen genannt) auf ein Zweikammersystem mit erblichem Oberhaus am 10. September mit nur 89 Für- den 849 Gegenstimmen; jedoch fand sich tags darauf immerhin eine Zweidrittelmehrheit für ein königliches Einspruchsrecht mit aufschiebender Wirkung während zweier Legislaturperioden (nachdem das *absolute* Veto durchgefallen war). Das halbe Entgegenkommen sollte den König erweichen, die Augustdekrete und die Erklärung der Rechte doch noch zu unterschreiben. Ludwigs Haltung blieb indessen starr, und die Patriotenpartei mußte allmählich zu der Überzeugung gelangen, daß nur eine neue Volksaktion sie zu brechen vermöchte.

A. C. Duquesnoy: Opinion sur les projets de déclarations des droits. Versailles 1789.

J. P. Marat: Projet de déclaration des Droits de l'Homme et du Citoyen, suivi d'un plan de Constitution juste, sage et libre. Paris 1789.

Abbé de Favre: Les Droits de l'Homme et du Citoyen, ou la Cause des journaliers, ouvriers et artisans. (Paris 1789.)

E. Burke: Reflections on the French Revolution. London 1790.

T. Paine: The Rights of Man. 2 Bände, London 1791—1792.

K. Marx: Zur Judenfrage, in: Deutsch-französische Jahrbücher, Nr. 1/2, Paris 1844. (MEW, I, 347—377.)

E. Walch; La déclaration des droits de l'homme et du citoyen et l'Assemblée constituante. Travaux préparatoires. Paris 1903.

K. Bolz: Vom Unabhängigkeitskampf der Vereinigten Staaten von Amerika bis zum Wiener Kongreß. Berlin/Leipzig 1949.

G. Mönke: Thomas Paine. Die Rechte des Menschen Berlin 1962, [2]1983.

G. del Vecchio: La Déclaration des Droits de l'Homme et du Citoyen dans la Révolution française. Roma/Paris 1968.

J. Sandweg: Rationales Naturrecht als revolutionäre Praxis. Untersuchungen zur „Erklärung der Menschen- und Bürgerrechte" von 1789. Historische Forschungen VI, Berlin (West) 1972.

Marat und das Ende von Versailles

In Paris erschien eine anonyme Flugschrift mit dem bezeichnenden Titel: *Die Warum des Monats September.* Ja, warum kam Frankreich — und seine Hauptstadt vorneweg — trotz so vieler Fortschritte nicht zur Ruhe?

Engagierten Demokraten blieb nicht verborgen, daß sich eine „Koalition" aus Großbürgertum und Reformadel auf der glücklich eingenommenen Kommandobrücke häuslich einzurichten anschickte und die noch ungesicherte Revolution fortan — unter Beanspruchung des Monarchen gar? — eher anzuhalten als angemessen weiterzuführen bestrebt war.

> Die Franzosen, schrieb Manon Roland am 4. September, lassen sich von dem schönen Äußeren ihrer Herren leicht gewinnen, und ich bin überzeugt, die Hälfte der Nationalversammlung war dumm genug, beim Anblick Antoinettens, die ihnen ihren Sohn ans Herz legte, gerührt zu werden. Zum Donner! Als ob es sich um ein Kind handelte! Es geht um das Wohl von 20 Millionen Menschen. Alles ist verloren, wenn man nicht aufpaßt. (Landauer, II, 6.)

Marat, der auf sich aufmerksam zu machen begann, führte im *Volksfreund* dazu am 17. September aus:

> Es ist nur zu offenkundig, daß eine mächtige Fraktion, im Schoße der Generalstände verborgen, darauf hinarbeitet, das große Werk der Regeneration des Reiches mißlingen zu lassen. Immer darauf bedacht, die Fragen, die geradenwegs zum Ziel führen, in Vergessenheit zu bringen, um diejenigen zu verhandeln, welche die Macht des Fürsten heben und kräftigen, zieht sie die Dinge in die Länge und wartet irgendein günstiges Ereignis ab, das ihr gestattet, die Maske abzuwerfen.

Der *Volksfreund* stand mit solcher Meinung keineswegs allein. Er vermochte sie nur besser als andere auf einen Nenner zu bringen. Flugschriften genannter wie ungenannter Verfasser überschwemmten Paris zu Hunderten: über tückische Hinterabsichten der Aristokraten, die Notwendigkeit einer Säuberung der Nationalversammlung von Prälaten und Adligen, die (als Abgeordnete der Privilegierten) keinen Anspruch erheben könnten, die Nation zu vertreten. Während Madame Jullien als gute Bourgeoise darauf vertraute, daß die neuen „großen Männer" von Paris — Lafayette, Bailly — gemeinsam mit Mirabeau in der Versammlung und Necker im Ministerium schon Ordnung halten und notfalls schaffen würden (Dok. 31), regten sich bei Marat ernste Zweifel:

> In der Stadtverwaltung sitzen gar viele Personen, die mit den Ansichten der hohen Beamtenschaft und des Hofes gesättigt sind. Was jedoch die Nachwelt vielleicht niemals glauben wird, ist die Tatsache, daß sogar in der Nationalversammlung, wo man nur Weise finden sollte, Männer

> sitzen, deren Gesinnung wenig empfehlenswert ist. (Ami du peuple, Nr. 8.)

Er deckte Unterschleife und Korruption auf, machte den Maire für die Mißwirtschaft verantwortlich, spießte

> die Schufte auf, die in der Revolution lediglich eine günstige Gelegenheit erblickten, gute Posten und materielle Vorteile zu ergattern.

Dazu rechnete er — trotz *Figaro* — auch den Geschäftemacher Beaumarchais. Necker warf er vor:

> Er hat das Volk feige verlassen und sich um die Gunst der Vaterlandsverräter beworben. Aus Furcht, seinen Platz zum drittenmal aufgeben zu müssen, hat er sich nach und nach seinen Feinden genähert. (Ebenda, Nr. 25.)

Daran schloß er die erste seiner berühmten Voraussagen:

> Kleiner, eitler Mann, deine Lorbeeren sind befleckt, sie werden nie wieder grünen (...). Man kann nicht den Ruhm und die Gunst vereinen (...). Ähnlich dem dumpfen Rauschen des Wassers nach einem Sturm wird der Ruf deines Namens vielleicht noch einige Zeit widerhallen (...). Vergebens jedoch wird der Weise in dir einen Staatsmann suchen, er wird in dir nur einen Industrieritter finden, und ohne Prophet zu sein, kann er dir das Ende Laws prophezeien. (Ebenda, Nr. 27.)

Unser skeptischer Volksfreund antizipierte in diesem Punkt offenbar Marx:

> Jede Gesellschaftsepoche braucht ihre großen Männer, und wenn sie dieselben einmal nicht findet, erfindet sie sie. (MEW, VII, 63.)

Marat sah noch weiter: daß die wirtschaftliche Situation das Volk abermals in Bewegung versetzte. Der abwandernde Adel entzog Frankreich nicht allein sein Fluchtkapital. Schrumpfung und Zurückhaltung eines entscheidenden Kundenkreises traf das in Paris vorwiegende Luxusgewerbe und den mit ihm verbundenen Handel hart. So stieg die Arbeitslosenkurve erneut an, während das Brot, solange der Drusch des Getreides nicht beendet war, knapp und teuer blieb; die Frauen mußten schon wieder anstehen. Der Hauptstadt zugedachte Transporte wurden überfallen und „abgezweigt"; in Louvier und Provins kam es zu Zusammenstößen. Arbeiter demonstrierten für Lohnerhöhungen oder Arbeitsplätze. Schneidergesellen

„rotteten sich zusammen“, um ein Eingreifen der Stadtbehörden zu erwirken, worauf ihre Meister mit der Entsendung einer „Gegendeputation“ antworteten (und im Rathaus natürlich recht bekamen ...). Friseure und Lakaien, durch den Abgang ihrer Herrschaft brotlos geworden, verlangten nach Beschäftigung. Beschwerden kamen von Apothekergehilfen und von Schuhmachergesellen, die sogar ein Kampfkomitee wählten.

> Heute, schrieb Marat am 16. September, haben sich die Schrecken des Lebensmittelmangels erneut bemerkbar gemacht; die Bäckerläden werden belagert, dem Volk fehlt es an Brot. Und ausgerechnet nach der reichlichen Ernte, inmitten des Überflusses sogar sind wir drauf und dran, Hungers zu sterben. (Ganz so schlimm war es nicht mehr — W. M.) Kann man daran zweifeln, daß wir von Verrätern umgeben sind, die unseren Untergang herbeizuführen suchen? Sollten wir dieses Ungemach (statt „objektiven Umständen“! — W. M.) nicht dem Grimm der Volksfeinde, der Habgier der Monopolisten, der Unfähigkeit oder der Untreue der Verwaltung verdanken?

Schon in Nummer 8 hatte er dargelegt:

> Die Tyrannen sind fort, die Wirkungen der Tyrannei aber sind geblieben. Volk, du hast keine Unterdrücker mehr, doch fühlst du nicht minder die Schmach der Knechtschaft (...). Die Werkstätten stehen leer, die Fabriken sind verlassen, der Handel stockt, die Finanzen sind zerrüttet (...). Der Verdienst der Arbeiter und Meister wird sich mit den abnehmenden Tagen mindern; Legionen von Dienstboten, vor die Tür gesetzt, werden die Masse der Hilflosen vermehren. Die Feinde der Freiheit werden dich deiner Unabhängigkeit müde machen; sie werden dich lehren, dich nach der Sklaverei zurückzusehnen und unter dem Schutz eines Herrn Ruhe, Überfluß und Frieden zu suchen.

Am 30. September schließlich:

> Die Lage wird immer schlechter. Ein trostloser Winter steht uns bevor, wenn nicht Tag und Nacht gearbeitet wird, Paris mit Lebensmitteln zu versorgen, ehe die Regenfluten die Fahrstraßen unbenutzbar machen und das Eis die Schiffahrt unterbricht.

Die Zeitung *Die nationale Peitsche* glaubte (in Nr. 3) schon die Notleine ziehen zu müssen:

> Pariser, öffnet endlich die Augen, erwacht aus eurer Betäubung! Die Aristokraten umzingeln euch von allen Seiten; sie wollen euch in Eisen schlagen, und ihr schlaft! Wenn ihr euch nicht beeilt, sie zu vernichten, werdet ihr der Knechtschaft, dem Elend, der Verzweiflung zum Opfer fallen. Wacht auf, noch einmal: wacht auf!

Es kam der — vielleicht gesteuerte — Gedanke auf, der König müsse inmitten des Volkes von Paris Quartier nehmen; umgeben und beraten von Vertretern der Nation, würde er Einflüsterungen entzogen und für die Revolution gewonnen werden.

Nachdem sich die Massen einmal im Alarmzustand befanden, genügte ein Zwischenfall zur Auslösung des Aufruhrs. Er blieb nicht aus. Am 3. Oktober sprach sich in Paris herum, was sich am 1. in Versailles zugetragen hatte: Die königliche Familie hatte ein Offiziersbankett mit ihrer Gegenwart beehrt; das Orchester intonierte *O Richard, o mein König*, und die Zechgenossen traten die blauweißrote Kokarde der Nation mit Füßen, um sich statt ihrer die weiße des Königs oder die schwarze der Königin anzuheften, ohne daß irgendwer ihrem Treiben Einhalt gebot (Dok. 33).

Die Empörung in der Hauptstadt war grenzenlos. Schon am 4. Oktober, einem Sonntag, bildeten sich Aufläufe, beratschlagten die Distrikte (Dok. 34). Da hatte man das Aristokratenkomplott, das so mancher bezweifeln wollte! Marat antwortete auf eine Leserzuschrift besonnen:

> Es steht fest, daß die Orgie stattgefunden hat; ebenso sicher ist, daß allgemeine Beunruhigung herrscht. Uns fehlen indessen die Beweise, um mit Bestimmtheit sagen zu können, ob das eine wirkliche Verschwörung ist. Aber wenn sie auch nur Einbildung wäre, wer zweifelt daran, daß der Feind, erschiene er heute vor unseren Toren, uns unvorbereitet überraschte? Diese Unterlassung, die Hauptstadt mit Munition jeder Art zu versehen, ist ein wahres Staatsverbrechen. (Dok. 33.)

Gaultier, der sich als Abgeordneter in Versailles befand, konnte als Augenzeuge berichten:

> Am Sonntagmorgen, den 4., sah man schwarze Kokarden;

man sah auch weiße, die aber nicht angesteckt wurden; Hofdamen hatten sie verteilt. (...) Zur gleichen Zeit war die Stadt Paris in der grauenhaften Gefahr der Hungersnot. (Landauer, I, 248.)

Am Morgen des 5. Oktober strömten Frauengruppen aus Saint-Antoine und dem Markthallenviertel auf den Rathausplatz und forderten Brot, das sie nicht erhielten. Danach kamen, in Schwung gebracht von der „schönen Lütticherin" Anna Terwagne, die sich in Paris Théroigne de Méricourt nannte, einige Tausend überein, nach Versailles zu ziehen, begleitet von allerlei Männern und geführt von Maillard, jetzt an der Spitze der „Freiwilligen der Bastille", einer Bürgerschutztruppe aus Kämpfern vom 14. Juli:

Damit unser Papa, König der Franzen,
nach Paris komme gleich,
da muß man schnell antanzen
und führen so einen Streich.
Wir holen in ihm unser Glück heran,
Hier ist das gute Öl, jetzt die Zwiebel dran!
(Dok. 35.)

Gegen Mittag läutete die Sturmglocke, die Distrikte und die Nationalgarde versammelten sich. Lafayette wurde gezwungen, das Kommando zu nehmen, und am späten Nachmittag brachen seine 20000 Mann ihrerseits auf, dem „Zug der Frauen" zu folgen.

Dieses ganze Geschehen hinterläßt einen einigermaßen verworrenen Eindruck, und erst recht das Hin und Her, das sich nach Ankunft der Massen am 5. und 6. Oktober vor und in dem Schloß von Versailles abspielte. Kritische Zuspitzungen wie komische Zwischenfälle fehlten nicht. Um so bemerkenswerter der Durchblick von Babeuf, der energisch bestritt,

daß das Eingreifen in Versailles die Auswirkung eines unüberlegten, dem Zufall entsprungenen Aufruhrs seitens der Frauen und Arbeiter von Paris (...) gewesen sei. (Allarme des cocardes noires.)

Die Distrikte hätten „gleicherweise nachgedacht" und dabei ein Programm entwickelt:

(...) für das an der Nationalkokarde verübte Verbrechen Genugtuung zu erlangen;

(...) dem König die Billigung der von der Nationalversammlung dekretierten Artikel abzunötigen;
die verräterischen Pläne einer offenkundigen Verschwörung zu vereiteln;
dem Unglück eines unmittelbar bevorstehenden Bürgerkrieges zuvorzukommen;
eine sklavische Soldateska zu entfernen (...)
und den Auswirkungen geheimer Manöver ein Ende zu setzen, die anscheinend angewandt wurden, um Paris und das Königreich durch Hungersnot zugrunde zu richten. (Ebenda.)

Die beiden Oktobertage verschoben das Kräfteparallelogramm der Parteien.

Man war keineswegs erstaunt über die Versicherung, daß unserer Partei in Versailles kein Hindernis begegnete. Sollten 22 Geschütze, 4000 Frauen und 20000 Männer ein solches erwarten? Die Macht wird stets gut empfangen. (Ebenda.)

Der König suchte die gegnerische Front schleunigst zu veruneinigen: Schon am 5. abends

verliest Guillotin folgenden vom König soeben unterzeichneten und vom Minister Graf Saint-Priest gegengezeichneten Befehl:
„Nachdem der König durch den Präsidenten der Nationalversammlung von dem in Paris umlaufenden Gerücht erfahren hat, daß in Senlis und in Lagny Getreide zurückgehalten wird, befiehlt er, falls die Auskunft stimmt, dieses Getreide ebenso wie an anderen Orten zurückgehaltenes unverzüglich nach Paris zu schaffen. Seine Majestät erwartet, daß allem, was zur Lebensmittelversorgung von Paris beitragen kann, kein Widerstand geleistet wird; dieses Ziel soll vor jedem anderen Vorrang haben (...)"
Von allen Seiten hört man Rufe „Es lebe der König!" (...)
Die Sitzung wurde anschließend vertagt; die meisten Abgeordneten verließen den Saal, bevor sich dieser jedoch ganz geleert hatte, kehrte Mounier aus dem Schloß zurück, erklärte die Sitzung für wiedereröffnet und übergab folgende Botschaft (des Königs — W. M.): „Ich nehme die Artikel der Verfassung und die Erklärung der Menschen-

rechte, die die Nationalversammlung mir vorgelegt hat, vorbehaltlos an." (A. P., IX, 348.)

Am 6. gab er dem mehr oder weniger physischen Druck nach und willigte ein, Versailles zu verlassen und seine Residenz nach dem Tuilerienschloß im Herzen von Paris zu verlegen, fern von seinen Regimentern und eingekreist von einer wachsamen Bevölkerung, die ihn als „Unterpfand" betrachtete. Putschabsichten war damit ein fester Riegel vorgeschoben.

Der Hof blieb weiterhin ein erstrangiger politischer Faktor; über unmittelbare Gewalt gebot er jedoch in seinem Umkreis seitdem nicht mehr. Die kompromißlerischen „Monarchiens" unter Mounier und Malouet waren die großen Verlierer. Seit August Bremser vom Dienst, zogen sie sich aus der Hauptkampflinie: eine erste Mitte, die in der Auseinandersetzung zerrieben wurde. Bald werden auch ihre — bürgerlichen — Häupter emigrieren.

Die Abgeordneten hatten sich beeilt, sogleich am 6. Oktober morgens zu dekretieren, daß

> die Nationalversammlung und die Person des Königs während der laufenden Sitzungsperiode voneinander nicht zu trennen sind (Poncet-Delpech, Bulletin, Nr. 17, 10. Oktober 1789),

und folgten dem Hof — die meisten nicht ungern — aus dem von Langeweile geplagten Versailles nach dem versprechenderen Sündenbabel. Sie tagten im Erzbischöflichen Palais, bis der Reitsaal der Tuilerien, die Manege, für den neuen Zweck hinreichend zugerichtet war.

Viele Patrioten hielten dafür, daß die Karre nun über den Berg sei.

> Die geheiligte Verwahrung Seiner Majestät, predigte Jacques Roux, ist dem Biedersinn von Bürgern anvertraut worden, denen der Ruhm zufiel, den Monarchen durch ihr Gelöbnis und ihre Anhänglichkeit zu erobern. Durch diese unmittelbarere Vereinigung des Oberhauptes mit seinen Untertanen, des Vaters mit seinen Kindern; durch diese bewundernswerte Übereinstimmung von Eifer, Vertrauen und Treue sind Gewalt und Ränkespiel, Komplotte und ruchlose Ratschläge gegen den Altar des Vaterlandes notwendigerweise zuschanden geworden. Und den Feinden der Revolution verblieb nur, entweder die Flucht zu er-

greifen oder vor Verzweiflung zu sterben oder vor Wut zu schäumen inmitten ihrer Ohnmacht. (Scripta et Acta, 13.)

Dem Camille Desmoulins, der immerfort gern und schnell verzeihen wird, stellte sich in der ersten Nummer seines Intelligenzblattes *Die Revolutionen Frankreichs und Brabants* der glückliche Ausgang als *Vollendung der nationalen Erneuerung in der Gemeinschaft aller Bürger mit ihrem König* dar; zumal gleichzeitig die unmittelbare Versorgungskrise auszulaufen begann. Marats Befriedigung fiel vorsichtiger aus:

> Es ist ein Fest für die guten Pariser, endlich ihren König zu besitzen. Seine Gegenwart wird sehr rasch das Antlitz der Dinge ändern. Das arme Volk wird nicht mehr Hungers sterben. Dieses Glück wird sich jedoch wie ein Traum verflüchtigen, wenn wir den Aufenthalt der königlichen Familie nicht für so lange in unserer Mitte festlegen, bis die Verfassung vollständig unter Dach und Fach ist. Der Volksfreund teilt die Freude seiner teuren Mitbürger, aber er wird nicht in Schlaf verfallen. (Ami du peuple, Nr. 27.)

Und der Schluß, den der „Durchschnittsfranzose" (sofern es ihn je gegeben hat ...) aus der atemberaubenden Bilderfolge zog, die an ihm vorübergeglitten war?

> Bei einer Aufführung von „Figaros Hochzeit" hatte man (am 20. Dezember) die Schlußstrophen dieser Komödie gesungen, die bekanntlich mit den Worten enden: Tout finit par des *chansons* (alles endet mit Liedern). Ein Aristokrat aus den ersten Logen rief „bis, bis", gleichsam, um die französische Leichtfertigkeit anzuklagen. Da aber erhob sich ein Patriot im Parterre und rief den Schauspielern mit starker und tönender Stimme zu: Tout finit par des *canons* (alles endet mit Kanonen), und er stimmte als erster unter dem Taktklatschen des Publikums an: Tout finit par des canons! (Annales patriotiques, 24. Dezember 1789.)

(Anonym:) Quand aurons-nous du pain? Paris (September) 1789

C. Desmoulins: Discours de la Lanterne aux Parisiens. Paris (September) 1789.

(Anonym:) Les pourquoi du mois de septembre. Paris (September) 1789.

F. N. Babeuf: Allarme des cocardes noires. Paris (Oktober) 1789.
Exposé de la conduite de M. Mounier dans l'Assemblée nationale. Paris 1789.
(Anonym:) La journée de 5 et 6 octobre 1789. Paris 1789.
Correspondance de Madame Elisabeth de France, soeur de Louis XVI. Paris 1867.
Général (P.) Thiébault: Mémoires. Paris 1898.
P. Lacour: Théroigne de Méricourt, in: Trois femmes de la Révolution. Paris 1904.

Quellen und Standpunkte

Mit dem 5. Mai beginnt gewissermaßen die fortlaufende Handlung, jedoch noch nicht die Revolution im engeren Sinn. Wenn der Begriff „Vorrevolution" überhaupt Anwendung finden soll, dann für diese 10 Wochen bis zum 14. Juli, unter Hervorhebung der „staatsrechtlichen Umwälzung" als Auftakt. Mehrere Höhepunkte derselben finden unter Historikern ihre Liebhaber. Als kritische Punkte ragen der 17. und der 23. Juni heraus, während der Ballhausschwur die Gemüter stärker bewegte und dadurch populär geblieben ist. Der 27. Juni fällt dagegen ab: Kein krönender Abschluß, der alles ins Lot rückt, weil im Grunde lediglich eine der „Kriegslisten" des Königs. Unter diesen (das heißt aber: in der Geschichte der Konterrevolution!) könnte er einen gewissen Primat beanspruchen.

Als Wendemarke zur Revolution (soweit in einem Einzeldatum ausdrückbar) möchte man am 14. Juli festhalten: Die Zeitgenossen, die ihn so empfanden, haben sich so wenig geirrt wie die Nachfahren, die ihn zum Nationalfeiertag erkoren. Nur steht auch diese Zäsur in einem Kontext. Was zu ihr hinführt und wohin sie ausläuft, möchte nicht auseinandergerissen werden: Insoweit bildet die Periode Mai—Oktober eine innere Einheit.

In ihr erlebte das Zeitungswesen seine „Gründerzeit". Ungleich England verfügte Frankreich infolge der Zensur über keine der Rede werte periodische Presse. Die *Gazette de France* war ein Hofblättchen, der *Mercure de France* ein unpolitischer Generalanzeiger; das *Journal de Paris* war für Literaten von

Bedeutung, die *Nouvelles ecclésiastiques* waren es für die Jansenisten. Anderes zählte nicht.
Von Mai bis Jahresende erfolgten an die 300 Neugründungen allein in Paris; die meisten Eintagsfliegen oder beinahe. Andere erwarben sich zusamt ihren Herausgebern, die oft zugleich ihre Autoren waren, einen Ruf, obgleich es sich in der Regel um dünne Oktav- oder bestenfalls Quarthefte handelte. In ihrer Vielfältigkeit zählen sie zu den wichtigsten Quellen der Meinungsforschung. Einige liegen auch im Reprint vor.
1. Mai, Condorcet übernimmt (zeitweilig) das *Journal de Paris.*
2. Mai, Mirabeau: *Etats Généraux,* fortgeführt als *Lettres à ses commettants,* danach *Courrier de Provence.*
19. Juni, Barère; *Le Point du jour,* später *Journal de la Montagne.*
28. Juni, Brissot: *Le Patriote français.*
6. Juli, Gorsas: *Courrier de Paris à Versailles et de Versailles à Paris,* später: *Le Courrier des Départements.*
20. Juli, Louis Prudhomme (aus Lyon, mit Elysée Loustalot): *Révolutions de Paris,* die bald führende Wochenzeitschrift.
24. August, Millin de Grandmaison/Noël: *Journal des débats et des décrets.*
12. September, Marat: *Le Publiciste parisien,* danach *L'Ami du peuple* benannt.
5. Oktober, Mercier/Carra: *Annales patriotiques et littéraires.*
2. November, Rivarol/Peltier: *Les Actes des Apôtres,* intelligenteste satirische Zeitschrift der Konterrevolution.
20. November, Camille Desmoulins: *Les Révolutions de France et de Brabant.*
24. November, des Großverlegers Panckoucke *Gazette nationale ou le Moniteur universel* (mit Rabaut Saint-Etienne), einzige Tageszeitung in Folio; in vielen Bibliotheken vorhanden, insbesondere seine Nachdrucke *(Réimpression de l'ancien Moniteur* oder *Moniteur, réimpression).* Das *Bulletin de l'Assemblée nationale* von H. B. Maret (des späteren Herzogs von Bassano) ging darin auf. Die Nummern bis 23. November wurden nachträglich zusammengestellt.
Von den Abgeordneten der Nationalversammlung haben mehrere Dutzend Aufzeichnungen hinterlassen. Zu den Schreibfreudigen zählen unter anderen Castellane, Malartic, Sillery.

Gravures historiques des principaux événements depuis l'ouverture des Etats généraux. Paris 1789.

J. P. Audiffred/F. N. Babeuf: Le Cadastre perpétuel. Paris 1789.

N. de Bonneville: L'année 1789 ou les tribuns du peuple. Paris (1789).

F. Boissel: Le Catéchisme du genre humain. Paris 1789.

R. Price: The Love of Our Country. London 1789.

J. B. Louvet de Couvrai: Paris justifié. Paris 1790.

Marquis de Luchet: Mémoires pour servir à l'histoire de l'année 1789. Paris 1790.

P. L. Roederer: L'esprit de la Revolution de 1789. Paris 1831.

The Life of Gouverneur Morris. 3 Bände, Boston 1832 (2 Bände, 1939).

C. B. Rogers: The Spirit of Revolution in 1789: A Study of Public Opinion as revealed in Political Songs and other Popular Literature at the Beginning of the French Revolution. Princeton (N. J.) 1949.

J. H. Campe: Briefe aus Paris zur Zeit der Revolution geschrieben. Braunschweig 1789. Hrsg. H. König, Berlin 1961.

D. Ligou: La première année de la Révolution vue par un témoin, 1789—1790. Les „Bulletins" de Poncet-Delpech. Paris 1961.

M. Vovelle: La Chute de la Monarchie, 1787—1792. Paris 1972.

A. Soboul: 1789, l'an I de la liberté. Paris ^{3}1973.

La Documentation photographique (Nr. 5/169): 1789 et la prise de la Bastille. Paris 1978.

R. Weber: Feuerwerk im Juli. Begegnungen in Paris 1789—1871. Berlin 1978.

III. Die Konstituante am Werk

Das Geld und das Seelenheil

Nach den Oktoberstürmen driftete die Nationalversammlung in ruhigeres Fahrwasser, in dem sie emsig Dekrete speite. Sie hatte sich um alles und jeden zu kümmern: gleichzeitig um Liquidierung tief eingewurzelter feudaler Relikte und Aufbau des Gesetzesgerüsts für ein von der Bourgeoisie profitabel zu verwaltendes Mehrzweckgebäude.

> Es wäre sehr sonderbar, schrieb Mirabeau am 31. Januar 1790, wenn wir die mangelhafteste aller europäischen Einrichtungen nur halb mit Verputz bewerfen würden. Es wäre viel einfacher, wenn wir uns als eine neue Vereinigung betrachten würden, die sich eine öffentliche Gewalt zu schaffen versucht und der es die Umstände, von denen sie umgeben ist, nicht erlauben, weniger als soundso viel zu leisten. (Dok. 37.)

Die beiden Hauptanliegen, die dem Tiers ursprünglich — eines von den Wählern, das andere von der Regierung — ans Herz gelegt worden waren: eine Verfassung auszuarbeiten und Geld zu beschaffen, behielt die Konstituante zwar im Visier. Erdrückt von einer Unzahl drängender Tagesaufgaben, legte sie zu Punkt 1 allerdings ausgedehnte Denkpausen ein und verriet keine Eile, sich durch Erfüllung ihres Daseinszwecks unangemessen früh selber aufzuheben. Geldmittel aber mußten um so schleuniger her, als in einer Atmosphäre des Umbruchs die wenigsten Neigung bezeigten, dem Staat gleich was zu zahlen, und keine Zwangsgewalten mehr bestanden, es einzutreiben. Die Nationalversammlung ihrerseits glaubte an eine probate Zauberformel: die „unerschöpflichen Reichtümer der Kirche".

Unstreitig war die Idee seit längerem populär, den schwächsten der Stände zu rupfen, bei dem zudem das meiste zu holen war:

> Der Klerus hält sich steif und stur.
> Das Brot wird immer teurer nur. (...)

All ihre Schätze sind versteckt,
in Eisenschränken eingeweckt.
Wir werden sie bald finden, ja.
Halleluja! (Semmer, 19,21.)

Necker als — obendrein protestantischer — Ressortchef, der im August mit zwei Anleihen Fehlschläge erlitten hatte, war dafür, und die Mehrheitsverhältnisse in der Versammlung gestalteten sich um so erfreulicher, je mehr Deputierte von Adel und Geistlichkeit (daneben auch einige vom Tiers) sich aus ihr zurückzogen. Dennoch war man bedacht, einer Konfrontation von Laien und Klerikern auszuweichen. So, wie am 4. August d'Aiguillon vorgeschickt worden war, seine Standesgenossen moralisch zu entstacheln, so sprang (beziehungsweise hinkte) am 10. Oktober 1789 der edle, jedoch beinverkürzte Bischof Talleyrand von Autun in die Bresche. Auf seinen Antrag, das (etwas zu hoch) auf 3 bis 4 Milliarden Livres veranschlagte Kirchengut in die Hände der Nation zurückzulegen, beschloß die Nationalversammlung nach unerwartet harter Auseinandersetzung mit 568 gegen immerhin 346 Stimmen am 2. November lakonisch:

> Artikel 1. Alles Kirchengut steht zur Verfügung der Nation, mit der Auflage, daß (...) angemessen für die Kosten des Gottesdienstes, den Unterhalt der Geistlichen und die Armenpflege gesorgt wird.
>
> Art. 2. Bei den zu treffenden Verfügungen über die Bestreitung des Unterhaltes der Geistlichen sind mindestens 1200 Livres jährlich für jede Pfarrstelle vorzusehen, ungerechnet die Amtswohnung und dazugehöriges Gartenland. (A. P., IX, 649.)

Die Befürworter unter den Abgeordneten durften ihren Triumph auskosten:

> Ganz Paris, das diesen Beschluß mit Ungeduld erwartete, war in Massen auf die Straßen und Plätze rund um das Erzbischöfliche Palais geströmt. Wir wurden bis über den Pont Neuf oder den Pont Notre-Dame hinaus von Beifallskundgebungen begleitet. (Poncet-Delpech, Bulletin 21 vom 14. November.)

Um das unbewegliche Vermögen zu realisieren, verfügte die Konstituante am 15. Dezember, zunächst für 400 Millionen

Kirchenland (oder auch Krondomänen) zu veräußern und über diese Summe „Assignaten“ auszugeben.
Die einlösbaren und verzinslichen Schatzanweisungen waren dennoch schwer in Mengen unterzubringen, solange die nationalisierten Güter unter Verwaltung der Geistlichkeit verblieben. Die Versammlung entzog sie ihr im April 1790 und legte am 14. Mai die Verkaufsmodalitäten fest. Da sie trotzdem leere Kassen angähnten, kam sie nicht umhin, den Assignaten aus einem Bonus in Papiergeld zu verwandeln. Damit öffnete sie die Schleusen der Notenpresse; am 27. August wurde der Assignat zur Banknote, und die zur Schuldentilgung gedachte Maßnahme schlug in ihr Gegenteil um: Man nutzte sie zur Schließung der Haushaltslücke. Aus einem finanziellen Überbrückungstrick wurde ein mächtiger Hebel politischer und sozialer Aktionen. In den *Annales patriotiques* vom 7. September jubelte Carra:

> Man kann sogar sagen, daß diese Neuemission von göttlicher Eingebung ist und die Fortschritte der allgemeinen Vernunft in Frankreich viel mehr kennzeichnet als die erworbenen Kenntnisse über das neue politische System Europas.

Unendlich skeptischer reagierte Abbé Royou auf der Rechten:

> Die Befürworter der Assignaten scheinen — sei es aus Begeisterung, sei es aus Hinterlist — die Gefahren eines derartigen Notbehelfs nicht einmal zu ahnen (...).
> Jeder zittert für sich, jeder vergräbt sein Gold und glaubt sich nur dessen sicher zu sein, was er in Händen hält (...). Und in einer derartigen Lage wagt man daran zu denken, in der Öffentlichkeit eine gewaltige Menge von Scheingeld zu verbreiten, dessen Erfolg nur auf das öffentliche Vertrauen gegründet sein kann. Immer ist es nur die bekannte und erprobte Rechtlichkeit der Regierung, die die Bürger überreden kann, daß ein Papier das Metall wert sei, auf den sein Nennwert lautet. (Ami du roi, 9. September 1790.)

Fantin Desodoards dazu, nachdem er (1796) die Erfahrung hinter sich gebracht hatte:

> Eine unendlich wertvolle Hilfsquelle, vorausgesetzt, daß Vorsicht jederzeit ihre Ausmaße bestimmte; deren Aus-

uferung, die man damals weder berechnen noch voraussehen konnte, jedoch den unheilvollsten Abgrund verbarg. (I, 81.)

Da die Emissionen mit steigendem Bedarf in die Milliarden kletterten, führten sie zwangsläufig zu einer für damalige Verhältnisse ungewöhnlich raschen Inflation. Sie traf Rentner und Beamte, im besonderen aber Werktätige, die sich um die Kaufkraftdifferenz betrogen sahen. Die Lebensmittelpreise trieben ähnliche Blüten wie davor im Gefolge der Mangellage. Die Teuerung zog einen neuen Graben zwischen den städtischen Massen und den großbürgerlichen Profiteuren.

Für Spekulanten erwies sich der Assignat als Wohltat.

> Eilen sieht man hin und her
> diese Herren neuer Geschäfte (...)
> Der Gewinn ernährt und hebt
> den, der auf Kosten anderer lebt. (Dok. 46.)

Er erlaubte ihnen, Nationalgüter sozusagen auf Vorschuß aufzukaufen und bei Ausnützung des Geldverfalls Millionenvermögen zusammenzuraffen. Aus ihnen schoß eine einflußreiche Schicht von Neureichen ins Kraut, die sich den Zorn nicht nur eines Jacques Roux zuziehen wird:

> Vor der Einnahme der Bastille waret ihr in Lumpen gekleidet, und jetzt beleidigt ihr durch euren Prunk das öffentliche Elend. Ihr hattet kaum eine Unterkunft, und ihr bewohnt Paläste. Ihr besaßet gerade einen Pflug, und ihr seid Eigentümer beträchtlicher Liegenschaften. Ihr betriebt einen ganz kleinen Straßenhandel, und ihr haltet riesige Lager; ihr dientet für Lohn als Bürogehilfen, und ihr rüstet Kriegsschiffe aus. Eure Familie streckte die Hand nach jedem Daherkommenden aus und lebte nur von Almosen. Jetzt hat sie Aufträge für die Truppenverpflegung zu Wasser und zu Lande. Ich wundere mich daher gewiß nicht mehr, daß es so viele Personen gibt, die dem Anschein nach für die Revolution entbrannt sind. Sie hat ihnen einen wertvollen Vorwand geliefert, auf „patriotische" Weise und in kurzer Zeit Schätze auf Schätze zu häufen. (Scripta et Acta, 118.)

Die Überführung der Geistlichen in aus öffentlichen Mitteln besoldete Beamte machte einen Umbau des Kirchenwesens selbst unumgänglich. Die Konstituante leitete dabei keine antikatholische Voreingenommenheit. Wiewohl mehrheitlich einem aufgeklärten Deismus zugetan, subventionierten die Abgeordneten nur die traditionelle Religion als öffentlich-rechtlichen Kultus. Durchdrungen von — ebenso traditionellen — gallikanischen Auffassungen, hielten sich die Vertreter des Souveräns Nation jedoch für befugt, Organisation und Disziplin der Kirche ebenso zu regeln wie vordem die Allerchristlichsten Könige. Den religiösen Konflikt haben sie weder gewollt noch vorausgesehen.

Am 13. Februar 1790 wurden geistliche Orden und Klöster aufgehoben. Härterem Protest begegnete die im Kirchenausschuß (mit Hilfe von Durand de Maillane und dem Geistlichen Expilly de Morlaix) ausgearbeitete *Zivilverfassung des Klerus.* Sie setzte sich dem Verdacht aus, „einen Voltaire spielen zu wollen, der die Kirche reformiert und beansprucht, sie zu apostolischer Strenge zurückzuführen". Erzbischof Boisgelin, einer der wenigen „Brückenbauer" unter seinesgleichen, räumte „eine lange Folge von Mißbräuchen" in der Kirche ein, sah jedoch im Projekt des Kirchenausschusses auch unverrückbare Grundlagen des Kirchenlebens verletzt. Gegen seinen Einspruch nahm es die Versammlung am 12. Juli an. Am 26. erlangte es nach Billigung durch den König Gesetzeskraft.

In seinen postumen Erinnerungen urteilte Talleyrand (man glaube ihm diesmal ausnahmsweise, oder man glaube ihm nicht ...) darüber hart:

> Welchen Anteil ich an diesem Werk auch gehabt habe, ich fürchte nicht anzuerkennen, daß die Zivilverfassung des Klerus (...) vielleicht der größte politische Fehler der Verfassunggebenden Versammlung gewesen ist (...) (Daniel-Rops, 25.)

Die zeitgenössische Zustimmung hingegen reichte bis weit nach rechts. Die jansenistischen *Nouvelles ecclésiastiques* begrüßten das Dokument am 24. Juli. Die große Mehrheit der Bischöfe aber intrigierte beim Papst, er möge die kanonische Zustimmung versagen. Die *Révolutions de Paris* meinten, dahinter verberge sich eher unchristliche Wut über ihre ökonomische Schädigung:

> Laßt den Priestern ihre Reichtümer, und sie werden über Angelegenheiten des Dogmas und der Moral mit sich

reden lassen. Greift ihr aber an, was sie ihr Eigentum zu nennen belieben, werden sie ein Geschrei über Entweihung und Heiligenschändung anstimmen. (Nr. 73, 27. November 1790.)

Sogar der royalistische Marquis de Ferrières bedauerte, daß die Bischöfe die katholische Religion „einer verrückten Halsstarrigkeit und einem verdammenswerten Festhalten an ihren Reichtümern" geopfert hätten. Kardinal Bernis, Botschafter Ludwigs XVI. am Vatikan, kam auftragsgemäß um die kanonische Weihe ein, übermittelte gleicherweise flammende Sendschreiben der opponierenden Bischöfe, beglückwünschte den Papst zu seinem hinhaltenden diplomatischen Widerstand und freute sich über den eigenen „Mißerfolg".

Da die Konstituante das Risiko eines Nationalkonzils angesichts der feindseligen Haltung der Mehrheit im Episkopat nicht einging, hing sie (für die „Spiritualia") von der Entscheidung in Rom ab. Pius VI., der zuerst das Schicksal seiner französischen Enklave Avignon geklärt wissen wollte, auf das am 10. Juni die Revolution übergegriffen hatte, und der überdies unter scharfem Druck der katholischen Mächte (insbesondere des bourbonischen Spanien) stand, tat ihr den Gefallen nicht. Des Wartens müde, forderte die Nationalversammlung daher am 27. November 1790 (Dok. 47) allen Priestern im Amte einen Treueid ab:

Ich schwöre, mit Sorgfalt über die Gläubigen der Pfarrgemeinde zu wachen, die mir anvertraut ist; der Nation, dem Gesetz und dem König treu zu sein und aus ganzer Kraft die Verfassung aufrechtzuerhalten, die von der Versammlung beschlossen und vom König angenommen worden ist.

Die Rechte machte einen hilflosen Eindruck. Während Cazalès gegen die Kirchenpolitik der Konstituante argumentierte, unterstellte der *Moniteur* Maury, dem anderen Oppositionsführer, ein „Je schlimmer, desto besser":

Laßt das Dekret seine Früchte tragen; wir bedürfen ihrer. Noch zwei oder drei von der Art, und alles wird zu Ende sein. (28. Januar 1791.)

Scheidung der Geister auf der ganzen Linie. Während 62 geistliche Mitglieder der Nationalversammlung mit Grégoire an der Spitze sofort schworen, taten es von 160 Bischöfen des

Landes nur 7, wovon ganze 4 residierende: als erster Talleyrand. Die Pfarrer zerfielen in zwei annähernd gleich starke Gruppen, die Eidesleister oder Verfassungstreuen und die Eidverweigerer oder Refraktäre. Als Pius VI. endlich in zwei Breven vom 10. März und 13. April 1791 die Grundsätze der Revolution und ihre bürgerliche Kirchenordnung im besonderen feierlich verdammte, wurde das Schisma, die Kirchenspaltung, zur — auch und gerade politischen — Realität, die von da an das Revolutionsgeschehen mit einer zusätzlichen Hypothek belasten wird. Sie drohte der Konterrevolution, die keine Zeit vergeudete und dabei sogar eine Berufung auf die Aufklärung nicht verschmähte, eine Massenbasis unter den gläubigen Katholiken zu verschaffen:

> Gestern verbrannte man im Palais-Royal das päpstliche Breve und die Effigie des Pontifex Maximus. So erneuert man in diesem Jahrhundert der Aufklärung, der Philosophie und Toleranz das Schauspiel, das in Deutschland der ungestüme und fanatische Luther gegeben hat, der die Bulle verbrennen ließ, durch die ihn Leo X. verurteilte. (Journal général, 4. Mai 1791.)

Zur Inflation der „Religionskrieg": welch ungeplante, unerwünschte Folgewirkung einer von so großen Hoffnungen begleiteten Maßnahme! War sie unvermeidlich?

Mercier hat ihr in seiner Rückerinnerung von 1798 eine (winzige) Chance eingeräumt:

> Als in der Konstituante das Wort „Zivilverfassung des Klerus" ausgesprochen und gleichzeitig die Religionsfreiheit dekretiert wurde, lächelte der Klerus und sagte kein Sterbenswörtchen: Er spürte gut, daß er gewonnen hatte. Und ohne die beiden Fehler, die nachher gemacht wurden — der erste, ihm einen persönlichen und geistlichen Eid abzufordern, und der zweite, den er machte, indem er ihn verweigerte —, hätten wir heute vielleicht eine gut staatsbürgerlich eingerichtete Geistlichkeit fern jeder Verfassung und Politik. (Le Nouveau Paris, 1862, 246.)

Exposition des principes sur la constitution civile du clergé. Paris (30. Juni) 1790. (A. P., XX, 153—165.)

Instruction de l'Assemblée nationale sur l'organisation civile du clergé. (A. P., XXII, 364—366.)

Du clergé tel qu'il est, et tel qu'il doit être, in: Révolutions de Paris, Nr. 79 vom 8.—15. Januar 1791.
H. Grégoire: Légitimité du serment civique exigé des fonctionnaires ecclésiastiques. Paris 1791.
C. Fauchet: Sermon sur l'accord de la religion et de la liberté. Paris (4. Februar) 1791.
A. Mathiez: Rome et le clergé français sous la Constituante. Paris 1911.
C. Bloch (Hrsg.): Procès-verbaux du Comité des finances de l'Assemblée Constituante. 2 Bände, Rennes 1922—1923.
S. E. Harris: The Assignats. Harvard 1930.
J. Leflon: La crise révolutionnaire, 1789—1846 (Histoire de l'Eglise depuis les origines jusqu'à nos jours, Bd. XX). Paris 1949.

Demontage und Rekonstruktion

Fantin Desodoards zeichnete vom Geschehen ein Bild, das an Eindeutigkeit nichts zu wünschen läßt:

> Alle französischen Einrichtungen stürzten mit Getöse zusammen, und die Rückwirkung dieser großen Bewegung erschütterte ganz Europa. (Vorwort, XI.)

Hat nun aber die Revolution die alte feudale Staatsmaschine zerschlagen oder einfach übernommen und für ihre Zwecke zurechtgebogen? Haben sich

> die Beauftragten der Nation berufen geglaubt, statt den weisen Zweck des Verbesserns und Vervollkommnens zu erfüllen, alles zu zerstören und alles neu zu schaffen? Das Gebäude umzustürzen, dessen Grundlagen sie befestigen sollten? (Calonne, 1.)

Vom Endergebnis her gesehen: sowohl als auch.

> (...) wir sind jetzt in der großen Krise, schrieb Gaultier am 6. Oktober 1789 aus Versailles, und gewiß läßt sich die so notwendige allgemeine Umgestaltung nicht ohne einige Reibungen bewerkstelligen. (Landauer, I, 253.)

Die Nationalversammlung indessen legte Wert auf die Betonung von Kontinuität und Legalität der Einrichtungen; man möchte sagen: dort um so mehr, wo sie radikal schnitt. Sie blieb ihrem Grundzug treu, nach Übereinkünften zu suchen mit allen alten Kräften (und dem König an ihrer Spitze), sofern sie Bereitschaft zeigten, sich ihrem Führungsanspruch zu unterwerfen und dem bürgerlichen Staat, an dem sie baute, loyal einzufügen.

> Der alte Baum muß sich biegen, um sich zum Schilfrohr herabzubegeben. Was für Opfer für einige private Existenzen! (Ebenda.)

Die Bourgeoisie, die das Regieren erst lernen und dafür Lehrgeld zahlen mußte, war willens, Prämien auszuwerfen — immer im Bewußtsein der solidarischen Interessen, die besitzende Klassen in der Abwehr „zu weit gehender" Forderungen der Volksmassen verbanden, auch wenn sie sich zum Ärger Calonnes

> aus Reformatoren von Mißständen, die sie ursprünglich sein sollten, zu Erneuerern des Staates und schließlich zu souveränen Gesetzgebern (...) erhoben. (Calonne, 10.)
>
> Man hat die größte und die erhabenste Vorstellung vom Senat der Franzosen; und man hat recht. In der Tat gab es niemals eine weisere Versammlung, niemals umschloß eine Versammlung eine beträchtlichere Menge erleuchteter Geister. Jedoch geht die Begeisterung in dieser Hinsicht zu weit. Das Volk, das wenig überlegt, erwartet von ihr Wunder. Und das ist es, was die verständigen Bürger alles befürchten läßt. (Journal des Etats Généraux, 1789, II, 613.)

Dazwischenfunkende von der „parlamentarischen" Gegenseite, die Abbé Maury — Sohn eines Schuhmachers! — und Junker Cazalès — aus Neuadel — wortgewandt anführten, tolerierte die Konstituante in Maßen. Sie ließ deren Redekünste auf der Zunge zergehen, ehe sie sie (lächelnd) niederstimmte.

Frankreich wechselte sein Kleid. Aus dem Flickmuster, in dem sich grundherrliche, ständische, provinzielle, kirchliche, fiskalische, administrative und militärische Abgrenzungen, Ansprüche und Zuordnungen heillos überschnitten, entstand ein einheitlich gegliedertes Ganzes. Am 3. November 1789 wurde dafür eine geometrische Einteilung vorgeschlagen: Departements zu je 320 Quadratmeilen mit jeweils 9 Gemeinden zu 36 Quadratmeilen. Soviel schematisierter Rationalismus schien Mirabeau denn doch auszuufern:

> Ich wünsche mir eine Einteilung, die örtliche Faktoren

berücksichtigt, nicht nur eine fast ideale mathematische, die mir undurchführbar scheint. Ich wünsche mir eine Einteilung, die nicht nur eine proportionale Vertretung ergibt, sondern auch die Verwaltung von Menschen und Sachen einander annähert, um eine stärkere Mitwirkung der Bürger zuzulassen. Schließlich verlange ich eine Einteilung, die nicht als allzu umstürzende Neuerung erscheint, die erlaubt, wenn ich so sagen darf, auf Vorurteile Rücksicht zu nehmen und sogar auf besondere Umstände; eine Einteilung, die ebenfalls von allen Provinzen gewünscht wird und sich auf schon bestehende Beziehungen gründet.

In der Tat begnügte sich das Gesetz vom 22. Dezember 1789 mit der Schaffung von Departements (deren Zahl ein Dekret vom 15. Januar 1790 auf 83 festlegte), die geschichtlichen und geographischen Gegebenheiten Rechnung trugen. Das Departement war in Distrikte unterteilt, diese in Kantone und diese wiederum in Gemeinden (communes), die sämtlich (mit Ausnahme der Kantone) von gewählten Vertretungen verwaltet wurden; Paris geriet am 27. Juni 1790 in den Genuß einer Sonderregelung. Das Pendel bewegte sich also von der zentralisierten Monarchie und ihren Intendanten, die soviel Haß auf sich gezogen hatten, zu einer ausgedehnten Selbstverwaltung. Die übersichtlichen neuen Verwaltungseinheiten sprengten den — mitunter tausendjährigen — Rahmen des Provinzlebens. Sie fanden nahezu ungeteilte Zustimmung und widerstanden — in vielen Ländern nachgeahmt — im wesentlichen bis heute dem Zahn der Zeit.

Adressen liefen aus dem ganzen Lande ein, die Weisheit und Wohltaten der Nationalversammlung priesen. Marats Gunst ließ sich so leicht nicht kaufen:

Wenn sie jemals etwas Lobenswertes getan hat, danken wir es dem Ingrimm der Volksmassen der Pariser Vorstädte. Hätten wir heute ohne die abgeschlagenen Köpfe von Launay, Flesselles, Berthier und Foulon eine *Erklärung der Menschenrechte*? (...) Wären ohne die abgeschlagenen Köpfe einiger königlicher Schergen (am 5. Oktober 1789 — W. M.) die Kirchengüter in die Hände des Volkes zurückgelegt? (...)

Die öffentliche Meinung war zu aufgebracht über die

privilegierten Stände. Der Anstoß ist gegeben, der Gesetzgeber wird also bis zum Ende gehen. Er wird die Zerstörung der Feudalität, dieser gotischen Festung, vollenden. Aber erwartet nichts darüber hinaus und wiegt euch nicht in der Hoffnung, auf ihren Trümmern den Tempel der Freiheit errichtet zu sehen! (Ami du peuple, Nr. 173, 26. Juli 1790.)

Marat behielt nicht immer recht. Seine schon am 18. Juni geäußerte Kritik am Statut der Hauptstadt strich zwar zutreffend heraus, daß

die Vertreter des Souveräns (das heißt der Nation) Belehrungen nicht lieben, so weise diese auch sein mögen,

und deshalb ein eigenständiges, dazu volksnahes Pariser Projekt zurückwiesen. Auch mag bei der Umwandlung der 60 Distrikte in 48 „Sektionen" der Wunsch Pate gestanden haben, die dort entstandene Basisdemokratie zu schwächen. Nur: gerade die von Marat so mißtrauisch empfangenen Sektionen wurden zu Hochburgen demokratischen Selbstbewußtseins, Kaderschmieden der Volksbewegung, die die alten Distrikte in den Schatten stellten. Das am 22. Dezember 1789 erlassene Wahlgesetz hatte dafür gesorgt, daß die örtliche Macht in die Hände der höheren Steuerklassen geriet beziehungsweise dort verblieb. Zwar war Widerrede erfolgt zur Beweisführung von Sieyès, daß nur der Besitzende „wahrer Aktionär am großen Gesellschaftsunternehmen" sei und demzufolge innerhalb der Nation zu unterscheiden sei zwischen steuerzahlenden (und wählenden) „Aktivbürgern" einerseits und „schutzbefohlenen Passivbürgern" andererseits. Aber auch Dupont de Nemours vertrat die Auffassung, daß „Verwaltung und Gesetzgebung Eigentumsangelegenheiten sind, wonach nur der Eigentümer an ihnen ein legitimes Interesse haben kann". Die Wahlmänner (oder: Elektoren), rund 50000 an der Zahl, mußten Direktsteuern im Wert von mindestens 10 Tagelöhnen nachweisen und Kandidaten für die nachfolgende Nationalversammlung gar den Besitz von Grund und Boden sowie Direktsteuern nicht unter „einer Mark Silber" (gleich 52 Livres).

Dieses Zensuswahlrecht ersetzte die Hegemonie des am 19. Juni 1790 (Dok. 43) sang- und klanglos eingesargten „blaublütigen" Adels durch eine zweigestufte „Aristokratie des Geldes“ (so Loustalot in Nr. 17 der *Révolutions de Paris*); die Volksmassen hielt es von der politischen Entscheidungsfindung gänzlich fern. Maximilien Robespierre — vom Unrat witternden Rivarol als „das Talglicht von Arras“ verspottet — hatte schon am 28. Oktober 1789 unter Berufung auf die Erklärung der Menschenrechte dagegen geltend gemacht:

> Jedes Individuum genießt nach der Verfassung das Recht zur Mitwirkung an den Gesetzen, die es verpflichten, und an der Verwaltung, die es betrifft. Anderenfalls ist es nicht wahr, daß alle Menschen gleich sind in ihren Rechten, daß jedermann ein Staatsbürger ist.

Camille Desmoulins explodierte:

> Um den ganzen Widersinn des Dekrets aufzuzeigen, genügt es zu sagen, daß nach ihm Rousseau, Corneille, Mably nicht wählbar gewesen wären (...). Aber was wollt ihr eigentlich mit diesem so oft wiederholten Wort „Aktivbürger“ sagen? „Aktivbürger“ sind jene, die die Bastille erstürmt haben, jene, die den Boden urbar machen, wohingegen die Müßiggänger des Klerus und des Hofes trotz der gewaltigen Ausdehnung ihrer Domänen weiter nichts sind als Kümmerpflanzen, vergleichbar jenem Baum, der keine Früchte trägt und den man ins Feuer werfen soll. (Révolutions de France et de Brabant, Nr. 17.)

Marat begann in ruhigem, um nicht zu sagen bedauerndem Ton:

> So wird die Volksvertretung, nachdem sie proportional zur Direktsteuer geworden ist, das Reich in die Hände der Reichen zurückgeben, und das Los der stets unterworfenen, stets unterjochten und stets unterdrückten Armen wird sich niemals durch friedliche Mittel verbessern lassen. Hier haben wir ohne Zweifel einen schlagenden Beweis für den Einfluß des Reichtums auf die Gesetzgebung.

Er setzte jedoch beziehungsvoll fort:

> Im übrigen erstreckt sich die Herrschaft der Gesetze nur soweit, als sich die Völker ihnen unterwerfen möchten. Und wenn sie das Joch des Adels gebrochen haben, werden sie ebenso dasjenige des großen Reichtums zerbrechen. (Ami du peuple, 11. November 1789.)

Da indessen in Geldsachen schon bei den Bourgeois der Konstituante die Gemütlichkeit aufhörte, passierte das Wahlgesetz, das gegenüber 1789 einen Rückschritt bedeutete, die Abstimmungshürde mühelos und trat sogleich in Kraft. Ludwig XVI. hütete sich in diesem Falle, sein Veto einzulegen.
Das Justizwesen zu ordnen fiel den rechtskundigen Experten noch leichter. Mit dem Gesetz vom 16. August 1790 entfielen Sondergerichte und andere feudale Zöpfe; am 6. September hauchten die Parlements, die 1788 so leichtfertig mit dem Feuer des Aufruhrs gespielt hatten, ihre Seele aus. Obgleich Urteile weiterhin „im Namen des Königs“ verkündet wurden, war die vereinheitlichte Rechtsprechung (die es allerdings erst unter Napoleon zu meisterlichen Gesetzbüchern bringen wird) fortan nach den Regeln der Dreigewaltenlehre von ihm unabhängig. Praktisch lag sie bei der Bourgeoisie, die das Gros der Richter sowohl wählte als auch stellte.

> Sie säumten nicht, klagte Calonne 1790, die Attribute der richterlichen Gewalt ebenso an sich zu reißen wie die ausführende und die verwaltungsmäßige. (De l'état de la France, 10.)

Der durchschaubare Instanzenzug vom Friedensrichter (dieser wie die Geschworenen englischen Ursprungs) bis zum Kassationshof überdauerte — mutatis mutandis — zwei Jahrhunderte und zwölf Verfassungen.
Glanzloser schnitt die fiskalische Gesetzgebung ab. Lebrun (später als Konsul Bonapartes „Kollege“) hatte am 15. November 1790 in der Konstituante darauf gedrungen, daß 1791 eine neue Ära in den Finanzangelegenheiten beginnen muß. Die Streichung der meisten indirekten Abgaben zum 1. Januar 1791 wurde von der Masse der Verbraucher in der Tat begrüßt, und die plausible Steuerorganisation sollte sich auf lange Distanz als den kapitalistischen Eigentumsverhältnissen angemessen bewähren. Zum Zeitpunkt jedoch waren die drei großen neuen Direktsteuern erst im Anlauf: die Grundsteuer (als seit langem propagiertes physiokratisches Kernstück des Systems) vom 23. November 1790, die Immobiliensteuer vom 13. Januar und die Gewerbesteuer vom 2. März 1791. Der dazwischen auftretende „steuerlose Zustand“, Benachteiligung der Bauern gegenüber den Städtern bei der Veranlagung und Unlust der Gemeinden, die ihnen

übertragene Aufschlüsselung der Gefälle vorzunehmen, vermehrten, statt sie zu heilen, die Finanzkalamitäten, die schlecht zu den hochgeschraubten Erwartungen paßten:

> Das niedere Volk, das sich um die Staatsgläubiger nicht kümmert und ganz mit sich selbst beschäftigt ist, denkt und glaubt, daß die Nationalversammlung ganz einfach die Steuern abschaffen wird und daß es sich dann, frei und ohne Hindernisse, schrankenlos seinen Gelüsten und zügellosen Neigungen hingeben kann. Es vermag schwer zu unterscheiden, was man relative Freiheit nennt; es verwechselt die Freiheit leicht mit dem Mißbrauch der Freiheit. (Journal des Etats Généraux, 1789, II, 614.)

In eine wahre Zwickmühle zwischen Wunschbildern der Theorie und der Praxis schließlich geriet die Zollgesetzgebung, die 1791 bei einem so konservativ anmutenden Protektionismus landete, daß sich seiner der alte Colbert nicht hätte zu schämen brauchen:

> Bedenkt, führte Goudard am 27. August 1790 in der Konstituante aus, daß ihr zwar, philosophisch betrachtet, Grundlagen für die Gesetzgebung aller Völker legen könnt, in bezug auf den Handel aber vor allem das Nationalinteresse zu beachten habt (...). Auch ich fordere von euch die Freiheit. Sie ist der Wahlspruch des Handels und aller Gewerbe; sie ist indessen unvollständig ohne Schutz und Sicherheit (...). Ich fordere euch daher auf, Handel und Gewerbe die *Freiheit der Existenz* zu gewähren.

A. B. J. Guffroy: Sanction royale examinée par un Franc. Paris 1789.

J. P. Marat: Protestation contre la loi martiale = L'Ami du peuple, 10. November 1789. — Derselbe: Le Junius français, journal politique. Nr. 1—13, 2.—24. Juni 1790. — Derselbe, C'en est fait de nous. Paris (26. Juli) 1790.

Sur l'administration de M. Necker (von ihm selbst?). Paris 1790.

G. A. v. Halem: Blicke auf einen Teil Deutschlands, der Schweiz und Frankreichs bei einer Reise vom Jahr 1790. T. II, Hamburg 1791.

G. Forster: Ansichten vom Niederrhein ... 3 Bände, Berlin 1791—1794.

C. E. de Ferrières: Mémoires pour servir à l'histoire de l'assemblée constituante et de la révolution de 1789. 3 Bände, Paris 1798.

G. Castellan: Vence, une cité provençale dans la Révolution. Chronique de la ville en 1790. Nice 1977 (Paris [2]1978).

Der Acker

So eifrig sich die Nationalversammlung bei Geldbeschaffung und Staatseinrichtung zeigte, so schleppend betrieb sie die Agrarreform. Mehr gestoßen als treibend, keuchte ihre in einem Landwirtschaftsausschuß (und einem „Entfeudalisierungsausschuß") vorberatene Gesetzgebung den von den Bauern heiß präsentierten Realitäten oft unwillig und besserwissend hinterher, ohne sie je richtig in den Griff zu bekommen.

Das Beschwerdeheft der Dorfgemeinde Gastines hatte es als ungut empfunden, daß in der nationalen Vertretung (zu jenem Zeitpunkt noch die Generalstände) die Bauern durch die Bank von Stadtleuten „vertreten" wurden, „die sich auf dem Lande überhaupt nicht auskennen" ... und dennoch immer das letzte Wort behielten. (Goubert/Denis, 34.)

Von einer Bäuerin hatte Arthur Young am 12. Juli 1789 erfahren, daß

> man gegenwärtig erzähle, es gäbe Reiche, die etwas für die Armen ihrer Klasse tun wollten; aber sie wüßte weder wer noch wie. Und sie fügte hinzu: Möge uns Gott zu Hilfe kommen! (Voyages en France, 235.)

Beider Wünsche waren unerfüllt geblieben: Gott zeigte sich nicht, und die „Stadtleute" blieben in der Versammlung unter sich. Bauernbewegung und Verfassungsschöpfung liefen nebeneinanderher. Sie berührten und beeinflußten sich, kamen aber auf keinen gemeinsamen Idealnenner.

Die Augustbeschlüsse waren, wie Mirabeau (am 14. September 1789) sagte, „Prinzipienerklärungen", Rechtsresolutionen, zu denen Ausführungsbestimmungen fehlten, weil der Konstituante an Rechtsverbindlichkeit weniger lag als an Optionsfreiheit. Die Bauern hingegen faßten sie als Ungültigkeitserklärung der „Feudalrechte" in Bausch und Bogen auf: Sie stellten, ohne über juristische Feinheiten zu grübeln, persönliche wie dingliche Leistungen ein, bestritten „wohlerworbene" ebenso wie „angeeignete" Herrenrechte. Sie beschlagnahmten Ernten und Vorräte des Seigneurs. Wo ihnen Widerstand begegnete, brachen sie ihn ohne Gewissensbisse. Nach einer vorübergehenden Phase des Abwartens, in der sich die Geduld des Landvolkes erschöpfte, nahm der schleichende Bauernkrieg im Dezember 1789 seinen Fortgang und erreichte im Februar 1790 einen zweiten Höhepunkt: im Agenais, Périgord, Limousin, Bourbonnais und Quercy, in Auvergne und Bretagne.

Die Konstituante konnte die Augen nicht länger davor verschließen und erörterte am 22. Februar ... nicht die Ursachen, sondern ein Dekret zur Wiederherstellung von Ruhe und Sicherheit, das tags darauf angenommen und schon am 26. vom König — wie gern! — bestätigt wurde. Vergeblich hatte sich Robespierre, von zahlreichen Zwischenrufen unterbrochen, gegen eine repressive „Lösung" des Problems gewandt:

> Man verzeihe mir die Frage, wie eine vom Volk gemachte Revolution durch ein Truppenaufgebot der Regierung beschirmt werden kann. (...) Erlassen wir kein neues Kriegsrecht gegen ein Volk, das seine Freiheit zurückerobert! Sollen wir den Patriotismus entwürdigen, indem wir ihn als wilden Aufruhrgeist bezeichnen und der Knechtschaft mit der Benennung „Ordnungs- und Friedensliebe" Ehre erweisen? Nein, man muß Unruhen durch der Freiheit gemäßere Mittel verhüten.

Und er unterstrich darüber hinaus:

> Ich überlasse es den Feinden, die Gewalttaten zu übertreiben und in die Welt hinauszuschreien, die Revolution sei durch Grausamkeiten gekennzeichnet. Ich rufe alle guten Bürger, alle Freunde der Verfassung zu Zeugen an, daß niemals eine Revolution so wenig Blut und Gewalttätigkeit gekostet hat. (Dok. 38.)

So positiv sich die politische Stellungnahme des Demokraten Robespierre von der Mehrheitsmeinung abhob: Den sachlichen Kern der Agrarfrage wußte auch er kaum herauszuschälen (und sie wird ihm auch in Zukunft ferner liegen als manches andere).

Die Versammlung setzte ihren harten Kurs ungerührt fort. Am 15. März 1790 erließ sie ein Ausführungsgesetz über den

Fortfall der persönlichen und die Ablösung der dinglichen Feudallasten. Den „Geschädigten", deren Archive und Rechtstitel „im Gefolge der seit Anfang 1789 sich ereignenden Unruhen verbrannt oder entwendet wurden", gewährte sie ein Trostpflaster:

> Sie können binnen dreier Jahre nach Verkündung dieses Gesetzes den Beweis ihrer Gerechtsame und ihres Besitzrechtes dadurch erbringen, daß sie durch Schriftstücke oder durch Zeugen nachweisen, vor der Vernichtung oder dem Raub ihrer Urkunden 30 Jahre lang jene nicht aufgehobenen Rechte besessen zu haben, die sie beanspruchen.

Ein Gesetz vom 3. Mai fixierte die Bedingungen des Rückkaufs. Die Augustbeschlüsse wurden darin weiter verdünnt, die Sätze für den Rückkauf hoch bemessen: erschwinglich für die wohlhabenden, unerreichbar für die armen unter den Bauern. So petitionierte Pfarrer Gallot am 13. April im Namen einer Bauernversammlung in Charbonnaux,

> obwohl die Unterschriften einiger Großpächter dem Zwang entsprungen zu sein scheinen. Für sie war es hart, ohne Vorbehalt ein Schriftstück zu unterzeichnen, dessen Inhalt letztlich im vollen Widerspruch zu ihren persönlichen Interessen steht.

Aber

> die Klasse der Bauern lebt innerhalb der Gesellschaft am erbärmlichsten und ist am meisten der Unterstützung bedürftig. Es ist um so dringlicher, ihren Forderungen zu entsprechen, als in unseren Dörfern allgemeine Unruhe herrscht. In allen Gemeinden rings um die meinige sind die Kirchen bereits verwüstet worden (...). Wenigstens sollte ein provisorisches Dekret verabschiedet werden, das den Bauern *Hoffnungen* auf nahe bevorstehende Erleichterungen einflößt. (Dok. 39.)

Solche „armen Bauern und Landwirte" waren es auch, die der Nationalversammlung am 8. Mai 1790 vorhielten:

> Es ist wahr, daß die Dekrete (...) die Bittsteller ermächtigen, sich loszukaufen (...). Gewiß ist aber auch, daß sie trotz dieser Beschlüsse gezwungen sein werden, in Knechtschaft weiterzuleben, ohne sich loskaufen zu können. Und zwar deshalb, weil die erlauchte National-

> versammlung für den Loskauf von den Abgaben, die den Lehnsherren angeblich geschuldet sind, einen außerordentlich hohen Preis festgesetzt hat. (Dok. 41.)

Daß mehr zu tun blieb, wußte auch die Konstituante. Sie betrachtete ihre Gesetze als Abschlagszahlungen. Später würde man weitersehen, jetzt aber — vor der neuen, nochmals vielversprechenden Ernte — erst einmal die aufrührerischen Gesinnungen dämpfen durch gutes und weniger gutes Zureden.

Klagte doch sogar die Provinzpresse:

> Wo sind jene friedlichen Tage geblieben, die dem Horizont der glücklichen Saintonge leuchteten? Die Schrecken der Anarchie und der Unordnung sind an ihre Stelle getreten. Der böse Geist der Raublust hat einen Teil ihres Gebietes verheert. (Journal de Saintonge, 9. Mai 1790.)

Wieder fiel der Nationalversammlung nichts Gescheiteres ein, als ihre Strafandrohungen vom 23. Februar zu verschärfen. Sie nahm insbesondere die frisch gewählten Gemeindebehörden (die es ungern darauf anlegten, sich mit ihrem Wahlvolk zu überwerfen) kräftig ins Gebet. Ihr Dekret vom 2. Juni begann mit dem äußerst bestimmt gehaltenen Artikel:

> Jedermann, der das Volk in Stadt und Land zu Gewalttaten gegen das Eigentum, Besitzungen und Einhegungen, gegen Leben und Sicherheit der Bürger, gegen die Steuereinziehung, die Freiheit des Verkaufs und des Handels mit Agrarprodukten oder die Beschlüsse der Gesetzgebenden Gewalt aufwiegelt, wird zum Feind der Verfassung, der Nationalversammlung, der Nation und des Königs erklärt.

Forestier, Administrator des Departements Haute-Garonne, nahm also den Mund keineswegs zu voll, wenn er die „erlauchte Nationalversammlung" schalt:

> Sie hat bisher noch nichts für die Klasse der Armen getan; sie hat sich ausschließlich mit dem Grundbesitzer und dem Kapitalisten befaßt. Sie hat ersteren vom Zehnt befreit und ihm die drückenden und verheerenden grundherrlichen Abgaben vom Halse geschafft; dem zweiten hat sie Sicherheiten ergeben für die Schulden, die der Staat an ihn hat. (Dok. 45.)

Forestiers Weitsicht erstreckte sich auf einen weiteren Punkt.

Es ahnte ihm schon, daß

die Aufteilung des Gemeindelandes sehr schwierig oder — um es genauer auszudrücken — unmöglich durchzuführen sein wird:

Ein heikler Komplex, den die Nationalversammlung bisher nur mit der Kneifzange anzufassen gewagt hatte und dessen Diskussion über Jahre anhalten wird. In anderer Hinsicht zwang die Hartnäckigkeit der Bauern sie jedoch zur Wegräumung einiger Bremsklötze. So wurde am 18. Dezember 1790 die Ablösung auf die ursprünglich ausgenommenen Erbpachten ausgedehnt, am 7. Juni 1791 auf die Zeitpacht. Am 5. Juni war ein Ackerschutzgesetz erlassen, am 26. Juli die Aufhebung der herrschaftlichen Wegerechte beschlossen worden. Die Zusammenfassung dieser und weiterer Bestimmungen zu einer allgemeinen Landordnung *(Code rural)* erfolgte am 27. November 1791, als die Konstituante bereits das Zeitliche gesegnet hatte.

Aufs Ganze gesehen, hatten die ländlichen Massen dem „Senat der Nation" in harten Kämpfen doch ein Stück Bauernfreiheit abgerungen. Andererseits setzte die Nationalversammlung ihre kapitalistische Eigentumsauffassung nicht nur gegenüber der feudalen, sondern auch gegenüber der bäuerlichen, an einer noch lebendigen Dorfgemeinschaft orientierten, durch: Frei, persönlich, total, seinen Gebrauch und Mißbrauch erlaubend, kennt bürgerliches Eigentum keine andere Grenze als jene eines anderen Eigentums, allenfalls noch das Staatsinteresse.

Auf dem Agrarsektor krönte die Anbaufreiheit eine lange Entwicklung zum Einzelbetrieb des Parzellenbauern. Der Eigentümer konnte seinen des herkömmlichen Flurzwangs entbundenen Grund und Boden nach eigenem Ermessen bebauen und einhegen, die Brache in Nutzung nehmen. Er konnte (so er flüssig war ...) Land gleich jeder anderen Ware dazukaufen oder verkaufen. Noch spukten angesichts der Unsicherheiten und Vorbehalte der Konstituante Überreste feudaler Bindungen auf dem Dorfe. Zweifelsohne aber beschleunigte der eingeschlagene Kurs die Zersetzung der über ein Jahrtausend feudal unterdrückten Bauernklasse und ihren Auseinanderfall: in eine sich rasch formierende Dorfbourgeoisie, Stütze der bürgerlichen Neuordnung auf dem Lande, in eine (Mittel- und) Kleinbauernschaft mit vorwiegender Subsistenzwirtschaft und in die Dorfarmut aus Landarmen und Landlosen, an denen die Konstituante nahezu achtlos vorüberschritt.

L. Dubreuil: La vente des biens nationaux dans le département des Côtes-du-Nord. Paris 1912.

G. Lefebvre: Les paysans du Nord pendant la Révolution française. Lille/Paris 1924 (u. Neuausg.).

M. Gallix: La vente des biens nationaux dans le district de Montpellier et Lodève. Montpellier 1951.

P. Bois: Paysans de l'Ouest. Des structures économiques et sociales aux options politiques depuis l'époque révolutionnaire dans la Sarthe. Paris 1960.

M. A. Edelstein: La Feuille villageoise. Communication et modernisation dans les régions rurales pendant la Révolution. Paris 1977.

F. Gauthier: La voie paysanne dans la Révolution française — l'exemple picard. Paris 1977.

F. Hildesheimer: Répertoire numérique de la sous-série I Q: Domaines nationaux. Marseille 1978.

J. N. Luc: Paysans et droits féodaux en Charente-Maritime pendant la Révolution française. Paris 1978.

P. Goujard: L'abolition de la „féodalité" dans le pays de Bray (1789—1793). Paris 1979.

Die Werkstatt

Die Behandlung der Arbeiterfrage war kein Ruhmesblatt der Konstituante; einen konstruktiven Beitrag blieb sie schuldig.

1789 bestand das Problem zuvörderst in der Massenarbeitslosigkeit. „Wohltätigkeitswerkstätten" einzurichten, war schon die alte Regierung gezwungen gewesen, um die Hungerunruhen einzudämmen. Was blieb der Nationalversammlung anderes übrig, als die Notstandsarbeiten — bei halbem Tageslohn — trotz der enormen finanziellen Belastung fortführen zu lassen? Die Pariser Stadtverwaltung war befleißigt, wenigstens „ortsfremde Störenfriede" abzuschieben und die Einheimischen nach neuen Werkstätten in den Vororten zu verlegen.

Die teils bei den Franziskanern, teils in Chaillot errichteten Wohltätigkeitswerkstätten sind alsbald eröffnet worden. Der Polizeiausschuß hatte im Hinblick darauf sehr umsichtige Maßnahmen getroffen. Man hat keine der bisher auf dem Montmartre beschäftigten Arbeiter zugelassen, ohne genaueste Erkundigungen über ihre Person und Lebensführung einzuziehen (Révolutions de Paris, 12. September 1789.)

Darin wurde sie von der Nationalversammlung unterstützt, deren (am 21. Januar 1790 ernannter) Ausschuß für Bettlerwesen am 31. August einen Gesetzesentwurf einbrachte.

Artikel 1: Die Hilfswerkstätten, die zur Zeit in Paris bestehen, werden aufgelöst. Statt ihrer werden auf dem Lande neue errichtet, sowohl innerhalb der Bannmeile von Paris als auch in jenen Departements, wo sie von den Departementsdirektorien für nötig erachtet werden.

Der bezeichnende Artikel 4 des Dekrets lautete:

Arbeiter, die der für die Werkstätten festgesetzten Arbeitsordnung oder den Lohnfestsetzungen zuwiderhandeln, sind als Aufsässige gegen die örtlichen Polizeiverordnungen zu betrachten und entsprechend zu bestrafen. Sofern sie sich aufrührerische Zusammenrottungen, Widerstand oder andere schwere Verfehlungen zuschulden kommen lassen, sind sie festzunehmen und den ordentlichen Gerichten als öffentliche Ruhestörer zu übergeben.

Anlaß für dergleichen Befürchtungen bestand. Die Unsicherheit der Existenz, die bunte Zusammenwürfelung (worunter auch von menschlichem „Strandgut") und die elenden Lebensumstände führten immer wieder zu hektischen Ausbrüchen:

Sie sind von allem entblößt, schrieb Brissot. Ohne Unterkunft und ohne Aussicht auf geregelte Arbeit oder irgendwelche feste Tätigkeit, verlangen sie beschäftigt zu werden. Unter ihnen bemerkt man viele Fremde, besonders Italiener. Sie haben unter sich eine Art eigener Polizei und folgen nur ihren eigenen Oberen. Wahrhaftig eine wilde Horde vor der zivilisiertesten Stadt, die es gibt. (Patriote français, 19. August 1789.)

Gleichwohl ist den rauhen Kehlen der Schipper vor den Toren von Paris im Frühjahr 1790 die erste „Volkshymne der Revolution", das berühmte *Ça ira,* entsprungen:

Ah, das geht ran, geht ran, geht ran,
die Aristokraten an die Laterne!
Ah, das geht ran, geht ran, geht ran,
die Aristokraten, hängt sie dran!
Und wenn sie alle hängen, marsch,
haut ihnen die Schippe vor den Arsch!
Ah, das geht ran, geht ran, geht ran. (...)

(Dok. 40.)

Unter den Hungernden agitierte die Konterrevolution: Hätten sie unter der alten Ordnung nicht zu arbeiten und zu essen gehabt? Und wo seien die politischen Rechte, die man ihnen versprochen habe? Marat schrieb geradezu:

> Ein Haufen zwischen ihnen verteilter Spitzel hört nicht auf, ihnen das Lob des Königs, der Königin, Baillys, Lafayettes und anderer Hauptverschwörer vorzusingen. Sie schildern ihnen jeden Freiheitsfreund als Rebellen und merken sich die Arbeiter an, die sich nicht irremachen lassen. (Ami du peuple, 7. April 1791.)

So stieß die Konstituante in der Öffentlichkeit auf wenig Widerspruch, als sie trotz geräuschvoller Kundgebungen der Betroffenen die Nationalwerkstätten in einer erst leicht gebesserten Konjunkturlage zum 1. Juli 1791 schloß.

Daß der Staat beziehungsweise die Stadt nur „Faulenzer", unnütze Esser ernähre: Dieser 1848 so schrill erhobene Vorwurf war selten laut geworden. Der andere, daß sie sinnlose, weil weithin unproduktive Arbeit verrichteten, traf nicht sie, sondern öffentliche Auftraggeber, die sie nicht vernünftig für Aufbesserungen der Infrastruktur einzusetzen wußten.

Den Forderungen der in Lohn und Brot stehenden Werktätigen war die „Reservearmee" aus Arbeitslosen abträglich. Lohn- und Arbeitszeitkämpfe hatten — bisweilen geheime — Gesellenbünde und -brüderschaften gegen ihre Meister immer schon durchgefochten. Ein einigendes Klassenbewußtsein war dem aus Handwerkern, Manufakturarbeitern, Gehilfen, Gesinde und Tagelöhnern ungleich zusammengesetzten Vorproletariat indessen noch fremd; seine Beschwerdeführung vom Sommer 1789 bewegte sich in zünftlerisch-berufsständischen Bahnen. Gesellen und Arbeiter (aber jede Sparte säuberlich für sich) traten während des Monats August 1789 in den Ausstand oder drohten damit, suchten um Unterstützung bei der Commune an, die andererseits von den Meistern bestürmt wurde,

> der Gemeinderat möge die Gesellen anweisen, ungesäumt in die Werkstätten der Meister, bei denen sie bisher beschäftigt waren, zurückzukehren und dort ihre Arbeit wiederaufzunehmen. (Lacroix, 1. Reihe, I, 268.)

Da sie immerhin eine gewisse Lohnanhebung erreichten, die den gestiegenen Lebensmittelpreisen zu begegnen erlaubte, ebbte diese erste Streikwelle im September ab. Eine politische Dimension gewann sie nicht, und die Arbeiter rührten sich auch nur schwach, als die Nationalversammlung sie mehrheitlich unter die nichtwahlberechtigten „Passivbürger" verbannte, was sie gleichzeitig vom Dienst in der Nationalgarde ausschloß und ihre Entwaffnung zur Folge hatte. Spät erst, als solches Unrecht gar verfassungsmäßig verankert werden sollte, am 8. Mai 1791, schlug den *Révolutions de Paris* darob das Gewissen:

> Die Nationalgarde soll eine begünstigte Kaste werden, gebildet von einem Adel, der von der Verfassung an Stelle des zertrümmerten Erbadels auf Lebenszeit ernannt wird. (...) Wie nicht bestritten werden kann, waren es die Proletarier, die die Bastille und den Despotismus zerstört haben. Sie waren es, die für das Vaterland kämpften, während die gemächlichen Bourgeois mit jener feigen Passivität, die ihrer Natur entspricht, im innersten ihrer Wohnungen abwarteten, auf welche Seite sich der Sieg wenden werde. Ist es nach alledem nicht eine Niedertracht, daß sämtliche Vorteile der Revolution jenen zufallen sollen, die keinen Anteil daran hatten, die Frucht zur Reife zu bringen?

Nicht eine Ausdehnung der Demokratie auf die einfachen Werktätigen trat ein, sondern das Gegenteil, und Marat war es, der ihnen eine warnende *Petition von 18 Millionen Armen* in den Mund gelegt hatte:

> Wenn erst das Wahlrecht auf die Wohlhabenden beschränkt ist, werden die Wahlen nur zugunsten der Reichen ausfallen. Sie werden also ihren Anteil am Staat haben, und das Volk wird ohne Gegenwehr ihrer Gnade ausgeliefert sein. Was wäre durch die Beseitigung der

Adelsaristokratie gewonnen, falls an ihre Stelle die Geldaristokratie tritt? Wenn wir nun unter dem Joch der neuen Emporkömmlinge stöhnen sollen, wäre es besser gewesen, die privilegierten Stände beizubehalten. (Ami du peuple, Nr. 149, 30. Juni 1790.)

Noch aufschlußreicher (ebenda) die Fortsetzung:

Väter des Vaterlandes! Ihr seid die Günstlinge des Glücks, und wir verlangen heute nicht von euch, daß ihr eure Besitztümer aufteilt, diese Güter, die der Himmel allen Menschen gemeinsam gegeben hat. Erkennt aber die ganze Größe unserer Bescheidenheit und vergeßt zu eurem eigenen Nutzen für einige Augenblicke eure Würde, entzieht euch für einige Augenblicke den süßen Träumereien von eurer Wichtigkeit und berechnet einen Augenblick die schrecklichen Folgen, die aus eurem Mangel an Überlegung erwachsen können. Fürchtet, daß wir uns die Staatsbürgerrechte verschaffen werden, indem wir euch den Überfluß wegnehmen, wenn ihr sie uns aufgrund unserer Armut versagt!

In Lyon empörte sich L'Ange:

Das barbarische gotische Gebäude aus den drei Ständen und jenes der Bastille sind zusammengestürzt. Das war euer Hände Werk, ihr habt sie zerstört. (L'Ange, 154.)

Und ausgerechnet sie will man, als „Passivbürger“, am neuen Bau nicht teilhaben lassen! Gleich Marat schloß auch L'Ange mit einer Warnung an die Nationalversammlung vor den Folgen eines Gesetzes,

dessen augenscheinliche Unbrauchbarkeit euch gewissermaßen lächerlich macht und dessen offenkundige Ungerechtigkeit euch den größten Gefahren aussetzt. (Ebenda, 165.)

Erst mit Wiederzunahme der seit drei Jahren fast ruhenden Bautätigkeit vermehrten sich in Paris Anfang 1791 die von Maurern, Zimmerleuten und Tischlern angeführten Lohnkämpfe sprunghaft; auch die Buchdrucker nutzten die Konjunkturerhitzung in ihrem jetzt überbeanspruchten Gewerbe. Arbeiter organisierten sich, und Zimmerleute gründeten eine „brüderliche Vereinigung“, die Funktionen einer koordinierenden Streikleitung ausübte.

Dem Magistrat ist bekannt, daß die Arbeiter mehrerer

> Gewerbezweige fast täglich in großer Zahl zusammenkommen und, statt ihre Zeit zur Arbeit zu nutzen, darüber beraten und beschließen, wie sie ihre Tageslöhne in die Höhe treiben können. Auch eilen einige von ihnen von Werkstatt zu Werkstatt, um jenen, die an den Besprechungen nicht teilnehmen konnten, das Beschlossene mitzuteilen. Wenn diese aber nicht wollen, drohen sie ihnen und wenden Gewalt an, um sie zum Anschluß und zur Arbeitsniederlegung zu bewegen. (Moniteur, 29. April 1791.)

Der Gemeinderat bekam es deshalb mit der Angst vor einem Übergreifen der Streikbewegung auf weitere Gewerbe und rief die Nationalversammlung auf, „gesetzliche Waffen" zur Bekämpfung der Plagegeister zu schaffen. Schon hatten sich die Bauarbeiter an Sainte-Geneviève (jetzt dem Pantheon) ihrerseits mit einer Zuschrift (vom 8. Juni) an den *Volksfreund* (Dok. 51) gewandt und darin ein Probebündel von hemdsärmeligen Beutelschneidern und Revolutionsgewinnlern mit Name und Hausnummer angeprangert; Typen, von denen der Volksmund sang:

> Eilen sieht man hin und her
> diese Herren neuer Geschäfte.
> Es ist Zeit, zu rüsten schwer
> gegen diese verdorbenen Kräfte.
> Jeder davon sinnt und strebt,
> wie er auf Kosten anderer lebt. (Dok. 46.)

Marat fügte seinerseits hinzu:

> Man errötet vor Scham und stöhnt vor Schmerz, wenn man eine so nutzbringende Klasse von Armen der Gnade einer Handvoll Schufte ausgeliefert sieht, die sich an ihrem Schweiß mästen und ihnen wie Unmenschen die kärglichen Früchte ihrer Arbeit rauben. Mißbräuche dieser Art, die der Gesellschaft Dienste entziehen oder die vielmehr darauf abzielen, eine zahlreiche Klasse ehrenwerter Bürger durch das Elend zu vernichten, hätten die Aufmerksamkeit der Nationalversammlung sehr wohl fesseln sollen, und sie sollte ihnen einen kleinen Teil jener Zeit widmen, die sie so vielen leeren Diskussionen und

> lächerlichen Debatten opfert. (Ami du peuple, Nr. 487, 12. Juni 1791.)

Das tat letztere dann sogar wirklich, freilich in einem etwas abweichenden Sinn. Im Prinzip lag der Erlaß eines Arbeitsgesetzes an, seitdem das „Gesetz d'Allarde" am 2. März die Zunftordnung zugunsten des uneingeschränkten kapitalistischen Wettbewerbs aufgehoben, jedoch über die Neuordnung der Verhältnisse nichts Rechtes bestimmt hatte. Heraus kam schließlich am 14. Juni 1791 ein vom Verfassungsausschuß ausgearbeitetes Gesetz, das von Le Chapelier als Berichterstatter vorgelegt wurde und deshalb seinen Namen bewahrte (Dok. 52): Geburtsurkunde eines „klassischen", von keiner nachfolgenden Revolutionsregierung in Frage gestellten und bis 1864 in Kraft befindlichen Streik- und Koalitionsverbotes; ein

> Gesetz, welches den Konkurrenzkampf zwischen Kapital und Arbeit staatspolizeilich innerhalb dem Kapital bequemer Schranken einzwängt. (MEW, XXIII, 769 f.)

Haben es auch die Zeitgenossen so gesehen?

Le Chapelier, Anwalt aus Rennes, gab seine Leitgedanken in der Sitzung vom 14. Juni bekannt: Da alle zünftlerischen Korporationen abgeschafft sind, gibt es nur noch Einzelinteressen der Individuen auf der einen und das Gemeininteresse der Gesellschaft auf der anderen Seite. Berufsversammlungen können daher ebensowenig geduldet werden wie Unterstützungskassen der Arbeiter, denn diese bilden ein „Privileg".

> Allein der Nation kommt es zu, den Gesunden Arbeit und den Kranken Unterstützung zu gewähren.

Arbeitervereinigungen setzten sowohl die Unternehmer, die „sogenannten Meister", unter unzulässigen Druck als auch Arbeitswillige (das heißt Streikbrecher — W. M.), und so weiter und so fort.

> Unser Komitee ist der Meinung, daß der Zeitpunkt gekommen ist, einer weiteren Ausdehnung dieser Unordnung vorzubeugen. Diese unseligen Vereinigungen haben in Paris schon dazu geführt, daß sich unter dem Namen „Gesellschaft der Verpflichtungen" ein Verband gebildet hat, der alle, die die von ihr festgesetzte Arbeitsordnung nicht anerkennen, auf jede erdenkliche Weise tyrannisiert.

Dem stellte er gegenüber,

daß es Aufgabe des freien, von einem Individuum mit einem anderen geschlossenen Arbeitsvertrages ist, die Lohnhöhe des einzelnen Arbeiters zu bestimmen, und daß demzufolge der Arbeiter die Übereinkunft unbedingt einzuhalten hat, die er mit jenem eingegangen ist, der ihn beschäftigt.

Damit wurde der Streik zum strafwürdigen Vertragsbruch. Le Chapelier gab indirekt zu, daß die Löhne unbefriedigend waren:

Es ist gewiß, daß die englischen Arbeiter besser entlohnt werden als die französischen,

doch sei die Lohn- wie jede Preisfestsetzung eben eine Sache der freien Verabredung, in die sich die öffentliche Hand nicht einzumischen habe.

Die demokratische Linke kritisierte das Gesetz, jedoch mit wenig Nachdruck und mit noch weniger sozialökonomischer Einsicht in seine eigentlichen Implikationen. Zwar wies sie Le Chapeliers Verdächtigung,

die Arbeiter sind zu diesen Zusammenkünften weit weniger durch das Bestreben angestachelt, durch ihre Vereinigungen eine Aufbesserung ihres Tageslohns zu erreichen, als durch die geheime Absicht, Unruhen hervorzurufen,

weit von sich: Wofür, das heißt für wen hätten die Arbeiter das 1791 wohl tun sollen? Ihre Kritik bewegte sich aber insofern selber in den Denkbahnen des Berichterstatters, als auch sie die Klassenwurzel der Kontroverse entweder nicht sehen wollte oder noch gar nicht sehen konnte: Robespierre nicht und die *Révolutions de Paris* nicht, aber sogar Marat nicht, der das Gesetz lediglich als Krebsgang in die frühere Bevormundung, als *Wiederherstellung des Despotismus auf den Trümmern der vom Volk eroberten Freiheit* bewertete:

Um den vielen Volksversammlungen vorzubeugen, die sie so sehr fürchten, haben sie schließlich der zahllosen Klasse der Tagelöhner und Arbeiter das Recht, sich zu versammeln, um ordnungsgemäß über ihre Interessen zu beraten, unter dem Vorwand entzogen, diese Versammlungen könnten die abgeschafften Zünfte wiedererstehen lassen.

> Sie wollen nichts anderes, als die Bürger vereinzeln und sie hindern, sich gemeinschaftlich mit den öffentlichen Angelegenheiten zu befassen. (Ami du peuple, 18. Juni 1791.)

War solche Verdeckung des sozialen Aspekts durch den politischen das Schicksal noch unfertiger Klassen?

E. V. Tarle: Studien zur Geschichte der Arbeiterklasse in Frankreich während der Revolution. Die Arbeiter der nationalen Manufakturen (1789—1799) nach Urkunden der französischen Archive. Leipzig 1908.

C. Bloch/A. Tuetey (Hrsg.): Procès-verbaux et rapports du Comité de mendicité de la Constituante, 1790—1791. Paris 1911.

F. Braesch: Un essai de statistique de la population ouvrière de Paris vers 1791, in: Révolution française, Nr. 63, 1912.

K. I. Ratkevič: Francuzskie rabočie v gody Velikoj revoljucii. Moskva 1928.

Y. Forado-Cunéo: Les ateliers de charité de Paris pendant la Révolution française, 1789—1791. Paris 1934.

E. Soreau: Ouvriers et paysans de 1789 à 1792. Paris 1936.

J. Jacques: Vie et mort des corporations. Grèves et luttes sociales sous l'Ancien Régime. Paris 1948.

G. Rudé: Les ouvriers parisiens dans la Révolution française, in: La Pensée, Nr. 48/49, 1953. — Derselbe: La population ouvrière parisienne de 1789 à 1791, in; AHRF, Nr. 187, 1967.

S. B. Kan: Parižskie rabočie v revoljucii 1789—1794 godov, in: Voprosy istorii, 1956, Nr. 1.

P. Chauvet: Les ouvriers du livre en France. 2 Bände, Paris 1956—1959.

R. Monnier: Les classes laborieuses du Faubourg Saint-Antoine sous la Révolution et l'Empire. (Thèse de doctorat du 3e cycle,) Paris (I) 1978.

Außerparlamentarische Linke

Das Prestige der Nationalversammlung, wiewohl beneidenswert hoch, blieb mitnichten unangefochten. Daß ihre führenden Köpfe zu nationalen Figuren wurden, schloß Kritik nicht aus.

Die von rechtsaußen pinselte grau in grau:

> Der König ohne Krone, die Versammlung ohne fest ge-

gründetes Ansehen, die Truppe ohne Gehorsam, die Finanzen ohne Kredit, der Kultus ohne Religion, die Monarchie ohne Ordnung, tausend aufeinanderprallende Meinungen ohne jedwede Staatsgesinnung — da stehen wir in diesem Augenblick. (Abbé Royou im *Ami du roi* vom 10. Dezember 1789.)

Zehn Tage später gab derselbe Witzbold von sich:

> Die Nationalversammlung hat Angst vor der öffentlichen Meinung, das Volk vor den Ausländern, die Royalisten vor den Demagogen, die Demagogen vor den Unzufriedenen. Am Ende kann man sagen, daß jeder vor jedem Angst hat.

Die Rechte verließ sich nicht allein auf die Bremswirkung der „Schwarzen" in der Konstituante. Sie verfügte über größere Kaliber: die vom Hof gespeiste „Reptilienpresse"; die Ministerien, deren Dienstgang sich der Kontrolle durch die Nationalversammlung noch weitgehend entzog; die große Mehrheit des Offizierskorps und alsbald den eidverweigernden Klerus; Verbindungen zu auswärtigen Höfen und Emigrantenzentren (in Turin, Brüssel, Koblenz). Im Lande wurden Verschwörungen eingefädelt, die stellenweise in die schützende Montur der Nationalgarde schlüpften. Obgleich unter diesen allen kein organisatorischer Zusammenhang bestand und über die Art des Vorgehens Uneinigkeit herrschte, wäre es falsch gewesen, sie zu unterschätzen. Hinzu kam, daß Enttäuschte und müde Gewordene (Dok. 48) der Revolution den Rücken kehrten. Andere gingen ihrem freud- oder leidvollen Alltag nach, ohne sich kontinuierlich um Politik zu kümmern oder gar tätig in sie einzugreifen: ein Potential, um das sozusagen stündlich gerungen werden mußte (Dok. 48), das auf Fehldispositionen oder Unterlassungssünden empfindlich reagierte und wechselnden Stimmungen nachgab, sobald die ursprüngliche Begeisterungswelle ausgelaufen war.

Durch und durch „politisiert", von der Revolution unwiderruflich gepackt war nur eine Vorhut, die Manon Roland am 15. März 1791 beschrieb:

> Der Reiz der schönen Künste und alles dessen, was mit ihnen zusammenhängt, war ehemals der größte in der Hauptstadt, wenigstens für meinen Geschmack, aber wenn wir ein Vaterland bekommen, wird unsere Art zu

sehen mit Notwendigkeit eine andere, und die Sorgen der Patrioten lassen den Dingen der Schönheit kaum ein Plätzchen in der Erinnerung. (Landauer, II, 17.)

Die Nationalversammlung blieb daher auf ständige Zufuhr von Frischluft angewiesen. Blindes Vertrauen, ein unbeschränktes Mandat von seiten der Basis wäre ihr am erwünschtesten gewesen. Jedoch:

Die Denkfähigkeit der Menschen hat eine rasche Entwicklung durchgemacht, und sie wird erst zum Abschluß kommen, wenn sie ihr Ziel erreicht hat. (Ami du peuple, Nr. 149, 3. Juni 1790.)

Mit väterlichen Ermahnungen, mit jovialem Schulterklopfen war ihnen nicht beizukommen. Die Unterstützung durch den „Souverän Volk" war eine bedingte, stets neu überprüfte. Und auch er schuf sich dafür — *neben* der Nationalversammlung — ein eigenes Instrumentarium.

Daß es sich links von ihr entfaltete, lag in der Natur der Sache. Die Patrioten warfen ihr Trödelei, Formalismus, Inkonsequenz, vor allem aber Kompromißlerei und Abkapselung vom Volk vor. Daß ihr so, wie sie war, Grenzen gesetzt waren, über die sie nicht hinauswachsen konnte noch wollte, sahen nur wenige mit der Schärfe Marats, der den „einfältigen" und „lahmen" Vätern des Vaterlandes riet:

Bleibt wenigstens untätig und laßt das einfache Volk machen! (Ami du peuple, Nr. 175, 26. Juli 1790.)

In den gewählten Vertretungen bis herunter zum dörflichen Gemeinderat wurde die Stimme der Armut selten vernommen; dafür hatte das Wahlgesetz gesorgt. Jedoch waren auch breite Mittelschichten überzeugt, daß es gelte, die — hoch angebundene — Nationalversammlung fortgesetzt „anzutreiben". Das Petitionsrecht bot dafür Möglichkeiten: Man brauchte es nur voll auszuschöpfen.

Unter den Enfants terribles der Pamphletistik gebührte dem unermüdlichen, oft schon zum „Untertauchen" genötigten Marat der erste Platz. Hauptzielscheiben seiner Angriffe waren die Götzen der großbürgerlich-liberalen Synthese: Lafayette und Bailly, Mirabeau und Necker, der als erster — und diesmal endgültig — am 4. September 1790 die Segel strich:

Die rechte Seite der Nationalversammlung vergibt es ihm

nicht, daß er den König zu dem Entschluß bestimmt hat, dem Tiers Etat eine doppelte Convocation zu den allgemeinen Ständen zu bewilligen, welches, sagen sie, alle Zerrüttungen hervorgebracht hat. Die linke Seite vergibt es ihm nicht, daß er ihr Leiter und Führer hat sein wollen, und vergißt es, daß sie ihm alles zu danken hat! Das Volk ist ebenfalls größtenteils mit seiner Administration unzufrieden. Wer hätte dergleichen bei seiner feierlichen Rückkunft nach Paris vorhersagen sollen! (Leipziger Zeitungen, Nr. 174, Paris, den 23. August 1790.)

Marats Schocktherapie eilte dem Auffassungsvermögen der Kollegenschaft bisweilen arg voraus. Als er in einer relativ ruhigen Phase der Revolution am 26. Juli 1790 (Dok. 44) einen „Präventivterror" forderte, ohne seine Notwendigkeit einleuchtend nachzuweisen:

> 500 bis 600 abgeschlagene Köpfe hätten euch Ruhe, Freiheit und Glück gesichert; eine falsche Menschlichkeit hat eure Arme und eure Schläge zurückgehalten: Sie wird Millionen eurer Brüder das Leben kosten,

erntete er auch bei Wohlmeinenden wie Camille Desmoulins nur Schelte:

> Herr Marat, Sie machen schöne Geschichten! 500 bis 600 abgeschlagene Köpfe? (...) Sie sind der Dramaturg unter den Journalisten. Die Danaiden, die Brameciden sind nichts im Vergleich zu Ihren Tragödien. Sie erwürgen ja alle im Stück mitwirkende Personen bis auf den Souffleur. Sie verkennen ganz, daß maßlos übertriebene Tragik kaltläßt. (...) Verzeihen Sie, wenn meine grüne Jugend Ihnen einen Rat erteilt, aber Sie stellen tatsächlich Ihre Freunde bloß und zwingen sie, mit Ihnen zu brechen. (Révolutions de France et de Brabant, Nr. 37.)

Gelesen wurde Marat 1790/91 wenig (wenn nicht von seinen nach Anklagepunkten fischenden Gegnern). Die „kleinen Leute", für die er so mannhaft stritt, waren des Alphabets und gar seines gehobenen Stils oft nicht kundig. Die Gebildeten bevorzugten die *Révolutions de Paris,* die — schon oder bald bekannte — gute Federn zur Mitarbeit gewannen: einen Loustalot, einen Sylvain Maréchal (den „Menschen ohne Gott"), einen Chaumette. Sie öffneten ihre Spalten literarischen Gleichmachern, die in Nachahmung der römischen Gracchen die

Losung der *loi agraire*, des vom Grauen der Besitzenden umwitterten „Ackergesetzes" in die Debatte warfen.
Flankiert wurde die Linkspresse, der — mit Einschränkungen — weiterhin der *Kurier* von Gorsas, die *Patriotischen Annalen* von Carra, der *Schmelztiegel* (Le Creuset) von Rutledge, Brissots *Französischer Patriot* und der *Nationalmerkur* des Ehepaars Robert, eventuell noch Desmoulins' *Revolutionen Frankreichs und Brabants* zugerechnet werden konnten, von Maueranschlägen, die sich bis zur *Vossischen Zeitung* herumsprachen:

> Bürger, wir werden betrogen! Die Armut nimmt täglich zu, und es wird nichts ausgemacht. Man gibt uns gute Worte, und wir sterben vor Hunger. Es ist Zeit, daß unser Unglück ein Ende erreicht; und wenn in acht Tagen keine Veränderung erfolgt, so wird die Nationalversammlung Ursache haben, die Folgen, welche es für sie hat, zu bereuen. (Nr. 45, 1790, Paris, den 2. April.)

Wirksamer waren Flug- und Streitschriften, unter deren Verfassern L'Ange in Lyon, Dolivier in Mauchamp, Taboureau de Montigny in Orléans, Boissel in Paris, Babeuf in der Pikardie (und in Paris) hervorragten.
Zur Hauptstütze der „außerparlamentarischen" Bewegung — und der halbdutzend Demokraten in der Konstituante — wurden indessen die *Klubs*. Mit tiefer Befriedigung schrieb Robespierre am 1. April 1790:

> Hinreichende Entschädigung für den Haß der Aristokraten finde ich in den Beweisen des Wohlwollens, mit denen mich alle guten Bürger ehren. Einen solchen Beweis empfing ich soeben seitens der Gesellschaft der Verfassungsfreunde, die sich aus allen patriotischen Abgeordneten der Nationalversammlung und den besten Bürgern der Hauptstadt zusammensetzt. Sie haben mich zum Vorsitzenden dieser Gesellschaft gewählt, an die sich die Patriotenvereine der Provinzen anschließen, um eine heilige Liga gegen die Feinde der Freiheit und des Vaterlandes zu bilden.

Und Robespierre war zu dieser Zeit schon „jemand":

> Ich kenne Sie nicht, aber Sie sind ein großer Mann. Sie sind keineswegs nur der Abgeordnete einer Provinz. Sie sind der Deputierte der Menschheit und der Republik. (Landauer, II, 385.)

So glühte am 11. August ein jugendlicher Dichterling aus Blérancourt für ihn: sein Name lautete Antoine (de) Saint-Just.

In der Tat hatte es der Club breton nach seinem Umzug in das leerstehende Pariser Dominikanerkloster St. Jakob in der Rue Saint-Honoré schnell zu etwas gebracht. Als *Gesellschaft der Verfassungsfreunde* nahm er — gegen Entrichtung eines nicht geringen Obolus — fortan einschwenkende Männer der Mitte wie auch Bürger auf, die keine Deputierten waren. Ein Korrespondenzkomitee verband diesen „Jakobinerklub" mit emporschießenden Volksgesellschaften in vielen Provinzstädten, so daß er Mitte 1790 über 100 und Mitte 1791 gar schon weit über 400 „Schwestern" verfügte. Es gelang ihm damit, die Sammelpunkte des revolutionären Bürgertums in ganz Frankreich um die Pariser „Muttergesellschaft" zu gruppieren.

> In der Verbreitung des Patriotismus, das heißt der Philanthropie (! — W. M.), scheint diese neue Religion, die die ganze Welt für sich erobern wird, der Klub oder die Kirche der Jakobiner, zum selben Primat berufen zu sein wie die Römische Kirche in der Ausbreitung des Christentums. Schon ersuchen alle Klubs oder Vereine oder Kirchen, die sich bilden, mit ihr in Briefwechsel zu treten (...). Sie ist nicht nur der große Ankläger, der die Aristokraten entsetzt; sie ist auch der große Initiator, der Mißstände abstellt und den Bürgern zu Hilfe kommt. In seinen Schoß werden von überallher die Beschwerden der Unterdrückten niedergelegt, ehe sie vor die erlauchte Nationalversammlung gebracht werden. (Desmoulins am 14. Februar 1791.)

Dem Gast aus der Fremde bestätigte sich dieser Eindruck. Am 23. Januar 1791 schrieb Merck an Schleiermacher:

> Der Club des Jacobins (...) enthält alle Leute von Genie und warmem Herzen. Hier ist der Ort, wo der Grundstein zum Wohl der Nation und vielleicht das Universum bereitet wird. (Merck, 618.)

Darin drückte sich die neue Qualität eines ideologischen Zentrums aus. Andere Gesellschaften konnten das nicht gleicherweise beanspruchen, spielten jedoch deshalb keine nebensächliche Rolle: So der Klub der Cordeliers, benannt nach seinem ersten Tagungslokal, einer Kirche der Franziskaner (im Volksmund: cordeliers), und im April 1790 von Bürgern des gleichnamigen Pariser Distrikts gegründet. Seine Beitragssätze waren niedrig, und er nahm auch Frauen auf. Volksvertreter beehrten ihn seltener, doch wurde er zur Tribüne junger Revolutionäre, die sich in Redeschlachten erste Sporen verdienten: der modische Stückeschreiber Ronsin und sein hitziger militärischer Freund Vincent, der fähige Buchdrucker Momoro, Verfasser eines Fachbuches, der stimmgewaltige Advokat Danton, die Schriftstellerin Kéralio, die als eine der ersten — mit ihrem Mann Robert — für die Republik eintrat. Zu ihren Lehrmeistern rechneten die Cordeliers den Volksfreund.

Auch in anderen Stadtbezirken und Orten bildeten sich Volksgesellschaften, die ihre Reihen allen Bürgern öffneten, die am politischen Leben teilzunehmen wünschten; als erste in Paris am 2. Februar 1790 die vom Lehrer Dansard gegründete „Brüderliche Gesellschaft beider Geschlechter". Einen etwas anderen Charakter gewann der noch im Januar von Claude Fauchet und dem passionierten Freimaurer Nicolas de Bonneville als (logenähnliche) Vereinigung revolutionärer Intellektueller gegründete Cercle social. Seine Diskussionsrunden zogen bedeutende Geister des In- und Auslandes an: Cournand, Chappuis, John Oswald, Etta Palm-Aelders. Massenwirksamkeit erlangte er im Herbst durch den Aufbau eines „Weltbundes der Wahrheitsfreunde", dessen Versammlungen im Palais-Royal nach Augenzeugenberichten Tausende anlockten. Seit Oktober (1790) gab Bonneville die Zeitung *Der Eisenmund* heraus, die einen sozialen Egalitarismus befürwortete, angeregt unter anderem durch die Problematik der Nationalwerkstätten, die als „Betriebe ohne Unternehmer" zum Nachdenken über eine staatlich geleitete, nicht auf Ausbeutung und Profit gerichtete Organisation der Arbeit gereizt hatten. Nicht zufällig erblickte Marx darin das *erste* Glied einer gedanklichen Kette:

> Die revolutionäre Bewegung, welche 1789 im Cercle social begann, (...) hatte die kommunistische Idee hervorgetrieben (...). Diese Idee, konsequent ausgearbeitet, ist die Idee des neuen Weltzustandes. (Die Heilige Familie, MEW, II, 126.)

Die Ausstrahlung des Cercle social litt allerdings seit dem Frühjahr 1791 unter dem Zerwürfnis zwischen seinen beiden Urhebern, nachdem Fauchet von den Verfassungstreuen zum Bischof gewählt worden war und auf mehr Sanftmut schaltete.

F. Boissel: Le Catéchisme du genre humain. Paris [2]1792.

J. E. Chappuis: L'œuvre patriotique, ou Projet de constitution pour Genève. Paris 1790.

P. Dolivier: Le Vœu national, ou Système politique propre à organiser la nation dans toutes ses parties et à assurer à l'homme l'exercice de ses droits sociaux. Etampes 1790, 1791.

F. J. L'Ange: Plaintes et représentations d'un citoyen décrété passif aux citoyens décrétés actifs. Lyon 1790.

C. P. Ronsin: Louis XII, père du peuple. Paris 1790.

A. Cournand: De la propriété, ou la cause du pauvre plaidée au Tribunal de la Raison, de la Justice et de la Vérité. Paris 1791.

Règlement pour la Société populaire des Amis de la Constitution des 31 sections de la Ville de Lyon. Lyon 1791.

J. M. Roland: Discours prononcé à la Société Centrale formée des commissaires des sociétés populaires de Lyon. Lyon 1791.

S. Maréchal: Dame Nature à la barre de l'Assemblée nationale. Paris 1791.

Programme du Cercle social pour la Confédération Universelle des Amis de la Vérité. Paris 1791.

V. S. Alekseev-Popov: «Social'nyj kružok» i ego političeskie i social'nye trebovanija, in: Iz istorii social'no-političeskich idej. Moskva 1955.

V. P. Volgin: Francuzskij utopičeskij kommunizm. Moskva 1960.

G. Lefebvre: Etudes orléanaises. 2 Bände, Paris 1962—1963.

H. Voegt (Hrsg.): J. H. Merck, „Galle genug hab ich im Blute". Berlin 1973.

Staatsmannskünste oder: Die Revolution macht Pause

1790 hielt die Revolution gewissermaßen den Atem an: Sie trat in ihr ruhigstes Jahr. Das lag ganz im Sinne der Nationalversammlung. Als eine Abordnung der Marktfrauen von Paris am 31. Dezember 1789 zum ersten Jahreswechsel unter der neuen Ordnung nicht nur ihrer Hoffnung, sondern ihrer Gewißheit Ausdruck gab, daß den Verfassungsschöpfern

> die Vollendung ihres großen Werkes Unsterblichkeit verleihen wird,

antworteten diese verhaltener:

> Um die Früchte ihrer Arbeit zu ernten, (...) benötigt die Nationalversammlung Ruhe und Frieden: Sie fordert euch auf, diese Gesinnung zu verbreiten. (Poncet-Delpech, Bulletin 28, 3. Januar 1790.)

Endlich schienen sich den Constitutionnels nach der Tageshatz auch Möglichkeiten einer Politik auf lange Sicht zu eröffnen: um Zeichen zu setzen gleich ihrer (zwei Tage darauf in ein Dekret umgemünzten) Friedenserklärung an die Welt vom 22. Mai 1790:

> Die französische Nation verzichtet darauf, einen Krieg zu Eroberungszwecken zu unternehmen; sie erklärt, daß sie ihre Streitkräfte niemals gegen die Freiheit irgendeines Volkes einsetzen wird.

Die in allen drei Ständen verankerte Majorität der Nationalversammlung war nach dem Vorpreschen der Volksmassen weniger denn je auf Totalkollision mit den Gespenstern der Vergangenheit gerichtet. Nahezu niemand verband mit einem über die konstitutionelle Monarchie hinausgehenden republikanischen Ideal eine Realvorstellung. Andererseits war die Verfassungspartei nicht gewillt, die Macht, die ihr dank der Volkserhebung in Stadt und Land zugefallen war, mit irgendwem zu teilen. Der junge russische Reisende Karamsin, der die Revolution ablehnte, urteilte im April 1790 dennoch recht nüchtern:

> Diejenigen, die nichts zu verlieren haben, sind kühn wie hungrige Wölfe; da hingegen die, welche alles verlieren können, furchtsam wie die Hasen sind (...). Aber ein bloßer Verteidigungskrieg gegen einen unternehmenden Feind ist selten glücklich. Das Stück ist übrigens noch nicht zu Ende; nur scheint es bis jetzt, als wenn der Adel und die Geistlichkeit den Thron eben nicht mit Erfolg verteidigten. (Karamsin, 424.)

Als erste hatten die „monarchiens“ (Laharpe, Marmontel ...) aufgeben müssen. Mounier verließ am 10. Oktober 1789 die Versammlung und im Mai 1790 Frankreich. Lafayette, der sich ausersehen wähnte, Washingtons Rolle nachzuspielen, bot den Notabeln der aufgestiegenen Klasse Garantien gegen die

Zwillingsgefahr aristokratischer Ränke und ungesteuerter Massenbewegungen. Der ihm geistig weit überlegene Mirabeau andererseits verschreckte die Nationalversammlung durch seine unvergleichliche Rednergabe und erboste gleichzeitig ihre Tugendapostel durch sein Lotterleben. Um ihn von der Regierung fernzuhalten, hatte sie am 7. November 1789 dekretiert, daß kein Abgeordneter ein Ministeramt bekleiden dürfe, wonach sich der Verschaukelte (gegen bare Zahlung, jedoch bei voller Wahrung seiner Unabhängigkeit) mit dem Hof einließ. Brief Ludwigs XVI. vom 8. Januar 1790:

> Es macht mir zu viel Vergnügen, geehrter Herr, an die Gefühle, die Sie nach Ihrer Versicherung für meine Person und meine Familie hegen, zu glauben, als daß ich Ihr Gesuch um ein Privatgespräch nicht erfüllen sollte. Herr de La Porte wird Sie heute abend 9 Uhr einführen; ich wünsche lebhaft, geehrter Herr, daß Sie ebensoviel Geschick an den Tag legen mögen, das Übel, das geschehen ist, wiedergutzumachen, als ich mich eilen werde, soviel nur in meiner Macht steht, bei allem zu helfen, was zu diesem Ziel führen kann. (Landauer, I, 341.)

Mirabeau an Ludwig am 10. Mai 1790:

> Ich bin ebenso tief getrennt von einer Gegenrevolution wie von den Ausschreitungen, zu denen die Revolution, die in die Hände ungeschickter und verderbter Menschen gefallen ist, die Völker gebracht hat. (Ebenda, 99.)

Und an den Grafen von der Marck am 22. Oktober 1790:

> Mit einem Wort, ich bin der Mann der Wiederherstellung der Ordnung und nicht einer Wiederherstellung der alten Ordnung. (Ebenda, 105.)

Obgleich sich Mirabeau vom „Hohlkopf“ Lafayette wenig versprach und ihr Einvernehmen nicht vorhielt, ließen sich beide die Jährung des 14. Juli als Gelegenheit zu einer Demonstration „nationaler Versöhnung“ nicht entgehen:

> Götter, froh der Tag uns scheinet,
> singt, ihr braven Freunde, singt!
> Er allein hat uns vereinet,
> wir sind Brüder, wie das klingt! (Semmer, 73.)

Gaultier staunte

> über den unbeschreiblich glühenden Eifer für die festliche

Begehung des großen Nationalfestes (Landauer, I, 254), und bestätigte, was man dem Ausländer Georg Forster als mit ihm durchgehende Ekstase auslegen mochte:

Der schnelle Flug durch Frankreich ist wenigstens hinreichend gewesen, mich zu überzeugen, daß an keine Gegenrevolution dort zu denken sei. Alles ist *ruhig*, alles verspricht den besten Erfolg der neuen Einrichtungen. Der Anblick des Enthusiasmus im Volke, und vorzüglich auf dem Champ de Mars, wo man die Zubereitungen zum großen Nationalfeste machte, ist herzerhebend, weil er so ganz allgemein durch alle Klassen des Volkes geht und so rein und einfach auf das gemeine Beste mit Hintansetzung des Privatvorteils wirkt. Wir leiden manches, sagten mir viele, und kämpfen jetzt mit vielem Ungemach; selbst unser Vermögen wird eine große Verminderung leiden; aber wir wissen, unsere Kinder werden es uns danken, denn ihnen kommt es zugute. (Ebenda, II, 181.)

Geschickt wurde dergestalt eine (im Herbst 1789) spontan entstandene Bewegung aufgegriffen, in der Stadt- und Landbewohner, oft mit ihren Nationalgarden an der Spitze, untereinander Beistand und unverbrüchliche „Brüderlichkeit" gelobten (Dok. 42). Auf dem Pariser Marsfeld zelebrierte Bischof Talleyrand eine Festmesse am Altar des Vaterlandes, den ein Vers Voltaires schmückte:

Die Sterblichen sind einander gleich; nicht die Geburt, ihre Tugend macht den Unterschied zwischen ihnen!

Lafayette als Glanzfigur des Trubels sprach den „Föderierten" der Departements den Eid vor:

Ich schwöre, der Nation, dem Gesetz und dem König für immer treu zu sein, die von der Nationalversammlung erlassene und vom König angenommene Verfassung einzuhalten, nach dem Gesetz die Sicherheit der Person und des Eigentums ebenso zu beschützen wie den freien Umlauf des Getreides und der Unterhaltsmittel innerhalb des Königreichs und die Erhebung der öffentlichen Steuern, unter welcher Form sie auch bestehen; ich schwöre, mit allen Franzosen vereint zu bleiben durch die unauflöslichen Bande der Brüderlichkeit.

Ludwig schwur seinerseits — meineidig — der Nation und dem Gesetz Treue. 300 000 dem Unwetter trotzende Menschen bejubelten allein in Paris die „wiedergefundene Eintracht".

> Als das Tedeum von 300 Sängern gesungen wurde, lassen sich die „Leipziger Zeitungen" berichten, legten die Soldaten ihre Säbel ab und umarmten sich einander: Es war beinahe 6 Uhr, als die Deputationen aus den Provinzen sich nach Muette begaben, wo sie bewirtet wurden. In allen Alleen des Parks waren Tafeln mit kalten Speisen für jedermann im Überfluß. Des Abends waren alle Straßen beleuchtet, aber fast alles wurde von dem Regen und Wind ausgelöscht. Sonsten ging alles in der größten Ordnung und ohne alle widrigen Zufälle vor sich. Nur ein Kanonier wurde durch einen zu früh losgegangenen Schuß gefährlich verwundet. (Nr. 144, 1790.)

Das Volk war weniger Handelnder als Zuschauer des Spiels, in dem die Nationalgarde die bewaffnete Macht der Bourgeoisie im Gegensatz zur Linientruppe, der bewaffneten Macht des Königtums, verkörperte.
Eben an diesem Punkt aber verdunkelte sich der Horizont rasch. Als sich Meutereien in Garnisonen und Kriegshäfen mehrten, stellte sich der Edelmann und Berufsoffizier Lafayette — um den Preis einer jähen Popularitätseinbuße — hinter die Truppenführung. Nachdem es in Nancy (nach Weigerung der Offiziere, den Soldaten die Kontrolle der Regimentskassen zuzugestehen) im August 1790 zu schweren Ausschreitungen gekommen war, erstickte Bouillé, von der Nationalversammlung und seinem Schwager Lafayette gedeckt, den Aufruhr in Blut. 20 Erschießungen folgten, und etwa 40 Schweizer vom Regiment Châteauvieux wurden auf die Galeeren geschickt.

> Kann man noch zweifeln, schrieb der *Volksfreund* am 12. Oktober 1790, daß der große General, der Held (ein andermal „der Hanswurst" — W. M.) zweier Welten, der unsterbliche Wiederhersteller der Freiheit, nicht das Haupt der Gegenrevolutionäre, die Seele aller Verschwörungen gegen das Vaterland ist?

Seine Illusionen über Mirabeau hatte Marat schon davor begraben:

> Was Riquetti den Älteren (Mirabeau — W. M.) anlangt, so fehlt ihm zum hervorragenden Politiker nur ein ehrliches Herz (...). Wie schade, daß er keine Seele hat! (...) Ich habe mit Schrecken beobachtet, wie er gleich einem

Rasenden um sich schlug, um in die Generalstände zu gelangen, und ich sagte mir damals: Heruntergekommen auf den Punkt, sich zu prostituieren, um zu leben, wird er seine Stimme an den Meistbietenden verhökern. Zuerst gegen den Monarchen, ist er jetzt von ihm gekauft. (Ami du peuple, 10. August 1790.)

Aktenkundig wurde das erst eine ganze Weile später, als man Ende 1792 Ludwigs Geheimschrank fand und aufbrach ...
Der Hof verabscheute jedoch beide Abtrünnige aus den eigenen Reihen und gedachte sich ihrer nur auf Zeit zu bedienen. Es gelang weder Lafayette noch Mirabeau, dem Königspaar, denn beide hielten von „ihr" weitaus mehr als von „ihm", ihre Variante einer konstitutionellen Monarchie als einzigen noch offenen Rettungsweg einzuhämmern. Ludwig und gar Marie Antoinette erwogen niemals im Ernst, mit der Nationalversammlung zu kungeln und ihre Sache von der „aller Throne" und des Adels zu trennen. Solange diesem aber auch nur der Schimmer einer Hoffnung blieb, seine Interessen durch eine Rückkehr zur absoluten Monarchie oder noch besser zu einem Ständestaat zu wahren, ließ der „klassenbewußte" Edelmann von seinem Widerstand gegen die ihn demütigende Neuordnung nicht ab.

Es hieße des Menschen Sinn sehr schlecht kennen, hört man Jacques Roux predigen, wenn man sich einbildete, daß so viele Mißvergnügte ungerührt einen neuen Zustand der Dinge hinnehmen würden, der die Gegenstände ihrer Beschwerden und die Ursachen ihrer Ärgernisse vermehrt. (Scripta et Acta, 15.)

Gemeinsam mit dem Hof brannten die Aristokraten darauf, daß sich die Revolution im Exzeß „überschlagen" und daraufhin entweder selber „abwirtschaften" oder aber eine — wie immer geartete — Intervention des Auslandes zur Folge haben möge. In einer solchen Konstellation war nicht allein der durchsichtig burschikosen Mittlerrolle Lafayettes der Boden entzogen, sondern ebenfalls den durchdachten Planspielen und Winkelzügen eines Mirabeau, der — ganz Geheimdiplomat alter Schule — eine abwechselnde Düpierung beider Parteien durch einsetzbare und herauszunehmende Bauern als den Zweck heiligendes Mittel für durchaus vertretbar hielt:

Unglückliche Nation! (...) Guter, aber schwacher König!

Unglückselige Königin! Da steht ihr nun vor dem schauderhaften Abgrund, zu dem euch das Schwanken zwischen einem blinden Vertrauen und einem zu übertriebenen Mißtrauen geführt hat. Ein Versuch bleibt noch den einen wie den anderen, aber es ist der letzte (...). Wenn ich selbst dem Schiffbruch dieser Nation entrinne, werde ich (...) stolz sagen dürfen: „Ich habe mich dem Untergang ausgesetzt, um sie alle zu retten; sie wollten es nicht!" (47. Note an den Hof, 23. Dezember 1790.)

Am 5. Februar 1791, an Etienne Dumont in Genf:

Ich weiß nicht, welches Schicksal uns erwartet, mein Freund, und besonders mich. (Landauer, I, 109.)

Ein frühzeitiger Tod am 2. April 1791 (Dok. 50) enthob den Zweiundvierzigjährigen weiteren Spekulationen, wie es gekommen wäre, wenn... Die Jakobiner bereiteten dem Great Old Man der Konstituante ein eindrucksvolles Leichenbegängnis. Als erster bezog er — unter wie vielen „Uffs"? — das Pantheon (das er freilich auch als erster wieder räumen müssen wird...).

Das „Triumvirat" Barnave—Lameth—Duport setzte Mirabeaus Kurs fort, so gut es das vermochte. Aus einer Reihe von Ursachen mit kumulativem Effekt war die innere Spannung und Unruhe im Lande seit Jahresbeginn 1791 wieder gestiegen.

Aber ich bin guter Dinge, daß Gefahren da sind, schrieb Manon Roland am 29. Januar aus Lyon. Ich sehe kein anderes Mittel, euch vorwärts zu peitschen und vom Fleck zu bringen. Es gärt in ganz Frankreich. Der Grad dieser Gärung hängt von den äußeren Vorgängen ab. Die öffentliche Gewalt ist nicht organisiert, und Paris hat auf die Nationalversammlung noch lange nicht genug eingewirkt, um sie zu zwingen, alles zu tun, was ihr obliegt. (Ebenda, II, 15.)

In der Tat hatte sich der außenpolitische Horizont — bei kräftigem Anblasen durch die Emigranten und den Königshof selber (Dok. 49) — zunehmend verfinstert, wofür umstrittene Feudalbesitztümer deutscher Reichsstände im Elsaß trefflich herhielten: Grund genug für Mirabeaus selbsternannte Erbengemeinschaft, sich zwecks Schaffung eines wahrhaft stabilen Regierungsblocks sowohl Lafayette als auch der gemäßigten Opposition in der Nationalversammlung zu nähern. Aus Furcht vor einer demokratischen Offensive, die sich als Gegenströmung zu konterrevolutionären Umtrieben in mehreren Departements zum Frühjahr ankündigte, erwogen sie unter anderem eine Erweiterung der Vollmachten des Königs im Rahmen der ihrer Vollendung endlich entgegengehenden Verfassung. Abermals setzte ein solcher Kuhhandel das Einlenken der Aristokratie und das Einverständnis des Hofes voraus. Rechneten sich die Triumvirn dafür Mitte 1791 eine Chance aus, so erwies die von langer Hand vorbereitete Flucht Ludwigs XVI. zur Grenze am 20. Juni ihre Gegenstandslosigkeit.

(Anonym:) Détail très exact des ravages commis (...) à Nancy. Paris 1790.

(Anonym:) Grands détails par pièces authentiques de l'affaire de Nancy. Paris 1790.

P. N. Chantreau: Dictionnaire national et anecdotique. (Paris) 1790.

J. Mallet du Pan: Du principe des factions. Paris 1791.

S. Maréchal: Dictionnaire des honnêtes gens. Paris 1791.

F. Schulz: Über Paris und die Pariser. Berlin 1791.

E. Dumont: Souvenirs sur Mirabeau. Paris ^{3}1951.

R. (duc) de Castries: Mirabeau. Paris 1960, dt. Stuttgart 1963.

A./C. Manceron: Mirabeau, l'homme à la vie brûlée. Paris 1969.

Mirabeau: Ausgewählte Schriften. Hrsg. J. Fürstauer. 2 Bände, Hamburg 1971.

A. Castelot: Washington et Lafayette. Textes. Paris 1975.

Les Fêtes de la Révolution. Colloque de Clermont-Ferrand (1974), Hrsg. J. Ehrard/P. Viallaneix. Paris 1977.

N. M. Karamsin: Briefe eines russischen Reisenden. Berlin 1977.

Correspondance des F.-C. de La Harpe et Alexandre Ier. T. I (1785—1802), Neuchâtel 1978.

A. Z. Manfred: Tri portreta epochi Velikoj francuzskoj revoljucii. Moskva 1978.

J. F. Marmontel: Erinnerungen an Philosophen und Aktricen. Leipzig 1979.

Des Königs Flucht

Ludwig XVI. war nicht der treuherzige Tropf, als den ihn

seine Verteidiger — bis heute — hinstellen. Die alte Machtfülle seines Königtums sogar um den Preis eines Betrugs an der Nation wiederherzustellen, hielt er für sein göttliches Recht und seine Monarchenpflicht; er spielte der Konstituante mit bemerkenswerter Hartnäckigkeit ein Rührstück vor, während seine Geheimdiplomatie darauf hinauslief, das Eingreifen seiner österreichischen und spanischen Vettern herbeizuführen.

> Der König und ich, schrieb Marie Antoinette ihrem Bruder am 27. Februar, sind voll und ganz der Überzeugung, daß umsichtig gehandelt werden muß (...). Es gibt jedoch Umstände, angesichts derer zu langes Säumen alles verderben kann (...). Sie sehen ja, daß unsere Lage schnelles Handeln verlangt. (Dok. 49.)

Kaiser Leopold II. (dem ein erfolgloser Türkenkrieg reichte) hielt einen Feldzug nach Paris indessen für undankbar und riet, sich in Grenznähe in Sicherheit zu bringen, um auf die „aufrührerischen Stände" (wie Leopold selber auf seine ungarischen ...) von einer Position der Stärke — mit Rückendekkung beim europäischen Mächtekonzert — einzuwirken. Ludwigs in den Tuilerien zurückgelassener *Aufruf an die Franzosen* beseitigt mögliche Zweifel an seinen Absichten. In einem Postskript

> verbietet der König seinen Ministern, irgendeine Anordnung in seinem Namen zu unterzeichnen, bis sie weitere Befehle erhalten haben. (Dok. 53.)

Er hatte vor, zu Bouillés halbwegs intakten Truppen im Militärbezirk Metz zu stoßen und von Montmédy aus mit der österreichischen Armee im (erst November 1790 wieder niedergeworfenen) Belgien Fühlung aufzunehmen. Sollte die Hauptstadt nicht nachgeben, gedachte er sie mit Heeresmacht zur Räson zu bringen, die Konstituante wie „die Klubs" aufzulösen.

> Eine andere Sorge, schrieb Jullien (de la Drôme) am 9. Mai seinem Sohn, (...) die mich seit Beginn der Revolution nie verlassen hat, ist die, daß die Könige, die Frankreich umringen, eine Liga bilden könnten, um unsere keimende Freiheit zu ersticken und auf diese Weise die ansteckende Wirkung dessen zu verhüten, was sie „die Franzosenkrankheit" nennen. (Landauer, I. 264.)

Vorbereitet hatte die Reise der schwedische Günstling der Königin, Kavallerieoberst Graf Axel Fersen (den 1810 aufgebrachtes Volk in Stockholm erschlagen wird). Einen als Test gedachten Ausflug des Königs am 18. April 1791 verhinderte die mißtrauische Pariser Bevölkerung.

> Als er zwecks Wiederherstellung seiner Gesundheit nach Saint-Cloud fahren wollte, bediente man sich, um ihn festzuhalten, seiner bekannten Achtung für die Religion seiner Vorväter. Der Klub der Cordeliers denunzierte ihn sogar als Gesetzesbrecher (...). Die treuen Diener, die ihn beschirmten, wurden gewaltsam weggezerrt, und der König kehrte in sein Gefängnis zurück. (Dok. 53.)

So jedenfalls sah es Ludwig. Seine Absetzbewegung begann an einer verschwiegenen Gartenpforte des Königsschlosses, die Kavalier Lafayette — Revolution hin, Revolution her — unbeaufsichtigt ließ, um Marie Antoinette ungestörte Schäferstunden zu gestatten. Durch sie entschlüpfte am 20. Juni die königliche Familie; sie passierte mit falschen (russischen) Pässen den Schlagbaum der Stadtwache und rollte gen Osten. Infolge eintretender Verspätungen geriet das Fluchtschema durcheinander, und in der Nacht vom 21. zum 22. wurden die Ausreißer vom Sohn des Postmeisters Drouet erkannt, in Varennes gestellt, festgehalten (Dok. 54) und unter einer Mammuteskorte zurückverbracht. Von der Durchfahrt durch Château-Thierry berichtete der — zu dieser Zeit noch recht gemäßigte — *Moniteur*:

> Man hat Ludwig XVI. keinen angenehmen Empfang bereitet. Er hörte nur Rufe wie: „Es lebe die Nation!", „Es lebe die Freiheit!", „Frei leben oder sterben!" Diese Rufe sollten ihn beruhigen, aber seine Haltung war bedrückt (...). Es war uns auch vergönnt, unsere Aristokraten kennenzulernen. In dem Augenblick, als die Flucht gemeldet wurde, empfanden sie eine gewisse Fröhlichkeit. Einige von ihnen wären beinahe niedergeschlagen worden und hätten es auch verdient (...). Als die Verhaftung bekannt geworden, als der König vorbeigefahren war, und sogar jetzt noch haben die Aristokraten den Gebrauch der Zunge und der Beine noch nicht wiedergefunden. Man sieht sie nicht mehr: Sollten sie das Spiel für verloren halten? (Nr. 180, 29. Juni 1791.)

Auch Paris setzte — nach der Erinnerung von Pétion — seine eisigste Miene auf:

> Der Andrang des Volkes war enorm. Es schien, als seien auf den Champs-Élysées ganz Paris und seine Umgebung versammelt (...). Die Dächer waren von Männern, Frauen und Kindern besetzt, die Barrikaden und sogar die Bäume wimmelten von Menschen. Alle behielten den Hut auf dem Kopf; es herrschte das eindrucksvollste Schweigen. Die Nationalgarde präsentierte das Gewehr verkehrt mit dem Lauf nach unten.

Letzten Endes scheiterte das Unternehmen nicht an den nie voraussehbaren kleinen Zwischenfällen, sondern daran, daß Bürger und Bauern ungesäumt zu den Waffen griffen, um es zu verhindern, und sich das aufgebotene Militär nach kurzem Schwanken weigerte, seine Haut für die Flüchtigen zu Markte zu tragen; es zog sich entweder befehlswidrig zurück oder fraternisierte sogar mit dem Volk. Die Offiziere sahen ohnmächtig aus der Wäsche (Dok. 54).

> Der Eifer und die Gefahr haben von Ort zu Ort 30 000 bis 40 000 Nationalgarden herbeigezogen, die um Châlons-sur-Marne herum lagern, wohin man unsere großen Räuber gebracht hat. (Manon Roland an Bancal, 23. Juni 1791. Landauer, II, 26.)

Das Abenteuer beschäftigte die Phantasie noch lange; mehrere der direkt oder indirekt Beteiligten und ebenfalls einige der Komparsen brachten dazu ihre Versionen vor. Nicht nur diese, sondern auch seine praktischen Auswirkungen waren zwiespältig.

Der Horror über das Entweichen des Kronenträgers war allerorten unbeschreiblich gewesen:

> Ich öffne den Brief noch einmal, um Ihnen bei Kanonendonner und im Augenblick der größten Aufregung zu sagen, daß der König und die Königin geflohen sind. Man schließt die Läden, alles ist in Bewegung (...). Nun ist also der Krieg erklärt. (Manon Roland am 21. Juni, 10 Uhr morgens. Ebenda, 24.)

Der Volksbewegung verlieh sie Auftrieb. Erstmalig mischte sich unter ihre Losungen das Wort *Republik*.

> 1789 waren wir Sklaven, 1790 hielten wir uns für frei, und Ende Juni 1791 sind wir es (...). Ludwig hat sich des

Königtums entäußert; hinfort stellt er nichts mehr für uns dar, es sei denn, daß er unser Feind wird,

erklärten die Cordeliers, die seit dem 21. von der Konstituante verlangten, die Republik auszurufen oder wenigstens nicht ohne vorherige Befragung der Urwählerversammlungen über Ludwigs Schicksal zu entscheiden (Dok. 55).

Der König und seine Familie sind fort, stellte Manon Roland fest. Das ist durchaus kein Unglück, wenn wir Verstand, Energie und Einigkeit haben. Die Masse des Volkes in dieser Hauptstadt sieht die Sache geradeso an, denn die Masse ist verständig und sieht richtig. Auch machten sich der Zorn gegen Ludwig XVI., Haß auf die Könige und das Wort Republik gestern allenthalben Luft. Um den öffentlichen Geist ist es trefflich bestellt, der Augenblick ist glücklich. (Landauer, II, 25.)

Er blieb es nicht. Das Volk bekam seine Vermißten zurück und mußte über sie befinden. Aber wie?

Nochmals Madame Roland, am 23. Juni:

Wer könnte imstande sein, die Erregungen, die uns schütteln, zu schildern! Gestern um 5 Uhr abends, als wir mit Robespierre und mehreren anderen zusammensaßen, war es uns, als hinge das Schwert über uns; es war nur davon die Rede, das Volk zu großen Maßnahmen zu bringen, zu denen die Versammlung unfähig ist (...). Ich ging in den Jakobinerklub (...). Plötzlich treffen Kuriere über Kuriere ein und bringen die Nachricht, daß der König und seine Frau von einer kleinen Gemeinde an der Grenze der Champagne und Lothringens, Varennes bei Stenay geheißen, festgenommen worden seien (...). Man müßte diese große Bewegung nutzen, um alle Bürger zur Tatkraft aufzurufen, die Fehler unserer Verfassung endlich zu verbessern. (Ebenda, 26.)

Dem Volk verriet die Flucht das Zusammenspiel des Königshauses mit dem Ausland und rief deshalb eine starke Gemütserschütterung hervor. Man rechnete mit einem Einfall österreichischer Truppen von Belgien her und setzte die Festungen aus eigenem Ansporn in Verteidigungszustand. Die Bauern der Champagne und Lothringens bekundeten ihre Bereitschaft zu sofortiger Gegenaktion. In sieben voneinander weit entfernten Departements zerstörte das Landvolk auf die

Nachricht von der Flucht des Königs Schlösser und Herrenhäuser. In dieser „Panik von 1791" waltete Klassenhaß vermischt mit einem jungen Nationalgefühl. Die Handlungsweise Ludwigs wurde als Beweis genommen, daß eine Invasion unmittelbar bevorstand, und die Massen machten daraufhin — im wörtlichen Sinne — mobil.

Gewiß bemühte sich die royalistische Agitation auf dem Lande, das Pferd umgekehrt aufzuzäumen, und auch *ihre* Interpretation fand Widerhall: Was mußte der arme, gute, fromme König an Kränkungen erduldet haben von seiten der gottlosen „Klubisten" einer verderbten Hauptstadt, um sich zu einem so verzweifelten Schritt zu entschließen?

> Überall, versichert Manon Roland Freund Robespierre (am 27. September), ist die Masse gut. Sie will das Rechte, weil ihr Interesse das Interesse aller ist, aber sie ist verführt oder blind (...). Die kleine Stadt (...) Villefranche besitzt nur Patrioten nach der Elle, die die Revolution lieben, weil sie vernichtet hat, was über ihnen stand, die jedoch von der Theorie einer freien Regierung nicht das mindeste wissen (...). Daher sträuben sich denn auch alle diese Menschen gegen den Namen Republik, und ein König scheint ihnen für ihr Dasein sehr wesentlich. (Ebenda, 34.)

Um irgend etwas Handfestes anzustellen, war das Königslager für den Augenblick jedoch viel zu verdattert und auch in sich selber zu gespalten.

> Übrigens hat diese verunglückte Unternehmung die Revolution aufs neue befestigt, und es ist nun gewiß noch viel schwerer als vorher, sie umzustoßen. Selbst viele Aristokraten sind nun zu der Volkspartei übergetreten. Viele Bildnisse des Königs sind zerrissen und in die Seine geworfen worden. (Paris, 26. Juni, Vossische Zeitung, Nr. 81.)

Der Schlüssel zur Lösung lag bei der Nationalversammlung.

> Aber was ist die Nationalversammlung, fragte sich Manon Roland schon am 22. Juni, und was wird sie tun? Das ist eine andere Frage, und was da zu erwarten steht, macht mich sehr traurig. (Landauer, II, 25.)

Nun, sie zog 100 000 Freiwillige aus der Nationalgarde zum Dienst an die Grenzen. Im übrigen ging ihr das Husarenstück des Bourbonen wider den Strich. Schon in der „Retourkutsche" hatte der „harte" Pétion nicht nur gestaunt, *daß die Königin, Madame Elisabeth und Madame de Tourzel ganze elf Stunden kein menschliches Bedürfnis zu erkennen gaben:* Es geht eben nichts über eine sorgfältige Erziehung ... Marie Antoinette hatte er sogar (immer nach seinen Erinnerungen ...) seufzend belehren wollen:

> Wie gut wäre der König beraten gewesen, wenn er die Revolution ernsthaft unterstützt hätte! Es gäbe die gegenwärtigen Unruhen nicht, die Verfassung wäre bereits in Kraft, und die auswärtigen Feinde hätten Respekt vor uns. Das Volk ist doch nur zu sehr geneigt, seine Könige zu verhätscheln und anzubeten.

So irrte der Korrespondent der *Vossischen* keineswegs, wenn er am 27. Juni berichtete:

> Freitags sind die Schauspiele wieder eröffnet worden. Man mußte Voltaires „Brutus" aufführen, worin alle Stellen gegen Tyrannen heftig beklatscht wurden. Das Volk ist noch sehr aufgebracht gegen den König, und es sind allerlei Unanständigkeiten begangen worden. So sind Zettel mit den Worten angeschlagen gewesen: „Thron zu verkaufen". In einigen Blättern wird der König „der gewesene König" genannt. Die heftigsten Demokraten reden von Absetzung des Königs; aber der größte Teil der Nationalversammlung scheint zu gelinderen Maßnahmen geneigt zu sein. (Nr. 82, 1791.)

Sie bewahrte in der Tat kaltes Blut. Sogleich in ihrer ersten Proklamation vom 22. setzte sie die Fiktion in Umlauf:

> Der König und die königliche Familie sind in der Nacht vom 20. zum 21. dieses Monats entführt worden.

Anschließend suspendierte sie Ludwig bis zur „Klärung der Angelegenheit" und erteilte ihm schließlich gegen den Einspruch Robespierres Absolution. Vergebens forderten die *Révolutions de Paris* ein Hochverratsverfahren:

> Diese Person war König; sie ist es nicht mehr. Sie hat ein Verbrechen begangen — ein Staatsverbrechen. Der Provisorische Hohe Nationalgerichtshof zu Orléans wird Ludwig XVI. abzuurteilen haben, und wenn etwa das Volk, die Nationalversammlung oder das Tribunal zu Orléans meinen sollten, daß die bestehenden Gesetze auf

> die vorliegende Tat nicht anwendbar sind, dann muß der Gesetzgebende Körper einfach ein Sondergesetz erlassen, das — obgleich es für einen speziellen Fall gemacht wäre — wenigstens nicht den Fehler besäße, von derselben Körperschaft angewendet zu werden, die es erlassen hat.

Statt dessen beschied man sich, einigen „Anstiftern" und Randfiguren den Prozeß zu machen, die sich nicht — gleich Bouillé und Fersen — rechtzeitig dem Zugriff entzogen hatten. Drouet, der als Nationalheld gefeiert wurde (Dok. 54), wies eine hohe Belohnung zurück.

Zwar wurde die königliche Familie in mildem Hausarrest gehalten, um nicht nochmals auf dumme Gedanken zu kommen, ehe man die Verfassung verbrieft und gesiegelt wußte. Doch auch die Nationalversammlung selber fühlte sich in eine Zwangslage versetzt. Barnave schälte ihr Dilemma am 15. Juli heraus:

> Sind wir dabei, die Revolution zu beenden, oder sind wir dabei, sie von neuem zu beginnen? Ein Schritt zuviel wäre eine verhängnisvolle, eine schuldhafte Tat. Ein Schritt zuviel in der Linie der Freiheit wäre die Zerstörung des Königtums und in der Linie der Gleichheit die Zerstörung des Eigentums.

Welch entwaffnende, welch entlarvende Duplizität! Trotz Ludwigs erwiesenem Hoch- und Landesverrat, trotz aller konterrevolutionären Gefahrenquellen wollten die Spitzen der Bourgeoisie die Nation vor allem als eine Nation von Eigentümern erhalten wissen: Für sie war die Revolution abgeschlossen, sollte und mußte es bleiben.

Journal du Club des Cordeliers. 10 Nummern, Paris 28. Juni bis August 1791.

Récit fait par M. Drouet, maître de poste à Sainte-Menehould, de la manière dont il a reconnu le Roi et a été cause de son arrestation à Varennes. Paris 1791.

K. Clauer: Der Kreuzzug gegen die Franken. („Germanien") 1791.

F. C. A. de Bouillé: Mémoires. Paris 1821.

C. A. G. duc de Choiseul-Stainville: Relation du départ de Louis XVI, le 20 juin 1791. Paris 1822.

A. v. Arneth: Marie Antoinette, Joseph II. und Leopold II. Ihr Briefwechsel. Leipzig/Paris/Wien 1866.

J. Pétion: Mémoires. Hrsg. C. A. Dauban, Paris 1866.

A. Mathiez: Le Club des Cordeliers pendant la crise de Varennes et le massacre du champ de Mars. Paris 1910.
A. Söderhjelm: Fersen et Marie Antoinette, correspondance et journal intime. Paris 1930.
A. Wandruszka: Leopold II. 2 Bände, Wien/München 1964—1965.

Die Verfassung, dieser Wechselbalg

Der Rösselsprung der Nationalversammlung, den König vor der Öffentlichkeit reinzuwaschen, um als Gegenleistung die Zustimmung des Gedemütigten zur Verfassung einzuholen, stieß nicht überall auf Gegenliebe. Den Jakobinerklub lähmte die Auseinandersetzung und sprengte ihn schließlich am 16. Juli auseinander. Die gemäßigte Mehrheit verließ ihn und gründete den (ebenfalls nach einem ehemaligen Kloster, in dem er tagte, benannten) „Gegenklub" der Feuillants. In Paris hatten Brissot und Robespierre Mühe, die „Trümmer aufzulesen" und den Rest bei der Stange zu halten, wohingegen die allermeisten der angeschlossenen Volksgesellschaften in der Provinz ihr Vertrauen in die Stammriege bewahrten.
Während sich Robespierre immer noch nicht für eine Republik erwärmen wollte, die beim obwaltenden Kräfteverhältnis einer kleinen Oberschicht politischer Geschäftemacher zur Beute fallen mußte, riefen die Cordeliers, der Weltbund der Wahrheitsfreunde und andere patriotische Vereine landauf, landab zu Kundgebungen wider die Monarchie auf. Am 5. Juli beglückwünschte die Gesellschaft der Verfassungsfreunde in Artonne (im Departement Puy-de-Dôme) die Cordeliers:

> Der vorzüglichste Ruf, den ihr ausgestoßen habt, ist die Forderung nach Errichtung der Republik in Frankreich. Diese Regierungsform ist das Meisterstück der menschlichen Vernunft, die einzige Grundlage, auf der ein freier Mensch seine Tatkraft und seine Talente entfalten kann. In der Erbmonarchie ist die Freiheit ein Schemen, den ein Windhauch zerstreut. (Mathiez, Le Club des Cordeliers, 47.)

Marat sprach vom König nur noch als von „Louis Capet":

> (...) entweder ein gemeingefährlicher Trottel, der unbedingt abgesetzt werden muß, oder ein gräßliches Ungeheuer, dem die öffentliche Freiheit und das Volkswohl

> keinesfalls wieder anvertraut werden können. (Ami du peuple, Nr. 501.)

Es kam zur Zerreißprobe. Am 17. Juli strömte eine gewaltige Menge auf das Marsfeld, um auf dem zu Ehren des Bastilletages errichteten Altar des Vaterlandes eine Petition

> über die Aburteilung des Schuldigen und insbesondere über die Ablösung der alten und Bildung einer neuen Exekutivgewalt (Dok. 56)

zu unterzeichnen. Mit der Begründung, gegen eine ernsthafte öffentliche Ruhestörung vorzugehen, wies die Konstituante Maire Bailly an, die Ansammlung zu zerstreuen. Er ließ die rote Fahne hissen, die die Verhängung des Kriegsrechts anzeigte, und Lafayette befahl den Nationalgarden, das Feuer auf die zwar aufgeregten, jedoch nahezu unbewaffneten Demonstranten zu eröffnen. Viele Opfer waren zu beklagen.

> Ein Bösewicht schoß auch nach dem Herrn de Lafayette, fehlte ihn aber und wurde arretiert. Lafayette ließ ihn inzwischen wieder in Freiheit setzen, aber als die Nationalversammlung dies erfuhr, so befahl sie, daß er wieder arretiert würde. (Leipziger Zeitungen, Nr 148.)

Dem Gemetzel folgte eine Verhaftungswelle.

> Man hat mir heute versichert, teilt Madame Jullien am 11. August ihrem Sohn Marc Antoine mit, Santerre hätte fliehen müssen. Die Mitglieder des Klubs der Cordeliers werden verfolgt. (Landauer, I, 267.)

Auf den volkstümlichen Bierbrauer Santerre im Faubourg Saint-Antoine traf dies nicht zu, wohl aber mußten sich Danton und erst recht Marat, dessen Druckerei zerstört wurde, eine Weile verbergen; mehrere demokratische Zeitungen stellten ihr Erscheinen ein; der Klub der Cordeliers wurde vorübergehend geschlossen und die Volksopposition damit für den Augenblick ihrer Köpfe beraubt.

> Es ist unmöglich, schrieb Manon Roland am 31. Juli nach Lyon, seine Rechte zu behaupten, wenn man nicht fortwährend auf die Männer aufpaßt, denen die Verwaltung der wichtigsten Rechte anvertraut ist. Die Repräsentativregierung wird bald die korrupteste aller Regierungen, wenn das Volk aufhört, seine Repräsentanten zu kontrollieren. (Ebenda, II, 30.)

Die Niedergeschlagenheit der Patrioten hatte sich auch auf verzweifeltere Weise geäußert:

> Herr Provant, Juwelier, Leutnant der Kanoniere des Bataillons Saint-Nicolas und Mitglied der Cordeliers, Unterzeichner der Marsfeldpetition, erschoß sich vorgestern um 9 Uhr morgens. Er hinterläßt, sagt man, eine Frau und sechs Kinder. Seine letzten Worte waren: „Ich habe geschworen, frei zu leben oder zu sterben. Die Freiheit ist verloren, ich sterbe." (Journal du soir, Nr. 385, zum 23. Juli 1791.)

Aus der Illegalität meldete sich am 11. September der *Volksfreund* zu Wort:

> Das Volk ist seit dem Blutbad auf dem Marsfeld tot. Vergebens habe ich mich bemüht, es zu neuem Leben zu erwecken. So gehe auch ich und ziehe mich zurück, wahrscheinlich für immer.

In seiner (vorläufigen) „Abschiedsnummer" am 21. September gab er Antwort auf die bohrende Frage, *woher dieser politische Abfall und diese Uneinigkeit in den Reihen des Dritten Standes wohl kommen.*

> Das kommt von dem Gegensatz der verschiedenen Interessen, der die Mitbürger in verschiedene Klassen teilt, vom natürlichen Bündnis der Feinde der Freiheit, vom Einfluß des Hofes und von der Unwissenheit des Volkes.

Die über die Feuillants verbundenen Clans der Fayettisten und Lamethisten erhielten hingegen freiere Bahn. Der Rückstau der republikanischen Bewegung erlaubte ihnen, Übereinkünfte mit der Krone und mit der „Partei der Schwarzen" zu treffen. Nach etlichem Gefeilsche um noch offengebliebene Artikel kam ein vereinbarter Verfassungstext zustande, eingeleitet von der (fast) unveränderten Erklärung der Menschen- und Bürgerrechte, die Barnave als „nationalen Katechismus", Mirabeau als „politisches Evangelium", ja, Robespierre (noch am 19. April) als „ewige und unveränderliche Prinzipien der Freiheit, auf jede Art von Regierung anwendbar", den Niederungen kleinlichen Streits entzogen hatte. Bevor es zur Sache selbst schritt, zählte das Dokument in Titel I katalogmäßig auf, welche „die Freiheit und die Gleichheit verletzende Einrichtungen" des Ancien Régime als „unwiderruflich abgeschafft" galten; eine immerhin beeindruckende – und darauf berechnete — Aufstellung:

> Adel und Standesunterschiede, Lehnsherrschaft, Patrimonialgerichtsbarkeit, Titel und daraus herrührende Vorrechte, Ritterorden, Adelsproben, Ämterkauf, Rechtsexemtionen, Zünfte, Gilden, Innungen, geistliche Gelübde.

Die Constituants bemühten sich darüber hinaus, für ein freundliches Klima zu sorgen (Dok. 58). Nicht bei jedem verfehlte das seine Wirkung.

> Man betet die Verfassung an, man bewundert die Nationalversammlung. Man sieht das Schiff schon im Hafen (...). Die Liebe zur Verfassung hebt alle Herzen zu einem gewissen Grad des Heldentums empor. Darin ist der öffentliche Geist reif und rund. (Landauer, I, 266.)

Daß sich der mit einem heilen Auge davongekommene Ludwig sputen würde, die hinreichend gemilderte bürgerliche Konstitution, in der er so schlecht nicht abschnitt, anzunehmen, war vorauszusehen. Schon am 25. August gab Madame Jullien diesen Eindruck wieder:

> In dieser Woche legt man die Verfassung vor. Es gibt darüber alle möglichen Vermutungen in verschiedenem Sinne, und Nostradamus hat niemals kühner gefaselt. Der König der Verfassung scheint mir so gut behandelt, und alle Kleinodien der Krone sind von unseren Gesetzgebern mit so viel Kunst gesammelt und angebracht worden, daß ich glaube, der Strauß, den sie ihm am Donnerstag präsentieren wollen, wird von den höfischen Nasen bereitwillig berochen werden. (Ebenda, 270 f.)

Allerdings — ganz sicher war sich auch sie dessen nicht. Wie schon der alte Lafontaine sagte:

> Man hatte reichlich aufgetragen,
> doch wann ist gesättigt ein Königsmagen? (Dok. 58.)

Am 3. September setzte die Konstituante ihren Punkt auf das i. Der König „prüfte das Dokument ernsthaft" und fügte seiner Billigung einige (un)passende Bemerkungen zur Wahrung des Gesichts gegenüber „seinem Adel" hinzu (Dok. 59). Am 13. war es dann soweit: Ludwig XVI. „nahm" — in der vorgeschriebenen prozeduralen Form — „die Verfassung an" und schwor am 14. einmal mehr der Nation die Treue mit dem

— noch im Juli schriftlich fixierten — Vorsatz, sie bei erstbester Gelegenheit aufzusagen:

> Er befindet sich immer noch in Haft und Gefangenschaft in Paris. Der König hat beschlossen, Europa den Zustand bekanntzugeben, in welchem er sich befindet, und indem er seine Leiden seinem Schwager, dem Kaiser, anvertraut, zweifelt er nicht, daß dieser alle Maßnahmen treffen wird, die ihm sein edelmütiges Herz einflößt, um dem König und dem Königreich Frankreich zu Hilfe zu kommen. (Dok. 57.)

Am Sonntag, dem 18. September, feierte Paris. Der von der Verfassung unter Titel II, Artikel 5, formulierte Bürgereid lautete fortan:

> Ich schwöre, der Nation, dem Gesetz und dem König treu zu sein und mit allen meinen Kräften die Verfassung des Königreiches, die durch die Verfassunggebende Nationalversammlung in den Jahren 1789, 1790 und 1791 beschlossen wurde, aufrechtzuerhalten.

Der *Hamburgische unparteiische Correspondent* ließ sich berichten:

> Auf dem Altan des Rathauses geschah die erste Proklamation der Konstitutionsurkunde, die man auf einem kostbaren Kissen trug. Nach dieser Proklamation begab sich die Versammlung nach dem Platz des Caroussels, im Gesichte der Tuileries, wo die zweite Proklamation geschah; die dritte war vor dem Platz Vendôme. Von da ging der Zug nach dem Martisfelde, wo sich bereits die Pariser Armee, die Wähler (Wahlmänner — W. M.) von 1789, die Administratoren der Departements, die Richter der Tribunale, die Friedensrichter und die Ausschüsse der 48 Sektionen von Paris befanden. Daselbst ward die Konstitution auf dem Altar des Vaterlandes proklamiert und nachher auf diesen Altar gelegt. Der Donner von 130 Kanonen begleitete diese feierliche Handlung, und hierauf ward unter großen Freudensbezeugungen ein Lobgesang zur Ehre der Konstitution abgesungen. Um 4 Uhr nachmittags ließ man vom Martisfelde einen Luftball in die Höhe mit Inschriften, die Bezug auf die Konstitution hatten. Des Abends war die ganze Stadt erleuchtet, und dem Volke wurden Festins in der Ge-

treidehalle, auf dem Platz der Bastille, auf dem Martisfelde und in den Elisäischen Feldern gegeben. Diese letzteren waren herrlich erleuchtet; es befanden sich daselbst viele Orchester und Tonkünstler, und es ward getanzt. Der König hatte auch die Tuileries, und besonders die auf den Garten stoßende Fassade herrlich erleuchten lassen. (Nr. 154, 1791.)

Daß die Geburtsurkunde der bürgerlich-konstitutionellen Monarchie keine zwei Jahre vorhalten würde, ahnten von den vielen, die sie in Festtagslaune als „Krone der Aufklärung" begrüßten, die wenigsten. Clauer fand an ihr nichts auszusetzen:

> Die Franken haben sich eine neue Konstitution gegeben; ihr altes gotisches Staatsgebäude (...) haben sie niedergerissen, um sich eine sichere, offene und helle, eine bequeme, dem Geschmack, den Sitten und der Kultur seiner Bewohner angemessene Wohnung zu erbauen.

Nachdenklicher, obgleich nicht minder positiv, äußerte sich Wilhelm von Humboldt:

> Ob diese Staatsverfassung Fortgang haben wird? Der Analogie der Geschichte nach: nein! Aber sie wird die Ideen aufs neue aufklären, aufs neue jede tätige Tugend anfachen und so ihren Segen weit über Frankreichs Grenzen verbreiten. (Ideen über Staatsverfassung, durch die französische Konstitution veranlaßt.)

Die bürgerlichen Notabeln der Konstituante ihrerseits wähnten einmal mehr die Revolution über den Berg und lösten sich am 30. September selbstzufrieden auf, um der Gesetzgebenden Versammlung Platz zu machen.

F. Boissel: Le code civic de la France, ou le Flambeau de la liberté. Paris 1790.

F. J. L'Ange: Du citoyen, du monarque et du titre II de la Constitution. Lyon 1791.

J. N. Billaud-Varenne: L'Acéphocratie ou le gouvernement fédératif démontré le meilleur de tous. Paris 1791.

C. P. Ronsin: La ligue des fanatiques et des tyrans. Paris 1791.

W. von Humboldt: Ideen über Staatsverfassung, durch die französische Konstitution veranlaßt. Berlin 1792, Breslau 1851.

M. Duverger (Hrsg.): Constitutions et documents politiques. Paris 1957, ²1960.

G. Debien: Les esclaves aux Antilles françaises, XVIIᵉ—XVIIIᵉ siècles. Basse-Terre/Fort-de-France 1974.

La Déclaration des Droits de l'Homme = AHRF, Nr. 232, 1978.

Von rückblickenden Zeitgenossen wurde die Konstituante einerseits ungebührlich angeschwärzt und andererseits ebenso ungebührlich in den Himmel gehoben; wenige hielten es mit der Abgeklärtheit eines Garat.

Altroyalisten, Altfeudale und Ultramontane verlästerten sie von Anbeginn als die teuflische Wurzel jedweden Übels. Keinerlei bezeigte Kompromißbereitschaft der Versammlung, in der respektables Bürgertum im Bunde mit einer zur „Öffnung" neigenden Adelsfraktion den alles in allem maßvollen Ton angab, konnte sie — und das Königspaar an ihrer Spitze — zu irgendeinem Zeitpunkt von ihrer starren Haltung abbringen. Die teils offene, teils umstandsbedingt verhüllte Antwort auf jedes Angebot lautete: Emigration, Intervention, Konterrevolution. Darauf beharrte noch ihre Nachschau.

L. P. comte de Ségur: *Mémoires.* Paris 1821.

J. L. H. Campan: *Mémoires sur la vie privée de Marie Antoinette.* Paris 1822.

L. E. duchesse de Tourzel: *Mémoires.* Paris 1883.

M. J. L. duchesse de Gontaut: *Mémoires.* Paris 1891.

E. F. A. baron de Vitrolles: *Souvenirs autobiographiques d'un émigré.* Paris 1924.

Die Nationalversammlung büßte indessen auch bei Demokraten mehr und mehr Boden ein. Nachdem der heroische Siegesrausch von 1789 verflogen war und kapitalistische Macher an ihrem neuen „Oben" zimmerten, ging die Kampfeinheit des Tiers in die Brüche. Bald warfen Republikaner den Constituants all das vor, was deren Halbherzigkeit *nicht* zuwege gebracht hatte oder, besser, was ihre klassenmäßige Engstirnigkeit gar nicht hervorbringen wollte. Mit dem Blutbad auf dem Marsfeld, mit der Spaltung der Nation in Aktiv- und Passivbürger, mit einer Aufrechterhaltung der Kolonialsklaverei, mit einer immer noch monarchischen Verfassung belastet, hatten sie 1791 in den Augen der Linken einen Abgang in Schande. Gar von der Warte des Jahres II betrachtet, erschienen die ersten Väter des Vaterlandes — mit wenigen Ausnahmen — als Jammerlappen, wenn nicht als Verräter an der „heiligen Gleichheit": ein Panoptikum gestürzter Halbgötter. So schnell welkt Lorbeer, kritisieren sich Revolutionen mitunter selbst.

War die Konstituante aber so „schlecht", oder setzte sie vielmehr ihre Lobredner ins Recht? Aufgeklärte Köpfe, Geknechtete und Geschundene in Europa und über See haben sie stürmisch begrüßt und gefeiert, Hoffnung auf sie gebaut und jahrzehntelang von ihrem geistigen Fundus gezehrt. Und in der Tat: Sie *hat* die am 14. Juli geschlagene Bresche genutzt, der Feudalität Stöße versetzt und Grundlagen der bürgerlichen Neuordnung gelegt, die in unserem Urteil vielleicht bisweilen etwas zu sehr verblassen, weil sie von nachfolgenden einmaligen Sonderleistungen der revolutionär-demokratischen Jakobinerdiktatur überstrahlt — oder überschattet — werden. Nur sollte das kein Anlaß sein, sie mit Liberalen oder Neoliberalen gleich Salvemini, Talmon, Hannah Arendt, Furet zur „eigentlich fruchtbaren" Phase einer Revolution der Bourgeoisie zu erklären, die das erreichbare Positive im wesentlichen auch wirklich erreicht habe: womit man sie aufbläht zum Dreh- und Angelpunkt, ja zur Krone einer Revolution, die später „entgleist" sei. Denn immerhin: Es gelang ihr weder, die Ergebnisse der Revolution im Volk zu verankern, noch sie konsequent auszubauen und irreversibel zu machen.

> *Damit selbst nur diejenigen Siegesfrüchte vom Bürgertum eingeheimst wurden, die damals erntereif waren, war es nötig, daß die Revolution bedeutend über das Ziel hinausgeführt wurde.* (MEW, XXII, 301.)

Die Quellenlage ist für den Zeitraum insgesamt befriedigend. Versachlicht und inhaltlich vertieft hat sich die vordem von klerikalen und liberal-laizistischen „Kulturkampfhaltungen" bestimmte Debatte (La Gorce, Delarc, Pisani auf der einen Seite, Robinet, Aulard, Mathiez auf der anderen) über die Kirchengesetzgebung der Konstituante im Zerrfeld von Religion und Revolution (Latreille, Daniel-Rops, Plongeron, die Marxisten Soboul, Mazauric, Vovelle).

Immer noch mangelhaft erforscht ist trotz wertvoller Teilbemühungen (unter welchen diejenigen von George Rudé hervorragen) der geschichtliche Beitrag der in Formierung begriffenen Arbeiterklasse. Dasselbe trifft für die sich erstmalig ausbreitende politische Frauenbewegung in der Revolution zu.

N. Bonneville (Hrsg.): La Bouche de fer. Paris (Oktober) 1790 bis (Juli) 1791. — Derselbe: De l'esprit des religions. Paris 1791.
A. A. Lamourette: Instructions pastorales. Lyon (12. Januar, 16. Juli) 1791.
(Anonym:) La Mère Duchesne à Lyon. (Lyon, Juni 1791.)
D. A. F. (marquis de) Sade: Justine. Paris 1791.
C. F. Volney: Les Ruines, ou Méditations sur les révolutions des empires. Paris 1791.
D. J. Garat: Considérations sur la Révolution française. Paris 1792. — Derselbe: Mémoire sur la Révolution. Paris 1795.
F. D. de Montlosier: Mémoires. 2 Bände, Paris 1830.
P. Sciout: Histoire de la Constitution civile du clergé. Paris 1872.
A. Metzger: Lyon en 1791. Lyon 1882.
P. Robiquet: Le personnel municipal de Paris pendant la Révolution, période constitutionnelle. Paris 1890.
S. Lacroix: Actes de la Commune de Paris pendant la Révolution (1789—1792). 15 Bände in 2 Reihen, Paris 1894—1914, Supplement 1942.
L. Legg/G. Wickham (Hrsg.): Select Documents illustrative of the History of the French Revolution: The Constituent Assembly. 2 Bände, Oxford 1905.
P. Caron (Hrsg.): Tableaux de dépréciation du papier-monnaie. Paris 1909.
E. Vingtrinier: La Contre-Révolution. Première partie, 1789—1791. 2 Bände, Paris 1924—1925.
J. Haak: De Discussie over de „Constitution du Clergé" (1790). Groningen 1964.
A. Kemiläinen: L'Affaire d'Avignon (1789—1791) from the View-point of Nationalism. Helsinki 1971.
M. Bouloiseau: Bourgeoisie et Révolution — les Du Pont de Nemours (1788—1799). Paris 1972.

IV. Die Legislative und ihr Krieg

Die Hypotheken der zweiten Nationalversammlung

Die Konstituante hat auch nach Fertigstellung des Verfassungstextes bis zum Ende ihrer Sitzungsperiode mit vorbildlicher Disziplin Rückstände noch aufgearbeitet. So bewilligte sie, nachdem sie schon zuvor die „Komödianten" ehrlich und die Sephardim zu Franzosen gemacht, am 26. September auf Antrag Duports sämtlichen Juden das aktive Bürgerrecht.

> Umsonst, schreibt einer von ihnen schon tags darauf nach Berlin, machten wenige Mitglieder der Nationalversammlung Einwürfe wider ihre Aufnahme. Umsonst legten einige orthodoxe Juden selbst diesem Dekret Schwierigkeiten in den Weg. Nichts konnte diese große Tat aufhalten, womit das glorreiche Werk der Constitution besiegelt wird. Die Männer Gottes — Lafayette und Bailly, haben dazu mit aller ihrer Macht beigetragen. Die Namen unserer Verteidiger werden unseren Nachkommen, so wie uns, unvergeßlich sein. (Hamburgischer unparteiischer Correspondent, Nr. 164, 1791.)

Dies wurde auch gebührend honoriert:

> Straßburg, den 20. Oktober. — Am Sonntage haben die christlichen und jüdischen Einwohner zu Bischheim die Vollendung der Constitution gemeinschaftlich gefeiert. In der jüdischen Synagoge wurde die Constitutionsakte von den vier ältesten Juden des Ortes auf einem roten seidenen Kissen getragen und auf den hohen Altar gelegt, wo gewöhnlich die heil. Schrift abgelesen wird. Dann wurden in der Synagoge verschiedene Lob- und Dankpsalme gesungen, und zuletzt auch das bekannte Revolutionslied: „Ah, ça ira". Darauf zogen Juden und Christen, Arm in Arm geschlungen, nach der Gemeindestube, wo sie der katholische konstitutionelle Priester des Ortes also anredete: „Mitbürger ohne Unterschied! Heute ist der Tag der Verbrüderung, atmet Menschen- und Bruderliebe, vereinigt euch innigst miteinander durch den Bürgereid.

> Hier legt eure Hand auf die Constitutionsakte!' Der erste, der den Bürgereid schwor, war ein Jude von etlichen 70 Jahren; ihm folgten alle anwesenden Christen und Juden nach ... (Leipziger Zeitungen, Nr. 213, 1791.)

Wäre nur alles andere ebenso glatt abgegangen!

Auf Haiti hatten sich schon im Oktober 1790 die freien Mulatten zum Kampf für die Gewährung der Bürgerrechte erhoben; die Konstituante hatte ihnen, um es mit den auch in französischen Hafenstädten einflußreichen großen Pflanzern nicht zu verderben, die kalte Schulter gezeigt und die Bewegung niederwerfen lassen. Vergebens hatte sich Robespierre am 12. Mai (1791) dawider gestemmt:

> Mögen die Kolonien dahinfahren, wenn uns die Siedler durch Drohungen zwingen wollen, das zu beschließen, was *ihren* Interessen am meisten entspricht. (...) Ich erkläre namens der gesamten Nation, die frei sein will, daß wir den Abgeordneten der Kolonien (...) weder die Nation noch die Kolonien, noch alle Menschlichkeit opfern werden.

Ein drei Tage darauf erlassenes, halbwegs liberales Dekret wurde sogar wieder in aller Form zurückgezogen. Schon aber sprang der bewaffnete Aufstand auf die weitaus zahlreicheren Negersklaven der Zuckerplantagen über und breitete sich seit August 1791 einem Buschfeuer gleich über den gesamten französischen Teil der Insel aus. Unter fähigen Führern, unter denen sich insbesondere Toussaint L'Ouverture auszeichnen wird, zerschlugen sie in kurzer Zeit die Herrschaft der Pflanzeraristokratie, die auf Druck des „Club Massiac" soeben noch in der Verfassung, Titel VII, Artikel 8, den Passus durchgesetzt hatte:

> Die Kolonien und französischen Besitzungen in Asien, Afrika und Amerika sind, obgleich Teile des Französischen Reiches, in der vorliegenden Verfassung nicht inbegriffen.

Was fochten sie von Robespierre am 24. September nochmals beschworene Rücksichten auf „Gerechtigkeit, Menschlichkeit und Nationalinteresse" an? Mochte die Legislative sehen, wie sie damit zu Rande kam. Bedeutete doch eine erfolgreiche Erhebung auf „San Domingo" den Totalausfall der Zuckerverschiffungen, des bisher größten Aktivpostens der ohnehin verzweifelten französischen Zahlungsbilanz.

Näherbei zogen Gewitterwolken am Rhein auf. Sobald die Tinte auf dem Friedensvertrag mit der Türkei vom 4. August (1791) in Sistowá (dem am 11. der russisch-türkische Vorfriede von Galatz folgte) getrocknet war, wagte sich Kaiser Leopold in Sachen des „französischen Ärgernisses" einen Schritt weiter. Am 27. August erließ er gemeinsam mit Friedrich Wilhelm II. von Preußen, der die phantasievollen Kombinationen seines Ministers Hertzberg über eine eventuelle Allianz mit Frankreich zu den Akten legte, die „Deklaration von Pillnitz", worin es hieß:

> Ihre Majestäten der Kaiser und der König von Preußen haben die Wünsche und Vorstellungen Monsieurs (des Grafen der Provence — W. M.) und des Grafen Artois vernommen und erklären gemeinschaftlich die Situation, in der sich der König von Frankreich gegenwärtig befindet, als einen Gegenstand gemeinsamen Interesses für alle Könige Europas. Sie hoffen, daß dieses Interesse nicht verfehlen wird, von den Mächten anerkannt zu werden, deren Hilfe angerufen worden ist, und daß sie sich in der Folge nicht weigern werden, gemeinschaftlich mit den unterzeichneten Majestäten, gemäß ihren Kräften, die wirksamsten Mittel anzuwenden, um den König in den Stand zu setzen, in größter Freiheit die Grundlagen eines monarchischen Regimes zu festigen, das gleichermaßen den Rechten der Souveräne und dem Wohle der französischen Nation entspricht. Dann und in diesem Falle sind der Kaiser und der König von Preußen entschlossen, sofort in wechselseitigem Verständnis mit den notwendigen Hilfsmitteln zu handeln, um gemeinsam den erstrebten Zweck zu erreichen. In der Zwischenzeit werden sie ihren Truppen die geeigneten Befehle erteilen, um sie in den Stand zu setzen, aktiv einzugreifen.

Zwar war das längst nicht so heiß gegessen wie gekocht, da ja die „Verschworenen von Pillnitz" ein — wie sie selber bestens wußten — völlig illusorisches „si omnes" zur ausdrücklichen Vorbedingung jedweden Einschreitens machten. Konkret hatten sie sich untereinander zwei Tage davor lediglich Besitzstand und Hilfe gegen innere Unruhen verbürgt. Dennoch wurde die unverfrorene „moralische" Einmischung in die inneren Angelegenheiten Frankreichs dortselbst mit gebührender Empörung als unerträglich und den Nationalstolz verletzend gebrandmarkt: eine *Kriegserklärung an Frankreich* nannten sie die *Révolutions de Paris* (Nr.114, 1791) geradezu. Sie verriet, was in den Herzen und Hirnen der überheblichen Potentaten tatsächlich vorging (auch wenn sie noch nicht ganz so konnten, wie sie wollten ...) und wovor die Revolutionäre folglich auf der Hut sein mußten: Es war nicht zu verkennen, daß der äußere Faktor für Fort- und Ausgang der Revolution mehr und mehr Gewicht erlangte.

Vorerst durfte die Legislative freilich noch eine Atempause schöpfen. Leopold, der die Zurückhaltung Rußlands und gar Englands in Rechnung stellen mußte, verlegte sich, nicht gänzlich ohne Hoffnung auf mögliche kostensparende innere Entwicklungen in Frankreich, nochmals aufs Abwarten.

> Coblenz, den 20. Oktober. — Die königliche Annahme der Constitution dürfte das Projekt der fremden Mächte sehr in die Länge ziehen oder vielleicht ganz aufheben. Sie konnte zu keiner ungelegeneren Zeit kommen. Schon war das große Manifest fertig, schon hatte man über 100 000 Exemplare davon abgezogen. (Emigrantengeschwätz! — W. M.) Man erwartete einen bevorstehenden Angriff, der desto notwendiger ward, da unsere Fonds beinahe erschöpft sind.

„Zu diesem Unglück", klagten die Emigranten in Koblenz, käme noch die Uneinigkeit in den eigenen Reihen:

> Zwischen dem hohen und zweiten Adel, den alten und neuen Edelleuten herrscht Streit. Alle wollen kommandieren; die kleinsten Stellen werden hier, so wie zu Versailles, durch Kabalen gesucht. Einige stimmen für den reinen Royalismus, andere für eine Englische Constitution, noch andere für Negociationen, und einige für offene Gewalt. Alle diese Parteien hassen sich einander so herzlich, wie sich die verschiedenen Parteien zu Paris nur immer hassen können. (Hamburgischer unparteiischer Correspondent, Nr. 178, 1791.)

Zusätzlich zu den auswärtigen hinterließ die Konstituante ihrer Ablösemannschaft ein ganzes Bündel unerledigter innenpolitischer Probleme. Vor der Bewältigung beider wusch sie ihre Hände in Unschuld: Auf Antrag Robespierres hatte die

Versammlung schon am 16. Mai ihre Mitglieder für nicht wiederwählbar erklärt. Es zogen also am 1. Oktober 1791 andere und oft jüngere Gesichter in den Reitsaal der Tuilerien ein, die „Generation der Dreißigjährigen": zwar ganz überwiegend keine unerfahrenen Männer, sondern solche, die das politische Gewerbe, Gesetzeskunde oder Verwaltungskunst auf regionaler oder örtlicher Ebene — zumindest seit 1789 — schon hinreichend erlernt hatten; dennoch großenteils Neulinge für die breitere Öffentlichkeit und (mit Ausnahme von Lokalberühmtheiten) ohne die Autorität, die der „Frühling der Revolution" und sein Pathos ihren Vorgängern, den Schmieden so vieler „geflügelter Worte", die sie überleben werden, verliehen hatte. Man war gespannt auf sie; Vorschußlorbeeren indessen durften sie keine erwarten. Hatten doch schon die Constituants — trotz persönlichem Format — zumindest die Demokraten der Patriotenpartei am Ende politisch bitter enttäuscht und ihnen den Stoßseufzer entlockt: „Endlich sind sie gegangen!" (*Révolutions de Paris,* Nr. 116, 1791.)

> Immerhin, Bürger, schrieb die Zeitung ebenda, stürzt euch nicht sogleich in eine Schwärmerei für eure neuen Abgeordneten; vielleicht werdet ihr genötigt sein, euer Urteil nochmals zu berichtigen. Es ist ratsamer für euch, sie erst einmal kommen zu lassen. Hütet euch, ihnen euer Vertrauen auf ein bloßes Versprechen hin zu schenken! Solange sie euch nicht den vielfachen Beweis ihrer Bürgertugenden erbracht haben, zieht Nutzen aus der Lehre, die euch eure Vorgänger erteilten!

H. Clairon: Betrachtungen über sich selbst und über die dramatische Kunst. 2 Bände, Zürich 1798—1799.

H. Welschinger: Le Théâtre de la Révolution. Paris 1880.

F. Funck-Brentano: La Bastille des comédiens. Paris 1905.

L. Hérissay: Le monde des théâtres pendant la Révolution (1789—1800). Paris 1922.

F. J. Talma: Correspondance avec Madame de Staël. Paris 1926.

J. R. Rivoire: Le patriotisme dans le théâtre sérieux de la Révolution. Paris 1950.

M. Carlson: The Theatre of the French Revolution, Ithaca (N. Y.) 1966.

D. Hamiche (Hrsg.): Le Théâtre et la Révolution. Paris 1973.

*

C. L. R. James: The Black Jacobins. Toussaint L'Ouverture and the San Domingo Revolution. New York/Toronto 1938, [2]1963.
G. Debien: Les colons de Saint-Domingue et la Révolution. Essai sur le Club Massiac. Paris 1953.
E. D. Charlier: Aperçu sur la formation historique de la nation haïtienne. Port-au-Prince 1954.
A. Césaire: Toussaint-Louverture, la Révolution française et le problème colonial. Paris 1960.
J. Bruhat: Maximilien Robespierre und die Kolonialprobleme, in: Maximilien Robespierre 1758—1794, Berlin [2]1961.
B. Blumenkranz (Hrsg.): La Révolution française et l'émancipation des Juifs. 8 Bände. EDHIS, Paris (1968).
La Révolution française et l'abolition de l'esclavage. 12 Bände. EDHIS, Paris (1968).
F. Girod: La vie quotidienne de la société créole. Saint-Domingue au XVIIIe siècle. Paris 1972.
T. O. Ott: The Haïtian Revolution, 1789—1804. Knoxville 1973.
B. Blumenkranz/A. Soboul (Hrsg.): Les Juifs et la Révolution française. Toulouse 1976.
N. Lepkowski: Haïti. 2 Bände, Warszawa 1978.

Feuillants und Girondins

Die Wahlen zur Legislative waren ruhig bis lustlos verlaufen, und die Beschränkungen des Wahlgesetzes hatten für einen „gemäßigten" Ausgang gesorgt. Manon Roland schüttete am 27. September (1791) Robespierre ihr Herz aus:

> Was Lyon angeht, so hängt diese Stadt (der Seide! — W. M.) der Aristokratie an. Die Wahlen sind dort abscheulich ausgefallen; die Abgeordneten sind weiter nichts als Feinde der Freiheit, Agioteure, nichtige oder übelberüchtigte Menschen; kein Talent, nicht einmal ein mittelmäßiges, ist darunter. Das Departement dieser Stadt ist ungefähr ebenso zusammengesetzt wie ihre Vertretung zur Gesetzgebenden Versammlung. Einige Patrioten sind im Distrikt (also auf Kreisebene — W. M.) durchgebracht worden, wo sie nicht viel Gutes tun und nicht viel Schlimmes verhindern können (...). Die Masse des Volkes täuscht sich nicht lange gröblich; aber man kauft die Wahlmänner, dann die Administratoren und

schließlich die Abgeordneten, die das Volk verkaufen.
Trotz des — nicht nur in Lyon — „schlechten" Wahlresultats bot die zweite Nationalversammlung ein ausgeglicheneres Bild als die erste, weil in ihr die beiden privilegierten Stände nicht mehr vertreten waren. Demzufolge fanden sich unter den 745 Abgeordneten keine aristokratischen oder papistischen „Schwarzen" vor. Der offene Royalismus maulte in seinen vier Wänden oder — wenn es hoch kam — im Kaffeehaus; er verschanzte sich in einem oft vom Hof subventionierten Blätterwald, steuerte aus dem Untergrund und von jenseits der Grenzen eine allgegenwärtige Flüsterpropaganda.

Trotz allem Unwillen, Parteiungen anzuerkennen, führte parlamentarisches Bedürfnis dazu, solche, wenngleich von noch schwachem Zusammenhalt, dennoch auszubilden.

Auch die Rechte der Versammlung war bereits von bürgerlicher Substanz. 264 ihrer Abgeordneten schrieben sich im Klub der Feuillants ein. Gegner des Ancien Régime wie der Demokratie bekannten sie sich zu einer konstitutionellen Monarchie unter dem Primat der Großbourgeoisie, den das Klassenwahlrecht verläßlich absicherte. Sie vertraten die Saturierten der ersten Revolutionsetappe und standen voll hinter „ihrer" Verfassung, zerfielen aber in zwei Gruppierungen, die sich schon in der Konstituante angebahnt hatten: Die Lamethisten nahmen Einfluß auf die Zusammensetzung der Regierung; die Fayettisten waren ihnen gram, weil sie den „Held zweier Welten" in der Hofgunst ausstachen.

Eine (eher rechte) Mitte aus 345 Unabhängigen zeigte sich der Revolution, solange sie „maßvoll" blieb, aufrichtig zugetan, ließ jedoch feste Orientierung vermissen und splitterte in Entscheidungssituationen zwischen den profilierteren Lagern auf.

Die Linke war immerhin zahlenmäßig beträchtlich erstarkt: 136 Abgeordnete waren — oder wurden — Jakobiner. Zwei Deputierte von Paris traten als ihre Lotsen in Erscheinung: Brissot, nach dem die Fraktion die Benennung „Brissotins" erhielt, und der als Herausgeber der Werke Voltaires den Gebildeten empfohlene Philosoph Condorcet:

> ein Schriftsteller aus der kleinen Zahl derjenigen, die fürwahr würdig sind, als Autorität zu gelten. (Révolutions de Paris, Nr. 123, 1791.)

In der Versammlung schoben sich indessen junge Rednertalente aus Bordeaux im Departement Gironde in den Vordergrund: Vergniaud, Gensonné, Guadet und andere, von denen sich die (erst nachträglich dank Lamartine in der Literatur durchgesetzte) Bezeichnung „Girondisten" ableitet. Hauptsächlich dem mittleren Bürgertum des Westens und Südens entstammend, hielten diese Rechtsanwälte, Publizisten, Unternehmer und Lehrer vor allem Verbindung zur großen Geschäftswelt der emporstrebenden Hafenstädte. Neigten sie nach Ursprung und Werdegang zu liberalen Ansichten, so bewogen sie ihre gesellschaftlichen Beziehungen zur Respektierung des Reichtums, in dessen Dienst sie sich letztlich stellten.
Eine Gruppe von etwa 40 zu jener Zeit „äußersten" Linken hatte auf den oberen Bänken des Reitschulsaales Platz genommen. Vielleicht war es diese Sitzordnung, die ihnen später zum Spitznamen Montagne (der Berg, im Sinne von „Hinterbänkler") verhalf, unter dem sie in die Geschichte eingingen; die Deutung ist jedoch nicht gesichert. Die Freunde Basire, Chabot (ein ehemaliger Mönch) und Merlin („von Thionville") nannte man das Cordeliers-Trio. Ohne Durchschlagskraft in der Versammlung, beeindruckte es jedoch die Volksgesellschaften und wirkte bisweilen als deren Sprachrohr.
Die *Révolutions de Paris* (Nr. 117, 1791) spendierten der Legislative einen sauersüßen Einstand:

> Eure Aufgabe, weniger glänzend, ist schwieriger als die eurer Vorgänger. (...) Betrachtet die Verfassung nicht als das nec plus ultra der Weisheit: Jegliches Menschenwerk ist unvollkommen und läßt zu wünschen übrig.

Da sich die Versammlung jedoch schon während ihrer dritten Sitzung auf ebendiese Verfassung einschwor, fuhr Marat noch im Oktober grobes Geschütz gegen sie auf:

> Diese Posse ist gleichbedeutend mit dem Begräbnis der Freiheit. Die neuernannten „Väter" sind gerade soviel wert wie die alten.

Ebenso rasch enttäuscht zeigte sich ein Volksschriftsteller, der (1790) ein neues Blatt, *Père Duchesne* benannt, lanciert hatte und es mit ihm zu etwas bringen wird: Jacques René Hébert. Er hatte (in Nr. 81, 1791) vertrauensselig die Daumen gedrückt:

> Ei zum Henker! Glücklicherweise gibt es noch eine Abhilfe (gegen die Versager einer korrumpierten Konstituante — W. M.), und an ihrer Statt werden wir ein Blitzmädel haben, das nicht passen wird. Welche Freude, zum Henker, uns nach so viel Verrätereien in den schönen Tagen der Revolution wiederzusehen!

Doch schon Nummer 90 beschwerte sich:

> Ich hoffte, zum Henker, daß die neue Legislatur alle Torheiten jener anderen wiedergutmachen würde, und wenn sie sich durch die Minister bestechen ließe, so doch nicht sogleich. (...) Aber, zum Kuckuck, das ist ja noch schlimmer...

Salons, in denen sich Abgeordnete zwanglos zu intimeren Absprachen trafen, begannen eine Rolle zu spielen. Die Fayettisten konversierten bei der Tochter Neckers, Madame de Staël; Vergniaud und seine Gefährten bei der Generalsteuerpächterswitwe Dodun. Später kamen die Girondins mit Vorliebe bei der aus Lyon nach Paris heimkehrenden Manon Roland in der Rue Guénégaud zusammen. Die ebenso gefühls- wie willensstarke „Pythia" suggerierte über anhängliche Freunde und ihren ältlichen Mann, einen pedantischen hohen Beamten, nicht selten deren politische Linie.

Jedoch nahm unter der Legislative das Gewicht der Klubs noch stärker zu. Stießen zu den Feuillants ausschließlich Gemäßigte aus den oberen Schichten, so setzte sich die Demokratisierung des Jakobinerklubs fort. Meister, Budiker und Angestellte, auch Frauen — die famosen „Trikoteusen", bevölkerten unentwegt seine Tribünen und verschafften ihm verläßlichen Rückhalt im Pariser Kleinbürgertum. Als beliebteste Redner glänzten Robespierre, der zum Staatsanwalt des Strafgerichtshofes gewählt worden war, um ihn nach Erlöschen seines Abgeordnetenmandats weiter an Paris zu binden, und Brissot, obwohl dessen elitäre Auffassungen dem „Unbestechlichen" in mehrerer Hinsicht zuwiderliefen; daraus hatte er seit Beginn der Wahlkampagne kein Hehl gemacht:

> Mißtraut auch jenen Männern, die die Sache des Volkes tobsüchtig betreiben; die keine andere Macht wollen als die seinige; die es überall eingreifen lassen wollen; die übertragene Vollmachten durch willkürliche Launen ungestümer Versammlungen zu ersetzen suchen; die das

> Volk zu Mord und Meutereien anstiften. Diese Männer kennen weder den Gang einer guten Verfassung noch die Grenzen der Freiheit und der Volksrechte. (Patriote français, 16. Juni 1791.)

Die Cordeliers erholten sich von den Schlägen des Sommers 1791 und gewannen — allerdings im Gegensatz zu den Jakobinern fast ausschließlich in der Hauptstadt — ihre Bedeutung als Sammelplatz entschiedener Revolutionäre zurück. Während der Gemeinderat von Paris Zurückhaltung übte, trugen Bürgervollversammlungen in vielen der 48 Sektionen zur Entfaltung öffentlicher Kritik bei; oft wirkten sie mit den organisierten politischen Vorhuten — auf ihrem Gebiet ansässigen Volksgesellschaften — zusammen. Sie wurden zunehmend zu Brennpunkten der Auseinandersetzung um die Fernhaltung der Passivbürger von der Mitbestimmung an der Basis. Der linken Minderheit in der Nationalversammlung verhalfen sie zu unerläßlichem „außerparlamentarischem" Massenhintergrund, den diese — fallweise — zu schätzen wußte.

Im Herbst 1791 setzte in Stadt und Land aber auch eine neue Unruhewelle ein.

Die Fortzahlung der Feudalabgaben bis zur Erfüllung des Rückkaufs erregte den Unwillen der Bauern. Hinzu kam, daß die dem wohlhabenden Landwirt willkommene Erhöhung der Getreidepreise Armbauern in defizitären Anbaugebieten hart traf. Nicht selten suchten sie deshalb den Abfluß des Korns in die Städte gewaltsam zu hindern und Festpreise durchzusetzen. Abermals kam es zu Plünderungen und Überfällen auf Transporte und Märkte. „Taxatoren" setzten Gemeinden der Beauce unter Druck und nötigten die Beamten, sich ihnen zu fügen:

> Nachdem Bauern und Pächter auf Ankündigung des Gemeinderates dieses Ortes (Limours — W. M.), die wie gewöhnlich durch Trommelschlag erfolgte, ihre Kornsäcke aufgebunden hatten, erklärten die Bewaffneten, daß der Preis für den Sester Korn erster Güte nur 22 bis 23 Livres betragen dürfe, für die gleiche Menge zweiter Qualität zwischen 18 und 20 und für den Sester Mischkorn 16 Livres. Sie erzwangen den Verkauf des Korns gemäß dieser Anordnung, obwohl die Bauern ihr Getreide für 28,

26 und 24 Livres den Sester — entsprechend den Preisen des letzten Markttages — feilgeboten hatten. (Dok. 65.)

Als Maire Simoneau von Etampes, ein wohlhabender Gerbermeister, unter Berufung auf das Gesetz den Erlaß einer ähnlichen „Notverordnung" verweigerte, wurde er am 3. März (1792) von einer erbosten Menge erschlagen.

In den Städten fischten Spekulanten gewinnreich im trüben und lenkten als „Aufkäufer" (accapareurs) den Volkszorn auf sich, während alle Verbraucherschichten, aber nicht nur diese, unter der Wirtschaftsmisere litten: Lohnarbeiter, Handwerker und Gewerbetreibende, Festbesoldete wie Rentner.

> Der überwiegende Teil unseres Münzgeldes ist ins Ausland geflossen, wo es zur Finanzierung der blutigen Absichten der rebellierenden flüchtigen Prinzen verwendet wird, die die Nachsicht der Nation zum Verbrechen ermutigt zu haben scheint. (...) Die über unserer gegenwärtigen Lage schwebende Ungewißheit zerstört aber das öffentliche Vertrauen wie auch unsere Handelsbeziehungen zum Ausland. (Dok. 66.)

Was sollte die Geldentwertung aufhalten, wo Investitionsneigung keimen?

> Der Winter naht. Der Handel liegt danieder. Den Arbeitern fehlt es an Arbeit, obwohl das Wetter sie noch zuließe. (...) Stadtbeamte, es ist eure Pflicht, über die Lebensmittel zu wachen, doch ihr tut es nicht! (Dok. 61.)

Ja, der Staat hielt sich heraus, nachdem er die „Wirtschaftsfreiheit" proklamiert hatte: Mochte jedermann im freien Spiel der Kräfte zurechtkommen, wie er wollte und konnte, und der Bandwirker im Wettbewerb mit der maschinellen Industrie dabei auf der Strecke bleiben:

> Es genügt, daß sich die Gesetzgeber das Bild der jämmerlichen Lage der Arbeiter vor Augen führen, deren Arbeitskraft ohne Verwendung ist oder sein wird, um sich davon zu überzeugen, daß sich die Nationalversammlung beeilen muß, entweder solche Unternehmen (wie die mechanischen Webstühle — W. M.) abzuschaffen oder zumindest ihren Wirkungskreis einzuschränken. (Dok. 60.)

Die Regierung hatte es einfacher: Ihre eigenen Fehlbeträge aus nicht eingehenden Steuern deckte sie ohne Hemmungen mit der Notenpresse.

Das Ausbleiben der Kolonialwaren aus dem aufständischen Haiti führte zu Hamsterei und Mangelerscheinungen bei Zucker, Kaffee und Rum. In Verbindung mit der allgemeinen Verknappung und Verteuerung von Bedarfsgütern ereigneten sich in Paris, besonders in den Faubourgs Saint-Denis und Saint-Marceau, im Januar 1792 die ersten „Ladenstürme". Auch hier wurde nun lauter und lauter danach gerufen,

> ein strenges Gesetz gegen den wucherischen Aufkauf und vor allem gegen diejenigen zu erlassen, die ihn schamlos mit den Lebensmitteln des Volkes und allen der Versorgung unserer Manufakturen dienenden Rohstoffen betreiben. (Dok. 66.)

Gegenüber dem Hof legte die Gesetzgebende Versammlung Festigkeit an den Tag. Ein Dekret vom 9. November stellte den Emigranten eine Zweimonatsfrist für die Rückkehr; im Weigerungsfalle wurden sie der Verschwörung verdächtig und ihre Güter zum Nutzen der Nation eingezogen. Am 29. wurde den Refraktären ein neuer Bürgereid abverlangt und den örtlichen Verwaltungen eine Handhabe gegeben, sie bei „Erregung öffentlichen Ärgernisses" (durch seine Verweigerung zum Beispiel) auszusiedeln.

Wo hingegen die soziale Frage ins Scheinwerferlicht geriet, trat die Legislative auf der Stelle. Die — relative — Einmütigkeit der Bourgeoisie von 1789 war dahin. Während viele im Großbürgertum vor der Bewegung aus der Tiefe erschraken und dringend zu einem Ausgleich mit einer „starken Monarchie" rieten, verstanden die mittleren und unteren Bürgerschichten, daß sie nur im Bündnis mit den Volksklassen ihre Anliegen mit Aussicht auf Erfolg vorbringen konnten. Aber auch Pétion, der unter den „Aufrechten" oft an erster Stelle — noch vor Robespierre — genannt wurde, nach dem Rücktritt Baillys und dem Durchfall des Kandidaten Lafayette am 13. November 1791 mit großer Mehrheit zum Maire von Paris gewählt, wird einen Bruch zu vermeiden suchen und am 6. Februar 1792 beschwörend an Freund Buzot schreiben:

> Man hat der Bourgeoisie so oft wiederholt, dies sei der Krieg der Habenichtse gegen die Besitzenden, daß sie dieser Gedanke überallhin verfolgt. Das Volk seinerseits

ist gegen die Bourgeoisie erbittert. Es entrüstet sich über ihre Undankbarkeit, gedenkt der Dienste, die es ihr erwiesen hat, und entsinnt sich, daß sie in den schönen Tagen der Freiheit alle Brüder waren. Die Privilegierten nähren insgeheim diesen Krieg, der uns alle, ohne daß wir es gewahr werden, dem Untergang zuführt. Die Bourgeoisie und das Volk zusammen haben die Revolution gemacht, ihre Einheit allein kann die Revolution erhalten.

Ahnte den *Révolutions de Paris* etwas von Pétions Hang zu Kompromissen? Nur schwer konnte sich die Wochenschrift enthalten,

die Menge der überschwenglichen Patrioten zu vergrößern, die Sie belagern und Ihnen sagen, daß Ihre Ernennung die Vollendung der Revolution ist...

Doch unterließ sie nicht, eine Warnung daranzuhängen:

Der Stadtbeamte (Bailly — W. M.), an dessen Stelle Sie treten, hat gleich Ihnen unter fast einmütigem Beifall angefangen. Fürchten Sie, zu enden wie er. Ihre Ernennung ist ein Sieg, den die Patrioten über jene davongetragen haben, die es nicht sind. Diese werden alles ins Werk setzen, um sich an Sie heranzumachen, Sie zu korrumpieren und uns unsere Wahl bereuen zu lassen. (Nr. 123, 1791.)

Couthon nahm eine umgekehrte Entwicklung. Als ein Mann der linken Mitte angetreten, der sich aber bald Robespierre anfreundete und den Weg zur Montagne fand, brachte er zum Ausdruck, daß man sich *der moralischen Gewalt des Volkes versichern muß, die stärker ist als jene von Armeen.* Am 29. Februar (1792) schlug er der Versammlung die entschädigungslose Aufhebung der meisten noch verbliebenen Feudalabgaben vor, um das flache Land zu befrieden.

Daß die Feuillants seinen Antrag niederstimmten, war begreiflich. Es kennzeichnete jedoch nicht minder die Einstellung der Gironde, daß die Legislative mit ihrem Einverständnis die Errichtung einer Ehrenpyramide für Simoneau anordnete und nach öffentlicher Trauerfeier die Bürgermeisterschärpe des „Märtyrers für Recht und Ordnung" (besser gesagt: „des Eigentums und der Beamtentreue") im Pantheon aufhängen ließ; die dabei ausgegebene Losung *Freiheit, Gleichheit, Eigen-*

tum glich einer beabsichtigten Korrektur des Dreiklangs *Freiheit, Gleichheit, Brüderlichkeit,* unter dem am 15. April ein Volksfest zu Ehren der begnadigten „Meuterer" vom Schweizer Regiment Châteauvieux stattgefunden hatte: Herausforderungen, die Robespierre annahm, indem er den schwer schikanierten Bürgern von Etampes und ihrem Verteidiger Pierre Dolivier, dem sozialen Pfarrer von Mauchamp, beisprang. Dessen mit scharfer Kritik an bürgerlichen Eigentumsauffassungen gewürzte „Bittschrift" vom 1. Mai veröffentlichte er am 6. Juni im *Défenseur de la Constitution* (Nr. 4, 1792) und trat in seinem umfänglichen Kommentar der Meinung entgegen, wonach vor allem das Eigentum oder vielmehr die Vorstellung davon

> das Gewölbe sei, welches das große Gebäude der Nation hält

und dessen Erschütterung zum Einsturz, zur Atomisierung der Nation in Einzelindividuen führen müsse.

Assemblée nationale législative: Procès-verbal de l'Assemblée nationale, imprimé par son ordre. 16 Bände, Paris 1791—1792.

A. Nau-Deville: Compte-rendu des séances électorales de 1791, et de la division du corps électoral en deux sociétés, sous les noms de Club de l'Evêché, Club de la Sainte-Chapelle. Paris 1791.

F. D. de Montlosier: De la nécessité d'opérer une contre-révolution en France. (London) 1791. — Derselbe: Des moyens d'opérer la contre-révolution. (London) 1791.

Pétition à l'Assemblée nationale pour les ouvriers rubaniers de la ville de Paris. Paris 1791.

J. Chalier: Adresse du conseil général de la commune de Lyon, lue à l'Assemblée nationale. Paris (13. Februar) 1792.

A. Challamel: Les clubs contre-révolutionnaires. Paris 1895.

A. Kuscinski: Les députés à l'Assemblée législative de 1791. Paris 1900.

T. de Lameth: Mémoires. Paris 1913. — Derselbe: Notes et Souvenirs. Paris 1914.

G. Michon: Essai sur l'histoire du parti feuillant. Adrien Duport. Paris 1924.

J. Chaumié: Le réseau d'Antraigues et la contre-révolution, 1791—1793. Paris 1965.

Krieg oder Frieden?

Ludwig XVI. hatte gegen zwei Dekrete der Nationalversammlung vom 9. und 29. November, Emigranten und Eidverweigerer betreffend, sein — verfassungsmäßiges — Veto eingelegt. Das wurde ihm und namentlich der Königin, die man als seinen bösen Geist dahinter wähnte, übel vermerkt. Der erste Konflikt zwischen dem Monarchen und der Legislative schien ins Haus zu stehen.

Es kam aber vorerst ganz anders. In Paris bildete sich eine „Kriegspartei", die — aus unterschiedlichsten und sogar entgegengesetzten Motiven — den Hof, die Fayettisten und die Girondins zeitweilig unter einen Hut brachte. Als Schmiede der widernatürlichen „geheimen Koalition" wurden Talleyrand, Madame de Staël und ihr Freund Narbonne, Lafayette und vielleicht Condorcet genannt.

Bereitwillig unterzeichnete Ludwig jede Protestnote, um die ihn die Versammlung anging. Am 14. Dezember 1791 drohte er dem Kurfürsten von Trier, ihn als Feind Frankreichs zu betrachten, wenn er die Ansammlungen bewaffneter Emigranten auf seinem Hoheitsgebiet nicht binnen Monatsfrist zerstreue. Am gleichen Tag ließ er dem Kaiser geheim zustellen, wie sehr ihm an einer Ablehnung des Ultimatums läge.

> An Stelle eines Bürgerkrieges wird das ein politischer Krieg sein, schrieb er seinem Agenten Breteuil nach Wien, und die Angelegenheit wird sehr viel besser stehen. Sein physischer und moralischer Zustand macht es Frankreich unmöglich, auch nur einen halben Feldzug durchzuhalten.

Marie Antoinette kommentierte unter demselben Datum an Fersen:

> Die Dummköpfe! Sie sehen nicht, daß das bedeutet, uns einen Dienst zu erweisen.

Der Hof probierte den Kunstgriff, die abwartenden Interventen in den Krieg zu „verwickeln", wenn sie dem dutzendfach ausgestoßenen Hilferuf nicht aus freien Stücken nachkamen. In Kenntnis der mitleiderregenden Verfassung der Staatsressourcen und der Armee — mit einem Gutteil der Offiziere auf Fahnenflucht beim „Gegner" und einem weiteren auf dem Sprung, es ihnen gleichzutun; spekulierend auf den Fraktionskampf innerhalb der Legislative und die Malaise unter den von den Verfassungsmachern betrogenen Passivbürgern — ließ sich der Hof von einer Vision blenden: Ein konventioneller Krieg, der an das friderizianische „Wunderheer" schnell verlorengehen müsse, widerlege, zerschlüge und erwürge die Revolution.

Während die Lamethisten den diplomatischen Kanal offenhalten wollten, folgte die große Mehrheit der Feuillants in dieser Frage Lafayette, der sein eigenes Kombinationsspiel steckte. Er gedachte erstens die Gironde aus der Opposition wegzulocken und zum „staatserhaltenden" Juniorpartner zu zähmen; zweitens einen Anteil an der Popularität zu erhaschen, die die girondistischen Kriegstrommler zweifellos unter den patriotisch gestimmten Massen für sich verbuchten; drittens das zögernde „Triumvirat" aus seiner Vorzugsstellung bei Hofe zu verdrängen und schließlich das Zünglein an der Waage zu bilden bei einer staatsstreichartigen Endlösung des gesamten Revolutionskomplexes, wenn er mit dem Oberbefehl die Armee in den Griff bekam.

Was aber bewog die Gironde, sich im Herbst 1791 Hals über Kopf in Kriegspropaganda zu stürzen und darin zu überschreien?

Der Krieg war ihr aus inneren wie äußeren Gründen erwünscht. Die Möglichkeit, ihn zu verlieren, zog sie nicht in Betracht. Sie war überzeugt, daß er mit den Interessen der Nation übereinstimmte und den König zwingen werde, Farbe zu bekennen: entweder der Nation zu folgen oder sich tödlich zu entlarven.

> Sehen wir im vorhinein einen Platz für die Verräter vor, donnerte Guadet am 14. Januar 1792, und dieser Platz soll das Schafott sein!

Brissot, der seine Kampagne für den Krieg schon im Oktober 1791 mit lauten Trompetenstößen in der Legislative eröffnet hatte, dozierte am 16. Dezember vor dem Jakobinerklub:

> Ein Volk, das nach zehn Jahrhunderten der Sklaverei seine Freiheit erobert hat, bedarf des Krieges um diese Freiheit zu befestigen. (Dok. 62.)

Am 29. Dezember erläuterte er:

> Endlich ist der Moment gekommen, wo Frankreich vor

> den Augen Europas den Charakter einer freien Nation entfalten muß, die sich verteidigen und die Freiheit aufrechterhalten will (...). Der Krieg ist augenblicklich eine nationale Wohltat, und die einzige Kalamität, die man bedauern muß, ist die, keinen Krieg zu haben.

Seine Strategie brachte er auf den einfachsten Nenner:

> Wollt ihr die Aristokratie mit einem Schlage vernichten, dann vernichtet Koblenz! Danach wird das Haupt der Nation gezwungen sein, nach der Verfassung zu regieren.

Etwas weniger oberflächlich begründete Isnard der Legislative am 5. Januar 1792 Nutzen und Notwendigkeit des „nationalen Stahlbades". Er rühmte den Krieg als „Vollendung der Revolution" und als „Kampf zwischen dem Patriziat und der Gleichheit". Unter ersterem verstand er die Aristokratie, aber unter Gleichheit?

> Die gefährlichste von allen Klassen setzt sich aus den vielen zusammen, die in der Revolution verlieren, aber noch wesentlicher aus einer verschwindenden Minderheit großer Grundbesitzer und reicher Handelsherren, aus einer Menge im Überfluß schwimmender und hochmütiger Menschen, die die Gleichheit nicht ertragen können und einem Adel nachweinen, nach dem sie selber trachteten; schließlich aus solchen, die die neue Verfassung, die Mutter der Gleichheit, verabscheuen.

Zensusverfassung also und die von ihr interpretierte „staatsbürgerliche Gleichheit vor dem Gesetz", wie Vergniaud alsbald bekräftigen wird: So stimmte der von der Gironde herbeigewünschte Krieg allenfalls mit dem Interesse einer zur Nation konstituierten Bourgeoisie überein.

Das bestätigten ökonomische Überlegungen. Die Kapitalisten und die Politiker, die sich auf ihrer Linie bewegten, wollten gewiß gern der feudalen Konterrevolution die Wurzel ausreißen, und das, wenn es ging, „mit einem Schlag" (als den sie sich den Krieg vorstellten). Schon, um den Kredit des Assignaten wiederherzustellen; auch war ein umfangreiche Heereslieferungen versprechender Feldzug keine Sache, die Finanzleuten, Händlern und Unternehmern mißfallen mußte. Dabei war ihnen ein Landkrieg gegen Österreich, der ihren Markt auf erobertes Gebiet erweitern mochte, beträchtlich lieber als ein Seekrieg gegen England, der die Prosperität der Hafenstädte gefährdete.

Die Gironde machte sich die Mißliebigkeit des dynastischen Bündnisses der Bourbonen mit den Habsburgern, Symbol des Ancien Régime diesseits wie jenseits des Rheins, zunutze. Bejubelt von politischen Flüchtlingen, die ihren Despoten entronnen waren, war sie bereit, den Krieg zu einer Befreiung unterdrückter Völker auszuweiten. Isnard drohte am 29. November (1791) mit der „Weltrevolution":

> Sagen wir Europa, daß, wenn die Kabinette die Könige in einen Krieg gegen die Völker verwickeln, wir die Völker in einen Krieg gegen die Könige verwickeln werden!

Am 31. Dezember ließ sich Brissot im gleichen Sinne vernehmen:

> Der Augenblick für einen neuen Kreuzzug ist gekommen; es wird ein Kreuzzug für die Freiheit der Welt sein.

Daß so viele zündende Parolen, dazu im Brustton ungeheuchelter Überzeugung vorgetragen, im Volk weithin Widerhall fanden, verwundert nicht. Das Protokoll der Nationalversammlung vom 6. März 1792 hielt fest:

> Vorgelassen wird eine Abordnung von Bürgerinnen der Stadt Paris, die um die Erlaubnis nachsuchen, sich Piken, Pistolen und Säbel zu beschaffen und ehemalige Soldaten der Französischen Garde als Lehrmeister zu haben.

Das Ränkespiel hinter den Kulissen durchschaute der „Mann auf der Straße" nicht. Den Krieg empfand er als Plage gleich Pest und Mißernte, wovon er in Abständen heimgesucht wurde. Daß die Revolution die Abschaffung der Übel pauschal auf ihre Fahnen geschrieben hatte, jedoch zu kräftigen Abstrichen genötigt wurde, hatte ihn mittlerweile die Erfahrung gelehrt. Was Wunder, wenn es mit dem Frieden ebenso zu hapern begann wie mit Zucker, Seife und sogar Brot. Erschreckt hat das werktätige Volk die Aussicht auf Krieg nicht. Der Lauf der Zeiten hatte es dazu gebracht, ihn als ferne Herrenangelegenheit zu betrachten, in deutschen oder italienischen Landen gerauft von Männern, deren Broterwerb das war.

Zudem verstand es, worum dieses Mal gewürfelt würde. Es war *seine* Revolution, der die Hochgeborenen an den Kragen wollten. Es hatte ihnen gezeigt, was eine Forke und was eine

Pike ist, und sie hatten davor Reißaus genommen. Wenn es sie nach einer Wiederkunft gelüstete und sie einem dumm kamen, nun gut, dann gehörte auf einen groben Klotz ein noch gröberer Keil. Der Sansculotte war willens, sich für eine Freiheit, die auch die seinige war, zu schlagen. Auch ohne Definition erfaßte er den Klasseninhalt eines revolutionär-demokratischen Krieges:

> Den Krieg hielten alle für einen gerechten Verteidigungskrieg, und das war er in der Tat. Das revolutionäre Frankreich verteidigte sich gegen das reaktionär-monarchistische Europa. (Lenin, Werke, XXV, 373.)

So hatten Kriegsgegner einen überaus schweren Stand. Es gab solche auch auf der Rechten. Mallet du Pan hatte bereits am 17. Januar 1791 im *Mercure de France* die Befürchtung geäußert,

> daß der Krieg entweder die Auflösung der Monarchie vervollständigen oder ihre Knechtschaft vergrößern wird. Im Falle eines militärischen Erfolges wird eine föderative Republik, im Falle des Mißerfolges eine schreckliche Konterrevolution die Folge sein.

Die Triumvirn und die ihnen zuneigenden Minister scheuten das Risiko: Sie trauten weder der Kampfkraft der Truppe noch der Feldherrnkunst des Amateurs Lafayette. Dazu befürchteten sie den Verlust ihrer politischen Führungsposition und erst recht die ungewissen Reaktionen der Volksmassen bei Eintreten einer nationalen Krise. Im Januar 1792 richteten Barnave und Duport eine — vom Hof sogleich unterlaufene — Denkschrift an den Kaiser, worin sie empfahlen, den Stein des Anstoßes durch Auflösung des sich auf deutschem Boden formierenden Emigrantenkorps hinwegzuräumen.

Robespierres Widerstand hingegen war prinzipieller Natur. Unbeirrbar — wiewohl mitunter etwas langatmig — stemmte er sich, anfänglich von Billaud-Varenne und dem aufgehenden Stern Danton (Dok. 64) unterstützt, bei den Jakobinern gegen den Strom, um „das Komplott zu enthüllen". Die *Révolutions de Paris* teilten weitgehend seine Auffassung und analysierten (in Nr. 129, 1791) in einem ausführlichen Leitartikel die Gefahren, die ein Angriffskrieg barg. In der Rue Saint-Honoré hingegen sprachen sich in aufregenden Rededuellen, die sich über zwei Monate hinzogen, außer Brissot auch Carra, Louvet und Doppet gegen Robespierre aus. Die Jakobiner waren eben doch einiges mehr als

> eine Art Geschäftskompanie, wo sich die verschlagensten Intriganten verabreden, um sich alle einträglichen Posten zuschanzen zu lassen. (Feuille du jour, 18. April 1792.)

Bis an den Rand der Erschöpfung rangen sie darum, den besten Weg durch die Revolution zu finden: mit Krieg, ohne Krieg? Nun es bald auf Leben und Tod ging: Wo lag die kritische Grenze zwischen Wahrheit und gefährlicher Halbwahrheit? Maximilien hatte einerseits begriffen, daß es der Hof unmöglich ehrlich meinen konnte, wenn er zu einem „nationalen" Krieg blies, und andererseits, daß Revolutionsexport kein Problem löste:

> Der Despotismus selbst kann den Geist der Menschen so weit verderben, daß er sich von ihnen anbeten und dabei die Freiheit bei der ersten Berührung als verdächtig und schreckend erscheinen lassen kann. Die ausgefallenste Idee, die im Kopf eines Politikers entstehen kann, ist die Vorstellung, es würde für ein Volk genügen, mit Waffengewalt bei einem anderen einzudringen, um es zur Annahme seiner Gesetze und seiner Verfassung zu bewegen. Niemand liebt Missionare in Waffen, und der erste Rat, den Natur und Vorsicht einem eingeben, besteht darin, die Eindringlinge wie Feinde abzuwehren

In dieser Rede vom 2. Januar 1792 (Dok. 63) stellte er seinen Klubfreunden vor, „daß der Sitz des Übels nicht allein in Koblenz" liege:

> Gibt es keinerlei Verbindung zwischen Koblenz und einem anderen Ort, nicht weit von hier?

Zweifellos sei es notwendig, die Revolution zu Ende zu führen und die Nation zu festigen. Jedoch stieß Robespierre dabei die Dringlichkeitsstufen um:

> Beginnt damit, eure Blicke auf die innere Lage zu werfen! Schafft bei euch selbst Ordnung, bevor ihr darangeht, die Freiheit anderswohin zu tragen!

Der Kern seiner Beweisführung: Bevor man sich in einen revolutionären Präventivkrieg stürzt, muß man die Aristokraten bei sich zu Hause unschädlich machen, mit dem Hof abrechnen und die Armee säubern, auf die Höhe der Revolution bringen, von der die Linientruppe noch meilenweit entfernt ist. Die Unvermeidlichkeit des Krieges bleibt — zu diesem Zeitpunkt mindestens — nachzuweisen:

> Auch ich will den Krieg, hatte Robespierre am 18. Dezember unumwunden zugegeben, aber so, wie ihn das Nationalinteresse will: Bezwingen wir zuerst unsere inneren Feinde, und ziehen wir alsdann gegen die äußeren, falls (! — W. M.) sie dann noch da sind.

Zudem konnte der Krieg eine schlechte Wendung nehmen: Das Heer war desorganisiert, den Soldaten fehlte es an Waffen und Ausrüstung, den Festungen an Munition. Man war nicht quitt mit dem Volk,

> sobald man ihm den Krieg gibt. Man muß die Passivbürger bewaffnen, die öffentliche Meinung mobilisieren. Sogar noch im Falle des Sieges läuft die Freiheit Gefahr, unter den Schlägen eines ehrgeizigen Generals zugrunde zu gehen.

Jacques Roux wird ihm beipflichten, aber noch einen Schritt weitergehen in der Verurteilung

> eines Krieges, der politisch unklug ist, weil er Völker abstößt, die wir doch zu Brüdern gewinnen wollen; der den Durst nach Eroberung, auf die wir doch verzichtet haben, ankündigt (Scripta et Acta, 296),

und die Gleichheit, in deren Namen die Freiwilligen sterben, tödlich gefährdet.

Auf den Beistand Marats in der Grundsatzdebatte an der Jahreswende hat Robespierre verzichten müssen. Der Volksfreund hatte sich noch im November an seine Seite gestellt und keinen Zweifel daran gelassen, daß sich hinter dem Spiel mit dem Kriegsfeuer eine Heimtücke der Konterrevolution verbarg, der die Gironde — blind oder nicht — aufsaß. Da er inmitten einer sich anbahnenden Kriegshysterie seine Verhaftung befürchten mußte, die ihn politisch ausgeschaltet hätte, tauchte er — zum wievielten Mal — unter. Seine Zeitung mußte er zwischen dem 15. Dezember 1791 und 12. April 1792 einstellen. Als er danach am 19. erneut das Wort gegen militärisches Abenteurertum ergriff, waren die Würfel praktisch bereits gefallen.

J. P. Brissot: Discours sur la nécessité de déclarer la guerre. Paris 1791.

M. Robespierre: Discours sur les moyens de sauver l'Etat et la liberté. Paris 1791.
J. Mackintosh: Defence of the French Revolution and its English Admirers. (Dublin) 1791.
C. Fauchet: Discours sur les traités, les alliances et la guerre. Paris (20. Januar) 1792.
J. v. Sonnenfels: Betrachtungen eines österreichischen Staatsbürgers an seinen Freund. Wien 1793.
F. v. Gentz: Über den Ursprung und Charakter des Krieges gegen die Französische Revolution. Berlin 1801.
L. v. Ranke: Ursprung und Beginn der Revolutionskriege 1791—1792, in: Sämtliche Werke, 3. Gesamtausg., Bd. XLV, Leipzig 1879.
G. Michon: Robespierre et la guerre révolutionnaire 1791—1792. Paris 1937.
J. B. Erhard: Über das Recht des Volkes zu einer Revolution. Hrsg. H. G. Haasis, Frankfurt (Main) ²1976.
W. Markov: Krieg und Frieden 1792, in: Revue Internationale d'Histoire Militaire, Nr. 43, Potsdam 1979.

Die Revolution und Europa

Wenn die Gironde in ihr macht- und militärpolitisches Kalkül die Sympathien einbezog, die die Französische Revolution nahezu überall in Europa geweckt hatte, baute sie nicht unbedingt an einem Luftschloß. Kein Geringerer als Hegel wird ihr noch aus später Rückschau bescheinigen, daß sie *ein herrlicher Sonnenaufgang* war:

> Eine erhabene Rührung hat in jener Zeit geherrscht, ein Enthusiasmus hat die Welt durchschauert, als sei es zur wirklichen Versöhnung des Göttlichen mit der Welt nun erst gekommen. (Vorlesungen über Philosophie der Geschichte, 1831.)

Die Parteiungen Frankreichs setzten sich demzufolge jenseits der Grenzen fort. Beunruhigte die fortschreitende Revolution die gesamte alte Ordnung im „Europa der Fürsten" zuhöchst, so eben deshalb, weil sie Ausstrahlungskraft genug besaß, deren Bürger und Bauern in Bewegung zu setzen, ja sogar junge Adlige mitzureißen, um an der Despotie der Throne zu rütteln.

Diese fürchterliche Staatsumwälzung ist ein elektrischer

Schlag, der ganz Europa erschüttert hat, und das große Beispiel der Franken wird nicht ohne Nachahmung sein; von ihnen werden auch andere Völker lernen, die königliche Majestät unter die Füße treten. (Clauer, Der Kreuzzug gegen die Franken.)

Der Zustimmung der besten Köpfe und vieler einfacher Menschen durfte sie gewiß sein. Sogar ein so maßvoller Aufklärer wie Wieland bekundete im *Neuen Teutschen Merkur* (Juni 1790):

> Es ist mir schlechterdings unmöglich, um aller jener wirklichen und erdichteten Greuel willen, deren sich der Pariser Pöbel und hier und da einige zur Ungeduld gereizte Bürger und Bauern im Verlauf der letzten zehn Monate schuldig gemacht haben mögen, weniger überzeugt zu sein, daß die Revolution ein notwendiges und heilsames Werk oder vielmehr das einzige Mittel war, die Nation zu retten, wiederherzustellen und aller Wahrscheinlichkeit nach glücklicher zu machen, als es noch keine andere jemals gewesen.

Georg Forster in Mainz appellierte an die Objektivität seiner Zeitgenossen:

> Daß einzelne Menschen von der despotischen Partei Mitleid verdienen, wer leugnet das? Daß Schurken in der Nationalversammlung sitzen, daß in der Volkspartei viele Schurken sind, wer zweifelt daran?
>
> Der Enthusiasmus hat immer etwas Theatralisches, das vom französischen Nationaltheater noch erhöht werden muß. Aber es ist erbärmlich, wenn die Leute immer nur bei diesem Repräsentieren stehenbleiben und sich wirklich einbilden, man spiele nur die Freiheitskomödie in Frankreich. Diese Komödie wird so gut gespielt, daß der Bauer durch das ganze Frankreich von der baren Hälfte seiner Lasten befreit ist. (Brief an Heyne, 12. Juli 1791.)

Eine ganz andere Frage war, wieviel solche Stimmen seelenverwandter geistiger Partisanen konkret in dem Augenblick wogen, in dem das revolutionäre Frankreich mit der Feudalität Europas frontal zusammenstieß und unter ihren Leidtragenden Ausschau nach bündnisfähigen Kräften hielt.

In moralischer Hinsicht gewiß. Sie bestätigten den französischen Schrittmachern der Menschenrechte, daß diese in

Achtung vor Geist und Buchstaben der bürgerlichen Aufklärung ihren Kampf nicht engherzig und selbstsüchtig als ausschließlich französische Angelegenheit betrieben. Allen voran gingen „Patrioten" älteren und jüngeren Datums, die in Frankreich Zuflucht gesucht hatten: Savoyarden und Italiener, Niederländer und Belgier, Schweizer und Irländer, Deutsche, Spanier, Polen und andere. Einigen von ihnen stand noch eine bedeutende politische Laufbahn bevor: dem preußischen Baron aus Cleve und kosmopolitischen „Redner des Menschengeschlechts" Anacharsis Cloots, dem Toskaner Filippo Buonarroti, dem Brüsseler Finanzmann Proli, den Schweizern Clavière und Pache, dem Niederländer Blauw, dem Spanier Guzman, dem Venezolaner Miranda; Oelsner, Reinhard und Hassenfratz von der „deutschen Kolonie" und manch anderen.

Jenseits der Grenzen lagen die Dinge verschieden. Auch hier war bedeutsamer Frankreichfreunde anfangs Legion:

In England die Schriftsteller *Godwin, Price* und *Sheridan*, der Dichter *Coleridge*, der Philosoph *Bentham* und der Chemiker *Priestley*, der Vorkämpfer der Sklavenbefreiung *Wilberforce* und *Mary Wollstonecraft*, die als eine der ersten für die Frauenemanzipation eintrat und dazu auch französische Bürgerinnen anregte; die Londoner „Korrespondenzgesellschaft" unter ihrem Sekretär, dem Schuhmachergesellen *Thomas Hardy*;

in Schottland der Dichter *Robert Burns* und die „Volksfreunde" von Edinburgh;

in Irland *Mackintosh* und der 1791 von *Wolfe Tone* gegründete „revolutionäre Bund der vereinigten Irländer";

in der Schweiz *Lavater, Usteri, Füssli, Grenus* (in Genf) und nicht zuletzt der große Pädagoge *Pestalozzi*;

in Italien die Dichter *Alfieri* und *Ugo Foscolo*, die Geistlichen *Giovanni Ranza* und *Melchiorre Gioia*, der Philosoph *Gorani*;

Kant in Königsberg und *Sieveking* in Hamburg, *Lichtenberg* und *Schlözer* in Göttingen, *Schiller* in Weimar und *Fichte* in Jena, *Eulogius Schneider* und *Beethoven* in Bonn, *Hegel*, *Schelling* und *Hölderlin* in Tübingen;

Martinovics und *Hajnóczy* in Ungarn;

Jan Potocki, Hugo Kollontaj — und *Tadeusz Kościuszko* in Polen;

N. I. Novikow, P. A. Stroganow und insbesondere *A. N. Radischtschew* in Rußland.

Die Liste ließe sich — auch unter den publizistisch tätigen — beliebig ausziehen, nicht zuletzt über den Atlantik hinweg zu *Jefferson, Monroe, Backe* und *Joël Barlow*, zu „*Tiradentes*" in Brasilien und *Nariño* aus Bogotá.

Freilich stieß die Revolutionsbegeisterung der „guten Liberalen" unter ihnen an jene Grenze, die Schlözer in Nummer 64 seiner Göttinger *Staatsanzeigen* im Oktober 1791 doch recht typisch absteckte:

1. Die Französische Revolution hat sehr viel Gutes für die gesamte Menschheit gestiftet: Sie lehrt praktisch, was wir Deutsche schon längst, aber nur theoretisch, wußten. (...)

2. Eben diese Französische Revolution war für Frankreich, wo die Regierung keine Ohren für Menschenrechte hatte und sich steif gegen ihr Zeitalter sperrte, notwendig.

3. Uns Deutsche bewahre der liebe Gott vor einer Revolution auf *die* Weise, wie sie in Frankreich erfolgt ist! (...)

6. Mißbräuche, Einbrüche, Bedrückungen müssen, können gehoben werden, ohne Revolution, ohne Einwirkung des Volks.

An vielen Orten gepflanzte Freiheitsbäume, gehaltvolle philosophische und poetische Ergüsse der — oft vom Geist der Logen vorgeprägten — Gebildeten oder auch Handwerkerzirkel, so wacker sie immer sein mochten, konnten indessen das Mutterland der Revolution im bevorstehenden Waffengang nicht nennenswert entlasten. Massenbewegungen aber, die den Potentaten — in Belgien, Ungarn und sogar Kursachsen — zu schaffen gemacht hatten, waren schon 1790/91 niedergeworfen oder erstickt worden. Clauer meinte zwar in seiner Schrift, daß die *obgleich vorübergegangenen leichten Volksbewegungen* seiner Zeit in Sachsen, am Rhein und so weiter

Warnungen sind, die man nicht verachten darf, Zeichen eines überall zerstreuten brennenden Stoffes, der sich leicht entzünden kann, wenn Verzweiflung von innen ihn erhitzen und ein Krieg mit den Franken von außen wie ein Windstoß das verborgene Feuer zur Flamme aufblasen wird.

Robespierre indessen wiegte sich dieserhalben in keine Illusionen:

Die Berichte von einsichtigen Leuten, die dort Bescheid wissen, widerlegen alles, was man uns von dem Eifer erzählt, mit dem man angeblich nach unserer Verfassung und nach unseren Armeen lechzt. (Dok. 63.)

So blieb es eigentlich nur Polen vorbehalten, etwas vom konterrevolutionären Potential Europas zu binden, indem die Reformverfassung des „Vierjährigen Sejm" vom 3. Mai 1791 die nach weiteren Teilungen der alten Adelsrepublik lüsternen Nachbargroßmächte mit der unwillkommenen Aussicht auf eine nationale Wiedergeburt schreckte.

Die Eskalation zum Krieg setzte sich im übrigen auf beiden Seiten annähernd im Gleichschritt fort. Am 9. Dezember 1791 brachten die Fayettisten mit Unterstützung der Gironde die Ernennung Narbonnes zum Kriegsminister durch, der in der Regierung zum Exponenten der Kriegspartei wurde. Als der Kurfürst von Trier am 25. Januar 1792 nachgab und die Emigrantenhaufen — zumindest auf dem Papier — aufzulösen befahl, forderte die Legislative Ludwig auf, vom Kaiser selbst zu heischen, er möge auf jedes Abkommen verzichten, das sich gegen die Souveränität, die Unabhängigkeit und die Sicherheit der französischen Nation richte: Dies wäre einer Desavouierung der Konvention von Pillnitz gleichgekommen. Außenminister Delessart, den Lamethisten nahestehend lockerte daraufhin ein Ventil und erreichte am 9. März die Entlassung Narbonnes. Der Schuß gegen die Fayettisten ging jedoch nach hinten los, denn nun stieg die Gironde auf die (rhetorische) Barrikade. Auf Rat des neuen Außenministers Dumouriez, einer wendigen Abenteurernatur, berief der König am 23. März Clavière zum Finanzminister und Roland zum Innenminister (dem am 9. Mai noch Servan als Kriegsminister folgen wird).

Sie sollen nicht erst durch die Zeitungen erfahren, daß unser Freund gestern zum Minister des Inneren ernannt worden ist. Er hatte ein „Journal der nützlichen Künste" in Druck, dem er sich ausschließlich widmen wollte. Er

> ist zu anderen Arbeiten berufen, er wird sich ihnen mit Hingebung widmen, mit ebensolcher Ruhe, mit der er dieses Amt niederlegen würde, wenn er seine Pflichten in ihm nicht mehr erfüllen könnte. Diese Umwälzungen lehren den Weisen, daß die Drehung des Rades, die ihn erhebt, ihn auch wieder zu Fall bringen kann und daß es nichts Sicheres gibt außer dem Gewissen. (Manon Roland an Champagneux, 23. März 1792.)

Der Handel war perfekt: Die Gironde übernahm nach außenhin die Verantwortung für Kriegsausbruch und Kriegführung. Um die weiter links stehenden Jakobiner zu besänftigen, wurden ihnen einige Posten bewilligt: Freunden Dantons im Außenministerium, Pache im Innenministerium. Robespierre verlor für diesmal die Partie, die Angriffe gegen den Hof verstummten in der Girondepresse schlagartig, und Pétion sorgte für Ordnung in Paris:

> Die Jakobiner setzten in ihrem Taumel fest, daß ein wahrer Patriot eine rote Mütze und keinen Hut tragen müsse. Form und Farbe dieser neuen Mode war übel gewählt, denn bisher war es die Tracht der Galeerensklaven (eben! — W. M.) in Toulon. Sie wurde aber durch den wütenden Eifer, mit dem die Jakobiner alle ihre Einfälle behandeln, sehr ausgebreitet. Als Voltairens Cäsar gegeben wurde, trug Cäsars Büste eine rote Mütze; auch seine Mörder erschienen in dieser Tracht. Wer auf der Straße einen Hut trug, ward angefallen und mißhandelt. Die Sache wurde ernsthaft, und es war ein bürgerlicher Krieg in der Hauptstadt über diese neue Mode zu befürchten, bis endlich der Maire Pétion die Jakobiner erinnerte, doch durch solche Zeichen dem Parteigeist keine neue Nahrung zu geben; denn bald würden die Feinde der Konstitution in weißen oder blauen Mützen erscheinen und der bürgerliche Krieg unvermeidlich sein. Dieses hat gewirkt, und der Hut ist wieder in seine alten Rechte getreten. (Brief aus Paris, 31. März 1792, Vossische Zeitung, Nr. 45, 1792.)

Auf der anderen Seite hatte Friedrich Wilhelm II. am 7. Februar 1793 mit Österreich eine Militärkonvention geschlossen und am 16. mit dem designierten Oberbefehlshaber, dem Herzog von Braunschweig, in Potsdam den Offensivplan für einen Sommerfeldzug nach Frankreich abgestimmt; am 25. Februar bekräftigten Preußen und Österreich ihre Absichten durch ein „Defensivbündnis". Als Kaiser Leopold am 1. März unversehens starb, geruhte sein jedem Zugeständnis abholder Nachfolger, Franz II., auf jene Räte zu hören, die das Tauziehen beendet wissen wollten. Ein letztes Ultimatum, das von Paris am 25. März erging, würdigte er keiner Antwort. Daraufhin begab sich — nach Absprache — Ludwig XVI. am 20. April in die Nationalversammlung:

> Die Ursache seiner Erscheinung war bekannt, ließ sich der „Hamburgische unparteiische Correspondent" am 23. berichten, und die öffentliche Neugierde war aufs höchste gestiegen. Schon früh um 9 Uhr waren alle Tribünen angefüllt. Um 10 Uhr waren die Straßen, die zum Versammlungssaal führten, so voll Menschen, daß man kaum durchkommen konnte. Alles war voll Ungeduld, den letzten Entschluß über den Krieg zu hören, der auf immer den Triumph der Constitution sichern soll. Er ist gekommen, sagte man allenthalben, der Tag, wo die französische Tapferkeit das Signal zu blutigen Schlachten erhalten wird. Es wird das Signal des Sieges sein. (Nr. 69, 1792.)

Das genaue Gegenteil eines Siegessignals hatte — als Gratisagentin der Hofburg — die Königin von Frankreich schon am 26. März an Graf Mercy in Wien durchgegeben: eine chiffrierte Mitteilung des französischen Aufmarschplans oder was sie über ihn herausbekommen hatte:

> Herr Dumouriez, der am Abkommen der Mächte über die Truppenbewegung nicht mehr zweifelt, beabsichtigt als erster loszuschlagen durch einen Angriff auf Savoyen und einen anderen gegen das Land Lüttich. Es ist die Armee Lafayette, die zu letzterem Angriff dienen soll. Dies ist das Ergebnis der gestrigen Ratssitzung. Es ist gut, diesen Plan zu kennen, um auf der Hut zu sein und alle geeigneten Maßnahmen zu ergreifen. Es hat den Anschein, daß das Ganze schnell erfolgen wird.

Ludwig schlug vor, „dem König von Böhmen und Ungarn" den Krieg zu erklären, das heißt an Österreich allein und nicht an das Heilige Römische Reich (das Voltaire als weder heilig noch römisch, noch ein Reich bespöttelt hatte), Preußen damit eine Hintertür zur Neutralität offenhaltend, von der es keinen Gebrauch machte. Die Nationalversammlung erklärte,

> daß die französische Nation, den durch die Verfassung geheiligten Grundsätzen getreu, „keinen Krieg zum Zwecke der Eroberung zu unternehmen und nie die Waffen gegen die Freiheit irgendeines Volkes zu ergreifen", die Waffen nur aufnimmt zur Verteidigung ihrer Freiheit und Unabhängigkeit; daß der Krieg, den sie unternehmen muß, kein Krieg von Nation zu Nation ist, sondern die gerechte Verteidigung eines freien Volkes gegen den ungerechten Angriff eines Königs; daß die Franzosen niemals ihre Brüder mit ihren wahren Feinden verwechseln werden. (Dok. 67.)

Nur sieben Lamethisten stimmten dagegen. Der Krieg war nun da, mit zwei kurzen Unterbrechungen gleich für 23 Jahre. Wurde es der Krieg, der den an seinem Zustandekommen Beteiligten vorschwebte?

C. P. Gooch: Germany and the French Revolution. London 1920.

J. Droz: L'Allemagne et la Révolution française. Paris 1949.

K. Benda: A magyar jakobinusok iratai. 3 Bände, Budapest 1952—1957.

J. Godechot: La Grande Nation. L'expansion révolutionnaire de la France dans le monde, 1789–1799. 2 Bände, Paris 1956, ^{2}1983.

M. M. Štrange: Russkoe obščestvo i francuzskaja revoljucija. Moskva 1956.

E. Wangermann: From Joseph II to the Jacobin Trials. London 1959, ^{2}1967, dt. Wien/Frankfurt/Zürich 1966.

R. R. Palmer: The Age of Democratic the Revolution. 2 Bände, Princeton (N. J.) 1959–1964.

H. Scheel: Süddeutsche Jakobiner. Berlin 1962, ^{3}1980.

B. Leśnodorski: Les jacobins polonais. Paris 1965.

W. Grab: Norddeutsche Jakobiner. Hamburg 1967.

C. B. Cone: The English Jacobins. New York 1968.

W. Grab (Hrsg.): Deutsche revolutionäre Demokraten. 5 Bände, Stuttgart 1971—1977.

R. C. Cobb: Reactions to the French Revolution. London 1972.

A. Rufer: La Suisse et la Révolution française. Hrsg. J. R. Suratteau. Paris 1974.

H. Reinalter (Hrsg.): Jakobiner in Mitteleuropa. Innsbruck 1977.

Derselbe: Aufgeklärter Absolutismus und Revolution. Zur Geschichte des Jakobinertums und der frühdemokratischen Bestrebungen in der Habsburgermonarchie. Wien/Köln/Graz 1980.

S. Schama: Patriots und Liberators. Revolution in the Netherlands 1780—1813. New York 1977.
O. Büsch/W. Grab (Hrsg.): Die demokratische Bewegung in Mitteleuropa im ausgehenden 18. und frühen 19. Jahrhundert. Berlin (West) 1980.

Krieg und Revolution

Die französische Kriegserklärung nahm wörtlich auf das Dekret der Konstituante Bezug, das den Verzicht auf Eroberungskriege ausgesprochen und Klopstock den Freudenruf entlockt hatte:

> Sogar das gräßlichste aller
> Ungeheuer, der Krieg,
> wird an die Kette gelegt.
> (Sie und nicht wir, 1790.)

Hatte der Barde darin auch zu vertrauensvoll geschlußfolgert, so stand immerhin 1792 keine Aggression zur Debatte. Die Anmeldung von Zweifeln, ob nicht der Appetit der französischen Bourgeoisie beim Essen kommen würde, war im Frühjahr 1792 noch nicht unmittelbar aktuell, denn die Lage war nicht danach. Wohl aber trat ein, was Robespierre befürchtet hatte:

> Das Volk wird durch die militärischen Ereignisse abgelenkt von politischen Beschlüssen, die die wesentlichen Grundlagen der Freiheit betreffen, und seine Wachsamkeit wird eingelullt. (Dok. 63.)

Hatte sich die Gironde nicht, nach Marats Worten, gerade deshalb *in den Krieg gestürzt, weil sie den Appell an das Volk fürchtete*?

Sie erhoffte eine schnelle und entscheidende Kampagne, setzte auf den Vorsprung bei Mobilmachung und Aufmarsch. Die Preußen konnten linksrheinisch überhaupt erst im Sommer antreten, und die unfertigen Österreicher hatten gerade 35000 Mann zur Stelle. Man wollte in deren Truppenkonzentration in doppelter Stärke hineinstoßen und die Offensive in Belgien, wo man auf freundliche Aufnahme durch die Bevölkerung zählen durfte, maximal ausbauen. Die „Kriegspartei" verwies

mit Stolz auf das Infanteriegewehr Modell 1777 als das beste seiner Zeit und auf den von Gribeauval konstruierten Vierpfünder mit leichter Lafette; der Vaubansche Festungsgürtel, obschon veraltet, galt als noch intakt.
Geflissentlich übersah sie die von der Finanzmalaise erzwungenen Einsparungen. Der Mannschaftsstand lag daher weit unter der Sollstärke. Von den Offizieren war ein rundes Drittel emigriert. Weder die Vorräte noch die Werkstätten reichten für Bewaffnung und Ausrüstung der im Herbst 1791 aufgestellten Freiwilligenbataillone und schon gar nicht für den Ersatz aus. Insbesondere aber waren Disziplin und Moral der Linientruppe erschüttert durch Spannungen zwischen patriotisch gesinnten Mannschaften und oft undurchsichtigen Vorgesetzten, zwischen französischen und im Ausland geworbenen Regimentern, zwischen lang dienenden Berufskriegern, den „weißen Ärschern" (nach ihrer Hose), und den unerfahrenen „blauen" Volontärs der Nationalgarde.

> Die Vorgesetzten sind nicht beliebt, schrieb der — sehr gemäßigte — Freiwillige Gabriel Noël am 1. März 1792. Selten hört man gut über sie reden (...). Ich suche die Leute, die ich am besten kenne, dazu zu bringen, daß sie auf die Wahrheit hören. Ich möchte ihnen beibringen, daß in unserem Rat gesunde, friedliche, aufgeklärte Köpfe not tun. Aber ihr falsch verstandenes Interesse verblendet sie alle. Sie sind der Meinung, wenn sie Feinde der Offiziere oder, wie sie es nennen, tüchtige Kerle wählen, würden sie nicht mehr bestohlen werden. (Landauer, II, 251.)

Die ersten Vorhutgefechte verliefen ungünstig. Wieso auch nicht?

> Drei junge Gardisten (...) sagten, im Vorzimmer der Königin sei die Schlappe von Mons als glorreicher Erfolg behandelt worden: „Schon 300 Sansculotten sind gefallen, bravo! Man reinige die Erde von dieser Brut, dann wird unser Herr König sein..." (Ebenda, I, 282.)

Madame Jullien kolportierte hier zwar (am 30. April) nur ein Gerücht. Jedenfalls aber hatten die Generäle Biron und Dillon an der Nordfront schon am 29. aus Unlust vor jedwedem Wagnis ohne operative Not den Rückzug befohlen. Die Soldaten, die sich hintergangen fühlten, schrien Verrat und stoben auseinander; Dillon wurde in einer Panik von ihnen erschlagen.

Einige der fremden Söldnerabteilungen — worunter am 6. Mai das Regiment Royal-Allemand — liefen geschlossen über.

> Bis zu diesem Augenblick, schrieb Manon Roland am 10. Mai an Servan, der soeben sein Amt als Kriegsminister antrat, kann man das neue Ministerium entschuldigen, daß es nicht alles getan hat, was man von ihm erwartete: Es war durch einen Ehemaligen (Kriegsminister de Grave — W. M.) gehemmt. Jetzt, wo ihr alle Plebejer oder nicht viel anderes und wahre Revolutionäre seid, wird, wenn ihr nicht von heute gerechnet binnen zwei Wochen einen großen Charakter und achtunggebietende Maßnahmen an den Tag gebracht habt, bewiesen sein, daß ihr nicht mehr taugt als die anderen und daß man das Rad drehen muß, bis man auf bessere stößt.

Die Generalität schob die kalten Duschen auf die Verwahrlosung der Truppe, erklärte am 18. Mai eine Offensive unter den Umständen für unmöglich und riet dem König zu unverzüglichem Friedensschluß. Ihre wahren Beweggründe waren nicht militärischer, sondern politischer Natur. Robespierre hatte sie vor den Jakobinern schon am 1. Mai enttarnt:

> Nein, ich traue den Generälen nicht! Ich behaupte, daß — von einigen wenigen achtbaren Ausnahmen abgesehen — fast alle der alten Ordnung der Dinge, den Gunstbezeigungen des Hofes nachtrauern.

Am 25. April hatte in der Sternstunde seines ansonsten unbedeutenden Lebens Hauptmann Rouget de L'Isle auf Bitten von Maire Dietrich in Strasbourg einen *Kriegsgesang für die Rheinarmee* gedichtet und vertont, der später als *Marseillaise* — als „Marsch der Marseiller", die ihn (bei ihrem Einzug in Paris) sangen — zu Unsterblichkeit gelangte (Dok. 68). Madame Dietrich, geborene Ochs, in deren Salon er zum erstenmal erklang, fand ihn „*sehr mitreißend ... ein besserer Gluck, lebhafter und munterer*":

> Allons, enfants de la patrie,
> Le jour de gloire est arrivé!

Tyrannen, die danach dürsten, Frankreich in Knechtschaft zurückzustoßen, werden darin an den Franger gestellt, und Emigranten, *diese Horde von Sklaven und Verrätern*, die ihre Waffen gegen die Heimat kehren. „Vaterland" ist nicht irgendein Fleckchen Erde, sondern jenes neue Frankreich, das im Kampf gegen Aristokratie und Feudalität der Asche phönixgleich entstiegen war. In solcher politischer Leidenschaft, der ein Klassenkonflikt zugrunde lag, flossen Revolution und Nation in eins zusammen. Die Patrioten von 1792 wurden aufgerufen, das Vermächtnis der Patrioten von 1789 unter Einsatz von Gut und Blut zu verteidigen:

> Aux armes, citoyens, formez vos bataillons!
> Marchons, qu'un sang impur abreuve nos sillons!

Das blamable Versagen an der Front und das Putschgeflüster der Kommandeure, begleitet von höhnischem Frohlocken der Aristokraten, umdüsterte indessen die Hochstimmung rasch.

> Vorgestern, am Sonntag, berichtete die Zeitung „Thermomètre du jour" am 27. Mai, wagte es ein Offizier der Truppen des Zentrums im Café, das sich in den Tuilerien auf der Terrasse der Feuillants befindet, ganz laut zu sagen: „Es lebe die Königin, es lebe der König, und ich scheiße auf die Nation!"

Die Bewußtseinskrise, von der das Land angesichts der plötzlich verspürten Gefahr ergriffen wurde, verlieh jedoch auch den Volksmassen, die vor dem „Aristokratenkomplott" immer auf der Hut blieben, neue Anstöße. Unaufgefordert schmiedeten sie Piken für den Eigenbedarf und schmückten sich mit der Freiheitsmütze. Die Zahl der Volksgesellschaften, in denen die Passivbürger das Übergewicht erlangten, mehrte sich. Agrarrevolten schwelten immer noch im Queroy, breiteten sich im Languedoc aus. Petitionär Ferry aus dem Loiret war fest davon überzeugt, daß sich die „üblen Reichen", die sich weigerten, Brachland zur Urbarmachung abzugeben, vom bösen Willen leiten ließen, „unser Land dem Hunger preiszugeben".

> Wir wissen ebenfalls, schloß er resigniert, daß jetzt die Freiheit herrscht. Dennoch können wir, wenn wir in Châtillon den Markt besuchen, nichts kaufen, weder Butter noch Käse noch Eier. (Dok. 69.)

Gleichzeitig führte beschleunigte Inflation zu einem Wiederaufflackern von Lebensmittelunruhen. Während in Paris Jacques Roux, mittlerweile Hilfsgeistlicher an Saint-Nicolasdes-Champs in der Sektion Gravilliers (dem Spötter nachsagten, er ginge sogar mit einer roten Nachtmütze zu Bett), im Mai für Warenhortung die Todesstrafe forderte, legte in Lyon L'Ange (das ist Franz Joseph Lange aus Klein-Kembs), inzwischen Gemeindebeamter, am 9. Juni eine neue Schrift vor, in der er zwecks Sicherstellung der Volksversorgung zur Festsetzung des Überschusses und eines gerechten Preises des Brotes eine straffe Reglementierung des Handels durch *einfache und leichtverständliche Maßnahmen* empfahl.

Zwar rührte dergleichen die Gironde wenig; ihr Nationalgefühl war nie stark und entwickelt genug, um gleich der Montagne Klassenschranken zu durchbrechen. Dennoch ergriff sie Furcht vor den Wogen des Volksprotestes; die Legislative zeigte unter ihrem Anprall Wirkung. Den Girondisten wurde die synchrone Widersetzlichkeit von Hof und frondierenden Generälen verdächtig, und sie zogen daraufhin ihrerseits sprödere Saiten auf. Sie veranlaßten die Nationalversammlung zu drei Dekreten: am 27. Mai über die Deportierung aller eidverweigernden Priester, gegen die in ihrem Departement 20 Anzeigen einliefen; am 29. über die Auflösung der von Aristokraten durchsetzten Königsgarde; am 8. Juni über die Errichtung eines Lagers bei Paris für 20000 „föderierte" Nationalgarden, die zum 14. Juli am Fest der Föderation teilnehmen, recht eigentlich aber die Hauptstadt vor dem Feind und ebenso gegen einen Handstreich von seiten der Generäle schützen sollten.

Ludwig XVI. ergriff nicht den Strohhalm, den ihm der exzentrische Rivarol schon im April gereicht hatte:

> Ich habe über Ihre Lage nachgedacht; ich habe die Chancen, die für und gegen Sie sind, erwogen: Ich glaube den Charakter der Franzosen gut genug zu kennen, um es zustande zu bringen, daß Sie aus der Narrheit des Tages auf eine Art Nutzen ziehen, die Ihre Macht verdreifachen wird. Weil die Jakobiner nur alles zerstören wollen, um zu herrschen, schließen Sie sich kühn dieser Gesellschaft an, setzen Sie die rote Mütze, in deren Namen man befiehlt, auf Ihr königliches Haupt; Ihr Anspruch auf Autorität ist der ältere. Das Staunen, die Trunkenheit über einen so außerordentlichen Schritt wird unbestreitbar alle verbrecherischen Umtriebe Ihrer Feinde vereiteln;

> dieser Schritt wird Sie „national machen" und wird der Menge der Agitatoren den Mund stopfen. (Landauer, I, 342 f.)

Im Vertrauen auf das Zerwürfnis zwischen Regierung und Militärs legte der König gegen das erste und das dritte der Dekrete wiederum sein Veto ein. Das führte zum Bruch. Innenminister Roland nahm in seinem Schreiben vom 10. Juni (Dok. 70) kein Blatt vor den Mund:

> Können sich Ew. Majestät heute offen mit jenen verbünden, die die Verfassung umgestalten wollen, oder müssen Sie sich großherzig und rückhaltlos der Aufgabe widmen, ihr zum Sieg zu verhelfen? Dies ist die wahre Frage, deren Lösung der gegenwärtige Stand der Dinge unvermeidlich macht.

Er machte weder sich noch dem Adressaten etwas vor:

> In allen Teilen des Reiches hat die Gärung den höchsten Grad erreicht. Sie wird auf entsetzliche Weise zum Ausbruch kommen, sofern sie kein wohlbegründetes Vertrauen in die Absichten Ew. Majestät zu beruhigen vermag. Dieses Vertrauen wird sich jedoch nicht auf bloße Versicherungen hin einstellen, es kann sich nur noch auf Tatsachen gründen.

Darunter verstand er vor allem die Zurückziehung der Einsprüche: *sich mit dem Gesetzgebenden Körper zu vereinigen und dem Wunsch der Nation zu entsprechen.* Seine letzte Warnung zur Rettung der Monarchie — denn Roland würde es vorziehen, sie zu erhalten — schloß er mit der Sentenz,

> daß Revolutionen deshalb notwendig werden, weil die Sprache der Wahrheit bei Hofe fast nie vernommen wird...

Der König schlug den wohlgemeinten Rat in den Wind und beantwortete ihn am 13. Juni mit der Entlassung der drei Girondeminister. Dumouriez demissionierte aus freien Stücken und übernahm das Kommando der Nordarmee. Wer wann wo und wie lange auf ihn bauen konnte, ging daraus nicht hervor; auch nur vorbehaltlich der Konjunkturlage aus dem Schreiben, das Ludwig am 1. Juli an seinen Bruder, den Grafen der Provence, richten wird:

> Dumouriez hat mir verschiedene Projekte vorgeschlagen, um die Anschläge der Jakobiner, der Robespierre und

Danton zu vereiteln; aber das läßt sich nur machen, wenn viel Blut fließt...

Die Feuillants kehrten in die Regierung zurück, die sie im März der Gironde neidlos überlassen hatten, um die Kriegskastanien aus dem Feuer zu holen. Es sah danach aus, als wolle nun mit ihrer Unterstützung die Generalität ihr eigenes „Krisenprogramm" anlaufen lassen, um den Krieg durch eine Transaktion mit dem Gegner zu beenden. Am 16. Juni schrieb Lafayette in unverschämtem Drohton an die Legislative:

Können Sie sich verhehlen, daß eine Faktion und, um vage Bezeichnungen zu vermeiden, daß die *jakobitische* Faktion alle Unruhen verursacht hat? Organisiert wie ein eigener Staat in ihrer Hauptstadt und in ihren Zweigstellen, blindlings gelenkt durch einige ehrgeizige Führer, bildet diese Sekte eine gesonderte Körperschaft inmitten des französischen Volkes, dessen Gewalten es usurpiert, indem es seine Vertreter und seine Beauftragten unterjocht.

Lafayette verlangte, daß *die Königsgewalt intakt sei, weil von der Verfassung garantiert,* und *der König verehrt, weil von der Majestät Nation eingesetzt.*

Schließlich, daß die Herrschaft der Klubs, durch Sie vernichtet, der Herrschaft des Gesetzes weicht.

Von da ab ging es für das Königtum wie für die Nationalversammlung und die Jakobiner um Sein oder Nichtsein.

Wie vieles auch an den Jakobinern mit Grund auszustellen ist, schrieb Wieland am 22. Juli verständnisvoll an K. L. Reinhold, so kann ich mich doch nicht erwehren, ihre Sache im Ganzen innerlich zu begünstigen; denn, in fine finali, würde ihre Unterdrückung unfehlbar der Tod der Gleichheit und Freiheit sein, und wenn Frankreich doch zuletzt eines von beiden, Monarchie oder Republik, sein müßte, so ist es wahrlich besser, daß einer umkomme, als daß das ganze Volk verderbe. (Träger, Spiegel, 41 f.)

Das und die Befürchtung, bei untätigem Verharren die Führungsposition auf der Linken an die radikalere Montagne zu verlieren, zwang die über ihren Hinauswurf zutiefst verärgerte Gironde zum Handeln. Ihre Antwort war die Massendemonstration vom 20. Juni 1792.

A. Condorcet: Projet d'une exposition des motifs qui ont déterminé l'Assemblée nationale à décreter sur la proposition formelle du roi, qu'il y a lieu de déclarer la guerre au roi de Bohème et de Hongrie (20 avril 1792). Paris 1792.

P. Dolivier: Pétition de quarante citoyens des communes de Mauchamp. Saint-Sulpice-de-Favières 1792.

F. J. L'Ange: Moyens simples et faciles de fixer l'abondance et le juste prix du pain. Lyon 1792.

J. Roux: Discours sur les moyens de sauver la France et la liberté. Paris 1792, dt. Leipzig 1985.

J. Tiersot: Rouget de l'Isle. Paris 1892. — Derselbe: Histoire de la Marseillaise. Paris 1915.

H. Wendel: Die Marseillaise. Zürich 1936.

J. Pinasseau: L'émigration militaire. Campagne de 1792. Armée Royale. 2 Bände, Paris 1957—1964.

K. Obermann (Hrsg.): Zur Frage des Charakters der französischen Kriege in bezug auf die Entwicklung in Deutschland in den Jahren 1792—1815. Protokoll der Arbeitstagung des Instituts für Geschichte an der Deutschen Akademie der Wissenschaften. Berlin 1958.

Der Sturz der Monarchie

Die Gironde bewies, daß sie, wenn es denn sein mußte, die Menge hinter sich zu bringen wußte. Am Jahrestag des Ballhausschwures — und der Flucht nach Varennes — war halb Paris auf den Beinen.

> In welcher anderen Stadt als Paris, seufzte und stichelte allerdings das „Tageblatt", würde man gleichzeitig zwei gegen das Gesetz meuternde Faubourgs (...) erleben, und andererseits die Hälfte der Bevölkerung gleichgültig gegenüber dem, was sich in einem Stadtteil abspielt, der vom ihrigen weit abliegt? Dort geht jeder seiner Beschäftigung nach, als ob alles ruhig wäre. Jede Straßenecke ist mit 30 blauen, gelben oder roten Plakaten bepflastert, die Possen für den Abend versprechen, und 3000 Müßiggänger richten ihren Tageslauf danach ein, (...) während ein schrecklicher Vulkan unter ihren Füßen tobt. (Feuille du jour, 21. Juni 1792.)

Die Ostvorstädte, an der Spitze Saint-Antoine unter Santerre, marschierten indessen in gewaltigen bewaffneten Demonstrationszügen zur Nationalversammlung und sodann vor die Tuilerien, um ihrem Zorn auf die Untätigkeit der Armeen, das Veto des Königs und die Entlassung der Girondeminister Luft zu machen (Dok. 71).

Dennoch entpuppte sich der Kraftakt als ein Schlag ins Wasser. Das Volk drang in das nach Auflösung der Königsgarde praktisch unverteidigte Schloß ein:

> (...) die Nationalgarde, die mich, wenn es irgend mit rechten Dingen zuging, hätte schützen müssen, war an die Aufrührer verkauft,

klagte Ludwig am 1. Juli — mit der üblichen Übertreibung — dem Grafen der Provence. Mit etlichen leichten Rüpeleien bedacht, trank er öffentlich auf die Gesundheit der Nation. *Welch ein Pinsel,* gab bei seinem zufälligen Anblick der Korse Buonaparte verächtlich von sich, dabei unwillkürlich in seine Mundart verfallend: *che coglione*! Dennoch verweigerte der also Beschimpfte hartnäckig die Bestätigung der beiden Dekrete ebenso wie die Wiedereinsetzung der gefeuerten Minister.

> Ich habe dem Geschrei der Böswilligen die Ruhe der Unerschütterlichkeit entgegengesetzt; diese kühle Festigkeit hat für jenen Tag ihren blutigen Plänen das Konzept verdorben. (Ebenda.)

Bis auf das eben *nicht* eingeplante „Blut" hatte der König soweit recht. Bar jeder klaren Richtlinie, zerlief sich das Aufgebot ohne greifbares Ergebnis.

> Du wirst von der Szene vom 20. Juni gehört haben, schrieb der Freiwillige Maurin (am 24. Juli). Ich habe eine kleine Rolle dabei gespielt; ich war mit den Faubourgs Saint-Antoine und Saint-Marceau in den Tuilerien und schrie wie die anderen: „Nieder mit dem Veto! Rufen Sie Ihre patriotischen Minister zurück!" All das hat zu nichts weiter geführt; der König hat die Freiheitsmütze aufgesetzt, hat versprochen, die Verfassung ausüben zu lassen, und macht immer auf seine Art weiter. (Landauer, II, 274 f.)

Das Mittel des friedlichen Drucks war gescheitert, und die Stimmung schlug daraufhin sogar um.

Wo sind denn nun jene, die dem König Schwäche und

> Unentschlossenheit vorwarfen? Muß man diesen Vorwurf nicht gerade an ihre Adresse richten, und beweist es die Journée vom Mittwoch nicht augenscheinlich,

wagte sich am 22. der royalistische *Indicateur* hervor. Der Gemeinderat von Lyon fühlte sich veranlaßt, am 14. Juli bei der Legislative Alarm zu schlagen:

> Seit der Kriegserklärung an das Haus Österreich und dem Bruch mit Turin vermehrt sich die Zahl der Fremden in Lyon spürbar. Die Befürchtungen und Besorgnisse der Stadtverwaltung werden von Tag zu Tag größer in Anbetracht einer ungeschützten Grenze nicht weit von Lyon und in einer völlig offenen Landschaft.

Am 5. August schränkte er vorsorglich die Pressefreiheit ein (Dok. 75).

In Paris vermochte eine königstreue Petition Tausende Unterschriften einzusammeln. Pétion, den man als (in Wahrheit eher hilflosen) Bürgermeister für die Unruhen zur Rechenschaft zog, wurde „bis zur Klärung der Angelegenheit" suspendiert, und Lafayette verlangte (am 28. Juni) vor der Nationalversammlung eine „Bestrafung der Schuldigen". Andererseits bekamen diese stümperhaften „Verantwortlichen" mitsamt ihrer Gefolgschaft auch von Marat bitterböse Worte zu hören:

> (...) heute, da das Volk auf den ihm wesenseigenen gesunden Menschenverstand verzichtet und sich auf die heuchlerischen Reden so vieler Usurpatoren eingelassen hat, ist es weit davon entfernt, jene feigen Aufruhrstifter, die sich dem Hof verkauft haben, jene treulosen Abgeordneten, die seine heiligsten Rechte und seine teuersten Anliegen verschacherten (...), als seine schlimmsten Todfeinde zu betrachten (...). Das Volk ist weit davon entfernt zu ahnen, daß es sich nur dann Freiheit verschaffen und Ruhe sichern kann, wenn es sich der Vaterlandsverräter erbarmungslos entledigt und die Rädelsführer unter den Verschwörern in ihrem eigenen Blute ertränkt. (Dok. 72.)

So zog Frankreich in einen reichlich verworrenen Juli.

Brissot hatte schon am 23. Juni im *Patriote français* zum geordneten Rückzug geblasen, auf daß sich niemand anders des Steuerruders bemächtige, und das mißglückte Manöver bagatellisiert:

Paris ist ruhig, und das Volk wird die grausame Hoffnung jener enttäuschen, die es zu Teilbewegungen veranlassen möchten, um sich im einzelnen für die Journée vom Mittwoch zu rächen. Dieses Ereignis ist nicht einer jener gewaltigen Volksstürme gewesen, die alles mitreißen und vernichten, was sich ihnen entgegenstellt. Es war das nur eine kleine Welle, die lediglich für eine gewisse Erfrischung und Säuberung der politischen Atmosphäre sorgte.

Die Gironde spielte auf zwei Klavieren: die starken Männer in der Legislative, die versierten Diplomaten im Kulissengespräch mit dem Hof:

> Ich habe Ihnen von gewissen Vorschlägen gesprochen, die mir von zwei Abgeordneten gemacht worden sind, die oft bei den Jakobinern zusammenstimmen. (Ludwig an den Grafen der Provence, 17. Juli.)

Die Kriegslage erlaubte indessen kein langes Fackeln: Die Preußen bezogen ihre Aufmarschräume im Trierschen, und hinter ihnen baute sich ein Emigrantenkorps unter Condé auf. Sardinien-Piemont schloß sich den deutschen Mächten an. Das veranlaßte die Jakobiner, innere Zwistigkeiten zurückzuschrauben. Am 28. Juni riefen Brissot wie Robespierre im Klub zur Einigkeit auf. Am 2. Juli setzten sich die Gesetzgeber über das königliche Veto hinweg, indem sie den Nationalgarden der Departements genehmigten, sich am 14. zum „Fest der Föderation" in Paris einzufinden. Vergeblich arrangierte der Bischof von Lyon am 7. Juli in der Nationalversammlung eine Verbrüderungsszene zwischen den Streithähnen, der sich der König in Person anschloß; „Lamourettes Kuß" war schon am 10. wieder vergessen, als Brissot auf die Sache selbst zu sprechen kam:

> An die Revolution, an die Erklärung der Menschenrechte, an die souveräne Nation haben die Tyrannen den Krieg erklärt!

Auf seinen Antrag erklärte die Versammlung am 11. Juli „das Vaterland in Gefahr", womit es (in 19 Artikeln) den Notstandsparagraphen der Verfassung in Kraft setzte, der das Veto des Königs auszuschalten erlaubte.

> Nach Anhörung des Ersten Stellvertreters des Prokurators der Commune (von Paris — W. M.) beschließt der Ge-

neralrat am 19. Juli 1792, den Erlaß der Legislative vom 11. Juli, der das Vaterland in Gefahr erklärt, am 22. und 23. Juli durch die Beamten und Notabeln feierlich bekanntzumachen. Weiterhin beschließt der Generalrat, an diesen Tagen eine feierliche öffentliche Anwerbung der Bürger zu veranstalten, die bereit sind, an die Grenzen zu eilen. (Moniteur, 22. Juli 1792.)

In wenigen Tagen verpflichteten sich über 15 000 Pariser zum Heeresdienst.

Die Girondeführer sahen ihren Weizen noch einmal blühen, als die Feuillants am 10. Juli die ungemütlich werdenden Ministersessel räumten. Da sie wieder in die Regierung wollten, aber durchaus nicht auf dem Umweg über einen bewaffneten Aufstand, rückte Brissot — für manchen erstaunlich — am 26. Juli von den „Aufwieglern" ab und verabreichte dem Hof eine Beruhigungspille:

> Wenn es Männer gibt, die dazu neigen, zum gegenwärtigen Zeitpunkt auf den Trümmern der Verfassung eine Republik zu errichten, soll das Schwert des Gesetzes sie ebenso treffen wie die Parteigänger des Zweikammersystems und die Konterrevolutionäre von Koblenz.

Im gleichen Geist ließ Vergniaud den Staub aufwirbelnden Beschluß der Sektion Mauconseil vom 31. Juli (Dok. 74) auf Absetzung des Königs noch am 4. August von der Legislative für verfassungswidrig erklären mit der freilich naheliegenden Begründung,

> daß man sämtlichen Wirrungen der Anarchie und der Bürgerzwietracht ausgeliefert sein wird, wenn jeder Bürger oder jeder Einzelteil des Staates beschließen kann, daß er sich selbst von jenem Teil seiner Eide entbinde, der ihm mißfällt, und den Gehorsam jenen Gesetzen oder Behörden verweigern dürfe, die er nicht mehr anerkennen möchte.

Ludwigs Hinhaltetaktik, die nur noch auf Befreiung von außen setzte, verdarb jedoch der Gironde den Kunstgriff, mit ihm zu verhandeln, nachdem sie ihn zuvor öffentlich denunziert hatte:

> Diese Männer, die sich gegenseitig von Herzen verabscheuen, die einander schon zu mißtrauen scheinen und schließlich den Krieg bis aufs Messer gegeneinander

führen werden, möchten mich gern, ich weiß nicht recht, warum, in ihren Reihen sehen. Ihren Versprechungen, ihren Drohungen unzugänglich, gegen ihre Aufforderungen taub, habe ich es immer abgelehnt, ihren Plänen zu dienen. (Ludwig XVI., Brief vom 17. Juli.)

Da die Girondins dennoch das Wagnis nicht eingehen wollten, das Volk in eine Bewegung zu führen, deren Zügel ihnen entgleiten mochten, nahmen andere es auf sich, zum letzten Sturm auf die Festung Monarchie zu blasen.

Diese „Revolution vom 10. August" war, wiewohl sie viele „Väter" hatte, keine wesentlich spontane oder improvisierte, dem Bastillesturm vergleichbare Erhebung. Diesmal hatten sich die Revolutionäre erstmalig in der *Kunst* des Aufstandes und insonderheit seiner organisatorischen Vorbereitung zu bewähren.

Die Sektionen, zu denen sich die Passivbürger scharenweise und nicht selten mit Gewalt Zutritt verschafften, tagten in Permanenz und bildeten ein Zentralkomitee. Am 30. Juli setzte die Sektion Théâtre Français auf Betreiben Dantons, Chaumettes und Momoros das allgemeine Wahlrecht für ihre Vollversammlung durch: Die Unterscheidung zwischen Aktiv- und Passivbürgern war damit gefallen.

Im Jakobinerklub nahm Robespierre die Leitung der Bewegung fest in die Hand. Er setzte vor allem auf die zuströmenden Föderierten. Seit dem 11. Juli feuerte er sie, sekundiert von Danton und Marat, an:

Bürger, seid ihr etwa nur zu einer leeren Feierlichkeit gekommen, nur für die Erneuerung der Föderation vom 14. Juli?

Dieser Meinung waren sie in der Tat nicht und gaben es am 23. Juli der Nationalversammlung auch in schöner Offenheit zu verstehen:

Enthebt die Exekutive ihres Amtes! Die Verfassung ermächtigt euch, über sie das Urteil zu sprechen. (...) Beruft die Urwählerversammlungen ein, damit ihr unmittelbar und zuverlässig den Wunsch des Volkes erfahrt. Laßt einen Nationalkonvent wählen. (...) Würdet ihr der Nation einen Beweis eurer Unfähigkeit liefern, bliebe ihr als einzige Hilfsquelle, ihre ganze Kraft zu entfalten und ihre Feinde selbst zu vernichten. (Moniteur, 24. Juli 1792.)

Am 25. trafen Verstärkungen aus der Bretagne, am 30. die Marseiller in Paris ein. Sie bildeten alsbald mit anderen Patrioten ein geheimes Direktorium, das sich die Forderung nach vorfristiger Auflösung der Legislative und Wahl eines Nationalkonvents zu eigen machte.

Am 1. August wurde das *Manifest des Herzogs von Braunschweig* vom 25. Juli in Paris bekannt. Mit der Absicht, die Revolutionäre ins Bockshorn zu jagen, hatte Marie Antoinette ein solches Papier in einem Schreiben an Graf Mercy am 4. Juli gefordert:

> Sie kennen bereits die Ereignisse vom 20. Juni; unsere Lage wird immer kritischer. (...) Alles ist verloren, wenn man die Aufrührer nicht durch die Furcht vor einer bevorstehenden Bestrafung zurückhält. (...) Es wäre notwendig, daß ein Manifest die Nationalversammlung und Paris für das Leben des Königs und seiner Familie haftbar macht.

Es wurde von Emigranten in Koblenz wunschgemäß verfaßt:

> Ihre Majestäten erklären ferner auf ihr kaiserliches und königliches Ehrenwort, daß, wenn das Tuilerienschloß gestürmt oder sonst verletzt, wenn die mindeste Beleidigung dem König, der Königin und der gesamten königlichen Familie zugefügt, wenn nicht unmittelbar für ihre Sicherheit, ihr Leben und ihre Freiheit gesorgt wird, sie eine beispiellose und für alle Zeiten denkwürdige Rache nehmen und die Stadt Paris einer militärischen Exekution und dem gänzlichen Ruin preisgeben, die Verbrecher selber aber dem verdienten Tode überliefern werden. (Dok. 73.)

Die Urheber des Textes unterließen es zu ihrem Schaden, sich mit Clauer die Frage zu stellen:

> Wird der französische Bürger, der nun einmal wieder sich satt zu essen und sein Stroh mit einem Federbette zu vertauschen hofft, wird derselbe seine wunden Hände so geduldig den Fesseln seiner Unterdrücker darreichen und der Wohltaten so geschwinde vergessen, um sich dem ihm erlassenen Zehnten und den Lasten der Leibeigenschaft und allen Plackereien geistlicher und weltlicher Bedrücker von neuem zu unterwerfen?

Der als „ebenso anmaßend wie sinnlos" gebrandmarkte Aufruf bewirkte das genaue Gegenteil von der Einschüchterung, auf die der Hof — mehr als der nüchternere Heerführer selber — gerechnet hatte: Er trieb das Volk mit dem Rücken zur Wand und entflammte es bis zur Weißglut.

Der von einer radikalen Vorhut aus Jakobinern, Volksgesellschaften und Föderierten schon zum 26. Juli in Aussicht genommene bewaffnete Aufstand war hinausgeschoben worden; zum einen, um seine Basis zu verbreitern, was ein Einschwenken der immer noch manövrierenden Gironde zur Voraussetzung hatte; zum anderen, um einer Petition der 48 Sektionen die Chance einer legalen Aktion zu lassen:

> Die Macht, die Ludwig XVI. übertragen wurde, damit er die Freiheit bewahre, bewaffnete sich, um diese zu zerstören. (...) Das Haupt der Exekutive ist das erste Glied in der Kette der Konterrevolution. (...) Aufgrund eines Restes von Nachsicht hätten wir gewünscht, von euch lediglich die einstweilige Amtsenthebung Ludwigs XVI. zu fordern, solange das Vaterland in Gefahr schwebt, doch die Verfassung spricht dagegen. Ludwig XVI. beruft sich unablässig auf sie; wir berufen uns unsererseits auf sie und verlangen seine Absetzung.

Pétion, wieder voll im Amte, trug sie am 3. August vor; sie setzte der Legislative eine Bedenkfrist bis zum neunten.

Die Gewitterstimmung wurde auch von Uneingeweihten verspürt.

> In diesem Augenblick, schrieb Madame Jullien am 8. August ihrem Sohn, steigen am Horizont Wolken auf, die eine furchtbare Explosion hervorrufen müssen. Die Wolke birgt den Blitz: Wo wird er einschlagen? (...) Aus diesem Konflikt, aus diesem Kampf muß ein Ereignis hervorgehen: Freiheit oder Sklaverei von 25 Millionen Menschen. (Dok. 76.)

In der Nationalversammlung, bei den Jakobinern, in der Öffentlichkeit sagte sie, ist von nichts anderem als den Fragen des Augenblicks die Rede, und sie meinte,

> an diesen verschiedenen Orten so wichtige Beobachtungen gemacht zu haben, daß ich die Zukunft mit einem, glaube ich, prophetischen Blick voraussehe: Die patriotische Partei wird den Sieg davontragen; aber es ist leider un-

möglich, daß ihr Lorbeer nicht binnen kurzem mit Blut gefärbt wird. (Ebenda.)

Als sich die Gesetzgebende Versammlung auch am „Stichtag" des 9. August gegen 10 Uhr abends ohne Beschlußfassung vertagte, läutete um Mitternacht die Sturmglocke.

Was sich danach abspielte, haben viele Augenzeugen (aber nie die Hauptakteure ...) aus ihrem jeweiligen persönlichen und/ oder politischen Blickwinkel berichtet. Sie widersprachen sich folglich in vielen Punkten. Unter den „Frontberichten" ragt dank seiner Bildhaftigkeit wiederum derjenige von Rosalie Jullien (Dok. 79) hervor. Die Atmosphäre dieser nervösen Nacht vom 9. zum 10. im „Hauptquartier" Dantons (einer der Architekten des Sieges, der sich aber für den Fall des Mißlingens vielleicht auch rückversichert hatte ...) mit Kommen und Gehen wurde indessen nirgendwo besser aufgefangen als vom etwas konfusen — und sehr verspäteten — Tagebucheintrag der Lucile Desmoulins, geborener Duplessis, des „liebenswerten Dummerchens" (doch nicht unbedingt des ganz und gar unschuldsvollen Engels) der Revolutionsliteratur (Dok. 81.)

> Am Tag darauf, am 12., als ich nach Hause kam, erfuhr ich, daß Danton Minister war.

So schloß sie nach allen durchgestandenen Ängsten. Und was war nun geschehen?

Drei Mitglieder der (alten) Commune berichteten in voller Auflösung am 10. August zu früher Morgenstunde der Nationalversammlung:

> Die Anarchie ist angebrochen. Eine doppelte Stadtverwaltung ist soeben im Rathaus gebildet worden. In der Nacht sind mehrere Beauftragte der Sektionen eingetroffen; anscheinend haben sie sich zu einem Generalrat organisiert (...). Sie sagten, daß sie uns nicht mehr anerkennen und daß sie sich in den Saal des wahrhaften Gemeinderates begeben würden.

Saint-Antoine hatte die Initiative ergriffen. Danach

> machten in der Nacht von Mittwoch zu Donnerstag alle Sektionen um Mitternacht bekannt, sich im Aufstand zu befinden. Kommissare wurden benannt, sich ins Rathaus zu begeben, um sich dort angesichts der Krisensituation über die zu treffenden Maßnahmen zu verabreden. Diese

Kommissare haben eine Versammlung abgehalten und nach langer Diskussion beschlossen, vorläufig den Stadtrat — außer der Verwaltung und ihren Leitern — seines Amtes zu entheben und Santerre an die Spitze der Nationalgarde zu stellen. (Moniteur, 12. August 1792.)

Maire Pétion schoben sie (sanft) etwas zur Seite, beließen ihn jedoch in seiner Dienststellung. Zusammen mit den Föderierten zogen die bewaffneten Mannschaften der Sektionen vor die Tuilerien; unter den Kämpfern wiederum, wie schon am 14. Juli 1789, Frauen. Théroigne ward hoch zu Roß gesehen, und andere wurden verwundet:

Lieber tot als Sklave!

Wir, Präsident und Sekretär der Generalvollversammlung der Föderierten, Freunde der Freiheit und Gleichheit, bescheinigen und bezeugen, daß Fräulein Claire Lacombe persönlich am Gefecht des 10. August teilgenommen hat; daß sie nicht allein die Schergen eines treulosen Hofes bekämpfte, sondern durch ihren Mut und ihre Tapferkeit — ehemals ungewöhnlich bei Personen ihres Geschlechts — Bürger wiederversammelte, die das anhaltende Feuer in Auflösung gebracht hatte. Um ihr ein glänzendes Zeichen unserer lebhaften Erkenntlichkeit zu geben, haben wir diese Bescheinigung ausgestellt als erhabenes Sinnbild der Freiheit, die sie ruhmvoll verteidigt hat.

Mazuel, Vorsitzender; Voidel, Sekretär (...). Paris, 19. August 1792. (A. N., T 1001², Lacombe, Claire.)

Als gegen 8 Uhr morgens die Marseiller als erste anrückten, räumte die Bewachung aus Nationalgarden den Vorplatz. Die Schweizer, die der König seit dem 4. August aus ihren Standorten um Paris heranbeordert hatte, gaben den Angreifern die Schloßhöfe frei und empfingen die keines Widerstandes mehr Gewärtigen dort mit Salvenfeuer. Die Überlebenden zogen sich zurück. Inzwischen war jedoch das Gros der Sektionen heran. Gemeinsam mit den Föderierten und mit artilleristischer Unterstützung traten sie zum zweiten Sturm an. Kurz nach 10 Uhr stellten die Schweizergarden auf Geheiß des Königs das Feuer ein und ergaben sich. Pardon wurde den wenigsten gewährt (Dok. 79). Der „überparteiliche" *Moniteur* eierte ganz schön, um sich nicht in einer verfrüht eindeutigen Aussage zu verfangen:

(...) Was jedoch inmitten einer solchen Unordnung und der blutigen Ereignisse in Erstaunen setzte, waren unbewaffnete Bürger, Frauen, Kinder und Greise, die nur die Neugier anlockte und die mit einer Sicherheit wie in Zeiten der größten Ruhe spazierengingen. Vor allem die Gesichter der Frauen zeigten gar keine Züge der Angst und nur selten einen Ausdruck des Gefühls, so sehr hatten Ungerechtigkeit und Treulosigkeit die große Geduld des Volkes erschöpft.

Gegen 8 Uhr abends erfüllten der Schein der allmählich erlöschenden Flammen, das Nahen der Nacht, der Anblick der hingestreckten, fast nackten Leichen der Schweizer (...) die Seele mit Schauder und einem geheimen Entsetzen. (12. August 1792, Dok. 80.)

Noch anderentags wunderte sich ein einfacher Nationalgardist:

Es scheint, daß der Schlag vom 10. einem solchen der Aristokratie zuvorgekommen ist. Man sieht, daß die Schweizer heute Opfer ihrer Leichtgläubigkeit sind und daß sie erwarteten, unterstützt zu werden; aber die Reichen, die mit ihnen zusammen Krieg führen sollten, haben nicht gewagt, zu erscheinen. Wir haben gesagt, daß es 8000 Königsgarden, Royalisten, in Paris gab. Diese 8000 Bürger scheinen zu Hause geblieben zu sein. (Reinhard, La Chute de la Royauté.)

Bald nach Beginn der ersten Kämpfe hatte sich Ludwig auf Anraten und im Beisein von Roederer, Generalprokurator des Departements Paris, mitsamt Anhang aus der unmittelbaren Gefahrenzone zur Manege begeben. Ein von Neugier geplagter Justus Erich Bollmann, dem die Menge (irrtümlich?) eine Pike in die Hand drücken wird,

(...) kam noch vor Ankunft der Horde in den Garten der Tuilerien. Ich sah einen großen bewaffneten Haufen von braven Schweizern und Nationalgarden sich langsam vom Schlosse weg gegen die Nationalversammlung hinbewegen. Der König, seine Schwester, seine Frau und seine zwei Kinder waren in ihrer Mitte (...). Ich sah den König hineingehen und war glücklich genug, mich auch hineinzudrängen. (Landauer, II, 225.)

Allein letzterer Umstand erlaubt schon einen Rückschluß auf

das herrschende Durcheinander. Ludwig stellte sich und seine Familie unter den Schutz der Nationalversammlung. Solange sie den Ausgang des Kampfes noch nicht überblickte, respektierte sie den König im Pech:

> Ew. Majestät können auf die Festigkeit der Nationalversammlung bauen. Ihre Mitglieder haben geschworen, die verfassungsmäßigen Gewalten zu verteidigen, und wenn sie auf ihren Posten sterben müßten.

Nachdem am Sieg des Volksaufstandes nicht mehr zu zweifeln war, drückte sie sich zwar immer noch um Ludwigs förmliche Absetzung herum, beschloß jedoch jetzt seine einstweilige Amtsenthebung und die Einberufung eines nach allgemeinem und gleichem Stimmrecht zu wählenden Nationalkonvents. Das schloß ihre eigene Abdankung ein: Sie gab die ihr zu schwer gewordene Bürde sogar mit Zeichen der Erleichterung ab. Wieder schlug die Revolution ein neues Kapitel auf: das der Sieger des 10. August.

Pièces relatives à l'événement du 20 juin 1792. Archives Nationales, BB^{30} 17 (Paris 1792).

Compte-rendu par le maire, et procès-verbaux dressés par les officiers municipaux, sur les événements du 20 juin 1792. Archives de la ville de Paris, 1 AZ 145.

Le dernier cri de la Nation. Paris (Juli) 1792.

Adresse de la section du Mauconseil à l'Assemblée nationale. Paris (31. Juli) 1792.

Adresse de la section des Gravilliers à l'Assemblée nationale. Paris (4. August) 1792.

P. L. Roederer: Chronique de cinquante jours du 20 juin au 10 août 1792. Paris 1832.

A. Aulard (Hrsg.): Mémoires de Chaumette sur la Révolution du 10 août. Paris 1893.

H. Cunow: Politische Kaffeehäuser. Pariser Silhouetten aus der Großen Französischen Revolution. Berlin 1925.

J. Godechot (Hrsg.): Mémoires inédits de E. L. H. Dejoly sur la journée du 10 août 1792. Paris 1947.

M. Reinhard: La Chute de la Royauté, 10 août 1792. Paris 1969.

Im Unterschied zu ihren Vorgängern wurden die Neulinge der Legislative auf ihren Bänken nie richtig warm. Sie strahlten zu wenig Impulse aus und wunderten sich dann über die Kälte, die ihnen aus dem Volk, über dessen größere Hälfte sie sich wie über Unmündige erhoben, zunehmend entgegenschlug. Rechtschaffene Bürger guten Willens zumeist, fühlten sie sich ungerecht behandelt und von den über sie hereinbrechenden Ereignissen überfordert; am Ende waren sie heilfroh, daß sie ihre volle Zeit nicht abzusitzen brauchten. Eine Nummer zu klein, nahmen sie — ungleich den „Constituants" und danach den „Conventionnels" — nicht einmal eine eigene Bezeichnung in die Geschichte mit. Was sie an Geschriebenem und Gedrucktem hinterließen, atmet selten den Gluthauch revolutionärer Eruptionen.

Gewiß unterlagen sie oft Sachzwängen in Lagen, die nicht sie zu verantworten hatten. Die bislang weithin kopflose, chaotische Konterrevolution begann sich in parallelen Strängen zu organisieren und die äußere Front aufzubauen. Die Fürsten Europas intervenierten.

Die Französische Revolution scheint mir wichtig für die gesamte Menschheit, wird Fichte in der Vorrede zu seinem streitbarsten politischen Buch feststellen. Und spricht damit nur aus, was Flammenzeichen in Dutzenden von Ländern und Ländchen bereits ankündigten: Die französische Botschaft wurde gehört und aufgenommen. Um auch jenseits der Grenzpfähle eine Epochenwende herbeizuführen?

Heute weiß man um die Kraft der Anstöße, die von ihr ausgingen; damals ahnte, hoffte man es nur. Unmittelbare Entlastung konnten sie, wie sich nüchterne Betrachter gleich Robespierre eingestehen mußten, dem Mutterland der Revolution kaum bringen. Eher im Gegenteil: Die Drohung, die von ihnen ausging, schweißte ein in sich zerstrittenes Feudallager aus Selbsterhaltungstrieb zusammen. Mallet du Pan kehrte die Spitze der Beweisführung gewissermaßen um: Wenn der von Paris ausgehende Umsturz des Bestehenden seiner Natur nach kosmopolitisch sei, folgere daraus ein gleiches Recht der Gegenpartei, zur Einmischung in Frankreich: Prinzip wider Prinzip, Kreuzzug wider Kreuzzug.

Das Thema „Die Revolution und Europa" erwies sich über die Zeiten hinweg als nahezu unerschöpflich. Eine eigentliche „Kriegsschuldfrage" haben daraus aber erst spätere bürgerliche Historiker, mit v. Sybel und seinem Widerpart Sorel als Vorreitern, konstruiert. 1791/92 kreiste die Debatte der Patrioten in Legislative und Jakobinerklub um die politische Zweckmäßigkeit einer Präventivaktion und ihre Hauptstoßrichtung (nach innen oder nach außen), nicht um ihre moralische Rechtfertigung. Einer solchen bedurfte — und bedarf — ein geschichtlich unausweichlicher Zusammenstoß nicht:

> *Der Krieg ist die Fortsetzung der Politik mit anderen Mitteln. (...) Und die unvermeidliche Fortsetzung dieser Politik der revolutionären Klasse, die in Frankreich gesiegt hatte, waren die Kriege, in denen sich gegen das revolutionäre Frankreich alle monarchistischen Nationen Europas stellten, die ihre berühmte Koalition bildeten und Frankreich mit einem konterrevolutionären Krieg überzogen.* (Lenin, Werke, XXIV, 397.)

Allerdings erfüllte der Krieg weder die überspannten Erwartungen eines Brissot noch die Befürchtungen eines Robespierre zur Gänze. Er klärte auf seine Weise das Terrain:

> *So wie damals innerhalb des Landes das französische revolutionäre Volk erstmalig ein in Jahrhunderten ungekanntes Höchstmaß an revolutionärer Energie an den Tag legte, so offenbarte es auch im Krieg am Ende des 18. Jahrhunderts eine gigantische revolutionäre Schöpferkraft.* (Ebenda.)

Als erstes beschleunigte der unglückliche Verlauf des Feldzuges den Sturz der Monarchie. Über dessen sorgfältig vorbereitende Planung und die dabei betätigten Hebel ist man im Groben, nicht jedoch in allen Einzelheiten unterrichtet: Die „Geheimnisträger" kamen — Chaumette ausgenommen — allesamt nicht (mehr) dazu, sie in Memoiren auszuplaudern. Ungewiß bleibt insbesondere das Gewicht der Rolle, die Danton zufiel, den der 10. August als umstrittensten der „Großen Drei" ins volle Rampenlicht rückte.

A. N. Radiščev: Putešestvie iz Peterburga v Moskvu. St. Peterburg 1790 (Neuausg. u. Übersetzungen).

C. F. D. Schubart: Leben und Gesinnungen. Von ihm selbst im Kerker aufgesetzt. 2 Bände, Stuttgart 1791—1793. Hrsg. C. Träger, Leipzig 1980.

M. Wollstonecraft: Défense du droit des femmes. Übers. aus d. Engl. (Vindication of the Right of Woman, London 1792), Paris 1792.

W. Godwin: Enquiry concerning Political Justice and its Influence on General Virtue and Happiness. 2 Bände, London 1793.

J. G. Fichte: Beitrag zur Berichtigung der Urteile des Publikums über die Französische Revolution. O. O. 1793, ²1795.

H. v. Sybel: Geschichte der Revolutionszeit 1789—1795. 3 Bände, Düsseldorf 1853—1858.

J. E. Bollmann. Ein Lebensbild aus zwei Weltteilen. Hrsg. F. Kapp, Berlin 1880.

A. Sorel: L'Europe et la Révolution française. 8 Bände, Paris 1885—1904.

Marie-Antoinette et Barnave, correspondance secrète. 2 Bände, Paris 1913—1934.

A. Defresne/F. Evrard: Les subsistances dans le district de Versailles de 1788 à l'an V. 4 Bände, Rennes 1921—1922.

A. Mathiez: Danton, l'histoire et la légende, in: AHRF, Nr. 4, 1927.

G. Lefebvre: Sur Danton, in: Etudes sur la Révolution française. Paris 1954.

D. Cantimori (Hrsg.): Giacobini italiani. Bari 1956.

P. Stulz/A. Opitz: Volksbewegungen in Kursachsen zur Zeit der Französischen Revolution. Berlin 1956.

S. Bernstein: Amerikanische Freunde der Französischen Revolution, in: Maximilien Robespierre, 1758—1794. Berlin 1961.

M. Buhr: Die ursprüngliche Philosophie Johann Gottlieb Fichtes und die Französische Revolution. Berlin 1965.

J. F. Reichardt: Vertraute Briefe aus Paris 1792. Hrsg. R. Weber, Berlin 1980.

V. Gironde und Montagne

Eine zweite Revolution?

Wir würden den 10. August nicht als solchen bezeichnen, wiewohl er als einer der drei Steilgipfel aus der Revolutionskette herausragt:

> Die „nationalen“ Traditionen des Jahres 1792 in Frankreich werden möglicherweise für immer ein Vorbild bestimmter revolutionärer Kampfmethoden bleiben ..., wird Lenin urteilen. (Werke, XIII, 27.)

Terminologisch unbedenklichere Zeitgenossen haben es in Wort und Schrift getan, um die neue Qualität der gesellschaftlichen Umwälzung anzuzeigen. Der Ausdruck begegnet daher in Dokumenten häufig. 1792 als das „Jahr I der Gleichheit“ übertrumpfte 1789, das „Jahr I der Freiheit“, womit die Progression von der großbürgerlich-liberalen Revolutionsphase zur demokratischen oder zumindest intentionell demokratischen in das Sehfeld rückte:

> Was wir die Revolution vom 14. Juli 1789 nannten, ist seit dem 10. August 1792 keine mehr. (Révolutions de Paris, Nr. 163, 1792.)

Marat hatte noch am selbigen 10. August in seiner galligen Besorgnis ganze Arbeit gefordert:

> Niemand verabscheut Blutvergießen mehr als ich, aber um zu verhindern, daß das Blut in Strömen fließt, dringe ich in euch, einige Tropfen zu vergießen.
>
> Um die Pflichten der Menschlichkeit mit der Sorge für das Staatswohl zu versöhnen, schlage ich euch vor, die revolutionsfeindlichen Mitglieder der Nationalversammlung zu dezimieren. Wenn ihr davor zurückscheut, wird das heute vergossene Blut umsonst geflossen sein, und ihr werdet für die Freiheit gar nichts erreicht haben. (Dok. 77.)

Am 13. brummelte er in einer „Fußnote“ hinterher:

> Beim ersten Kanonendonner erheben sich (am 10. August — W. M.) alle diese Verräter, um zu entfliehen. Zurück-

> gehalten durch scharfe Vorhaltungen der Patrioten, suchen sie ihr Heil darin, sich unter sie zu mischen. Es war eine große Ungeschicklichkeit des Patrioten Merlin, diese Schurken an der Flucht gehindert zu haben. Sie wären vom Volk niedergemacht worden (?? — W. M.), und wir wären sie endlich losgewesen.

Begreiflicherweise legte die Legislative auf soviel Diskontinuität gar keinen Wert. Es war nachgerade genug, was alles auf sie einstürmte. Sie sputete sich, vorerst die institutionelle Frage durch ein lakonisches Dekret, auch noch vom 10. August, zu regeln, dessen beide ersten Artikel lauteten:

> Artikel 1: Das französische Volk wird aufgerufen, einen Nationalkonvent zu bilden. Morgen wird der Sonderausschuß einen Entwurf über Modus und Zeitpunkt der Einberufung dieses Konvents vorlegen.
>
> Artikel 2: Das Haupt der Exekutivgewalt ist seiner Amtsbefugnisse enthoben, bis der Nationalkonvent über die Maßnahmen befunden hat, die er zur Sicherung der Souveränität des Volkes und der Herrschaft von Freiheit und Gleichheit ergreifen zu müssen glaubt. (Dok. 78.)

Die Sorge um den Verbleib Ludwigs XVI. schanzte sie der Gemeinde Paris zu, die auf ihrem Territorium die Polizeihoheit ausübte und daher für das Gefängniswesen die alleinige Verantwortung trug. Die Revolutionäre Commune verwarf aus Sicherheitsgründen den ursprünglichen Plan, ihm im Luxembourg-Gefängnis „Wohnung zuzuweisen", und beschloß am 12. August,

> Ludwig XVI. (noch war er ja nicht „entthront" — W. M.) im Temple in Verwahrung zu nehmen, wohin er unter dem Schutz des Gesetzes und der französischen Redlichkeit (aus seinem Refugium in den Räumen der Nationalversammlung — W. M.) überführt wird. (Dok. 82.)

Die weitergehende Anregung Marats:

> (...) da es nur von ihm abhängt, unsere äußeren Feinde für immer zu entfernen, erklärt ihm, daß ihm sein Kopf vor die Füße rollen wird, wenn sich die Österreicher nicht binnen vierzehn Tagen 20 Meilen hinter die Grenze zurückziehen,

wurde hingegen weder von der Commune noch von den Gesetzgebern aufgegriffen. Ebensowenig kamen sie Aufforderungen nach, die Hauptperson doch einfach über die Klinge springen zu lassen. Nicht allein der für seine „Grobheit" bekannte *Orateur du peuple*, schon entrüstet darüber, daß Ludwig nur suspendiert und nicht abgesetzt wurde, beschwor das Volk:

> Oh, meine Freunde, keine Unverletzlichkeit! (...) Er muß sterben, oder Frankreich wird immer in Anarchie bleiben! (XIII, Nr. 50.)

Auch die *Révolutions de Paris* zweifelten — in einem ihrer beiden Berichte über den 10. August — an der Weisheit, den König als Geisel, als „Faustpfand" zu hüten: Volk, hast du das nötig?

> Mehr als hundert Diebe sind in flagranti ertappt und von dir noch am gleichen Tag unmittelbar am Ort ihrer Missetat hingerichtet worden, (...) und Ludwig XVI. lebt noch! (Nr. 163, 1792.)

Am 10. August war nicht der Thron allein zu Bruch gegangen. Mit ihm stürzte das ganze unter so vielen mühsamen Kompromissen in zwei Jahren ausgehandelte System der konstitutionellen Monarchie ein.

> Madame Veto tat versprechen,
> ganz Paris den Hals zu brechen.
> Doch der Schlag ging vorbei
> dank unserer Schießerei. (Dok. 84.)

Es riß seine Stützpfeiler mit. Die auf das Königtum zugeschnittene Verfassung von 1791 war für die Republik, der man entgegenging, untauglich. Die Parteigruppierung der Feuillants, die sie getragen hatte, löste sich auf und ward im Reitsaal der Tuilerien nicht mehr gesehen. Sie „dezimierte" sich selbst und mehr als das. Viele Gemäßigte werden — als nun schon dritte „Emigrantenwelle" (nach jenen von 1789 und 1791) Frankreich den Rücken kehren, darunter so illustre wie Madame de Staël, die Lameths und Duport. Lafayette, dessen Truppen sich geschlossen gegen den beabsichtigten „Marsch auf Paris" auflehnten und ihren Generalissimus um ein Haar sogar festgenommen hätten, floh am 19. August zu den Österreichern, von denen er trotz seiner „Reue" aber sehr ungnädig aufgenommen (und interniert) wurde. Talleyrand, der den Reigen der verfassungstreuen Bischöfe eröffnet hatte, klug schon damals und Rückwege nicht verbauend, stahl sich „auf Zeit" unter dem Deckmantel eines harmlosen diplomatischen Auftrages über England nach den Vereinigten Staaten. Die monarchistische Presse (die erst lernen mußte, sich durch die Hintertür wieder einzuschleichen,) stellte — teils freiwillig aufgebend, teils gezwungenermaßen — über kurz oder lang (in Lyon sogar schon am 5. August, Dok. 75) ihr Erscheinen ein. Am 13. August ließ sich die *Vossische* aus Paris berichten:

> Heute ist es in der Stadt ganz ruhig; aber noch gestern war man nicht ohne Besorgnisse. Nur ein einziges Theater hat gespielt. In der Nacht hatte das Volk aristokratische Blätter aus Buchläden weggeholt und sie verbrannt. Alle periodischen Schriften und Zeitungen, die sich über unsere Umstände freimütig ausließen, erscheinen nicht mehr. (Nr. 102, 1792.)

Selbstredend mußte auch eine neue Regierungsmannschaft her. Weil sich die Legislative nicht getraute, dem Konvent, dessen Zusammentritt erst für den 20. September bevorstand, lauter vollendete Tatsachen zu kredenzen, ernannte sie lediglich einen „Provisorischen Vollzugsrat", der sich ressortmäßig aus den herkömmlichen sechs Ministern zusammensetzte, nur eben aus anderen Personen. Roland, Clavière und Servan kehrten auf ihre davor schon innegehabten Sessel — Inneres, Finanzen und Krieg — zurück; Marineminister wurde der Gelehrte Monge, Außenminister der Diplomat Lebrun: zwei Sympathisanten der Gironde. Als Ölzweig an die jakobinische Linke und das Pariser Volk erhielt Danton, auf der Höhe seiner Beliebtheit ohnehin schwer zu übergehen, das nach dem Aufstand besonders heikle, heiße und undankbare Justizministerium (Dok. 81).

Nicht weniger einschneidend waren Veränderungen an der Basis. Nachdem Dantons Sektion Théâtre Français längst erklärt hatte, daß sich

> eine einzelne Klasse von Bürgern nicht das ausschließliche Recht anmaßen kann, das Vaterland zu retten,

und daraus die Schlußfolgerung zog, die Bürger,

> die nach Aristokratenweise unter der Bezeichnung Passivbürger bekannt sind,

zum Dienst in der Nationalgarde und zur Teilnahme an den Beratungen der Bürgervollversammlung aufzufordern,

> kurz, an der Ausübung jenes Teils der Souveränität mitzuwirken, welcher der Sektion zukommt,

kam die Legislative nicht umhin, einen tatsächlich schon eingetretenen Zustand zu legalisieren und die undemokratischste unter den Verfassungsklauseln ohne Aufsehen einzusargen.

> Während das Vaterland in Gefahr ist, muß der Souverän auf seinem Posten sein: an der Spitze seiner Armeen, an der Spitze der Staatsgeschäfte; er muß überall sein,

verkündete die Sektion Butte des Moulins, unter dem Souverän die Nation verstehend. Durch das allgemeine Wahlrecht und die (Wieder-) Bewaffnung der Passivbürger integrierte der 10. August das werktätige Volk zumindest dem Anspruch nach in diese Nation und kennzeichnete die Heraufkunft der politischen Demokratie. Daß Föderierte der Departements des Südens und des Westens an der Aktion zu ihrer Herbeiführung Anteil genommen hatten, versinnbildlichte ihre revolutionäre Einheit. Schranken innerhalb dieser — bürgerlichen — Nation waren gefallen. Gleichzeitig sprangen die Klassenvorzeichen der neuen nationalen Wirklichkeit deutlicher hervor.

> Es verbleibt uns, schrieb Camille Desmoulins am 15. August an seinen Vater, Frankreich so glücklich und blühend zu machen, wie es frei ist. (Dok. 83.)

In den Ende August einsetzenden Stufenwahlen (alles bis herunter zur kleinsten Gemeinde und zum letzten Stadtbezirk — Ausschüsse, Friedensrichter, Polizeikommissare — wurde ja nun neu gewählt) tauschten manche Pariser (und nicht nur Pariser) Sektionen ihr gesamtes Elektorenkollegium und alle ihre Vertreter in der Commune aus. Unter Zurückdrängung der Großbourgeoisie zogen an der Seite eines gehobenen Mittelstandes dank den Stimmen der ehemaligen „Passiven" erstmalig in größerer Zahl Kleinbürger, in Einzelfällen auch Arbeiter nicht nur in die Versammlungen, sondern gleichfalls in die Leitungen ein. Ein neues politisches Schlagwort begann die Runde zu machen: Die „Sansculotten", die ohne (sans) die modische Kniehose (culotte) im langen Beinkleid des Werkmannes als selbständige Größe in die soziale Auseinandersetzung mit Wucht eingriffen, begannen dieser auch ihren „Stil" aufzuprägen.

Antoinette wollte forsch
uns fallen lassen auf den Orsch.
Doch der Schlag ging vorbei,
sie hat die Nas entzwei.
Tanzt nun die Carmagnole,
feiert den Ton!
Tanzt nun die Carmagnole,
feiert den Ton der Kanon! (Dok. 84.)

Der Informant des *Hamburgischen unparteiischen Correspondenten* erschrak (am 20. August) gar mächtig über den „sehr geänderten Pariser Ton":

(...) bald wird man fragen, wo das alte Frankreich geblieben ist, dessen Einwohner man die liebenswürdigen Franzosen zu nennen pflegte. (Nr. 137, 1792.)

Ob das allerdings schon ausreichte, um den 10. August zur „Stunde des Vierten Standes" werden zu lassen, war eine ganz andere Frage und mußte sich erst erweisen. Die Bourgeoisie, deren arge Bedenken vor einer „Massendemokratie" er sogleich weckte, war jedenfalls in ihrer großen Mehrheit durchaus darauf bedacht, ihre Staats- und Rechtsordnung auch unter den neuen Machtverhältnissen ungeschmälert zu behaupten.

J. H. Bancal des Issarts: Du nouvel ordre social. Paris 1792.
P. A. Hidins: Au genre humain, respect et fraternité. Lyon 1792.
J. M. Lequinio: Les préjugés détruits. Paris 1792.
J. F. Varlet: Voeux formés par des Français libres. Paris 1792.
S. Maréchal: Anecdotes peu connues sur le 10 Août et les journées de Septembre. Paris 1793.
A. Mathiez: Le Dix Août. Paris 1931.
E. Bernardin: Jean-Marie Roland et le ministère de l'Intérieur. Paris 1964.

Das Interregnum

Besagte Machtverhältnisse boten sich, gelinde ausgedrückt, unübersichtlich dar, und Brissots *Patriote français* machte es sich damit am 29. August entschieden zu leicht:

Die Gewalten, die eingesetzt sind, um der Staatsmaschine

revolutionären Schwung zu verleihen, müssen mit dieser Bewegung enden, weil sie sonst zur Diktatur führen. Eine lange Diktatur aber, ja, schon eine von wenigen Tagen ist nichts anderes als das Grab der Freiheit.

Dem Buchstaben nach repräsentierte die Legislative einstweilen immer noch den Souverän Nation. Abgesehen von personellen Unzulänglichkeiten und dem bevorstehenden Ablauf ihres Mandats nagte aber an der Autorität ihres Rumpfes (nach Auszug der meisten Feuillants) die schlichte Einsicht, daß er — bestenfalls — die kleinere Wählerhälfte, nämlich die Aktivbürger — abzüglich noch der Monarchisten — zu vertreten mit einiger Glaubhaftigkeit beanspruchen konnte. Die Gironde, der seine Führung als Geschenk des Aufstandes in den Schoß gefallen war, suchte sein Vertrauenskonto durch ansprechende gesetzgeberische Akte aufzustocken.

Endlich, sagten die Patrioten nach dem 10. August, endlich ist das Staatsschiff gerettet! (Révolutions de Paris, Nr. 167, 1792.)

Die Legislative setzte — dies lag in der Natur der Sache — die bisher durch ein Veto blockierten Dekrete umgehend in Kraft. Sie stellte am 26. August den Refraktären eine Zweiwochenfrist zum Verlassen Frankreichs, widrigenfalls sie die Deportation nach Cayenne zu gewärtigen hatten. Weil danach viele Pfarreien verwaisten, mußten die Gemeindebehörden Geburts-, Eheschließungs- und Sterberegister übernehmen. So wurde der 20. September 1792 zum Weltgründungstag des Standesamtes: ein unbeabsichtigter erster Schritt zur Trennung von Staat und Kirche, dessen Auswirkungen den verfassungstreuen Klerus genauso trafen.

Am 14. August war die Versammlung den Bauern ein Stück entgegengekommen. Emigrantengüter, die nach einem Dekret vom 27. Juli zum Verkauf freigegeben wurden, durften für kapitalarme Bieter parzelliert und Gemeindeländereien aufgeteilt werden. Am 15. erfolgte die Niederschlagung aller mit der Entfeudalisierung zusammenhängender Gerichtsverfahren, die gegen Bauern schwebten. Örtlich wurden Höchstpreise für vordringliche Bedarfsgüter ins Ermessen der Behörden gestellt. Am 9. und 16. September ermächtigte die Legislative die Distrikte sogar, Getreidebestände zu erfassen

und im Notfall zwecks Versorgung der Märkte und/oder der Armee gegen Entschädigung zu beschlagnahmen. Das Eingehen auf Vorstellungen ländlicher Massen, die mit ihren eigenen zuweilen schroff kollidierten (Dok. 85), zahlte sich für die Gironde im Monat vor den Wahlen in der Provinz aus.
Am 26. (und 28.) August gab die Legislative ferner ein Zeichen weltbürgerlicher Öffnung. Auf Antrag von Marie Joseph Chénier und Rühl verlieh sie einer Anzahl ausländischer Schriftsteller,

> die die Grundlagen der Tyrannei untergraben und die Wege zur Freiheit gebahnt haben,

das französische Bürgerrecht:

> den Amerikanern Washington, Hamilton und Madison;
> den Briten Paine, Priestley, Bentham, Wilberforce, Clarkson, Mackintosh und Williams;
> dem Polen Kościuszko;
> dem Niederländer de Pauw und dem Schweizer Pestalozzi;
> den Deutschen Cloots, Campe, Klopstock und Schiller.

Drei von ihnen — Priestley, Paine und Cloots — wurden in den Konvent gewählt; die beiden letzteren nahmen in ihm tatsächlich Platz.
Am 19. November wird Klopstock, dem die Urkunde infolge der Kriegsumstände verspätet zuging, ein Dankschreiben an Roland richten:

> Es ist unmöglich, die Ehre zu verdienen, die einem Ausländer widerfährt, der von der französischen Nationalversammlung mit dem Bürgertitel beschenkt wird. Das einzige, was ihn bis auf einen gewissen Grad dessen würdig machen kann, ist sein vor dieser einzigen unsterblichen Erhebung vorhergehender Civismus.

Wie das Echo zeigte, machte die Gironde im In- und Ausland Boden gut. Mehr zu sagen hatte sie deshalb an der Stätte ihres Wirkens, in Paris, noch nicht. Gewiß, sie saß Regierung, doch haben die Ministerien während der gesamten Revolution eine schwache Vorstellung gegeben: Die Institution schleppte den Mißkredit des Ancien Régime mit sich und wurde ihn nie ganz los: „Staatsmann“ (homme d'état) blieb ein Schimpfwort.
Der Provisorische Vollzugsrat besaß wenig reale Macht. Er

zehrte vom Konsens, und sein Primus Roland, der (im Juni) Bürgerstolz vor Fürstenthronen vorgeführt hatte, eckte als rigoroser Verwaltungsmensch eher an. Er verkörperte gewissermaßen das Streben der Girondebourgeoisie, baldmöglichst zu Normalzuständen zurückzukehren, nachdem für sie so vieles so unerwartet glatt gelaufen war.

> Die Schonung, opponierte Madame Jullien am 15. August, und die halben Maßnahmen, die ebenso verhängnisvoll für unsere Feinde wie für uns sind, lassen mich zittern. Heute gilt es, aus Humanität barbarisch zu sein und ein Glied abzuschneiden, um das Ganze zu retten. (Landauer, I, 305.)

Der Mann aber, der Format und gleichzeitig das Ohr der Massen besaß, spannte seine Ambitionen nicht vor den Karren der Gironde: der „plebejische Mirabeau" Jacques Danton.

> Die Natur hat mir eine athletische Gestalt und die herben Züge der Freiheit gegeben. Ich bin nicht belastet mit dem Unglück, von jenen Kasten abzustammen, die unseren alten Einrichtungen gemäß privilegiert und deshalb fast stets entartet waren. Ich habe mir meine bürgerliche Existenz allein geschaffen und dadurch meine ursprüngliche Kraft bewahrt, und immer habe ich bewiesen — im Privatleben wie im Beruf —, daß ich die Kaltblütigkeit der Vernunft mit der Glut der Seele und der Festigkeit des Charakters zu verbinden weiß. (Dok. 64.)

Der ungekünstelt beredte Improvisator und Realist, der ebenso skrupellos zu manövrieren wie kühn zu entscheiden wußte, ein Genießer und schreibfaul, aber immer bereit, sich hinreißen zu lassen, und fähig, andere hinzureißen, markierte einen Augenblick lang den revolutionären Pegel Frankreichs. Der „Löwenkopf" begriff, daß dieses nicht die Stunde der Leisetreter war. Im Glauben an die Kraft des Volkes verband er sich — wie Robespierre auch — mit der „Insurrektionellen Commune vom 10. August". Denn mit ihr war, parallel zu den „rechtmäßigen" Gewalten, eine revolutionär gegründete Volksmacht entstanden, die allein über die Streitkräfte der Pariser Sektionen gebot. Die Nationalgarde war zu *ihrem* Instrument geworden. Ein scharfer Kompetenzkonflikt zwischen Commune und Nationalversammlung war die unausbleibliche Folge. Die Redner der Gironde gerieten außer sich, als „das Rathaus" einen ihrer Zeitungsschreiber, Girey-Dupré, vorlud, um Rede und Antwort zu stehen, weil er es der Usurpation und Diktatur bezichtigt hatte. Tallien, damals noch wenig bekannt, erwiderte als Sprecher der Commune kühl:

> Alles, was wir getan haben, hat das Volk gutgeheißen. Wenn ihr gegen uns einen Schlag führen wollt, schlagt ihr also auch das Volk, das die Revolution vom 14. Juli gemacht, das sie am 10. August gefestigt hat und das sie aufrechterhalten wird.

Der Legislative verblieb keine Wahl: Sie mußte die durch Nachwahlen auf 277 dem Mittel- und Kleinbürgertum entstammende Ratsmitglieder erweiterte „gesetzwidrige" Rivalin — unter Protest zwar — hinnehmen. Das führte dazu, daß drei Instanzen — Commune, Legislative und Vollzugsrat — Maßnahmen „zur Rettung des Vaterlandes" ergriffen ohne Rücksicht auf Rechtslage und Zuständigkeit. Zur Besänftigung der Gemüter trug das nicht bei, und auch Patrioten fiel es mitunter schwer, sich im Wirrwarr der Anordnungen zurechtzufinden. Es bildete sich ein Übergangsregime mit Zügen einer Doppelherrschaft heraus, die keine endgültige Gestalt annahm und sich weder mit einer bestimmten Einrichtung noch mit einer Persönlichkeit, weder mit einer Partei noch mit einer abgegrenzten Klasse identifizierte. Jedes der drei Machtzentren bemühte sich, durch Entsendung von Beauftragten und Rundschreiben die Provinz und insbesondere die Armee zu überzeugen und für sich zu gewinnen. Madame Jullien zwar berichtete ihrem Sohn am 21. August in strahlender Ahnungslosigkeit:

> Commune, Sektionen, Senat befinden sich in der schönsten Harmonie. (Landauer, I, 306.)

Brissot wußte es im *Patriote français* vom 29. August besser:

> Solange sich die provisorischen Kommissare der Pariser Commune nur damit beschäftigt haben, die Revolution des 10. August zu leiten, Verschwörer zu verfolgen, Verdächtige zu beobachten, solange haben die Patrioten unbesorgt Gewalten bestehen sehen, die, mit der Gärung entstanden, auch mit der Gärung enden und in der Volksherrschaft aufgehen müssen. Als man aber gesehen hat, wie diese Kommissare (...) die Rechte des Stadtmagistrats usurpierten, wie sie Verwaltungen auflösten und wieder-

einsetzten, die nur sie auflösen und wiedereinsetzen durfte, wie sie unter sich Stellen verteilten, die allein sie besetzen durfte, wie sie Magistratspersonen absetzten, die vom Volk gewählt und beim Volke beliebt waren, (...) da sind den guten Bürgern die Augen aufgegangen. Sie haben sich gesagt, daß sie nicht zweimal die Freiheit erobert hätten zu dem Zweck, sie Ränkeschmieden auszuliefern, und daß sie auf den Trümmern des königlichen und adeligen Despotismus keinen noch härteren und gehässigeren Despotismus aufkommen lassen dürften.

Die Commune forderte die Errichtung eines Sondertribunals aus Volksrichtern zur Aburteilung von Konterrevolutionären und vorrangig der Schuldigen am Blutbad des 10. August. Die Nationalversammlung gab ihrem Begehren am 17. statt, goß aber genügend Wasser in den Wein, so daß am Ende nur ein paar Komparsen das Nachsehen hatten. Den Beamten forderte sie einen Eid „auf die Freiheit und die Gleichheit" ab — eine Formel, die von nun an offiziellen Charakter erlangte (während sich die spätere Hinzufügung der Brüderlichkeit, um die Trinität voll zu machen, als nicht von Dauer erwies). Am 28. August wurde die Commune auf Verlangen Dantons ermächtigt, nach Waffen zu fahnden, die sich im Besitz von Verdächtigen befinden mochten (Dok. 86). Daraufhin begannen (in der Nacht zum 30.) systematische Haussuchungen in ganz Paris. Sie wurden von etwa 3000 vorläufigen Festnahmen begleitet, von deren Betroffenen rund 1000 in Haft verblieben. Die Hauptstadt glitt in einen Ausnahmezustand, weit entfernt von der Idylle, die fröhlicher Optimismus den *Révolutions de Paris* vorgaukelte:

Die Nationalversammlung, die Exekutivgewalt, die Pariser Commune sind vom reinsten Eifer, vom dringendsten Wunsch beseelt, die Freiheit zu verwirklichen. Die Zeiten sind vorbei, wo ein einzelner Mensch das Vaterland retten zu können vermeinte. Das Vaterland *wird* gerettet werden, aber durch das Volk. (Nr. 164, 1792.)

Schlechte Nachrichten von der Front brachten die Hochspannung zur Entladung. Die kleine Grenzfestung Longwy kapitulierte wenige Tage nach Beginn des preußischen Einmarsches kampflos (Dok. 86).

Das Glück der preußischen Waffen erweckt hier viel

Unruhe, wird dem „Hamburgischen unparteiischen Correspondenten“ am 27. August aus Paris berichtet. Es sind schon mehrere Wetten darauf angestellt, daß die Preußen vor Ende September in Paris sein werden. Indessen macht man doch zugleich Anstalten zur nachdrücklichen Gegenwehr. Die Sansculottes sind willens, selbst das Frauenzimmer zur Ergreifung der Waffen zu zwingen, und wollen alles niedermachen, was sich ihren Plänen widersetzen wird. (Nr. 142, 1792.)

Am 2. September erfuhr Paris von der Einschließung Verduns, der letzten Sperrfestung auf dem Wege zur Hauptstadt. Die Girondeführer erwogen die Verlegung der Regierung hinter die Loire. Danton fuhr dazwischen:

Roland, hüte dich, von Flucht zu sprechen! Fürchte dich, daß das Volk nicht auf dich hört!

Und, an die Nationalversammlung gewandt:

Um die Feinde zu besiegen, meine Herren, brauchen wir Kühnheit, nochmals Kühnheit, immer wieder Kühnheit, und Frankreich ist gerettet! (Dok. 87.)

Die Commune ließ vor der Stadt Gräben ausheben, 30000 Piken schmieden, die Artillerie überholen, Rekruten mustern, die Sturmglocke läuten; niemand durfte ohne Genehmigung die Stadt verlassen. Ihr Aufruf an die Pariser:

Zu den Waffen, Bürger, zu den Waffen, der Feind steht vor den Toren,

blieb kein leeres Wort. Die Tauglichen traten auf dem Marsfeld an und bildeten Marschbataillone. Die Mitglieder der Commune erhielten den Auftrag, in ihren jeweiligen Sektionen

ihren Mitbürgern die Gefahren für das Vaterland und die Verrätereien, die sie umgeben, energisch darzustellen.

In dieser überhitzten Atmosphäre wuchs die Nervosität. Die Freiwilligen waren im Begriff, an die Front zu ziehen. Marat riet ihnen, Paris nicht zu verlassen, ehe sie nicht mit den Volksfeinden abgerechnet hätten. Die Befürchtung lief um, daß nach ihrem Weggang die Gefangenen ausbrechen würden, um dem Feind die Hand zu reichen. So kam es zu den panikartigen „Septembermorden“.

Refraktäre auf ihrem Weg zur Haftanstalt wurden zuerst getötet. Danach zog eine Menge zu den Gefängnissen in den ehemaligen Klöstern Carmes und Abbaye, um dort Hinrichtungen vorzunehmen. Der Überwachungsausschuß der Commune griff ein und schuf Volksgerichte: In der Vorstellung des einfachen Volkes waren Rechtsprechung und Rechtsübung Attribute des Souveräns, der sie in Notlagen wieder an sich nahm. Ein Kommissar der Commune erläuterte in der Nacht vom 2. zum 3. September:

> Das Volk sprach, indem es seine Rache übte, auch Recht.

Er wandelte damit nur eine Interpretation ab, die von den *Révolutions de Paris* schon den Ereignissen des 10. August gegeben worden war und einer unter den Sansculotten verbreiteten Meinung über des Volkes Recht und Pflicht zur Sühne entsprach:

> Beauftragte des Volkes, das Volk in Erhebung will einen Augenblick lang die Gewalt selbst ausüben, die es euch anvertraut hat! (Nr. 161, 1792.)

Auch nach den Septembrisaden beharrte das Blatt auf seinem Standpunkt:

> Richter, alles am 2. und 3. September vergossene Blut muß auf euch zurückfallen. Es war eure verbrecherische Saumseligkeit, die das Volk zu Tätlichkeiten trieb. Das Volk, dessen Geduld erschöpft ist, entreißt das Richtschwert Händen, die allzu lange untätig geblieben sind, und füllt euer Amt aus. (Nr. 165, 1792.)

Die Exekutionen setzten sich in den folgenden Tagen in den anderen Gefängnissen fort. Von annähernd 2 800 Häftlingen wurden etwas über 1 100 zu Tode gebracht, wovon eine große Mehrheit auf unpolitische Kriminelle entfiel. Die *Annales patriotiques* schrieben — reichlich pauschal: „Die Schuldigen sind umgekommen, die Unschuldigen sind verschont geblieben." Die Behörden schwiegen. Die erschrockenen Girondins in der Legislative fühlten sich selber bedroht, was sie zu merkwürdigen Fehleinschätzungen trieb. So glaubte Manon Roland nicht nur in der vollen Hitze des Gefechts am 5. September (Dok. 90), sondern auch noch nach dem Abklingen der Psychose:

> Mein Freund Danton hat die Führung des Ganzen; Robespierre ist die Puppe; Marat hält die Fackel und den Dolch: Dieser wilde Tribun herrscht, und wir sind nichts weiter als die Unterdrückten, bis wir als seine Opfer fal-

len (. . .). Sie kennen meinen Enthusiasmus für die Revolution, nun, ich schäme mich ihrer! Sie ist von Bösewichtern befleckt, sie ist ekelhaft geworden. (Brief an Bancal vom 9. September 1792, Landauer, II, 41 f.)

Danton hielt nichts von einem ohnehin zur Wirkungslosigkeit verurteilten Einschreiten des Justizministeriums. Am 3. September gegenzeichnete er ein von Marat mitunterschriebenes Zirkular des hauptstädtischen Überwachungsausschusses.

Die Commune von Paris beeilt sich, ihren Brüdern in allen Departements mitzuteilen, daß ein Teil der in den Gefängnissen verwahrten blutdürstigen Verschwörer durch das Volk zu Tode gebracht worden ist: Rechtsakte, die ihm unerläßlich erschienen, um in dem Augenblick, da es gegen den Feind ausziehen wollte, die Legionen der in seinen Mauern verborgenen Verräter durch den Schrecken zurückzuhalten. Ohne Zweifel wird die gesamte Nation nach der langen Reihe von Verrätereien, die sie an den Rand des Verderbens gebracht haben, sich beeilen, diese so notwendige Maßnahme der öffentlichen Wohlfahrt anzunehmen, und gleich den Parisern werden alle Franzosen ausrufen: „Wir ziehen gegen den Feind, aber wir lassen keine Räuber hinter uns, die unsere Frauen und Kinder erwürgen." (Mortimer-Ternaux, III, 308.)

In der Tat kam es in der Provinz zu gleichartigen Hinrichtungen, obschon weit geringeren Umfangs. Diese erste „Herrschaft des Schreckens" (la Terreur im Sinne von „Abschreckung") säte nicht nur unter Konterrevolutionären lähmende Furcht. Sie — wie auch die „Untätigkeit der Behörden" bis ganz oben hinauf — wurde nachträglich ebenfalls von Patrioten hart getadelt und verurteilt.

Nun kam es niemand in den Sinn, Exzessen der „Septembriseure" wie abstoßender Leichenschändung das Wort zu reden. Die Revolution wurde nicht von Menschen gemacht, wie sie sein sollten, sondern von Menschen, die sie so vorfand, wie sie waren.

Die Blutbäder des September, schreibt Mazauric, zeigten mit ihrem Ritual (und ihren Atavismen — W. M.) inmitten einer vollentfalteten bürgerlichen Revolution die strikten Grenzen der humanitären Botschaft der Aufklärung. (Histoire de la France contemporaine, I, 170.)

Daß es aber nicht darum gegangen war, zwischen Ordnung und Unordnung zu wählen, sondern zwischen der neuen Ordnung und der alten, stand vielen — worunter des „Terrorismus“ durchaus unverdächtigen — Zeugen und Zeitgenossen weitaus deutlicher vor Augen, als es mancher Spätere wahrhaben wollte.

> Wer das Ziel will, bekannte Madame Jullien am 2. September ihrem Mann, muß auch die Mittel wollen: keine barbarische Humanität! Das Volk ist aufgestanden; das Volk, schrecklich in seiner Wut, rächt die Verbrechen dreier Jahre voll des feigsten Verrats! (...) Grausame Notwendigkeit, unheilvolles Werk unserer Feinde! (Dok. 88.)

Und in ihr Tagebuch wird sie eintragen:

> Sosehr man vor Entsetzen schauderte — man betrachtete es als eine gerechte Handlung.

Der Girondin Gorsas teilte in diesem Punkt ihre Meinung:

> Wir befinden uns im offenen Krieg mit den Feinden unserer Freiheit. Es ist unvermeidlich, daß wir durch ihre Hände oder sie durch unsere fallen (...). Das ist die grausame Alternative, vor der wir stehen. (Bericht des „Courrier des Départements“ zum 2. September.)

Auch der Dragoner Marquant führte ein Tagebuch. Den Feind in den Argonnen vor Augen, notierte er am 12. September:

> Man mußte die Feinde hindern, in die Hauptstadt zu gelangen, wo sie unsere Gesetzgeber erwürgen und Louis Capet sein eisernes Zepter, uns aber unsere Ketten wiedergeben würden.

Couthon zeigte sich in einem Bericht an seine Wähler vom 4. September zaghafter. Er ließ dahingestellt, wieviel daran war an den umlaufenden Warnungen vor ausbrechenden „Schurken und Verrätern“, die

> in der Stadt Feuer legen, ein Blutbad anrichten und sich im Falle des Widerstandes in das zu einer Festung ausgebaute Bicêtre zurückziehen wollten in der Hoffnung, Paris von dort aus zu unterwerfen.

Aber

> das Volk, das man so oft verraten hatte, glaubte diesen düsteren Gerüchten sehr wohl. Es gerät in Wut, und im

höchsten Übermaß seiner Rachegefühle. (...) Erlaubt mir, meine lieben Mitbürger, hier aufzuhören und euch zur Unterrichtung über die Geschehnisse, die folgten, auf die Zeitungen zu verweisen. (Dok. 89.)

Auf seine Weise nicht weniger pathetisch hat sich zum „Terror von 1792" ein Außenstehender geäußert, von dem man es so vielleicht nicht erwartet hätte: Thomas Jefferson, Miturheber der ersten Menschenrechtserklärung auf Erden und künftiger Präsident der Vereinigten Staaten:

> In dem Kampf, der notwendig war, starben viele schuldhafte Personen ohne förmliches Gerichtsverfahren, und mit ihnen einige unschuldige. Diese betrauere ich ebenso wie nur irgend jemand, und ich werde einige von ihnen bis zum Tag meines Todes betrauern. Aber ich betrauere sie, wie ich es getan hätte, wenn sie in der Schlacht gefallen wären. Es war notwendig, den Arm des Volkes zu gebrauchen — eine Maschine, nicht ganz so blind wie Kugeln und Bomben, aber doch blind bis zu einem gewissen Grad (...). Die Freiheit der ganzen Welt hing vom Ausgang des Ringens ab, und ward jemals ein solcher Preis mit so wenig unschuldigem Blut gewonnen? Meine eigenen Gefühle sind durch einige Märtyrer dieser Sache tief verletzt worden, doch eher, als daß sie scheitern sollte, wollte ich die halbe Erde verwüstet sehen. (Brief an W. Short vom 3. Januar 1793.)

(S. Maillard:) La juste vengeance du peuple, détail exact de la journée du 2, de la nuit du 3 septembre, nombre des morts. Paris 1792.

J. C. Méhée de la Touche: La vérité toute entière sur les vrais acteurs de la journée du 2 septembre. Paris 1792.

D. Tremblay: Justice du peuple, ou grand Détail de ce qui s'est passé cette nuit, concernant les traîtres de la nation. Paris 1792.

F. Klopstock: Schreiben an den französischen Minister Roland, Hamburg (19. November) 1792, in: Minerva, Januar 1793.

Jacques Roux, officier municipal, électeur du Département, au Sieur Joseph Epellet. Paris 1793 (Scripta et Acta, 89—96).

B. Bauer: Die Septembertage 1792. Charlottenburg 1844.

A. Tuetey: Les prisons de Paris en 1792. Paris 1902.

The Writings of Thomas Jefferson. Bd. IX, Washington, D. C. 1903.

F. Braesch (Hrsg.): Papiers de Chaumette. Paris 1908. — Derselbe:

La Commune de 10 août. Etude sur l'histoire de Paris du 20 juin au 2 décembre 1792. Paris 1911.
P. Caron: Les Massacres de Septembre. Paris 1935. — Derselbe: La Première Terreur. Bd. I: Les missions du conseil exécutif provisoire de la Commune de Paris. Paris 1950.
N. E. Rétif de la Bretonne: Vingt nuits de Paris. Hrsg. F. Faboureau, Paris 1947.
V. G. Revunenkov: Parižskaja kommuna 1792—1794 gg. Leningrad 1976.

Der Konvent

Furcht und Hoffnung wohnten in diesem September unter einem Zelt.

> Die Ängstlichen stieben in alle Winde, schrieb Madame Jullien am 6. September ihrem Mann, dem baldigen Konventsmitglied Jullien „de la Drôme". Ich für mein Teil bleibe auf meinem Posten (...). Die Feigheit und der Egoismus derer, die uns angreifen, haben immer zuwege gebracht, daß ich unverzagt bleibe. Trotzdem bin ich in diesen letzten acht Tagen tausend Tode gestorben.

Wo wollte es mit Frankreich hinaus? Die Ernte war zufriedenstellend, doch der Drusch kam nicht nach, wodurch Engpässe entstanden. Dazu drückten der Kriegsverlauf und die „Unwägbarkeiten" in Paris auf den Kurs des Papiergeldes. Spekulation trieb die Preise entsprechend nach oben. Dagegen setzte sich das Stadtvolk und insonderheit die Arbeiterschaft in Rambouillet und Versailles, Rouen, Grenoble und anderen Orten zur Wehr. Es kam zu erbitterten Auseinandersetzungen; bisweilen mußten, wie in Orléans und Tours, die Gemeinden nachgeben und nach dem Beispiel von Paris den Brotpreis durch Zuschüsse stützen. Die Seidenmanufaktur Lyons traf es besonders hart; sie verlor traditionelle Absatzmärkte. Am 26. August führte Chalier eine gewaltige Weberdemonstration auf der Place des Terreaux an. Am 11. September rief die Stadtverwaltung Minister Roland, ihren „halben" Landsmann und Mitbegründer ihres „Zentralklubs", um Hilfe an:

> Unsere Fabriken liegen fast am Boden, eine große Menge

von Arbeitern ist ohne Arbeit, die wichtigsten Bedarfsgüter haben sich ungeheuer verteuert, die Versorgung und insbesondere die Beschaffung von Getreide macht die größten Schwierigkeiten.

Überfälle auf Transporte und willkürliche „Taxierung“ blieben auf der Tagesordnung. Der Streit um Marktfreiheit oder Wirtschaftslenkung fand neue Nahrung

in Erwägung, daß das Gesetz keine Freiheit, wie sie auch geartet sein möge, begünstigen kann, die gesellschaftlich schädliche Mißbräuche erzeugen würde. (Dok. 94.)

Zum sozialen und politischen trat der religiöse Dissens. Die in Paris aufs Haupt geschlagenen Royalisten hakten ein, wo die Vertreibung der Eidverweigerer unter frommen Dörflern böses Blut machte. Sich offen den Wählern zu stellen, erkühnten sie sich nicht. Wo sich ihre Flexiblen — im wesentlichen mit dem Anhang der Feuillants identisch — an den Nominierungen beteiligten, stimmten sie für die blassesten unter den republikanischen Bewerbern in der Berechnung, unter diesen den Rechtsdrall zu verstärken.

Stützen der linken Kandidaten im Lande waren die dem Jakobinerklub angegliederten Volksgesellschaften. Beistand erfuhren sie durch Sendboten aus Paris, die gelegentlich für Aufsehen sorgten. So wurden Momoro und Dufour in der Normandie festgenommen unter der griffigen Beschuldigung, sie „predigten wider das Eigentum“. Momoro hatte, wie andere auch, seine eigene Bürgerrechtserklärung in Umlauf gesetzt, deren inkriminierter Artikel 27 lautete:

Die Nation erkennt nur das gewerbliche Eigentum an (...). Das Grundeigentum ist unverletzlich bis zu dem Augenblick, wo die Nation Gesetze über diesen Gegenstand erläßt.

Immerhin fehlten Beimischungen des bei den Besitzenden so verpönten „Ackergesetzes“ in der Tat nicht. L'Ange in Lyon brachte in seiner „Antwort auf Einwände“ *(Réponse aux objections)* und in nachfolgenden Flugschriften Gemeinschaftsspeicher für je 100 Familien in Vorschlag und sodann eine Teilvergesellschaftung von Handel und Gewerbe:

Das Volk braucht keinen König, sondern ganz einfach Brot!

Babeuf hatte nach Aussage von Pfarrer Croissy aus Etalon

„die Ehre", den Wahlmännern im pikardischen Abbeville einen

> beifällig aufgenommenen Plan über das Ackergesetz vorzulegen.

Dolivier hatte schon in seiner Mai-Petition darauf gedrungen, daß

> die Nation allein der wahre Eigentümer ihres gesamten Bodens ist (...) und jeder, der ein Brot ißt, das er nicht selbst erarbeitet hat, dasselbe stiehlt.

Er berührte sich darin mit Gedanken, die in Paris Jacques Roux in seine Wahlbroschüre *Maßnahmen zur Rettung Frankreichs und der Freiheit* einschloß. In Epineuil, im Departement Cher, feuerte Pfarrer Petitjean seine Gemeinde an, keine Pacht mehr zu zahlen, ihre Güter zu teilen und ihr Eigentum aufzugeben. Die klingende Münze wollte er abschaffen und guten Acker in Gemeindeland verwandeln. So viel Wahlfieber ging den Ordnungshütern vor Ort zu weit, die ihn am 23. September einsperrten.

> Jetzt, unter dem Eindruck der Volkserhebung vom 10. August, schrieb Jean Jaurès, unter dem revolutionären Stoß der Commune, wurde die Unrechtmäßigkeit jedes Grundeigentums, des bürgerlichen ebenso wie des adligen und des kirchlichen, proklamiert. (III, 204.)

Kommunismus ging aus dem Gemisch egalitärer Sozialutopien noch nicht hervor. Es war aber eine seiner Vorankündigungen: herausgezwungen, wie die zugespitzte 2. Auflage von Boissels *Katechismus des Menschengeschlechts* dartat, aus einer realen Kampfsituation zwischen den Klassen, ohne schon den Wahlausgang beeinflussen zu können.

Dieser verschaffte der Montagne einen Achtungserfolg, aber nicht mehr. Von den Wahlberechtigten — erstmalig ab 21 Jahre — stimmte nur etwa ein Zehntel in den Primärversammlungen ab. In Paris, wo die Wahlen in die Tage des „ersten Terrors" fielen, übte die Rechte weitgehend Abstinenz, und es kamen fast ausschließlich Linke — oder dafür gehaltene — durch, in der aufschlußreichen Reihenfolge Robespierre, Danton, der Schauspieler Collot d'Herbois. Marat erreichte sein Ziel gegen heftige Opposition nur knapp („der Adler fliegt allein, die Gänse tun es in der Schar"), und als letzter kam Bürger Philippe Egalité, davor Herzog von Orléans, ein...

Den *Révolutions de Paris* mißfiel zum einen das Ausschließlichkeitsgehabe einiger Montagnarden:

> Danton, niemand zweifelt daran, daß Sie die Freiheit wollen; aber, im Namen des Gemeinwohls, stimmen Sie sich doch besser mit den anderen Patrioten ab, die auch die Freiheit wollen!

Zum anderen hatte das Blatt Einwände gegen die Einschleusung guter Freunde oder gar Verwandter; hier bahne sich Protektionswirtschaft an:

> Erfolge als Bühnenschriftsteller sind noch kein Anrecht auf einen Sitz im Konvent!

Dieser Pfeil richtete sich gegen Dantons Intimus Fabre d'Eglantine, und der nächste auf Augustin Robespierre:

> Der Bruder eines großen Mannes kann sehr wohl ein ganz gewöhnlicher Mensch sein. Das Verdienst leitet sich nicht von der Geburt ab wie beim dahingeschiedenen Adel. (Nr. 167, 1792.)

In der Provinz, wo die Septembrisaden eine gegenläufige Wirkung erzeugten, eroberte die Bergpartei ein Dutzend Departements; 70 hingegen erklärten sich für die Gironde oder für farblose Unabhängige. Das bestimmte die Zusammensetzung des Nationalkonvents. Marats Kommentar:

> Was ich voraussagte, ist eingetreten. An allen Ecken des Reiches haben sich das Ränkespiel, die Schurkerei, die Verführung und die Käuflichkeit zusammengetan, um die Wählerversammlungen zu beeinflussen (...). Bürger, die ihr eure ganze Hoffnung auf den Nationalkonvent setzt, bedenkt, daß der Gütegrad seiner Handlungen einzig und allein von der Energie abhängt, die ihr bezeigen werdet, um frei zu sein! (Ami du peuple, 15. September 1792.)

Am 19. ergänzte er diesen Gedankengang durch einen praktischen Vorschlag:

> Der Plan der verderbten Mitglieder der gegenwärtigen Legislatur besteht darin, den Konvent im Reitsaal der Tuilerien unterzubringen, dessen Tribünen nur 300 Zuschauerplätze aufweisen, die immer von 300 Zuträgern der konterrevolutionären Senatoren und der bestochenen Minister besetzt sein werden.
>
> Es kommt darauf an, daß der Nationalkonvent unablässig unter den Augen des Volkes sei, damit es ihn steinigen

kann, wenn er seine Pflichten vergißt. So bedarf es, um ihn auf dem Pfad der Freiheit zu halten, unentbehrlicherweise eines Saales, dessen Tribünen 4000 Zuschauer fassen. Dieser Saal muß hergerichtet werden; ich verlange, daß man an ihm ohne Unterbrechung arbeitet

In sozialer Hinsicht unterschied sich die neue Versammlung wenig von der alten. Von den 754 Mitgliedern (plus 28 Deputierten aus den Kolonien) bestand ein gutes Drittel aus Juristen, zumeist Anwälten; ferner aus Beamten, Unternehmern, Literaten, Geistlichen und erstmalig auch aus zwei Arbeitern: Noël Pointe, Waffenschmied aus Saint-Etienne, und Armonville (Dok. 203), Weber aus Reims. 189 der Abgeordneten hatten schon der Legislative oder der Konstituante angehört. Aus ersterer waren alle führenden Girondins und Montagnards wiedergewählt worden. Von den Berühmtheiten der letzteren kehrten unter anderem Pétion — noch Maire und erster Präsident des Konvents, wiewohl in Paris zu seinem Ärger nicht gewählt —, Robespierre, Grégoire, Sieyès in die Nationalvertretung zurück. Von den parlamentarischen Neulingen waren Danton, Marat und Desmoulins der Öffentlichkeit seit längerem bestens empfohlen; der junge Saint-Just schloß als Senkrechtstarter schnell zu ihnen auf.

Organisierte Parteien wies auch die dritte Nationalversammlung nicht auf, wohl aber Richtungen mit ungenauem Grenzverlauf, die zwei Generalstäben folgten: Gironde und Montagne.

Die Girondins rückten infolge des Ausscheidens der Feuillants auf die geleerten Bänke der Rechten. In der postumen Bilanzierung der Madame de Staël (1818) figurierten sie als

die letzten Männer, deren Namen noch wert sind, in der Geschichte der Revolution einen Platz einzunehmen.

Als von den bisherigen Ergebnissen der Revolution im großen und ganzen zufriedengestellte „Partei bürgerlicher Gesetzlichkeit" verabscheuten sie revolutionäre Sondermaßnahmen. Folglich war ihnen die Ausnahmestellung der Commune von Paris ein Dorn im Auge. Gegen die Machtkonzentration im Zentrum beriefen sie sich auf das Verlangen der Departements nach ausgedehnter Selbstverwaltung. Erfüllt vom Bedürfnis nach einer festen gesellschaftlichen Rangordnung, betrachteten sie das uneingeschränkte Recht auf Eigentum als ein unantastbares Natur- und Grundrecht. Einfache Menschen hielten sie zur Regierung unfähig und behielten das Monopol der Machtausübung ihrer eigenen Klasse vor. Ihre Praxis stimmte im Kern mit der sozialen Analyse überein, die Antoine Barnave mit erstaunlicher Klarsicht seiner „Einführung in die Französische Revolution" *(Introduction à la Révolution française,* 1792) zugrunde legte:

> Sobald Gewerbe und Handel sich bei einem Volk Eingang verschafft haben und die arbeitende Klasse damit über neue Möglichkeiten verfügt, Reichtum zu erlangen, bereitet sich eine Revolution der politischen Gesetze vor, denn eine neue Verfassung des Reichtums eröffnet den Weg zu einer neuen Machtverteilung. Wie der Grundbesitz den Adel nach oben getragen hat, so steigert jetzt gewerblicher Besitz die Macht des Volkes. Es erringt seine Freiheit, vermehrt sich und beginnt, Einfluß auf die Staatsangelegenheiten zu nehmen.

Aus dem Kontext geht hervor, welches „Volk", welche „arbeitende Klasse" gemeint war: die Roture, das Bürgertum. Hingegen verkörperte der Berg, im Konvent knapp halb so zahlreich wie die Gironde, den entschlossen revolutionären Flügel der Bourgeoisie, der sich auf das radikalisierte Kleinbürgertum stützte. Ihm vertrauten insbesondere die starken Schichten der Handwerksmeister und Kleinhändler; seine Anhängerschaft erstreckte sich — unterschiedlich gestreut — auch auf das flache Land. Die Montagnarden verstanden, daß die Lage nach außergewöhnlichen Lösungen rief, und verfügten über den Mut zur Konsequenz: Im Interesse der Volksklassen als der einzigen *zuverlässigen* Stütze der Revolution waren sie bereit, im Notfall auch soziale Wagnisse einzugehen und zu bestimmten Einschränkungen des Eigentumsrechts und der persönlichen Freiheiten Zuflucht zu nehmen.

Zwischen Gironde und Montagne schob sich ein mächtiger Puffer aus fast 400 Unabhängigen, die sich zunehmend vom gewitzten Sieyès beraten ließen. Desmoulins nannte sie

> die Partei der Phlegmatiker, wahre Spekulanten, die sich zwischen Brissot und Robespierre setzten wie der Abbé d'Espagnac (ein bekannter politisierender Schieber — W. M.) zwischen Hausse und Baisse.

Für sie bürgerten sich die Bezeichnungen Bauch, Ebene oder Sumpf ein.

> Der Respekt des Volkes vor der Nationalversammlung geht bis zur Abgötterei,

hatte Manon Roland am 6. September geschrieben. In bezug auf die Legislative war das — zu diesem Zeitpunkt — dichterische Freiheit. Auf den Konvent aber traf es zu. Gegen ihn konnte auch die Pariser Commune als ein einzelner aus dem Aufstand hervorgegangener Gemeinderat nicht in die Schranken treten und setzte ihre Ansprüche herab: Die „Doppelherrschaft" nahm ein Ende.

Die Stabübergabe von der Legislative an den Konvent vollzog sich in der Manege am 20. September mit fliegendem Start.

> Grégoire: „Bürger, der Konvent hat sich konstituiert. In seinem Auftrag verkünden wir euch, daß er sich hierher begeben wird, um mit der Abhaltung seiner Sitzungen zu beginnen."
>
> Präsident Cambon: „Die von eurer Anwesenheit ausgehende Begeisterung ist Bürgschaft für die Sehnsucht, mit der euch die Gesetzgebende Nationalversammlung erwartete. Sie wird sich zum Konvent begeben, um ihm ihre außerordentliche Verehrung und ihren Gehorsam gegenüber seinen Beschlüssen zu versichern.
>
> Die Gesetzgebende Nationalversammlung erklärt ihre Sitzungen für beendet; sie zieht sich ganz und gar zurück und begibt sich zum Konvent."
>
> Die Gesetzgebende Nationalversammlung dekretiert wie folgt: „Die (...) versammelten, vom französischen Volk zur Bildung des Konvents benannten Bürger erklären, nachdem die Richtigkeit ihrer Vollmachten festgestellt worden ist, daß sich der Konvent konstituiert hat."
>
> (Moniteur, 22. September 1792.)

Zwischen den Richtungen herrschte anfangs ein unerklärter Waffenstillstand. Sie kamen damit einem Wunsch nach Entspannung nach, dem nicht allein die um eine „Sammlung der Patrioten" bemühten *Révolutions de Paris* lauten Ausdruck verliehen:

> Robespierre, Danton und Marat, gebt acht! Schon bezeichnet euch die Verleumdung als Triumvirn der Freiheit (...). Kapselt euch nicht ab, schreiten wir alle gemein-

> sam zum gleichen Ziel! Die dreiste Anwesenheit des Feindes sollte genügen, um die Feder des Patriotismus zu spannen. (Nr. 167, 1792.)

Marat verlautbarte am 22. in seiner Zeitung (jetzt: *Journal de la République française*), er wolle einen neuen Weg einschlagen, und Danton suchte sich mit Brissot ins Benehmen zu setzen. In ihrer ersten regulären Sitzung am 21. zeigte sich die Versammlung einmütig in der gleichzeitigen Verurteilung von „Diktatur" und „Ackergesetz", womit sie nach zwei Seiten beschwichtigte:

> 1. Es kann keine andere Verfassung geben als jene, die vom Volk angenommen wird;
> 2. (auf Antrag Dantons:) Personen und Eigentum stehen unter dem Schutz der Nation.

Daraufhin Collot:

> Soeben habt ihr einen weisen Beschluß gefaßt. Aber ein zweiter, den ihr weder auf morgen oder auf heute abend noch einen einzigen Augenblick aufschieben könnt, bleibt noch zu fassen: die Abschaffung des Königtums.

Grégoire sekundierte:

> Gewiß wird keiner von uns jemals vorschlagen, die unheilbringende Brut der Könige zu erhalten. Wir wissen zu gut, daß alle Dynastien stets eine unersättliche Brut sind, die nur von Menschenfleisch lebt. Die Freunde der Freiheit müssen jedoch vollständig aufgeklärt werden. Dieser Talisman, dessen magische Kraft geeignet wäre, noch sehr viele Menschen einzuschläfern, muß beseitigt werden. Deshalb verlange ich, daß ihr durch ein feierliches Gesetz die Abschaffung des Königtums heiligt.

Der Nationalkonvent erklärte das Königtum in Frankreich für abgeschafft, obwohl sich die staatsrechtliche Fixierung der Republik noch einige Tage hinzog.

> Die Könige sind in der moralischen Ordnung dasselbe wie die Ungeheuer in der natürlichen. Die Höfe sind Werkstätten des Verbrechens, Herde der Korruption und Schlupflöcher der Tyrannen. Die Geschichte der Könige ist die Leidensgeschichte der Völker.

Das Dekret wurde durch den Präsidenten der Sektion Tuileries in einer Prozession bei abendlichem Fackelschein den Parisern sogleich verkündet, dem *Hamburgischen unparteiischen Cor-*

respondenten unter dem 24. September gemeldet:

Nachdem sie durch diesen Pomp (so drückt sich die „Gazette nationale de France" aus) die Straßen einer Stadt gereinigt, die so lange durch die Regierung der Könige verunreinigt worden, votierte sie (die Sektion Tuileries — W. M.) Danksagungen für den Nationalkonvent, welche Herr Camus vorlas. Der bekannte Anarchist (! — W. M.) Cloots verlangte, daß dieses erste Monument der Befreiung von den Königen den Amerikanern und allen freien Völkern auf dem Erdboden zugeschickt werde. (Nr. 157, 1792.)

In Rolands Rundschreiben an die Behörden hieß es:

Proklamieren Sie, meine Herren, die Republik! Proklamieren Sie also die Brüderlichkeit: Das ist ein und dieselbe Sache!

Am 21. September teilte Brissots *Patriote français* freudestrahlend mit:

Der Nationalkonvent, der die elenden Überreste des Ancien Régime wegfegen muß, duldet in seinem Schoß den Titel *Herr* (monsieur) nicht; man hat ihn durch *Bürger* (citoyen) ersetzt.

Auf Antrag Couthons billigte der Konvent noch am 25. einmütig, obgleich nach schon hitziger Debatte, die berühmte Formel:

Die Französische Republik ist eins und unteilbar,

die am 16. Dezember ergänzt werden wird durch die Verhängung der Todesstrafe für jeden,

der versuchen sollte, die Einheit der Französischen Republik zu zerstören oder einen ihrer Teile loszulösen, um ihn an ein ausländisches Territorium anzuschließen.

An ebendiesem 25. September jedoch ging die Flitterwoche des Konvents auch schon zu Ende. Gironde und Montagne stießen wütend aufeinander, während der Verlauf des Feldzuges in der Champagne die nationale Situation von Grund auf änderte.

Procès-verbal de la Convention nationale, imprimé par son ordre. 72 Bände, Paris (1793—1796).

J. Oswald: The Government of the People, or a Sketch of a Constitution for the Universal Government. London 1792.

J. F. Varlet: Projet d'un mandat spécial et impératif aux mandataires du peuple à la Convention nationale. Paris 1792.
F. Mège (Hrsg.): Correspondance de Couthon, Paris 1877.
J. Guiffrey: Liste des députés à la Convention. Paris 1889.
A. Kuscinski: Dictionnaire des Conventionnels. T. 1—4, Paris 1917 bis 1919, [2]1972.
A. Patrick: The Men of the First French Republic. Political Alignments in the National Convention of 1792. Baltimore/London 1972.

Eine neue Epoche der Weltgeschichte

Karl Wilhelm Ferdinand von Braunschweig war kein graues Ungeheuer. Man kannte ihn als Bewunderer französischer Kultur und Aufklärung. Höchst angesehen unter den Freimaurern Deutschlands und Europas, tauchte sein Name gelegentlich sogar zusamt dem anderer Logenhäupter wie des Herzogs von Orléans oder des Duke of York unter den Kandidaten auf, die vorschnelle Pläneschmiede in Paris der Nation als möglichen Thronersatz für die Bourbonen anpriesen. Carras scherzte noch am 21. Juli in den *Annales patriotiques*:

> Wenn er in Paris eintrifft, wette ich, daß sein erster Schritt sein wird, in den Jakobinerklub zu kommen und sich dort die rote Mütze aufzusetzen.

Dem Preußenkönig mochten solche Sympathien für den Herzog im Frankreichfeldzug günstig scheinen. Klopstock hielt beides für unvereinbar, als er ihm warnend am 2. Juli seine Ode „Der Freiheitskrieg" zusandte:

> (...) bis zu seiner Abreise zur Armee glaubte ich noch immer, daß er für sich selbst Achtung genug haben würde, um in diesem ungerechten und zu kühnen Krieg nicht kommandieren zu wollen. (Träger, Spiegel, 31.)

Seinen Begleitbrief schloß er mit den Worten:

> Übrigens ist es dennoch in Ihrer Macht, was ein anderer Feldherr, der keine Untertanen zu beglücken hat, nicht immer tun kann, das Kommando niederzulegen, sobald Sie nur wollen. Wenn Sie auch den Mut haben, sich selbst zu überwinden, und Sie dann auf den Scheideweg zurück-

kehren, um hier noch einmal zwischen der wahren und der scheinbaren Ehre zu wählen, so wird Ihre zweite Wahl, wie ich glaube, die Wahl des Herkules sein.

Der Barde erlebte eine schmerzliche Enttäuschung. Wie bei anderen seinesgleichen, blätterte vor der Revolution in Fleisch und Blut der Firnis eines „aufgeklärten Absolutismus" auch bei diesem Kleinfürsten ab. Übrig blieb (bis zu seinem traurigen Ende bei Auerstedt Anno 1806 ...) der friderizianische General, dessen Name sich fortan für jeden Franzosen mit dem *Manifest* verband, dem er seine Unterschrift lieh.

Zur moralischen Rechtfertigung seiner unfreundlichen Einmischung in die inneren Angelegenheiten eines anderen Landes und Volkes wird der Konterrevolutionär Mallet du Pan mit einem universalhistorisch anmutenden Argument aushelfen:

Jedermann hat das Recht, seine Beunruhigung zu zeigen; da die Französische Revolution sozusagen *weltbürgerlich* ist, hört sie auf, ausschließlich den Franzosen zu gehören. (Considérations, 4. August 1793.)

Obwohl der Herzog die Problemlosigkeit des „Spaziergangs" in Zweifel zog, ließ sich der Feldzugsbeginn beinahe so an und schien der Unke Clauer Unrecht zu geben:

Laßt euch durch keine aristokratischen Märchen (...) irreführen!

Eine Handvoll erstgeborener, durchs ganze große Frankreich zerstreuter Edelleute, nichtschwörender Exbischöfe und Pfarrer, deren Waffen Segen und Fluch sind, Finanzpächter, Intendanten, Hofleute — das werden ungefähr eure aristokratischen Bundesgenossen sein. Glaubt ihr wohl, mit der Hilfe solcher Bundesgenossen 24 Millionen Menschen, welche nicht gedungen, um einen täglichen Sold von einigen Kreuzern, ohne Interesse und mit der Hoffnung, einst als Krüppel betteln zu gehen, sondern für sich selbst, für ihre eigenen Weiber und Kinder fechten, durch Hunger oder Schwert unterjochen und auf die Galeere schmieden zu können? (Der Kreuzzug gegen die Franken.)

Dem Beispiel von Longwy folgend, ergab sich auch das von Verrat unterwühlte Verdun nach Ermordung (oder dem „republikanischen Freitod"?) des widerstrebenden Platzkommandanten Beaurepaire in der Nacht vom 1. zum

2. September kampflos; die „guten Familien" schickten anschließend ihre Töchter auf den Offiziersball der „Sieger". Am 8. drangen die Preußen in die Argonnen ein, während ein österreichisches Korps am 12. den Paß von Croix-aux-Bois einnahm. Dumouriez mußte auf die beabsichtigte Offensive nach Belgien verzichten. Um den Zusammenhalt seiner durch fortgesetzte Märsche geschwächten Armee bangend, zog er sich in südlicher Richtung zurück und gab die Straße nach Paris frei.
Kriegsminister Servan besaß wenig Zutrauen in die Kampfkraft des Gemischs aus Linie und Freiwilligen; er riet zu einer rückwärtigen Konzentration um Châlons an der Marne. Dumouriez hingegen, der den neu aufflammenden Widerstandswillen der Truppe wie der Bevölkerung im Kriegsgebiet besser einzuschätzen vermochte, setzte — nicht ohne politische Hintergedanken — auf Sieg. Er befahl dem elsässischen General Kellermann, mit der Armee des Zentrums von Metz zu ihm zu stoßen. Am 19. September gelang ihre Vereinigung, die den Franzosen ein bedeutendes Übergewicht (von 50 000 gegen 34 000 Mann) sicherte. Tags darauf stellten sie sich auf den Höhen von Valmy und des Mont Yvron im Vertrauen auf die Stärke ihrer Artillerie und Kavallerie mit verkehrter Front zur Schlacht. Sie legten sich, die eigenen Rückzugswege mißachtend, zwischen Braunschweig und seine einzige leistungsfähige Nachschublinie. Goethe beurteilte die Lage so:

> Kellermann hatte einen gefährlichen Posten bei der Mühle von Valmy, dem eigentlich das Feuern galt; dort ging ein Pulverwagen in die Luft, und man freute sich des Unheils, das er unter den Feinden angerichtet haben mochte (...). Wir hielten auf der Chaussee von Châlons an einem Wegweiser, der nach Paris deutete. Diese Hauptstadt also hatten wir im Rücken, das französische Heer aber zwischen uns und dem Vaterland. (Campagne in Frankreich.)

Der Herzog erkannte die Falle wohl und gedachte, sie durch ein kunstvolles Umgehungsmanöver zunichte zu machen. Auf Drängen seines Stabes und von Emigranten in seiner Suite befahl der schon ungeduldige Friedrich Wilhelm II. indessen den ungesäumten Angriff.
Die Kanonade an diesem gründlich verregneten 20. September 1792 dauerte 12 Stunden:

> Von jeder Seite wurden an diesem Tage 10000 Schüsse verschwendet, wobei auf unserer Seite nur 200 Mann und auch diese ganz unnütz fielen. Von der ungeheuren Erschütterung klärte sich der Himmel auf: denn man schoß mit Kanonen völlig, als wäre es Pelotonfeuer, zwar ungleich, bald abnehmend, bald zunehmend. Nachmittags 1 Uhr, nach einiger Pause, war es am gewaltsamsten, die Erde bebte im ganz eigentlichsten Sinne, und doch sah man in den Stellungen nicht die mindeste Veränderung. Niemand wußte, was daraus werden sollte. (Ebenda.)

Angesichts der unerschütterten französischen Haltung hielt Braunschweig seine schon wie auf dem Exerzierfeld vorgehende Infanterie an und wagte nicht, ihr den Sturm über eine Distanz von rund 1200 Metern zu befehlen.

> Unbeweglich standen die Franzosen, Kellermann hatte auch einen bequemen Platz genommen; unsere Leute zog man aus dem Feuer zurück, und es war eben, als wenn nichts gewesen wäre. (Ebenda.)

Freund und Feind lagerten unbezwungen auf dem Schlachtfeld. Jedoch war da ein alles entscheidender Unterschied. Auf seiten der Interventen:

> Die größte Bestürzung verbreitete sich über die Armee. Noch am Morgen hatte man nicht anders gedacht, als die sämtlichen Franzosen anzuspießen und aufzuspeisen. (Ebenda.)

Ob Goethe es wirklich schon an diesem Abend den Umstehenden so sagte oder ob in seine (Eckermann diktierte) Darstellung der Campagne nachträgliche Reflexion mit einfloß: Der Sieger setzte — später — den prophetischen Ausspruch des dichtenden „Feindes" auf das schlichte Denkmal, das an die Schlacht erinnert:

> Von hier und heute geht eine neue Epoche der Weltgeschichte aus.

Die unausgekämpfte Schlacht, die zum historischen Sieg wurde, weil verachtete „Haufen von Schneidern und Schustern" standgehalten hatten, erlebten Militärs anders als der Zivilist Goethe und Generäle anders als die unteren Dienstgrade. Dennoch trafen sich ihre Urteile im wesentlichen Punkt.

Kellermanns Meldung an Servan (vom 21.) wurde ebenso

berühmt wie der Hut, den er auf seiner Degenspitze mit dem Ruf „Es lebe die Nation!" geschwenkt haben soll. Zwar erwähnte der rauhbeinige Troupier Dumouriez' Anteil gerade noch in einem Nebensatz und strich zuerst einmal sich und die Kommandeure heraus. Immerhin konnte er „der Truppe nicht genug Lob widerfahren lassen":

> Ich sah sie durch die Explosion von drei durch Granaten in Brand gesetzten Pulverwagen ganze Reihen verlieren, ohne eine Miene zu verziehen oder ihre Aufstellung durcheinanderzubringen. (Dok. 91.)

Daraus schlußfolgerte er:

> Nach allem, was ich gesehen habe, kann die französische Nation sicher sein, daß selbst die kriegstüchtigsten Soldaten (und als solche galten die Preußen — W. M.) keinen Sieg über diejenigen davontragen werden, die sich der Verteidigung der Freiheit gewidmet haben.

Und fügte hinzu:

> Durch die Art und Weise, wie sie auf ihren gefährlichen Posten ausharrten, bewiesen sie, daß ihr Vertrauen in ihre Generäle ungeteilt war.

Letzteres war keine Nebensache, sondern eine Kernfrage, von der die Einsatzfähigkeit der Armee abhing. Zur Diskussion stand die politische Qualität der Offiziere; an den Mannschaften sollte es nicht liegen. Gabriel Noël, einer jener Freiwilligen, deren Formationen ihre Offiziere selber wählten (von denen es einige dann unter Napoleon zum Marschallstab brachten ...), schrieb gutgelaunt:

> Man schlug im Lager den Generalmarsch. Da sind wir denn unter den Waffen und brechen voller Freude in einer Kolonne von 15000 Mann in Begleitung unserer Artillerie auf (...). Aber in dem Augenblick, wo wir den Fuß auf das Schlachtfeld setzten, erhielten wir den Befehl, umzukehren (...), weil nur die Kanonen und Haubitzen etwas zu tun bekamen. Die Soldaten waren sozusagen bloße Zuschauer. (Dok. 92.)

Er bedauerte, über die Schlacht, an der er nicht „wahrhaft" teilgenommen hat, mehr nicht mitteilen zu können. Aber

> von einem Augenblick zum anderen kann er dafür entschädigt werden, und er hofft jetzt, daß er die Familie nicht wiedersehen wird, ehe er den Feind noch mehr aus

der Nähe gesehen hat, ehe er Sie wahrhaft verteidigt hat. (Ebenda.)

Die „Demokratie in Waffen" besaß seitdem ein Heer. Erstaunlich genug, beurteilte Noël sogar die strategische Lage richtig:

Der Feind muß durchaus vernichtet werden oder sich von uns ablösen, denn in diesem Augenblick befindet er sich zwischen mehreren Feuern. Überdies ist er in einem Lande, das ihm keine Lebensmittel liefern kann. Er hat daran Mangel, das weiß man gewiß. Es fehlt ihm an allem, und er ist in diesen kahlen Ebenen der Champagne eingeschlossen, wo wir vor einigen Tagen durchgezogen sind.

Was Noël wußte, konnte dem Herzog von Braunschweig nicht verborgen bleiben. Nach einer zwischen ihm und Dumouriez (unter vier Augen) vereinbarten, sowohl von Marat (der letzterem „bis zum Verrat" sechs Monate konzedierte) als auch andererseits von den Emigranten mit Mißtrauen aufgenommenen Waffenruhe traten die Preußen einen unbehinderten, jedoch kräftezehrenden Rückmarsch durch ein von Dauerregen aufgeweichtes Gelände an. Es gebrach an Verpflegung, und eine Ruhrepidemie lichtete die Reihen:

Ach das Elend, das da liegt!
Wer weiß, was soll das heißen?
Diese Preußen unbesiegt
samt den Austros haben gekriegt
das Scheißen, das Scheißen, das Scheißen.
(Dok. 93.)

Und an die Adresse des „alten Fritz, dessen Schlachten bei uns noch immer gleißen":

Dein armseliger Soldat,
Knecht deines Ruhms geheißen,
grüne Trauben früh und spat
futtert er, bis das er hat
das Scheißen, das Scheißen, das Scheißen.
(Ebenda.)

Verdun wurde am 8., Longwy am 22. Oktober geräumt. Der Zusammenbruch der feindlichen Frontmitte erlaubte den

Armeen der Republik, zum Angriff an den Flanken überzugehen. Custine drang mit der schwachen Rheinarmee vom Elsaß rheinaufwärts über Speyer und Worms nach Mainz vor. Der befestigte Erzbischofssitz des Kurfürsten und Primas Germaniae fiel am 21. Oktober ohne Schwertstreich in französische Hand, und Custines „Aufruf an das gedrückte Volk deutscher Nation“:

> Eine Nation, welche zuerst allen Völkern das Beispiel gegeben hat, zu ihren Rechten zurückzukehren, bietet Verbrüderung, bietet Freiheit euch an (Dok. 95),

fand bei den Mainzer Patrioten Widerhall. Schon am 23. schufen sie sich mit ihrem „Jakobinerklub“ ein politisches Aktionszentrum. Der General versprach ihnen

> allen nur möglichen Schutz zur Beförderung Ihrer so ruhmwürdigen Absicht, durch gegenwärtige Versammlungen Ihre Mitbürger mit den heiligen Grundsätzen der Freiheit und Gleichheit bekannt zu machen. (Scheel, I, 54.)

Am 5. November trug auch der Weltumsegler Georg Forster, die literarische Berühmtheit der Stadt,

> keine Bedenken mehr, zur Volksgesellschaft zu treten, wo man die Augen schon lange auf mich gerichtet hatte, und wirklich habe ich die Beruhigung, die Gemüter gereinigt zu haben. (Forster an Voß, 21. November 1792.)

Dumouriez, der sich der Preußen entledigt hatte und nun wußte, was er der Truppe zumuten konnte, schlug mit der verstärkten Nordarmee am 6. November die Österreicher bei Jemappes. Als Siegesfrucht fiel ihm binnen weniger Wochen ganz Belgien in den Schoß; der Gegner wich hinter Aachen zurück.

> Kanoniere, brennt die Lunten
> und verdoppelt euren Schneid!
> Mit Gewalt treibt jenen Hunden
> unsere Wahrheit in den Leib!
>
> (Riouffe: Lied der Grenadiere. Eine Lektion für die Österreicher. Semmer, 131.)

Der revolutionäre Soldat wurde selbstbewußt. Er begann seine moralische Überlegenheit zu spüren. Frohgemut ließ sich am 28. November der Volontär Maurin vernehmen:

> Ich schreibe Dir diesen Brief nicht im Sitzen, weil ich mich nicht setzen kann; ich habe nämlich einen Wolf, und meine Kameraden geradeso, weil wir alle Tage auf unseren ungarischen Sätteln (die aus Holz sind) auf der Reitbahn sind; aber selbst wenn meine Schenkel auf dem Sattel blieben, ginge ich immerzu hin, da ich erfahren habe, daß die, die am besten ausgebildet sind, am ersten Tag in die Kriegsformation gehen dürfen. Das hindert nicht, daß wir abends, auf dem Bauche liegend, das Schicksal Europas regeln und nicht aufhören zu sagen, daß der Kaiser ein Hundsfott ist. (Landauer, II, 277.)

Da die Franzosen an der Alpenfront gleichermaßen die Oberhand gewannen, am 29. September Nizza und annähernd gleichzeitig Savoyen besetzten, sprengten sie den Ring der Interventen auf der ganzen Linie. Weite Gebiete waren okkupiert oder — je nach Lesart — befreit worden. Was sollte mit ihnen geschehen?

> Das Volk in Stadt und Land kommt uns zuvor, berichtete General Montesquiou dem Konvent aus Savoyen (das allerdings französischsprachig war); überall wird die dreifarbige Kokarde aufgezogen.

Custine hatte den Mainzern zugesichert:

> Euer eigener ungezwungener Wille soll euer Schicksal entscheiden. Selbst dann, wenn ihr die Sklaverei den Wohltaten vorziehen würdet, mit welchen die Freiheit euch winkt, bleibt es euch überlassen, zu bestimmen, welcher Despot euch eure Fesseln zurückgeben soll. (Dok. 95.)

Sagte er aber nicht auch:

> Ewige Schande brandmarke alle diejenigen, denen das Rasseln ihrer Ketten lieber ist als die süßtönende Stimme der Freiheit? (Scheel, I, 54.)

Neue schwere Gewissensfragen wälzten sich auf den Konvent zu: Würde er solche ungedeckten Wechsel honorieren können, honorieren wollen?

> Es gibt wenig Patrioten, die es aus Philosophie, die uneigennützig sind, resümierte Maurin am 5. Januar 1793. (...) Was die Kriegskosten angeht, so wären sie geringer, wenn wir Sitten hätten; alle sind sie patriotisch, aber alle bestehlen sie die Republik, soviel sie nur können. Ich

denke wie Du über Dumouriez. Ich hoffe jedoch, er wird den Ruhm, mit dem er sich im Kampf gegen die Feinde des Vaterlandes bedeckt hat, nicht durch eine niedrige Liebe zum Gold verdunkeln. (Landauer, II, 280 f.)

J. W. Goethe: Campagne in Frankreich. Werke, Bd. XXX, Stuttgart/Tübingen 1829.

Journal du canonnier Bricard, 1792—1802. Paris 1891.

G. Vallée/G. Pariset (Hrsg.): Carnet d'étapes du dragon Marquant (1792). Paris 1898.

(E.) Joliclerc, volontaire aux armées de la Révolution. Ses lettres (1793—1796). Paris 1905.

G. Noël: Au temps des volontaires. Lettres d'un volontaire de 1792. Paris 1912.

A. Chuquet: Dumouriez, Paris 1914.

C. Träger: Mainz zwischen Rot und Schwarz. Die Mainzer Revolution in Schriften, Reden und Briefen, Berlin 1963.

L. Uhlig: Georg Forster. Einheit und Mannigfaltigkeit in seiner geistigen Welt. Tübingen 1965.

F. G. Dreyfus: Sociétés et mentalités à Mayence dans la seconde moitié du XVIIIe siècle. Paris 1968.

J. P. Bertaud: Valmy, la démocratie en armes. Paris 1970.

H. Scheel: Die Mainzer Republik. T. I—II, Berlin 1975—1981.

H. Peitsch: Georg Forsters „Ansichten vom Niederrhein". Zum Problem des Übergangs vom bürgerlichen Humanismus zum revolutionären Demokratismus. Frankfurt (Main) 1978.

Jakobiner mit dem Volke

Valmy befreite den Konvent von Rücksichten auf eine Bedrohung, die allen miteinander, seinen Rechten wie seinen Linken, im Nacken gesessen hatte. Nun konnte er sich nach Herzenslust streiten.

Lasource und Rebecqui eröffneten am 25. September im Vertrauen auf die bestehenden Mehrheitsverhältnisse den rollenden Angriff der Gironde gegen die Montagne:

> Die Partei, deren Ziel die Errichtung einer Diktatur ist, das ist die Partei Robespierres!

Dieser tat sich nicht schwer, die Anschuldigung zurückzuweisen, und Marat gab ihr sogar eine verblüffende Wendung:

> Ich glaube der erste politische Schriftsteller und vielleicht der erste in Frankreich seit der Revolution zu sein, der einen Militärtribun, einen Diktator, Triumvirate vorgeschlagen hat als einziges Mittel, die Verräter und Verschwörer zu vernichten.

Wen erinnerte das nicht an die beherzigenswerte (und doch so oft nicht beherzigte!) Sentenz von Marx:

> Jeder provisorische Staatszustand nach einer Revolution erfordert eine Diktatur, und zwar eine energische Diktatur. (MEW, V, 402.)

Schlechter zog sich Danton als Dritter im Bunde der angefochtenen „neuen Triumvirn" aus der Affäre. Am 9. Oktober gab er, um den Sitz im Konvent zu behalten, sein Ministerium an Garat ab (während Roland umgekehrt auf sein Abgeordnetenmandat verzichtete, um in der Regierung zu bleiben) und mußte als ausscheidender Ressortchef Rechenschaft ablegen. Beim Nachweis des Verbrauchs seines ministeriellen Geheimfonds verwickelte er sich in Ungereimtheiten, die ihm die Versammlung nicht abnahm. Etwas blieb — und vermutlich nicht grundlos — an ihm hängen. Damit erwies jedoch die Gironde sich selbst einen Bärendienst. Der Mann, der sich soeben noch von „Marats Neigung zur Übertreibung" öffentlich distanziert hatte, eignete sich nun nicht mehr zum Schlichter, der eines Tages benötigt werden mochte.

Robespierre, der Ende Oktober erneut — diesmal von Louvet, Verfasser der *Abenteuer des Ritters Faublas* — des „maßlosen Ehrgeizes und des Strebens nach Alleinherrschaft" angeklagt wurde, nahm die Gelegenheit wahr, die Debatte auf ihren eigentlichen Boden zu verpflanzen. Er entgegnete am 5. November mit einem vorbehaltlosen Bekenntnis zum Bündnis mit den Massen und deren revolutionärer Aktion:

> Alle diese Dinge da waren gesetzwidrig, so gesetzwidrig wie die Revolution, wie der Sturz der Monarchie und der Bastille, so gesetzwidrig wie die Freiheit selber. Man kann keine Revolution ohne Revolution wollen.

Solcher strengen Logik pflichtete die Ebene für diesmal bei, und der „Unbestechliche" erstrahlte gleichsam im Lichte eines überlegenen Führers der patriotischen Opposition. Am 16. November verlor die Gironde im Konvent erstmalig den Vorsitz an den angesehenen Unabhängigen Henri Grégoire,

inzwischen verfassungstreuer Bischof von Blois und der Bergpartei zuneigend, deren Verantwortungsgefühl und Tatkraft er schätzte.
Die politische Vormachtstellung der Gironde im Lande war indessen damit noch nicht zu erschüttern. Da sie die Regierung stellte, verfügte sie auch über deren verschiedenartige Hilfsmittel. Sie beherrschte oder beeinflußte über drei Viertel der Departements und die meisten Stadtverwaltungen. In Paris, der Hochburg der Montagne, behauptete sich die Linke zwar in den von der Gironde erzwungenen Neuwahlen zum Generalrat der Commune; er kürte im Dezember Chaumette zum Generalprokurator (das heißt zum Ratsvorsitzenden), Réal und Hébert zu seinen Stellvertretern; Santerre bestätigte er als Kommandeur der Nationalgarde. Immerhin ergaben aber die direkten Bürgermeisterwahlen, bei denen sich die Gemäßigten wieder hervortrauten, einen Erfolg für den Kandidaten der Gironde. Schließlich schien sie gar — welche Wende in so kurzer Zeit! — den Krieg zu gewinnen. Ein Abglanz der Siege, die der „General ihres Vertrauens" erfocht, fiel naturgemäß auch auf sie:

Dumouriez wird Sieg und Schwert
in der Geschichte heißen;
bei dem Namen hochverehrt
kriegen die Despoten wert
das Scheißen, das Scheißen, das Scheißen.

(Dok. 93.)

Die Redeschlachten des Konvents wiederholten sich bei den Jakobinern und führten zu ihrer zweiten, einer Säuberung gleichkommenden Spaltung. Nachdem einige Girondisten schon ausgeschieden waren, setzte der Klub am 10. Oktober keinen geringeren als Brissot an die Luft. Weitere Ausschlüsse und Austritte folgten, wonach der linke, montagnardische Flügel — 113 Konventsabgeordnete darunter — in der Rue Saint-Honoré unter sich blieb. Der Vorgang wiederholte sich, mehr oder weniger betont, in der Provinz — mit dem Unterschied, daß hier, wie schon 1791, die Anhänger Robespierres von vornherein das Feld eindeutig beherrschten und weiterhin behaupteten. Erst seit dieser zweiten Flurbereinigung vom Herbst 1792 wuchsen die Jakobiner zu *„Jakobinern mit dem*

Volke" heran, wie Lenin sie nennen wird, zum Hebelzentrum der fortschreitenden Revolution. Bouloiseau spricht von einer unwiderruflichen „Scheidung der Bourgeoisien", Mazauric zutreffender von einer „Scheidung im bürgerlichen Lager". Robespierre zog im ersten der *Briefe an seine Auftraggeber* (Lettres à ses commettants) am 30. September die Trennungslinie:

> Das Königtum ist vernichtet, Adel und Klerus sind verschwunden, die Herrschaft der Gleichheit beginnt.

Sein Angriff galt

> den falschen Patrioten, die die Republik nur für sich selber errichten, nur im Interesse der Reichen und der Beamten regieren wollen.

Er setzte ihnen die wahren Patrioten entgegen,

> die versuchen werden, die Republik auf die Grundsätze der Gleichheit und des Gemeinwohls zu gründen.

In einer Rede vom 2. Dezember ordnete er das Recht auf Eigentum deshalb dem Recht auf Leben unter und stellte das Problem einer um die Volksmassen erweiterten bürgerlichen Nation:

> Die Urheber der Theorie haben die Bedarfsgüter als gewöhnliche Handelsware betrachtet; sie machten keinen Unterschied zwischen Brotgetreide und Indigohandel. Sie haben mehr gelehrte Abhandlungen über den Getreidehandel als über die Ernährung, den Lebensunterhalt des Volkes geschrieben (...). Sie haben den Profiten der Großhändler und Grundbesitzer großes Gewicht beigemessen, das Leben der Menschen aber fast für nichts geachtet (...). Das erste Recht ist jenes auf Existenz. Das erste soziale Gesetz ist folglich jenes, das allen Gliedern der Gesellschaft ihre Existenzmittel garantiert. Alle anderen sind ihm untergeordnet.

Das war durchaus nicht übermäßig radikal. Eine Petition aus Mantes hatte sich am 15. November weitaus schonungsloser ausgesprochen:

> Die unbegrenzte Freiheit des Getreidehandels ist unvereinbar mit dem Bestand unserer Republik. Woraus setzt sich unsere Republik denn wirklich zusammen? Aus einer Handvoll Kapitalisten und aus einer Vielzahl armer Teufel. Wer lenkt den Getreidehandel? Diese Handvoll

> Kapitalisten. Und warum handeln sie mit Getreide? Um sich zu bereichern. Wie ist es ihnen möglich, sich zu bereichern? Indem sie den Getreidepreis in die Höhe treiben. (...) Diese Kapitalisten- und Geldbesitzerschicht bestimmt auch die Festsetzung des Lohnes für den Arbeitstag. (Dok. 97.)

Dennoch wußte Brissot in seiner Broschüre *Appell an alle Republikaner Frankreichs, über die Gesellschaft der Jakobiner in Paris,* Robespierre nichts entgegenzusetzen als die Beschimpfung, Jakobiner und Montagnarden seien

> Desorganisatoren, die alles gleichmachen wollen, das Eigentum, den Wohlstand, den Preis der Lebensmittel, die verschiedenen Dienstleistungen an die Gesellschaft:

beschwörende Warnung vor einer „Hydra der Anarchie".
Die Rivalität zwischen Gironde und Montagne enthüllt also einen klassenmäßigen Differenzierungsprozeß, der ihre Haltung nicht nur in letzter Instanz bestimmte, sondern oft von ihnen so auch empfunden wurde. Gewiß wiesen die meisten Montagnards annähernd dieselbe gutbürgerliche Herkunft wie die Girondins auf. Jedoch diktierte ihnen die Notwendigkeit, Nation und Revolution in einem Atemzug zu verteidigen, eine Politik des Zusammenwirkens mit den Volksklassen, die sich bei den einen aus ihren Grundsätzen, bei anderen — opportunistischer — aus den Umständen ergab. Sie konnten, obwohl eine Minorität, dem Konvent diese ihre Linie mehr und mehr aufzwingen, weil sie von „außerparlamentarischen" Machtfaktoren gestützt und getragen wurden: von dem uneingeschränkten Ansehen, das sich der Jakobinerklub unter den Patrioten erworben hatte, und von den zum Kampf angetretenen und ihrer geschichtlichen Rolle inne werdenden Sansculotten — insbesonders jener von Paris, deren Groll vor allem Roland als Innenminister auf sich gezogen hatte, diese *alte finstere und geschwätzige Krähe auf dem Baume der Freiheit* (J. Jaurès). Auf sein Betreiben wurden die kriegsbedingten Beschränkungen des Getreidehandels vom September im Dezember wieder aufgehoben, wofür ein anonymes Flugblatt ihn und noch mehr seine Frau in allen Tönen beschimpfte:

> Seht euch den Heuchler Roland genau an, den seine Frau regiert, diese neue Sirene, diese moderne Circe, die ihre unverdiente Erhöhung lediglich dazu benutzt, den Dolch

> des Hungers den Franzosen mitten in die Brust zu stoßen. Dieser weibliche Zerberus steht der Tigerin Antoinette in nichts darin nach, ihre Rolle im verborgenen (...) zu spielen. Das rechtschaffene französische Volk mit dem Schwert des Hungers umzubringen, ist ein angenehmer Gedanke, an dem sie, meine ich, Gefallen findet. (Dok. 98.)

In dieser — ungesiegelten — Allianz bildete das demokratische Kleinbürgertum das unentbehrliche Scharnier zwischen den lebendigen Trieb- und Schubkräften der städtischen Werktätigen und der Bauernschaft auf der einen Seite und jener Fraktion der Bourgeoisie auf der anderen, die gesonnen war, das einmal erfolgreich Begonnene nicht auf halber Strecke abzubrechen, sondern die Revolution ohne Rücksicht auf Verluste bis zum glückhaften oder bitteren Ende durchzufechten.

A. Cloots: Ni Marat ni Roland! Paris (5. November) 1792.

M. E. Petit: Eloge de J.-J. Rousseau, citoyen de Genève. Seconde édition, Paris (Januar) 1793.

A. Mathiez: Gironde et Montagne. Paris 1930.

M. L'Héritier (Hrsg.): Les grands orateurs républicains. VI: Vergniaud. Monaco 1949.

M. J. Sydenham: The Girondins. London 1961

Actes du Colloque Saint-Just. Hrsg. A. Soboul, Paris 1968.

Um eines Königs Kopf

Unschärfer als in der inneren verliefen die Abgrenzungen in der auswärtigen Politik, zu der die Masse des Volkes kein unmittelbares Verhältnis besaß. Noch hatte ihm niemand deren „Geheimnis" enthüllt. Auch die Auguren des Konvents blieben darin, ein paar „Indiskretionen" Marats abgerechnet, am liebsten unter sich.

Nach den urplötzlichen Ruhmestaten im Felde neigten sie rasch dazu, auf erobertem Gebiet, wo es anging, „Schwesterrepubliken" ins Leben zu rufen. Ihr Dekret vom 19. November, das den „Propagandakrieg" einläutete, wies genau in diese Richtung. Der Konvent erklärte im Namen der französischen Nation, daß er allen Völkern, die ihre Freiheit wiedergewinnen wollen, brüderliche Hilfe gewähren wird. Er beauftragt die Vollziehende Gewalt, den Generälen die erforderlichen Weisungen zu erteilen, um diesen Völkern Unterstützung zu leisten und Bürger zu verteidigen, die bedrückt wurden oder werden könnten um der Sache der Freiheit willen.

Brissots Vorschlag am 21. lief auf einen „Gürtel von Republiken" rings um Frankreich hinaus, und Grégoire sah schon „ein Europa ohne Festungen und Grenzen" erstehen.

Indem jedoch der Konvent die Völker kaum verschleiert zum Aufstand wider ihre Fürsten rief, nahm er die Verpflichtung auf sich, sie zu beschirmen — und welcher Schutz war zuverlässiger als die Angliederung an Frankreich? Hierbei kreuzten sich die verschiedensten Impulse, darunter auch solche nationalen Ehrgeizes.

Wenn wir unsere Grenzpfähle zum Rhein vorschieben, meinte Brissot am 26. November, wenn die Pyrenäen nur noch freie Völker trennen, ist unsere Freiheit fest gegründet:

eine Anspielung auf die Erwünschtheit „natürlicher Grenzen".

Nicht zuletzt beeinflußten strikt materielle Überlegungen die Entscheidung, verbanden revolutionäre Propaganda und Annexion miteinander: Cambon stellte am 10. Dezember im Finanzausschuß des Konvents die Tatsachen hart in den Raum:

Je tiefer wir in Feindesland vordringen, um so ruinöser wird der Krieg, vor allem mit unseren Grundsätzen von Philosophie und Großmut (...). Man sagt ohne Unterlaß, daß wir die Freiheit zu unseren Nachbarn tragen. Wir tragen aber auch unser Hartgeld dorthin und unsere Lebensmittel, denn unsere Assignaten will man dort nicht.

Ein durch ihn (Dok. 99) mitveranlaßtes Dekret vom 15. Dezember richtete in den besetzten Territorien revolutionäre Verwaltungen ein. Sie sollten durch Männer gewählt werden, die den Eid auf die Freiheit schworen: „Krieg den Palästen! Frieden den Hütten!" oder, nach Cambon:

Alles, was Privileg ist, alles, was Tyrann ist, muß als

Feind behandelt werden in den Ländern, die wir betreten.

In Sallés *Reisen der roten Mütze* hieß es:

Von Japan, Afrika, Paris
bis hin zu Lapplands Finsternis
klingt jetzt der Gleichheit Weise.
Tyrannen, nehmt das Schicksal hin:
Der Freiheit Mütze, sie wird ziehn
noch endlich auf Weltreise! (Semmer, 157.)

Tunlichst sollten jedoch die hinzugewonnenen Völker auf Eigenstaatlichkeit verzichten und in die revolutionäre Diktatur Frankreichs einwilligen, denn die Durchführung des Dekrets implizierte natürlich die Anwendung von Gewalt. Das wiederum lief auf eine Annexion hinaus, bei der an erster Stelle die französische Bourgeoisie auf ihre Kosten kam. Danton, der für dergleichen ein Gespür hatte, wird (am 31. Januar 1793) den Anspruch auf „natürliche Grenzen" zur Quasidoktrin erheben und zugleich seiner Ausuferung vorbeugen:

Ich sage, daß man grundlos befürchtet, der Republik einen zu großen Umfang zu geben. Ihre Grenzen sind durch die Natur festgelegt. Wir werden sie in allen Himmelsrichtungen erreichen: am Rhein, am Ozean, an den Alpen. Darüber hinaus sollen sich die Grenzen unserer Republik nicht erstrecken.

Nicht weniger gründlich führte der Konvent die andere „schwebende Angelegenheit" zu Ende: den Prozeß des Louis Capet. Hieran zeigte sich, im Gegensatz zur „Großen Politik", ganz Frankreich bis ins letzte Dorf beanteiligt, und keine der Konventsparteien konnte sich ohne weiteres über die zur Flammenglut entfachte öffentliche Meinung hinwegsetzen. Vielen erschien das, anders als uns Heutigen, damals und noch lange danach als der Höhe- oder Tiefpunkt der gesamten Revolution, an dem sich in das Für und Wider ebenso wildeste Leidenschaft wie härteste Staatsräson mischten.

Ludwigs Hinrichtung, wird Marat am 23. Januar 1793 schreiben, ist eines jener denkwürdigen Ereignisse, die in der Geschichte der Nationen Epoche machen.

Für alle bildete der Gefangene im Temple eine Quelle der Verlegenheiten. Nun er mit Weib und Kind im Unglück saß, drohte sich Mitleid aufzustauen. Die *Révolutions de Paris* zeigten sich davon unbeeindruckt, forderten eine Verurteilung, jedoch nicht um jeden Preis die „Höchststrafe":

> Mögen sie alle und für immer von einem freien Boden verschwinden! Brutus beließ keinen Verbündeten, keinen Verwandten oder Freund der Tarquinier in Rom. (Nr. 167.)

Der am 25. August hingerichtete Royalist Du Rosoi — eine der wenigen Zielscheiben des Sondertribunals — hatte sich in seiner letzten Äußerung darüber skeptischer gezeigt:

> Wenn es die Aufrührer wagen, die Absetzung des Königs auszusprechen, wagen sie es auch, über ihn zu Gericht zu sitzen, und wenn sie ihn richten, ist er tot. (Gazette de Paris, 10. August 1792.)

„Wenn man ihn richtet, ist er tot", bemerkte auch Danton, dem es ansonsten ziemlich egal war, und in der Tat hatte der Konvent dann nur die Wahl, entweder Ludwig schuldig zu sprechen oder aber den 10. August zu verurteilen.

Die Gironde temporisierte und hätte eine Vertagung des Verfahrens nicht ungern gesehen. Der Augenblick sei denkbar ungünstig gewählt, warnte die auf dem Lande vielgelesene *Feuille villageoisie* am 27. September; dies wäre

> die Meinung aller Engländer, die für unsere Sache Partei ergriffen haben.

Der Umschwung an den Fronten entkräftete jedoch dieses Argument. Wenn nicht jetzt, wo man auf der Siegesstraße schritt, wann dann? Brissot, der konkret einer bereits in der Luft liegenden Kriegserklärung Englands ausweichen wollte (deren Vorwand, nicht Ursache des Königs Kopf werden konnte), klammerte sich an die Notwendigkeit außenpolitischer Rücksichtnahme, fand jedoch immer weniger Gefolgschaft.

> Der Sieg wird darüber entscheiden, ob ihr Rebellen oder Wohltäter der Menschheit seid,

konnte ihm Robespierre am 28. Dezember einleuchtend entgegenhalten.

Es gab hingegen juristische Bedenken, ob die Nationalversammlung gleichzeitig als Ankläger und als Richter auftreten könne. Ein Bericht von Mailhe bejahte am 7. November die vom Rechtsausschuß über zwei Wochen gewälzte Frage.

Während sich die — selber uneinige — Gironde nicht festlegte, trug Saint-Just, einer der jüngsten Montagnarden, in seiner Rede vom 15. November die Auseinandersetzung auf politisches Terrain:

> Dieselben Männer, die Ludwig richten werden, haben eine Republik zu gründen. Jene, die der gerechten Abstrafung eines Königs irgendeine Bedeutung beimessen, werden niemals eine Republik gründen (...). Ich sehe keinen Mittelweg: Dieser Mann muß herrschen oder sterben (...). Man kann nicht in Unschuld herrschen: Es ist augenscheinlich, daß es Aberwitz wäre, dergleichen für möglich zu halten. Jeder König ist ein Rebell und Usurpator. (Dok. 96.)

Am 3. Dezember wandelte Robespierre diese These ab:

> Hier ist kein Prozeß zu führen. Ludwig ist kein Angeklagter, und ihr seid keine Richter. Ihr seid nur Staatsmänner und Vertreter der Nation; nichts anderes könnt ihr sein. Ihr habt kein Gerichtsurteil für oder gegen einen Menschen zu fällen, sondern eine Maßnahme des Staatswohls zu treffen, einen Akt nationaler Vorsehung zu vollziehen. (...) Mit Schmerz spreche ich die verhängnisvolle Wahrheit aus: Es ist besser, daß Ludwig stirbt, als daß 100 000 tugendhafte Bürger umkommen. Ludwig muß sterben, weil das Vaterland leben muß.

Die Verhandlung begann am 11. Dezember mit der Verlesung der von Lindet ausgearbeiteten Anklageschrift. Am 26. hielt Wahlverteidiger de Sèze sein Plädoyer, das von der verfassungsmäßig verankerten königlichen Immunität ausging und davon,

> daß nicht der König Saint-Antoine, sondern Saint-Antoine den König angegriffen,

dieser am 10. August also in Notwehr gehandelt habe. Vergniaud (der aber danach für Tod stimmen wird) machte geltend, daß die Verfassung von 1791 dem König tatsächlich Unverletzlichkeit zugestehe und nur ein Volksentscheid sie ihm entziehen könne. Robespierre warnte in seiner Antwort am 28. Dezember vor den Gefahren, die eine Einberufung der Urwählerversammlungen zu diesem Zweck im Lande heraufbeschwor. Im ersten Januarbrief an seine Auftraggeber *(Lettres à ses commettants)* begründete er:

> Das Volk hat schon zweimal sein Urteil über Louis gesprochen: erstens, als es die Waffen ergriff, um ihn abzusetzen und davonzujagen (...); zweitens, als es euch die geheiligte Aufgabe übertrug, ihn klar und deutlich zu richten zum Heil des Vaterlandes und der Welt zum Beispiel.

Am 14. Januar 1793 legte der Konvent die drei Fragen fest, auf welche die Abgeordneten antworten sollten:

> Ist Ludwig schuldig der Verschwörung gegen die allgemeine Freiheit und der Anschläge auf die nationale Sicherheit?
>
> Soll es einen Appell an die Nation über den Urteilsspruch geben?
>
> Welche Strafe soll Ludwig erhalten?

Der Konvent debattierte nicht über den Wolken.

> Die Meinungen über das Schicksal Ludwigs XVI. stoßen in dieser Stadt hart aufeinander. Die einen wollen, daß er seinen Kopf auf das Schafott trägt. Die anderen, und das ist die Mehrheit, deren einzige Leidenschaft das Staatswohl ist, erwarten in respektvollem Schweigen die Entscheidung des Gesetzes. (Annales républicaines, 15. Januar 1793.)

Dieses Urteil wird von den *Annales patriotiques* bestätigt:

> Entgegen den finsteren Vorhersagen einiger Zeitungsschreiber ist Paris nie ruhiger gewesen. Im Hinblick auf die Entscheidung über das Schicksal des ehemaligen Königs scheint die Gleichgültigkeit das beherrschende Gefühl zu sein. (20. Januar 1793.)

Dennoch wurde diese ganze Zeit über der Konvent mit Petitionen eingedeckt, die — nicht selten mit drohendem Unterton — Ludwigs Verurteilung und Hinrichtung forderten (Dok. 100). Vor der Manege kam es zu Ansammlungen. Zweifellos gab es nicht wenige gegenteilige Einstellungen auch außerhalb des royalistischen Lagers. Jene Franzosen und — vor allem — Französinnen, die aus Gefühlsgründen den Tod des Königs nicht wünschten, hielten sich in der Öffentlichkeit jedoch größtenteils zurück. Ihre Stimmen wurden von einer Flugschriftenwelle, die den Montagnarden Mut zusprach, weggeschwemmt.

Der Konvent schritt zur Abstimmung. Die Schuld Ludwigs

wurde bei wenigen Enthaltungen (oder Abwesenheiten) einstimmig bejaht. Der Appell an das Volk, für „Repräsentativdemokraten" ohnehin nicht stubenrein, fiel mit 278 gegen 426 Stimmen durch. Das Todesurteil wurde am 17. Januar nach vierundzwanzigstündiger Abstimmung, bei der jedes Mitglied persönlich aufgerufen wurde und zumeist sein Votum — kurz oder auch ausführlich — begründete, mit 387 zu 334 Stimmen gefällt. Am 18. schließlich verfiel ein beantragter Aufschub der Vollstreckung bis Kriegsende (mit 380 gegen 310 Stimmen) der Ablehnung.

Die gesamte Nationalgarde der Hauptstadt wurde aufgeboten, den Verurteilten vom Temple zur Richtstätte zu eskortieren oder Spalier zu bilden. Die Hinrichtung mittels der Guillotine (einer Fallbeilkonstruktion, die erstmalig am 27. April zur Köpfung des Straßenräubers Peletier gedient hatte), fand auf Anordnung der Commune am 21. Januar 1793 um 10 Uhr 20 oder 10 Uhr 22 — je nach Uhr — auf dem Platz der Revolution, vormals Louis XV und heute Place de la Concorde,

> zwischen dem Sockel der Statue des ehemaligen Ludwig XV. und der Allee der Champs-Élysées (Procès-verbal, A. N., Musée, A E II, 1342)

unter strengsten Vorsichtsmaßregeln statt. Von mehreren Amtspersonen, angefangen beim Scharfrichter Sanson, und von einigen der Zuschauer, Franzosen und Ausländern, wurde sie in der Folge eingehend beschrieben. Jacques Roux erstattete der Commune Bericht (Dok. 102). Der *Moniteur*, immer in Sorge um seine heterogene Abonnentenschar, quälte sich eine „überparteiliche" Betrachtung ab:

> Lassen wir Ludwig unter dem Trauerflor; er gehört von jetzt ab der Geschichte an. Ein Opfer des Gesetzes hat für den Menschen, dem Moral und Empfindung etwas bedeuten, ein Geheiligtes an sich. In die Zukunft müssen alle guten Bürger ihre Wünsche, ihre Begabungen und ihre Kräfte richten. (23. Januar 1793.)

Dieser Tod des Königs hinterließ im Lande mehr als in Paris selbst einen tiefen Eindruck. Die Durchbrechung einer uralten Tradition wurde nicht auf die leichte Schulter genommen, und in Genugtuung über die Rächung der Toten vom 10. August floß sogar bei Sansculotten der Hauptstadt ein gewisses Bedauern darüber, daß es so kommen mußte: „Wir hätten ihn

schon gewollt, aber *er* wollte von uns nichts wissen..."
Die Royalisten begannen ungesäumt an der Goldenen Legende ihres „Märtyrerkönigs" zu weben. Brissot sah trübe:

> Ludwig hat von den Mißgeschicken gesprochen, die seinem Tod folgen würden. Oh, meine Mitbürger, handelt so, daß diese unheilvolle Voraussage nicht minder unwahr bleibt als das, was er über seine Unschuld gesagt hat! Vereinigt euch alle, um die Republik zu retten! (Patriote français, 22. Januar 1793.)

Der Abgeordnete Lebas aus dem Departement Pas-de-Calais kennzeichnete die Situation, wie nicht er allein sie empfand:

> Da sind wir nun hineingeschleudert; die Wege sind hinter uns abgebrochen. Man muß vorwärts schreiten, wohl oder übel, und jetzt vor allem kann man sagen: frei leben oder sterben!

Marat stimmte ein:

> Eine Möglichkeit zum Rückzug gibt es nicht mehr, und die Lage, in der wir uns heute befinden, ist so, daß man entweder siegen oder untergehen muß. (Publiciste de la République française, 23. Januar 1793.)

Ein Drittes stand nicht mehr zur Wahl, nachdem der Konvent die Schiffe hinter sich verbrannt hatte.

> Völker Europas! Völker der Erde! Beschaut die Throne: Ihr seht, daß sie nichts als Staub sind. Frankreich hat soeben den Völkern ein großes Beispiel und den Königen eine Lehre gegeben für das Glück der Menschheit. Mögen die einen und die anderen daraus Nutzen ziehen! (...) Historiker, seid der Epoche würdig! Schreibt die Wahrheit, nichts als die Wahrheit; nie war sie heiliger, nie schöner zu sagen! (Duval im „Républicain", 22. Januar 1793.)

Léonard Bourdon: Opinion sur le jugement de Louis Capet. Paris 1792.

J. B. R. Lindet: Rapport sur les crimes imputés à Louis Capet. Paris 1792.

Recueil des pièces de l'acte énonciatif des crimes de Louis Capet, réunies par la Commission des Vingt-et-un. Paris 1792.

J. Roux: Discours sur le jugement de Louis-le-dernier, sur la poursuite des agioteurs, des accapareurs et des traîtres. Paris 1792, dt. Leipzig 1985. – Derselbe: Rapport fait à la Commune de Paris, le lundi 21 janvier 1793. (Scripta et Acta, 87f.)

S. Maréchal: Le Jugement dernier des rois. Paris 1793, dt. Berlin 1963 (Das Jüngste Gericht der Könige).
Le Pour et le Contre. Recueil complet des opinions prononcées à l'Assemblée Conventionnelle, dans le procès de Louis XVI. Paris 1793.
G. de Beaucourt: Captivité et derniers moments de Louis XVI. Récits originaux et documents. 2 Bände, Paris 1892.
A. Soboul: Le Procès de Louis XVI. Paris 1966.

Der Ladensturm

Am 25. Januar schreibt man dem *Hamburgischen unparteiischen Correspondenten*:

> Kaum werden Sie mir Glauben beimessen, wenn ich Ihnen sage, daß in Kaffeehäusern und öffentlichen Gesellschaften die Hinrichtung des Königs schon vergessen ist, man spricht von tausend anderen Dingen. So vorübergehend sind hier die Eindrücke. Bloß habe ich wünschen gehört, daß man das Testament Ludwigs des XVI. nicht möchte publiziert haben, weil es gemacht sei, den Fanatismus der etwa noch römisch-katholischen Einwohner Frankreichs aufzuwiegeln. (Nr. 21, 1793.)

Man hat die Veröffentlichung dennoch nicht behindert. Republikaner vom Schlage Georg Forsters konnte sie weder irre noch kirre machen (Dok. 106). Die Armee ging zur Tagesordnung über:

> Der Tyrann lebt nicht mehr, und die Bürger, die über sein Schicksal gespalten waren, sind alle einig. Sein Tod hat nicht einmal Mitleid hervorgerufen, und man redet nur noch von ihm, um ihm die Ermordung des wackeren Pelletier (des Montagnarden Michel Lepeletier de Saint-Fargeau [Dok. 112], am 20. Januar, durch den Royalisten Pâris —W. M.) vorzuwerfen. (Dok. 104.)

In seinem eigenhändig geschriebenen Letzten Willen (vom 24. Dezember 1792) deckte der Bourbone überdies auf, daß er selbst den bescheidenen Übergang zur konstitutionellen Monarchie innerlich nie vollzogen hatte. Er legte seinem Sohn ans Herz,

> daß ein König den Gesetzen nur dann Achtung verschaffen und das Gute, das in seinem Herzen wohnt, in die

Tat nur umzusetzen vermag, solange er über die notwendige Gewalt verfügt; daß er anderenfalls, wenn er in seinen Handlungen über keine freie Hand verfügt und keine Ehrerbietung einflößt, mehr schädlich als nützlich ist.

Die Köpfung Ludwigs machte indessen die Politik der Aufschübe und Ausflüchte unmöglich, die die Gironde während des Prozesses praktiziert und damit beim Publikum an Glaubwürdigkeit eingebüßt hatte. Zudem hatte sie nicht allein eine Eingrenzung des *militärischen* Konflikts im Auge. Sie neigte jetzt auch dazu, voll bewußt oder nicht, sich fallweise auf einen „diplomatischen" Tauschhandel mit der Aristokratie einzulassen: eine reichlich inkonsequente Haltung von seiten derjenigen, die sich im November vor allen anderen dem „Propagandakrieg" verschrieben hatten. Sie zählten auf die Ausbeutung eroberten Gebietes, um die wirtschaftlichen Schwierigkeiten zu mildern, und mußten gewahr werden, daß ihre Berechnungen nicht aufgingen.

Das Gebrechen unserer Ökonomie ist der Überschuß an Geldzeichen, hatte Saint-Just am 29. November festgestellt. Wir sollten uns bemühen, sie nicht zu vermehren, um die Entwertung nicht zu steigern. Man soll so wenig Geld wie nur möglich herausgeben. Um das zu erreichen, muß man die Verpflichtungen der Staatskasse vermindern, indem man unseren Gläubigern Land gibt oder Jahresraten festlegt, um sie zu begleichen, ohne Papiergeld zu schaffen.

Statt dessen betrieb Cambon an der Spitze des Finanzausschusses eine Emissions- und Inflationspolitik. Gedrückt durch die Ausweitung des Krieges — am 1. Februar 1793 auf England und sogleich auch auf die Niederlande, deren Goldschatz Dumouriez in Amsterdam ausheben wollte —, fiel der Assignat im Februar auf die Hälfte seines Nennwertes.

Im Gleichschritt verschlechterte sich die Versorgungslage, und Saint-Just wies in seiner Rede auf die Ursachen des „künstlichen Mangels" trotz leidlicher Ernte durchaus hin:

Der Landwirt, der keineswegs Papier in seinen Sparstrumpf stecken möchte, verkauft sein Getreide nur mit Bedauern. In jedem anderen Handel muß man verkaufen, um von seinem Gewinn zu leben. Der Landwirt im

> Gegenteil kauft nichts. Seine Bedürfnisse sind nicht im Handel. Diese Klasse war gewohnt, jedes Jahr den Gegenwert eines Teils der Bodenfrüchte in Hartgeld zu horten. Heute zieht sie es vor, Getreide statt Papier zu stapeln.

Den Städtern fehlte das Brot (Dok. 107), weil gerade die Hauptproduzenten — Großpächter und große Landwirte — zauderten, ihre Körner gegen Banknoten einzutauschen, die laufend an Kaufkraft einbüßten.

Roland, bis zu seinem Rücktritt am 22. Januar als Innenminister für die Ökonomie verantwortlich, hatte nichts unternommen, um die im September widerwillig erlassenen Reglementierungen durchzusetzen. Nachdem sich die Sturmwolken der Invasion verzogen hatten, schaffte sie der Konvent am 8. Dezember sogar wieder ab und sah die Todesstrafe vielmehr für diejenigen vor, die sich

> der freien Zirkulation von Nahrungsgütern widersetzten, sie störten oder Ansammlungen zu diesem Zweck anführten.

Das bezog sich vor allem auf die Beauce und umliegende Gebiete, wo die Unrast seit November (wie schon im Februar/März) unvermindert anhielt. Paris entzog in seinem Hauptversorgungsgebiet den örtlichen Verbrauchern die Ware, indem es die Preise überbot. Banden von „Taxatoren" taten sich deshalb zusammen und fielen über die größten Märkte her: 3000 am 28. November in Vendôme, angeblich 6000 am 29. in Courville, mit Eichenlaub auf dem Hut und dem eigentümlichen Wahlspruch:

> Es lebe die Nation! Der Weizenpreis wird sinken!

Die Regierung schritt mit Waffengewalt ein und stellte die Ordnung — allerdings erst nach einigen Monaten — wieder her. Ähnlich verfuhr sie in Lyon, wohin zur Unterstützung der Gendarmerie Konventskommissare entsandt wurden, die mit der Verhaftung von „Rädelsführern" auftragsgemäß „durchgriffen".

> Die Sansculotten sind von einer unvergleichlichen Schwäche, klagte am 3. Februar 1793 der Lyoner „Maratist" Chalier, da unter ihnen die Zahl der Brutusse nur klein ist. (...) Mögen sich die Jakobiner endlich unerschrocken zeigen und die Tochtergesellschaften auf die

Höhe heben, die den Umständen angemessen ist! (Dok. 105.)

In Paris bot die Commune, die im allgemeinen mit der Montagne an demselben jakobinischen Strang zog, auch nach den Neuwahlen zum Generalrat am 2. Dezember der Gironde die Stirn. Die ausgeklügelte Einschleusung weiterer „Föderierter" aus der Provinz wurde für diese zum Fehlschlag: Binnen kurzem bekehrten sich die Ankömmlinge in ihren Stadtquartieren zur Sache der Sansculotten, und im Februar 1793 eroberte endlich mit Pache ein Jakobiner auch das Bürgermeisteramt.

Die plebejischen Sektionen drängten bei Herannahen des Winters immer stärker darauf, gegen Aufkauf und Wucher einzuschreiten (Dok. 98). Am 29. November veranlaßten sie die Commune, sich ihnen anzuschließen. Am 1. Dezember hielt Jacques Roux eine flammende Rede über *Die Verurteilung Ludwigs des Letzten, die Verfolgung der Spekulanten, Aufkäufer und Verräter,* in der er das sozialökonomische Problem mit dem politischen verknüpfte:

> Ihr müßt nicht nur den Aufkäufern und Spekulanten, (...) die den Preis der täglichen Bedarfsgüter in schwindelnde Höhe treiben, einen erbarmungslosen Krieg erklären; ihr müßt gleichzeitig fordern, daß der Kopf des Mörders der Franzosen ehestens unter dem Schwert des Gesetzes fällt. (Scripta et Acta, 82.)

Jean-François Varlet aus der Sektion Droits de l'Homme agitierte auf öffentlichen Plätzen von einer einfallsreich gebastelten fahrbaren Tribüne für einen Zwangskurs des Assignaten und ein promptes Vorgehen gegen die Schieber. In Lyon gaben Chalier und seine Freunde, in Orléans Taboureau de Montigny gleichartige Losungen aus:

> Preisstop für Versorgungsgüter, Beschlagnahme der Getreidevorräte, Reglementierung des Backwesens, Fürsorgeunterstützung für die Armen und die Familien der Freiwilligen.

Buchez hat in seiner *Histoire parlementaire* (1834—1838) Schrittmacher einer von den „Konventsparteien" weithin unabhängigen Volksbewegung unter der Gruppenbezeichnung „Enragés" — Wütende oder Besessene — vereinigt, die an ihnen haftenblieb. In ihrer Agitation begannen sich einige Programmpunkte zu verdichten, in denen sie vorrangige Bedürfnisse der Massen, jedoch auch manche ihrer flüchtigen Stimmungen und unreflektierten Gefühle zusammenfaßten und an die Spitze ihrer Forderungen stellten.

Die Verschlechterung der Existenzbedingungen sprach für ihre Thesen. Am 12. Februar erschien — nach mancher anderen mit ähnlichem Anliegen — eine Abordnung vor den Schranken des Konvents, die im Namen der 48 Sektionen von Paris und aller Departements zu sprechen vorgab:

> Es ist nicht genug, erklärt zu haben, daß wir französische Republikaner sind. Das Volk muß auch glücklich sein, es muß Brot haben; denn wo es kein Brot mehr gibt, gibt es keine Gesetze, keine Freiheit, keine Republik mehr.

Die Petitionäre wollten auf ein System von Fest- und Höchstpreisen hinaus, wurden jedoch zu ihrer Verwunderung — sogar von Marat — als Urheber oder bestenfalls Opfer eines „niedrigen Ränkespiels" abgefertigt. Marat stieß sich aber nicht allein an den tatsächlich mangelhaften Vollmachten der Abordnung und ihres zwielichtigen Wortführers Heudelet:

> Die Maßnahmen, die man euch soeben vorschlug, um den Überfluß wiederherzustellen, sind so übertrieben, so sonderbar und jede gute Ordnung untergrabend; sie sind so offensichtlich darauf gerichtet, den freien Umlauf des Getreides zu stören und Unruhen in der Republik hervorzurufen, daß ich verwundert bin, wie sie aus dem Munde von Menschen kommen können, die vorgeben, vernünftige Wesen und freie Bürger, Freunde der Gerechtigkeit und des Friedens zu sein. (Moniteur, 14. Februar 1793.)

Mutmaßte er ein aristokratisches Komplott zur Diskreditierung des Konvents (woran in diesem Falle sogar etwas war — W. M.), oder gab er das vor, um einer unkontrollierbaren autonomen Strömung rechtzeitig in den Arm zu fallen, aus Sorge um die Einheit der vorwärtsweisenden Kräfte in der Revolution und ihre jakobinische Führung?

Die *Révolutions de Paris,* girondefreundlich, wiewohl kritisch, urteilten da sogar milder:

> Wir greifen die Petition nicht an sich an; ihr Ziel ist lobenswert und legitim. Es geht darum, den Lebensmittelmangel zu verhindern und die Versorgung zu billi-

> gen Preisen zu gewährleisten. Nichts könnte besser sein. Die Maßnahmen, die die Petitionäre vorschlagen, sind meistenteils durch die Vernunft und ihre Zweckmäßigkeit bestätigt (...). Es ist also nicht der Inhalt der Petition als solcher, der zu tadeln ist, es sind die Formen, es ist die Art und Weise, in der sie vorgebracht wurde. (Nr. 188, 1793.)

Aber auch diese Wochenschrift setzte sich nicht mit einer „emanzipierten" — wie immer eventuell ungeschickten — Volksaktion auseinander, die dem Konvent einheizte. Sie suchte die „Anstifter" nur am anderen Ende als Marat: Sie meinte, hinter den sansculottischen „Rädelsführern in den Sektionen" stünden als Drahtzieher einige (nicht alle) Montagnarden als Minorität, die keine Aussicht besitze, „parlamentarisch" an die Macht zu gelangen und deshalb vor den zu gewinnenden Massen die Hundertfünfzigprozentigen spiele:

> Der Berg hat auch seine Intriganten, die scharf sind auf die einträglichsten Stellen der Republik, und sie sind nur darauf aus, ihre Hand dabei zu waschen. Sie geben sich als hitzige Patrioten; sie schüren die gigantischsten Ideen, die gewagteste Entschlossenheit in der Hoffnung, den Konvent zu kompromittieren und ihrer Partei zu dienen, indem sie das Volk zu einigen Schritten anstacheln, deren ganze Frucht sie allein einheimsen werden.

Der 12. Februar war nur ein Vorspiel. Die Kaltschnäuzigkeit, mit der die Nationalversammlung, diesmal wieder unisono um die heiligen Kühe ihrer Autorität besorgt und daher durch die Bank argwöhnisch gegenüber nichtautorisierten Bürgerinitiativen „von unten", die Beschwerdeführenden abfahren ließ, trug dazu bei, dem Protest der Basis andere Ventile zu öffnen. Und es kam schlimmer.

Begonnen hatte es bei der Seife. Die *Révolutions de Paris* gaben die Preissteigerung mit 100% an, und die Wäscherinnen, nie mundfaul, muckten auf. Ihre Klagen seien schon dem Generalrat vorgebracht und ihnen der Bescheid zuteil geworden: Beschwert euch gefälligst beim Konvent! Die Zeitung schrieb wohl richtig, daß aber weniger die Seife als der seit Tagen anhaltende Brotmangel (der nicht zu sein brauchte), verschlimmert durch Angstkäufe (Garin: „Es ist gerade die Angst, die den Mangel erzeugt"), das Vorspiel (Dok. 107) der

Journée vom 25. Februar bildete. Der *Patriote français* bestätigte es:

> Die Bäckerläden waren gestern und heute wieder umlagert. Die Bäcker, die sonst nur dreimal täglich backen, mußten es achtmal tun und bekamen trotzdem eine Menge Ärger. (25. Februar 1793.)

An diesem Montag nach 10 Uhr morgens brachen im Lombardsviertel, Mittelpunkt des Kolonialwarenhandels (nach ersten Zwischenfällen schon am 24. abends), schwere Unruhen aus, die sich über 32, mithin zwei Drittel der Sektionen ausbreiteten. Die Aufrührer, Frauen und Männer, stürmten die Läden.

> Licht, Zucker, Seife, Schokolade, Kaffee, Käse, Öl, alles wurde geplündert oder taxiert und weggenommen; zwei Drittel unter seinem wahren Wert. Die falschen Freunde des Volkes werden nicht ermangeln, auszustreuen, daß selbst in diesen Ausschweifungen das Eigentum respektiert geblieben sei. Allein es ist gewiß, daß ein großer Teil der Waren unbezahlt geblieben ist, daß ganze Trupps Banditen die Gelegenheit benutzt haben, Waren wegzustehlen (gewiß: welcher Großstadtdieb ließ sich einen so geschenkten Gaul je entgehen? — W. M.), und daß viele der Käufer zu einem höheren Preise wieder verkauft, was sie zu einem niederen Preis erhandelt oder abgedrungen hatten.
>
> Die Munizipalität, die von diesen traurigen Auftritten unterrichtet ward, machte eine Proklamation, um die Bürger an den Respekt des Eigentums zu erinnern. Diese Proklamation wurde mit allgemeinem Hohngeschrei aufgenommen. Der General Santerre wurde aufgeboten, die bewaffnete Bürgerschaft anrücken zu lassen; aber es verdient bemerkt zu werden, daß Santerre zu Versailles war. Seine Abwesenheit, nebst der Langsamkeit, welche die Publikation der Munizipalität erlitt, verhinderte die Bürgerschaft, zeitig genug unter die Waffen zu treten. Der Eifer der Nationalgarde verdient jedoch Lob; häufige Patrouillen verhinderten wenigstens blutige Szenen und kamen neuen Plünderungen zuvor.

Soweit am 1. März der Gewährsmann des *Hamburgischen unparteiischen Correspondenten* (Nr. 42, 1793). Er deckte sich grosso modo mit der Berichterstattung der Pariser Presse. Über 1 000 Geschäfte wurden vom „Ladensturm" betroffen.

> Die Krämer, äußerte Jacques Roux (gegen lauten Widerspruch im Plenum, aber unter Beifall der Tribünen) noch am selbigen 25. im Generalrat der Commune, haben dem Volk nur zurückerstattet, was sie ihm seit langem durch Überpreise aus der Tasche gezogen haben.

Eine derart simplifizierte „Erklärung" des Vorgangs wurde dem Redner in der Öffentlichkeit schwer übelgenommen und brachte ihm Ärger ein. Robespierres Sektion Piques (der zu dieser Zeit der „Pornograph" und Ex-Marquis de Sade vorsaß), forderte „ihre Brüder der Sektion Gravilliers" schriftlich und sogar gedruckt auf,

> dem Bürger Jacques Roux einen Tadel auszusprechen dafür, daß er während der Journée vom 25. im Generalrat die Auflösung sämtlicher Prinzipien gepredigt hat, indem er die Ereignisse des Tages rechtfertigte. (Scripta et Acta, 440.)

Im *Patriote français* hieß es dazu:

> Die Räuber finden überall Lobredner. Sogar im Schoße des Generalrats der Commune hat man die Mäßigung und Bescheidenheit der Plünderer gelobt, ebenso auch die Ordnung während der Plünderung. (28. Februar 1793.)

Die in ihrer Wurzel (Dok. 108) unorganisierte Bewegung (nach deren Anstiftern oder Führern man nach wie vor vergeblich sucht, weil es im engeren Sinne keine gab), von der sich einige Heißsporne vielleicht eine gesetzliche Preisbindung, das „Maximum", versprachen, war gescheitert und mußte scheitern (Dok. 109). Wenige Tage danach befanden sich alle Preise wieder auf ihrem alten Stand.

Beschuldigungen, Verdächtigungen aber flogen hin und her: Wer war es gewesen? Nicht Jacques Roux, den die Historiker lange „im Verdacht" hatten; Susanne Petersen konnte dokumentarisch nachweisen, daß er sogar versucht hatte, wenngleich erfolglos, die Journée durch gutes Zureden abzuwenden.

Für Brissot und andere galt Marat als Anstifter für ausgemacht. Hatte er nicht just am 25. von sich gegeben:

> In jedem Land, wo die Volksrechte nicht bloße Phrasen sind, die nur prahlerisch auf dem Papier stehen, würde die

Plünderung einiger Läden, an deren Türpfosten man die Aufkäufer aufknüpft, den betrügerischen Machenschaften bald ein Ende machen.

Nur war dieser „Brandsatz“ überhaupt erst am Nachmittag des 25. in Umlauf gelangt und konnte folglich auf den Ausbruch keinen Einfluß gehabt haben. Daß Marat den Spieß umdrehte, brachte die Spurensuche freilich auch nicht weiter:

Wir haben berichtet, was Marat gestern früh geschrieben hat. Das ist jedoch noch nicht alles. Dieser Gauner besaß obendrein noch die Frechheit, gestern abend im Jakobinerklub Roland als den eigentlichen Urheber der Szene zu bezeichnen, die er selbst hervorgerufen hat. (Patriote français, 27. Februar 1793.)

Auf alle Fälle mußte auch die alte Walze vom bösen Ausland herhalten:

Leicht ist einzusehen, daß eine Schar Menschen dahintersteckt, die von den ausländischen Mächten bestochen sind, um die Anarchie aufrechtzuerhalten die inneren Spannungen zu verewigen und auf diese Weise eine unseren Feinden dienliche Zersetzung herbeizuführen. (Ebenda, 26. Februar 1793.)

Für Robespierre stand außer Frage, daß es sich um ein „angezetteltes Komplott gegen die Patrioten selber“ handeln mußte; Sansculotten hätten Besseres zu tun:

Das Volk muß aufstehen, nicht um sich Zucker zu verschaffen, sondern um Schurken zu zerschmettern.

Worauf Brissot (am 28.) zurückgab:

Die Plattheit dieser Adresse ist vermutlich der Verzweiflung zu danken, die Robespierre zur Schau getragen hat, weil sich *sein* Volk mit so „geringfügigen Unternehmungen“ begnügte.

Einige jakobinische Krämer sollen verschont geblieben sein: Möglich, daß sie der Kundschaft Vertrauen genossen; andere erwischte es, ob Jakobiner oder nicht.

Hätte die Commune, statt gegen die Kaufleute zu schreien, nicht lieber einen Späherblick auf die obskuren Lagerhalter ohne Handelspatent werfen sollen? Auf solche wie jenen von Croix-Rouge, bei dem man 16 Tonnen Zucker und kein Handelspatent fand? Da habt ihr einen wirklichen Warenhorter; die Kleinkrämer sind es nicht. (Révolutions de Paris, Nr. 190, 1793.)

So bewirkte der Ladensturm, daß die Besitzenden bis herunter zum kleinsten für den Augenblick wieder näher zusammenrückten: Die Montagnarden reagierten, wie schon am 12. Februar, als entrüstete Bürger zunächst wenig anders als die Girondins, und wie immer in einer solchen Situation, gewann dabei kurzfristig die Partei, die näher „bei der Ordnung" stand. Sie brauchte sich nicht auszuweisen, nicht zu rechtfertigen. Solcher Terraingewinn der Gironde führte aber andererseits dazu, dem Konvent, in dem sie wiederum das große Wort an sich riß und zerschwätzte, breiten Volksschichten und insbesondere der Stadtarmut den Verdacht einzugeben, daß von ihr augenscheinlich auf sozialer Ebene nichts zu erreichen war. Waren die Lebensinteressen des kleinen Mannes vielleicht anderswo als im Konvent besser aufgehoben? Bei den Jakobinern, den Cordeliers — oder den Enragés?

(L. A. Viau:) De la fixation du maximum du prix des grains dans toute la France. A. N., C 236, d. 228, n° 10, 14. Oktober 1792.

F. N. Lefebvre: Moyens d'assurer les subsistances de la République française. Paris 1793.

J. Bertrand: La taxation des prix sous la Révolution française. Paris 1949.

P. Viola: Le mouvement parisien de février-mars 1793, in: AHRF, Nr. 214, 1973.

S. Petersen: Lebensmittelfrage und revolutionäre Politik in Paris 1792—1793. München/Wien 1979.

Eine Jury für Jacques Roux, Hrsg. H. Scheel, Berlin 1981.

Die Märzkrise

Ein Unglück kommt selten allein.

Die Gironde hatte die mannigfachen Rückschläge, an denen ihre Engstirnigkeit die Hauptschuld trug, alles in allem bisher erstaunlich gut verkraftet: das Totlaufen ihrer Verleumdungskampagne gegen die Häupter der Bergpartei und des Jakobinerklubs; den peinlichen Eindruck, den ihre Zerfahrenheit in der Königsfrage hinterließ; den praktisch erzwungenen

Rücktritt des abgekämpften Roland und den Verlust der Pariser Mairie. Entgegen der Auffassung Chaliers im Lyoner Zentralklub, daß

> diese Brut — der tugendhafte Roland und seine Sekte — die Guillotine kennenlernen und erleiden muß (Dok. 105),

sah es nach dem Ladensturm vielmehr danach aus, als könne sie gegen Sansculotten und Armbauern (Dok. 101) bei gleichzeitiger Abwehr der Konterrevolution Groß- und Kleinbesitz noch einmal unter einen — und zwar ihren — Hut bringen. Die *Révolutions de Paris* (Nr. 190, 1793) versicherten:

> Ein Aufstand ist ein Kampf auf Leben und Tod zwischen den Unterdrückten und den Unterdrückern, und keineswegs zwischen den Reichen und den Armen. (...) Freie und der Freiheit würdige Männer gehen nicht hin und sagen gleich Jacques Roux, dem Priester, der es offen im Generalrat der Commune wiederholt hat, und wie es auch mehrere Jakobiner bei voller Tribüne gesagt haben: daß der Montag des 25. Februar eine schöne Journée gewesen sei und noch schöner gewesen wäre, wenn es ein paar abgeschnittene Köpfe gegeben hätte. (...) Wir meinen, daß man Eigentum und Leben des Bürgers gleichermaßen achten muß.

Es war, wie erinnerlich, Robespierres Sektion Piques gewesen, die verlangt hatte, Jacques Roux als Volksaufwiegler und „Schänder geheiligter Eigentumsrechte“ zur Rechenschaft zu ziehen:

> Ein Mandatar ist nicht mehr würdig, seine Vollmachten auszuüben, wenn er sie dazu mißbraucht, Plünderung und Unordnung zu verkünden.

Es war die Commune, die ihm am 2. März den Sitz im Generalrat entzog (was allerdings der Einspruch seiner selbstbewußten Sektion Gravilliers zunichte machte). Einer Niederschlagung der Bewegung in der Beauce legte die Montagne — im Hinblick auf die gefährdete Versorgung des Pariser Stadtvolkes — keinen Stein in den Weg. Sogar Héberts *Père Duchesne* (Nr. 219, 1793) schwang sich zu einer Standpauke auf:

> Ihr armseligen Kerle, die ihr nicht über eure Nase hinwegseht und nicht begreift, daß ihr euch selbst ins Gesicht schlagt, wenn ihr zu solchen Streichen greift! Wie, ihr

erklärt den Lebensmittelwucherern den Krieg und stürzt euch dann auf die armen Kleinhändler, die noch mehr als ihr unter dem Lebensmittelwucher leiden, und rächt euch an diesen? (...) Nicht deshalb rede ich so, weil ich die Krämer liebe. Ich glaube vielmehr, daß die meisten schlechte Mitbürger sind und eine Lehre verdienen. Aber man will euch, Sansculotten, nur auf Abwege leiten. Man will euch gerade jetzt, wo ihr alle Brüder werden wollt, veruneinigen. Man will, daß ihr euch gegenseitig auffreßt, jetzt, wo es gilt, gegen den Feind zu marschieren.

Doch die Einheitsfassade täuschte. Eine jähe Wende an der Front brachte sie zum Einsturz. Chalier hatte schon am 3. Februar ein ungutes Vorgefühl gehabt:

Die ganze Armee muß umgebildet werden, sonst gehen wir großen Gefahren im Frühjahr entgegen. Die Oberbefehlshaber und die Stäbe unserer Armeen taugen nichts; darum erschlafft der Mut unserer tapferen Freiwilligen. (Dok. 105.)

Die Freiwilligen, die sich für einen Feldzug, das heißt für sechs Monate verpflichtet hatten, musterten zum Winter ab und kehrten an den häuslichen Herd zurück. Der Konvent versuchte, sie bei ihrem revolutionären Bewußtsein zu packen:

Bürger, das Gesetz erlaubt es euch; der Patriotismus verbietet es.

Schlecht gekleidet und genährt infolge der Unterschleife von Lieferanten, die Dumouriez begönnerte, war ihre Begeisterung mäßig. Ersatz für die erlittenen Ausfälle fehlte; so standen — von 400000 Mann im Herbst — zum Frühjahr noch keine 250000 für sämtliche Kriegsschauplätze bereit, denen am 7. März die überhastete Kriegserklärung an das bourbonische Spanien einen weiteren hinzugesellte.

Ein Gesetz vom 21. Februar über das „Amalgam" sollte das Nebeneinander von lang dienender Linientruppe und Freiwilligenbataillonen beseitigen. Gegen die Stimmen der Gironde beschlossen, nahm jedoch seine Überführung in die Praxis Monate in Anspruch. Auch eine am 24. Februar dekretierte Zwangsaushebung von 300000 Mann (die tatsächlich nur 160000 ergab) konnte nicht auf die Schnelle wirksam werden. Dumouriez' Offensive gegen Amsterdam, am 16. Februar eingeleitet, lief sich bei Breda fest, und die

Österreicher rissen die Initiative wieder an sich. Am 1. März warf sich Herzog Josias von Coburg auf die an der Roer zerstreut kantonierende Belgien-Armee. Als Aachen am 2. und Lüttich am 5. März fiel, konnte General Miranda (der spätere venezolanische Freiheitsheld) den Rückzug nicht mehr zum Stehen bringen; Dumouriez' rechte Flanke drohte aufzureißen.

In Paris löste die Schreckensnachricht Hektik aus.

> Die ganze Französische Revolution, wird Friedrich Engels schreiben, wird beherrscht vom Koalitionskrieg, alle ihre Pulsationen hängen davon ab. Dringt die Koalitionsarmee in Frankreich ein — überwiegen der Vagus, heftiger Herzschlag, revolutionäre Krisis. (MEW, XXXVII, 317 f.)

Unvorsichtigerweise stieß die Commune selber am 8. März ins Horn:

> Bürger, zu den Waffen!

Einige aufgeregte Patrioten, die ihr Hauptquartier im Café Corazza aufgeschlagen hatten — Varlet, Fournier „der Amerikaner", Lazowski, Proli und andere —, glaubten daraufhin, die Dinge in die Hand nehmen zu müssen. Vielleicht hielten sie sich des stillschweigenden Einverständnisses einiger Jakobiner wie Tallien und Collot für versichert. Der Enragé Varlet setzte am Abend des 9. bei den Cordeliers einen Antrag durch, unwürdige Volksvertreter aus dem Konvent abzuberufen. Zwei Druckereien, die Zeitungen der Girondins Condorcet *(Chronique de Paris)* und Gorsas *(Courrier des départements)* herstellten, wurden in der Nacht demoliert.

Am 10. März schwankte das Zünglein an der Waage für oder gegen eine Journée. Die „Verteidiger des Vaterlandes" *(Défenseurs de la patrie)*, eine vorwiegend aus ehemaligen Soldaten zusammengesetzte Volksgesellschaft, deren Petition vom 4. März sich schon für eine Vertreibung der Gironde aus der Nationalversammlung stark gemacht hatte, agitierten für eine Erhebung, während sich die Commune entschieden dagegen aussprach:

> Der Generalrat der Commune hat mit Schmerz gesehen, daß man noch immer Unruhen in Paris hervorzurufen sucht. Diese Unruhen führen nur dazu, die Rekrutierung unserer Armeen zu verzögern und unsere Soldaten zu

> hindern, an die Front zu eilen und den Feind zurückzuschlagen. Bürger, helft uns das Übel zu unterdrücken, das uns bedroht. Denkt daran, daß ein Tag Verzögerung ein öffentliches Unglück ist, daß wir unsere Waffenbrüder zu rächen haben und unsere Armeen im Stich lassen, wenn wir unsere Mitbürger, die sie gleich Rettern erwarten, im Hinterland zurückhalten. (Moniteur, 13. März 1793.)

Da nur 5 der 48 Sektionen Interesse bezeigten und sich am Ende auch noch anders bedachten, fiel der Wirbel bald in sich zusammen. Varlet trug er eine Abfuhr im Rathaus und den Ausschluß aus dem Jakobinerklub ein. Milder urteilte das Pariser Elektorenkollegium, in dem er nach einer Rechtfertigungsrede verbleiben durfte

> mit der Begründung, daß die Wahlmännerversammlung im Verhalten des Bürgers Varlet lediglich ein Übermaß an Eifer erkannte. (Exkurse, 200.)

Der Konvent sah sich zur Eile angetrieben. In Lyon ließ sein Beauftragter, der Abgeordnete Legendre, Montagnard und Freund Dantons, am 4. März Bürgermeister Nivière-Chol, den „Freund der Reichen", festnehmen und setzte die Ernennung des linken Jakobiners Bertrand durch. Am 9. März beschloß die Nationalversammlung, „Kommissare in Mission" mit unbeschränkten Vollmachten in alle Departements zu entsenden, um die Mobilmachung an Ort und Stelle vorwärtszutreiben und „den revolutionären Geist zu beleben". Am 10. stimmte sie, nachdem der Sondergerichtshof vom 17. August 1792 tatenlos entschlafen war, auf Antrag Dantons für die Errichtung eines Außerordentlichen Tribunals (das durch Dekret vom 29. Oktober zum Pariser Revolutionstribunal werden wird).

> Wie, Bürger, in einem Augenblick, wo — und dies ist nicht unmöglich — Miranda geschlagen wäre, der umzingelte Dumouriez gezwungen sein könnte, die Waffen zu strekken, in einem solchen Augenblick könntet ihr auseinandergehen, ohne die Maßnahmen zu treffen, die das Staatswohl erfordert? (...) Seien wir schrecklich, damit das Volk es nicht zu sein braucht! (Dok. 110.)

Aufgescheucht durch die Ausschreitungen an diesem selben Tag, beruhigte der Konvent jedoch anschließend die Besitzenden durch Annahme eines von Levasseur (aus dem

Departement Sarthe) redigierten Dekrets vom 18. März, das jeden mit dem Tode bedrohte,

> der das Ackergesetz vorschlagen wird, oder irgendein anderes Gesetz, welches das Eigentum des Bodens, im Bereich des Handels oder des Gewerbes untergräbt.

Ausgedehnt wurde die Höchststrafe durch ein Dekret vom 29. März auf

> Verfasser von Schriften, die zu Mord, Verletzung des Eigentums, Auflösung der Nationalversammlung, Wiederherstellung des Königtums oder zu beliebigen anderen Anschlägen auf die Volkssouveränität aufreizen.

Am 21. beschloß der Konvent im Hinblick auf die Kriegslage die Schaffung von revolutionären Überwachungsausschüssen (später einfacher Revolutionskomitees geheißen) in allen Gemeinden und Stadtbezirken. Anfangs sollten sie ein scharfes Auge auf die zahlreichen Ausländer werfen. Die fortlaufende Ausdehnung ihrer Zuständigkeiten ergab sich vornehmlich aus ihrer Befugnis, Unbedenklichkeitsbescheinigungen, sogenannte Zeugnisse der Staatsbürgertreue *(certificats de civisme)* auszustellen, deren Verweigerung in einer Bürgerkriegssituation dem Entzug der politischen und später auch der bürgerlichen Rechte gleichkam. Die republikanische Kontrolle an der Basis wurde dadurch erheblich verdichtet.

Inzwischen war großes Ungemach hereingebrochen. Dumouriez wurde am 18. März bei Neerwinden und am 21. bei Leeuwen vernichtend geschlagen. Ganz Belgien, das soeben erst — in wenig repräsentativen Abstimmungen — Provinz für Provinz seinen Anschluß an Frankreich erklärt hatte, ging verloren. Das gleiche Schicksal ereilte das Gebiet des „Rheinisch-Deutschen Nationalkonvents", dessen Beschluß vom 21. März auf Vereinigung mit der Mutterrepublik der Revolution Georg Forster dem Konvent überbrachte. Von dieser Reise konnte er nicht mehr zurückkehren, denn Mainz wurde von Preußen und Sachsen am 10. April ohne Aussicht auf Entsatz eingeschlossen.

Nun war nicht Holland, sondern Frankreich in Not. Und sie war noch längst nicht zu Ende.

> Dumouriez, schrieb Lacroix seinem Freund Danton am 28. März aus dem Etappenort Lille, scheint mir für sein Teil sehr gefährlich für die Republik. Ich kenne in ihm den

General nicht wieder, den ich persönlich geliebt habe und dessen Tapferkeit und Talente ich schätzte, dessen Kühnheit ich verehrte. Ich muß ihn als einen Feind seines Vaterlandes ansehen, der es in Ketten schlagen oder aber an den Rand des Abgrunds bringen will, um es im Sturze aufzuhalten und sich als seinen Retter, seinen Beschützer erklären zu lassen. (Dok. 111.)

Als ihm der Sieg entglitt, der ihn seiner Meinung nach „über die streitenden Parteien“ emporgehoben und ihm Schicksal zu spielen erlaubt hätte, warf der General Kopf oder Adler. Er verhaftete Kriegsminister Beurnonville und mehrere Konventskommissare dazu, ehe diese ihn festnehmen konnten.

Er hielt, bezeugte Sergeant Bonnefont, mit unbeschreiblicher Durchtriebenheit Ansprachen an die verschiedenen Bataillone. Die Verblendung war so groß, daß er überall Beifall fand (...). Dumouriez hatte sich vorgenommen, seine Armee auf Paris marschieren zu lassen. (Dok. 118.)

Damit übernahm er sich. Hatten Bonnefont „und noch ein paar Freunde“ davor „gestöhnt, daß wir unseren Kameraden die Augen nicht öffnen konnten“, kündigte nun nahezu die gesamte Truppe dem Heerführer die Gefolgschaft auf: sie wollten

dem Vaterland dienen und nicht einem Aufrührer und Meineidigen. (Ebenda.)

Von keinerlei „nationalen Vorurteilen“ angekränkelt, übergab dieser seine Gefangenen den Österreichern als Einstandspreis und überschritt selber am 4. April in Begleitung seines Adjutanten, des ehemaligen Herzogs von Chartres — Sohn des Citoyen Egalité (und 1830 endlich „Bürgerkönig“ Louis Philippe) —, auf den Spuren Lafayettes die Linien. Marats Weissagung hatte sich fast auf den Tag genau erfüllt: Der Verrat war — sechs Monate nach den ersten Siegen — perfekt geworden.

Barnave, die Lameths, Mirabeau, Lafayette waren reihum eure Götter, faßte der „Républicain“ zusammen; Dumouriez ist ihnen gefolgt. Ihr seht, welche Menschen ihr beweihräuchert habt! Schurken, von denen es noch der am wenigsten schuldige auf nichts weniger absah, als eure Freiheit zu ersticken. Also keine Abgötter mehr; verzichtet für immer darauf. Man braucht sie nicht in einer Republik. Derjenige, von dem ihr glaubt, daß er euch am besten dient, ist zugleich derjenige, auf den ihr am beständigsten aufpassen müßt. (6. April 1793.)

Wessen Verrat — der des Glücksritters Dumouriez allein? Danton, der tiefer (und nicht zu seinem Schaden) in den „belgischen Affären" gesteckt hatte, als ihm jetzt lieb sein mochte, entkam durch ein paar großartige patriotische Konventsreden, die zudem Hand und Fuß hatten, der Gefahrenzone des Riesenskandals:

> Die Republik ist unsterblich. Der Feind kann noch einige Vorstöße machen, er kann noch einige unserer Ortschaften in Besitz nehmen, aber er wird sich im Inneren Frankreichs aufreiben (...). Unsere Feinde haben Erfolge gehabt, während wir hier schwatzten: Ihre Despoten haben all ihre Kräfte zusammengenommen und uns zum Rückzug gezwungen. Aber wie der Riese in der Sage möge der Franzose durch diesen Rückzug und indem er wieder den Heimatboden betritt, neue Kräfte gewinnen! (27. März 1793.)

Zum Stäubchensuchen hatte, zum Glück für Danton, jetzt niemand Zeit, nicht einmal, wer ihm übelwollte. Wie aber sollte die Gironde den traurigen Absturz ihres kunstvoll aufgebauten Idols überstehen?

Zu allem Überfluß erhob sich die Vendée.

Ihr Aufstand war die ernsthafteste Kundgebung der Unzufriedenheit und des Widerstandes von Bauernmassen, mit der sich die Revolution auseinandersetzen mußte. Es ist eine eigene und bis heute umstrittene, für manche Heroen von 1789 auch schmerzhafte Geschichte, die hier nicht nacherzählt werden kann.

> Es dient zu nichts, schreibt Mazauric, sich einzubilden, um das „Volk freizusprechen", daß es sich ausschließlich um eine aristokratische oder klerikale Operation gehandelt hätte. Diese Volksbewegung ist konterrevolutionär, weil sie die bürgerliche Organisation der Gesellschaft ablehnt. (Exkurse, 201.)

Das mangelnde Gehör, das sie mit ihren Anliegen bei den „Städtern" fanden, machte die Bauern der Vendée anfällig für Einflüsterungen, sich gegen die Bourgeois zu wenden, die in diesem Land der Halbpacht oft gleichzeitig Großpächter, Getreidehändler, Geldverleiher und Käufer von Nationalgütern waren. Der Kirchenkampf erregte die Dörfer, die von einer Kongregation der Inneren Mission nachhaltig katechetisiert worden waren. Die hier infolgedessen überdurchschnittlich zahlreichen Refraktäre — rund 90 % des Klerus — pflanzten ihnen frommen Haß auf die „gottlosen" Umstürzer ein, und die Royalisten spitzten die Lippen, als der Krieg auf den Westen übergriff: England und Spanien waren für die Vendéer „Nachbarn zur See".

Die Bauern hatten eine Adelsrevolte 1791 nur lau unterstützt und auch 1792 wenig getan, um ihre „guten" Priester vor der Verschickung zu bewahren. Erst das Aushebungsdekret vom 24. Februar 1793 wurde, obgleich nicht die Ursache, so doch zum Detonator einer Explosion. Während Zusammenrottungen von Empörern unter Hochrufen „auf König Ludwig XVII., den Adel und die Priester" in der Bretagne im Keim erstickt werden konnten, brach in der Vendée binnen weniger Tage die Staatsmacht zusammen. Seit dem 2. März randalierten auf den Märkten Bauernburschen wider die Anordnung des Konvents. Sie sträubten sich dagegen, für die „Republik der Königsmörder und Wucherer" fern der Heimat totgeschossen zu werden.

Am Sonntag, dem 10. März, an dem die Losziehung zum Wehrdienst in Saint-Florent-le-Vieil stattfinden sollte, läuteten die Sturmglocken. Die Bauern bewaffneten sich mit primitivem Kampfgerät und trieben die Nationalgarde auseinander. Einige Distriktsorte fielen den Aufständischen sofort in die Hand, und am 11. schlachteten sie in Machecoul nach grausamen Martern mehrere hundert Bürger ab. Der weiße Terror drückte der Auseinandersetzung von vornherein die Züge eines erbarmungslosen Bürgerkrieges auf, in dem keine Seite Pardon gab und fand.

> Die Kinder des Departements Charente, erklärte am 7. Mai in Niort Louis Roux, konstitutioneller Pfarrer und jetzt Leutnant an der Spitze einer republikanischen Freiwilligenkompanie (im übrigen ein Bruder von *Jacques* Roux), haben von dem Unglück vernommen, das die Vendée und das Departement Deux-Sèvres befallen hat! Sie haben seit langem beklagt, daß sie sich nicht mit den

niederträchtigen Anstiftern der Revolte messen können. Sie eilen herbei, euch ihre Dienste anzubieten. Sie warten nur auf eure Befehle, um dieses fanatische Raubgesindel, das unser teures Vaterland zerreißt, auszurotten. (Exkurse, 5.)

Der Landadel, von dem hier viele aus Armut oder Trägheit nicht emigriert waren, wurde von dem Ausbruch überrascht; er zögerte jedoch nicht lange, ihn für seine Zwecke auszubeuten und sich — als im Waffenhandwerk geübt — seit April an die Spitze zu stellen.

Die Vendée, schlußfolgert Mazauric, war in Wirklichkeit die Wahrheit der bürgerlichen Revolution (Ebenda, 201.)

Das einzusehen, war der Konvent weit entfernt. Ohne Verständnis für die sozialen Hintergründe, unterschätzte er Tragweite und Tiefe des Aufstands. Über viele Monate fand er infolgedessen nicht das Mittel, ihm in der unübersichtlichen Busch- und Heckenlandschaft angemessen zu begegnen.

Der offene Bürgerkrieg hatte indessen zur Folge, daß er viele republikanisch Gesinnte der Montagne zuführte, die ihnen als einzige Partei erschien, der die Verteidigung der Revolution anvertraut werden konnte.

Wie, Bürger, hatte Danton am 27. März gefragt, der Bürgerkrieg bricht überall aus, und der Nationalkonvent rührt sich nicht? (...) Revolutionen entfesseln alle Leidenschaften. Eine große Nation in der Revolution ist wie Metall, das im Schmelzofen kocht. Noch ist das Standbild der Freiheit nicht gegossen, noch ist das Metall in Fluß. Wenn ihr den Guß nicht zu leiten versteht, werden die Flammen euch verzehren. (Spontaner Beifallssturm.) (...) In den Städten, in den Provinzen, wo die Empörung ausgebrochen ist, muß verkündet werden, daß alle, die so dreist sind, zur Gegenrevolution aufzurufen oder konterrevolutionäre Ansichten zu verbreiten und so alles Unheil auf ihr Vaterland heraufbeschwören, als vogelfrei betrachtet werden (...). Ihr habt kostbare Zeit mit nichtigen Debatten vergeudet, nur allzulange habt ihr ein falsches System befolgt. Man hat euch gesagt, daß die Revolution beendet sei, daß nur noch Anarchisten und Aufwiegler daseien. Nun, diese selben Aufwiegler sind es, die unter den

Dolchstößen der Mörder fallen. (Danton, 53—57.)

Die Montagne mußte ihre Anstrengungen verdoppeln, um sich der vollen Unterstützung durch die Volksmassen zu vergewissern, indem sie deren Interessen und Wünsche aufrichtig in Betracht zog. So entriß sie, oft schon sekundiert von einer zunehmend besorgteren „Ebene“, der Gironde revolutionäre Sondermaßnahmen, die ihrerseits wiederum deren Sturz beschleunigten.

Harmand de la Meuse: Quelques idées sur les premiers éléments du Nouveau contrat social des Français. Paris (26. April) 1793.

J. F. Varlet: Déclaration solennelle des Droits de l'Homme dans l'état social. Paris 1793, Reprint 1975.

C. L. Chassin: Etudes documentaires sur la Vendée et la Chouannerie. 11 Bände, Paris 1892—1900.

J. M. Sacher: Dviženie „bešenych“. Moskva 1961.

M. Faucheux: L'insurrection vendéenne de 1793. Aspects économiques et sociaux. Paris 1964.

C. Tilly: The Vendée. A Sociological Analysis of the Counterrevolution of 1793. Cambridge (Mass.) 1964.

R. B. Rose: The Enragés: Socialists of the French Revolution? Melbourne 1965.

M. Cerati: Le club des citoyennes républicaines révolutionnaires. Paris 1966.

P. M. Duhet: Les femmes et la Révolution, 1789—1794. Paris 1970.

A. M. Boursier: L'émeute parisienne du 10 mars 1793, in: AHRF, 1972, H. 2.

A. Groppi: Gli Arrabiati. Roma 1976.

M. Pertué: Aux origines du Gouvernement révolutionnaire (février/mars 1793). Démocratie et dictature en révolution (Ms.) Resumé: AHRF, Nr. 229, 1977, H. 3.

F. Lebrun: Parole de Dieu et révolution. Les sermons d'un curé angevin avant et pendant la guerre de Vendée. Toulouse 1979.

Das Scheitern der Gironde

Am 26. März hatte Jeanbon Saint-André von einer Inspektionsreise an Barère geschrieben:

> Die Sache der Republik ist an dem Punkt, unterzugehen, und wir sind fast sicher, daß sie nur sofortige und ge-

waltsamste Abhilfen retten können. (...) Die Erfahrung lehrt jetzt, daß die Revolution keineswegs vollendet ist, und man muß dem Nationalkonvent ganz offen sagen: Ihr seid eine revolutionäre Versammlung (...). Wir sind engstens an das Schicksal der Revolution gekettet (...), und wir müssen entweder das Staatsschiff in den Hafen einbringen oder mit ihm untergehen.

Damit kennzeichnete er die Situation und die ihr entspringende Volksstimmung recht zutreffend. Unter ihrem Druck raffte sich der Konvent zu kernigen Entschlüssen auf und konzedierte in hoher Besorgnis um den Bestand der Republik und um sich selbst dem Wagemut der Montagne vorerst das Steuerruder.

Robespierre erklärte am 3. April,

daß die erste zu treffende Maßnahme der Staatswohlfahrt darin besteht, alle unter Anklage zu stellen, die der Komplizität mit Dumouriez beschuldigt sind, und namentlich Brissot.

Der Jakobinerklub unter Marats Vorsitz ließ am 5. April ein Rundschreiben ergehen, das die ihm angeschlossenen Volksgesellschaften im Lande aufrief, die Abberufung aller Abgeordneten zu verlangen, die im Januar für den Appell an das Volk gestimmt hatten, um das Leben des Königs zu retten:

Im Nationalkonvent zerreißen Hände von Vater- und Müttermördern euer Innerstes. Ja, die Konterrevolution sitzt in der Regierung. (Dok. 115.)

Am 15. April reichten 35 der 48 Sektionen eine Petition ein, die 22 mit Namen genannte Führer der Girondefraktion auf die Proskriptionsliste setzte.

Der Konvent hatte am 6. April anstelle eines unwirksam gebliebenen Verteidigungsausschusses seinen „Wohlfahrtsausschuß“ (*Comité de Salut public*, Dok. 117) eingesetzt. Neun Mitglieder, darunter fünf Montagnarden mit Danton an der Spitze, drei Männer der Ebene und nur der eine Girondist Debry, geheim beratend und (im Prinzip) allmonatlich erneuert, waren beauftragt, die gesamte Staatsverwaltung zu überwachen und anzuspornen. Darüber hinaus war der Ausschuß ermächtigt, dringliche Verteidigungsmaßnahmen zu treffen; seine Beschlüsse hatten alle Dienststellen unverzüglich durchzuführen. Dem Vorwurf der Gironde, dies sei Diktatur, begegnete Marat mit einer weittragenden dialektischen Begriffsbildung:

> Man muß die Freiheit durch Gewalt gründen, und der Augenblick ist gekommen, sofort den Despotismus der Freiheit zu organisieren, um den Despotismus der Könige zu zermalmen.

Auch die Regierung, das ist der Vollzugsrat, glitt in diesen Tagen leicht nach links. Rolands Nachfolger, der philosophisch gebildete Garat, wünschte sich mit keiner der Fraktionen zu überwerfen, und Justizminister Gohier, ein alter Fuchs seines Faches, vermied es ebenfalls, sich einseitig zu binden. Das Kriegsministerium übernahm Oberstleutnant Bouchotte, ein Freund der Sansculotten, und der Seebär Dalbarade löste Monge als Marineminister ab. Fest zur Gironde hielten nur noch Clavière (Finanzen) und Lebrun (Auswärtiges).

Der Gironde ging dies alles zu weit; in unbeholfener Verteidigung gab sie sich jedoch zusätzliche Blößen. Um ihren Einfluß auf die öffentliche Meinung und die Ebene im Konvent zurückzugewinnen, fiel ihr nichts Besseres ein, als zur Sammlung der Gemäßigten zu blasen:

> Jawohl, wir sind maßvolle Leute, bekannte Vergniaud am 10. April. Seit Abschaffung des Königtums habe ich viel von Revolution reden hören. Ich sagte mir, es gibt nur noch zwei mögliche: eine vom Eigentum zum Ackergesetz, und eine, die uns zum Despotismus zurückführen würde (...). Ich faßte den festen Entschluß, die eine wie die andere zu bekämpfen (...). Man hat versucht, die Revolution durch Terror zu vollenden; ich hätte sie gern durch die Liebe vollendet (...). Unsere Mäßigung hat die Republik vor dieser schrecklichen Geißel, dem Bürgerkrieg, bewahrt.

Leicht konnte zurückgefragt werden: Und Dumouriez? Und die Vendée?

Nach ihm beschwor der weit nach rechts gerückte Pétion in einem *Brief an die Pariser* (Dok. 120) alle Besitzenden, sich dem Kampf – versteht sich, unter dem Heerbanner der Gironde – zu stellen:

> Euer Eigentum ist bedroht, und ihr schließt die Augen vor dieser Gefahr. Man reizt auf zum Krieg zwischen den Besitzenden und den Habenichtsen. Ihr aber tut nichts,

um ihm zuvorzukommen (...). Pariser, erwacht endlich aus eurer Lethargie und scheucht dieses Ungeziefer in seine Schlupfwinkel zurück!

Ging es um das Eigentum? Duchosal bestritt es:

Der Arme hat den Reichen nicht deshalb den Krieg erklärt, weil sie Reichtümer besitzen, sondern weil die Reichen die heilige Gleichheit, die die Grundlage der republikanischen Regierung bildet, verächtlich zurückweisen. (5. Mai 1793, Dok. 122.)

Hörte man hingegen die Landwirte des Kantons Indevillers, mochte es so scheinen:

Vermöge welchen absonderlichen Prinzips (wenn nicht jenes eines Ackergesetzes) kann eine Person, die niemals irgend etwas erworben noch besessen hat, plötzlich in den Besitz eines beträchtlichen Stückes Land kommen, unter Ausschluß und zum Nachteil derjenigen, die immer Boden besaßen, ihn urbar gemacht oder gekauft haben? (6. April 1793, Dok. 116.)

Und auch bei Robespierre, der am 21. April im Klub und — etwas gedämpfter — am 24. im Konvent den Verfassungsentwurf Condorcets unter die Lupe nahm, klang es danach:

Ihr habt die Artikel vermehrt, um die größte Freiheit für die Nutzung des Eigentums sicherzustellen, habt jedoch kein einziges Wort gesagt, um seine Rechtmäßigkeit zu bestimmen; auf solche Weise erscheint eure Erklärung nicht für die Menschen, sondern für die Reichen gemacht, für Aufkäufer, Spekulanten und Tyrannen. (Dok. 119.)

Er schlug demgegenüber vor, das Eigentum zu definieren als

das Recht, das jedem Bürger zusteht, über jenen Teil der Güter zu verfügen, den ihm das Gesetz verbürgt.

Aus einem noch 1789 und 1791 heiliggesprochenen Natur- und Menschenrecht wurde es vom Redner zu einer gesellschaftlichen Einrichtung heruntergestuft, deren Bedingungen zu fixieren im Ermessen des Souveräns Volk lag.

Zeitgenossen gleich Babeuf — in seinem Brief an Chaumette vom 7. Mai — haben daraus zuviel herausgelesen:

Abgeordnete, in euren Reihen weilen keine wahren Sansculotten! Fast keiner von euch entstammt dem echten Dritten Stand! (...) Aber Du immerhin, Robespierre, der Du das Privateigentum genau definiert und die Grenzen

> gezogen hast, innerhalb deren dieses Recht gehalten werden muß, um es zu hindern, für die große Mehrheit der Gesellschaft verderblich auszuschlagen: Eile herbei, Du bist unser Gesetzgeber! (Dok. 123.)

Sicher entsprang Robespierres Stellungnahme primär taktisch-politischen Überlegungen: Um die Gironde zu schlagen, was er nunmehr für ein Lebensgebot der Republik hielt, mußte er die Sansculotten motivieren durch das Aufzeigen eines sozialen Hoffnungsstrahls. Es dürfte zutreffen (doch weiß man nichts Genaues), daß die Jakobinerführer ebenfalls gewisse organisatorische Vorabsprachen trafen (um den 15. Mai in Charenton?), worin eine Aufgabenverteilung erfolgte. Mathiez modernisierte indessen über Gebühr, wenn er daraus ein Bündnis mit den Enragés und im besonderen mit Jacques Roux konstruierte: Diese besaßen bei weitem nicht den Einfluß eines Cimourdain (in der romantischen Kellerszene von Victor Hugos *Siebzehnhundertdreiundneunzig*), „ihre Massen" im Aufstandsmanöver dahin oder dorthin zu werfen.

Richtig ist, daß den Sansculotten — ganz im Gegensatz zur Gironde — der Konvent in seinen Maßnahmen nicht weit genug ging. Mit Hartnäckigkeit forderten sie von ihm insbesondere die Verordnung von Höchstpreisen. Am 18. April wurden Behörden des Departements Paris, am 30. die drei Sektionen des Faubourg Saint-Antoine dieserhalben massiv vorstellig. Am 4. Mai gab die Versammlung schließlich nach und legte ein „Maximum" für Getreide und Mehl fest. Die Distrikte sollten die Bestände erfassen und gegebenenfalls gegen Entschädigung beschlagnahmen, um damit die Märkte zu versorgen; der Handel ab Hof wurde eingeschränkt. Im Artikel 25 des Gesetzes hieß es:

> Zwecks Festsetzung eines Höchstpreises für Getreide in jedem Departement sind die Direktorien der Distrikte gehalten, ihrem zuständigen Departementsdirektorium ein Verzeichnis der Marktberichte ihres Bezirks vom 1. Januar bis zum 1. Mai dieses Jahres vorzulegen. Der daraus errechnete Durchschnittspreis, zu dem jede Getreideart innerhalb der beiden Daten verkauft worden ist, bildet das Maximum, das nicht überschritten werden darf.

Für grobe Verstöße gegen das Gesetz verhängte Artikel 28 die Todesstrafe.

Das Gelbe vom Ei war eine solche — überdies umständliche — Teilmaßnahme nicht, zumal die meisten Bauern nicht mitspielten und der Schwarzhandel also um die — im Ernst gar nicht bemühte — Guillotine herum seine Kanäle grub. Immerhin wurde in den Grundsatz der Wirtschaftsfreiheit ein Loch geschlagen mit Aussicht auf Erweiterung. Und noch einem weiteren Volksbegehren wurde stattgegeben. Robespierre hatte es am 8. Mai im Klub aufgegriffen:

> Ihr habt die Freiheit zu retten: Verkündet die Rechte der Freiheit und entfaltet alle eure Tatkraft! Ihr habt ein unermeßliches Volk von Sansculotten, sehr rein, sehr kraftvoll, die ihre Arbeitsplätze nicht verlassen können: Laßt die Reichen zahlen.

Am 20. Mai erlegte ihnen der Konvent (nachdem Regionalbehörden vorangegangen waren) eine Zwangsanleihe in Höhe von einer Milliarde auf.

Das Duell zwischen Gironde und Montagne trat nun in seine Schlußphase.

Die Gironde scheuchte die Provinz auf; im Osten, wo Krieg war, und im Westen, der gebannt auf die Vendée starrte, mit geringem Erfolg. Hingegen eroberte sie mit Hilfe einer Bewegung, die sie in den Sektionen (gegen die „Rathäuser") in Gang brachte, am 29. April Marseille und am 29. Mai Lyon zurück. In Marseille wurden die Volksvertreter in Mission vertrieben und ein „Generalausschuß der Sektionen" gebildet, der Jagd auf Sansculotten und Jakobiner machte. In Lyon wurde die jakobinische Stadtverwaltung gestürzt und der von allen Rechten gefürchtete Chalier eingekerkert.

> Die inneren Gefahren kommen von den Bourgeois, wird Robespierre in sein Tagebuch eintragen. Um die Bourgeois zu besiegen, muß man das Volk zusammenschließen. (Carnet de Robespierre, Exkurse, 230 f.)

In Paris erstreckte sich der Einfluß der Gironde nur auf eine Minderheit der Sektionen. Hier baute sie daher mehr auf Schwankungen im Konvent. Die Ebene folgte zwar in den großen staatspolitischen Fragen jetzt überwiegend der Montagne. Sie teilte hingegen das Mißtrauen der Gironde gegenüber den „umstürzlerischen Tendenzen" der Commune. So war die Versammlung schon am 13. April mit 226 gegen 93 Stimmen (bei 47 Enthaltungen) einem Antrag gefolgt, Marat in

Anklagezustand zu versetzen. Das hatte nichts gefruchtet, weil ihn das Revolutionstribunal am 24. demonstrativ freisprach. Der Konvent machte jedoch abermals mit, als die Gironde in der zweiten Maihälfte zum Gegenangriff auf die Commune als montagnardische Zitadelle der Hauptstadt schritt,

> die anarchistische Behörde, die nach Geld und Herrschaft giert,

wie Guadet am 18. Mai den Antrag auf ihre Auflösung begründete. Soweit zwar getraute sich die Nationalversammlung nicht zu gehen, setzte jedoch eine ausschließlich aus Girondisten bestehende Zwölferkommission (unter Rabaut Saint-Etienne) zwecks Untersuchung des Tatbestandes ein. Diese eröffnete am 24. Mai das Feuer, indem sie Hébert als Herausgeber (und Autor) der Nummer 239 des *Père Duchesne* verhaften ließ, die da lautete:

> Große Anzeige des Père Duchesne an alle Sansculotten des Departements über das Komplott, geschmiedet von den Brissotins, Girondins, Rolandins, Buzotins, Pétionisten und von der ganzen verdammten Sippschaft der Spießgesellen von Capet und Dumouriez, um ein Blutbad unter den wackeren Montagnarden anzurichten, unter den Jakobinern, der Commune von Paris, mit dem Ziel, der Freiheit den Gnadenstoß zu versetzen und das Königtum wiederherzustellen (letzteres die pflichtübliche Übertreibung vom Dienst — W. M.).

Zwei weitere Festnahmen folgten: von Dobsen, Präsident der zentralen Sektion Cité, und von Varlet, Organisator des 10. März, der am 13. Mai den Jakobinerklub frisch von der Leber weg belehrt hatte:

> Der Mensch, von Natur hochmütig geschaffen, neigt in erhöhter Stellung zwangsläufig zum Despotismus. Wir fühlen jetzt, daß man die gebildeten Behörden im Zaume halten muß; anderenfalls werden sie alle zu unterdrückenden Gewalten. Versuchen wir nicht, eine durch die andere aufzuwiegen. Jedes Gegengewicht, das nicht das Volk selber ist, ist falsch.

Die Gironde überschätzte ihre Kräfte. Das unbedachte Dreinschlagen bescherte ihr binnen einer Woche den Untergang.
Es hagelte Petitionen. Am 25. Mai forderte die Commune vom

Konvent die Befreiung ihres stellvertretenden Prokurators Hébert. Isnard, der den Vorsitz führte, verwarf den Antrag mit Worten, die Erinnerungen an das Manifest des Herzogs von Braunschweig hochspülten:

> Wenn es durch diesen fortgesetzt wiederauflebenden Aufruhr dazu kommen sollte, daß man einen Anschlag auf die Nationalvertretung verübt, erkläre ich euch im Namen von ganz Frankreich, daß Paris zerstört werden würde. Bald würde man an den Ufern der Seine nachforschen, ob es je ein Paris gegeben hat. (Dok. 126.)

Anderentags wandte sich Robespierre an die Öffentlichkeit:

> Wenn das Volk unterdrückt ist, wenn ihm nichts mehr bleibt als es selbst, wäre derjenige ein Feigling, der ihm nicht sagen würde, es solle sich erheben. Wenn alle Gesetze verletzt sind, wenn der Despotismus seinen Höhepunkt erreicht hat, wenn man den guten Glauben und das Schamgefühl mit Füßen tritt, dann muß das Volk in den Aufstand treten. Dieser Augenblick ist gekommen.

Der Jakobinerklub erklärte sich „im Zustand der Insurrektion" und gab damit ein Zeichen nach Robespierres Devise:

> Man muß den Volkszorn entfachen (*colérer le peuple* — eine sprachliche Neuschöpfung ...).

Die Sektionen begannen zu handeln. Am 28. Mai berief Cité die anderen Sektionen ins ehemalige Bischofspalais (das „Evêché"), um die Erhebung abzustimmen und praktisch vorzubereiten. In der Nacht vom 29. zum 30. bildeten Delegierte von 33 Sektionen — als die geforderte Zweidrittelmehrheit — einen Revolutionsausschuß aus neun Mitgliedern. Sein treibender Geist wurde der Enragé Varlet, tags zuvor zusammen mit Hébert und Dobsen auf Gegenorder des Konvents (nach einem Protestauszug der Girondedeputierten) aus der Haft entlassen. Das Departement Paris unter dem Dantonisten Lullier trat der „Verschwörung im Bischofspalais" bei.

Das Revolutionäre Zentralkomitee hob aber kein Komplott aus der Taufe; es lenkte nur die schon vor sich gehende Erhebung auf einen festen Punkt. Selbständig gekämpft wurde an der Basis bereits (Dok. 121), und der Boden wankte längst in der ganzen Stadt — oder sagt man besser: in fast der ganzen?

Denn erstaunt meldete der Korrespondent der *Vossischen* noch am 16. Mai nach Berlin:

> Gegen alle Erwartungen bleibt es in Paris noch immer ruhig. Man sollte kaum glauben, daß so große Verwirrung bei uns herrscht, wenn man sieht, daß alle Schauspielhäuser täglich mit Zuschauern angefüllt sind, unaufhörlich sehr viele neue Ehen geschlossen werden, und das Frauenzimmer in seinem Putze einen Geschmack und eine Eleganz zeigt, wie man sie kaum ehemals in glücklicheren Zeiten sah. (Nr. 64, 1793.)

Doch schon am 19. teilte Brissot einem besorgten Freunde verstört mit:

> Wir leben seit zwei, drei Tagen in entsetzlicher Unruhe. Die Hälfte der Abgeordneten schläft nicht mehr in ihren eigenen Wohnungen. (Dok. 125.)

Er zitierte aus einem von der Polizei abgefangenen Brief:

> Wir brauchen noch eine weitere Journée genau nach der Art des 10. August, und bis dahin wird es nicht mehr lange dauern.

Auf der Straße hat er sagen hören (und es besteht kein Grund, ihm nicht zu glauben):

> Köpfe von Köchen und Droschkenkutschern sind genug abgeschnitten worden, jetzt sind die Köpfe der Konventsmitglieder an der Reihe, von der Guillotine abrasiert zu werden.

Die Sektionen führten die Auseinandersetzung auf ihre Weise.

> Die Aristokraten, erläuterte ein Redner der Sektion Mail am 21. Mai, das sind alle die Reichen, alle die großen Geschäftsleute, alle die Aufkäufer, diese windigen Advokaten, die Bankiers, die Koofmiche, alle die Rechtsverdreher und alle, die etwas haben. Man muß den Boden der Freiheit von ihnen säubern. (Sansculotten, 53.)

Rauhbeinig oft, und es flogen dabei nicht nur saftige Schimpfworte, sondern auch handgreiflichere Gegenstände dem Diskussionsgegner an den Kopf. Dennoch war einfache Herzlichkeit nicht zu verkennen, wenn man (mit Piken bewaffnet freilich, denn man wußte ja nie ...) zur Nachbarsektion zog, die noch in Verstockung verharrte, für die „aristokratische Ränkeschmiede" verantwortlich gemacht wurden, und man versuchte, sie durch brüderliches Zureden für die Nation zurückzugewinnen. Im Protokoll der Sektion Contrat Social vom 18. (irrtümlich 16.) Mai hieß es:

> Die fünf zur Generalversammlung vereinten Sektionen (Contrat Social, Bon Conseil, Halles, Gravilliers und Lombards — W. M.) beschlossen einmütig, sich zweimal wöchentlich mit ihren Brüdern, den Sansculotten der anderen Sektionen, die von der Aristokratie unterdrückt werden, brüderlich zu verbinden und die Tyrannen zu züchtigen. (...) Nach einem weiteren Vorschlag beschloß die Generalversammlung der fünf vereinigten Sektionen, den Sansculotten der Sektionen Arsenal und Butte des Moulins zu Hilfe zu eilen, um die Aristokraten zu vertreiben, die dort zu finden sind. Die Versammlung setzt Sonnabend, den 19. dieses Monats (falsch, Sonnabend war der 18. — W. M.), für diesen Zweck fest. (Ebenda, 17.)

Wenn die — oft zeitraubende — Bemühung von Erfolg gekrönt wurde, schlug sie in ein „Verbrüderungsfest" um. Das Protokoll der Sektion Droits de l'Homme vom 20. Mai schloß mit den Worten:

> Dieser Abend verdient, in den Annalen der Revolution einen neuen Abschnitt einzuleiten (...). Das Präsidium stimmt die Hymne der Freiheit an: Vorwärts, Kinder des Vaterlandes! Worauf sich die Versammlung geschlossen erhebt, um die Sansculotten der Sektionen Contrat Social, Bon Conseil, Unité, Lombards, Gravilliers und Marchés zu begleiten, und alle Bürger erweisen sich gegenseitig die rührendsten Bezeugungen ihrer brüderlichen Verbundenheit. (Ebenda, 33.)

Solches Fraternisieren, von keiner „höheren" revolutionären Instanz anbefohlen, bahnte der Vereinigung der Pariser Volkskräfte den Weg, und es setzte sich auch nach dem Umschwung an der Spitze noch dort fort, wo Nachholbedarf an demokratischem Patriotismus ausgemacht wurde; unsichere Kantonisten fanden sich nicht allein in den Stadtvierteln der Wohlhabenden, sondern schon auch im arbeitsamen Faubourg Saint-Marceau, insbesondere seiner Sektion Finistère.

Der „Große Aufstand" unter Leitung des Zentralkomitees im Evêché brach am 31. Mai los und folgte den am 10. August erprobten Methoden (Dok. 127). Petitionäre der Sektionen und der Commune erschienen gegen 5 Uhr nachmittags vor den Schranken des (am 10. Mai aus der Reitschule in das Tuilerienschloß umgezogenen) Konvents, während die Massen der Manifestanten die Zugänge blockierten. Ein vom Komitee vereinbartes, inhaltsschweres Maßnahmeprogramm wurde vorgetragen. Trotz der vehementen Entgegnung Robespierres auf des Präsidenten Vergniaud Mahnung, endlich zum Schluß zu kommen:

> Ja, ich werde schließen, und zwar gegen Sie!,

verstand sich der Konvent jedoch nur zu einer Auflösung der Zwölferkommission, um den unmittelbaren Stein des Anstoßes hinwegzuräumen.

Der Aufstand war somit vorbeigelaufen. Ärger und Ratlosigkeit machten sich breit. Marat unterstrich anderentags die Rechtmäßigkeit der Selbsthilfe und drängte, die Flinte ja nicht ins Korn zu werfen, keine kostbare Zeit zu verlieren:

> Erhebe dich also, Souverän Volk! Erscheint im Konvent, verlest eure Adresse und weicht nicht von der Schranke, ehe ihr nicht eine endgültige Antwort erhalten habt, derzufolge ihr, der Souverän Volk, auf eine Weise handeln werdet, die der Verteidigung eurer Interessen entspricht. (Dok. 128,3.)

Das Revolutionäre Zentralkomitee, der Generalrat der Commune (Dok. 128,1), die vom Freiberger Bergingenieur Hassenfratz geführte Abordnung der 48 Sektionen vor dem Konvent (Dok. 128,2) waren sich an diesem Tag einig, die „dritte Erhebung des Volkes“ (nach dem 14. Juli und dem 10. August) nicht zu einem kaum halb zu nennenden Erfolg zerlaufen zu lassen.

Für Ordnung sorgte der Generalrat:

> Die Einwohner von Paris haben geschworen, eher alle umzukommen, als daß das Eigentum auch nur im geringsten angetastet würde.

Zur Durchsetzung dieser Maßnahme wurde eine weitere beschlossen:

> Der Schutz des Eigentums wird von den Sansculotten übernommen. (Moniteur, 2. Juni 1793.)

Am Sonntag, dem 2. Juni, ließ das inzwischen sehr erweiterte — und dadurch verwässerte — Aufstandskomitee den Konvent durch Zehntausende Nationalgarden (unter dem von ihm eingesetzten Hanriot, da Santerre gegen die Vendée gezogen war) umzingeln,

so daß die Führer der Parteiung (der Gironde — W. M.) an diesem Tag festgenommen werden können im Falle, daß sich der Konvent weigert, dem Verlangen der Bürger von Paris stattzugeben.

Eine Abordnung forderte die unverzügliche Festnahme der Girondehäupter. Nach verworrener Diskussion begab sich der Konvent im Kielwasser seines Präsidenten Hérault de Séchelles ins Freie, um die Absperrung auf undichte Stellen zu prüfen. Hanriot kommandierte ungerührt:

Kanoniere, an die Geschütze!

Ohnmächtig zog sich die Versammlung mit gemischten Gefühlen in den soeben erst neu hergerichteten Sitzungssaal zurück und „beugte sich der Gewalt". Sie verfügte die Festnahme von 29 Abgeordneten der „Faktion" und ihrer beiden — hier nicht anwesenden — Minister.

Die Majorität der Girondins nicht Verräter, wird Marx aus Levasseur konspektieren, aber Verräter in ihrem Schoß; der Ruin der Republik nicht ihr Wille, aber Konsequenz ihrer Theorien. (MEGA[1], I/3, 427; MEGA[2], IV/2, 291.)

So ging die Gironde unter.

Sie hatte den Krieg erklärt, schreibt Soboul, doch nicht verstanden, ihn zu führen. Den König hatte sie abgesetzt, doch war sie vor seiner Verurteilung zurückgeschreckt. Die Unterstützung des Volkes hatte sie gegen die Monarchie in Anspruch genommen, sich aber geweigert, mit ihm gemeinsam zu regieren. Zur Verschärfung der ökonomischen Krise hatte sie selber beigetragen, alle Forderungen des Volkes indessen zurückgewiesen. (Französische Revolution, 276.)

Adresse du Conseil général de la Charente aux Parisiens. Angoulême (29. Mai) 1793.

Le Comité révolutionnaire central aux comités de surveillance. Paris (31. Mai) 1793.

J. F. Varlet: Mesures suprêmes de salut public proposées aux citoyens du Département de Paris le 31 mai. Paris 1793 (A. N., F^7 4775^{40}, d. 2, n° 4).

Procès-verbaux de la Convention nationale, séances des 27, 31 mai et 2 juin 1793. Paris 1793.

J. D. Lanjuinais: Les 31 mai, 1er et 2 juin 1793. Fragment 1793, in: Durand de Maillane, Histoire de la Convention, Paris 1825.

M. G. Petit: Le procès des 31 mai, 1er et 2 juin. Paris 1793.

Mémoires du général Dumouriez: Hamburg 1794.

H. Wallon: La révolution du 31 mai et le fédéralisme en 1793, ou la France vaincue par la Commune de Paris. 2 Bände, Paris 1886.

A. Sée: Le procès Pache. Extraits du dossier. Paris 1911.

Carnet de Robespierre. Hrsg. A. Mathiez, in: Annales révolutionnaires, 1918, Nr. 1.

P. Sainte-Claire Deville: La Commune de l'an II. Paris 1946.

A. V. Gordon: Rol' parižskich sekcij i ich Central'nogo revoljucionnogo komiteta v vosstanii 31 maja—2 iunja 1793 g., in: Francuzskij ežegodnik 1963, Moskva 1964.

Quellen und Standpunkte

In „klassischen" Revolutionsdarstellungen von Michelet bis Mathiez bildet der langwierige „Zweikampf" zwischen Gironde und Montagne oft das Glanz- und Herzstück. Die straffgespannte Ereigniskette ist gut einzusehen und das an Peripetien überreiche Geschehen daher leicht abfragbar. Schon den Zeitgenossen (den Damen Jullien und Roland, Maréchal, Condorcet, Desmoulins ...) wurde ersichtlich, daß die Revolution aus ihrer liberalen Phase in eine demokratische aufstieg; man sprach darum von einer „zweiten Revolution", die nicht nur Mandatsträger austauschte, sondern ihr soziales Volumen ausdehnte. Das *Jahr IV der* (konstitutionellen) *Freiheit* wurde zum (republikanischen) *Jahr I der Gleichheit.*
Die Frage war, welcher Gleichheit: der eines plebejischen Egalitarismus, wie ihn die politisch reifenden Massen auffaßten, die sich von der Mitsteuerung revolutionärer Prozesse zumindest an der Basis nicht mehr ohne weiteres ausschließen ließen? Mit der Commune von Paris als (provisorischem) Machtorgan, das den Leerraum zwischen Thronsturz und Konventseröffnung durch Eigeninitiative füllte? „Doppelherrschaft" von Kleinbürgern und Bourgeois: diese aber schon nicht mehr jene großbürgerliche „Elite", die sich 1789 aufs hohe Roß geschwungen hatte, das sie nun absatteln mußte?
Freunde der Commune haben bisweilen zuviel in sie hineingeheimnist: Tridon wollte in ihr einen Vorgriff auf die — proletarische — Commune von 1871 entdecken, Jaurès in ihrem Schatten den Sozialismus erste Keime treiben sehen. Ihre weit zahlreicheren Feinde suchten die „Pöbelherrschaft" (mehr oder weniger) auf die Septembermorde als *erste Terreur* zu reduzieren. In Wirklichkeit war sie und blieb, auch nachdem sie gegenüber der neugewählten Nationalversammlung zurücksteckte, trotz aller Schwächen und Mängel Hort und Hochburg eines unversöhnlichen Sansculottismus, unverzichtbare Eingreifreserve der Bergpartei, sobald diese den — in der Provinz beträchtlich überlegenen — girondistischen Zauderern den Fehdehandschuh hinwarf. Für den Forscher allerdings erweist sich die Zerstörung ihrer Protokolle durch die Brände von 1871 als schwer auszugleichendes Hemmnis.
Sydenham strapaziert (gleich Furet und anderen) den Nach-

weis, daß die Abgeordneten von Gironde und Montagne annähernd denselben vorwiegend mittelständischen Schichten entstammten und ihr „Bruderzwist" demzufolge der Klassenwurzel entbehre. Nun, nun: die Kraftprobe baldmöglichst durch ein „vernünftiges" Übereinkommen zu beenden, das „Besitz und Bildung" erlaubte, ein auf die Dauer doch „störendes", weil „unaufgeklärtes" Volk wieder in den Griff zu bekommen; oder sich zur konsequenten Vollendung der einmal begonnenen Umwälzung der Unterstützung breitester Massen in Stadt und Land fest zu vergewissern durch ein Bündnis, das diesen (unter jakobinischer Führung) einen Anteil an den Früchten der Revolution anbot, sie in die (bürgerliche) Nation einbezog: Waren dies keine *sozialen* Alternativen?

Der „jakobinische Block" — vom Großunternehmer bis zum Arbeitslosen — kam unter Reibungen und Zuckungen zustande, keineswegs geradlinig und auch nicht ohne innere Vorbehalte auf beiden Seiten; ein Jacques Roux oder Varlet bezeugt es ebenso wie ein Danton, Barère oder Levasseur. Nur ein gebieterischer Druck der Umstände schweißte und hielt ihn zusammen. Fielen bei der Aburteilung Ludwigs XVI. Volkszorn und revolutionäre Staatsräson zusammen, so scherten sie beim täglichen Brot schon wieder auseinander. Im Pariser Ladensturm, beim Schrei nach erschwinglichen Höchstpreisen, bei der Verhängung der Todesstrafe für — auch nur theoretische! — Eigentumsschänder wurden die Klassenlinien sogleich sichtbar. Sie führten zu einem kühneren Selbstverständnis der Volksbewegung als einer die Montagne wider die Gironde zwar stützenden, jedoch ihr nicht untertanen Kraft. Der Grad ihrer — von G. Lefebvre formulierten — *Autonomie* und die Enragés als ihre programmatisch am weitesten ausholende Vorhut wurden Gegenstände einer ausgedehnten, das Gefahrenmoment einer Aufsplitterung revolutionärer Energien gleichfalls nicht verkennenden Diskussion unter Marxisten: Sacher, Soboul, Manfred, Revunenkov, Rudé, Petersen und weiteren.

Tiefere Einblicke wurden ebenso in den Charakter der Vendée gewonnen: nicht mehr ein von aristokratischen und klerikalen Leitagenten durch willige Gefolgsleute mit Kunst entfachter Buschbrand, sondern ursprüngliche Massenaktion, ein

Bauernkrieg gegen Bourgeoisherrschaft, der zwar unzweideutig in reaktionärstes Fahrwasser einlenkte, aber dennoch — laut Mazauric — eine ungeschminkte *Wahrheit der bürgerlichen Revolution* beim Übergang zum Kapitalismus preisgab, die zu verstecken kein Anlaß besteht. Wenig vorangekommen sind hingegen erstaunlicherweise in der Forschung (in dem *Jahrhundert* seit Wallons überaltertem und giftgeschwängertem Werk!) die Startpositionen zur Rettung der Republik nach Verlust des Märzfeldzuges, der genaue Hergang bei der Entmachtung der Gironde und insonderheit die (nur zum geringsten Teil protokollierte...) Tätigkeit des revolutionären Zentralkomitees, das vom Bischofspalais aus so gewinnreich den Aufstand probte. Hier wartet die Monographie noch auf ihren Autor.

S. Maréchal: Almanach des républicains. Paris 1793.

J. B. Louvet de Couvrai: Mémoires. Paris 1823.

L. M. Turreau: Mémoires pour servir à l'histoire de la Guerre de Vendée. Paris 1824.

A. de Lamartine: Les Girondins. 4 Bände, Paris 1847.

H. Wallon: Histoire du Tribunal révolutionnaire de Paris, avec le journal de ses actes (10 mars 1793—31 mai 1795). 6 Bände, Paris 1880—1882.

A. Metzger: Lyon en 1792. Lyon 1883. — Derselbe: Lyon en 1793, T. 1: Avant le siège. Lyon 1884.

A. Chuquet: Les guerres de la Révolution. Bd. II—IV, Paris 1887—1890.

P. Belhomme: Les régicides. Paris 1893.

J. Jaurès: L'Armée nouvelle. Paris 1910.

A. Chabaud (Hrsg.): Les Mémoires de Barbaroux. Paris 1936.

F. Cadic: Chants des Chouans. Paris 1949.

C. Parra-Perez: Miranda et Madame de Custine. Paris 1950.

P. Roussel: De Cadoudal à Frotté. La Chouannerie de 1792 à 1800. Paris 1962.

H. Lachouque: Aux armes, citoyens! Les soldats de la Révolution. Paris 1969.

M. Bouloiseau: La République jacobine, 10 août 1792—9 thermidor an II. Paris 1972.

R. Reichardt: Reform und Revolution bei Condorcet. Bonn 1973.

K. M. Baker: Condorcet. From Natural Philosophy to Social Mathematics. Chicago 1975.

W. Büttner: Tod dem König! Es lebe die Republik! Illustrierte historische Hefte, 7 (Berlin 1977).

M. de Saint-Pierre: Charette. Paris 1977.
S. F. Scott: The Response of the Royal Army to the French Revolution. The Role and Development of the Line Army (1787—1793). Oxford 1978.
Actes du Colloque Girondins et Montagnards (1975). Hrsg. A. Soboul. Paris 1980.
K. Deinet: Konrad Engelbert Oelsner und die Französische Revolution. München/Wien 1981.

VI. Der Weg zur Jakobinerdiktatur

Die Gretchenfragen der Montagne

Auch ein Jaurès hat dem 2. Juni 1793 Klassencharakter abgesprochen, und er irrte nicht sehr, solange er sich allein an den parlamentarischen Avers der Medaille hielt: Girondins und Montagnards führten zwei mögliche Verhaltensweisen des Bürgertums im Ausschreiten seiner Revolution vor, eine frühliberale und eine demokratische. Dennoch veränderte die Zurückdrängung der „Monopolisten des Reichtums" und im Einklang damit das Vordringen der Sansculotterie auf die Ebene der politischen Mitentscheidung das Verhältnis der Klassenkräfte zueinander wesentlich.

> Das Volk von Paris, äußerte ein Mitglied der Bürgerversammlung der Sektion Halle au Blé am 4. Juni, hat die Pläne der Verräter zum Scheitern gebracht (...). Solange die Sektionen einig bleiben, wird das Volk unbesiegbar sein, und Ruhe wird in Paris herrschen. (Dok. 129.)

Die Sektion Lombards, die insonderheit die Armee im Auge hatte, schrieb dem Konvent:

> Verrat kann nur durch genaue, kluge und stets aktive Wachsamkeit verhindert werden. Eine solche Wachsamkeit aber kann unter den gegebenen Umständen und inmitten des Kampfes gegensätzlicher Interessen von niemand anderem erwartet werden als von Menschen, die dem Volk aufrichtig ergeben sind. (Dok. 131.)

Georges Lefebvre mochte insofern — bildlich — von einer „Revolution des 31. Mai und 2. Juni 1793" sprechen, deren Einschnitt in mancher Hinsicht tiefer reiche als der Sturz der Monarchie am 10. August 1792. Sie eröffnete eine dritte — und höchste — Phase der bürgerlichen Umwälzung, die in der Errichtung einer revolutionär-demokratischen Jakobinerdiktatur gipfelte.

Der Berg war nach „Säuberung" des Konvents gesonnen, ihn kraftvoll zu leiten. Wieviel reale Macht besaß er dazu?

Fest durfte er auf den Jakobinerklub und die allermeisten der ihm angeschlossenen Volksgesellschaften zählen. Das war, wie Mazauric errechnet, ein immenser, sich immer noch auffüllender Kaderspeicher; keine andere bürgerliche Revolution hat jemals über Vergleichbares verfügt. Die Armee, der es wahrlich an Gründen zur Unzufriedenheit mit der Gironde nicht ermangelte, akzeptierte — da und dort nach Vorbehalten bei Kommandeuren — den Wechsel, der neue Anstrengungen zur Entlastung der Front verhieß. Einen weiteren Aktivposten, entscheidend in Paris, bildete die Commune: Chaumette und Hébert stellten sich, ebenso wie die von Hanriot befehligte Nationalgarde, beredt hinter die neue Macht.

> Der Krug geht so lange zum Brunnen, bis er bricht, schrieb der „Père Duchesne" (Nr. 242). Ich hatte sehr wohl vorausgesagt, ihr Girondins, Brissotins, Rolandins, Buzotins, Pétionisten, daß eure Herrschaft nicht von langer Dauer sein würde, daß ihr euch am Ende verbrennen werdet wie der Schmetterling an der Kerze. (...) Das Volk ist gerecht, gut, großmütig, geduldig; wenn der Sack aber zu voll ist, muß er platzen.

Die Nationalversammlung hingegen quälten Gewissensbisse.

> Nach der verhängnisvollen Sitzung vom 2. Juni nahm der Konvent ein ganz neues Gesicht an. Nach den ersten Sitzungen, die dieser großen Katastrophe folgten, herrschte eine Art von Betroffenheit auf allen Bänken. Denn trotz der Provokationen, mit deren Hilfe man uns zu diesem Akt der Strenge gebracht hatte, der unsere Wirrnisse beendete, gab es wenige unter uns, die das Geschick nicht bedauerten, das den Konvent dezimierte und zum Teil die Zusicherung der Unverletzlichkeit auslöschte, die den Vertretern des französischen Volkes versprochen worden war.

So erinnerte sich Levasseur de la Sarthe, der immerhin zur Montagne hielt (Mémoires, I, 282). Der Girondin Salle drückte sich sogleich am 3. Juni heftiger aus:

> Ein Dekret, das die Nation entehrt, ist soeben erlassen worden. Republikanische Abgeordnete, seit langem in Acht erklärt durch verwegene, mit Gold und Blut übersättigte Schandgesellen, sind davon getroffen worden. Geehrt durch diese zum Ruhm gereichende Verfolgung, kommt es mir darauf an, Stellung zu nehmen. Was soll

ich tun? Ist es für mein Land nützlicher, daß ich mich den Räubern ausliefere, die meinen Kopf verlangen? Diene ich der Freiheit besser, wenn ich versuche, mich dieser Tyrannei zu entziehen und in mein Departement zurückzukehren, um ihm den Schimpf anzuzeigen, der in meiner Person der Nationalvertretung zugefügt wurde? (Exkurse, 231.)

Er entschloß sich zur zweiten Variante und wurde, aus seinem Versteck geholt, im Juni 1794 zusammen mit Guadet in Bordeaux hingerichtet.

Ernstliche Schwierigkeiten machte die aus dem Gleichgewicht geratene Konventsmajorität aber nicht. Nur 75 ihrer Mitglieder (später als „die 73" gekennzeichnet) erhoben schriftlichen Einspruch gegen die Behandlung der Girondeführer. Saint-Just, mit der Berichterstattung beauftragt, gab seinerseits die begütigende Versicherung ab:

> Die Freiheit wird keineswegs schrecklich sein gegen diejenigen, die sie entwaffnete, sofern sie sich den Gesetzen unterwerfen,

und trat sogar dafür ein, die in Hausarrest Gehaltenen zwecks Teilnahme an den Arbeiten der Versammlung zeitlich zu beurlauben. Der Vorschlag wurde hinfällig, weil fast alle aus ihrer milden Haft in Paris entwichen und in der Provinz den Bürgerkrieg der „Föderalisten" anzettelten.

Beifällig nahm die Nationalversammlung zur Kenntnis, daß die Montagnarden das Revolutionäre Zentralkomitee im Evêché mit Unterstützung der Commune zuvorkommend, aber entschieden in die Wüste schickten.

Dieses war am 31. Mai mit einem sozial angereicherten Programm, das über die Ausschaltung der Gironde weit hinausging, vor den Konvent getreten:

> Verhaftung aller Verdächtigen;
> Säuberung der Verwaltungen, Schaffung einer sansculottischen Revolutionsarmee des Inneren;
> Beschränkung des Wahlrechts auf die Sansculotten allein;
> Garantierung des Brotpreises von 3 Sous das Pfund mittels einer Reichensteuer;
> Beihilfen für Alte, Kranke und Angehörige der im Felde Stehenden.

Es hatte die Errichtung von zehn Büros projektiert, die sich um alles und jedes kümmern sollten (worunter auch um die Korrespondenz mit den Departements!). Einer Zentralkommission sollte es zufallen,

> die Oberhoheit über alle konstituierten Gewalten auszuüben. (Exkurse, 225.)

Großmütig wurde zwar beschwichtigt:

> Die Kommission wird die Notwendigkeit in Betracht ziehen, das Volk nicht immer in Bewegung zu setzen, sondern nach dem Mittel suchen, Erhebungen vorauszusehen und auf solche Weise zu organisieren, daß sie, wenn die Umstände sie erforderlich machen, immer zum Vorteil des Volkes ausschlagen. (Ebenda.)

Immerhin stieß ein solcher mit der „permanenten Revolution" schwanger gehender Superwohlfahrtsausschuß, möglicherweise gedachter Keim einer neuen Revolutionsregierung nach den Vorstellungen sansculottischer „Direktdemokraten", der sowohl die Commune als auch den Konvent überdachte, bei beiden auf harte Abwehr.

Selbstredend erwog die Montagne auf keiner Ebene eine neuerliche Machtaufsplitterung, noch — nach Fertigstellung der Verfassung — eine Auflösung der Nationalversammlung, die einige der Männer im Bischofspalais offen anvisierten. Warum sollte sie den Ast absägen, auf dem sie saß?

Sogleich am 2. Juni hatte das Zentralkomitee den Konvent mit einem Rousseau-Zitat belehrt:

> Bei den Griechen besorgte das Volk alles, was es zu besorgen hatte, selbst: Es war unaufhörlich auf der Agora versammelt. (Gesellschaftsvertrag, III, 15.)

Auch die Sektion Halle au Blé zählte zu jenen, die an einem Zentralen Revolutionskomitee festhalten wollten. Es forderte (am 4. Juni) alle Sektionen auf, je

> einen Kommissar mit unbegrenzter Vollmacht zu ernennen, der sich am nächsten Donnerstag um 10 Uhr zum Bischofspalais begeben wird, wo die versammelten Kommissare ihre Vollmachten vorlegen und zur Einsetzung des neuen Zentralen Revolutionskomitees schreiten werden, sobald sie die Mehrheit der Sektionen hinter sich haben. (Dok. 129.)

Danton aber schnaubte zurück:

> Das Evêché soll ins Nichts zurücksinken!

Und Leclerc wird (noch nachträglich am 27. Juni) bei den Cordeliers bittere Klage führen:

> Legendre und Danton waren es, die uns durch ihren sträflichen Widerstand in den Kampftagen des 31. Mai ihren Moderantismus aufgezwungen haben. Legendre und Danton widersetzten sich den revolutionären Maßnahmen, die wir in diesen großen Tagen ergriffen hatten, um alle Aristokraten von Paris zu vernichten. (Correspondance politique, 30. Juni 1793.)

Das Departement Paris drückte sich am 6. Juni immerhin noch verbindlich aus:

> Die Mitglieder des Zentralkomitees, das von den Pariser Sektionen gewählt wurde, um die revolutionären Bewegungen zu leiten, teilen mit, daß sie die Ausübung ihrer Funktion einstellen. Dies wird zur Kenntnis genommen, und es wird erklärt, daß sie sich um das Wohl des Volkes des Departements Paris sehr verdient gemacht haben. (Exkurse, 232.)

Am gleichen Tag trug Barère hingegen dem Konvent schon vor,

> daß die Ausschüsse, die sich revolutionär nennen, verschwinden müssen, sobald sie aufhören, nützlich zu sein (...). Die Auflösung ist das Schicksal jener vorübergehenden Einrichtungen, die ein Sturm geschaffen hat und die die Freiheit zerstören muß, sobald sie sich befestigt (...). Das Revolutionskomitee der Republik, das seid ihr! Das wahrhafte Revolutionskomitee Frankreichs ist der Konvent!

So dünkte es sowohl Marat als auch Robespierre unangemessen elitär gedacht und vor allem gesagt. Dieser hielt einige Dankesworte für durchaus angebracht. Jener warf

> den *Einschläferern des* (Dantonschen — W. M.) *Wohlfahrtsausschusses* vor, er habe *die Volksbewegungen sehr schlecht eingeschätzt* und *es selber an der nötigen Energie fehlen lassen.* (Publiciste vom 5., 8. und 23. Juni)

Wie gut, daß andere dafür in die Bresche gesprungen waren! Nichtsdestoweniger sorgten auch die beiden angesehenen Jakobinerführer dafür, daß der verbliebene Rumpf des Zentralkomitees (dem Varlet gekränkt fernblieb) am 8. Juni mit seiner Umwandlung in einen Wohlfahrtsausschuß (oder das

„revolutionäre Überwachungskomitee“) der Stadt Paris abgespeist wurde. Im „historischen“ Abschlußbericht des Konvents schien das Zentralkomitee unter den Lobesempfängern nicht mehr auf:

> In den Kampftagen des 31. Mai, des 1., 2. und 3. Juni haben der Revolutionäre Generalrat der Commune und das Volk von Paris machtvoll dazu beigetragen, die Freiheit, die Einheit und die Unteilbarkeit der Republik zu retten. (Moniteur, 16. Juni 1793.)

Soweit Paris. Ohne Zeitverzug nahm die Montagne indessen auch die Bauernfrage in Angriff, um in der Provinz, wo die Signale für sie ungünstiger standen, dauerhaften Rückhalt zu gewinnen.

Sogleich am 3. Juni wurde ein Gesetz über die Verkaufsbedingungen für beschlagnahmte Emigrantengüter erlassen. Es erlaubte deren Aufteilung in kleinste Parzellen und setzte damit auch Armbauern in den Stand, sie gegen zehnjährige Ratenzahlung in Assignaten zu erwerben — angesichts des sinkenden Papiergeldwertes bald „für einen Apfel und ein Ei“. Ein von der Feudalrechtskommission am 10. Juni eingebrachtes Gesetz aus 71 Artikeln erstattete den Bauern sämtliche ihnen von den Grundherren seit dem 17. Jahrhundert entrissenen Gemeindeländereien zurück,

> als Ödland, Wüstland, Weideland, Heide, Gemeindeholzung, Anger, Au, Hütung, Viehtrift, Berghang, Matte, Moor, Sumpf, Steppe oder unter anderen Benennungen bekannt.

Der Versammlung aller Dorfinsassen über 21 Jahre ohne Ausnahme blieb es überlassen, durch Mehrheitsbeschluß seine Aufteilung bei Losziehung über die Anteile, die jedem einzelnen zufielen, vorzunehmen. Absatz II des Gesetzes bestimmte in Artikel 1:

> Die Teilung findet nach der Kopfzahl der Bewohner jeden Alters und jeden Geschlechts statt, ob anwesend oder abwesend;

in Artikel 7:

> Väter und Mütter haben von den ihren Kindern zugefallenen Anteilen die Nutznießung, bis ihre Kinder das Alter von 14 Jahren erreicht haben. (...) Niemand kann in zwei Gemeinden an der Verteilung teilnehmen.

Am 17. Juli schließlich erhielt das, was vom Feudalsystem noch übriggeblieben war, seinen Todesstoß: Ein Gesetz hob alle „Herrenrechte" *entschädigungslos* auf einschließlich jener, die sich auf juristisch einwandfreie Urkunden gründeten. Sofern es solche Besitztitel gab, waren sie von Amts wegen zu verbrennen, um denkbaren späteren Reklamationen die Grundlage zu entziehen.
Für 3 Millionen Bauernfamilien verband sich der Abgang der Gironde demzufolge mit ihrer fortan unwiderruflich gesicherten Befreiung vom Joch einer tausendjährigen Grundherrschaft. Nicht, als ob sich deshalb das Verhältnis der Jakobinerherrschaft zu den Parzellenbauern und umgekehrt problemlos zu einer kleinbürgerlich-egalitären Idylle im Grünen verklärt hätte. Stadt-Land-Konflikte wird es noch und noch geben. Grundsätzlich aber hatte die Montagne mit ihrer revolutionären Bodenreform das Schicksal der Bauernschaft in das der Republik unlöslich eingewoben. Diese Einheit kam im Bewußtsein der bäuerlichen Mehrheit zum Tragen.

J. F. Varlet: L'apôtre de la liberté à ses chers concitoyens. Paris 1793.
G. Bourgin: Le partage des biens communaux. Documents sur la préparation de la loi du 10 juin 1793. Paris 1908.
H. Calvet: Un instrument de la Terreur à Paris: le Comité de Salut public ou de surveillance du département de Paris (8 juin 1793—21 messidor an II). Paris 1941.
W. Markov: Grenzen des Jakobinerstaates, in: Grundpositionen der französischen Aufklärung. Bd. I, Berlin 1955.
H. Klenner: Marxismus und Menschenrechte, Berlin 1982.
V. G. Revunenkov: Marksizm i problema jakobinskoj diktatury. Leningrad 1966.
M. Agulhon: La République au village. Paris 1970.

Die Jakobinerverfassung

Eifer und Eile legte die Montagne an den Tag, um das Verfassungswerk abzuschließen. Keineswegs, um sogleich damit zu regieren. Das erschien ihr nach Lage der Dinge unmöglich und war es auch inmitten von Krieg und Bürgerkrieg. Ihre

Funktionstüchtigkeit setzte, wie Saint-Just bemerken wird, den inneren und äußeren Frieden voraus. Dem montagnardisch geführten Konvent mußte daran gelegen sein, die von der Gironde beeinflußte und nach den Ereignissen erst recht argwöhnische Provinz von der Aufrichtigkeit seines demokratischen Grundanliegens zu überzeugen, sich von dem häßlichen Verdacht der Eigentumsfeindlichkeit, des Putschismus und der Selbstherrlichkeit zu reinigen. Wollte die Montagne ihres schiedsrichterlichen Amtes walten, so bedurfte sie zur Haltung des Gleichgewichts auf schmalem Steg gewiß unweigerlich der Zustimmung der Sansculotterie, um zentrifugale rechte Kräfte unter Druck zu setzen, jedoch nicht minder — um sich keinem „Diktat von links" beugen zu müssen — einer Unterstützung durch breite Kreise des Bürgertums. Robespierre bezeichnete als eigentlichen Beweggrund für die beschleunigte Einbringung des neuen Grundgesetzes (neben dem Bestreben, Arbeitsstil und Leistungsvermögen der Montagnarden auszuweisen), die Notwendigkeit, „die niedergedrückte Volksstimmung zu heben". Das war richtig beobachtet. Julien de Carantan kleidete sie in einem Bericht an Minister Garat in die Worte:

> Wenn man uns die Verfassung unverzüglich gibt, wird sich jedermann sputen, sich um sie zusammenzuschließen. Denn man spürt das rasante Bedürfnis nach dem einen, stets gleichen Regulator, dem geschriebenen Gesetz als dem einzigen, das einer freien und republikanischen Regierung gemäß ist, und ohne Verfassung kann man es nicht haben. (Exkurse, 246.)

Dazu kam ein zweites. Wer dem Konvent — jedenfalls in seiner augenblicklichen Zusammensetzung — übelwollte, spekulierte darauf, daß mit der Verabschiedung der Verfassung sein Auftrag auslief und somit der Weg zu Neuwahlen frei wurde. Abstimmungen in Paris während des Monats Juni sprachen für die Wahrscheinlichkeit eines schlechten Abschneidens der Montagne im Landesmaßstab. Diese hingegen dachte nicht im Traum an Selbstauflösung. Darin wußte sie sich mit der keineswegs tagungsmüden Ebene einig. Auch die Männer der Mitte hielten es — die einen aus höchst persönlichen, die anderen aus politischen Gründen — für bei weitem vorteilhafter, die stürmischen Zeiten auf dem Kutschbock zu überstehen, als an einem so kritischen Punkt die Pferde zu wech-

seln. Dazu aber war es nötig, das Verfassungswerk erst einmal als geschafft abzuhaken (und danach den Frieden zu gewinnen).
Die Verfassungsdebatte war ziemlich weit gediehen. Condorcets von Robespierre zurückgewiesener Entwurf lag der Öffentlichkeit gedruckt vor, begleitet von einer Erläuterung *(An die französischen Bürger, über die neue Verfassung).* Politische Schriftsteller unterbreiteten und veröffentlichten eigene Planstudien: Boissel, Beffroy de Reigny, Bacon-Tacon, Jollivet, Thirion und andere. Einige holten auch weiter aus. Friedensrichter L'Ange faßte in seiner letzten (lange verschollenen) Flugschrift *Universalmittel oder unverletzliche Verfassung der allgemeinen Glückseligkeit* in 10 Kapiteln und einem aeronautischen Anhang schon früher geäußerte egalitäre Vorstellungen zu einer plebejischen Alternative direkter Demokratie zusammen, in der einige sozialistische Züge hervortraten — und zusätzlich Jules Verne (oder Douhet?) vorweggenommen wurde:

> Das französische Volk wird mühelos zum Herrn der Welt und zum Retter aller Völker, wenn es als erstes eine Luftflotte über den Horizont schickt. (...) Folglich verlangt das französische Volk, der gebildetste aller Souveräne, eine Luftwaffe. (...) Der Besitz einer Luftflotte bedeutet, daß man mit 1000 (steuerbaren — W. M.) Ballons eine 100000 Mann starke Armee von Sklaven vernichten kann, ohne daß ein einziger Franzose zu Schaden kommt. (Seidel-Höppner, II, 46, 48.)

Doliviers *Versuch über die ursprüngliche Gerechtigkeit* vom 9. Juni 1793 ging davon aus, daß

> jeder Mensch sein Recht auf einen Anteil am großen Gemeingut (der Erde — W. M.) erhalten muß (...). Wo kann Freiheit sein, wenn die durch nacktes Elend erzeugte Bedürftigkeit von allem abhängig macht? Und wo kann Gleichheit sein, wenn die einen alles für sie gemacht vorfinden und die anderen, daß sie alles erst noch tun müßten? (...) Sie können erwerben, sagt man, sie sind von nichts ausgeschlossen. Das neue Gesetz hat jedes Ansehen der Person verbannt und allen ohne Unterschied die Pforten des Aufstiegs geöffnet. Ist es das, was man unter dem Wort Gleichheit versteht? Welches Bedürfnis nach

Illusion man doch hat, wie läßt man sich von Wörtern imponieren! Die nichts haben, können erwerben, aber zuvor: Warum haben sie nichts?

Wunder erwartete er von der Verfassung nicht:

Im Augenblick können nur vorläufige Abhilfen in Frage kommen, solche, die die gegenwärtige Lage der Dinge zuläßt,

jedoch müßten sie wenigstens in der Richtung stimmen, von den sozialen Grundfragen der Massen ausgehen und nicht von der Selbstberauschung an geschliffenen Edelsteinen einer im Überbau haftengebliebenen politischen Aufklärung.

Der Konvent hatte über verschiedene Verfassungsparagraphen schon ausgiebig diskutiert. Ein Ausschuß, in dem maßgeblich mitgewirkt zu haben Saint-Just noch in der Todesstunde mit Stolz verkünden wird, setzte im Juni seine Tätigkeit fort. Es war eine Unterstellung, wenn böse Zungen nachträglich verbreiteten, das Dokument habe in wenigen Tagen ein Hérault de Séchelles verbrochen, der als Vorlage dazu in der Nationalbibliothek die (dem Bereich der griechischen Sage angehörigen) „Gesetze des Minos" habe entleihen wollen. Richtig ist lediglich, daß der Text, den der erfahrene Fachjurist als Berichterstatter zur Beschlußfassung dem Konvent vorlegte und dessen letzte Artikel von diesem nach kurzer Aussprache in einer Festsitzung am 24. Juni 1793 bei einigen Enthaltungen angenommen wurden, da und dort Züge der Hast verriet. Robespierre räumte im übrigen selber ein, daß

diese Verfassung kein abgeschlossenes Werk ist und man ihr volksmäßige Artikel beifügen könne.

Die der lapidaren „Jakobinerverfassung" (Dok. 132) vorangestellte Erklärung der Menschen- und Bürgerrechte in 35 (statt bisher 17) Artikeln ging weiter als die erste von 1789 beziehungsweise 1791. In Artikel 1 verkündete sie:

Das Ziel der Gesellschaft ist das allgemeine Glück,

was anspruchsvoller war als das „Gemeinwohl" von 1789 („bonheur" für „bien") oder der wenig besagende „Sozialpakt" der gesellschaftskritischen Aufklärer. Artikel 21 bestätigte das Recht auf Arbeit, Unterstützung und Bildung; er nahm die Gesellschaft in Pflicht,

für den Lebensunterhalt ihrer bedürftigen Bürger zu sorgen, sei es, indem sie ihnen Arbeit verschafft, sei es, indem sie den Arbeitsunfähigen die Mittel für ihre Existenz gewährleistet.

Artikel 22 beauflagte die Gesellschaft,

die Fortschritte der Vernunft zu begünstigen und allen Bürgern Bildung zugänglich zu machen.

Den stärksten Eindruck in diesem „Kodex der Demagogie" (wie der emigrierte Bertrand de Moleville ihn benannte) hinterließ indessen Artikel 35. Bekräftigte Artikel 33 das schon 1789 verankerte Widerstandsrecht gegen Unterdrükkung, so begründete Artikel 35 darüber hinaus die Bürgerpflicht zum Aufstand:

Wenn die Regierung die Rechte des Volkes verletzt, ist der Aufstand für das Volk und für jeden Teil desselben die heiligste und unverzichtbarste aller Pflichten.

In der Eigentumsfrage widerschien der Kompromiß zwischen den Erwartungen der Bourgeoisie und jenen des werktätigen Volkes, den schon Robespierre in seiner Rede am 24. April (Dok. 119) auszuhandeln unternommen hatte. Ja, die Beschreibung in Artikel 16 kam sogar einem gewissen Schritt rückwärts gleich. Das Recht auf Eigentum bestand ihm zufolge nun darin,

jedem Bürger zu gestatten, seinen Besitz und seine Einkünfte, die Früchte seiner Arbeit und seiner Tätigkeit nach Belieben zu genießen und darüber zu verfügen.

Die Wirtschaftsfreiheit, die in den *Rechten* von 1789 übergangen worden war, wurde entsprechend der physiokratischen Theorie ohne Einschränkung aufrechterhalten:

Keine Art von Anbau, Arbeit oder Handel kann der Tätigkeit der Bürger vorenthalten werden. (Art. 17.)

Das industrielle, kommerzielle und agrikole Unternehmertum erfuhr „im Hinblick auf seinen öffentlichen Nutzen' eine ausdrückliche Würdigung. Das zweifellos vom Rousseauismus jakobinischer Prägung durchtränkte Dokument schob einer sozialen Vertiefung der politischen Demokratie zwar keinen Riegel vor, ging einer Festschreibung derselben aber — und doch wohl bedacht — aus dem Wege.

Auf institutioneller Ebene blieben die 122 Artikel der eigentlichen Verfassung den Grundsätzen der bürgerlichen Repräsentativdemokratie treu. Um die Vorherrschaft der Nationalversammlung sicherzustellen, verzichtete man auf die in

Condorcets Entwurf vorgesehene Zweistufenwahl. Nur ein Direktmandat durch das Volk schien volle Gewähr zu bieten für eine reibungslose Unterordnung der Vollzugsgewalt unter die Gesetzgeber, der Verwalter unter die Abgeordneten. Die Nationalversammlung sollte jährlich (!) neu gewählt, der Vollzugsrat von ihr aus 83 eingereichten Kandidaten (von jedem Departement einer) benannt werden. Die Ausübung der Volkssouveränität glaubte man durch Einführung des Referendums zu stärken: Die Wähler sollten die Verfassung, Verfassungsänderungen und andere vorrangige Gesetze durch Volksabstimmung, das Plebiszit, ratifizieren. Die „Jakobinerverfassung" unterwarf sich selber einer solchen Bestätigung durch die Urwählerversammlungen.

Gesteuerte oder spontane, meist anonyme Flugblätter und Pamphlete rührten die Werbetrommel: *Die Tagesordnung* (L'ordre du jour), *Das Pariser Volk an seine Waffenbrüder* (Le peuple parisien à ses frères d'armes), *Der wahre Jakobiner an das Volk* (Le vrai jacobin au peuple). In gesetzten Worten beschwor Gohier am 6. Juli den Bruderbund der Nation:

> Der Justizminister an das französische Volk.

Die Flugschrift *Der Streich von Jarnac* (Le coup de Jarnac) wandte sich in einem Atemzug gegen die „Winkelzüge der Aristokratie" wie gegen die „Kniffe der Anarchisten":

> Durch die Verfassung sind die Sansculotten ebensogut Aktivbürger wie die Bankiers. Sie verbindet alle Interessen, sie garantiert dem Reichen seine Besitztümer, dem Handwerker die Früchte seiner Arbeit, dem Armen eine Unterstützung, die dem Umfang seiner Bedürfnisse entspricht.

Hébert nannte sie

> den Prüfstein für alle Bürger, an dem sie fortan gemessen werden (Père Duchesne, Nr. 249)

und (in Nr. 251) „das einzige Heilmittel der Republik".

Die drei vereinigten Sektionen des Faubourg Saint-Antoine bekundeten dem Konvent am 4. Juli,

> daß sie einmütig die Verfassung angenommen haben, deren Grundsätze in ihre Herzen geschrieben waren, und daß sie nicht daran zweifeln, daß ihre Brüder aus den Departements sich mit ihnen vereinigen werden, um euch die gleiche Zustimmung darzubringen. (Dok. 134.)

Ihre Hoffnung trog nicht. Im Endergebnis wurden rund 1 800 000 Stimmen dafür, rund 12 000 dagegen abgegeben, während rund 100 000 Wähler vorbehaltlich einiger Zusatzanträge überwiegend gemäßigter Tendenz zustimmten. Daß von drei Franzosen einer von seinem Wahlrecht — teils in offener, teils in geheimer Abstimmung — Gebrauch machte, war für damalige Verhältnisse eher viel. Hingegen wäre einzuschränken, daß teilweise unter Bürgerkriegsbedingungen abgestimmt werden mußte, so daß beileibe nicht jede Zahl ein unverfälschtes Spiegelbild des tatsächlichen Kräfteverhältnisses bot. Grosso modo jedoch durfte der Berg seinen „Versöhnungsfeldzug" auf dem Boden der Einheit aller entschlossenen Republikaner als einen Erfolg buchen, gegen den oppositionelle Propaganda — des flüchtigen Girondisten Lanjuinais beispielsweise — nicht aufkam.

Das Votum des Volksentscheids wurde am 10. August, dem Jahrestag des Sturzes der Monarchie, auf dem „Fest der Einheit und Unteilbarkeit der Republik" zu Paris feierlich verkündet, die damit besiegelte Verfassungsurkunde in einer „heiligen Bundeslade" im Sitzungssaal des Konvents niedergelegt. Was aber wurde aus der Verfassung selber, die Jean Jaurès

> eine Antwort auf die politische und soziale Wirklichkeit des neuen Frankreich

genannt hat?

P. J. J. Bacon-Tacon: Examen impartial des bases de la nouvelle Constitution. Paris (15. Februar) 1793.

J. A. Condorcet: Plan de Constitution. Paris 1793. — Derselbe: Aux citoyens français, sur la nouvelle Constitution. Paris 1793.

M. Robespierre: Discours sur la Constitution. Paris (10. Mai) 1793.

D. Thirion: Mes réflexions sur les articles constitutionnels décrétés dans la séance du 15 mai 1793. Paris 1793.

J. B. M. Jollivet: Principes fondamentaux du régime social comparés avec le plan de Constitution présenté à la Convention nationale. Paris 1793.

J. B. Salle: Examen critique de la Constitution. Paris 1793.

P. Dolivier: Essai sur la justice primitive. Paris (9. Juni) 1793.

M. J. Hérault de Séchelles: Rapport sur la Constitution du Peuple français fait à la Convention nationale au nom du Comité de Salut public. Paris 1793.

Acte constitutionnel précédé de la Déclaration des droits de l'homme et du citoyen, présenté au peuple français par la Convention nationale, le 24 juin 1793. Paris 1793.
F. J. L'Ange: Remède à tout, ou Constitution invulnérable de félicité publique. Lyon 1793.
J. Suret-Canale: La Constitution de 1793. Etude historique et critique. EDSCO documents. Paris 1966, Nr. 1.

Das Gegenmanifest der Enragés

Die Sansculotten hatten den Kampf der Montagne gegen die Gironde nicht nur gebilligt, sondern selber vorangetrieben. Sie und nicht die Herren Abgeordneten hatten alle Widerstände gebrochen. Wie viele der Ausgang voll befriedigte und wie vielen das Ergebnis mager erschien, läßt sich nicht genau gegeneinander abwägen. In ihrer großen Mehrheit erkannten sie jedoch die neue Führung an: Eine bessere wußten sie nicht.

> Erwartet von uns nicht, wird die Sektion Panthéon Français ihr (am 27. Juni) schreiben, daß wir euch beweihräuchern; das sollte der Mensch niemals dem Menschen tun. Die Anerkennung des Volkes, sein Gedeihen, sie werden das Lob und das Entgelt für eure Arbeit sein. (Sansculotten, 85.)

Am gleichen Tag warnte der lautere Momoro vor Überspitzungen:

> Meine Freunde, öffnet also eure Augen: Wir haben keinen anderen Vereinigungspunkt als die Montagne. Wir sind vernichtet, wenn sie uns fehlt. (Correspondance politique, 30. Juni 1793.)

Weit verbreitet — bis hin zu Marat — war jedoch die Meinung, auch der nun vom energiesprühenden Berg belebte Konvent und insbesondere Dantons Wohlfahrtsausschuß täte nicht genug zur Abstellung der Nöte des Volkes. Für eine Politik der Samthandschuhe gegenüber den „Reichen" brachten die wenigsten Werktätigen Verständnis auf. Sie mußten sich überzeugen, daß die Lebensmittelpreise unvermindert in die Höhe schossen, weil die Föderalistenrevolte die Zufuhren aus der Provinz ins Stocken brachte und der Assignatenkurs unter

30% des Nominalwertes fiel. Am 21. Juni wurde in Saint-Antoine ein Betrunkener aufgegriffen, der herzhaft ausschrie:

> Früher kostete die Seife 12 Sous, heute 40: Es lebe die Republik! Der Zucker kostete 20 Sous, heute 4 Francs: Es lebe die Republik!

Das war vielleicht ein Provokateur, denn er hatte Vorgänger (*Bulletin national,* Nr. 129, 1793), aber seine Vergleiche stimmten, und der Polizeibeobachter Dutard braucht nicht übermäßig aufgebauscht zu haben, als er Minister Garat selbigen Tages meldete:

> Die Sansculotten und die Enragés reden von nichts anderem, als die Reichen zu rupfen, denn es seien diese die Verursacher der allgemeinen Teuerung; nur sie könnten zu billigem Preis verkaufen, und statt dessen vermehren sie Tag für Tag die Warenpreise. (Schmidt, II, 83.)

Die Enragés fanden so Ursache genug, den Vätern des Vaterlands auf wirtschaftlichem und sozialem Gebiet Lendenlahmheit vorzuwerfen. Bei ihnen spielte jedoch ebenfalls politische Enttäuschung hinein. Sie hatten, in vorderster Front kämpfend, an den Sieg vom 2. Juni höhere Erwartungen geknüpft und waren der Ansicht, daß das Eisen geschmiedet werden müsse, solange es heiß sei. Der blutjunge Théophile Leclerc, in Chaliers Auftrag aus Lyon gekommen, um Unterstützung für den Aufbau einer Revolutionsarmee des Inneren zu finden, und vom Evêché in den kritischen Tagen mit der Briefzensur beauftragt, hatte vor der Commune sogleich am 4. Juni geschmollt:

> Es war ein Irrtum, daß man die Revolution schon für vollendet gehalten hat (...). Die Einkerkerung der Verdächtigen war eine der Hauptmaßnahmen der öffentlichen Wohlfahrt. Aber sind denn alle Verdächtigen verhaftet? Ich bezweifle es, und die Gefahren sind immer noch die gleichen. Ist es übrigens nicht möglich, daß die festgenommenen Abgeordneten bereits die Flucht ergriffen haben? Eh, warum legt ihr so viel Langsamkeit an den Tag, euch eurer Feinde zu entledigen? Warum fürchtet ihr euch davor, einige Tropfen Blut zu vergießen?

Laut Protokoll trug der letzte Satz dem Redner lautes Murren und einen Ordnungsruf ein.

> Hébert hält zu dieser Sache eine Rede voller Kraft und Vaterlandsliebe. Er verlangt, jedermann als schlechten Bürger zu betrachten, der Blutvergießen vorschlagen sollte. (Exkurse, 243 f.)

Die einmütige Annahme seines Antrags

> erfolgte nicht auf dem Wege der Abstimmung, sondern durch Beifallskundgebungen sämtlicher anwesender Bürger. (Ebenda, 244.)

Im *Père Duchesne* parierte Hébert den „Aufruf zum Mord" mit Drohungen gegen „vom Ehrgeiz getriebene Intriganten", die „Stimmung für ein Blutbad und die Beraubung der Reichen machen wollen". Er setzte zu diesem Zeitpunkt ganz auf die Bergpartei und agitierte für ihren Ausgleichskurs. Einem Reichen legte seine Zeitung die Worte in den Mund:

> Ich glaube, daß es im Interesse der Reichen liegt, sich zu sansculottisieren (das heißt hier: auf die politische Linie der Montagne einzuschwenken — W. M.), denn wenn wir nicht alle einig sind, wird das Ausland von unseren Spaltungen profitieren; es wird in Frankreich einfallen, und was wird dann aus unseren Häusern, aus unseren Wertsachen? Ja, Vater Duchesne, aufrichtig, ich versöhne mich mit den Sansculotten. (Père Duchesne, Nr. 243.)

Varlet war mit dergleichen nicht einzulullen. Am 8. Juni verlas er vor dem Generalrat der Commune unter Ovationen seine (schon etliche Zeit davor verfaßte) *Feierliche Erklärung der Rechte des Menschen im sozialen Staat,* die darauf hinauslief,

> durch gerechte Maßnahmen das Mißverhältnis der Vermögen zu brechen (...) und Reichtümer, die auf Kosten des Volksvermögens durch Diebstahl, Spekulation, Monopol und Hortung angehäuft wurden, zu Nationaleigentum zu erklären.

Verstärkung erhielt die äußerste Linke durch die im Mai gegründete „Gesellschaft revolutionärer Republikanerinnen", in der sich Pauline Léon (Dok. 190) und die Schauspielerin Claire Lacombe, die als Tuilerienstürmerin in Paris Ansehen genoß, auszeichneten. Sie warfen nicht nur die von allen Revolutionsparteien mehr oder weniger schamhaft umgangene Gleichberechtigung der Frau schwungvoll in die Debatte, sondern beteiligten sich ebenfalls am allgemeinen Kampf um die Volksrechte, deren kompromißlose Vertretung eine ihrer

Abordnungen der Commune am 21. Juni zur Pflicht machte.

> Mit lebhaftestem Beifall von den Tribünen, berichtete der — sonst nicht eben frauenfreundliche — „Moniteur", wurde diese Deputation empfangen. Der Generalrat hatte sie beglückwünscht und eingeladen, ehrenhalber an der Sitzung teilzunehmen. (Exkurse, 248.)

Weil nicht sein kann, was nicht sein darf, sah es der *Hamburgische unparteiische Correspondent* andersherum. Er ließ sich am 24. Juni von einer Konventssitzung berichten:

> Die Pariser Revolutionsweiber, eine neue Weiberklasse mit der Kokarde an der Haube, der Pike in der Hand, mit Blutdurst im Auge und Branntweingestank im Munde, erschienen und erklärten, sie seien nicht gekommen, um die Erhaltung der Republik zu beschwören, denn, sagten sie, bisher sind die Eide nichts anders als ein gottschändender Mißbrauch gewesen, sondern sie wollten erklären, daß sie die Einheit und Unteilbarkeit der Republik, Freiheit und Gleichheit behaupten wollen; deshalb verlangten sie, teil an der Deputation zu haben, die am kommenden Sonntag dem Konvent zur glücklichen Endigung seiner demokratischen Constitution Glück wünschen soll. (Nr. 106, 1793.)

Über Leclerc, der sich mit Claire angefreundet hatte, später mit Pauline verlobte (und danach verheiratete), knüpften sie eine direkte Verbindung zu den Enragés und begleiteten fortan deren Aktionen.

Auf eine höhere Stufe wurden diese durch Jacques Roux gehoben, dessen Ruf über die Grenzen der Sektion Gravilliers hinausgedrungen war. Im Juni suchte er alle Kräfte zusammenzuführen, die ihr Hauptanliegen im Eintreten für die realen Rechte der armen und ärmsten unter den Sanscülotten erblickten,

> des mittellosen Arbeiters und der Klasse, die stets vom Feudaljoch unterdrückt wurde (Dok. 133):

Rechte, die ihm auch in der „Jakobinerverfassung" nicht ausreichend gewährleistet schienen. Ausgehend von einem Manuskript über die *Ursachen der Übelstände der französischen Republik*, an dem er seit einigen Wochen arbeitete, faßte er den Plan einer Kollektivadresse an den Konvent. An ihrer Endredaktion durch eine Zwölferkommission des Klubs der

Cordeliers nahmen Varlet und Leclerc teil: erster Schritt zur Formierung einer unabhängigen, radikalen Volkspartei?

> Ich kenne das Volk, äußerte Varlet in der Aussprache am 22. Juni. Seit vier Jahren bin ich dabei, wo es sich ansammelt. Das Volk, das sind einzig und allein die Sansculotten. Man muß also eine Trennungslinie ziehen zwischen dem Kaufmann, dem Aristokraten und dem Handwerker; die ersteren beiden Klassen muß man entwaffnen. (Correspondance politique, 24. Juni 1793.)

Jacques Roux wollte die Adresse als Beitrag zur Verfassungsdebatte aufgefaßt wissen, kam damit aber zu spät. Am 23. Juni schnitt ihm Robespierre — protokollarisch im Recht, jedoch vielleicht nicht ohne Hintergedanken — das Wort ab. Auf den 25. vertagt, kam der im Ton eines Ultimatums gehaltene Antrag auf zwei Zusatzartikel zu dem tags zuvor bereits feierlichst verabschiedeten Grundgesetz beim Konvent als unerhörte Herausforderung an. Buchez hat die Adresse das *Manifest der Enragés* getauft:

> Habt ihr die Spekulation geächtet? Nein. Habt ihr die Todesstrafe für Schieber verhängt? Nein. Habt ihr bestimmt, worin die Freiheit des Handels besteht? Nein. Habt ihr den Handel mit Hartgeld verboten? Nein. Nun gut — wir erklären euch, daß ihr für das Glück des Volkes nicht alles getan habt. Die Freiheit ist nichts als ein leerer Wahn, wenn eine Menschenklasse die andere ungestraft aushungern kann. Die Gleichheit ist nichts als leerer Wahn, wenn der Reiche mit Hilfe des Monopols das Recht über Leben und Tod seines Mitmenschen ausübt. Die Republik ist nichts als ein leerer Wahn, wenn sich die Konterrevolution Tag für Tag durch den Preis der Lebensmittel vollzieht, den drei Viertel der Bürger nicht bezahlen können, ohne Tränen zu vergießen. (Dok. 133.)

Während Leclerc den Konvent insgesamt zum Teufel wünschte und sogar schon Termine für Neuwahlen im Kopfe wälzte, zweifelte Jacques Roux den Führungsanspruch der Montagne in keiner Weise an. Er stellte jedoch gewissermaßen außerparlamentarische Mitbestimmung der Sansculotten — als Hammer, nicht als Amboß — zur Bedingung für ihre Unterstützung des „Senats“:

Entscheidet also noch einmal! Die Sansculotten mit ihren Piken werden eure Dekrete zur Ausführung bringen. (Ebenda.)

Die wutentbrannte Nationalversammlung kanzelte den ungerufenen Zensor im Chor als Defätisten ab: Hatte er nicht — unter anderem — 20 Jahre Krieg prophezeit? (Womit er obendrein recht behalten sollte.) Der geschmähte „Priester" ging als Gezeichneter von dannen. Damit war das Problem einer Korrektur der Regierungsmannschaft durch die Massen jedoch mitnichten vom Tisch. Die bürgerliche Repräsentativdemokratie hatte eine Runde nach Punkten gewonnen, weiter nichts. Jacques Roux stand ungebrochenen Mutes und durchaus nicht verlassen im Felde. In seiner Sektion nahm er noch am selbigen Abend

die schmeichelhaftesten Bezeugungen der Liebe und der Hochschätzung seiner Mitbürger entgegen (...). Die sehr zahlreiche Generalversammlung überschüttete ihn (...) mit erneuten Beifallsstürmen (Scripta et Acta, 484 f.)

und beschloß den Druck der Adresse. Donnernder Beifall belohnte den Redner erst recht am 27. Juni bei den Cordeliers und unterbrach häufig die abermalige Verlesung des angefeindeten Stückes.

Der ganze Saal widerhallte von den Rufen „Es lebe die Republik!", „Es lebe Jacques Roux!", „Es leben die Sansculotten!" (Correspondance politique, 30. Juni 1793.)

Der Zusammenstoß hatte größtes Aufsehen erregt; der Blätterwald rauschte. Nicht auszuschließen ist, daß verschiedene Mißgünstige der Montagne den „Ärger von links" aus Schadenfreude gönnten.

Hébert weist auf die Gefahren hin, die sich aus Kritiken ergeben könnten, die gegen den Verfassungstext vorgebracht würden. Er belegt durch Fakten, daß die Aristokraten hoffen, ihn umzustoßen, indem sie ihn kritisieren. (Moniteur, 28. Juni 1793.)

Die Bergpartei mußte unter dem Druck des Beweiszwanges durch Taten belegen, daß sie fähiger war, als ihre hitzköpfigen Tadler glaubten. Mit der Nase auf den Widerspruch zwischen ihrer rousseauistisch-physiokratischen Schulweisheit und der gesellschaftlichen Wirklichkeit gestoßen, hatten die Jakobiner sich anzustrengen, um umzudenken und nachzuziehen, wenn sie die Massen nicht an „unlautere Wettbewerber" verlieren wollten.

Adresse présentée à la Convention nationale au nom de la section des Gravilliers, de Bonne-Nouvelle et du Club des Cordeliers, par Jacques Roux. Paris 1793 (Scripta et Acta, 140—150).

J. P. Marat: Portrait de Jacques Roux, boutefeu de la section des Gravilliers et de la société des Cordeliers = Publiciste de la République française, Nr. 233, 4. Juli 1793.

Jacques Roux à Marat. Paris 1793 (Scripta et Acta, 151—161).

A. A. Monier: Le bonheur du pauvre. Paris (8. August) 1793.

J. M. Sacher: Jacques Roux. Petrograd 1922. — Derselbe: „Bešenye". Moskva 1930.

M. Dommanget: Jacques Roux et le Manifeste des „Enragés". Cahiers Spartacus, Paris 1948, ²1976.

W. Markov: Zu einem Manuskript von Jacques Roux, in: Wissenschaftl. Zschr. der Karl-Marx-Universität Leipzig, 1958/59, Gesellschafts- u. sprachwiss. Reihe, Nr. 2.

Zwischen Bürgerkrieg und äußerer Front

Der anhaltende Disput zwischen Enragés und Jakobinern war kein leeres Gezänk. In ihm wurde eine klassenmäßige Belastungsgrenze sichtbar.

> Als „verfehlt" bezeichnete Marx im Disput mit Bruno Bauer die Revolution nur für *die* Masse, die in der *politischen* „Idee" nicht die Idee ihres wirklichen „Interesses" besaß, deren wahres Lebensprinzip also mit dem Lebensprinzip der Revolution nicht zusammenfiel, deren reale Bedingungen der Emanzipation wesentlich verschieden sind von den Bedingungen, innerhalb deren die Bourgeoisie sich und die Gesellschaft emanzipieren konnte. (MEW, II, 85 f.)

Eben das befürchtete mit etwas anderen Worten Jacques Roux, ohne freilich innezuwerden, daß die Barrieren, zu deren Niederreißung er die Montagne etwas schrill stimulierte, unter den Bedingungen und mit den Mitteln ihrer Zeit unüberwindbar waren.

Die bürgerliche Demokratie, wird Lenin sagen, die im

> Vergleich zum Mittelalter ein gewaltiger historischer Fortschritt ist, bleibt stets — und im Kapitalismus kann es gar nicht anders sein — eng, beschränkt, falsch und verlogen, ein Paradies für die Reichen, eine Falle und Betrug für die Ausgebeuteten, für die Armen. (Werke, XXVIII, 241.)

Keine der von den Enragés vorgeschlagenen Roßkuren vermochte dagegen etwas. Roux und Leclerc trug ihre Hartnäckigkeit — auf unmittelbare Intervention Marats und Robespierres hin — am 30. Juni den Ausschluß aus dem Klub der Cordeliers und eine rote Karte bei der Commune ein. Immerhin war auch die Montagne überzeugt, daß es sich nicht ausschließlich von der Hand in den Mund leben und regieren ließ. Um die Volksbewegung im Griff zu behalten, bedurfte es einiger Korsettstangen für die Regierung ebenso wie „starker Gesetze".

Bei der routinemäßigen Erneuerung des Wohlfahrtsausschusses am 10. Juli wurde Danton abgewählt. Den Kern des „zweiten" Ausschusses bildeten die Robespierristen Couthon, Saint-Just, Jeanbon Saint-André und Prieur (vom Departement Marne); Barère und Lindet von der „Ebene" schalteten sich gleich. Am 27. Juli wurde Robespierre in Person hinzugewählt, am 14. August die Mannschaft durch die Militärs Carnot und Prieur (von Côte d'Or) ergänzt. Sie verschmolz zum Gravitationskern einer sich allmählich abzeichnenden „Revolutionsregierung", auf die Danton seit dem 1. August drängte:

> Schon entrüstet sich das Volk in einigen Departements über diese Schlaffheit, und es hat verlangt, die Sturmglocke zu läuten. Das Volk beweist mehr Energie als ihr. Die Freiheit findet sich immer bei der breiten Masse. (...) Ich fordere, daß der Konvent seinen Wohlfahrtsausschuß als Provisorische Regierung einsetzt, daß die Minister nur ihre Ersten Gehilfen sind, daß dieser Regierung 50 Millionen zur Verfügung gestellt werden, über die sie erst am Ende der Sitzungsperiode abzurechnen braucht (...). Ich stelle meine Forderungen im Namen der Nachwelt, denn wenn ihr die Zügel der Regierung nicht in festen Händen haltet, verurteilt ihr die kommenden Geschlechter zu Knechtschaft und Elend; darum verlange ich, daß ihr

> meinen Antrag unverzüglich annehmt. (Dok. 136.)

Daß sich der Wohlfahrtsausschuß — bei aller Hervorhebung der Autorität des Konvents als Verkörperung des Souveräns Nation — auch unmittelbar auf die Massen stützen und mit ihnen eng verbunden bleiben müsse, war Robespierre durchaus klar. Vom 13. bis 21. Juli trug er dem Konvent stückweise aus Lepeletiers *Plan für eine Nationalerziehung* vor.

> Die Revolutionen der letzten drei Jahre haben für die anderen Klassen der Bürger alles getan, jedoch noch fast nichts für die vielleicht bedürftigste, für die proletarischen Bürger, deren einziges Eigentum in ihrer Arbeit besteht. Die Feudalität ist vernichtet, aber nicht für sie. Denn sie besitzen nichts auf der befreiten Scholle. Die Steuern sind gerechter verteilt. Indessen waren sie — eben infolge ihrer Armut — für eine Besteuerung ohnehin fast unerreichbar. Die staatsbürgerliche Gleichheit ist hergestellt, aber Bildung und Erziehung fehlen ihnen. Hier liegt die Revolution der Armen:

ein Langzeitprogramm massenpolitischer Schulung, das in seinen Anfängen steckenbleiben sollte.

Inzwischen wurde die Verknappung auf dem Markt — wiederum in einer Erntelücke — noch drückender. Am 21. Juli gab die Sektion Maison Commune als erste Lebensmittelkarten aus.

> Schon zu lange, schrieb Hébert, leiden diese armen Teufel von Sansculotten und strecken die Zunge, und dabei haben sie die Revolution doch gemacht, um glücklich zu sein! (Père Duchesne, Nr. 263.)

So erließ der Konvent (der zwecks Dämpfung der Spekulation bereits am 27. Juni die Börse geschlossen hatte) am 26. Juli endlich ein Gesetz gegen Warenhortung.

> Artikel 1: Der Aufkauf (die Warenhortung, l'accaparement) ist ein Kapitalverbrechen.
>
> Art. 2: Des Aufkaufs schuldig erklärt wird, wer Handelsware oder Lebensmittel des Grundbedarfs dem Umlauf entzieht, der sie kauft und an beliebigem Ort verschlossen hält, ohne sie täglich und öffentlich zum Verkauf feilzubieten.
>
> Art. 3: Zum Aufkäufer wird ebenfalls erklärt, wer Lebensmittel und Bedarfsgüter verdirbt oder absichtlich verderben läßt.

Er belegte Aufkäufer, die ihre Vorräte verheimlichten, deren Verzeichnis nicht aushingen oder gefälschte Angaben machten, mit der Todesstrafe.
Das Gesetz konnte als wertvolles Zugeständnis an die Einklage der Enragés erscheinen, und Jacques Roux nahm es (allerdings nicht für lange ...) so auf:

> Dieses gerechte und strenge Dekret gegen die wilde Horde der Selbstsüchtigen und der Gauner ist der Triumph der Freiheit. Dieses Dekret allein waffnet 2 Millionen Männer für die Vernichtung der Tyrannen. Dieses Dekret allein ist eine republikanische Verfassung, hätten wir nicht schon eine (...). So, Volk, sind meine Prophezeiungen erfüllt. Nichts fehlt zu deinem Glück Abgeordnete des Berges, ich weiß, daß man Menschen nicht dafür loben soll, daß sie ihre Pflicht tun, aber ihr habt gestern im Grundsätzlichen so viel Mut und Tugend bezeigt, daß ich dem Vaterland zu dienen glaube, wenn ich euch eine Bürgerkrone zuerkenne. (Publiciste, 28. Juli 1793.)

Den Handel unterwarf das Gesetz der Inspektion durch Sektionskommissare. Insgesamt freilich erfolgte seine Anwendung, wo kein volksverbundener Kontrolleur ungescheut durchgriff, schleppend und lustlos — mehr als symbolische Genugtuung, die man den leeren Mägen der ärmeren Verbraucherschichten erwies.
Eine Hatz auf die Neureichen mißfiel auch dieser Regierung (noch). Die *Feuille de Salut public,* die immerhin in ihrem Solde stand, stellte sie — etwas von oben herab — als eine Art Kurzschluß dar:

> Es stimmt: Viele Leute, die unter dem Despotismus nichts waren, weil die Tugend unter ihm nur ein Gegenstand der Verfolgung und Verachtung sein konnte, sind unter der Herrschaft der Freiheit und Gleichheit, unter der es nur die Unterschiede der Begabungen und Tugenden gibt, zwangsläufig etwas geworden. Im übrigen: Wenn in einer langen Generationsfolge jede Menschenklasse reihum reich und mächtig würde, was wäre schlecht daran? Eine der hervorstechendsten Auswirkungen von Revolutionen ist es, die Macht, die Würden und Reichtümer in andere Hände zu überführen. (...) Diese unangebrachte Wut des Volkes auf die neuen *Glückskin-*

der, die seinem eigenen Schoß entsprungen sind, macht den ehemaligen Grandseigneurs, die sich allein hoher Stellen, Ehren und Gepränge für würdig halten, große Freude, weil sie sehen, wie sich das Volk selber mißachtet. (14. Juli 1793.)

Überschattet aber wurde dieser ganze Sommer vom Bürgerkrieg. Sein erstes Opfer wurde Jean-Paul Marat.

Der Bürger Marat, Deputierter des Nationalkonvents, ist am 13ten dieses Abends durch eine Weibsperson von Caën ermordet worden. (Straßburger Kurier, Nr. 172, 1793.)

Charlotte Corday hatte den Arglosen, an dessen Vaterlandsliebe und Edelmut die Fünfundzwanzigjährige zuvor brieflich appellierte, in seiner Wohnung am Abend des 13. Juli aus Vorsatz und Absicht erdolcht (Dok. 135). Von Montanet, Präsident des Revolutionstribunals, Belastungszeugen gegenübergestellt, bekundete sie offen:

Ich habe dazu nichts zu sagen, außer daß ich erfolgreich war. (Moniteur, 29. Juli 1793.)

Marats gewaltsamer Tod rief stärkste Erregung hervor, und tausendfach erscholl der Ruf nach Vergeltung. Paris bereitete dem Volksfreund am 15. Juli ein Ehrenbegräbnis. Der Konvent wohnte ihm in stummer Achtung bei. Was seine Mehrzahl am lebenden Marat allenfalls geschätzt hatte, brachte Camille Desmoulins später im *Vieux Cordelier* (Nr. 2) auf den Satz, er sei vielleicht der einzige gewesen, der kraft seines Ansehens bei den Massen

immer verhindert hätte, daß die Konterrevolution unter der roten Mütze gemacht würde, und das ist die einzige Weise, auf die man sie machen kann.

Fabre d'Eglantine, der ihn lange vor der Revolution gekannt hatte, ohne je sein Freund zu werden, ließ ihm bei aller Kritik Gerechtigkeit widerfahren:

Er hatte ein zu feuriges Hirn (...). Er suchte nie den Reichtum, nicht einmal den Ruhm (...). Es lag ihm mehr daran, bemerkt als geschätzt zu werden (...). Man hat ihm vorgeworfen, Mord zu predigen; das war eine Sicht, die sich aus seiner Revolutionstheorie ergab. Im übrigen war er diesbezüglich vielleicht der einzige, der den Mut hatte, alles zu sagen, was er dachte (...). Von allen 754 Mitgliedern des Konvents hat Marat am meisten Charakter,

Zähigkeit, Festigkeit und Tapferkeit gezeigt. (Révolutions de Paris, Nr. 209, 1793.)

Echt waren Schmerz und Verehrung bei den einfachen Menschen. Als größter unter den „Märtyrern der Freiheit" ging er in ihr revolutionäres Pantheon — wie seine Mörderin in den Royalistenhimmel — ein.

Als Marat, unter Anklage, im Triumph zum Jakobinerklub zurückkehrte, nachdem er seine Verleumder mit Schande bedeckt hatte, boten ihm Kinder, kaum daß er den Saal betreten hatte, Bürgerkronen an. Marat lehnte ihre Annahme ab, indem er sagte, sie seien nur für berühmte Tote, die sich um das Vaterland verdient gemacht hätten, bestimmt.

Bürger, Marat ist nicht mehr; Marat hat sich um das Vaterland verdient gemacht; und ich lege die Krone auf seine Stirn nieder. (Varlet, Aux mânes de Marat, 1793.)

Das Attentat auf den Mann, der das *Verbündnis* von Jakobinern und Sansculotten in seiner Person gleichsam versinnbildlicht hatte, verhärtete die Fronten. Um sein literarisches Erbe stritt Hébert mit den Enragés. Jacques Roux brachte schon am 16. Juli eine „Fortsetzung" von Marats Zeitung heraus, die sich seit einiger Zeit *Publizist der französischen Republik* nannte. Am 20. überbot ihn Leclerc mit einem *Volksfreund.* Am 21. wiederum posierte der Père Duchesne im Jakobinerklub:

Wenn es eines Nachfolgers für Marat bedarf, wenn man ein zweites Opfer für die Aristokratie braucht, so ist es durchaus bereit: Ich bin es!

Die Umstände des Mordgeschehens erhellten aber auch blitzartig die Dünne der republikanischen Eisdecke. Mehr als zwei Drittel der Departements lehnten die Vorgänge vom 2. Juni als gesetzwidrig ab. Gewiß beschränkte sich solche Gegnerschaft, wenn ohne ausreichendes „Fußvolk", nicht selten auf verbale Proteste und papierene Verlautbarungen von Verwaltungsspitzen. Klugheit und Festigkeit des Konvents, Stützung durch örtliche Volksgesellschaften oder jakobinisch gesinnte Behörden konnten in so gelagerten Fällen die Dinge ohne Blutvergießen geraderücken. Jedoch suchten darüber hinaus einige der Girondeführer in Anlehnung an schon bestehende Aufmüpfigkeit (wie in Marseille und Lyon) eine bewaffnete Rebellion zu organisieren und zu koordinieren: In Normandie und Bretagne, im Südwesten mit Bordeaux und Nîmes, im Südosten mit Avignon und Toulon hatten sie darin während des Juli Erfolg.

Die in Grenoble „abgeschnittenen" Volksvertreter in Mission mußten die Direktorien der Departements Ain und Isère am 6. Juli auffordern, unverzüglich eine schadhafte Gebirgsstraße instand zu setzen, die Lyon umging:

> Jene, die die Stadt regieren und verwalten, hören nicht auf, die Patrioten zu kränken, die Aristokraten und Emigranten zu begünstigen (...). Sie haben eine Klasse von Bürgern entwaffnet und unterhalten eine Streitmacht, lassen Schanzgräben ausheben und drohen seit langem, die von ihnen Befehligten in die benachbarten Landschaften einmarschieren zu lassen.

Am 16. Juli wurde Chalier, drei Tage nach Marat, „von einem Gericht gemordet". Der „Übertreibung, eines extremen Patriotismus, einer gefährlichen Volkstümlichkeit" beschuldigt,

> stirbt Chalier, euer Bruder und Verwandter, euer Freund, weil er geschworen hat, frei zu sein, und weil am 30. Mai 1793 dem Volke von Lyon die Freiheit geraubt worden ist. (Sansculotten, 203, 205.)

Der föderalistisch genannte, weil gegen die „Diktatur von Paris" gerichtete Aufruhr wurde von einer Provinzbourgeoisie angeführt, die mancherorts, jedoch keineswegs überall, bei waschechten Royalisten Anlehnung fand; die Kluft zur Vendée blieb bestehen. Volksnäher zusammengesetzte Gemeinderäte waren ihr abgeneigt. Werktätige lehnten es vielfach ab, sich für die Reichen zu schlagen, die sie dennoch in einigen Fällen dazu zu überreden vermochten. Das Dorf verhielt sich ganz überwiegend abwartend. Die von den rebellierenden Departementsverwaltungen angeordneten Aufgebote stießen demzufolge auf weitverbreitete Abstinenz, wenn nicht Feindseligkeit.

Dennoch war für den Konvent Eile geboten. Auf Korsika rief Pasquale Paoli die Unabhängigkeit der Insel aus und die englische Flotte zu ihrem Schutz herbei. Die Vendéer beuteten den „Bruderkrieg" unter den Republikanern (die sie gleicherweise verabscheuten) maximal aus. Sie besetzten am 9. Juni (vorübergehend) Saumur und brachten den schlechtgeführten Konventstruppen am 18. Juli bei Vihiers eine sehr schwere Niederlage bei, die eine Panik auslöste. Ratlos berichteten die Konventskommissare Bourbotte und Turreau, beides hohe Offiziere, tags darauf:

> Seit dem Beginn des Krieges gegen die Rebellen, die die Departements des Westens verheeren, ist zu bemerken, daß jedem Sieg, den wir irgendwo errungen hatten, weitaus schwerere Rückschläge nachfolgten. Das haben wir gerade jetzt wieder schmerzhaft erlebt.

Gefaßt trug Barère dem Konvent im Namen des Wohlfahrtsausschusses die böse Kunde vor:

> Wir wissen, daß eine Versammlung von Republikanern niemals in Unkenntnis der Nachrichten über die politische und militärische Lage des Vaterlandes bleiben darf, wie schlimm sie auch lauten mögen. (Moniteur, 29. Juli 1793.)

Soldat Faivre, am 3. August im Begriff, nach der Vendee zu marschieren, ließ den Kopf ebenfalls nicht hängen:

> Die Nachrichten, die aus der Vendée an unser Ohr dringen, sind nicht gerade die besten (...). Letztendlich jedoch wird unser republikanisches Heer nur seinen Mut verdoppeln (...). Wir bringen jeden um, der es weiterhin wagt, das Land mit Feuer und Schwert zu überziehen. (Dok. 137.)

Der Konvent nahm den Vorteil der inneren Linie wahr und konnte das Zusammenwachsen der Aufstände (Dok. 140) verhindern. Schon am 13. Juli jagte eine eilig zusammengebrachte Pariser Sansculottenmiliz eine Kolonne normannischer „Herrensöhnchen" unter General Wimpffen bei Pacy-sur-Eure nahezu kampflos in die Flucht. Daraufhin löste sich der Kriegsschauplatz im Norden auf. Viel härter ging es im Süden zu, wo Avignon am 27. Juli, Marseille am 26. August und Bordeaux erst am 18. September unterworfen wurde. Zwei Städte verteidigten sich bis in den Herbst: Lyon (Dok. 140), wo die Aufrührer das Kommando dem royalistischen General Précy übertrugen, und der Kriegshafen Toulon; das dort stationierte Mittelmeergeschwader unterstellten ebenfalls Royalisten den einlaufenden Briten.

Dank der inneren und äußeren Zerfahrenheit ihrer Wider-

sacher und der tatkräftigen Mitwirkung von Patrioten im Lande schlugen die Soldaten des Konvents der „Hydra des Föderalismus" leichter als erwartet die Köpfe ab.
Schlimmer stand es an der Hauptfront. Die Österreicher nahmen Condé am 10. und Valenciennes am 28. Juli. Mainz wurde am 23. Juli gegen freien Abzug der Besatzung an die Preußen übergeben. Dünkirchen, Maubeuge, Landau sahen sich eingeschlossen. An der Alpenfront fehlten die Truppen, die Kellermann gegen Lyon abzweigen mußte.
Der Gedanke, durch eine allgemeine Volksbewaffnung die Rechnung ein für allemal zu begleichen, kam von unten. Am 6. Juli schon hatte die Sektion Luxembourg dem Konvent vorgeschlagen:

> Alle Bürger zwischen 16 und 50 Jahren mögen ohne Unterschied in Permanenz eingezogen werden und die Streitkräfte bilden,

um gegen die aufrührerischen Departements zu marschieren. Lacroix aus der Sektion Unité entwickelte den Vorschlag am 28. Juli weiter und regte an, „um die drei kritischen Monate der Revolution zu überstehen",

> unverzüglich die Einzelarbeiten aller Stellmacher, Tischler, Holzbearbeiter einzustellen, um sie mit der Herstellung von Gewehrkolben, Lafetten, Munitions-, Proviant- und Kastenwagen zu beschäftigen; einzustellen auch die Arbeiten der Schlosser, Hufschmiede, Scharschmiede und aller Eisenbearbeiter, um sie ausschließlich der Geschützproduktion zuzuführen. Die Vaterlandsfreunde mögen sich bewaffnen, zahlreiche Bataillone bilden; wer keine Waffen hat, soll für den Munitionstransport sorgen, die Frauen Lebensmittel befördern oder Brot kneten. Das Signal zum Kampf sei durch den Gesang des Vaterlandes gegeben! (Sansculotten, 107.)

Hébert machte sich auch diesmal zum Sprachrohr einer schon weitverbreiteten Massenstimmung; er zog die Schlußfolgerung, daß man ein solches Mammutheer nur marschieren lassen und gleichzeitig versorgen kann, „wenn man sich *aller* Versorgungsquellen der Republik bemächtigt".
Das war der springende Punkt, der Konvent und Wohlfahrtsausschuß bisher hatte zögern lassen, wiewohl die Forderung nach einer „levée en masse" seit dem 29. Juli immer häufiger

unterbreitet wurde und besonders stürmisch am 12. August von Abbé Royer namens der zur Bestätigung der Verfassung in Paris weilenden Urwählervertreter (Dok. 139). Der Wohlfahrtsausschuß zeigte sich reserviert: Wie einen solchen Menschenhaufen bewaffnen, verpflegen, kleiden? Teilmaßnahmen, gern: Am 23. Juli wurde die Einschmelzung von 200000 Kirchenglocken dekretiert. Noch am 14. August jedoch deuchte Robespierre

> diese großmütige, aber vielleicht schwärmerische Idee eines Volksaufgebots

nutzlos; er meinte:

> Es fehlt uns nicht an Menschen, sondern vielmehr an patriotischen Tugenden bei unseren Generälen,

was weder ganz unrichtig noch aber die ganze Wahrheit war. Erst auf Drängen von Abordnungen der Urwähler übernahm der Konvent im Prinzip am 16. August die Idee einer allgemeinen Volksbewaffnung. Am 23. entschied sich der Wohlfahrtsausschuß, Maßnahmen für die Aufstellung des ersten nachweisbaren regulären Millionenheeres der Geschichte vorzuschlagen:

> Von diesem Augenblick an bis zu dem Zeitpunkt, wo die Feinde vom Boden Frankreichs vertrieben sind, unterliegen alle Franzosen der Wehrpflicht. Die Jungmannschaft wird in den Kampf ziehen. Die Verheirateten werden Waffen schmieden und den Nachschub für die Truppe besorgen. Die Frauen werden Zelte und Bekleidung anfertigen, in den Hospitälern dienen, die Kinder aus alter Wäsche Scharpie zupfen. Die Greise werden sich auf öffentliche Plätze tragen lassen, um den Mut der Krieger zu entflammen, den Haß auf die Könige und die Einheit der Republik zu verkünden.

Das Dekret über die *Levée en masse* (Dok. 143) stutzte zum Teil phantastisch übertriebene, zum Teil auch „zu" demokratische Vorstellungen der Sansculotten etwas zurück; ausgehoben wurden gleichzeitig, aber einmalig, sieben Jahrgänge.

Um schon diese — damals fast unglaubhafte — Menge auszurüsten und zu ernähren, wurde eine gewisse Wirtschaftslenkung von Staats wegen unumgänglich, und man muß Hébert bescheinigen, daß er mit als erster das Problem der ökonomischen Leitung eines solchen — nun erst wahrhaft gesamtnationalen — Krieges erkannt hat. Das politisch-ökonomische System der sich herausbildenden „Jakobinerdiktatur" verzahnte sich unlöslich mit den Bedürfnissen der nationalen Verteidigung.

T. Leclerc: Oraison funèbre de Marat = L'Ami du peuple, Nr. 1, 20. Juli 1793.

D. A. F. (marquis de) Sade: Aux Mânes de Marat. Paris (Section des Piques) 1793.

(Anonym:) Procès de Joseph Chalier, condamné à mort le 16 juilett 1793. Lyon 1793.

A. Dorfeuille: Eloge funèbre de Chalier. Lyon 1793.

J. D. Lanjuinais: Dernier crime de Lanjuinais. Aux assemblées primaires, sur la Constitution de 1793. Rennes 1793, [2]1795.

J. F. Varlet: Aux Mânes de Marat. Paris 1793.

J. Mallet du Pan: Considérations sur la nature de la Révolution française et sur les causes qui en prolongent la durée. London (4. August) 1793.

T. Rousseau: L'âme du peuple et du soldat, chants républicains. Paris 1793.

A. Metzger: Lyon en 1793. T. I: Avant le siège, T. II: Le siège. Lyon 1884.

C. Riffaterre: Le mouvement anti-jacobin et anti-parisien à Lyon et dans le département de Rhône-et-Loire en 1793 (29 mai—15 août). 2 Bände, Lyon/Paris 1912—1928.

K. Lankheit: Jacques Louis David — Der Tod Marats. Stuttgart 1962.

J. M. Sacher: Théophile Leclerc i ego „Drug naroda", in: Francuzskij ežegodnik 1962, Moskva 1963.

P. Weiss: Die Verfolgung und Ermordung Jean Paul Marats. Frankfurt (Main) 1964.

A. Forrest: Society and Politics in Revolutionary Bordeaux. London 1975.

P. H. Feist: Jacques Louis Davids Gemälde „Der ermordete Marat", in: Künstler, Kunstwerk und Gesellschaft. Dresden 1978.

J. P. Bertaud: La Révolution armée. Les soldats-citoyens et la Révolution française. Paris 1979.

Die letzte Journée

Die Unruhe im August war anders geartet als vorausgegangene. Alle der Revolution innewohnenden Tendenzen kreuzten

sich jetzt im freien Spiel der Kräfte. Nie kam die politische Realität den Praktiken sansculottischer Direktdemokratie — mit ihren Vorzügen und Schwächen — näher.
Die revolutionären Massen beugten sich dem ideologischen Führungsanspruch der jakobinischen Muttergesellschaft im Hinblick auf deren einzigartige nationale Klammerfunktion; sie unterstützten ebenfalls die Bemühung der Montagne in Konvent und Wohlfahrtsausschuß um Entsatz der „belagerten Festung Frankreich". Jedoch empfanden sie sich nicht als ihr Nachtrab, sondern als der „Souverän", der in Freiheit entschied, für welche Maßnahmen er einstand und für welche nicht.
In Paris hätte die Commune gern ihrerseits die Volksbewegung vereinnahmt, doch gelang solches nur bedingt. In den Sektionen bestimmten jetzt nicht mehr Notabeln, sondern Meister und Budiker die politische Szene; diese Handwerker und sonstigen kleinen Leute betrachteten sich aber ebenfalls als „Teil des Souveräns", der keines Vormunds bedurfte. Es hörte sich harmlos an, wenn die Sektion Montagne am 14. August die Anlegung einer Wählerliste beschloß; ihr Zweck bestand immerhin darin, aus eigener Machtvollkommenheit

> einen gewissen Unterschied aufzurichten, der aber dennoch nicht gegen die Gleichheit verstößt und sich nur zwischen den wahren Freunden der Gleichheit und jenen ausprägt, die ihre Feinde sind: Die Bürger sollen unterschieden werden in alle guten, die wählen und ihre politischen Rechte ausüben dürfen, und in jene, die nicht unter diese Kategorie fallen. (Sansculotten, 119.)

Den „Einschläferern" im Konvent wurde am 18. August tüchtig eingeheizt:

> Brissot lebt noch! Gesetzgeber, die Einwohner der Sektion Arcis haben immer geglaubt, das Schwert des Gesetzes sollte alle Schurken ebenso treffen, wie das Gesetz die Unschuldigen schützen sollte. Der Gesetzgeber, der sein Vaterland verrät, muß wie jeder andere Schuldige das Schafott besteigen.
> Warum diese Trennungslinie? Warum sind die Verbrecher im Konvent nicht bestraft worden? Warum sind sie dem Schwert des Gesetzes entronnen? Gesetzgeber, da ist eure Schuld. Ihr Ansehen allein hat sie beschützt, während

jeder andere vom Augenblick an, da er sich etwas zuschulden kommen läßt, sofort eingekerkert wird und seine Schandtaten auf dem Schafott büßt. (Dok. 141.)

Einem Pamphlet — unter vielen — ging es wiederum zu langsam mit der Hinrichtung von Marie Antoinette:

Großes Komplott entdeckt mit dem Ziel, Paris zwischen dem 10. und 15. August in Schutt und Asche zu legen, die Patrioten durch Frauen und durch als Frauen verkleidete Pfaffen ermorden zu lassen.

Marie Antoinette von Österreich unseligen Angedenkens auf den dürren Leib: Verhör dieser Schurkin als Komplizin der Verräter, die Condé, Mainz und Valenciennes aufgegeben haben, der Rebellen der Vendée, des Lumpen Pitt, englischer Minister, die Paris aushungern und die braven Sansculotten ermorden wollten. (Sansculotten, 109.)

Wie im Frühjahr schon in Lyon, fischten jetzt in Paris die Gemäßigten im trüben einer „sektionären Bewegung", in der bis heutigentags linke und rechte Motivationen der Angriffe auf Commune und Konvent nicht in jedem Einzelfall erkennbar auseinanderzuhalten sind. Die Zeitgenossen schoben vieles auf royalistische Agenturen im Herzen der Hauptstadt (wie jene des Barons de Batz). Sie waren hervorragend getarnt (und informiert), jedoch 1793 ohne nennenswerten politischen Wirkungsradius. Hingegen hatten die Rechten in der Verwendung „linker Aushängeschilder" dazugelernt. Die Protestwelle, die Anfang August von der Sektion Beaurepaire ausging und Maire Pache aufs Korn nahm, der den Bürgern ungenügenden Einblick in die Versorgungslage gewährte und sich Kontrollgängen durch die Vorratslager widersetzte, um Panik zu verhüten, kam von rechts. Sie zielte offensichtlich auf Diskreditierung des „unfähigen Jakobinerregiments" in Stadt und Staat. Unter populären Losungen bemächtigten sich Moderanten der Leitung mehrerer Sektionen und schleusten in ihre Verdächtigungen des städtischen Versorgungsamtes Fragen nach „dem Verbleib der Demokratie", das heißt nach Neuwahlen, ein. Daß nun von links, wenngleich anders und sogar gegenteilig begründet, parallele Forderungen kamen, machte die Verwirrung vollkommen:

Wir glauben nicht mehr, bekamen Konvent und Klub von

Claire Lacombe zu hören, an die Tugend dieser Männer, die sich darauf beschränken, sich selbst zu loben. Wir brauchen endlich mehr als Worte, damit wir glauben, daß eure Ausschüsse nicht vom Ehrgeiz beherrscht werden: Organisiert die Regierung gemäß der Verfassung! (Journal des débats, 2. September 1793.)

Leclerc machte es im *Ami du peuple* (Nr. 19) kurz:

> Die Verfassung, die ganze Verfassung und nichts als die Verfassung!

Es kam zu einer Vertrauenskrise, in der sich der Generalrat der Commune entzweite.

Hébert vollzog eine drastische Schwenkung und begann seinerseits, mit Nummer 269 des *Père Duchesne* die Wahltrommel zu rühren; vielleicht hoffend, in Paris, wo er wohlgelitten war, gegebenenfalls einen Sitz zu gewinnen; vielleicht auch nur, um in Edelkonkurrenz mit den Jakobinern (Dok. 142) die Nationalversammlung auf Trab zu bringen. Er bewarb sich nach Garats Rücktritt um das Innenministerium. Als der Konvent (am 20. August) dem blasseren Dantonisten Paré den Vorzug gab, ging Hébert auf Kollisionskurs. Er bot ihm gleichzeitig die Chance, dank der weiten Verbreitung seiner Zeitung die rührigen Enragés (Dok. 144) als Oppositionsführer, die eine Lippe riskierten, in der Gunst der Pariser Armut auszustechen. Dazu gehörte einiges, denn Leclerc in seiner Nummer 14 zum Beispiel wollte so ungefähr alles „auf die Guillotine" schicken: Aufkäufer, Spekulanten, Verdächtige, Egoisten und Spitzbuben; und um da noch nachzukommen,

> sollen entweder kraft eines Dekrets oder auch ohne den Erlaß eines solchen auf dem Platz der Revolution zwei Guillotinen ohne Unterlaß ihr Werk tun. (Ami du peuple, 23. August 1793.)

Mehlmangel trat nochmals auf infolge einer Trockenperiode, die zur Stillegung vieler Wassermühlen führte.

> Der Andrang vor den Bäckerläden ist immer derselbe; die Türen sind Tag und Nacht belagert. Immerhin ging alles heute (am 28. August — W. M.) ein wenig friedlicher zu als gestern, bis auf ein paar hie und da ausgeteilte und getreulich erwiderte Fausthiebe. Man hat zwar einige Ohrringe gestohlen, aber schließlich ist niemand getötet oder zum Krüppel geschlagen worden, und jeder bekam

> Brot, gut oder schlecht. (Annales françaises, Nr. 267, 1793.)

Hébert rückte geschickt die kurzfristige Fehlmenge in den Mittelpunkt einer Kampagne. Der *Père Duchesne* hatte seinen Aufhänger (für Nr. 279) gefunden:

> Das Vaterland, verdammt noch mal, die Großkaufleute haben keins. Solange sie glaubten, daß ihnen die Revolution von Nutzen sei, waren sie mit von der Partie. Sie haben den Sansculotten die Hand gereicht, um Adel und Parlements zu vernichten. Das geschah aber, um sich selber an die Stelle der Aristokraten zu setzen. Seit es nun keine Aktivbürger mehr gibt, seit der ärmste Sansculotte über die gleichen Rechte verfügt wie der reichste Steuerpächter, haben alle diese Scheißkerle ihre Kittel gewechselt und setzen Gott und die Welt in Bewegung, um die Republik zu zerstören. Sie haben alle Nahrungsmittel, alle Bedarfsgüter gehortet, um sie uns zum Gewicht des Goldes zurückzuverkaufen oder uns die Hungersnot zu bringen.

Dennoch wäre es übertrieben, die „Kampftage" des 4. und 5. September Hébert anzulasten oder gutzuschreiben. Gleich dem *Père Duchesne* haben Leclercs *Volksfreund* und Jacques Roux' *Publizist* mitsamt ein paar anderen (von den noch über 100) Blättern der Hauptstadt den Sansculotten geholfen, politische Positionen auszubauen und soziales Begehren zu filtern. Ihre Agitation war jedoch nicht deren Wurzel. Die Aufbruchstimmung Ende August breitete sich wiederum wesentlich spontan aus, und die Matadore der Linken suchten ihr erst nachträglich mit unterschiedlichem Erfolg Richtung zu geben.

Anfang September nahm die Spannung zu. In Sektionen und Volksgesellschaften gab es heftige Auftritte am laufenden Band; der Ton der Petitionen wurde gereizter. Am 2. September verfaßte die Sektion Sans-Culottes eine (nicht damals, aber in der Literatur) berühmt gewordene Adresse, in der sie dem Konvent nichts weniger vorschlagen wollte, als

> eine Vermögenshöchstgrenze festzusetzen; (...) niemand darf mehr Land pachten, als für eine festgesetzte Anzahl von Pflügen gebraucht wird, und niemand darf mehr als eine Werkstatt oder einen Laden besitzen (Dok. 147):

kleinbürgerlicher Egalitarismus in Reinkultur, Wunsch nach Aufrechterhaltung des Privateigentums und dennoch Beschränkung seiner nachteiligen Auswirkungen auf die Wirtschaftsschwachen, insofern Herausforderung der engeren Klasseninteressen der Bourgeoisie.

Am gleichen 2. September entschloß sich ebenfalls der Jakobinerklub im Zusammenwirken mit der Commune, insbesondere mit Chaumette, die (unabwendbare) Massenaktion von sich aus zu unterstützen, um ihr rechtzeitig falsche Spitzen abzubrechen (und richtige vorzusetzen).

Am 4. morgens begann es mit einem Lohnstreik der Maurer und Ansammlungen von Bauarbeitern, die zum Rathaus marschierten, um von der Commune Brot zu verlangen:

Wir wollen keine Versprechungen, wir brauchen Brot!, hielt der Buchdrucker Tiger namens der Demonstranten den Beschwichtigern entgegen. Daraufhin fand Chaumette in einer Flucht nach vorn die rechten Worte:

> Auch ich bin arm gewesen und weiß demzufolge, was Armut heißt. Dies hier ist der offene Krieg der Reichen gegen die Armen. Sie wollen uns vernichten. Nun gut, man muß ihnen zuvorkommen: Vernichten wir sie selbst! In unseren Händen liegt die Macht!

Chaumette erreichte seinen eigentlichen Zweck: Das Wildwasser wurde gebändigt durch Verabredung einer Massenkundgebung für den nächsten Tag, um dem Konvent „die Wünsche des Volkes zu diktieren".

Am 5. September marschierten die Sektionen zum Konvent unter den Losungen:

> Krieg den Tyrannen, Krieg den Aristokraten, Krieg den Accapareurs!

Sie besetzten den Sitzungssaal, und die Nationalversammlung beriet unter den Augen des Volkes. Namens der Commune und der Sektion von Paris hielt Pache den selbstsüchtigen Besitzenden eine Standpauke, und Chaumette trug die Petition der Bürger von Paris vor:

> Gesetzgeber, es ist an der Zeit, dem rücksichtslosen, seit 1789 andauernden Kampf zwischen den Anhängern der Nation und jenen, die sie im Stich gelassen haben, ein Ende zu bereiten! (Dok. 148.)

Billaud-Varenne steuerte einen Antrag bei, alle Verdächtigen festzunehmen, und Danton setzte die Bewilligung von Tagegeldern — als Kompensierung für Verdienstausfall — durch, um bedürftigen Bürgern die regelmäßige Teilnahme an den Versammlungen ihrer Sektion zu erleichtern und damit deren soziale Zusammensetzung zu verbessern:

> (...) daß jeder Bürger, der in Anbetracht seiner Notlage eine Entschädigung in Anspruch nehmen möchte, diese mit 40 Sous pro Versammlung auch erhält. (Dok. 149.)

Der Konvent, hocherfreut über die Zurückführung des Lavastromes in das Flußbett der Legalität, folgte der Bergpartei in solchem Falle gern und nahm eine Reihe von Grundsatzbeschlüssen an. Er dekretierte die angemahnten Verhaftungen, verordnete eine Säuberung der Revolutionskomitees, bewilligte die Aufstellung einer Pariser „Revolutionsarmee“ von 6 000 Mann zu Fuß und 1 200 Kanonieren (aus nicht Wehrpflichtigen), die auf dem Lande Getreide requirieren und für seinen Transport nach der Hauptstadt sorgen sollte. Andererseits wurden die 40 Sous (gleich 2 Francs) Tagegeld durch die Bestimmung aufgewogen, die Permanenz der Sektionsversammlungen zu beenden und ihre Zusammenkünfte auf wöchentlich zwei (donnerstags und sonntags) zu beschränken. Ein „Großes Maximum“ wurde in groben Umrissen in Aussicht gestellt.

Wer hatte gesiegt?

Die Stimme des Volkes hatte sich Gehör verschafft und die Regierung zur Ergreifung einiger fälliger Maßnahmen gezwungen.

> Dieser Tag, jauchzte der „Père Duchesne“ (Nr. 282), der eigentlich ein Trauertag, vielleicht der letzte der Sansculotterie sein sollte, war hingegen ein Tag der Freude und des Triumphs für die Freunde der Freiheit.

Jedoch lief der Erfolg der Massenaktion im Endergebnis auf eine Bestätigung der jakobinischen Strategie hinaus. Der Rechtsboden blieb gewahrt. Das „Gerede über Neuwahlen“ verstummte allmählich. Der Wohlfahrtsausschuß wurde nicht hinweggefegt. Im Zusammenwirken mit dem Klub hatte er verstanden, auf einem von ihm selber gewählten Terrain der Auseinandersetzung rechtzeitig und flexibel nachzugeben. An Prestige hatte er nicht verloren, sondern gewonnen. Er nahm die Linken Collot d'Herbois und Billaud-Varenne am 6. September in seine Reihen auf („drinnen werden sie verträglicher sein als draußen", meinte Robespierre ...), doch eine Journée wird es, solange der von nun ab fast unveränderte „Große" Wohlfahrtsausschuß an der Macht bleibt, nicht mehr geben.

Warum auch, wenn sich nachgerade *jeder* gute Patriot und Republikaner fortan zum „Sansculottismus" bekannte? Wenn die *Révolutions de Paris* zwar an einem Urbild des Sansculotten festhielten, dem Vingternier (Dok. 114) nicht widersprochen hätte:

> (...) Handwerker, Familienvater, ein Mann aus dem Volke (...), freimütig, herzlich, mitunter rauh, doch immer menschlich,

andererseits hingegen die soziale Begriffsdeutung aushöhlten, indem sie sie zu einer rein politischen verflachten:

> Auch die beiden Brutusse (beide Patrizier! — W. M.) waren zwei echte Sansculotten: Der ältere umarmte seinen Sohn, während er ihn zum Tode verurteilte; der andere weinte sich an der Brust seines Vaters (Stiefvaters Cäsar — W. M.) aus, ehe er ihm den Dolch hineinstieß. (Nr. 214, 1793.)

La section de Beaurepaire aux quarante-sept autres sections: Liberté, fraternité, surveillance. Paris (28. Juli) 1793.

Les commissaires des 48 sections de Paris, convoquées pour obtenir l'état des subsistances, à leurs commettants. Paris (31. Juli) 1793.

(F. N. Babeuf:) Paris sauvé par l'administration des subsistances. Paris 1793 (offiziell ein Bericht von Garin und Defavanne).

L. F. Dufourny de Villiers: Opinion publique, ranime-toi, discute, prononce, éclaire, forme la volonté générale, dicte à ses rédacteurs les bases des lois définitives, sur les denrées, sur le commerce, sur l'accaparement et sur les droits des consommateurs Paris (1. September) 1793.

H. Calvet: L'accaparement à Paris sous la Terreur. Essai sur l'application de la loi du 26 juillet 1793. Paris 1933.

R. M. Tonkova-Jakovkina: Dviženie narodnych mass Pariža 4—5 sentjabrja 1793 g., „Plebejskij natisk", in: Iz istorii obščestvennych dviženij i meždunarodnych otnošenij, Moskva 1957.

Die Lehren des September

Das Volk zog am 5. September nicht einfach von den Tuilerien befriedigt ab. Mit Versprechungen hatte es der Konvent schon

davor verwöhnt. Der Wohlfahrtsausschuß begriff, daß den Worten sichtbare Taten folgen mußten, und er wußte sie zu seinem Vorteil zu wenden. Die Linie war vorgezeichnet: sich den Massendruck nutzbar machen, um den immer noch spürbaren Widerstand gegen Sondergesetze im Konvent einzuschüchtern, und andererseits die Nationalversammlung auf den Schild heben, um Ansprüche der Sansculotten einzugrenzen. Der Wohlfahrtsausschuß zeigte Entgegenkommen, während er gleichzeitig alles daransetzte, beide Seiten von seiner Unabkömmlichkeit zu überzeugen. Nach der turnusmäßigen Erneuerung des Sicherheitsausschusses am 13. September ging das Vorschlagsrecht für die Besetzung dieses wie aller übrigen Konventsausschüsse an ihn über. Die ihm zugestandene Kontrollfunktion über bisher im Prinzip gleichgestellte erhob ihn in den Rang eines rechtmäßigen Regierungszentrums.
Der 5. September hatte „den Terror auf die Tagesordnung gesetzt“:

> Fürchtet euch, ihr Herren Schufte, die ihr das Volk in Ketten schlagen wolltet! Das Volk hält die Keule in seiner Hand und wird euch damit zermalmen. Fürchtet euch, Moschusstinker, die ihr keine freien Männer werden wolltet: Eure Todesstunde schlägt in Bälde. Fürchtet euch, reiche, vom Blut der Armen fett gewordene Egoisten, der Tag ist gekommen! Ihr, Sansculotten, die ihr so viel innerhalb eines einzigen Tages vollbracht habt, laßt euch nicht schnöde abweisen! Legt das Schwert, mit dem ihr euch gegürtet habt, nicht eher aus der Hand, bevor alle eure Feinde ausgerottet sind! Denn es geht um euer, eurer Frauen und eurer Kinder Wohl! Der Todeskampf hat begonnen. (Père Duchesne, Nr. 282, 1793.)

Der Konvent bemühte sich mit Erfolg, einem neuerlichen Ausbruch von Lynchjustiz gleich jener vom September 1792 zuvorzukommen und die „Abschreckung“ in strafrechtliche Bahnen zu lenken. Am 17. September nahm er ein „Gesetz über die Verdächtigen“ an, um abweichende oder mißbräuchliche Auslegungen zu unterbinden. Jedoch definierte Artikel 2 andererseits die Kategorie der Verdächtigen, für die Schutzhaft „bis zum Friedensschluß“ vorgesehen wurde, weitläufig genug, um damit jeden Revolutionsgegner aus seinem Schlupfwinkel zu holen:

> Als Verdächtiger gilt erstens, wer sich durch sein Verhalten, seine Beziehungen oder durch seine in Wort und Schrift geäußerten Ansichten als Anhänger der Tyrannei und des Föderalismus, und als ein Feind der Freiheit erwiesen hat. (Dok. 150.)

Der Sicherheitsausschuß beauftragte die Revolutionskomitees, in ihrem Bereich systematisch Verzeichnisse der Verdächtigen nach den vorgegebenen Kriterien anzulegen. Dies veränderte den Stellenwert der örtlichen Ausschüsse grundlegend. Sie wurden auf Weisung von oben, wo nötig erneuert und ständigen Säuberungen unterzogen. Ihr Arbeitsanfall war ehren- und nebenamtlich nicht mehr zu bewältigen, also mußten sie besoldet werden. Damit entglitten sie aber de facto ihrer jeweiligen Gemeinde oder Sektion und wurden zu Basisorganen der Regierungsausschüsse, denen sie rechenschaftspflichtig waren.

Demgegenüber schrumpfte die Bedeutung der Bürgerversammlungen und ihrer übrigen Ausschüsse, obgleich sie aus ihren Reihen gleichfalls „Gemäßigte, Unzuverlässige, Gleichgültige und Zaghafte" entfernten. Wendige Aktivisten der Volksbewegung ließen sich daher etwas einfallen: Sie riefen „Sektionsgesellschaften" ins Leben, um im Territorium ein ersatzweises Diskussionspodium zu schaffen, das kein Gesetz verbot und das großen Zulauf fand.

> Bekanntlich haben sich seit dem Dekret, das die Anzahl der Sektionsversammlungen auf zwei in der Woche beschränkte, in allen Sektionen Volksgesellschaften gebildet. Die Jakobiner, bei denen die neuen Gesellschaften ihren Anschluß beantragten, haben beschlossen, als sektionäre Volksgesellschaften nur solche anzuerkennen, deren Kern durch das jeweilige Revolutionskomitee gebildet wird, nachdem es ihn selbst einer Säuberung unterzogen hat; schließlich müßten sämtliche Mitglieder der Volksgesellschaft zuvor eine Überprüfung durch das genannte Komitee bestehen. (Courrier français, 27. September 1793.)

Die Aufstellung der Revolutionsarmee — abzüglich der von Hébert (in seiner Nummer 282) und von anderen gewünschten „fahrbaren Guillotine" — verfügte ein Dekret vom 9. September; an ihre Spitze wurden zwei Theaterleute berufen: der

Schauspieler Grammont und der Stückeschreiber Ronsin. Zur Wirtschaftslenkung hingegen mußte der Konvent unsanft gemahnt werden. Am 22. September reklamierten Commune und Sektionen die Erfüllung der Zusagen. Der Wohlfahrtsausschuß, den Thuriot über die Säuberungswelle und ökonomische „Eingriffe" interpellierte und aggressiv anmahnte,

> diesen großen Strom, der uns in die Barbarei führt, endlich aufzuhalten,

zog es unter den Umständen vor, linke Deckung zu suchen und die Volksforderungen zu den seinigen zu machen. Am 29. September erging das Gesetz über ein Allgemeines Maximum mit Höchstsätzen für alle wichtigen Verbrauchsgüterpreise, Dienstleistungen und Löhne. Artikel 1 nannte die „Waren unbedingten Bedarfscharakters":

> Frischfleisch, Pökelfleisch und Speck, Butter und Speiseöl, Rindfleisch, Salzfisch, Wein und Branntwein, Essig und Apfelwein, Bier, Brennholz, Holz- und Steinkohle, Kerzen, Brennöl, Salz und Soda, Zucker und Honig, Schreibpapier, Leder, Eisen, Gußeisen, Blei, Stahl, Kupfer, Hanf und Leinen, Wolle, Stoffe und Gewebe, Rohstoffe für die Endesfertigung, Holzpantinen und Schuhe, Raps und Rübsamen, Seife und Pottasche, Tabak.

Die Höchstpreise errechnete Artikel 3 (von einigen Sonderregelungen abgesehen) aus den

> im gesamten Bereich der Republik (...) 1790 geltenden Preisen, so wie sie aus den Marktberichten oder Preislisten jedes Departements hervorgehen, zuzüglich eines Drittels des damaligen Preises.

Über die Löhne sagte Artikel 8:

> Der jeweilige örtliche Maximaltarif der Löhne, Gehälter, Arbeitsentgelte und Tagelöhne wird (...) von den Generalräten der Gemeinden festgesetzt, wobei zu dem Satz von 1790 ein Aufschlag in Höhe der Hälfte hinzukommt.

Den Gemeindebehörden sprach Artikel 9 das Recht zu, „Fabrikanten, Arbeiter und verschiedene Arbeitskräfte" dienstzuverpflichten. Da die Löhne mit der Inflation längst über 150% hinausgelaufen waren, konnte es aber beispielsweise die Commune gar nicht wagen, in Paris die vorschriftsmäßigen Tarife auch nur anzuschlagen.

Das Maximum, das immerhin ein gewisses Existenzminimum absicherte, erfreute sich beim Käufer großer Beliebtheit, insoweit es die Preise betraf.

> Doch es dauere das Maximum
> per saecula saeculorum,
> ist im Gesetz ein schön Faktum.
> Frankreich macht jetzt Sachen!
> Ich muß dabei lachen:
> Einst nahm man alles Hinz und Kunz,
> das wahre Recht ist jetzt bei uns,

hieß es in einem viel gesungenen Lied von Ladré (Dok. 151). Säuerlicher waren die Händler. Nachdem die Commune angeordnet hatte, alle Gebäude mit der Inschrift *Freiheit — Gleichheit — Brüderlichkeit* zu versehen, meditierte die *Feuille de Paris*:

> Brüderlichkeit oder Tod! Kaufleute, das ist über eure Läden und auf eure Häuser geschrieben. Wenn es euch unmöglich ist, geben zu lernen, dann möge euch diese Inschrift wenigstens lehren, nicht *zu viel* Gewinn zu machen! (23. Oktober 1793.)

Die Schwierigkeiten, die bei der Durchsetzung einer gesamtnationalen Wirtschaftslenkung auftraten, auf die niemand vorbereitet war, überstiegen die Befürchtungen sogar der Skeptiker. Um sie zu meistern, kam eine gestraffte Zentralgewalt nicht umhin, zunehmend zu Zwängen zu greifen. Der Wohlfahrtsausschuß meinte, sich guten Gewissens gegen jedes Dreinreden abschirmen und hartnäckige Herausforderer — Enragés wie liberale Abgeordnete des „Sumpfes" — zum Verstummen bringen zu müssen.

Nichts hielten die Jakobiner für verderblicher, als sich von früheren Mitstreitern an „Patriotismus" überbieten zu lassen. So holten sie zuerst gegen die sansculottische Vorhut aus.

> Volksregungen sind nur dann gerechtfertigt, schrieb das halbamtliche „Journal de la Montagne", wenn die Tyrannei sie notwendig macht (...). Schurken, die zu wilden und ungeordneten Bewegungen geraten haben, entweder um unseren Feinden zu dienen oder um ihre Sonderinteressen zu befriedigen, sind stets mit Schimpf und Schande bedeckt worden. (19. September 1793.)

Jacques Roux, schon während der Augustbewegung vorübergehend in Haft genommen, um die Unterwerfung der Bürgerversammlung seiner Sektion Gravilliers unter den Willen des Generalrats zu erleichtern, wurde am 5. September aufgrund einer jakobinischen Anzeige erneut arretiert und dieses Mal nicht wieder in Freiheit gesetzt. Erst nach Sainte-Pélagie, sodann nach Bicêtre verbracht, wird er am 10. Februar 1794 den Freitod wählen.

> Zu allen Zeiten hat man sich der Männer von großem Charakter bedient, um die Revolutionen zu machen. Wenn man ihrer nicht mehr bedarf, zerbricht man sie wie ein Glas. (Jacques Roux à Marat.)

Varlet kam für zwei Monate ins Gefängnis, weil er den Widerstand der Sektion Droits de l'Homme gegen die Aufhebung ihrer Permanenz leitete und mit einer Rede gegen die „Besoldung freier Bürger" laut Levasseur am 17. September sogar im Konvent Eindruck hinterließ. Die Tagegelder rügte er als

> Beleidigung der Würde eines freien Volkes und offene Aufforderung zu Bestechung und unzulässiger Einflußnahme.

Mißtrauisch fragte er:

> Wollt ihr das Auge des Volkes schließen, wollt ihr seine Wachsamkeit betäuben? Und bei welcher Gelegenheit? Gerade dann, wenn die Gefahr für das Vaterland es verpflichten, gewaltige Macht in eure Hände zurückzulegen, was doch gerade tatkräftige Aufsicht erfordert!

Die Sektionen waren in dieser Frage gespalten. Marchés und Contrat Social urteilten am 15. September ähnlich wie Varlet:

> Die Vollversammlungen der Sektionen Marchés und Contrat Social treten vollzählig vor euch. Sie kommen keineswegs, um euch schöne Reden zu halten, sondern sie wollen euch ihre Meinung sagen und ihre Rechte behaupten.
>
> Ihr habt in eurer Sitzung vom 9. dieses Monats dekretiert, daß in jeder Sektion nur zwei Sitzungen pro Woche gehalten werden und daß die bedürftigen Bürger eine Entschädigung von 40 Sous für die Sitzung erhalten sollen. Nachdem die Vollversammlungen mit Bedacht und

gewissenhaft dieses Dekret geprüft haben, erklären sie, daß sie es für einen Angriff auf die Souveränität des Volkes und unter den gegebenen Umständen für gefährlich halten, zu dem Zeitpunkt nämlich, wo die Feinde des Vaterlandes von allen Seiten herbeiströmen, um die Republik und die Freiheit zu vernichten. (...) Darüber hinaus erklären die Sektionen, daß keines ihrer Mitglieder die versprochenen 40 Sous entgegennehmen wird, denn sie betrachten diesen Vorschlag als entwürdigend für ein freies und republikanisches Volk. (Sansculotten, 175.)

Genau entgegengesetzt verhielt sich die ebenfalls sansculottische Sektion Poissonnière am 24. September:

Gesetzgeber! Nein, euer Dekret vom 9. des laufenden Monats ist kein Anschlag auf die Verfassung, ihr habt weder Hand an die Souveränität des Volkes gelegt noch seine Wachsamkeit eingeschläfert; und da die Sansculotten, die wahren Freunde der Republik, in unsere Feldlager fliegen, um die Aufrührer zu bezwingen, die sich damit vergnügen, den Leib des Vaterlandes zu zerfleischen, war es gut, jenen fleißigen Teil des Volkes, der nur von seiner Arbeit lebt und der die Hälfte seines Tagewerks als Beitrag für die Unterstützung der Sache des Volkes nicht geben kann, ohne sich des Notwendigsten zu berauben, zu den Vollversammlungen der Sektionen zu rufen. (Ebenda, 171.)

Leclerc setzte seine Kampagne im *Volksfreund* auch nach der Journée fort, auf der Hut vor *jeder* „unkontrollierten" Regierung. In Nummer 20 (am 6. September) verlangte er nichts weniger als Wahlen zum 1. November und den Zusammentritt einer vierten Nationalversammlung zu Neujahr. Im Jakobinerklub darob mit Arretierung bedroht, stellte er, Gleichschaltung zurückweisend, das Erscheinen seines — recht gut gehenden — Blattes mit Nummer 24 unter Verwahrung ein und entsagte gleich Varlet der aktiven Politik:

Wir forderten, den Terror auf die Tagesordnung zu setzen. Statt dessen erhielten wir einen Geist persönlichen Hasses. Der Starke unterdrückt den Schwachen (...). Vielleicht habe ich schon mehr gesagt, als meiner Sicherheit zuträglich ist. (Ami du peuple, 15. September 1793.)

Die Gesellschaft der revolutionären Republikanerinnen hatte

ein gewisses Interesse geweckt, jedoch auch saftige Animositäten unter ihren Geschlechtsgenossinnen heraufbeschworen.
Nachdem der Konvent auf ihr Drängen hin am 21. September allen Frauen das Tragen der Nationalkokarde zur Pflicht gemacht hatte, schieden sich die Parteien.

In einigen Stadtvierteln wurden diejenigen, die der Anordnung noch nicht nachgekommen waren, verhöhnt, an den Haaren gezaust, ausgepeitscht und so weiter; und in anderen hat man die gleiche Behandlung jenen angedeihen lassen, die folgsamer gewesen waren. (Annales de la République française, Nr. 267.)

Ein Kesseltreiben setzte gegen die streitbaren Amazonen ein, und sie mußten sich der von allen Seiten auf sie — buchstäblich — niederprasselnden Hiebe „mannhaft" erwehren. Den Herausgeber des *Courrier français* zwang Claire Lacombe am 27. September sogar zur Veröffentlichung einer „Berichtigung".

Mein Herr, der Eifer, mit dem Sie in Ihrem Blatt veröffentlichen, daß ich im Gefängnis bin, scheint mir dafür zu sprechen, daß Sie es sehr wünschen; es ist mir jedoch eine Freude, Sie davon zu unterrichten, daß ich es zur Verzweiflung eines Haufen von Ränkeschmieden Ihrer Art niemals war außer in Ihrer Zeitung; und wenn Sie fortfahren, sich Ihrer Schmutzereien mir gegenüber zu entledigen, werde ich Ihnen beweisen, daß meine Arme ebenso frei sind wie mein Körper; sie werden sich ein Vergnügen daraus machen, Ihnen eine tüchtige Tracht Stockschläge zu verabreichen, wenn Sie in dem Blatt von morgen Ihre Behauptung nicht zurücknehmen. Und ich pflege Wort zu halten. Frau Lacombe, Präsidentin.

Die revolutionären Republikanerinnen erlagen erst einem koordinierten Vorgehen von Sicherheitsausschuß und Commune. Ihr Klub wurde einseitig für tätliche Zusammenstöße auf Märkten und Straßen haftbar gemacht und am 29. Oktober als öffentlicher Ruhestörer für aufgelöst erklärt. Ein in Auswertung der gemachten Erfahrungen vom Konvent ausgesprochenes Verbot von Frauenvereinen für ganz Frankreich enthüllte die tiefere Absicht: Amar wie Chaumette schickten einträchtig in männlicher Überheblichkeit das „sanftere Geschlecht“ am 15. November zu seiner „wahren patriotischen Bestimmung“ an Herd und Bett zurück.

Die vergleichsweise mühelose Auslöschung der Enragés als politischer Faktor war möglich, weil Sprecher der Stadtarmut nicht die ganze Breite der Volksbewegung um sich scharen konnten. Sie waren weit in das unbekannte „Reich der Gleichheit“ vorgestoßen und hatten dabei — unerfahren und manchmal überspannt — Mögliches und Wünschbares unscharf geschieden, das Verhältnis von Haupt- zu Nebenaufgabe nicht immer nüchtern genug in Betracht gezogen.

Er räumt ein, daß er seinen Zeitpunkt schlecht gewählt hat, vermerkt das Verhörsprotokoll von Jacques Roux (Exkurse, 291).

Es bleibt das Verdienst der „Heißsporne“, als erste die Klassenbeschränktheit auch der montagnardischen Demokratie erkannt zu haben und gegen die Aufrichtung eines bürgerlichen an Stelle des feudalen Unterdrückerstaates im Namen der in ihm ausgebeuteten Massen in Front gegangen zu sein. Ihre Tragik bestand darin, wohl eine jakobinische Illusion früher als andere durchschaut zu haben, nicht aber ihr eigenes illusorisches Bemühen, einen gesetzmäßigen gesellschaftlichen Prozeß aus „Menschlichkeit“ abzubremsen.

Historisch gesehen, behielten die Jakobiner recht. Erst recht gegenüber den „Phlegmatikern“ im Konvent. In einem Wortgefecht, das sich um die Zuwahl des Abgeordneten Briez in den Wohlfahrtsausschuß entspann, zwang Robespierre einer zögernden Mehrheit die Unnachgiebigkeit seines Standpunktes auf:

> Wer in Valenciennes gewesen ist, als dort der Feind eindrang, ist nicht geeignet, Mitglied des Wohlfahrtsausschusses zu sein. Das mag hart scheinen, aber noch härter ist es für einen Patrioten, daß seit zwei Jahren 100 000 Menschen durch Verrat und Schwäche gemordet wurden. Es ist die Schwäche gegenüber Verrätern, die uns ins Verderben stürzt.

Aus der Debatte schälte sich eine nochmalige Erweiterung der Vollmachten des Wohlfahrtsausschusses heraus. Die Grundlagen für eine Koordinierung der Ausnahmegesetze unter seiner Leitung waren gelegt; ökonomische Logik gebot nunmehr seine endgültige Institutionalisierung.

> Die Gesetze sind revolutionär, hatte Saint-Just erklärt, die sie ausführen, sind es nicht (...). Die Republik wird erst dann fest gegründet sein, wenn der Wille des Souveräns die monarchistische Minderheit unterdrückt hat und über sie nach dem Recht der Eroberung herrscht (...). Man muß jene mit dem Eisen regieren, die nicht durch Gerechtigkeit regiert werden können (...). Es ist unmöglich, revolutionäre Gesetze durchzuführen, wenn die Regierung nicht selber auf einer revolutionären Grundlage ruht.

Am 10. Oktober 1793 erklärte die Nationalversammlung auf Antrag von Saint-Just die Regierung für „revolutionär bis zum Frieden" (Dok. 153). Das Prinzip der revolutionären Autorität trug — laut Soboul — den Sieg über das Prinzip der Wahldemokratie davon.

P. Caron (Hrsg.): Le maximum général. Recueil de textes et notes. Paris 1930.

J. B. Sirich: The Revolutionary Committees in the Departments of France, 1793—1794. Cambridge (Mass.) 1943, New York [2]1971.

A. P. Herlaut: Le général rouge Ronsin (1751—1794). Paris 1956.

R. C. Cobb: Les armées révolutionnaires, instruments de la Terreur dans les départements. 2 Bände, Paris 1961—1963.

M. A. de Lorenzis: A propos des rapports entre mouvement populaire et robespierrisme, in: AHRF, Nr. 195, 1969, H. 1.

Terror oder Tugend?

Ein bekannter Ausspruch Saint-Justs lautete:

> Eine republikanische Regierung hat die Tugend zum Grundsatz; wo nicht, den Terror. Was wollen jene, die weder Tugend noch Terror wollen?

Eine Gleichsetzung von Revolutionsregierung und „Schrekkensherrschaft" zielt mithin am Sachverhalt vorbei. Revolutionärer Terror fand sich ursprünglich nicht im rousseauistischen Waffenarsenal der Jakobiner, und Marat, der als erster über die Rolle der Gewalt beim Übergang zu einer neuen Gesellschaftsordnung tiefer nachgesonnen hatte, war gerade damit bei ihnen in den Fettnapf getreten. Als humanitäre Aufklärer vertrauten sie lange der Durchschlagskraft des

gesunden Menschenverstandes, der — bürgerlichen — Vernunft.
Krieg und Bürgerkrieg belehrten sie schmerzvoll eines anderen: Ungestüme Volksjustiz ging ihre eigenen Wege und teilte formalrechtliche Skrupel der Nationalversammlungen mitnichten. Die Vendée führte weißen Massenterror vor. Dazu die Mordanschläge auf Patrioten in vorgeschobener Stellung:

> Erst jetzt beginnen die Seelen Lepeletiers, Marats, Chaliers und so vieler anderer ruhmreicher Märtyrer der Freiheit Ruhe zu finden (Sansculotten, 217),

erklärte die Sektion Guillaume Tell am 12. November dem Konvent.
Jetzt: indem die Revolutionsregierung die Abschreckung der Konterrevolution durchorganisierte und — insbesondere dank Robespierre und Saint-Just — theoretisch untermauerte (Dok. 153, 168). Sie kam einem oft ausgedrückten Bedürfnis nach „reinem Tisch" entgegen.

> Der Tod einer Handvoll Verschwörer, fuhr die Sektion Guillaume Tell fort, kann nicht alle Fäden des abscheulichsten Komplotts zerreißen, das jemals in ein menschliches Herz Eingang gefunden hat. Es bedarf eines Blutbades unter den Verrätern, um alle Wunden zu heilen, die dem Vaterland von seinen entarteten Kindern zugefügt worden sind (...). Volksvertreter, ihr habt für jede Dekade einen Ruhetag dekretiert — denkt daran, daß die Feinde keinen Ruhetag kennen! (...) Jeder von uns sei ein Überwachungsausschuß! (Ebenda.)

Die „Zeitweilige Kommission" (Dok. 161) nach dem Fall von Lyon wies auf einen solchen Zusammenhang (am 16. November) ungeschminkt hin:

> Sie begreift auch, wie unerläßlich es für sie ist, ihrer Wachsamkeit die der Behörden, der Revolutionskomitees, der Volksgesellschaften und aller Bürger zur Seite zu stellen. Sie erachtet es als notwendig, sie wissen zu lassen, (...) was die Republik nicht nur von ihrem Bürgersinn, sondern auch von jenem tiefen Gefühl des Abscheus und jenem mächtigen Rachedurst mit Recht erwarten darf, welche die Verbrechen und die Rebellion, deren Schauplatz ihr Land gewesen ist, in ihren Herzen geweckt haben. (Ebenda, 221.)

Ausgedehnt und verfeinert wurden, unter anderem am 11. Oktober vom Generalrat der Commune, die „Merkmale, die die Verdächtigen kennzeichnen"; darunter:

> wer sich mitleidig über das harte Los des Volkes ausläßt und immer bereit ist, mit geheucheltem Schmerz schlimme Nachrichten zu verbreiten (...). Wer je nach den Ereignissen Haltung und Sprache wechselt (...). Wer dauernd die Worte Freiheit, Republik und Vaterland auf den Lippen führt und mit Ex-Adligen, konterrevolutionären Priestern, Aristokraten, Feuillants und Gemäßigten verkehrt und an ihrem Schicksal Anteil nimmt (...). Wer seine Sektion nicht aufsucht und als Entschuldigung angibt, er könne nicht reden oder seine Geschäfte hielten ihn ab (...). *Wer zwar nichts gegen die Freiheit, aber auch nichts für sie getan hat.* (Ebenda, 215, 217.)

Das Revolutionstribunal wurde zwecks Erhöhung seiner Kapazität umgestaltet und in vier Abteilungen gegliedert, wovon je zwei gleichzeitig ihres Amtes walteten. Während der Gerichtshof bis September 1793 von 260 Angeklagten 66 zum Tode verurteilt hatte, wurden es im letzten Vierteljahr 177 von 395. Die Zahl der Gefangenen in Paris stieg von 1 500 Ende August auf 2 398 am 2. Oktober und 4 525 am 21. Dezember.

Mehr als die Zahlen sagen die Namen der Hingerichteten aus. Bei den in Verruf geratenen Versagern im Generalsrang machte Custine — vor Biron und Houchard — den Anfang. Noch auf der Fahrt zum Schafott vom unermüdlichen Bildchronisten David (Dok. 160) gezeichnet, starb am 16. Oktober Marie Antoinette, „zur größten aller Freuden von Vater Duchesne". Am 31. bestiegen es als Anstifter der Föderalistenrevolte nach längerem Prozeß die „Einundzwanzig" der Gironde; Vergniaud verabschiedete sich mit einem bald dem „Zitatenschatz" einverleibten Wort:

> Die Revolution, gleich Saturn, frißt ihre eigenen Kinder.

Héberts Kommentar gab ihnen das Geleit:

> Ihr hattet reichlich vergoldete Zungen, Honig war auf euren Lippen und Gift in euren Herzen (...). Ihr habt höher als der Arsch furzen und euer Glück machen wollen, und ihr habt nicht bedacht, daß am Ende des Weges, den

> ihr nahmt, um dorthin zu gelangen, die Guillotine stand. Mögen die Ehrgeizlinge und die Ränkeschmiede, die versucht wären, euch nachzuahmen, kommen und die Schmach beschauen, in die ihr gesunken seid!

Substantieller seine Feststellung:

> Euer größtes Verbrechen aber ist, daß ihr uns alle europäischen Mächte auf den Hals geladen und den allgemeinen Krieg entzündet habt in einer Zeit, als wir weder Geld noch Armeen noch Munition besaßen. (Père Duchesne, Nr. 303.)

Er wohnte ihrer Hinrichtung bei, bescheinigte ihnen gute Haltung, jedoch

> bei jedem Kopf, der in den Sack rollte, waren alle Hüte in der Luft, und der Platz widerhallte von Rufen: „Es lebe die Republik!" So endeten die Brissotins, so werden alle Verräter enden. (Ebenda, Nr. 305.)

Nach der Exekution (am 6. November) von Philippe Egalité, einst Herzog von Orléans, erteilte der *Père Duchesne* dem Revolutionstribunal seine „guten Ratschläge", damit es

> das Eisen schmiede, solange es heiß ist, und prompt unter das nationale Rasiermesser befördere den Verräter Bailly (wegen seiner Rolle beim Marsfeldmassaker 1791 — W. M.), den Schandbuben Barnave ... (wegen seiner Beziehungen zum Hof — W. M.).

Nummer 312 pries die Tugend der „heiligen Guillotine" und verwahrte sich gegen sträfliche Nachsicht. Manon Roland, geborene Phlipon (Dok. 157), wurde am 8., Bailly am 9., Barnave am 28. November geköpft, während sich von den flüchtigen Girondins Roland, Condorcet und möglicherweise Pétion selbst entleibten.

Eine schlechte Figur machte auf dem Blutgerüst (am 8. Dezember) die Dubarry, Ludwigs XV. letzte Mätresse „en titre":

> Der Scharfrichter mußte sie, da sie aus einer Ohnmacht in die andere fiel, beständig in den Armen halten. (Vossische Zeitung, Nr. 154, 1793.)

In der Provinz hing die Intensität des Terrors vom Ausmaß der Revolten, jedoch ebenfalls von der subjektiven Einstellung der bevollmächtigten Konventskommissare ab. Vom Bürgerkrieg unberührte Departements bekamen ihn zumindest 1793 kaum zu spüren. Auf den Kriegsschauplätzen der Vendée hingegen wurden mit der Waffe in der Hand angetroffene Aufrührer standrechtlich erschossen. In Nantes zahlte Carrier (Urbild des Gouverneurs in Beethovens *Fidelio*) dem weißen Terror mit barer Münze heim: Rundum vom Aufstand umbrandet, ließ er ohne Urteil Massenertränkungen auf der Loire von Kähnen aus durchführen: Refraktäre, Verdächtige, Kriminelle wahllos durcheinander.

Lyon mußte, als es nach zweimonatiger Belagerung fiel (Dok. 155), für die verursachten Opfer büßen.

> Wir haben die Lyoner Stadt,
> die Moschusstinker liegen platt.
> Die Kröten aus dem Sumpf
> fingen wir im Triumph.
> Die Republik soll leben
> und die Lektion
> von Lyon. (Semmer, 209.)

Am 12. Oktober befahl der Konvent, die Stadt (nach römischem Brauch) zu zerstören und ihren Namen aus dem Gedächtnis zu tilgen.

> Alles, was von Reichen bewohnt wurde, wird niedergerissen. Es werden nur die Häuser der Armen bleiben, die Wohnstätten der Patrioten, die ermordet oder geächtet wurden. Die Ansammlung der erhaltenen Gebäude wird fortan den Namen Ville Affranchie („Befreite Stadt") tragen. (Dok. 161.)

„Lyon" gab es nicht mehr. Während sich Couthon begnügte, symbolisch einige Patrizierhäuser am Hauptplatz Bellecour zu zerstören, setzten Collot d'Herbois und Fouché, die am 7. November eintrafen, eine „Zeitweilige Kommission" ein, die massiver vorging und die Zahl der Todesurteile (darunter auch gegen L'Ange) auf 1667 brachte. Ein bemerkenswertes Dokument (Dok. 161) erläutert die Wurzeln ihrer Kompromißlosigkeit:

> Das Volk ist nicht mehr gewillt zuzusehen, wie die Erzeugnisse seiner Arbeit einige bevorrechtigte Tyrannen, einige Dutzend blutsaugerische Eigentümer mästen. Es soll alo keinem schmarotzenden Besitzenden mehr durchgehen, daß er dem Volk befiehlt und arbeitsame Menschen

in Lohn stehen hat, von denen allein seine ganze Existenz abhängt.

Die *Instruktion* erscheint vielen Forschern, obwohl über ihre eigentlichen Verfasser Zweifel herrschen, als einer der reinsten Ausdrücke des „sansculottischen" Terrorismus unter den Bedingungen des vollentfalteten Bürgerkrieges:

> Das ist die Sprache, die die meisten (... Verräter — W. M.) euch gegenüber führen werden: „Aber was ist uns vorzuwerfen? Wir haben uns immer gut geführt; wir haben unseren Dienst in der Nationalgarde getan, haben alle unsere Abgaben gezahlt; auf dem Altar des Vaterlandes haben wir Opfer gebracht, ja wir haben unsere Söhne zur Verteidigung an die Grenzen geschickt: Was fordert, was will man mehr von uns?"
>
> Ihr werdet antworten: Das schert uns wenig, der Patriotismus sitzt im Herzen. All das, dessen ihr euch rühmt, haben die Schurken, die uns verrieten — Lafayette, Dumouriez, Custine —, auch und noch mehr getan. Ihr habt das Volk nie gemocht, ihr habt die Gleichheit als Hirngespinst behandelt, ihr habt über die Bezeichnung „Sansculotte" zu lächeln gewagt. Ihr habt Überfluß gehabt, während neben euch eure Brüder Hungers gestorben sind. Ihr seid nicht wert, ihresgleichen zu sein, und da ihr es verschmäht habt, sie an eurer Tafel sitzen zu lassen, stoßen sie euch auf ewig aus ihrer Mitte aus. (Sansculotten, 227.)

Denen aber,

> die im Sinne der Revolution handeln, ist alles erlaubt. Es gibt keine andere Gefahr für den Republikaner als die, hinter den Gesetzen der Republik zurückzubleiben; wer ihnen zuvorkommt, überschreitet sie im besten Sinne des Wortes. Ja, wer dem Anschein nach über das Ziel hinausschießt, ist oftmals noch gar nicht bei ihm angekommen. Solange es noch Notleidende auf dieser Erde gibt, solange ist der Weg der Freiheit noch nicht zu Ende gegangen. (Ebenda, 221.)

Der seinem Wesen nach politische Kollektivterror enthielt dennoch — unter dem Zwang der Umstände — auch soziale Aspekte, da sich die Konventskommissare im allgemeinen nicht auf die gehobenen Bürgerschichten, sondern einzig auf das einfache Volk — und einige jakobinische Kader — stützen konnten. Das verführte sie nicht zu unkritischer Lobhudelei.

> Seid wachsam, mahnte die Lyoner „Instruktion", Ihr habt großes Unrecht zu sühnen. Die Verbrechen der Rebellen von Lyon sind auch die euren. Hättet ihr jene stolze republikanische Haltung besessen, die den freien Mann kennzeichnet, hätten es niemals Schurken gewagt, einen Aufruhr gegen das Vaterland zu versuchen, oder wenigstens hätten sie keine Zeit gehabt, sich über ihren Erfolg zu freuen. Holt also sofort die Strecke auf dem Wege der Freiheit auf, die ihr zurückgefallen seid! (Ebenda, 235.)

Manche beschränkten ihre Mission auf Maßnahmen zur Nationalverteidigung und inneren Sicherheit (wozu sie eingesetzt waren); andere überwachten unnachgiebig die Durchführung des Maximums, organisierten Revolutionsarmeen, belegten die Vermögenden mit Sondersteuern. Am 31. Oktober trieben Saint-Just und Lebas in Strasbourg (Dok. 167) eine Zwangsabgabe von 9 Millionen ein: 7 für die Armee und 2 für bedürftige Patrioten. Am 14. November verfügten sie (als „Väter und Freunde des Soldaten"):

> Die Verwundeten werden bei den Reichen in Quartier gelegt (...). Die Stadtverwaltung von Strasbourg hält binnen 24 Stunden 2000 Betten zur Verfügung der Soldaten bei den Reichen bereit. Sie werden dort mit der Achtung gepflegt, die der Tugend und den Verteidigern der Freiheit zukommt.

Und tags darauf, am 15. November:

> 10000 Mann sind in der Armee barfuß. Ihr habt während dieses Tages allen Aristokraten von Strasbourg die Schuhe auszuziehen, und morgen um 10 Uhr früh müssen 10000 Paar Schuhe unterwegs zum Hauptquartier sein.

Nicht jeder Straßburger zeigte sich von den „gewaltigen Beilhieben", die die Kommissare austeilten, in gleichem Maße begeistert wie (am 7. November) Bürger Gatteau vom Proviantamt und mit entsprechenden Erfahrungen, der noch dazu ein „Zugereister" war:

> Es war Zeit, daß Saint-Just zu dieser unglücklichen Armee kam (...). Er hat alles belebt, erweckt, erfrischt, und um dieses Werk zu vollenden, kommen von allen

Seiten revolutionäre Apostel, tüchtige Sansculotten zu uns; die heilige Guillotine ist in der glänzendsten Geschäftigkeit, und der wohltätige Schrecken bringt hier eine Wunderwirkung hervor, was man von der Vernunft und Philosophie in mindestens einem Jahrhundert nicht hätte erhoffen dürfen. Was für ein meisterhafter Kerl der Bursche ist! (Landauer, II, 415.)

Man konnte auch von Ansätzen eines ökonomischen Terrors sprechen. Zur Lebensmittelverteilung durch ein Kartensystem gesellten sich kontinuierliche Haussuchungen und die Verhängung von Bußen. Örtliche Revolutionsarmeen überwachten die Getreideablieferung der Landwirte. Einen „Gerichtshof aus Armen“ zur Aburteilung von Wirtschaftsverbrechern, um den Pariser Sansculotten am 23. Oktober einkamen, lehnte der Konvent hingegen ab. Tags zuvor hatte er eine Versorgungskommission geschaffen, und ausgedehnte Befugnisse erlaubten ihren Vertretern immerhin, die Reglementierung auch solchen Erzeugern und Händlern aufzuzwingen, die sie als Angriff auf ihren Geldbeutel aus ganzer Seele verabscheuten.

Als sich „la Terreur“ solchermaßen gerade zu einem ineinandergreifenden Maßnahmekomplex unter immer strikterer Aufsicht des Wohlfahrtsausschusses zu ordnen begann, fuhr ihm eine Bewegung in die Parade, die erneut die Stützen der Revolutionsregierung zu unterminieren drohte: „Entchristlichung“ als ideologischer Terror von unten?

(Anonym:) Marie-Antoinette au diable. Paris 1793.
M. Roland: Appel à l'impartiale postérité. Paris 1794 (1795).
A. Metzger: Lyon en 1793. T. III: Après le siège. Lyon 1885.
D. Greer: The Incidence of the Terror during the French Revolution. A Statistical Interpretation. Cambridge (Mass.) 1935.
E. Herriot (Hrsg.): Lyon n'est plus. 4 Bände, Paris 1937—1940.
P. Labracherie: Fouquier-Tinville, accusateur public. Paris 1961.
R. C. Cobb: Etudes d'histoire révolutionnaire. Terreur et subsistances (1793—1795). Paris 1965.
C. Lucas: The Structure of the Terror. The Example of Javogues and the Loire. London 1973.
W. Scott: Terror and Repression in Revolutionary Marseille. London 1973.

Aus dem Abstand erscheint die Kampagne zur Entchristlichung als ein Schmalspurgleis, auf dem die Lokomotive der Revolution ihren Dampf nutzlos verpuffte. 1793 verursachte sie aber einen ungeheuerlichen Wirbel, der lange nachspukte. Eine Welt, die sich trotz aller Freigeisterei einer aufgeklärten Elite an selbstverständlich erachtete Normen der jeweils traditionellen Religion hielt, mutete es unvorstellbar an, den lieben Gott im Himmel oder zumindest seine Diener auf Erden durch Beschluß einer Versammlung abzuschaffen.

Ausgangspunkt war keine dogmatische Quengelei, sondern die gesellschaftliche Konfliktsituation. Nach den Eidverweigerern von 1791 geriet in den Augen vieler Revolutionäre seit 1792 auch der verfassungstreue Klerus, als (insgeheim) mehrheitlich das Königtum beweinend, ins Zwielicht. Der Vertrauensriß vertiefte sich 1793: Geistliche, die der Gironde zuneigten, mußte der Jakobinerblock zum Feindlager zählen. Zum Widerwillen breiter Kreise gegen Schmarotzertum, Zölibat und geistliche Bevormundung im Beichtstuhl gesellten sich Zweifel an der staatsbürgerlichen Nützlichkeit der Kaste.

> Die meisten verfassungstreu genannten Priester haben der Revolution mehr Übel angetan als die Eidverweigerer. Diese hatten nur freiheitsmordende Ideen, doch kann man ihnen eine Art Verdienst nicht absprechen: den Freimut des Verbrechens. Sie konnten niemanden täuschen (...). Unter den ehemaligen „Verfassungstreuen" gibt es hingegen solche, die (obwohl in der Seele Aristokraten) unter der Maske des Patriotismus nur schlüpften, um ihre Stellen zu behalten. Es gibt andere, die (obschon verdummt durch Vorurteile, die ihnen die Seminare einimpften) wohl einige patriotische Gedanken in ihre Köpfe hineinlassen konnten. Jedoch ist, um uns ihrer Ausdrucksweise zu bedienen, das gute Korn durch das Unkraut erstickt worden. Die staatsbürgerlichen Prinzipien konnten sich in diesen engen Hirnen nicht entwickeln. Und sosehr sie sich auch Patrioten nennen, sosehr sie die Revolution im allgemeinen bejahen: Sie verdammen alles, was sie nicht in ihrem Katechismus oder in ihrer unsinnigen Theologie finden. (Révolutions de Paris, Nr. 213, 28. Oktober 1793.)

Genährt von einem Antiklerikalismus (nicht Atheismus), der im Bürgertum wie unter den Sansculotten festen Fuß gefaßt hatte, wünschte sich das dem „Fanatismus" abholde Stadtvolk „patriotische Pfarrer" nach seinem Bilde:

Ohne Hilfe der Soutane,
angetan auf unsere Art,
bringt er die im Sündenbanne
wieder auf den Tugendpfad:
Predigt anderen vom Kind,
nachts als guter Mann geschwind
macht er dann Kinder, die sein eigen sind,
sein eigen sind...,

dichteten die Bürger Radet und Desfontaines zum 4. November (Dok. 159). Auch vom „Sansculotten Jesus", den kein geringerer als Hébert gelegentlich als Kronzeugen aufrief, hatten schlichte Gläubige in Etampes ihre eigene Vorstellung:

Wie sagte Jesus: Wir sind gleich.
Und sein Vikar (der Papst — W. M.) auf einem Throne!
Jesus war arm, an Tugend reich,
und reich an Dornen seine Krone. (Dok. 162.)

Daneben verliehen Trauer- und Erinnerungsfeiern für Opfer der Konterrevolution einem Laienkult Gestalt, der dem Bedürfnis breiter Schichten nach zeremonieller Heiligenverehrung entgegenkam, das lange Gewöhnung anerzogen hatte:

Der Freiheit gehört unser Leben nur.
Seele Marats, vernimm unseren Schwur:
„Ewigen Haß der Sklaverei,
Schrecken aller Tyrannei!" (Sansculotten, 195.)

Hinzu trat eine fortschreitende „Entchristlichung" des Alltags: Die Bronze der Kirchenglocken wurde für den Geschützguß benötigt, das Edelmetall der Messegerätschaften zur Stützung des Wechselkurses. Aufreizende Prozessionen, die zu Gegenkundgebungen führten, wurden aus Ordnungsgründen untersagt. Am 12. September 1793 beantragte die Sektion Panthéon Français die Eröffnung von „Schulen der Freiheit", in denen sonntäglich „Abscheu vor dem Fanatismus" — eine

Art Gegenkatechese — zu lehren sei. Das erübrigte sich in dieser Form, weil es schon bald keinen Sonntag mehr gab. Der Konvent beschloß nämlich nach Anhörung seines Berichterstatters, des Mathematikers Romme, am 5. Oktober die Einführung einer republikanischen Zeitrechnung rückwirkend vom 22. September 1792 als „erstem Tag der Republik":

> Das erste Jahr der Französischen Republik hat am 22. September 1792 um Mitternacht begonnen und um Mitternacht zwischen dem 21. und 22. September 1793 geendet. Das zweite Jahr begann am 22. September 1793 um Mitternacht.

erläuterte der *Almanach national de France* (Nachfolger des *Almanach Royal*) „vom Jahr II" (1793). Die *Feuille de Paris* stellte ihm ein günstiges Horoskop (nicht ahnend, daß wir noch 200 Jahre danach wieder am Gregorianischen Kalender herumkauen werden):

> Der neue Kalender, einfach wie die Natur, unsterblich wie die Wahrheit, infolge der Leichtigkeit und Bequemlichkeit des Rechnens allen Vernunftwesen zusagend, sollte mit Vergnügen angenommen werden (...). Er wird wie die Einheitlichkeit von Maßen und Gewichten eine unveränderliche, universelle Regel sein, und eines Tages wird die gesamte Welt, den politischen Irrtümern und den geheiligten Hirngespinsten, die sie anbetet, abschwörend, die Zeit rechnen wie wir. (26. September 1793.)

In der *Instruktion über die Ära der Republik* vom 24. September hieß es:

> Die Zeit öffnet ein neues Buch zur Geschichte (...). Die Römer rechneten von der Gründung Roms; die Franzosen rechnen von der Gründung der Freiheit und Gleichheit. (A. P., LXXX, 7f.)

Das demnach im September einsetzende Jahr wurde weiterhin in 12 Monate geteilt, der Monat jedoch in 3 Dekaden zu je 10 Tagen, und die überschüssigen 5 (in Schaltjahren 6) Tage wurden am Jahresende (zunächst) als „Sansculottiden" angehängt. Der Sonntag wich dem Ruhetag „Dekadi"; Dekadenfeste boten Ersatz für Messe und Predigt.

Die Volksgesellschaft der Sektion Guillaume Tell lieferte am 25. Oktober einen „patriotischen und politischen Dienstplan" für die Dekade gleich mit:

1. Tag	Jakobiner	6 Uhr abends
2.	Volksgesellschaft	gleiche Zeit
3.	Jakobiner	gleiche Zeit
4.	Volksgesellschaft	gleiche Zeit
5.	Sektion	5 Uhr abends
6.	Jakobiner	6 Uhr abends
7.	Volksgesellschaft	gleiche Zeit
8.	Jakobiner	gleiche Zeit
9.	Jakobiner	gleiche Zeit
10. Ruhetag	Volksgesellschaft	11 Uhr morgens
	und Sektion	6 Uhr abends

(Sansculotten, 187.)

Daß sie unter einer gewissen Versammlungsmüdigkeit ihrer Mitglieder litt, wird man nach Kenntnisnahme dieser Zeittafel gern glauben.

Am 24. Oktober nahm die Nationalversammlung die vom anakreontischen Reimschmied Fabre d'Eglantine der Natur (und altgermanischen Vorbildern) nachempfundenen Monatsnamen des Revolutionskalenders (Anlage 7) an:

Vendémiaire	— Weinmond
Brumaire	— Nebelmond
Frimaire	— Reifmond
Nivôse	— Schneemond
Pluviôse	— Regenmond
Ventôse	— Windmond
Germinal	— Keimmond
Floréal	— Blütenmond
Prairial	— Wiesenmond
Messidor	— Erntemond
Thermidor	— Hitzemond
Fructidor	— Früchtemond

Schließlich gab der Konvent auch der Einrichtung von regelmäßigen Bürgerfesten ohne kirchliche Beimischung seinen kräftigen Segen. Marie Joseph Chénier erläuterte am 5. November:

> Frei von Vorurteilen und würdig, die französische Nation zu vertreten, werdet ihr auf den Trümmern des entthronten Aberglaubens die einzige Universalreligion zu gründen wissen, die weder Geheimnisse von Mysterien enthält, deren einziges Dogma die Gleichheit ist, deren

Redner unsere Gesetze, deren Priester unsere Beamten sind, und welche den Weihrauch der großen Familie nur vor dem Altar des Vaterlandes, der gemeinsamen Mutter und Gottheit, streuen.

Diese in ihrer Sphäre unzweideutig auf durchgängige Entmystifizierung gerichtete Gesetzgebung bestritt indessen weder Freiheit noch Rechte der anerkannten Religionsgemeinschaften oder „Kulte“. Damit brachen erst einige Konventskommissare in den Departements, deren Vorstöße der Nationalversammlung zuvorkamen.

Der Ex-Oratorianer Joseph Fouché weihte in der Kathedrale von Nevers am 21. September die Büste des Brutus. Am 26. schlug er der Volksgesellschaft von Moulins vor, den „Kultus des Aberglaubens und der Heuchelei“ durch einen solchen der Republik und der natürlichen Moral zu ersetzen. Am 10. Oktober entzog er den Kirchengemeinden die Friedhöfe, an deren Eingängen er die Inschrift anzubringen empfahl:

Der Tod ist ein ewiger Schlaf. (Dok. 154.)

Drouet, der „Mann von Varennes“, beschlagnahmte in Maubeuge das Messegerät als „Schnörkel des Fanatismus und der Unwissenheit“; Lequinio taufte in Rochefort die Hauptkirche in einen „Tempel der Wahrheit“ um.

Jetzt erst griff die Bewegung auf den Pariser Raum über. Chaumette, bei dem die Feierlichkeit in seiner Heimatstadt Nevers auf fruchtbaren Boden gefallen war, bewog die Commune am 14. Oktober, Kulthandlungen unter freiem Himmel zu verbieten. Mehr geschah aber nicht; auch Hébert nahm erst am Monatsende die „Pfaffenkappe“ unter Feuer. Es waren Orte aus der Bannmeile, die den Konvent zur Stellungnahme nötigten. Wieso, weiß man nicht. Am 30. Oktober teilte Ris (bei Corbeil) mit, daß es Brutus statt Sankt Blasius zum Schutzpatron nehme, und am 6. November gab eine Delegation aus Mennecy die Erklärung ab, „auf den katholischen Kultus zu verzichten“. Woraufhin die Versammlung zum Beschluß erhob, solches Recht stehe jeder Gemeinde zu.

Danach ging es Schlag auf Schlag. Ein angebliches „Zentralkomitee der Volksgesellschaften“, für das zwei Ausländer, Proli und Pereira, das Wort führten, verlangte die Streichung des Kultushaushalts. Dieselben Leute, von Cloots und

Léonard Bourdon unterstützt, überredeten Erzbischof Gobel, die Nummer Eins der verfassungstreuen Kirche, am 7. November im Konvent mit Gepränge von seinem Amt zurückzutreten. Chaumette berichtete dem Generalrat über diese

> denkwürdige Szene, wo der Fanatismus und die Taschenspielerkünste der Priester ihren letzten Seufzer ausgehaucht haben,

und hieß ihn ein Fest der Freiheit in Notre-Dame beschließen, das am 10. November stattfand. Die Hymne *Steige herab, o Freiheit, Tochter der Natur!* steuerte Chénier bei, der soeben erst (am 7. Oktober) eine „Theaterschlacht" um seinen *Caius Gracchus* glücklich hinter sich gebracht hatte. Ein symbolischer Berg schmückte den Chor, und eine angenehm anzusehende Schauspielerin — bis heute trotz so vieler Augenzeugen strittig, ob die junonische Maillard oder eine andere — posierte als Freiheit, nicht als „Göttin Vernunft", wie Klatschmäuler verbreiteten. Richtig ist nur, daß der Konvent, dem die Veranstaltung würdiger als zunächst befürchtet erschienen war, Chaumettes Antrag stattgab, die berühmte gotische Kathedrale zum „Tempel der Vernunft" zu weihen.

Die Sektionen traten ihrerseits auf den Plan und ahmten das gegebene Beispiel nach. Momoros junge Frau entzückte als „Freiheit" die Schaulustigen in Saint-André-des-Arts. Eine Abordnung der Gravilliers ließ am 12. November vor dem Konvent das siebenjährige Waisenkind Paulin den schweren Spruch aufsagen:

> Endlich ist das französische Volk reif für die Freiheit! Indem es die Despoten stürzte, tat es nichts anderes, als was andere Völker vor ihm getan hatten. Indem es aber ebenfalls die Hydra des Aberglaubens und des Fanatismus zu Boden warf, hat es sich über alle Völker der Erde erhoben.
>
> Die Sektion Gravilliers hat alle ihre Kirchen schließen lassen, diese Höhlen, von unreinen Tieren bewohnt, die den Lebensunterhalt unserer Familien verschlangen, die Zwietracht und Verzweiflung an unseren Herd trugen. Menschenschädel waren ihre Grundmauern. Das Blut unserer Väter war der Mörtel, der ihre Steine zusammenhielt. Diese Höhlen sind nun zerstört. (Sansculotten, 209.)

Jacques Roux pflichtete aus dem Gefängnis in Bicêtre in der letzten Nummer seines *Publiciste de la République française* (Nr. 271) bei:

> Der Altar der Freiheit ist der einzige, der unsere Verehrung beanspruchen soll; sansculottische Lehrer sind die einzigen Priester, die man dulden kann.

Am 23. November sanktionierte die Commune vollendete Tatsachen, indem sie die Schließung der hauptstädtischen Kirchen anordnete; alle wurden der Vernunft geweiht, die Heiligen durch Bildnisse von Revolutionshelden ersetzt. David konnte sein großartiges Gemälde „Tod des Marat" (Dok. 160) dem Konvent zu keinem geeigneteren Zeitpunkt überreichen. Volkstümliche Verehrung der revolutionären „Dreifalt" Lepeletier — Marat — Chalier gewann weiter an Boden, und bisher von den Wellen der Entchristlichung unberührte Departements zogen nach:

> Die Augen auf für die Gefahr:
> Seht die Vendée, wo Priester pachten
> den Namen Gottes, der euch gebar,
> um euch noch besser abzuschlachten! (Dok. 162.)

Dem Wohlfahrtsausschuß war aber gar nicht behaglich bei der Sache, die von militanten, jedoch nicht restlos durchsichtigen Außenseitern (der „Bastard" Proli: ein illegitimer Sprößling des Fürsten Kaunitz?) in Eigeninitiative vorangetrieben wurde. Am 17. November begnügte sich Robespierre noch mit dem Hinweis auf die Entfremdung, die der Feldzug gegen die Kirche bei geschätzten Neutralen — Amerikanern und Schweizern — zur Folge haben könne. Am 21. erklärte er, alles andere als ein Katholikenfreund, die willkürliche „Abschaffung" des Kultus indessen für einen unverzeihlichen politischen Fehler: Die Republik habe schon mehr als genug Feinde, auch ohne daß man die Masse der ihrem alten Glauben Anhängenden — und das hieß vor allem das Land — vor den Kopf stoße:

> Wer die Messe verhindern möchte, ist ein ebensolcher Fanatiker wie jener, der sie liest (...). Der Konvent wird nicht zulassen, daß man friedfertige Geistliche verfolgt, aber er wird sie jedesmal mit Strenge strafen, wenn sie wagen sollten, kraft ihres Amtes Bürger zu täuschen, um

dem Vorurteil oder dem Royalismus Waffen gegen die Republik zu liefern.

Danton kürzte seinen — zweiten — Honigmond in Arcis, um der Regierung unter die Arme zu greifen. Am 26. November verbat er sich — und dem Konvent — den Mummenschanz, den improvisierte Volksensembles nun fast täglich mit mehr oder weniger Kunst den Abgeordneten vorführten (Dok. 163). Er verlangte, *eine Grenze zu ziehen.*

Ein von Robespierre eingebrachtes Dekret frischte am 6. Dezember in Artikel 1 das Prinzip der Religionsfreiheit auf,

> in Erwägung dessen, was die vom Nationalkonvent im Namen des französischen Volkes verkündeten Grundsätze und die Aufrechterhaltung der öffentlichen Ruhe erforderlich machen.

In Artikel 3

> lädt der Konvent alle guten Bürger im Namen des Vaterlandes ein, sich aller theologischen Dispute oder solcher, die den Lebensinteressen des französischen Volkes fremd sind, zu enthalten.

Er schränkte jedoch zwei Tage darauf ein, daß er gegen bereits getroffene Maßnahmen nicht einzuschreiten gedenke. Geschlossene Kirchen blieben geschlossen, und die „Entchristlichung" ging unter weniger Geräusch weiter, wo die Verhältnisse am Ort sie begünstigten. Zwar zeigte sich der Volksvertreter in Mission Roux—Fazillac in seinem Bericht vom 27. Dezember an den Sicherheitsausschuß über die kirchenpolitische Lage im Departement Dordogne unbefriedigt:

> Es erregt meinen Unmut, daß das neue Dekret über Glaubensfreiheit nicht entweder einen Monat früher oder einen Monat später verkündet worden ist. Wäre das einen Monat früher geschehen, hätte kein Priester auf seine Pfarre verzichtet; wäre das Dekret einen Monat später bekanntgegeben worden, würde sich keiner mehr im Amt befunden haben. Beim gegenwärtigen Stand der Dinge aber ist ein Teil der Gemeinden ohne Pfarrer, während die anderen den ihren behalten haben. Diese Sachlage zieht zwischen ihnen einen fanatischen Neid groß und weckt zwischen den abgedankten und den im Amte befindlichen Geistlichen einen Haß, der dem gleichkommt,

der zwischen den verfassungstreuen und den eidverweigernden Priestern herrscht.

Im Frühjahr 1794 waren geöffnete Kirchen und amtierende Pfarrer immerhin die Ausnahme. Andererseits krümmte niemand solchen landweit bekannten christlichen Bekennern wie Bischof Grégoire oder dem Mystiker Louis Claude de Saint-Martin ein Haar.

Wiederum hatte der Wohlfahrtsausschuß, ohne den Massenimpuls als solchen zu lähmen, einer von unten kommenden Bewegung bei Vermeidung eines Zusammenstoßes den Stachel gezogen. Zugleich verhinderte er den Ausbruch eines „Religionskrieges", den sich die Republik zu allem übrigen wirklich nicht auch noch leisten konnte.

M. Dommanget: La déchristianisation à Beauvais et dans l'Oise. Paris 1918.

J. Charrier: Histoire religieuse du département de la Nièvre pendant la Révolution française. 2 Bände, Paris 1926.

J. M. Sacher: Anaxagor Chaumette, antireligioznik XVIII veka. Moskva 1930.

F. Gonon: Un Forézien célèbre, Claude Javogues. Saint-Etienne 1938.

M. Reinhard (Hrsg.): Les prêtres abdicataires pendant la Révolution française. Paris 1965.

B. Plongeron: Conscience religieuse en Révolution. Paris 1969.

M. Vovelle: Religion et Révolution, la déchristianisation de l'an II. Paris 1976.

Die Diktatur des öffentlichen Wohls

Der Wohlfahrtsausschuß ordnete der Überlebenschance der Revolution — und das hieß, der Behauptung an der Front — vieles, wenn nicht alles andere unter. Bange Monate waren zu überbrücken, ehe das Volksaufgebot einsatzbereit wurde, dem man zutraute, die Flur zu bereinigen.

Aus nichts wurde auch 1793 nichts. Rüstungswesen wie Kriegführung waren auf neue Grundlagen zu stellen, Kastendünkel bei Offizieren war zu brechen, und der Ausschuß arbeitete kollektiv daran. Es gab mehrere „Väter des Sieges": nicht nur den von der Legende in Gnaden herausgeklaubten „Generalstäbler“ Carnot und seinen Gehilfen, den „ci-devant“ Montalembert; auch den einfachen Soldaten des Jahres II, der Schreiben an seine Vorgesetzten zeichnete mit

> Gruß und Brüderlichkeit! Dein Dir an Rechten Gleicher. (Bertaud, La Révolution armée, 157.)

Schärfste Maßregeln: Nationalisierung der Waffenproduktion, Requisitionen, Säuberung der Kommandostellen und Überwachung der Generäle, ideologische Disziplinierung einer Truppe, deren Aufführung ein Bericht Carnots vom 1. Juni noch

> ein Gemenge aus bald schönen und bald beschämenden Handlungen, die den unbeständigen, widerspruchsvollen und dennoch unleugbaren Charakter der Franzosen abspiegeln,

genannt hatte, konnten ergriffen werden und Ergebnisse zeitigen, weil sich die Revolutionsregierung mit unerbittlich harter Hand Respekt verschaffte. Beste Wissenschaftler und Techniker stellten ihre Kenntnisse zur Verfügung: Berthollet, Monge, Vandermonde. Die Arbeiter leisteten in zusätzlichen Waffenschmieden Außergewöhnliches, und im November wurde das erste in den Nationalwerkstätten serienweise hergestellte Gewehr überreicht. Lücken in der Materialversorgung half das Volk durch Spenden- und Altstoffsammlungen schließen, insbesondere durch eine Salpeterkampagne. Feuchte Keller wurden abgekratzt; die Gemeinden errichteten Anlagen, um den Salpeter zu waschen und ihm durch Verdampfung das „Pulver zu entziehen“:

> Alle Patrioten der Sektion (Brutus — W. M.) arbeiten mit unermüdlichem Eifer an der Gewinnung des kostbaren Salzes, aus dem der Blitz bestehen wird, der die Tyrannen zerschmettern soll. (Sansculotten, 305.)

Im Herbst erntete der Wohlfahrtsausschuß erste Früchte seiner Anstrengungen. Kellermann eroberte nach dem Fall des aufständischen Lyon (Dok. 155) Savoyen schnell zurück. Am 8. September und 16. Oktober siegten die Heere der Republik bei Hondschoote und bei Wattignies; Dünkirchen und Maubeuge wurden dadurch entsetzt. Nachdem Hoche im Dezember Landau freigekämpft hatte, zogen sich die Söldner der Koalition ins Winterquartier zurück.

Wo Rückschläge eintraten, hafteten die Verantwortlichen mit ihrem Kopf. Houchard, obwohl bei Hondschoote erfolgreich, wurde guillotiniert, weil er — bei Menin von den Holländern geschlagen — Anweisungen des Konvents zuwiderhandelte und den Nordfeldzug verdarb. Den Platzkommandanten von Maubeuge ereilte das gleiche Geschick, weil er der Schlacht bei Wattignies unbewegt zugesehen hatte, ohne einen Entlastungsausfall zu unternehmen.

Der Herbst brachte aber vor allem das Ende der „Großen Vendée". Die Garnison von Mainz, deren Kapitulationsklauseln ihr ein Jahr lang untersagten, gegen die Koalitionsmächte zu kämpfen, wurde mit anderen verfügbaren Kräften zur „Westarmee" vereinigt, die am 17. Oktober die „Katholische und Königliche Armee" bei Cholet aufs Haupt schlug. Nachdem die Nordarmee der Vendeer vor der Hafenstadt Granville am 13./14. November gescheitert war, wurde sie am 3. und 4. Dezember auch vor Angers zurückgeschlagen und schließlich in Le Mans am 13. und 14. in blutigem Straßenkampf vernichtet, ihre geflohenen Reste bei Savenay an der Loiremündung am 23. Dezember aufgerieben.

> Wollte ich (...) die Grausamkeiten erzählen, die auf beiden Seiten der Vendée begangen worden sind, die Haare würden sich sträuben, schrieb der Freiwillige Joliclerc; aber ich denke schon, daß dieser Krieg bald aussein wird. Es sind nur noch ein paar Häuflein Bauern in den Wäldern, alle vereinzelt. (Landauer II, 296.)

Obwohl diese Guerilla der „Chouans" der Republik noch jahrelang schwer zu schaffen machen wird, war die *militärische* Gefahr im Inneren damit beseitigt, zumal am 19. Dezember auch das von den Batterien des Oberstleutnants Napoleon Buonaparte weich getrommelte Toulon genommen wurde.

> Man muß schon ein Opfer bringen (so Joliclerc am 25. Januar 1794), um das Vaterland zu retten. Ich hoffe kaum mehr, vor Friedensschluß nach Hause kommen zu können. (Ebenda, 294.)

So hatte sich in Wechselwirkung die innere wie die äußere Lage entspannt, und der Wohlfahrtsausschuß ragte gleich einem Turm in der Schlacht unwidersprochen hervor. Dies ermöglichte und erheischte zugleich eine Ausformung der

Revolutionsregierung, die noch mancher für einen Behelf und keine Dauerregelung erachtete.

Robespierre hatte sich von allem Anfang an gegen die schädliche Illusion gestemmt, den Existenzkampf der Republik als bürgerlicher Musterdemokrat „nach der Verfassung" führen zu können. Er stand zu seinem Wort vom 11. August:

> Ich will nicht vermodern als unnützes Mitglied eines Ausschusses oder einer Versammlung, die auseinandergehen soll. Ich werde mich dem Wohl meines Landes zu opfern wissen. Wenn, was ich kommen sehe, eintritt, so erkläre ich, daß ich mich von dem Ausschuß trenne, daß keine menschliche Gewalt mich hindern soll, dem Konvent die ganze Wahrheit zu sagen. Ich erkläre, daß nichts die Republik retten kann, wenn der Antrag von heute morgen angenommen wird, daß sich der Konvent auflösen und ihm eine Gesetzgebende Versammlung folgen soll.

Jetzt führten politisches wie ökonomisches Gebot den Ausschuß dazu, seine Diktatur durchzuorganisieren, um die buntscheckigen Improvisationen der Konventskommissare in den Departements und die vielfachen Überschneidungen zwischen gewählten und revolutionär eingesetzten Behörden, die Lauerstellung „autonomer" Zwischeninstanzen gegenüber der Zentralgewalt zu beenden. Eine Umstrukturierung der gelenkten Wirtschaft, ausgleichende Versorgung der Distrikte nach Einführung des Maximums, die unausweichliche Nationalisierung des Außenhandels riefen nach einer solchen Monopolisierung der Entscheidungsgewalt. Merlin (de Thionville) schlug am 29. November im Konvent die Umbenennung des Wohlfahrtsausschusses in „Regierungsausschuß" vor. Dagegen sprachen Billaud-Varenne und Barère, beide um den ungeschmälerten Herrschaftsanspruch der Nationalversammlung besorgt.

> Der Konvent allein regiert, führte Barère aus, und er allein soll regieren (...). Wir (der Wohlfahrtsausschuß — W. M.) sind der Vorposten des Konvents, wir sind der Arm, den er handeln läßt, aber wir sind nicht die Regierung.

Und es gäbe ja auch noch den Sicherheitsausschuß und den Vollzugsausschuß.

So wurde eine andere Variante für gut befunden. Sie brachte das *Dekret vom 14. Frimaire des Jahres II* (4. Dezember 1793) zum Ausdruck, gewissermaßen eine für die gesamte Dauer des Krieges geltende Interimsverfassung einer durchgängig zentralisierten Republik (Dok. 164).

Die beiden ersten Artikel des Abschnitts II bekräftigten lediglich, was annähernd so schon im Dekret vom 10. Oktober gestanden hatte:

> Alle Regierungsgewalt geht vom Nationalkonvent aus. Alle verfassungsmäßigen Organe und Staatsbeamten sind gemäß dem Dekret vom 19. Vendémiaire (10. Oktober) hinsichtlich der Maßnahmen, die Verwaltung und öffentliches Wohl betreffen, der unmittelbaren Aufsicht des Wohlfahrtsausschusses unterstellt.

In Sachen Polizei oblag diese Aufsicht dem Sicherheitsausschuß.

Neu war die sofortige Einschränkung der städtischen und departementalen Selbstverwaltung. Die Prokuratoren der Gemeinden und Distrikte wurden abgeschafft.

> An ihre Stelle treten Nationalagenten mit dem Sonderauftrag, die Ausführung der Gesetze anzumahnen und durchzusetzen, bei ihrer Ausführung begangene Fahrlässigkeiten und etwaige Rechtswidrigkeiten zur Anzeige zu bringen. (Abschnitt II, Art. 14.)

Sie unterstanden laut Artikel 16 direkt den beiden Regierungsausschüssen. Der — relativ kleine — Distrikt rückte zum bevorzugten Verwaltungsbezirk auf, der dem Wohlfahrtsausschuß ohne Zwischeninstanz, also unter Umgehung des Departements Bericht erstattete. Allein die Regierung durfte in Zukunft Kommissare entsenden. Körperschaften, Behörden und auch Volksgesellschaften wurde es untersagt, durch Bevollmächtigte miteinander zu verkehren und Zentralkomitees zu bilden. Von den Revolutionsarmeen blieb nur die Pariser erhalten, und eigenmächtige, „revolutionäre" Besteuerung wurde untersagt. Bourdon (de l'Oise) wollte auf die Minister gleichfalls Verzicht leisten:

> Was wollt ihr mit ihnen anfangen, nachdem doch die Monarchie abgeschafft ist? Dieses königliche Ungeziefer, das ich gern ausgetilgt sähe, vermag den revolutionären Schwung lediglich zu bremsen. (Dok. 164.)

Das lehnte der Konvent nach einer Debatte, in die Robespierre eingriff, indessen vorläufig noch ab:

> Wirksam überwacht, können sie den Vorhaben des Konvents als brauchbare Erfüllungsgehilfen dienen. Demnach ist es sehr wichtig, sich nicht in Schimpfereien hineinzusteigern, die nur die Nerven der Regierung verschleißen würden. (Ebenda.)

Entscheidend war, daß Wahlen, solange der Krieg anhielt, auf keiner Ebene mehr stattfinden durften. Zwangsläufig traten im Falle von Säuberungen oder anderen Veränderungen, die sehr häufig vorkamen, von oben Ernannte an die Stelle der bisher von unten Gewählten.

Im Prinzip stimmten die Massen, soweit sie sich dazu vernehmen ließen, der Bündelung aller revolutionären Gewalt an einem Punkt überwiegend zu, solange die mit ihrer Ausübung Beauftragten „in Ordnung waren". Und — kein Zweifel — sie vertrauten Robespierre, dem „Unbestechlichen", der für sie die Revolutionsregierung personifizierte: Wo er war, konnte kein Unkraut wuchern. Insoweit besaß die jetzt „konstituierte" Jakobinerdiktatur ein revolutionär-demokratisches Mandat ebenso wie ein legal-parlamentarisches durch das Ermächtigungsgesetz der Nationalversammlung. Die Frage war aber: „Verbürokratisierte" die Revolution in dem Augenblick, in dem sie Ende 1793 über die ärgsten Engpässe hinaus war? Richtete sich, wie Jacques Roux aus seiner Kerkerhaft schrieb, eine neue „senatoriale", eine „tribunizische" Gewalt von Menschen über Menschen ein?

N. Buonaparte: Le souper de Beaucaire. Avignon 1793.
J. V. Starosel'skij: Problema jakobinskoj diktatury. Moskva 1930.
R. R. Palmer: Twelve who ruled. The Committee of Public Safety. Princeton (N. J.) 1941.
M. Bouloiseau: Le Comité de Salut public. Paris 1968.
A. Z. Manfred: O prirode jakobinskoj vlasti, in: Voprosy istorii, 1969, Nr. 5.
Saint-Just: Théorie politique. Hrsg. A. Liénard. Paris 1976.

Die sozialistische Revolution ist keineswegs eine einzige Schlacht, sondern im Gegenteil eine Epoche, bestehend aus einer ganzen Reihe von Schlachten um alle Fragen der ökonomischen und politischen Umgestaltungen (Lenin, Werke, XXI, 415). Trifft dies nicht — bis zu einem gewissen Grade — auch schon auf die Französische *bürgerliche* Revolution zu?

Am 2. Juni (1793) nahm sie eine letzte entscheidende Hürde, und sympathisierende Tatzeugen waren dafür mit einer *Dritten Revolution* flugs zur Hand. Wir begnügen uns mit der Markierung eines Qualitätsumschlags: der Durchsetzung spezifischer Formen einer seit August 1792 von der Linken angestrebten *revolutionären Demokratie.* War sie im Sommer 1793 bereits „Jakobinerdiktatur"?

Im Sinne von Klassenmacht wohl doch: Die im jakobinischen Block vereinigten Kräfte übten Herrschaft — und zwar energisch — von einem Mittelpunkt, dem Konvent und seinen beiden Hauptausschüssen, aus. Als unbestritten galt ihnen die Autorität der Muttergesellschaft. Nichts umschreibt sie zutreffender als die — ernste Spannungen zwischen revolutionärer Bourgeoisie und Sansculotterie keineswegs ausschließende — Kennzeichnung *Jakobiner mit dem Volke.* Indessen beruhte ihre Führung allein auf einem unbeschränkt freiwilligen Konsens der Patrioten, sich gegen Interventen und die neue Dimension eines zwei Drittel Frankreichs erfassenden Bürgerkrieges um sie zusammenzuschließen. Dies war eine zuerst ausschließlich von opferbereiten Massen getragene, von den Behörden hingegen mehrheitlich verabscheute „Diktatur". Erst der errungene Sieg erlaubte ihr im Herbst, sich mit einer entsprechenden Apparatur auszustatten als *Revolutionsregierung,* das heißt als außerhalb der Verfassung (sogar ihrer eigenen!) die Geschicke der Nation verantwortlich leitende Gewalt, und diese — insbesondere durch Robespierre und Saint-Just — auch theoretisch zu fundieren.

Der *Weg* war mit Zündstoff gepflastert.

Dem gemordeten Marat konnte zu seiten des trauernden Volkes ein Ex-Marquis de Sade Ehre erweisen: *Die Selbstsucht gilt als Triebfeder alles menschlichen Tuns* (...). *O Marat, wie sehr entziehen sich deine hohen Taten diesem allgemeinsten aller Ge-*

setze! Nicht persönlicher Vorteil trieb dich, als du auf die Freuden des Umgangs mit Menschen und alle Genüsse des Lebens verzichtetest...

Aber der Volksfreund war allezeit Sinnbild der *Einheit* von „Jakobinern und Sansculotten" gewesen. Die Enragés, die ihn fortzusetzen beanspruchten, waren es nicht. Ihnen traute man zu, auf eine abgesonderte „Partei der Habenichtse", das *System von Jacques Roux*, hinzuarbeiten: Mitstreiter auf Kündigung, die den Preis einer sozialen Übereinkunft hinaufschraubten, wachträumende Utopisten, gewissenlose Demagogen — oder eingeschleuste Spalter mit einem Priester als Rattenfänger vorneweg?

Jede Lesart fand — auch unter Historikern — ihre Verfechter; daß sie aber letzteres nicht waren, steht heute fest. Ob es damals die Montagne ehrlich befürchtete oder nur vorgab, um die Glaubwürdigkeit ihrer Kritik herabzusetzen, verrät keine Quelle. *Wissen* konnte niemand, und Zweifel waren nicht unerlaubt. Fanden sich doch in der Tat während der Turbulenzen im August ganz links drapierte Streuminen von rechts. Zuviel stand auf dem Spiel: Um ihre Führung ungeschmälert zu behaupten, schalteten die Jakobiner die Enragés als *Rädelsführer* mit unsanften Mitteln aus.

Forderungen, die sie ihnen verweigert hatten, mußten sie den demonstrierenden Massen vom 4. und 5. September zugestehen. Indem sie dem Begehren nachkamen, gegen die Konterrevolution den Terror auf die Tagesordnung zu setzen, verstanden sie es jedoch, ihre eigene Stellung zu zementieren. Sie selbst nahmen die Mechanismen der Abschreckung in die Hand, und es blieb bei dieser „Journée" als der letzten, der sie sich aussetzen mußten. Einer stattlichen Gruppe von Agitatoren für eine gewaltsame „Entchristlichung" der Franzosen fielen sie in den Arm, um ihr bäuerliches Hinterland nicht der Zerreißprobe eines Religionskrieges auszusetzen.

Als sich das Jahr 1793 neigte (nach dem Revolutionskalender befand man sich längst im Frimaire des Jahres II), stand festgefügt die äußere Front, war die Fackel des „großen" Bürgerkrieges in Toulon und in der Vendée gelöscht, duckte sich oppositionelles Gelüst im Konvent, gab sich die Revolutionsregierung einen gesetzlichen Rahmen. Vielen schien die Revolution — trotz Inflation, Mangellage, Überzentralisation und dem Verbot von Wahlen — dank der Führungskunst der Jakobiner endlich ihre kritische Schwelle heil passiert zu haben. Waren nun, wie Camille Desmoulins in seinem *Alten Cordelier* hoffnungsvoll zum Ausdruck brachte, mildere Töne an der Zeit: nach der Revolution des Schreckens eine Revolution der Gnade?

Affiches de la Commune de Paris. Nr. 1—247, 14. Juli 1793 bis März 1794 (undatiert).

Commune de Paris: Eloge funèbre de Chalier. Paris (1. November) 1793.

H. Wallon: Les représentants du peuple en mission et la justice révolutionnaire dans les départements en l'an II (1793—1794). 5 Bände, Paris 1889—1890.

P. Mautouchet: Le Gouvernement révolutionnaire. Paris 1912.

C. Richard: Le Comité de Salut public et les fabrications de guerre sous la Terreur. Paris 1922.

P. Caron (Hrsg.): La Commission des subsistances de l'an II. Procès-verbaux et actes. Paris 1925.

L. Jacob: Les suspects pendant la Révolution. Paris 1952.

M. Reinhard: L'Armée et la Révolution pendant la Convention. Paris 1957.

G. Rudé/J. M. Sacher/S. A. Lotte/A. Soboul: I san-culotti. Una discussione tra storici marxisti, in: Critica storica, 1962, Nr. 4.

J. M. Sacher: „Bešenye", ich dejatel'nost' i istoričeskoe značenie, in: Francuszskij ežegodnik 1963, Moskva 1965.

Problèmes d'histoire de la Corse, de l'Ancien Régime à 1815. Actes du colloque d'Ajaccio, 29 octobre 1969. Paris 1971.

D. Guérin: Klassenkampf in Frankreich. Bourgeoisie und „bras nus" 1793—1795. Frankfurt (Main) 1979.

VII. Glück und Ende der Revolutionsregierung

Schlägt schon die Stunde der Nachsicht?

Es zeugte von Reife, wenn Patrioten auf die („vorläufige") Außerkraftsetzung

> der unvergänglichen Verfassung, die wir vor dem Angesicht des Himmels beschworen haben,

einsichtig reagierten: Keine Demokratie für Antidemokraten, keine Freiheit für Feinde der Freiheit!

> Ihr Scheindemokraten, ihr falsche Bekehrte,
> Ekles Gewürm, euch verschlinge die Erde!
> Eine Welt sieht auf uns, von Erstaunen erschüttert.
> Die Freiheit befiehlt: Könige, zittert!
> (Sansculotten, 279.)

Insoweit durfte die Diktatur des Wohlfahrtsausschusses auf die aktive Mitwirkung breiter Massen bauen:

> Hört auf die Tausende Stimmen, die euch von allen Orten Frankreichs zurufen: (...) Seid groß, seid fest und unbeugsam, das Volk steht euch zur Seite! Seid taub gegen einschläfernde Sirenengesänge; unter euren Füßen lauert der Strudel. Aus Mitleid, aus Menschenliebe seid unmenschlich: So läßt auch der geschickte und hilfreiche Chirurg unter seinem grausamen und wohltätigen Messer das zerfressene Glied fallen, um den Körper des Kranken zu retten. (Ebenda, 251.)

Das meint Lenin, wenn er sie revolutionär-*demokratisch* nennt. Bürger Moussard aus Robespierres Sektion Piques, der Verfasser obiger Knittelverse, spürte dennoch sehr wohl, daß die Büchse der (jakobinischen) Pandora auch Gefahren für die politische Selbstbetätigung des Volkes bergen mochte:

> Ja, es muß gesagt werden: Wenn das Recht der Vereinigung zu Gesellschaften aufgehoben oder auch nur abgeändert würde, (...) hätte die Republik ihr festestes Bollwerk verloren oder doch wenigstens ihr wachsamstes Auge.

Hier sprach mithin kein demütiger Jasager, sondern das Mitglied einer Volksgesellschaft, die Basisdemokratie für unverzichtbar hielt. Aber

> unsere Herrschaft ist nicht gesichert, wir stehen mitten in der Revolution. Wir müssen zunächst noch die geheiligten Gesetzestafeln des Friedens verhüllen, die uns ihre Blüten erst pflücken lassen, wenn wir die Ranken und Dornen ausgerissen haben werden. Terror steht jetzt auf der Tagesordnung. Wir wollen die Gleichheit, die Freiheit, die eine und unteilbare Republik, aber die Schurken wollen nicht, was wir wollen. Wir dürfen sie also nicht die Segnungen einer Verfassung genießen lassen, die sie verabscheuen, die sie abschaffen wollen. (Sansculotten, 279.)

Der Gang der Ereignisse hatte zu einer maximalen Konzentration der Regierungsgewalt und zum Abbau der Kontrollen von unten getrieben. Die Frage war, wie und wodurch der Wohlfahrtsausschuß das Vertrauen des Volkes bewahren konnte, das er, gedeckt durch den Mutterklub, unzweifelhaft noch genoß. Wo sollte des Volkes revolutionäre Dynamik fortan Handlungsspielraum finden, wie die Durchsetzung seiner sozialen Forderungen erfolgen?

War es andererseits notwendig, daß eine starke Regierung Methoden beibehielt, auf die eine noch ungefestigte in den davorliegenden Monaten sicher nicht habe verzichten können? Sollten die Formen der Repression jetzt nicht gemildert werden? Wer vom endlichen kleinen Glück im Winkel träumte oder eine Wirtschaft ohne Reglement zurückwünschte, um die „Siegesfrüchte" gelassen zu verzehren, hätte gern gesehen, daß der Jakobinerklub frohere Seiten aus dem *Gesellschaftsvertrag* aufschlüge, der Wohlfahrtsausschuß die Schreckensschraube lockerte (Dok. 163). Konnte dieser die immer dringlicheren Bitten um Nachsicht guten Gewissens überhören? Längst nicht jede unterschied mit der Schärfe Achards:

> Wie viele große Schufte haben (... am 6. Dezember in Lyon — W. M.) ins Gras gebissen: welch ein Kitt für die Republik! Gestern und heute werden arme Teufel öffentlich freigesprochen werden; man wird sie umarmen, man wird sie zum Himmel heben: was für ein Gefühl für ein Volk, das uns noch für blutgierige Räuber hält! (Brief an Gravier vom 7. Dezember 1793, Landauer, II, 407.)

Im Gegenteil:

> Hier (in Lyon — W. M.) scheint alles untröstlich. Die einen trauern um den Verlust ihrer Angehörigen, die anderen um ihre Freunde; die Ausschüsse leben in Angst, in ihren Hoffnungen getäuscht zu werden; die Sansculotten und andere, zu hören, daß man dieses Land kolonisieren wird. Kurz, alle jammern in ihrer Selbstsucht, und keiner oder doch sehr wenige sehen auf die Sache. (Achard am 17. Januar 1794, ebenda, 408.)

Ein „Monolith" waren die Jakobiner weder im engeren Sinne (als Klub) noch gar im weiteren des „historischen Blocks" im Sinne von A. Gramsci je gewesen. Doch an diesem Punkt schieden sie sich in Gruppierungen mit Namen und Adresse. Das vorherrschende robespierristische Zentrum bekam es im Dezember 1793 mit einem an die Bourgeoisie angelehnten rechten und einem bei den Sansculotten Unterstützung suchenden linken Flügel zu tun, die sich blindwütig ineinander verbissen: „Nachsichtige" (Indulgents oder Citras) und „Ultras".

Am 5. Dezember lancierte Camille Desmoulins, um den es stiller geworden war, eine neue Zeitung: *Le Vieux Cordelier.* Die Namenswahl drückte Protest gegen eine merkliche Linksschwenkung des Klubs aus, der sich zum Standquartier der Ultras profilierte, und Nummer 1 machte es sich leicht, indem sie deren Häupter summarisch zu Agenten des Auslandes stempelte, dafür besoldet, durch ihre Extravaganzen die Republik in Verriß zu bringen:

> O Pitt, ich huldige deinem Genie! Welche Personen, die neuerdings aus Frankreich nach England gekommen sind, haben dir so gute Ratschläge und so sichere Mittel geliefert, mein Vaterland zu verderben?

Nummer 2 (vom 10. Dezember) gab eine Breitseite gegen die — bei antiken „Gotteslästerern" Vornamen erborgenden — „Dechristianisatoren" Cloots und Chaumette ab:

> Anacharchis und Anaxagoras vermeinen, das Rad der Vernunft vorwärts zu drehen, während es jenes der Konterrevolution sein wird.

Während Camille giftige Pfeile gegen die Commune abschoß, zollte er seinem alten Schulkameraden Robespierre den fälligen Respekt. Erst in Nummer 3 vom 15. Dezember begann die eigentliche Tendenz durchzuschlagen. Das bisher ausschließlich gegen links gerichtete Streufeuer sprang mittelbar auf die Revolutionsregierung über. In Zeiten der Revolution begünstige eine zu humane republikanische Gesetzgebung in der Tat des Verrats am Vaterland Schuldige; wenn die Beweislast nicht ausreiche, entzöge sie ihre Gerissenheit einer Verurteilung.

> Das ist eine Krankheit der Republiken, die, wie man sieht, von ihrer gütigen Natur herrührt. Die Lebensregel des Despotismus ist im Gegenteil, daß es besser sei, wenn mehrere Unschuldige sterben, als daß auch nur ein Schuldiger entkomme. (...) Der Wohlfahrtsausschuß hat (...) geglaubt, daß er, um die Republik einzurichten, für den Augenblick auf die Rechtsprechung der Despoten nicht verzichten kann. Er hat, mit Machiavelli, gedacht, daß in Situationen politischer Zerrissenheit der übergeordnete Zweck das Übel kleiner mache. Also hat er für einige Zeit die Statue der Freiheit verhüllt.

Das war noch keine ehrenrührige Behauptung. Der Ausdruck „Despotismus der Freiheit" war waschechter Robespierre und ging auf Marat zurück (auf den zu berufen sich Desmoulins im übrigen nicht scheute). Der Verfasser wollte „diesen durchsichtigen Gazeschleier" nicht mit „jenem Leichentuch" der Ultras verwechseln,

> unter dem man die eingesargten Prinzipien nicht mehr erkennen konnte. (...) Was Tacitus vor zwölf Jahrhunderten Despotismus und die schlechteste der Regierungsformen nannte, kann man heute nicht Freiheit und die beste aller möglichen Welt nennen.

Wozu dann aber die langatmige Aufreihung von Staatsverbrechen der römischen Kaiserzeit, aus der doch jedermann Kritik an der gegenwärtig *geübten* Herrschaft des Schreckens herauslesen konnte und auch sollte? Wozu die Fanfare für Wiederherstellung der Pressefreiheit? Gewiß, die Ultras posaunten — oft unüberlegt — einen Schrei nach „immer mehr Blut" in die Welt, aber fiel die Repression nicht längst in den Aufgabenbereich der Revolutionsregierung selber? Was bezweckte also der *Alte Cordelier* anderes, als diese Regierung nach rechts zu ziehen, wenn er für alles, was sich links von ihr bewegte, einen Abgrund schaufelte? Und warum fand diese

Nummer 3 einen Absatz, der alle Rekorde der Revolutionspresse schlug?
Jedermann erwartete, daß Desmoulins nunmehr konkret würde, und er ließ sich nicht lange bitten. Nummer 4 erschien am 20. Dezember mit einem pathetischen Programm:

> Öffnet die Gefängnisse jenen 200 000 Bürgern, die ihr Verdächtige nennt; denn in der Verfassung steht nichts von Schutzhaftanstalten, sondern nur von Gefängnissen (...). Es steht darin nichts von Verdächtigen, sondern nur von solchen, die durch das Gesetz festgelegter Vergehen beschuldigt sind. Und glaubt nicht, daß eine solche Maßnahme der Republik verderblich sein würde! Es wäre die revolutionärste Maßnahme, die ihr je ergriffen hättet. Ihr wollt alle eure Feinde durch die Guillotine ausrotten: Gab es jemals eine größere Torheit? Könnt ihr einen einzigen auf dem Blutgerüst enden lassen, ohne euch zehn Feinde aus seinen Verwandten oder Freunden zu machen? Glaubt ihr, daß jene Frauen, jene Greise, jene Stiesel, jene Eigensüchtigen und Waschlappen, die ihr einsperrt, der Revolution gefährlich sind? Von euren Feinden sind nur die Feiglinge und die Kranken unter euch geblieben. Die Mutigen und Kräftigen sind ausgewandert.

Dies war nicht einfach der Ausbruch einer empörten oder verstörten Seele. Inwieweit und mit wem abgesprochen, bleibe dahingestellt; daß Zusammenhänge bestanden, ist unleugbar. Die Citras flüchteten unter Dantons Fittiche: Alles, was zwar „für" die (bürgerliche) Revolution war, doch mittlerweile von ihr — aus verschiedensten Gründen — genug hatte; vom Schwarm ordinärer Neureicher, die ihre Taschen — laut Jacques Roux — „auf patriotische Weise" gefüllt hatten, bis zu heimatlos gewordenen Girondins; von Charakterschwachen, die der Verführungskraft des Goldes erlagen wie Fabre d'Eglantine (dem eine halbe Million eine Urkundenfälschung wert war), bis zu weichherzigen Menschenfreunden gleich Philippeaux, dessen Nerven den argen Prüfungen des Terrors nicht standhielten.
Danton selbst:

> Puppen sind wir, von unbekannten Gewalten am Draht gezogen? (Büchner, *Dantons Tod.*)

Nun, kräftig mitgezogen hat er daran schon. Er suchte, frei

von Skrupeln wie eh und je in der Wahl seiner Mittel und seiner Mitspieler, in der Innen- und Außenpolitik nach dem archimedischen Punkt, an dem Revolution und Krieg gewinnbringend für Frankreich zu beenden seien. Daß man da einmal anlangen müsse, wußte auch Robespierre. Danton aber suchte halbsbrecherisch früh und nachlässig, „aus dem Ärmel“: mit unzulänglichen Truppen, bestenfalls kurzatmigen Revolutionären, die ihm Lage oder Laune, Zufall oder Berechnung aus dem Bürgerstand zuführten.

Folglich steuerte er vorzeitige Großmeisterremisen an. Das schob ihn auf die schiefe Ebene eines Führers der Nachsichtigen, der er nicht in jeder Hinsicht war. Am 22. November hatte er erstmalig „sparsamen Umgang mit Menschenblut“ gefordert. Am 1. Dezember, gestärkt durch den Erfolg seines Auftretens gegen die Dechristianisatoren, deckte er eine seiner Karten auf:

> Rufen wir uns ins Gedächtnis, daß man mit der Pike umstürzt, jedoch mit dem Kompaß der Vernunft und der Begabung das Gesellschaftsgebäude errichtet und festigt!

Dafür von „Besitz und Bildung“ belobt, aber im Jakobinerklub angegriffen, verteidigte er sich: Nichts läge ihm ferner, als „den revolutionären Nerv zu unterbrechen“. Und Robespierre in Person glättete die Wogen — als Gegenleistung für Schützenhilfe in der „Religionsdebatte“, aus Sorge um den Zusammenhalt der Bergpartei.

Der Unbestechliche schwieg ebenfalls zu Camilles Eskapaden. Die Behauptung, daß er dessen — oder beider — Zernichtung, vielleicht unter dem Einfluß eines „eifersüchtigen“ Saint-Just, von langer Hand vorbereitete, ist unbewiesen. Wahrscheinlich erblickte er in den „Anfällen von Nachsicht“ — noch — keine akute Gefahr: Ihre Fürsprecher konnten sich damit in Paris nicht auf die Straße wagen, denn die Masse des Volkes dachte sehr anders darüber. Als sich der Konvent von einer Bittschrift aus Lyon,

> daß auf die Herrschaft des Terrors jene der Liebe folgen müsse,

und von einer großen Frauenabordnung am 20. Dezember erbarmen ließ, einen Rechtsausschuß zur Überprüfung der Festnahme von zu Unrecht Eingekerkerten einzusetzen, hagelte es sogleich Einsprüche:

> Wer sind jene, fragte Collot am 21. im Klub, die über einen Überschuß an Tränen verfügen, um die Kadaver von Feinden der Freiheit zu beweinen, während das Herz von Patrioten zerrissen wird?

Erboster noch reagierten (am 27. Dezember) die Sansculotten der Sektion Guillaume Tell:

> Wie denn, sind die Gewölbe dieses Heiligtums nicht auseinandergewichen vor dem ruchlosen Geschrei dieser Marionetten, die voller List abgesandt worden sind, um euer Mitleid auszunutzen und in euren zu mitfühlenden Herzen diese Mäßigung aufkeimen zu lassen, die unsere Feinde herbeisehnen, die sie abpassen und gierig benutzen werden, um endlich ihre Missetaten zu krönen?
> (...) Was fordern diese Herren von Lyon (...) von euch? Gnade fordern sie für ihre verirrten und reuigen Mitbürger. Die Schufte! Haben sie, in ihrer angeblichen Verirrung, Chalier Gnade erwiesen, seinen Freunden oder besser, den Freunden des Volkes und der Freiheit? Haben ihre Komplizen in Toulon den 32 Patrioten Gnade erwiesen, die von Gerichts wegen auf das Schafott geschleppt oder am Galgen aufgehängt wurden? (Sansculotten, 249.)

Und, die Pariser Frauenabordnung anzielend:

> Nein, echte Bürgerinnen treten nicht so auf: ihre Gatten, ihre Söhne ähneln ihnen, sie sind Patrioten. Tugend ist ihnen eigen, und wenn unglücklicherweise ein Gatte seiner Ehehälfte nicht würdig wäre, würde er von seiner entrüsteten Familie verstoßen.
> Ja, um diese bestellte Komödie besser spielen zu können, erheben diese verräterischen Weiber ein Geschrei über Ungerechtigkeit und fordern mit Nachdruck „Freiheit oder Aburteilung". Was bezwecken jene, die sie, selber hinter einem Vorhang verborgen, handeln oder sprechen lassen? Das ist es: Verbrechen mit der Unschuld mischen, um das eine durch die andere zu retten. (Ebenda, 251.)

Der Wohlfahrtsausschuß hatte sich bis dahin neutraler Zurückhaltung befleißigt, denn schließlich: daß sich die Nachsichtigen an den Ultras rieben, kam ihm nicht durchweg verquer, paßte eigentlich ins Konzept, Plus und Minus aufzuwiegen. Einige Vorkommnisse in der Provinz mußten ihn indessen zunehmend mißtrauischer stimmen. Einige der Volksvertreter in Mission distanzierten sich von den Sansculotten, nahmen sich vornehmlich Ultras vor, während sie Verdächtige auf freien Fuß setzten: in Lille, Sedan, Orléans und Lyon, wo Fouché sogar alten Mitstreitern Chaliers das Leben schwermachte; in Nîmes, wo der jakobinische Bürgermeister kurzerhand abgesetzt wurde, oder in Bordeaux, wo Tallien gute Demokraten anklagte, um eigene Durchstechereien zu verschleiern.

Wohl oder übel mußte sich Robespierre zur Sache äußern. Er tat es in einer großen Rede am 25. Dezember. In ihr entwickelte er seine Theorie *Über die Grundsätze der Revolutionsregierung* (Dok. 168), deren Zweck es sei, der Republik ein haltbares Fundament zu geben, während der Sinn einer verfassungsmäßigen Regierung darin bestehe, sie zu erhalten:

> Die Revolution ist der Krieg der Freiheit gegen ihre Feinde; die Verfassung ist das Regime der siegreichen und friedlichen Freiheit.

Weil sie sich im Krieg befindet,

> schuldet die Revolutionsregierung den guten Bürgern jeden Schutz der Nation; sie schuldet den Feinden des Volkes nichts als den Tod.

Auch die Haltung des Wohlfahrtsausschusses gegenüber den sich leider sträflich verselbständigenden Flügeln wurde jetzt umrissen:

> Die Revolutionsregierung muß zwischen zwei Klippen hindurchsegeln, zwischen der Schwäche und der Tollkühnheit, dem Moderantismus und dem Exzeß: einem Moderantismus, der sich zur Mäßigung verhält wie die Impotenz zur Keuschheit; und dem Exzeß, der der Tatkraft so ähnlich ist wie die Wassersucht der strotzenden Gesundheit.

Immer auf Balance bedacht, hielt der Wohlfahrtsausschuß trotzdem noch an sich, überließ die polemischen Niederungen den Ultras. Dennoch bröckelte die Phalanx der Nachsichtigen ab. Am 28. Dezember widerrief der Konvent auf Antrag von Billaud-Varenne sein Dekret über den Rechtsausschuß. Am 7. Januar 1794 gab Robespierre seinem Freund Camille ein Warnzeichen, indem er ein Exemplar von dessen Nummer 5 im Klub verbrannte (was heißen sollte: Schwamm darüber!), worauf der Geschädigte in Verkennung des Ernstes der Lage schnippisch zurückgab:

Verbrennen heißt nicht antworten!

Am 13. wurde Fabre der Fälschung überführt und verhaftet; Danton aber, der für ihn ein gutes Wort einlegte, mußte sich von Billaud sagen lassen:

Wehe dem, der an Fabres Seite gesessen hat und noch immer sein Geprellter ist!

So schwammen den Citras die Felle davon, und die Ultras erspähten für ihren Gegenangriff freie Bahn: Stoßen, was fällt.

M. Robespierre: Rapport sur les principes du Gouvernement révolutionnaire fait au nom du Comité de Salut public. Paris (25. Dezember) 1793.

Pétition de la section de Guillaume Tell à la Convention nationale. Paris (27. Dezember) 1793.

H. Calvet (Hrsg.): Le Vieux Cordelier. Paris 1936.

J. A. Condorcet: Esquisse d'un tableau historique des progrès de l'esprit humain. Dt.-franz. Parallelausg., Hrsg. W. Alff. Frankfurt (Main) 1963.

E. Guibert: Voies idéologiques de la Révolution française. Paris 1976.

Die Ventôsekrise

Hébert hatte nicht den Teilrückzug der Dantonisten abgewartet, um Desmoulins zu erwidern und ihm die Silberlinge des „Mylord Pitt" an den Kopf zu werfen (*Père Duchesne*, Nr. 328). Schon seit der Jahreswende tauschte er mit dem *Alten Cordelier* homerische Beschimpfungen aus (Dok. 169), in denen er nicht immer die Oberhand behielt. Es stimmte in gewisser Weise, daß Hébert von Gleichgesinnten im Kriegsministerium Subventionen (kaschiert durch ein Großabonnement für die Armee) bezog. Es traf auch zu, daß er bei Bankier de Kock, einem zwielichtigen Ausländer, dinierte und einmal beim Hamstern von Speckseiten ertappt wurde. Obwohl solider Ehegatte (einer ehemaligen Nonne), kokettierte er mit einem Anflug von Schick.

Sicher paßt das nicht zum Bild, das sich der „Mann auf der Straße“ vom derb-volkstümlich schreibenden Père Duchesne machte, aber ein Zwang, den frugalen Römer zu spielen, bestand ja für keinen. Wer es tat, wie Billaud, machte das mit sich selbst aus, während es Hébert wie andere Bürgersleute, für die die Freiheit ausgebrochen war, eben mit den lustigen unter den Weltkindern hielt. Wirklich umstritten war — beziehungsweise ist zum Teil noch — seine Klassenposition. Ein den kleinbürgerlichen Biedersinn nicht minder als den Armen ansprechendes „Glaubensbekenntnis“ des *Père Duchesne* mochte als agitatorischer Dauerbrenner gedacht gewesen sein; die eigentliche „Wegeproblematik“ der Linken indessen wurde darin eher durch Gesundbeterei verschleiert:

> Ich predige nicht das, was die Schöngeister das Ackergesetz nennen, denn nach der Berechnung eines berühmten Arithmetikers würden dann, wenn der Boden Frankreichs aufgeteilt würde, auf jeden einzelnen nur 40 Taler an Rente kommen. Das ist für die Katz. Es kann keine völlige Gleichheit der Vermögen geben, denn, angenommen, jeder Bürger hätte ein Ackerfeld, eine Wiese, einen Garten, einen kleinen Hof, so würde doch der, der seinen Anteil am besten zu bebauen verstände und am fleißigsten wäre, schneller reich werden als sein Nachbar.
>
> Ich fordere also nicht die Bodenaufteilung, aber was ich will, das ist, zum Teufel, daß man alle diese mit dem Blute der Armen gemästeten Reichen, daß man alle diese Finanzleute, die die Nation bestohlen haben, zur Herausgabe ihrer Beute zwingt, daß man diesen Blutsaugern die Krallen beschneidet. Dann wird man reichlich genug haben, die Kriegskosten zu bestreiten. Dann wird auch der Lebensmittelwucher aufhören, das bare Geld wird nicht mehr zurückgehalten, und der Handel wird sich ohne Prellerei vollziehen. (Cunow, Presse, 368.)

Die — schon sehr müden — *Révolutions de Paris* hielten das Ganze für schädliches Journalistengezänk:

> Hören wir doch mit den andauernden Gegenbeschuldigungen auf! Verzeihen wir alten, gutgesinnten Patrioten Fehler und sogar Schwächen, aber warnen wir den „Alten Cordelier“ und den „Père Duchesne“, der Schadenfreude

gewisser aristokratischer Heuchler, die sich in aller Sicherheit auf ihre Kosten ins Fäustchen lachen, noch länger Futter zu liefern. (Nr. 221, 1794.)

Robespierre sah die Sache ernster. In einer großen Rede vom 5. Februar 1794 *Über die Prinzipien der politischen Moral* beschuldigte er die linke wie die rechte „Faktion", die Regierung zu bedrohen und sich hingegen untereinander trotz alles wechselseitigen Gekläffs insgeheim zu verständigen „wie Räuber im Walde":

> Die Benennung „Ultrarevolutionäre" (...) ist vielleicht mehr ein geistvoller Einfall als folgerichtig (...). Der falsche Revolutionär steht vielleicht noch öfter diesseits als jenseits der Revolution: Er ist gemäßigt, er ist toll von Patriotismus, wie es sich gerade fügt. In preußischen, englischen, österreichischen, ja moskowitischen Komitees legt man fest, was er jeweils am folgenden Tage zu denken hat (...).
>
> Welchen Unterschied findet ihr zwischen allen diesen Leuten und euren Gemäßigten? Sie sind Diener ein und derselben Herren oder — wenn ihr wollt — Spießgesellen, die gegenseitige Feindschaft vortäuschen, um ihre Verbrechen desto besser tarnen zu können.

Subjektiv traf das nicht zu, aber aus der Sicht des Wohlfahrtsausschusses nahm es sich nicht viel anders aus: Beide „Flügel" bereiteten ihm Herzdrücken und in der Folgezeit die „Hébertisten" mehr noch als die Dantonisten, denn in Paris besaßen sie kein geringes Hinterland:

> Die Mißachtung der vom Volk eingesetzten Behörden, klagte Robespierres Rede weiter, hat zur Folge, daß jede Clique, jede Einzelperson die Staatsgewalt an sich reißen und das Volk durch das Chaos hindurch in die Vernichtung führen oder der unumschränkten Herrschaft eines einzelnen preisgeben kann.

Die Sansculotten fanden unter den neuen Bedingungen schwer geeignete Ventile, um ihren Unmut abzulassen, denn Petitionen, die am Konvent vorüberrauschten, änderten keinen Zustand. Ursache zur Klage aber hatten sie. Höchstpreise stellten noch keine ausreichende Versorgung sicher. Sogar schleichende Lohnerhöhungen, die eine laxe Auslegung der Vorschriften zuließ, vermochten den Preisanstieg auf dem grauen und schwarzen Markt nicht zu kompensieren. Um 3 Uhr morgens stellte man sich an, und dann kam es zu Schlägereien. In den Markthallen blieben die Erzeugnisse der Bauernhöfe aus. Arbeiter drangen deshalb auf weitere Lohnaufbesserungen.

> Die Maurer- und Zimmerergesellen wollen nur noch für rund 6 Francs täglich arbeiten, berichtet der Polizeibeobachter Perrière am 4. März. Von Dekade zu Dekade steigern sie ihre Ansprüche um 10 Sous. Ebenso ist es mit den Handlangern beider Berufe. (...) Wenn man Schwierigkeiten macht, ihren unmäßigen Forderungen nachzukommen, drohen sie mit Arbeitsniederlegung (...). So hörte ich gestern abend bei meiner Heimkehr gegen 9 Uhr, wie 7 oder 8 Arbeiter, die sich an einer Straßenecke getroffen hatten, untereinander schworen, nicht mehr an die Arbeit zu gehen. Dieser ihr Entschluß beruhte zweifellos darauf, daß ihnen ihre Meister ihre Lohnforderungen nicht bewilligt hatten. (Sansculotten, 297.)

Insbesondere in den gemeinwirtschaftlichen Waffenwerkstätten, wo die Regierung schlecht gegen ihre eigenen Lohnvorschriften verstoßen konnte, trieben ernste Unruhen bis zum Streik.

> Was braucht man alle diese Aristokraten?, empörte sich eine Frau in der Volksgesellschaft Droits de l'Homme am 26. Februar. Sollten alle diese Schurken, die das Volk aushungern, nicht längst unter der Guillotine sein?

Sektionen und Volksgesellschaften wurden auf Unterstützung der Kriegsanstrengungen gelenkt: Ausrüstung eines „jakobinischen Reiters", Beihilfen für die Familien der Landesverteidiger — nützlich, jedoch fernab jeder Mitgestaltung der Politik des Tages. War der „Teilsouverän" zu mehr schon nicht mehr gut genug?

> Wenn ihr im Lande Ruhe genießen, wenn ihr jetzt friedlich schlafen dürft, indem ihr uns die Sorgen überlaßt, so nur deshalb, weil *wir* nicht schlafen und weil wir, indem wir in den höllischen Schatten der Heimlichtuerei eindringen, jeden Tag erneut die Urheber dieser Übel aufspüren:

So sah im Gegenteil die Sektion Faubourg Montmartre am 24. Februar ihr nationales Mandat (Sansculotten, 291). Zwei

Tage davor hatte ein Redner der Sektion l'Homme Armé gewarnt:

> Wenn ihr eure revolutionäre Dynamik nur einen einzigen Augenblick einbüßt, dann adieu, die Patrioten! Dann ist ihr Ende nah.

Vor diesem Hintergrund entbrannte die Konfrontation zwischen „neuen Gemäßigten" und „Vorhut-Patrioten" als Reflex des Widerspruchs zwischen den Auffassungen des Volkes über die Organisation der Gesellschaft und jenen der revolutionären Bourgeoisie — einschließlich der montagnardisch gestimmten.

Die Ultras hielten die Stunde für gekommen, die Volksbewegung neu zu entfachen, und sie boten sich ihr als erfahrene Führer an. Wer sonst als sie, nachdem — nicht ohne ihr Zutun — die „Konkurrenz" der Enragés mundtot gemacht worden war?

> Haben wir nicht 20 Millionen Arme, um den Dekreten des Konvents Geltung zu verschaffen? (Père Duchesne, Nr. 345.)

Eine neue „Partei" waren (auch) sie — noch nicht; man zögert — immer noch — vor ihrer richtigen Benennung. „Ultrarevolutionäre" war eine unfreundliche, durch Robespierre in Umlauf gebrachte Kennzeichnung, und „Hébertisten" erfand erst der Öffentliche Ankläger Fouquier Tinville, weil der allbekannte *Père Duchesne* der Gruppe als Sprachrohr diente. Soboul zieht es vor, von einer Cordeliersbewegung zu sprechen, was auf den Haupthebel hinweist, dessen sie sich bediente.

Öl ins Feuer hatte die Verhaftung der Altmitglieder Vincent und Ronsin aufgrund falscher Denunziationen gegossen. Dieser „Skandal" wurde zu einem Hauptthema der Agitation in Volksgesellschaften und Sektionen. Am 31. Januar erklärten die Cordeliers, „daß Unterdrückung herrscht", und verhüllten symbolisch die Tafel mit der Erklärung der Menschen- und Bürgerrechte.

Die am 2. Februar erreichte Freilassung der beiden Inkriminierten stärkte den Draufgängern den Rücken. Vincent, noch schäumend über die erlittene Unbill, trieb die Cordeliers am 6. zur Forderung,

> die unreinen Überbleibsel des Sumpfes zu vernichten,

mithin zu einer weiteren, blutigen Säuberung des Konvents.

Am 20. Februar beschlossen sie, Marats *Volksfreund* wiederaufleben zu lassen, um

> die Verräter zu entlarven, die das Volk täuschen, die Fraktionsmacher und Herrschsüchtigen, die es bestechen oder verführen wollen.

Der von ihnen gepredigte Terrorismus kippte in Tonnenideologie über.

> Zweifellos ist es Zeit, sekundierte die Sektion Brutus am 10. März, alle die Schmarotzer und Sumpfblüten auszurotten, die, wenn auch seit 1789 niedergetreten, doch immer wieder neu entstehen und den Boden Frankreichs verseuchen. Es ist Zeit, den Baum des Moderantismus abzuschlagen bis an die Wurzel, diesen Baum, dessen Zweige sich über alle Departements ausbreiten und die heuchlerische Sekte der Nachsichtigen verbergen, die aus lauter Menschenfreundlichkeit die Gegenrevolution machen würde. Gegen diese süßlichen Schurken ist es wichtig, streng zu sein, ist es unerläßlich, unerbittlich zu sein. Das Volk ist aufgestanden, bis es alle Ungeheuer der Tyrannei vernichtet hat.
> Dem schmutzigen Rest der heimlichen Royalisten, der Föderalisten, der Gemäßigten und Nachsichtigen wird ein Kampf auf Leben und Tod geliefert, und alle, die sich nicht offen als Republikaner zeigen, müssen vernichtet werden. (Sansculotten, 307.)

Die Sektion Faubourg Montmartre räumte ein:

> Ja, die revolutionären Maßnahmen sind schrecklich; aber für wen? Für den Menschen ohne Herz, ohne Vaterlandsliebe, für den Gemäßigten. Von diesen Maßnahmen hängt aber unser Schicksal ab, mit ihnen allen ist unsere Existenz verknüpft, denn die Feindmächte, verhehlen wir es uns nicht, haben geschworen, die Franzosen bis zum letzten auszurotten, wenn sie uns zu fassen bekämen. (Ebenda, 291.)

Noch günstigere Aufnahme fand in Volkskreisen die erneuerte Kampagne der Cordeliers für intensivere Wirtschaftskontrollen. Denn das Maximum hatte nur tropfenweise Abhilfen geschaffen. Brot fehlte zwar der Hauptstadt nicht mehr, aber es war äußerst schlecht geworden; im Februar brach die Fleischanlieferung zusammen. Besonders litten „kriegsunwichtige" Handwerker, die nahezu ohne Arbeit und Einkommen waren, und viele unter den Tagelöhnern, die sich von härterer Gewaltanwendung eine „Wiederherstellung des Überflusses" versprachen. Auf einen besonderen Aspekt wies die Volksgesellschaft der Sektion Unité am 23. Januar hin:

> Gesetzgeber, ihr habt in weiser Voraussicht Dekrete gegen alle Aufkäufer und alle Blutsauger eines unermeßlich großen Volkes erlassen, und heute haben sich die Aufkäufer und die Blutsauger des Volkes, um der gegen sie verhängten Strafe zu entgehen, gefaßt und sind durch geschickte Manöver in Massen teils in den Marktausschuß, teils ins Kriegsministerium, teils endlich in die Ausrüstungsverwaltung geströmt und haben Angebote gemacht: Die einen wollen die Hemden, die Gamaschen, die Tornister, die Hosen liefern, die anderen die Kleidung und alles für den Unterhalt der Armeen Notwendige. Die Geschäfte der Armeelieferanten sind unter Dach und Fach und somit alle diese Aufkäufer und Blutsauger des Volkes sicher vor allen Verfolgungen und Strafen. Die ungeheuren Lager, die ihre Gier und ihre Wuchergeschäfte gefüllt haben, sind jetzt gerettet. Und wer hat unter allen diesen Lieferanten zu leiden? Die Republik, die kleinen Handwerker, die Arbeiter ohne Besitz, die, um ihr täglich Brot zu verdienen, gezwungen sind, einfach weil sie leben müssen, zu diesen Egoisten zu gehen und um Arbeit zu bitten, die sie dann um schäbigen Lohn verrichten.
>
> (...) Gesetzgeber, diesen unsagbaren Leiden kann nur abgeholfen werden, wenn euer Gesetz gegen die Aufkäufer rücksichtslos verwirklicht wird.
>
> (...) Gesetzgeber, alle monopolistischen Submittenten schließen Geschäfte ab und machen jeden Tag welche. Dadurch werden die Werkstätten überhaupt nicht beliefert, und die Arbeiter der Sektionen haben nichts zu tun. Diese Geschäfte scheinen zwar für die Republik vorteilhaft, sind es aber nicht. Vielmehr bürden diese Monopolisten den Armen die ganze Last ihrer Habsucht auf. (Ebenda, 275, 277.)

Hébert stieg auf solche Stimmungen sogleich ein:

> Großer Antrag (...), daß die Fleischer, die die Sans-

culotten wie Hunde behandeln und ihnen nur Knochen zum Nagen geben, auf die Guillotine befördert werden sollten ebenso wie alle Feinde der Sansculotterie, ebenso wie die Weinhändler, die unter dem Pont-Neuf ihre Lese halten. (Père Duchesne, Nr. 345.)

War ein Sturm im Anzug oder nur ein Sturm im Wasserglas etlicher Möchtegerne? Immerhin forderte diese Nummer 345 nicht allein,

daß alle Aufkäufer, große und kleine, einen Kopf kürzer gemacht, und (...) die Verwaltungen in Zukunft ausschließlich aus wahrhaften Sansculotten zusammengesetzt werden, weil das Gesetz immer mißachtet werden wird, solange man Aufkäufer in Gemeindeverwaltungen und Revolutionskomitees duldet.

Sie rief ebenfalls unverhüllt dazu auf,

endlich damit anzufangen, alle Behörden auszufegen und von dem noch darin verbliebenen Kehricht des Ancien Régime zu befreien.

Andererseits schloß sie mit dem Appell an die „wackeren Sansculotten":

Bewahrt Geduld und laßt euch nicht abschrecken! Ihr habt Gesetze, die euch glücklich machen werden, wenn sie durchgeführt werden. Setzt euer ganzes Vertrauen in den Konvent, der sich vor allem anderen mit eurer Versorgung beschäftigt!

In seinem Bericht *Über die Grundsätze der politischen Moral, von denen sich der Konvent leiten lassen sollte,* hatte Robespierre am 5. Februar vorgetragen:

Wenn die Triebfeder einer Volksregierung in Friedenszeiten die Tugend ist, so sind es in der Revolution Tugend und Terror gleichzeitig: die Tugend, ohne welche der Terror unheilvoll, der Terror, ohne welchen die Tugend ohnmächtig ist. Der Terror ist nichts anderes als sofortige, strenge, unbeugsame Gerechtigkeit. Er ist also ein Ausfluß der Tugend: weniger ein besonderes Prinzip als eine Schlußfolgerung aus dem allgemeinen Prinzip der Demokratie, angewandt auf die dringendsten Bedürfnisse des Vaterlandes.

Eine so akademische Definition langte trotz aller Dialektik indessen bei weitem nicht, um den befürchteten Zusammenfluß von organisierter politischer Linksopposition und sozial bedingter Unzufriedenheit breiter Massen zu bannen. Es galt, ihm durch eindrucksvolle Maßnahmen zuvorzukommen: mit der Entschlossenheit, die den Konvent auszeichnete, als er am 4. Februar mit einem Dekret aus zehn Zeilen, das kein Schlupfloch offenließ, die Sklaverei der Neger (deren erfolgte Selbstbefreiung in Haiti er in Rechnung stellte) in allen Kolonien aufhob (Dok. 171).

Solcher Besorgnis entsprangen auch die „Ventôsedekrete" (Dok. 172).

Am 21. Februar legte Barère eine verbesserte Fassung des Großen Maximums vor. Am 26. (dem 8. Ventôse) beantragte und erreichte Saint-Just einen Beschluß, der im Grundsatz die Beschlagnahme des gesamten Eigentums der „Verdächtigen" verfügte. Ein weiteres Dekret vom 3. März (13. Ventôse) beauftragte den Wohlfahrtsausschuß mit einem Bericht über

> Maßnahmen, um alle Armen der Republik mit dem Vermögen der Feinde der Republik zu entschädigen.

Er griff damit Gedanken auf, die insbesondere von der Sektion Indivisibilité am 18. Februar in die Debatte geworfen worden waren und unter der Pariser Sansculotterie sogleich die Runde machten: die ökonomische Entmachtung der Konterrevolutionäre mit der ökonomischen Sicherstellung der Bedürftigen zu verbinden.

Saint-Just war bewußt, daß sich damit ganz neue Horizonte auftun mochten:

> Die Macht der Verhältnisse führt uns vielleicht zu Ergebnissen, an die wir gar nicht gedacht haben. Der Reichtum befindet sich in den Händen einer ziemlich großen Zahl von Gegnern der Revolution, und die Lebensbedürfnisse zwingen das arbeitende Volk in Abhängigkeit von seinen Feinden. Könnt ihr euch vorstellen, daß ein Reich bestehen kann, wenn die gegenseitigen Beziehungen seiner Bürger schließlich der Regierungsform widersprechen? Diejenigen, die eine Revolution nur halb gemacht haben, haben sich noch stets ihr eigenes Grab geschaufelt.
>
> (...) Nur der hat Rechte in unserem Vaterland, der mitgeholfen hat, es zu befreien. (...) Die Armen sind die

Mächtigen dieser Erde. Sie haben das Recht, zu Regierungen, die sie vernachlässigen, als Herren zu sprechen. (...) Man belügt die Völker Europas über das, was bei uns vorgeht. Man entstellt eure Diskussionen, aber man wird die ehernen Gesetze nicht entstellen können, die gleich dem unbezwinglichen Blitz mit einem Schlag das Ausland in Flammen setzen.

Europa möge wissen, daß ihr auf dem Boden Frankreichs weder Arme noch Unterdrücker mehr dulden wollt; daß dieses Beispiel Frucht trägt auf Erden, daß es die Tugendliebe und die Sehnsucht nach Glück auf ihr verbreitet: Das Glück ist eine neue Idee in Europa.

Diese Überlegung floß in Artikel 2 des (ersten) Dekrets vom 13. Ventôse ein:

Das Eigentum der Patrioten ist unverletzlich und heilig. Das Vermögen von Personen, die als Feinde der Republik erkannt sind, wird zugunsten der Republik beschlagnahmt; diese Personen werden bis zum Friedensschluß in Haft gehalten und anschließend auf Lebenszeit verbannt.

Volksbeglückung, zum Greifen nahe? Sprengung des bürgerlichen Rahmens der Revolution? Unerhörter Eigentumsfrevel? Die Tragweite der Ventôsedekrete ist gern überschätzt worden, auch von Mathiez, den sie begeisterten. Sie waren kein, wie er meinte, großartiger Versuch, aus den verworrenen Aspirationen des Hébertismus ein jakobinisches Sozialprogramm herauszudestillieren. Die grundsätzliche Aufrichtigkeit der mitschwingenden rousseauistischen Gleichheitsvisionen von Robespierre und Saint-Just braucht nicht im geringsten angezweifelt zu werden. Sie deckten sich mit der nachgelassenen Niederschrift des letzteren über *Republikanische Institutionen.* Ein vom Beispiel der Gracchen inspirierter gigantischer Besitztransfer zur Schwächung potentieller Konterrevolutionäre und zur Stärkung des Kleineigentums hätte durchaus auf ihrer Linie gelegen. Jedoch war solche Gesetzgebung just zu *diesem* Zeitpunkt erst einmal eine Rochade, die den „verantwortungslosen" Linken entgegenwirken, ihrer „Demagogie" das Wasser abgraben sollte.

Gerade das aber erreichte sie nur stellenweise; so, wenn die Sektion Brutus am 10. März petitionierte:

Zweifellos tut ein Aufstand not, aber er ist schon seit langem im Gange, und *ihr*, wackere Montagnarden, müßt ihn zu Ende führen (...). Bedarf es also einer Bewegung im Inneren, da das Schwert der Gerechtigkeit Tag für Tag schuldige Häupter fällt, da uns eine starke Regierung die Handhabe bietet, alle Parteigänger, die die Freiheit vernichten wollen, zu zerschmettern? Nein, um die Verzweiflung unserer Feinde wachsen zu lassen und ihre Niederlage herbeizuführen, braucht es der imposanten und majestätischen Ruhe eines Volkes, das auf seine eigenen Kräfte, auf seine Hilfsquellen baut. (Sansculotten, 309.)

Als mit der Volksmeinung konform gehend wurden die Ventôsedekrete zwar gut aufgenommen. Polizeibeobachter Latour-Lamontagne schnappte am 27. Februar in einem Café auf:

> Wo sind nun diese feigen Verleumder, die den Konvent beschuldigten, gemäßigt zu werden? Diese Verleumder, die zu sagen wagten, daß die Montagne an Kraft verloren habe? (Caron, Rapports, III, 347.)

Tags darauf meldete ein anderer, Charmont:

> Die guten Bürger sind darüber entzückt, daß man die Konfiskation der Güter derjenigen dekretiert, die zu unserem Verderben beigetragen haben. (Ebenda, 348.)

Weil die praktische Umsetzung indessen, wenn überhaupt, nicht in wenigen Monaten erfolgen konnte (und ja tatsächlich, von der montagnardischen Bourgeoisie ganz gezielt auf die längste Bank geschoben, geduldiges Papier blieb), entfesselte die Verkündung keinen Jubelsturm, stillte keines der „von unten" gemeldeten und von den Cordeliers augenblicksbezogen zugespitzten Begehren, ob berechtigt oder nicht. Der Père Duchesne wollte darauf nicht hereinfallen; er schrieb in seiner Nummer 350 „Na schön, aber ...", und ließ die Differenzen im Gegenteil ihrem gewaltsamen Austrag zutreiben.

Règlement pour la société populaire de la section de la République. Paris 1793.

Pétition de la société populaire de l'Unité à la Convention. Paris (23. Januar) 1794.

M. Robespierre: Sur les principes de morale politique qui doivent

guider la Convention nationale dans l'administration intérieure de la République. Paris (5. Februar) 1794.
G. Lefebvre: Questions agraires au temps de la Terreur. Documents. Strasbourg 1932.

Germinal

Am 2. März nannte Ronsin bei den Cordeliers Gründe für die Notwendigkeit einer Insurrektion. Vincent donnerte gegen

> Männer, die sich anscheinend geschworen haben, eine destruktive Ordnung nach dem Zuschnitt der Gemäßigten zu errichten.

Carrier spielte auf die verfassungsmäßige Pflicht zum Aufstand an, wenn „Unterdrückung von Patrioten herrscht", was er als gegeben ansah. Hébert fing den Ball auf:

> Jawohl, der Aufstand! Und die Cordeliers werden keineswegs die letzten sein, das Signal zu geben, welches die Unterdrücker zu Tode treffen soll!

In Nummer 350 nahm sich der *Père Duchesne* nicht mehr allein die Nachsichtigen um Danton und Desmoulins vor, sondern dazu eine „neue Faktion der Einschläferer", mit anderen Worten die Robespierristen selber.

> Ich betrachte die heilige Guillotine als den Stein der Weisen,

schrieb er und „entlarvte" die ihn opportunistisch dünkende Schaukelpolitik des Wohlfahrtsausschusses:

> Vergeblich wird man die Ziege und den Kohl zufriedenstellen können, vergeblich wird man die Schurken zu retten suchen, die sich gegen die Freiheit verschworen haben. Die Gerechtigkeit wird ihres Amtes walten trotz den Einschläferern.

Wahrscheinlich hatten die Cordeliers nicht viel mehr im Sinn als eine Neuauflage der Massendemonstration vom 5. September 1793. Allerdings zielten sie nicht allein die politische (und physische) Ausschaltung der Dantonisten an, sondern ebenfalls eine „Säuberung" der Revolutionsregierung. Robespierre machte es sich einfach, wenn er dies mit den Worten abtat: *Sie wollen unsere Posten* (ils veulent nos places). Der Kalamität eines unwiderruflichen Bruchs mit den Linken eingedenk, sah er aber noch Verhandlungsspielraum: Saint-Just machte ihnen ein Angebot, sie mit „guten Stellen“ (freilich keinen Schlüsselstellungen) abzufinden; Collot versuchte sich am 7. März ein drittes Mal als ehrlicher Makler zwischen Jakobinern und Cordeliers. Ronsin ließ sich darauf nicht ein. Er verübelte es dem Unbestechlichen, den Begriff des Ultrarevolutionärs kolportiert zu haben,

> ein Wort, das den neuen Spaltern zum Vorwand dient, die glühendsten Patrioten zu knebeln.

Er verlangte vielmehr,

> die Moderanten, die Spitzbuben, die Ehrgeizigen und Verräter schleunigst in das Nichts zurückzubefördern.

Jedoch versäumten es die Ultras, von ihren eigenen starken Worten berauscht und die Erfahrung aller revolutionären Erhebungen mißachtend, sich realer Verbindungen zu den Massen zu vergewissern, die auf akute Versorgungsmängel empfindlicher reagierten als auf ein unbewiesenes Kapitulantentum im Umkreis Robespierres.

Ja, in Paris war dicke Luft. Brandreden gegen Kaufleute wie Kleinkrämer, aufreizende Maueranschläge und schwirrende Gerüchte über einen bevorstehenden Aufstand gab es jede Menge. In der Vollversammlung der Sektion Marat habe

> ein gewisser Ducroquet (Dok. 178 — W. M.) am 15. Ventôse leidenschaftlich gefordert, die Menschenrechte zu verhüllen, wobei er sich auf den künstlich hervorgerufenen Lebensmittelmangel berief. Weiter habe er gefordert, sie so lange verhüllt zu lassen, bis die Aufkäufer bestraft seien und wieder Überfluß herrsche (...). In der gleichen Sitzung hätten mehrere Bürger (...) vorgeschlagen, der Stadtverwaltung mitzuteilen, daß sich die Sektion Marat in Massen erhebe und den Aufstand ausrufe, und daß sie in dieser Haltung verbleibe, bis es wieder Lebensmittel gibt (...). Der Bürger Warmé (...) habe darauf hingewiesen, daß es mit der Ausführung dieser Maßnahmen nicht eile: Das Volk habe schon drei unvergängliche Aufstände gemacht, die alle zum Besten des Volkes gewesen seien, und in wenigen Tagen werde man noch einen erleben, der endlich unsere Revolution beenden werde. (Sansculotten, 319.)

Später gab Etienne Nicolas Fabre als Zeuge zu Protokoll,

> er habe gleich gedacht, daß dieser Ducroquet einen Katechismus hersage, den er schlecht gelernt hatte, zunächst, weil dieser ehemalige Perückenmacher oder Friseur von sich aus nicht in der Lage war, einen solchen Antrag auszudenken. (Ebenda, 323.)

Am 9. März stellte die Polizei ein anonymes, handgeschriebenes und mit Brotkrume befestigtes Straßenplakat sicher:

> Sansculotte, es ist Zeit, laß den Generalmarsch schlagen und die Sturmglocke läuten, bewaffne dich, aber schnell, denn du siehst, daß man dich in die Enge treibt. (...) Sei mißtrauisch, es ist Zeit, der Bürgerkrieg kommt. (Dok. 175.)

Jean Baptiste Vingternier (Dok. 113) verständigte die Ordnungshüter, drei Unbekannte hätten ihn am Abend des 23. Ventôse angesprochen:

> Sie wüßten, daß er ein guter Patriot sei, und sie hofften, daß er die Sache des Volkes unterstütze. Die Kompanie der Kanoniere von 1792 habe Befehl, am nächsten Tag zum Konvent zu marschieren, und sie hofften, die Patrioten würden nicht dulden, daß der Konvent auf das Volk schießen lasse. (...) Sie hätten ihm vertraulich auf die Schulter geklopft und gesagt: „Nun, Patriot, wir denken, wir lassen es den Konvent nicht so machen, wie man es auf dem Marsfeld gemacht hat.“ (Sansculotten, 325, 327.)

Dergleichen mehr rief bei den Ultras Illusionen über die Breite der tätigen Sympathien hervor, mit denen sie rechnen durften. Sie ermunterten sie, irgendwie loszuschlagen, um sich aus der Umklammerung durch ihre Gegenspieler — Citras wie „Einschläferer“ — zu befreien.

Damit trieben sie die Revolutionsregierung aus ihrer Wartestellung. Schrieb der *Père Duchesne* in seiner letzten Nummer (355):

Ein einziger Schritt zurück würde die Republik verderben, so erschien den Rechten jeder weitere Schritt nach vorn für ihr Modell einer konservativ-bürgerlichen Republik nicht weniger fatal. Der Aufmarsch der Cordeliers stellte aber auch das gesellschaftliche Kräfteparallelogramm in Frage, auf dem die Handlungsfähigkeit des Wohlfahrtsausschusses beruhte, und „erschöpfte seine Langmut". Vermutlich weitaus besser um die Schwäche des Gegners wissend als dieser selber, der allenfalls die Sektion Marat, den alten Cordeliersbezirk, ins Gefecht schicken konnte, griff er „präventiv" ein: In der Nacht vom 13. zum 14. März wurden die Führer der Bewegung festgenommen und anschließend dem Revolutionstribunal überantwortet.

In den Sektionen wurde nach Belastungsmaterial gestöbert, doch kein überzeugendes gefunden.

Vingternier hatte einen Mehlspeicher besichtigt.

> Dort habe sich eine große Menge Frauen befunden, die Bohnen haben wollten oder das wenigstens zum Vorwand nahmen. Er habe gehört, wie diese Frauen ziemlich augenfällig gegen die Verhaftung von Hébert protestierten und sagten, es sei nicht verwunderlich, daß so viele Leute da wären und daß es an Nahrungsmitteln fehle, weil man Hébert eingekerkert hätte, der das alles voraussah. Aber wenn es einen Handstreich zu unternehmen gelte, so könne man sie dabei finden. (Sansculotten, 327.)

Solche Bürger hatte Legrand, Leiter des Sicherheitsamtes, im Auge, wenn er am 22. März anmahnte:

> Es ist höchst dringlich, den Prozeß des Bürgers Hébert zu beschleunigen. Es herrscht eine dumpfe Gärung, die sich nicht genau bestimmen läßt, man kann reden, aushorchen, Fragen stellen, wie man will, um die öffentliche Meinung herauszufinden, jedermann zuckt mit den Achseln und gibt nur ausweichende Antworten.
>
> Aber man merkt leicht, daß sich viele betroffen fühlen, und ich glaube bestimmt, daß es dringlich ist, dieses Urteil rasch herbeizuführen und schon vorher möglichst weitgehende Aufklärungen über das Verhalten von Hébert zu geben, um die aufflammende Erregung eines Teiles des Volkes zu vermeiden, der sehr zu seinen Gunsten eingenommen ist. (Ebenda, 339.)

Ganz überwiegend aber wollte nach dem Fehlschlag, wie gewöhnlich, niemand mit von der Partie gewesen sein; man gab Abscheu in allen Tönen kund. Marie Anne Kropper

> habe lediglich seit der Verhaftung Héberts von den Leuten ihres Viertels sagen hören, er hätte schon längst guillotiniert werden müssen, und das wäre recht gesche-

hen. All das habe sie der allgemeinen Entrüstung entnommen. (Ebenda, 323, 325.)

Marguerite Françoise Villaeme gab zu Protokoll:

> Ihr sei nichts über die Ursache des Lebensmittelmangels in Paris bekannt, aber sie denke, das seien die Feinde des Vaterlandes, die seit langem vergeblich versucht haben, uns wegen des Brotes in einen Bürgerkrieg zu treiben, was ihnen aber nicht gelungen ist. Es werde ihnen auch nicht mit den anderen Lebensmitteln gelingen, und man müsse eben geduldig warten, bis sich das aufklärt. Seit der Verhaftung von Hébert und seinen Komplizen habe sie bei den Leuten ihres Viertels eine wirklich reine Genugtuung beobachtet, was sie sehr freue. (Ebenda, 325.)

Und Louis Nicolas Deloche berichtete von einer gescheiterten Hilfsaktion für Momoro in dessen Sektion Marat:

> In der Sitzung gestern, am 25. (Ventôse — W. M.), die sehr stark besucht war, weil die Patrioten wiedergekommen waren, stellte ein gewisser Labourot, ein Bürger dieser Sektion, den Antrag, zwei Verteidiger für Momoro benennen zu lassen; er schlug mittelbar sogar vor, Kommissare zu bestimmen, wobei er zu verstehen gab, daß sie dazu dienen sollten, beim Revolutionstribunal die Augen offenzuhalten und darauf hinzuwirken, daß sein Fall als erster verhandelt würde. Die Sektion widersetzte sich dem in aller Form und erklärte, sie habe volles Vertrauen zu den Volksbehörden. (Ebenda, 321.)

Vergeblich setzte sich der Klub der Cordeliers gegen die ihn mittelbar einschließende Diffamierungskampagne zur Wehr. Sie traf seinen Lebensnerv.

> Am Nachmittag erläßt man ein Dekret, in der Nacht darauf verhaftet man eure Brüder, und schon am nächsten Tag sind gegen sie beleidigende Flugschriften und die schwärzesten Verleumdungen im Umlauf, aufgebracht von einem Teil des Volkes, den man verhetzt und wie brüllende Löwen losschickt. Daraufhin liebedienern alle Aristokraten in allen Sektionen aufs gemeinste dem Konvent, dem ihr das Recht gegeben habt, euch in Ketten zu legen. (Ebenda, 337.)

Der Sicherheitsausschuß, der seine Augen überall hatte, ließ sich von Grisel berichten, daß

> in der Sitzung vom 24. Ventôse noch ein gewisser Prétot vom Rednerpult gezerrt und aus dem Saal gejagt wurde, weil er gesagt hatte, Hébert sei ein Schurke (...), und beschlossen worden war, (...) über die Mittel zu beraten, ihren eingekerkerten Brüdern in der großen Gefahr, in der sie sich befinden, zu helfen.

Schon zwei Tage darauf

> kam man spät, die Versammlung war nicht sehr zahlreich; man beschloß nichts, noch vor 9 Uhr (abends — W. M.) wurde die Sitzung geschlossen, und jeder zog sich zurück. Das bestätigt das Sprichwort, welches sagt: Hau den Schäfer, und die Herde läuft auf und davon. (Ebenda, 313.)

Einem anderen Bericht wurde hinzugefügt:

> Die ständigen Tribünenbesucherinnen, die immer die ersten Bänke innehaben, sagten nichts. Sie sprachen nicht mehr davon, daß man die Verhafteten ihren Ketten entreißen müsse. Die anderen, die auf den Tribünen saßen, sagten laut, der Père Duchesne und die anderen seien Schurken, die die Guillotine verdienten. Man freue sich schon auf den Augenblick, wo man ihre Köpfe würde rollen sehen. (Ebenda.)

Einen ansonsten unbekannten „Cordelier Robert“ schmerzte so viel Kleingläubigkeit:

> Heute verhaftet man viele Kinder der Freiheit, und euer Mut scheint wie weggeblasen. Es sind Leute aus dem Volk, die die Intrige uns entreißen möchte. (Ebenda, 335.)

Da es der Anklage an schlüssigen Beweismitteln mangelte, wurde im Prozeß erstmalig das Verfahren des „Amalgams“ systematisch angewandt: Zu Hébert, fälschlich zum Haupträdelsführer emporgeschimpft, zu Ronsin, Vincent und Momoro gesellte der Öffentliche Ankläger weisungsgemäß einige andere, nicht zu ihrem Kreis gehörige, aber unbequeme Linke, „lästig“ gewordene Ausländer oder auch wirklich anrüchige gleich Bankier de Kock, zu seiten von Proli, Pereira und Cloots, dem „Redner des Menschengeschlechts“. Sie erlaubten, das zu sühnende Verbrechen als „Verschwörung des Auslandes“ zu überschriften. Dazu nochmals der „Cordelier Robert“:

> Unseren Wohltätern ist der Prozeß gemacht, noch vor ihrer Verhaftung. Der Öffentliche Ankläger und einige Richter sind sich darin einig, uns unsere wachsamsten Leute zu nehmen. Seht euch die geschickten Dekrete vom Abend vor ihrer Verhaftung an, die verbieten, die Gefangenen zu sehen, selbst wenn die Kerkermeister dabei sind. So sollen ihnen die Mittel genommen werden, das Volk über ihre Unschuld (...) aufzuklären. (Ebenda, 335.)

Auch Chesneaux, Sekretär und „provisorischer Präsident" des Klubs, gleichfalls verhaftet, jedoch nicht als „Hébertist", und später freigelassen, verwahrte sich unerschrocken:

> Seit langem unterstützten wir alle, die der Freiheit würdig waren; als erste haben wir in unsere Mitte mit Begeisterung die Vertreter der Menschen aller Hautfarben aufgenommen (...).
>
> Unsere privaten und politischen Anschauungen sind die Grundlagen für unseren Mut, für unsere Hingabe an die Verteidigung der Prinzipien, für unsere Entschlossenheit, das Volk zu verteidigen, den Aufkäufer, den Geizhals und den filzigen Händler dem Haß und der Verachtung preiszugeben.
>
> Das sind unsere Taten: Wählt zwischen unseren Verleumdern und uns. Der Souverän Volk, über den niemand Macht hat, wartet schweigend, und die Nachwelt urteilt unwiderleglich über alle Menschen und ihre Verdienste. Sie wird entscheiden, welchen Platz wir in der Geschichte der Revolution verdienen. (Dok. 176.)

Das schon, aber am 24. März, dem 4. Germinal des Jahres II, wurden die „Hébertisten" guillotiniert.

Procès instruit et jugé au Tribunal révolutionnaire contre Jacques-René Hébert. Paris 1794.

M. Robespierre: Sur les factions, in: Papiers inédits trouvés chez Robespierre, Saint-Just, Payan, etc. ... supprimés ou omis par Courtois. Paris 1828, Bd. II.

G. Avenel: Anacharsis Cloots, l'orateur du genre humain. 2 Bände, Paris 1865, ^{2}1976.

A. Mathiez: La Révolution française et les étrangers. Paris 1918.

A. P. Herlaut: Autour d'Hébert. Paris 1958.

Prozeß und Hinrichtung der „Hébertisten" trafen ins Mark. Obgleich sich die Pariser Sansculotten wohl nie in ihrer Mehrheit mit ihnen identifiziert hatten und ihrer Agitation nur in Teilen gefolgt waren, hatten sie — und mancher Soldat im Felde — in ihnen doch Anwälte der Volkssache erblickt, die „den Üppigen, den Schurken, den Lauen" wachsam auf den Fersen blieben — Leute, an die man sich wenden konnte. Man fragte die Bürgerin Jeannisson,

> ob sie einige Tage vor der Verhaftung Héberts, mit Beinamen Père Duchesne, geäußert habe, daß sie sicher wäre, daß ihre Angelegenheit gut verliefe, wenn Vater Duchesne an der Spitze stände.
>
> Sie antwortete, daß dies nicht der Wahrheit entspräche. Am 16. Ventôse aber habe sie Hébert, mit Beinamen Père Duchesne, auf dem Boulevard du Temple getroffen. Sie habe mit ihm über Dinge gesprochen, die die Arbeiterinnen der Spinnerei der Jakobiner betrafen. Er habe ihr vorgeschlagen, eine Petition an die Commune zu richten. Soweit es in seiner Macht stehe, wolle er sich für sie einsetzen.
>
> (...) Man stellte ihr die Frage, ob sie am Tage der Hinrichtung Héberts, mit Beinamen Père Duchesne, oder am folgenden Tage gesagt habe, er wäre ein guter Patriot, ein guter Jakobiner, der der Republik schon viele Dienste erwiesen habe und zum Dank dafür hingerichtet würde. (Dok. 186.)

Also machte sich die Regierung an ein großes Reinemachen. In den Sektionen, in der Provinz wurde eifrig — und noch das ganze Frühjahr über — nach unbußfertigen „Hébertisten" gefahndet. Die Pariser Revolutionsarmee — als letzte ihrer Gattung — verfiel nach Köpfung ihrer Anführer der Auflösung. Leclerc, Pauline Léon und Claire Lacombe, wiewohl der politischen Szene längst entrückt, wurden vorsorglich festgenommen. Die „hébertistisch verseuchte" Commune wurde umgekrempelt: Chaumette verhaftet, Pache abgesetzt, Payan zum Nationalagenten und Fleuriot-Lescot zum Bürgermeister ernannt.

Die „gedruckte öffentliche Meinung" reagierte mit Hohn und

Spott. Die Presse fiel einhellig über den verblichenen Père Duchesne her und weidete sich an seiner furchtsamen Haltung beim Gang zum Blutgerüst, für das er so oft und so warm geworben hatte.

Die Zunftgenossen taten einen Luftsprung, als das letzte — und so erfolgreiche — Volksblatt einging. Allesschreiber Dusaulchoy, der seine Sympathiebekundungen schneller wechselte als andere Leute ihr Hemd, war mit einer Ersatzzeitung, einem *Sapeur sans-culotte* sogleich zur Hand:

> Für diesen teuflischen Vater Duchesne ist die Guillotine noch viel zu sanft! (...) Das Volk kann sehr wohl für einige Zeit einigen schönen Reden aufsitzen, aber wenn es darum geht, zu handeln, täuscht es sich nicht. Es hat gut gespürt, wohin es diese Lumpen führen wollten; es hat gefühlt, daß sein Heil beim Nationalkonvent und beim Wohlfahrtsausschuß liegt. (...) Ich habe es immer gesagt, aber man hat es mir nicht geglaubt: „Wer so laut brüllt, ist weiter nichts als ein Betrüger!" (...) Volk, das sind die Leute, die du vergöttert hast! (Nr. 1.)

Der Moderantismus witterte Morgenluft, und Figuren, die davor bei vollen Hosen den Mund gehalten hatten, traten als Denunzianten aus ihrer Deckung hervor. Bürger Cinot fiel in der Sektion Arcis über den Sansculotten Garnerin her:

> Unglückliche schmachten als Opfer seiner Verleumdung. Wer sind diese Unglücklichen? Arbeitsame Bürger, loyale und unbescholtene Kaufleute. (...) Die Mitglieder des Handelshauses Charlemagne u. Co. haben ihre Einsatzbereitschaft für die Sache des Volkes durch Taten bewiesen (...). Sicher kann man von einigen Kaufleuten sagen, daß sie durch Unredlichkeit und Betrug große Vermögen erworben haben, aber die genannten schmeicheln sich, nicht zu jenen elenden Monopolisten zu rechnen (...).
>
> Sicher, wenn Garnerin auch kein Komplize von Hébert und Genossen war, ist doch zumindest augenscheinlich, daß das Vorgehen dieser Verschwörer annähernd dasselbe war und daß man die verderblichsten Resultate für die Sektion Arcis hätte befürchten müssen, wenn man den Anregungen des Bürgers Garnerin blind gefolgt wäre. (...) Was war denn der Plan der Schurken, deren schuldige

Häupter unter dem Schwert des Gesetzes gerollt sind? Überall laut von Mangel zu reden, dem Volk ein nahes und ganz und gar unvermeidliches Unglück als Folge des Mangels an Lebensmitteln vorauszusagen (...). Welche Sprache führte Garnerin vom Rednerpult der Sektion? Sätze, die sich mit allen jenen deckten, die aus den giftigen Mündern von Hébert, Vincent und anderer Schurken dieser Art flossen. (Sansculotten, 357, 361.)

Danyaud, von der Volksgesellschaft Caen als „Hébertist" angezeigt (Dok. 177), schrieb aus der Haft an den Sicherheitsausschuß:

> Von Paris seit sieben Monaten abwesend, konnte ich wie viele andere durch die patriotische Maske von Vincent und Momoro getäuscht werden, die ich jedoch nur in den Volksgesellschaften gesehen und mit denen ich weder irgendwelche Verbindung noch persönliche Gespräche, noch Briefwechsel gepflogen habe. Ja, die Unvorsichtigkeit, mit der ich ihre Partei ergriff, da ich nicht wußte, daß sie überführt waren, ist zweifellos der beste Beweis meiner Unschuld, denn anderenfalls hätte ich geschwiegen oder mich beeilt, Zeter und Mordio zu schreien, um jeden Verdacht der Mitschuld von mir abzuwenden. (Ebenda, 353.)

Der Schuhmachermeister Potel aus der Sektion Contrat Social, der „an einem der opulenten Gastmähler" Héberts teilgenommen hatte, kam vor das Revolutionstribunal vor allem,

> weil er nicht damit aufhörte, den Nationalkonvent des Unrechts anzuklagen, einen Verräter dem Schwert des Gesetzes überliefert zu haben, dessen angebliche Unschuld Potel unaufhörlich verkündete. (A. N., W. 394, d. 914, n° 141.)

So freilich hatte die Revolutionsregierung nicht gewettet; sie ließ sowohl Garnerin wie auch Danyaud ungeschoren, und Potel wurde (im Unterschied zu seinen Mitangeklagten) freigesprochen.

Die gewaltsame Unterdrückung der aufbegehrenden Cordeliers war ihr unvermeidlich erschienen. Zu keiner Zeit hatte sie sich mit den sozialen Zielsetzungen und politischen Methoden der sansculottischen Direktdemokratie einverstanden erklärt; nie daran gedacht, das Kommando des Staates dem werktätigen Volk unmittelbar zu übergeben. Das hieß indessen noch lange nicht, daß der Wohlfahrtsausschuß gewillt war, sich in Abhängigkeit von Citras zu begeben, die ihre Stunde gekommen wähnten. Da sie aber ebensowenig wie die Ultras bereit waren, sich einem robespierristischen Schiedsamt zu unterwerfen, sondern auf eine einseitige — und natürlich rechte — Option des jakobinischen Zentrums bestanden, mußte dieses beide Zangenarme zerbrechen, bevor es von ihnen erdrückt wurde:

> Es ist wahr, hatte Robespierre dem Konvent schon am 20. März signalisiert, daß eine Faktion, die das Vaterland zerstückeln wollte, ihrem Ende entgegengeht, aber die andere ist keineswegs niedergeworfen. Die überlebende Faktion würde alle diejenigen der anderen um sich sammeln, die dem Schwert des Gesetzes entgangen sind.

Am 21. behob er im Klub jeden Zweifel:

> Es genügt keineswegs, nur *eine* Faktion zu unterdrücken, man muß sie allesamt zermalmen.

Nummer 7 des *Vieux Cordelier*, die sich mit dem Untergang ihres ätzenden Gegenparts nicht zufriedengab, sondern ihn zu einem Erfolg auch über den Wohlfahrtsausschuß „ausbauen" wollte, wurde sogleich beschlagnahmt. Schon am 18. März hatte der Konvent der Festnahme von vier dantonistischen Abgeordneten, worunter Fabre und Chabot wegen ihrer Verwicklung in den Finanzskandal der in Liquidation befindlichen Indienkompanie, zugestimmt. Billaud und Collot, die beiden Linken des Wohlfahrtsausschusses, die das anhaltende Kesseltreiben gegen vermeintliche „Hébertisten" außerordentlich beunruhigte, drangen mit Unterstützung von Saint-Just und Couthon in Robespierre, für eine Einpendelung des Kräftegleichgewichts zu sorgen. Der Sicherheitsausschuß machte seine Stimme in gleicher Richtung geltend. Robespierre gab nach langem Abwägen und vergeblichen Aussprachen sein Plazet. Alle Ausschußmitglieder unterschrieben den Haftbefehl, und in der Nacht des 30. März wurden Desmoulins, Delacroix, Philippeaux und Danton selbst festgenommen (Dok. 180). Brücken, die ihm Vorwarnungen bauten, wollte er nicht betreten und wies den Gedanken an Flucht ab:

> Kann man das Vaterland an den Schuhsohlen davontragen?

Diesmal erhob sich in der Nationalversammlung sogleich am 31. Widerspruch.

> Bürger, rief Legendre, vier eurer Kollegen sind in dieser Nacht verhaftet worden. Ich weiß, daß auch Danton unter ihnen ist. Ich halte ihn für so lauter wie mich selbst. Ich kann mich irren, aber ich meine, daß es notwendig ist, ihn vor den Schranken des Konvents zu hören. (...) Danton muß hier vor den Schranken verhört werden, ehe über ihn Bericht erstattet wird!

Die Unruhe, die daraufhin entstand, ließ ahnen, was geschehen mochte, wenn der Wortgewaltige an der Stätte seines rhetorischen Ruhmes zum Zuge käme. Demzufolge sprach Robespierre — äußerst wirkungsvoll — dagegen:

> Ich war auch Pétions Freund; sobald er die Maske fallen gelassen hatte, rückte ich von ihm ab. Ich habe ebenfalls Beziehungen zu Roland unterhalten; er hat Verrat geübt, und ich habe ihn denunziert. Wenn Danton ihren Platz einnehmen will, ist er in meinen Augen weiter nichts als ein Feind des Vaterlandes. Zweifellos müssen wir in solchen Dingen einigen Mut und einige Seelengröße bezeigen.

So laut *Moniteur*; anderen Zeitungen wie dem *Journal du soir* zufolge hatte er unter die Abgebuchten ebenfalls Brissot eingereiht. Wie dem auch sei, die Lossage vom hervorragendsten seiner ehemaligen Mitstreiter, dem „verkommenen Idol", verband er mit einem geschickten Schachzug. Er beruhigte den Konvent über das Schicksal seiner übrigen Mitglieder (einschließlich Legendre) und warf überdies ein Grundprinzip in die Debatte:

> Man weiß zu unterscheiden zwischen Verbrechen und Schwachheit. Im übrigen wäre der Antrag Legendres, falls er durchginge, ein Privileg zugunsten der Angeklagten, und jedes Privileg führt zur Vernichtung der Republik und der Freiheit.

Daraufhin gab der Konvent — einstimmig — bei.

Der Prozeß folgte auf dem Fuße. Auch er „amalgamierte" den Führern der Nachsichtigen einige „Agenten des Auslandes" unterschiedlicher Qualität und Dantons persönliche Freunde Hérault und Westermann. Der Hauptangeklagte, zwischen stoischem Gleichmut, Lebensüberdruß und wiedererwachender Kampflust wechselnd, erhob Gegenvorwürfe und trieb das

Revolutionstribunal vorübergehend in die Enge. In der Eröffnungssitzung am 2. April nach seinen Personalien befragt, antwortete er:

> Georges Jacques Danton, 34 Jahre alt, aus Arcy-sur-Aube, Advokat im ehemaligen Rat, Revolutionär und Volksvertreter. Meine Wohnung? Bald im Nichts, und mein Name? Im Pantheon der Geschichte. Aber das kümmert mich wenig. Das Volk wird meinen Kopf ehren, ja, meinen guillotinierten Kopf. (Danton, 75.)

Danach ein dreitägiger Schlagabtausch, zu schnell oft, um ordentlich mitgeschrieben zu werden und daher unsicheren Wortlauts; Rechtsfindung, „rechtserhebliche Tatsachen" auf beiden Seiten klein geschrieben; kein Kampf um das bessere, sondern um das wirkungsvollere Argument. War Danton, einer der gewaltigsten Stegreifredner der Geschichte, damit zu besiegen?

> Privatkühnheit ist zweifellos verwerflich, und niemals kann sie mir vorgeworfen werden, aber die Nationalkühnheit, zu der ich so manches Mal das Beispiel gegeben habe, mit der ich so manches Mal der Sache des Volkes diente, diese Art Kühnheit ist erlaubt, ja, sie ist notwendig in der Revolution, und dieser Kühnheit rühme ich mich. Wenn ich mich so schwer und ungerecht beschuldigt sehe, kann ich dann noch Herr über das Gefühl des Abscheus sein, das gegenüber meinen Verleumdern in mir aufsteigt? Kann man von einem so entschiedenen Revolutionär, wie ich es bin, eine kühle Antwort erwarten?
> Ich soll gekauft sein? Leute meines Schlages sind unbezahlbar. Der Beweis? — Ihrer Stirn ist in unauslöschlichen Zügen das Siegel der Freiheit, der Genius der Republik aufgeprägt. (Ebenda, 76f.)

Erst ein Dekret ad hoc, das gestattete, jedem Angeklagten das Wort zu entziehen, der „die nationale Justiz beleidige", brachte seine bis auf den Vorplatz des Gerichtsgebäudes schallende Stimme zum Schweigen.

> Seit zwei Tagen kennt das Tribunal Danton. Morgen hofft er im Schoße des Ruhms einzuschlafen. Niemals hat er Gnade gefordert, und man wird ihn auf das Schafott steigen sehen mit dem Stolz, der einem ruhigen Gewissen gebührt. (Ebenda, 85.)

Die Verurteilten wurden am 16. Germinal, dem 5. April 1794, enthauptet (Dok. 181). Als letzter Danton selbst, der den Henker ermahnte:

> Vergiß nicht, dem Volk meinen Kopf zu zeigen: Er lohnt es!

Mit den Dantonisten schaltete der Wohlfahrtsausschuß Platzhalter einer erstarkenden Schicht von Neureichen aus, die er nicht auf gleiche Weise für bekehrbar und belehrbar hielt wie der Polizeibeobachter Perrière:

> Das Volk liebt die Freiheit gefühlsmäßig, aber von diesen Leuten, die seit langem gewöhnt sind, allein ihre eigenen Interessen im Auge zu haben, kann man eben nur dieses Interesse als Grund für eine Hingabe an das Vaterland erwarten. Und wenn man sie schon nicht allesamt ausrotten will, muß man sich, glaube ich, mit dieser besonderen Art des Patriotismus begnügen und darauf bauen, daß die Liebe zur Tugend, das heißt zum Wohl des Vaterlandes, schließlich irgend einmal in ihre durch lange Gewöhnung an das Ich verkümmerten Seelen eindringt. (Dok. 173.)

Robespierre hatte in der Konventsdebatte vom 31. März eine andere Gedankenverbindung gezogen: Sollte Danton, so fragte er, das Vorrecht einer Sonderbehandlung — als Abgeordneter — genießen,

> weil sich einige Leute, getäuschte und andere, die das nicht waren, um ihn geschart haben mit dem Ziel, in seinem Gefolge zu Reichtum und Macht zu gelangen?

Jedoch blieb es in diesem Keimmond dabei nicht. Ein dritter politischer Monsterprozeß, zu dem Gerücht von einer „Verschwörung in den Gefängnissen" Anlaß — oder Vorwand — bot, räumte mit „Überresten" der potentiellen Opposition auf: Bunt zusammengewürfelt, starben am 24. Germinal, dem 13. April, Chaumette und die jungen Witwen Hébert und Desmoulins mit anderen auf dem Schafott; unter diesen anderen Gobel, einst verfassungstreuer Erzbischof, der es allen nacheinander hatte recht machen wollen und es sich dabei mit allen verdarb.

Damit hielten die Robespierristen jeden ernsthaften Widerstand gegen ihre Führung für gebrochen, und das war er in einem gewissen Sinne auch. Sie konnten — und mußten — nun allein regieren. Jedoch war dies kein Sieg, der frohgemut stimmen konnte. Noch wandten sich zwar die Massen nicht gegen den Jakobinerstaat, doch vergrößerte sich ihr Abstand zu ihm. Die unmittelbare Berührung in Freiheit, Einheit und Brüderlichkeit zwischen den einfachen Menschen und den von ihnen an die Macht gehobenen, in Einrichtungen verankerten, schwand dahin. Auf dem Gipfel ihrer Macht spürten die Robespierristen selber, daß sich ihr sozialer Sockel verengte und die mitreißende Begeisterung verflog:

Die Revolution ist erstarrt,

wird Saint-Just alsbald in sein Tagebuch schreiben.

Notes fournies par Robespierre à Saint-Just pour son rapport contre les Dantonistes. Paris 1841.

G. Büchner: Dantons Tod. Reclam, Leipzig (o. J.).

A. Mathiez: Autour de Danton. Paris 1926.

Redner der Revolution. Bd. VIII: Georges-Jacques Danton. Hrsg. P. Frölich, Berlin 1926.

C. Fridland: Danton. Moskva 1934, Neuausg. 1965.

L. Jacob: Fabre d'Eglantine, chef des fripons. Paris 1946.

N. Hampson: Danton. New York 1978.

Volk und Staat 1794

Wie sehr sich der Lebenszuschnitt unter der Jakobinerdiktatur gewandelt hatte, fiel namentlich Fremden auf, denen aber oft der Schlüssel zum Verständnis fehlte.

> Das ehemalige unaufhörliche Rollen der Karossen hat fast ganz aufgehört, berichtete einer von ihnen am 31. Januar, denn alles, vom Minister an bis zum Schuhflicker, geht zu Fuß. Equipagen sieht man gar nicht mehr. Nachts um 11 Uhr ist es in den Straßen durchgehend still, denn die Schauspiele endigen sich itzt gegen 9 Uhr, und um diese Zeit sind auch die Kramläden geschlossen.

Zur Kleidung:

> Die Mannesperson trägt eine Matrosenjacke, lange Beinkleider, ein farbiges Halstuch und eine Pelzmütze. Nur der Greis oder Gebrechliche trägt einen Stab; der dicke Knotenknüppel ist ganz abgeschafft. Die

Frauenzimmer kleiden sich entweder im Kostüm der Fischweiber, und diese hält man für Aristokratinnen, oder sie haben frei in Locken herabhängendes Haar, ein langes Gewand, welches in natürlichen Falten herabsinkt und durch einen breiten Gürtel um den Leib befestigt wird, den kein steifes Korsett peinigt. (...) So kleiden sich die Patriotinnen. Holzschuhe tragen beide Geschlechter, besonders aber die Frauenzimmer, die sich sehr wohl dabei befinden, weil sie die Füße trocken halten. Niemand verliert dabei mehr als die Friseurs, ihr Gewerbe ist ganz in Verfall. Männer und Frauen, Jünglinge und Mädchen finden Wohlgefallen an Locken ohne Kunst und an der natürlichen Farbe ihrer Haare. Bloß Perücken und die weiblichen Altertümer erscheinen noch gepudert. (Vossische Zeitung, Nr. 20, 1794.)

Alles ist indessen relativ. Die Modeschöpfer kapitulierten nicht einmal auf dem Höhepunkt der Terreur. Am 16. Mai wird der *Vossischen* geschrieben:

Der Luxus des schönen Geschlechts steigt von Tag zu Tag. (...) Der Kopfputz wird dreimal täglich verändert und besteht in drei verschiedenen Perücken, nämlich in einer schwarzen, die des Morgens, einer braunen, die des Nachmittags, und einer blonden, die des Abends, wenn sie nach den Boulevards spazierengehen, aufgesetzt werden. Eine blonde Perücke wird mit 600 Livres bezahlt. Des Abends werden die Augenbrauen schwarz gefärbt. Der Nationalagent Payan nahm hiervon Anlaß, im Gemeinderat zu sagen, es sei eine neue Sekte in Paris entstanden, die mit heiliger Ehrfurcht und empfindelnder Andacht für die Guillotinierten beseelt sei. Weiber, die finsteren Ernst affektierten, weil sie beim Lächeln keine Zähne mehr zeigen könnten, kauften die Haare der jungen guillotinierten Blondins und schmückten damit ihre kahlen oder grauen Köpfe. Hierdurch wäre eine neue Art von Andacht entstanden. Zuletzt fügte er noch hinzu, daß man diese Tändelei nicht stören, sondern sogar die blonden Perücken in Ehren halten müsse. Sanson (der Scharfrichter — W. M.) verdient durch diese neue Mode ansehnliche Summen, denn die Perückenmacher kaufen ihm alle Haare der Guillotinierten ab. (Nr. 65, 1794.)

Ein anderer, den „nur ganz dringende Handlungsangelegenheiten“ zu großer Frankreichfahrt bewogen, beobachtete, wiewohl voreingenommen, doch nicht ungenau:

> Ich fand ganz andere Sitten, eine ganz andere Denkungsart, eine ganz andere Sprache. Der Akzent der Neufranken ist hart, ihr Ton rauh. Und ihre Ausdrücke, wie soll ich sagen? Ausdrücke, die man sonst nur unter dem untersten Pöbel und auf der Gasse hörte, sind jetzt gang und gebe, selbst in gesitteten Gesellschaften, selbst unter den Frauenzimmern. Wer hätte glauben sollen, daß Freiheit und Gleichheit in wenigen Jahren eine solche Veränderung hervorbringen könnten! Nur an einem Zuge habe ich die alten Franzosen noch erkannt: an dem Leichtsinn, aber in Paris mehr als in anderen Städten.

Trotz dieses „Leichtsinns“ bemerkte er:

> Die Kriegsanstalten sind fürchterlich, besonders in Paris. Man möchte glauben, diese Stadt, die sonst der Wohnsitz der Weichlichkeit war, sei in eine Waffenschmiede verwandelt. An den Frieden dürfen wir also von dieser Seite nicht denken. Wer auch nur davon sprechen wollte, würde sein letztes Wort gesprochen haben. (Vossische Zeitung, Nr. 24, 1794, Zuschrift vom 13. Februar.)

Zur Frage, ob die Revolution endlich „den neuen Menschen“ — und welchen — geboren habe, hatte die *Feuille de Paris* vom 10. Dezember (1793) die Einsendung eines „sansculottischen Beobachters“ veröffentlicht:

> Wann werden wir eine republikanische Gesinnung, wann republikanische Sitten haben?

Er gab darin eigene Erfahrungen zum besten:

> Wenn ein armer Sansculotte nur 15 Sous für ein Essen ausgibt, weil er mehr nicht ausgeben kann, bedient man ihn mit der Verachtung, die im Ancien Régime üblich war. Beschwert er sich über Beschaffenheit, Menge oder Unsauberkeit der Speisen, antwortet ihm ein grober Kellner, der sich ob seiner Grobheit allein schon für einen Republikaner hält oder vielmehr republikanische Grobheit vorschützt, um seine Unverschämtheit und seine tiefe Verachtung der Armut zu decken: „Für Ihre 15 Sous machen Sie aber ein ganz schönes Faß auf!“ — was in der

Sprache des Ancien Régime bedeutet: Ein Habenichts wie Sie sollte nicht so pampig kommen.
(...) Mit Schmerz sehe ich, daß die Armut und die wahre Vaterlandsliebe überall zurückgewiesen werden. Will ich mich an einer Unterhaltung beteiligen oder über politische Angelegenheiten sprechen, dreht man mir den Rücken zu; oder „Sansculotten", die mit zwei Uhrketten glänzen, (...) murmeln zwischen den Zähnen: „Über Politik spreche ich nicht im Kaffeehaus." Ach, du Unglücklicher! Wenn du das Vaterland, die Freiheit und die Gleichheit liebst, möchtest du sie zu jeder Stunde und an jedem Ort als deine teure Gebieterin verehren. Ihr kalten Seelen! Und ihr nennt euch Patrioten! Ja, so, wie ihr morgen Royalisten sein würdet, wenn man uns allen den Hals abgeschnitten hätte.

Von einer anderen Seite her beleuchtet die Stimmung im Germinal die förmliche Erklärung zweier biederer Postmeister und eines reisenden Beamten vom 9. April:

Wir Unterzeichneten erklären, daß auf der Straße zwischen Orléans und Angerville Bürger, die zur Garde der verschiedenen Stationen gehören, die Reisenden kontrollieren, ob sie Eßwaren mit sich führen. Besonders in Angerville haben drei oder vier bewaffnete Bürger unseren Wagen umringt und uns ebenfalls gefragt, ob wir solche bei uns haben; worauf wir antworteten, daß wir Salzfleisch und einen Topf Schmalz mitführten, dies beides aber für einen Volksvertreter bestimmt sei, dessen Anschrift wir vorzeigten.
Auf diese Angabe hin sagten sie uns, man solle sich wohl hüten, einen Haufen Strolche zu ernähren, die in Paris sitzen. (A. N., W 136, Quintal, Vaugelade et Galletier.)

Stand es um den republikanischen Geist nun besser, seitdem der Unbestechliche in den Augen des In- und Auslandes das Feld allein beherrschte als eine Art Oberzensor, der sogar über den Spielplan der Theater persönlich befand?

Bürger, schrieb ihm Payan am 29. März, ich übersende Ihnen die Entscheidung der Polizeiverwaltung hinsichtlich des Stückes „Timoléon" von Chénier. Ich bitte Sie, den Beschluß aufmerksam zu lesen; ich meine, die Aufführung dieser Tragödie würde die übelste Wirkung tun;

die Dichter würden sich Chénier (Marie Joseph, den Jakobiner, nicht seinen im Juli guillotinierten royalistischen Bruder André — W. M.) zum Muster nehmen, und bald bekämen wir auf dem Theater nur noch ehrenwerte Könige und gemäßigte Republikaner zu sehen. Eine schöne Lektion, die wir dem Volk vorführten! Schöne Beispiele, die wir ihm gäben! (Landauer, II, 400 f.)

Der Revolutionsregierung war es von der Hand gegangen, linke wie rechte Dissidenz in den Orkus zu befördern. Die Klassenkräfte, die sich hinter beiden aufbauten und gegenseitig ausschlossen, vermochte sie indessen damit nicht in den Griff zu bekommen. Der Widerstreit von Sansculotterie und Bourgeoisie, den der Jakobinerstaat in sich trug, schwoll unter der Oberfläche vielmehr an.

Nach Héberts und Dantons Ende soll aus der bedrückten Menge die Frage gekommen sein: An wen man sich denn noch halten könne? Die Antwort: „An Robespierre!" Darauf ein Mann: „Wartet noch ein Weilchen!"

Die Szene ist schwach verbürgt, aber immerhin...

Die am 16. April verfügte Verbannung, das heißt Aussiedlung der Adligen aus der Hauptstadt, fand allgemeine Billigung. Sogar der „heiligmäßige" Louis Claude de Saint-Martin, selber aus Grafengeschlecht, konnte sich der Bemerkung nicht enthalten:

> Wahrhaftig: Wenngleich es unter den Edelleuten achtbare, anständige und gerechte Personen gibt, muß man nichtsdestoweniger zugeben, daß der Adel an sich ein Krebsschaden ist, der nur bestehen kann, indem er alles frißt, was ihn umgibt. Die Art taugt nichts. Da aber nun die Art nur aus Einzelwesen zusammengesetzt ist: Wie den Baum schlagen, ohne auch seine Äste zu treffen und sie in seinen Sturz hineinzureißen? (Mon portrait historique et philosophique, Nr. 449.)

Die Sektion Bonnet Rouge gab indessen (am 4. Mai) der Meinung Ausdruck, daß dem Konvent dennoch ein gerüttelt Maß zu tun bliebe:

> Täglich beweist ihr dem Volk, daß ihr nur auf sein Wohl bedacht seid. Nun ist es Zeit, daß ihr euer prüfendes Augenmerk auf einen Mißstand richtet, der ganz besonders eurer väterlichen Fürsorge bedarf. Wir meinen

eine Aristokratie, die ihr noch nicht vernichtet habt, nämlich die der Unternehmer. Ein einziger, immer der Reichste, kauft überall alle einträglichen Unternehmen auf, deren gerechte Verteilung einer Menge guter Bürger Existenzmittel für ihre Familien und redlichen Gewinn bringen würden. (Dok. 183.)

Insbesondere konnten sich die Sansculotten nicht verhehlen, daß sich aus Wohlfahrtsausschuß, Montagne und Muttergesellschaft ein neues „Oben" herausbildete, das die Partie allein bestreiten wollte und an der Machtausübung partizipierende „Teilsouveräne" unzweideutig scheel ansah. Direktdemokratie stand niedriger im Kurs denn je.

Die Volksgesellschaften der verschiedenen Sektionen sind jetzt in eine unerwartete Ungnade gefallen, stellte die Sektion Brutus am 19. April bekümmert fest. Sie scheinen bei den Freunden der Freiheit Mißtrauen und Besorgnis zu erregen. (Sansculotten, 387, 389.)

Das war nicht nur deshalb der Fall, wie die Sektion glaubte, weil man sie eines weiterwuchernden „Hébertismus" verdächtigte. Die institutionell verfestigte Revolutionsregierung empfand Bewegung von unten innerhalb ihres geschlossenen Systems als zunehmend störend und drängte, wenn möglich mit dem sanften Mittel der Überredung, auf ihre Auflösung. Die Mehrzahl der Sektionsgesellschaften gab diesem moralischen Druck, ungern zwar, doch in republikanischer Loyalität nach.

Die Volksgesellschaft Brutus wies alle Anschuldigungen entschieden zurück, aber

diese gleiche Volksgesellschaft kommt heute aus Sorge um das Staatswohl, von dem sie sich leiten läßt, zu euch (dem Konvent — W. M.), um zu erklären, daß sie von diesem Augenblick an ihre Sitzungen einstellt. Alle ihre Mitglieder gehen nach Hause und erscheinen von jetzt an nur noch in den Vollversammlungen (ihrer Sektion — W. M.).

(...) Bevor wir aber euer Hohes Haus verlassen, Volksvertreter, wollen wir euch unsere klare politische Meinung über die Sektionsgesellschaften zur Kenntnis bringen. Wir sind der Meinung, daß der größte Teil ihrer Mitglieder makellos und rechtschaffen ist. Sie wollen für das Gute wirken und versuchen, ihm in die Herzen aller Eingang zu verschaffen.

Der Adresse wurde eine Liste von 200 Mitgliedern beigefügt (A. N., C 303, pl. 1099, n° 10),

damit ihr aus diesem Verzeichnis auswählen könnt, wenn ihr Patrioten braucht, die euch mit Leib und Seele ergeben sind; Patrioten, die immer bereit sind, euch zu achten und euch auf Leben und Tod zu beschützen. (Dok. 182.)

Die Republikanische Gesellschaft der Sektion Marat, die sich folgerichtig mit dem Namen „Volksfreund" schmückte, begründete ihr Beigeben am 19. Mai unterwürfiger:

Die von den großen Prinzipien einer freiheitlichen Regierung durchdrungene Gesellschaft hat eingesehen, daß ihr Wirkungskreis zu klein und ihre Verbindungen zu gering waren, um das Ziel, das sie sich gestellt hatte (das heißt, die Prinzipien des unsterblichen Marat zu propagieren — W. M.), würdig zu erreichen. Sie fühlte, daß es, anstatt sich auf einen engen Bereich zu beschränken, für das Gemeinwohl nützlicher ist, sich bei der Muttergesellschaft (! — W. M.) über die großen Prinzipien, zu denen man sich dort täglich bekennt, zu unterrichten und der Sektion die nützlichen Unterweisungen weiterzugeben.

Wohl überzeugt, daß sie ihre Aufgabe auf eine ihr würdige Weise erfüllt hat, hat sie gestern feierlich beschlossen, sich aufzulösen. (Sansculotten, 399.)

Die Sektionsgesellschaft Montreuil (in Saint-Antoine) marschierte von vornherein auf der robespierristischen Linie und „opferte" sich willig. Sie war (in mühseliger Rechtschreibung) überzeugt,

daß die auf das öffentliche Wohl und die allgemeine Sicherheit gerichteten Maßnahmen (...) sich auf ein großes Ziel konzentrieren und von *einer* Meinung, von *einem* Prinzip ausgehen müssen, so wie jetzt die Leitung und die Handlungen des Staates von *einem* Punkte ausgehen.

In Erwägung, daß Feinde der Volksgesellschaften oder, um es besser zu sagen, die Feinde des Staatswohls mit List und Tücke unter dem Deckmantel falscher Vaterlandsbegeisterung in unsere Gesellschaft eindringen, den bescheidenen und einfachen Tugenden, zu denen wir uns bekennen, Fallen stellen und uns an den Verbrechen, die

> sie vorhaben, mitschuldig machen könnten; und wenn man weiter bedenkt, daß (...) die Verräter und Verschwörer dem rächenden Schwert des Gesetzes verfallen sind, die Revolutionsregierung aber stark und kraftvoll ist; daß jedes Mitglied im Privatleben wie in der Gesellschaft Sitte und tugendhaftes Verhalten durch Ratschläge und gutes Beispiel lehren kann: haben alle Bürger (...) einmütig beschlossen, daß ab heute, dem 14. Prairial, die Sitzungen der Gesellschaft eingestellt sind, und daß sie sie erst dann wieder aufnehmen wird, wenn die Sache des Volkes es erlaubt. (Ebenda, 407, 409.)

Waren solche Stimmen repräsentativ?

Für die engagierten unter den Sansculotten, die *militants*, wohl doch. Nur sei nicht übersehen, daß es auch andere gab: offenes Gemecker beim Schwatz an der Straßenecke, in Kneipe und Kaffeehaus, Geschimpfe in der Schlange vor dem Fleischerladen, Anzüglichkeiten in der nur äußerlich bis zur Perfektion gleichgeschalteten Boulevardpresse:

> Eine rote Mütze ist nicht mehr ein Zeugnis staatsbürgerlicher Gesinnung. Wir wollen keine Kardinäle mehr, von keiner Sorte. Diese Aufmachung, die mehr noch die Furcht als der Patriotismus erfunden hatte, verscheuchte die französische Anmut und Heiterkeit; sie schien auf eine Scheidung der Freiheit vom guten Geschmack hinauszuwollen. (Correspondance politique, 29. April 1794.)

Weder Royalismus noch Linksextremismus waren aus den Köpfen wie durch ein Wunder hinausgeblasen. Arbeiter sträubten sich angesichts des so miserabel funktionierenden Preismaximums gegen eine Lohnbegrenzung, die ihren tatsächlichen Verdienst um durchschnittlich etwa ein Viertel minderte, und die Aufsaugung der Arbeitslosen durch Volksbewaffnung und Rüstungskonjunktur gab ihnen Druckmittel in die Hand. So zögerte auch die robespierristische Commune vorerst noch, die gesetzlichen Lohntarife für Paris verbindlich zu erklären.

Die Peripetien der Revolution hatten nun vier Jahre gedauert, vielen schon um vieles zu lange, und diese scherten allzuoft vernommene heilige Schwüre nicht mehr groß. Sie sehnten nicht die Ketten der Alten Ordnung zurück. Sie verteidigten die Republik, jedoch so, wie man sich in Unvermeidliches schickt. Denn mochten die Väter des Vaterlandes so oder so

miteinander streiten: Was sprang dabei für den gemeinen Mann schon heraus? Noch mehr großartige Reden, neue schöne Worte und undurchschaubare Gesetze?
Die Guillotine, davor vielbewitzelter Gegenstand der Volksbelustigung, wurden die Hauptstädter nachgerade leid. Die Verschonung von Angeklagten löste Freudenkundgebungen aus. Die um ihr Schauspiel gekommenen Neugierigen

> halfen dennoch eigenhändig beim Abbau des Blutgerüsts (...) und segneten das Gericht, das — ohne jemals Schuldigen Gnade zu gewähren — Unschuldige freizusprechen weiß. (Ebenda, 2. Mai 1794.)

Die aufwühlenden Hinrichtungen der dem Volk zum Begriff gewordenen exemplarischen „Unholde" waren vorbei. Jetzt machte es nur noch die „Masse Blut", und die stumpfte ab, je länger, je mehr.

> Die Exekutionen, ließ sich die „Vossische" am 20. Juni melden, geschehen itzt nicht mehr auf dem Revolutionsplatze, sondern am äußersten Ende der Vorstadt St-Antoine, auf dem Platze bei der Barriere de Trone. Man hatte anfangs den Platz bei der Bastille am Eingange der gedachten Vorstadt gewählt; da er aber ringsumher mit hohen Häusern eingeschlossen ist, so besorgte man, daß die Luft durch das viele bei der großen Hitze vergossene Blut könnte verdorben werden, und wählte deswegen einen ganz freien Ort. (Nr. 80, 1794.)

In dünner werdender Höhenluft über dem Volke thronend, atmete auch die Revolutionsregierung schwerer.

Jean-Baptiste Olivier Garnerin, électeur de la section de Bon-Conseil en 1792, aux membres composant la société électorale. Paris (März) 1794.

Réponse de Florentin Phulpin, juge de paix de la section des Arcis, aux calomnies imprimées contre lui par Jean-Baptiste Garnerin. Paris (April) 1794.

Adresse présentée à la Convention nationale par la société populaire de la section de Brutus. Paris (19. April) 1794.

Rapport du comité de la société populaire et fraternelle des Amis de la patrie fait à la société. Paris (16. Mai) 1794.

M. Eude: Etudes sur la Commune robespierriste. Paris 1937.

L. C. de Saint-Martin: Mon portrait historique et philosophique. Hrsg. R. Amadou. Paris 1961.

Ungeachtet des Erlahmens der demokratischen Masseninitiative genoß Robespierre weiterhin Vertrauen beim Volk. Die persönliche Diktatur, die ihm Kritiker — einschließlich mancher seiner Weggefährten — unterstellten, war moralischer, nicht institutioneller Natur. Ausländische Beobachter, die in ihm einen „neuen Cromwell" mutmaßten, mit dem man als dem Wiederhersteller einer gewissen Ordnung eventuell am ehesten den Frieden aushandeln könne, kalkulierten diese Potenz des Unbestechlichen ein. Nicht jeder war so unbedarft wie die *Montägige Frankfurter Kaiserliche Reichs-Ober-Post-Amts-Zeitung*, sich von Tatarennachrichten zu nähren:

> Die Jacobiner haben ganz Stockholm unterminiert. Die Teilung von Polen soll ihre Arbeit begünstigt haben. (Nr. 31 vom 24. Februar 1794.)

Die *Vossische* meldete unter dem 11. Februar aus Paris:

> Robespierre scheint immer mehr an Ansehen zu gewinnen, wozu das Einfache seiner Lebensart und sein Bestreben, dem überspannten Freiheitsenthusiasmus die Spitze zu bieten, nicht wenig beitragen (Nr. 24, 1794),

und unter dem 19. März:

> Robespierre, den man hier als Retter der Freiheit betrachtet, wurde im Schauspielhaus mit einem Jubelgeschrei empfangen, wie man es ehemals bei dem Eintritt königlicher Personen zu hören pflegte. Das Volk ist ganz für ihn eingenommen. (Nr. 41, 1794.)

Er steuerte nach einem theoretischen Konzept, das er nach und nach auf feste Formeln brachte. Danach bedarf das Regime als „Kriegsregierung einer außergewöhnlichen Aktivität", muß „handeln wie der Blitz", muß alle Widerstände brechen, von woher sie auch kommen mögen. Man kann nicht „Frieden und Krieg, Gesundheit und Krankheit der gleichen Diät unterwerfen". Der Terror ist ausschließlich zum Wohl der Republik in Kraft, und die Tugend als „Grundprinzip der revolutionären oder demokratischen Regierung" gewährleistet, daß er nicht in Despotismus umkippt. Tugend aber ist gleichbedeutend mit der

> Liebe zum Vaterland und zu seinen Gesetzen, die groß-

> herzige Ergebenheit, die alle persönlichen Interessen dem Gemeinwohl einordnet.

Im System der Französischen Revolution, schlußfolgerte Robespierre,

> ist das Unmoralische politisch schlecht: Der Verdorbene ist Konterrevolutionär.

Dieses System war auf einen Punkt ausgerichtet. In seiner grundlegenden Konventsrede vom 5. Februar umriß er ihn so:

> Wir wollen den Willen der Natur und die Bestimmung der Menschheit erfüllen, die Versprechen der Philosophen halten, die Vorsehung von der langen Herrschaft des Verbrechens und der Tyrannei freisprechen. Möge Frankreich, ehedem berühmt unter den Sklavenländern, den Ruhm aller freien Völker, die jemals gelebt haben, überstrahlen und das Vorbild der Nationen werden, der Schrecken der Unterdrücker, der Trost der Unterdrückten, die Zierde des Universums! Indem wir unser Werk mit unserem Blut siegeln, können wir wenigstens das Morgenrot der allgemeinen Glückseligkeit erglänzen sehen.

Wie sich aber nun diesem — reichlich hochgeschraubten — Ziel konkret nähern?

Der Konvent blieb statutarisch „einziger Mittelpunkt, Triebwerk der Regierung". Nach dem Germinal wurde jedoch die Exekutivgewalt zur Seele des Systems, und die Nationalversammlung wurde ihr in der Praxis nachgeordnet. Der seit dem Ausschluß von Hérault unveränderte Wohlfahrtsausschuß leitete — teilweise durch eigene Kanzleien — Diplomatie, Kriegführung, Rüstung und Volkswirtschaft. Seit Mai griff er durch ein eigenes Polizeibüro auch in bisherige Reservate des Sicherheitsausschusses (dem Inneres und Justiz unterstanden) ein. Obwohl sich einige Mitglieder ressortmäßig spezialisierten, verzichtete keines auf Teilnahme an der kollegialen Leitung von Politik und Landesverteidigung. Der Ausschuß

> behält sich die Generallinie der Regierung vor und unterbreitet dem Konvent Maßnahmen von Bedeutung,

die zu ermessen ihm allein oblag. Alle Impulse gingen folglich von ihm aus, und die Nationalversammlung sagte nur ja oder — theoretisch — nein.

Der Konvent faulenzte deshalb nicht. Über Ausschüsse und Kommissionen dirigierte er die Verwaltung der Republik. Als Gesetzgeber blieb er rührig, und es war nicht nur rasch vergängliches Tagewerk, was er mit seinen Hunderten Dekreten allmonatlich hervorbrachte.

Am 15. April erließ er ein Verbot sämtlicher Handels- und Aktiengesellschaften. Er setzte nationale Waffen- und Munitionswerkstätten in Gang: außer der Pariser Großmanufaktur solche in Bergerac, Moulins und Grenelle. Er führte — mangels an Mitteln freilich nur im Prinzip — seit dem 19. Dezember 1793 die unentgeltliche allgemeine Schulpflicht ein und bedachte die Welt (zunächst „provisorisch") mit dem metrischen System. Ein Fürsorgegesetz vom 11. Mai verankerte den Grundsatz der sozialen Sicherheit für alle bedürftigen Bürger; in jedem Departement wurde ein „Buch der nationalen Wohltätigkeit" ausgelegt.

Saint-Just wies in den (zu seinen Lebzeiten unveröffentlichten) *Fragmenten* als Ziel der montagnardischen Gesetzgebung aus,

> allen Franzosen die Mittel zu geben, um ihre grundlegenden Lebensbedürfnisse zu befriedigen, ohne von anderem abzuhängen als vom Gesetz.

Davon war man im Frühjahr 1794 allerdings ein gutes Stück entfernt. Im Gegenteil belegen viele Zeugnisse, daß in der Wirtschaftspolitik der Wohlfahrtsausschuß, der den Mittelschichten jetzt ein offeneres Ohr lieh, eher zum Rückzug blies. Den Kaufleuten bot er Sicherheiten und verzichtete, solange nicht Armee- und Staatsbedarf betroffen waren, zumeist auf Einmischung. Die Außenhandelskontrolle wurde laxer; man verließ sich auf private Großlieferanten und zog die staatlichen Handelsagenten aus dem Ausland zurück. Eine Kommission für Handel und Versorgung, die am 1. April die (oftmals des „Hébertismus" verdächtigen) Kommissare zur Bekämpfung der Hortung ablösten, bekam nichts Rechtes zu tun. Indem der Wohlfahrtsausschuß Bauern und Handwerker als Produzenten stimulierte, mußte er trotz Gegenvorstellungen seitens der Verbraucher die Aufsicht über die Versorgung schrittweise lockern. Am Ende drückte er vor offenkundiger Verletzung des Maximums beide Augen zu, ausgenommen bei Brot.

> Trotzdem, empfiehlt Soboul, sollte man die Bilanz der jakobinischen Wirtschaftslenkung nicht als negativ betrachten. Sie allein hat es erlaubt, die Massenheere der Republik zu ernähren und auszurüsten. Ohne sie wäre ihr Sieg undenkbar gewesen. Dank ihr war dem werktätigen Stadtvolk wenigstens das tägliche Brot gesichert. (Französische Revolution, 358.)

Die Konzentration der Regierungsgewalt machte weitere Fortschritte. Am 2. April gingen die Funktionen des bisherigen Exekutivrates der sechs Fachminister auf zwölf Vollzugskommissionen des Konvents über, so Legislative und Exekutive noch enger zu einer „arbeitenden Körperschaft" verbindend, jedoch bei eindeutiger Federführung der letzteren. Die Volksvertreter in Mission, schon am 4. Dezember 1793 in ihren Kompetenzen beschnitten, wurden aufgrund der gemischten Erfahrungen, die man mit ihnen gemacht hatte, abberufen. Zu den unfreiwilligen Heimkehrern zählten ein Fouché, Carrier, Tallien, Fréron. Während sie mißmutig in Paris herumnörgelten, entsandte der Wohlfahrtsausschuß eigene Bevollmächtigte und in Ausnahmefällen eines seiner Mitglieder — wie Saint-Just — an Brennpunkte des Geschehens. Letzterer malte (am 15. April) aus, wie der vorbildhafte Revolutionär beschaffen sein sollte:

> Ein Revolutionär ist unbeugsam, jedoch verständig und genügsam. Er ist einfach, ohne sich mit dem Luxus falscher Bescheidenheit zu schmücken. Er ist der unversöhnliche Feind jeder Lüge, jeder Nachsicht und jeder Schöntuerei. Da sein Lebensziel darin besteht, der Revolution zum Sieg zu verhelfen, krittelt er niemals an ihr herum (...). Er legt es weniger darauf an, mit der Autorität, die das Gesetz ist, auf gleichem Fuße zu stehen als mit den Menschen, besonders mit den Armen.
>
> (...) Der Revolutionär ist Schuften gegenüber schroff, jedoch ist er voller Gefühl. Er ist so sehr auf den Ruhm seines Vaterlandes und der Freiheit bedacht, daß er nichts unbesonnen unternimmt. Er eilt in den Kampf, verfolgt die Schuldigen und verteidigt die Unschuld vor Gericht. Er sagt die Wahrheit, um Kenntnis zu verbreiten, nicht um zu kränken.

Feldwebel Leclerc in Strasbourg hoffte (am 10. Juni 1794)

den unbezwinglichen Saint-Just wiederzusehen, einen Mann von seltenem Verdienst durch seine Talente und seine Tugenden. (Landauer, II, 331.)

Im Mai wähnte Robespierre den Zeitpunkt gekommen, der revolutionären Nation zum politischen sein geistiges (wenn nicht gar geistliches) Dach zu geben. Er glaubte an die Möglichkeit, ein solches im Alleingang zu setzen und beanspruchte, die republikanische Doktrin auf metaphysische Grundlagen zu stützen.

Als Jünger Rousseaus hielt er den Sensualismus Condillacs für fast ebenso untauglich wie den „aristokratischen" Atheismus eines Helvétius, dessen Büste er im Jakobinerklub zertrümmern ließ. Er glaubte, wiewohl nicht nach Christenweise, an ein Dasein Gottes. Diese subjektive Überzeugung hatte er bislang niemand aufgedrängt. Als Staatsmann das Bedürfnis verspürend, dem Volk zu einem Kultus zu verhelfen, der politisch sinnvoll war, eingewurzelte Gewohnheiten schonte und dennoch republikanische Sitten befestigte, suchte er indessen jetzt nach Klammern zum weltanschaulichen Konsens der Nation. Am 7. Mai trug er dem Konvent vor:

> Die einzige Grundlage der Gesellschaft ist die Moral. (...) Die Amoralität ist die Basis des Despotismus, wie die Tugend das Wesen der Republik ist. Belebt die öffentliche Moral! Befehlt so, daß gesiegt wird, aber schleudert vor allem das Laster in das Nichts zurück! (...) In den Augen des Gesetzgebers ist alles, was den Menschen nützlich und in der Praxis gut ist, die Wahrheit.

Und gelangte daraufhin zu dem Schluß:

> Die Idee vom Höchsten Wesen ist ein fortgesetzter Anruf an die Gerechtigkeit, sie ist also sozial und republikanisch.

Der Konvent münzte Robespierres Ideenfluß noch am selben Tag in ein Dekret um (Dok. 184). Sein Artikel 1 verlautbarte, daß

> das französische Volk die Existenz des Höchsten Wesens und die Unsterblichkeit der Seele anerkennt.

Die „Brüderliche Gesellschaft beider Geschlechter" legte ihn am 19. Mai auf ihre Art aus:

> Die abtrünnigen Sybariten Pitts versuchen auf jede Weise, das Volk zu beunruhigen. Sie trachten danach, Zweifel an

> der Unsterblichkeit der Seele zu erwecken, als ob nicht schon der Augenschein sie beschämte. Die Sansculotten diskutieren keine metaphysischen Probleme, aber sie kennen die Natur. Sie sehen, daß sich der Beweis dieses großen Prinzips in der Fortpflanzung des Menschengeschlechts findet. Ist das nicht eine Unsterblichkeit? Zweifellos ja, aber die Fanatiker (ohne Religion und ohne Tugend) erkennen sie nicht an. Wir werden auch von ihnen den Boden der Freiheit säubern, und das Schafott erwartet sie. (Sansculotten, 397.)

Ein „Fest des Höchsten Wesens und der Natur" weihte den neuen Kult an einem sommerlich schönen 8. Juni ein. Inmitten einer unübersehbaren Menschenmenge bewegte sich der von David mit Sorgfalt arrangierte Festzug nach Klängen der Tonschöpfer Gossec und Méhul vom Nationalpark der Tuilerien zum Marsfeld; Zugochsen mit vergoldeten Hörnern fehlten in ihm nicht.

> Am Fuße des Amphitheaters erhebt sich ein Aufbau, der alle Feinde der öffentlichen Glückseligkeit vereinigt. Das trostlose Scheusal des Atheismus überragt sie: den Ehrgeiz, die Selbstsucht, die Zwietracht, die vorgetäuschte Einfachheit. (Moniteur, 7. Juni 1794.)

Hier waltete Robespierre, einige Tage zuvor zum Präsidenten des Konvents gewählt, als Sprecher; mit seiner Fackel setzte er den Popanz in Brand,

> den die Flammen mit derselben Schnelligkeit verzehrten, mit der das Schwert des Gesetzes die Verschwörer getroffen hat.

Obwohl sogar seine Freunde nur zögernd zugeraten und viele geeichte Konventsmänner ausgiebig über das Schauspiel gelästert hatten, hinterließ es unmittelbar doch Eindruck.

Dussault war zwar ein konjunktureller Speichellecker, der drei Monate später ein *Bildnis des Catilina Robespierre* hinzaubern wird. Wenn er jedoch berichtete, daß

> von allen Festen, die seit Beginn der Revolution gefeiert wurden, keines mit so viel Harmonie durchgeführt wurde (Correspondance politique, 9. Juni 1793),

braucht man dies um so weniger zu bezweifeln, als es der Liedermacher Rousseau im *Moniteur* am 10. Juni bestätigte:

> Dieser dem Höchsten Wesen geweihte Tag wird ohne

> Widerrede der schönste Tag im Leben des tugendhaften Mannes sein (...) und ihm als solcher im Gedächtnis haften.

Während Dussault über den Wohlklang von Robespierres Stimme in (gespieltes) Entzücken ausbrach, hob Rousseau die Würde,

> die frische Fröhlichkeit des Volkes, die tausendfach wiederholten Rufe „Es lebe die Republik!“, „Es leben unsere Vertreter!“, „Es lebe die Montagne!“

hervor. Sollte es allen Skeptikern zum Trotz gelingen, die konstruierte Ersatzreligion in patriotischem Gefühlseinklang refraktären und verfassungstreuen Gläubigen ebenso wie Fürsprechern des Kultes der Vernunft überzustülpen?

> Edler Berg, unzerstörbare Hoffnung der Republik!, trug die Sektionsgesellschaft Montreuil am 9. Juni ihr Scherflein bei: Vernimm den tiefempfundenen Ausdruck unserer Dankbarkeit! Ihr habt die Würde des Menschen wiederhergestellt, indem ihr ihn zur Natur zurückgeführt und ihn seinen Schöpfer habt erkennen lassen! (Sansculotten, 409.)

Aus Strasbourg schrieb Feldwebel Leclerc am 10. Juni (1794) an seinen Vater in Riom:

> Das Nationalfest war majestätisch. Ich schwöre Euch, ich habe in meinem Leben nicht so viele weißgekleidete Frauen gesehen. (Landauer, II, 331.)

Mallet du Pan, wiewohl prinzipieller Jakobinerhasser, lag nicht ganz daneben, wenn er schrieb:

> Man glaubte ernsthaft, daß Robespierre darangegangen war, den Abgrund der Revolution zu schließen.

Sobald sich dieses Mißverständnis aufklärte, verfehlte er aber sein Ziel. Kein Ukas konnte diskrepante soziale und politische Kräfte in einen und denselben Weltanschauungspanzer zwängen. Objektiv außerstande, das reale gesellschaftliche Problem einer haltbaren Lösung zuzuführen, wölbte der Idealist seinen Brückenbogen, der auf Erden nicht tragen wollte, in die Transzendenz: Mischmasch eines *Evangeliums der Freiheit*, wie es in Lyon propagiert wurde, und das Massin an des Freimaurers Mozart Kantate *Dir, Seele des Weltalls, o Sonne* erinnert:

> Vater des Lichts! Ewige Macht, der Du der Freiheit die

Sonne vorangehen läßt, um ihre erhabenen Werke zu erleuchten! (...) Schwache Sterbliche, die wir sind, gehen wir zweifellos in die Irre, wenn wir Deine Wohnstatt und Dein hehres Wesen suchen (...). Wer Du auch seist, wir sind Deine Schöpfung, weil wir frei sind und keinen anderen Herrn als Dich kennen (...). Das Evangelium der Freiheit ist im Mittelpunkt der Erde, es ist das Entsetzen der Tyrannen.

(...) Ich glaube an die eine und unteilbare Französische Republik, an ihre Gesetze und die geheiligten Menschenrechte, die das französische Volk vom heiligen Berg des Konvents empfangen hat, der sie schuf (...).

Ich glaube, daß die Sansculotten, die für das Vaterland und die geheiligten Menschenrechte gestorben sind, sitzen zur Rechten des Vaters aller Wesen und segnen ihre Brüder, die sich an den Horden der Tyrannen rächen (...).

Möge das europäische Volk seine sträfliche Lethargie abstreifen und die Menschenrechte anerkennen, für die die Kinder Frankreichs zu leben und zu sterben geschworen haben. (Massin, Almanach, 296.)

Tatsächlich warf das „hohepriesterliche Dekret vom 18. Floréal“ indessen nur einen Streitapfel in den Schoß der Revolutionsregierung. Weder die Befürworter einer gewaltsamen Entchristlichung noch die Befürworter eines indifferenten Laienstaates fanden sich mit Robespierres überrumpelnder Eigenmächtigkeit ab, von den praktizierenden Christen im Lande ganz zu schweigen. Was, wenn er sie auch auf anderen, noch brisanteren Gebieten auszuspielen begann?

M. Robespierre: Sur les rapports des idées religieuses et morales avec les principes républicains, et sur les fêtes nationales. Paris (7. Mai) 1794. — Derselbe: Discours au peuple réuni dans le Jardin national. Paris (8. Juni) 1794.

Adresse à la Convention nationale (proposée par Jullien) sur l'instauration du culte de l'Etre suprême. Paris (15. Mai) 1794.

Vilate: Les Mystères de la Mère de Dieu dévoilés. Paris (Ende) 1794.

A. Aulard: Le culte de la Raison et le culte de l'Etre suprême. Paris 1892.

A. Mathiez: Robespierre et le culte de l'Etre suprême. Le Puy 1910.

Merkwürdig mochte dem Konvent am 20. April ein Warnruf Billauds klingen:

> Jedes Volk, das eifersüchtig über seine Freiheit wacht, muß auf der Hut bleiben, sogar vor der *Tugend* der Männer, die herausragende Stellungen bekleiden.

Kaum verhüllt auf Robespierre gemünzt, kündigte er Spannungen im Wohlfahrtsausschuß selber zu einem Zeitpunkt an, als das Prestige des Unbestechlichen im Zenit stand. Weder in der politischen Spitze noch in der Volksgunst besaß er einen Rivalen. Das zeigte sich deutlich, als am 23. und 24. Mai Anschläge (an denen manches unaufgeklärt blieb) auf Collot und Robespierre verübt wurden. Die Attentäter und ihre angeblichen Spießgesellen (das heißt der entsprechende „Schub") wurden in der Aufmachung von „Vatermördern" zum Richtplatz geführt. Während Collot einige passende Beglückwünschungen zu seiner Rettung entgegennehmen durfte, ergoß sich über Robespierre aus ganz Frankreich eine wahre Flut von Ergebenheitsbezeigungen. Sie waren großenteils keine Pflichtübungen, sondern meinten, was sie sagten. Die Sektion Droits de l'Homme reagierte spontan, über Nacht sozusagen:

> Das Volk unterstützt den Nationalkonvent, und dieser unterstützt das Volk. Wie das Volk, ist der Konvent unvergänglich und unbesiegbar. (...) Es lebe die volksdemokratische Regierung: Vive le gouvernement populaire et démocratique! (25. Mai 1794, A. N., C 306, pl. 1155, n° 19.)

Auch eine Petition von Bürgerinnen der Sektion Sans-Culottes am 10. Juni zeigte sich frei von personengebundenem Schmeichel:

> So trachteten die Feinde der Gleichheit danach, durch Mord die Freiheit zu beschneiden. Sie geben sich der Hoffnung hin, durch die Ermordung der edelsten Verteidiger der Freiheit ihre verbrecherischen Pläne verwirklichen zu können. Aber sie mögen wissen, daß *ein* Glaube die Nation vereinigt. Sie würde eher ganz zugrunde gehen, als sich die Fesseln wiederanlegen lassen, die sie gesprengt hat. Noch aus unseren Gebeinen würden, wie aus den Zähnen, die Kadmus säte, Rächer erstehen!

Die Petitionäre priesen den Konvent als Ganzes und bestätigten sein Mandat:

> Setzt eure edle Tätigkeit fort! Gebt die Macht, die die Nation in eure Hände gelegt hat, nicht auf, bis ihr Europa den Frieden gegeben und die elenden Tyrannen unterworfen habt, die sich gegen unsere Freiheit verschwören!
> Dann können wir in Sicherheit deren Früchte genießen.
> Dann werden eure Taten in das Buch der Geschichte eingehen. (Sansculotten, 409, 411.)

Andere Zuschriften freilich durchwehte ein peinlicher Duft von Anhimmelei, der dem Jakobinerstaat schlecht anstand. Der Angesprochene soll sich daraus nichts gemacht haben. Immerhin bewahrte er Ergüsse auf, die ihn als Messias feierten — und sehr bald in seinen nachgelassenen Papieren vorgefunden wurden ...

Tribut an die Selbstliebe des kleinen „Talglichts aus Arras"? Nicht das ist die Frage: Mit „Meinungen der Zeitgenossen über Robespierre" ließe sich ein weiteres Buch füllen. Zeugte die Häufung von Lobgesängen aber nicht von einer Überdrehung der — oft konträren — Erwartungen, die die Einsender an ihren „Helden" knüpften? *Konnte* er denn die Rolle einer akzeptierten Symbolfigur über längere Zeit durchhalten? Mußte er seine Bewunderer — aus unterschiedlicher Ursache — nicht zwangsläufig enttäuschen, wo nicht vergraulen?

Das Dilemma „Palmzweig oder Richtbeil?" drängte sich gewissermaßen auf drei Tage zusammen. Am 8. Juni Fest des Höchsten Wesens, das ein Ende der Mühen in harmonischem Ausklang zu signalisieren schien (Dok. 187); am 10. Juni schon das Gesetz vom 22. Prairial, dessen 22 Artikel den Eindruck erweckten, als beginne mit dem *„Großen Schrecken"* alles noch einmal von vorn: vielleicht ein letztes Aufräumen, doch ohne erkennbaren Schlußpunkt.

> Es geht nicht darum, Exempel zu statuieren, sagte Collot, als er das Dekret einbrachte. Es geht darum, unbelehrbare Satelliten der Tyrannei *auszurotten.*

Voruntersuchung (Art. 12) und Verteidigung (Art. 16) entfielen. Die Geschworenen durften sich laut Artikel 8 mit „moralischen Beweisen" begnügen. Die Kennzeichnung des Volksfeindes fand im äußerst dehnbaren Artikel 6 eine Erweiterung:

Wer die Verächtlichmachung oder Auflösung des Nationalkonvents und der republikanischen Revolutionsregierung, deren Mittelpunkt er ist, anstrebt (...).

Wer die Pläne von Frankreichs Feinden begünstigt, indem er Patrioten verfolgt und verleumdet (...).

Wer Defätismus zu säen, die Sitten zu verderben, Reinheit und Energie der revolutionären Grundsätze zu ändern unternimmt (...).

Wer offen oder versteckt Anschläge gegen die Freiheit, die Einheit, die Sicherheit der Republik verübt oder bemüht ist, ihren Fortschritt aufzuhalten.

Artikel 7 sagte in dürren Worten:

Die Strafe für alle Delikte, deren Aburteilung dem Revolutionstribunal vorbehalten ist, ist der Tod.

Der summarische Begriff des Aristokratenkomplotts erlaubte es, im selben Verfahren Angeklagte zu belangen, zwischen denen keinerlei Verbindung bestand, die aber infolge ihrer Umtriebe gegen die Nation als mitverantwortlich betrachtet wurden.

Im Ergebnis dieser Verschärfungen fanden in Paris in den 7 Wochen bis zum 9. Thermidor 1376 Hinrichtungen statt (während es vom 6. April 1793 bis zum 10. Juni 1794 insgesamt 1251 gewesen waren). Laut Fouquier-Tinville „fielen die Köpfe wie Dachziegel".

Ein zeitgenössischer Meinungsquerschnitt zum Prairialgesetz ist unmöglich zu ziehen, weil es doch gar zu gefährlich war, sich ungeschminkt dagegen zu äußern. Sicherlich waren die Zustimmenden in der Minderheit. Auch die historische Kritik hat es ganz überwiegend abgelehnt und, wie es scheinen will, zu Recht. Bedarf es einer Berufung auf Friedrich Engels?

In jeder Revolution geschehen unvermeidlich eine Menge Dummheiten, gerade wie zu jeder andern Zeit, und wenn man sich endlich wieder Ruhe genug gesammelt hat, um kritikfähig zu sein, so kommt man notwendig zum Schluß: Wir haben viel getan, was wir besser unterlassen hätten, und wir haben viel unterlassen, was wir besser getan hätten, und deswegen ging die Sache schief. Welcher Mangel an Kritik liegt aber darin, die Kommune (von 1871 — W. M.) geradezu heiligzusprechen, sie für unfehlbar zu erklären, zu behaupten, jedem Haus, das abgebrannt, jedem Geisel, der erschossen, sei genau und bis aufs Pünktchen überm i sein Recht widerfahren? (...) Heißt das nicht dasselbe wie von der ersten französischen Revolution sagen: Jedem einzelnen Geköpften ist recht geschehen, zuerst denen, die Robespierre köpfen ließ, und dann dem Robespierre selbst? (MEW, XVIII, 534.)

Der „ganze französische Terrorismus" war nach Marx

nichts als eine plebejische Manier, mit den *Feinden der Bourgeoisie*, dem Absolutismus, dem Feudalismus und dem Spießbürgertum fertig zu werden. (Ebenda, VI, 107.)

Er stattete die Revolutionsregierung mit der Zwangsgewalt aus, die ihr erlaubte, die Wohlfahrt der Republik Gut- und Böswilligen als oberstes Gesetz aufzuerlegen. Man möchte Soboul zustimmen, daß in diesem Sinne der revolutionäre Terror — ungeachtet seiner vielen schmerzvollen Miß- und Fehlgriffe — ein Faktor des Sieges war.

Jenseits allen Moralisierens und jedweder Zahlenspielerei stellt sich jedoch die Frage, ob das Prairialgesetz — unter den Umständen und zu seinem Zeitpunkt — nicht ein *Fehler* war. Sämtliche Nonkonformisten enttarnen und sodann „ausrotten" konnte die Guillotine nie. Also konnte sie nur selektiv vorgehen. Wer alles aber mußte sich dann von ihr bedroht fühlen? Nur die — inhaftierten oder (noch) nicht inhaftierten — Verdächtigen? „Ehemalige", die bisher durch die zu weiten Maschen des Gesetzes und die Wachsamkeit der Revolutionskomitees geschlüpft waren? Die lauen, die schwächlichen Patrioten?

Richtschnur bei der Urteilsfindung ist das von Vaterlandsliebe erleuchtete Gewissen der Richter. (Art. 8.)

Möglich, aber kam es allein darauf an? Lag nicht vielmehr dem „Triumvirat" Robespierre—Saint-Just—Couthon an einer abermaligen Säuberung des Konvents? Von dort allein vermochte gegebenenfalls eine „Verschwörung" ihre todbringenden Fäden zu ziehen, und deutete nicht manches darauf hin, daß deren erste bereits geknüpft wurden?

Wenn so, mußte das Prairialgesetz aber als Katalysator sämtlicher auch nur potentiell und in unterschiedlichen Graden antirobespierristischer Kräfte wirken. Verschaffte es ihnen nicht den Zustrom aller — sogar der grundlos — Verängstigten? Führte (laut Art. 8)

> das Verfahren, bestehend in der Anwendung einfacher Mittel, die der gesunde Menschenverstand aufzeigt, um in den vom Gesetz festgelegten Formen zur Wahrheitsfindung zu gelangen,

nicht zu einem Wettlauf zwischen einem nach außen hin triumphierenden Robespierrismus und den ihm — innerhalb und außerhalb des Regierungslagers — nicht oder nicht voll oder nicht mehr Integrierten, wer zuerst gegen wen das Prävenire spielen würde?

An Anzeichen für ein bevorstehendes Kräftemessen fehlte es im Frühjahr 1794 nicht. Die ungnädig verabschiedeten „Prokonsuln" trugen genügend auf ihrem Schuldkonto, um dafür vom Wohlfahrtsausschuß, wenn er nur wollte, zur Verantwortung gezogen zu werden. Für sie galt es, die Lage zu überdenken und Vorsorge für den Fall der Fälle zu treffen. Wer sich im „Sumpf" des Konvents als „Fraktionsloser" durch die verdüsterten Zeiten quälte, hatte ebenfalls längst nicht immer eine saubere Weste. Zwar sprang Robespierre mit den Männern der Mitte in der Nationalversammlung im allgemeinen pfleglich um. Er bedurfte ihrer Stimmen, und sie wiederum rechneten ihm hoch an, daß er die von Agitatoren beharrlich reklamierte Hinrichtung der girondistischen „73" zu verhindern wußte. Dennoch konnte diese schlummernde Reserve der Montagne unter Füchsen wie Sieyès und Boissy d'Anglas, wenn mit geringem Risiko verbunden, von einem Tag zum anderen die Fronten wechseln.

Eine weitere Unbekannte in der Rechnung war Cambon, der über den Geldhahn verfügte; sein Finanzausschuß war der einzige, der volle Unabhängigkeit vom Wohlfahrtsausschuß bewahrt hatte. Cambon verteidigte Grundsätze einer „gesunden", auf Schonung der Besitzenden bedachten bürgerlichen Wirtschaftsführung und zählte zu den erfolgreichsten Hintertreibern der Ventôsedekrete.

> Ich glaubte zu bemerken, daß Cambons Leitgedanken über die Finanzen für den Erfolg der Revolution nicht so vorteilhaft sind, wie sie ihm scheinen (Dok. 192),

wird Robespierre urteilen, der sie entweder den murrenden Sansculotten plausibel machen oder sich streitbar in eine Materie stürzen mußte, von der er eingestandenermaßen blutwenig verstand:

Wenn etwas außerhalb meiner Macht steht, dann ist es die Lähmung des Konvents, besonders was die Finanzen anbelangt; denn niemals habe ich mich damit befaßt. (Ebenda.)

Er hielt sie sich deshalb gern vom Leibe. Wenn aber einmal nicht, dann konnte es Cambons Schiffbruch bedeuten.

Der Sicherheitsausschuß, verärgert über das „Höchste Wesen" und empört über die Usurpierung ihm zukommender Befugnisse durch die „parallele Polizei" des Wohlfahrtsausschusses, ließ als Gegengabe eine Petarde los. Er verwickelte Robespierres Namen in die kleinliche Affäre einer wahrsagenden „Gottesmutter" Catherine Théot, die professionellen Umfang mit anrüchiger Kundschaft und eine mystische Vorliebe für den Unbestechlichen auf seltsame Weise kombinierte. Die Aufbauschung des allenfalls das Zeitkolorit bereichernden Zirkels zum konspirativen Nest durch den Sicherheitsausschuß und eine ungeschickte Intervention Robespierres, die Sache herunterzuspielen, setzten ihn dem Zwielicht der Lächerlichkeit aus.

Nach der verärgernden — weil ja gewissermaßen die „historische Montagne" moralisch liquidierenden — Behauptung:

Es kann im Konvent nur zwei Parteien geben: die Guten und die Böswilligen,

schlug er am 12. Juni für lange 7 Wochen die Türen des Sitzungssaales hinter sich zu. Das wäre vielleicht noch gegangen, hätte er nicht die Erfahrung machen müssen, daß ihm bei der Abwehr der fein eingefädelten Muttergottesintrige — denn das war sie unzweifelhaft — erstmalig auch sein eigener, der Wohlfahrtsausschuß, den Rücken zuwandte. Schmollend zog er sich am 29. Juni auch aus ihm zurück mit den Worten:

Rettet das Vaterland ohne mich,

damit seinen Gegnern entscheidende Kampfplätze freiwillig überlassend, im Vertrauen auf seine Tribüne im Klub und in der irrigen Annahme, man werde ihn zerknirscht „zurückholen".

Weder er noch sie ergriffen in diesem Augenblick die Bedeutungsschwere einer Nachricht, die soeben Paris erreicht hatte und vom Augenzeugen Saint-Just in aller Bescheidenheit bestätigt wurde: Am 26. Juni hatte die Armee unter Jourdan die österreichischen Hauptkräfte bei Fleurus zerschlagen und faktisch den Sommerfeldzug bereits gewonnen, den „Belagerungsring um die Festung Frankreich" gesprengt.

> Friedrich packt seine Botten,
> er zittert in Berlin;
> der König der Marmotten
> rettet sich aus Turin.
> Sie fluchen auf das Tanzen,
> auf den Ball von Fleurus,
> auf die Musik der Franzen
> singen sie *in-manus.* (Dok. 191.)

Der Vers, den sich Ephraim, preußischer Hofbankier und inoffizieller diplomatischer Unterhändler, darauf machte, klang dem alten Europa auch nicht hoffnungsvoller:

> Die Franzosen bedienen sich eben dieser abgeänderten Taktik und des Feuergewehrs zur Unterstützung ihrer blanken Waffen; dazu gehört aber die Aufopferung vieler Menschen und eine Art Raserei. Die Türken bedienen sich hierzu des Opiums, eines Mittels, das jedoch eine Erschlaffung herbeiführt, wenn der „Spiritus" verraucht ist; dies ist aber bei dem Freiheitsrausch der Franzosen nicht der Fall. Leider kenne ich nichts, was die Mächte diesem entgegensetzen könnten. (ZStA Merseburg, Rep. 92, Lucchesini Nr. 12, III, 1. August 1794.)

M. Robespierre: Sur les crimes des rois coalisés contre la France. Paris (26. Mai) 1794.

Pétition présentée à la Convention nationale par les citoyennes de la Place Maubert. Paris (10. Juni) 1794.

V. Dupuis: Les opérations militaires de la Sambre en 1794. Bataille de Fleurus. Paris 1907.

G. Lefebvre: Sur la loi du 22 prairial an II, in: Etudes sur la Révolution française. Paris 1954, ²1963.

A. de Lestapis: Autour de l'attentat d'Admirat, in: AHRF. 1956, Nr. 1.

Thermidor

Fleurus hatte den Zerfall der Revolutionsregierung nicht auf dem Gewissen; er war, worauf viele Anzeichen hindeuteten, bereits im Gange. Der schließlich erzielte militärische Durchbruch modifizierte jedoch die politische Großwetterlage von Grund auf, auch wenn das den meisten gar nicht voll ins Bewußtsein drang.

Das Nationale Musikinstitut (unter Gossec) spendierte am 29. Juni den Parisern aus Anlaß der siegreichen Schlacht im Nationalgarten ein abendliches Festkonzert.

> Die herrschende Stille unterbrachen nur am Ende jedes Stückes die tausendfach wiederholten Rufe „Es lebe die Republik!", „Tod den Tyrannen!" (...) Nach Beendigung des Konzertes begann man wiederum zu tanzen, was sich bis zum Tagesanbruch fortsetzte: Es ist der unbesiegbare Herzog von Coburg, sagte man, der die Geigen bezahlt. (Moniteur, 2. Juli 1794.)

Bürger Colau aus der Sektion Bonne Nouvelle goß in seinen republikanischen Rundtanz *Der große Ball von Fleurus* frischen Spott über die hochgeborenen Feinde:

> Sie liebten all das Tanzen,
> doch zu Fleurus im Feld
> verloren sie die Balancen
> und blieben wie geprellt. (Dok. 191.)

War aber damit nicht auch der Daseinszweck der Jakobinerdiktatur als Schutz und Schirm der Nation in widrigen Zeiten und Umständen erfüllt, war ihre härteste terroristische Ausprägung nicht mehr unverzichtbar?

Sah Barère — ausgerechnet der Windhund Barère — weiße Mäuse, als er (am 15. Juli) den Konvent sorgenvoll mahnte, auf der Hut zu sein vor gewissen Leuten, die auf das Wohl der Republik anstießen mit dem Trinkspruch:

> Unsere Armeen sind überall siegreich! Es verbleibt uns nur noch, Frieden zu schließen, als gute Freunde miteinander zu leben und der Revolutionsregierung, die schrecklich ist, ein Ende zu machen?

Sich des Mohrs zu entledigen, der die Schmutz- und Schwerstarbeit (für sie) getan, war nur möglich, weil sich der soziale Rückhalt der Robespierristen bei den Volksmassen und ihr politischer im Konvent im selben Maße abgeschwächt hatten, wie ihr Repressionsapparat anwuchs. Sobald aber die Basis der „Schreckensherrschaft" schmolz und damit ihre Legitimation ins Wanken geriet, begann sie als überflüssig, gar willkürlich, Ablehnung herauszufordern.

> Wir verstehn darunter, schrieb Engels an Marx, die Herrschaft von Leuten, die Schrecken einflößen; umgekehrt, es ist die Herrschaft von Leuten, die selbst erschrocken sind. La terreur, das sind großenteils nutzlose Grausamkeiten, begangen von Leuten, die selbst Angst haben, zu ihrer Selbstberuhigung. (MEW, XXXIII, 53.)

Wer war noch bereit, sich für den Steuerplatz des Unbestechlichen am Ruder des Staatschiffes zu schlagen, nachdem

> nun für ihn der Schrecken Mittel der Selbsterhaltung und damit absurd wurde? (Ebenda, XXXVII, 155.)

Die Geschäftswelt wünschte baldmöglichst zu jener Ungeniertheit der Disposition zurückzukehren, die ihr die Revolution 1789 fast beiläufig in den Schoß geworfen hatte. Die Schaffung von Volkskommissionen zur Klassifizierung der Verdächtigen drohte im Gegenteil die bisher hinausgeschobene Ausführung der Ventôsedekrete näher zu rücken und damit die höchlichst unerwünschte Eigentumsdebatte erneut aufs Tapet zu bringen.

Die Zurückhaltung der Pariser Sansculotten gegenüber Behörden, deren Weisungen auf sie autoritär niedersausten, fand neue Nahrung. Von den Pariser Volksgesellschaften wurden nicht weniger als 39 zur Selbstaufgabe getrieben. Der bequeme Vorwurf des „Hébertismus" erlaubte, widerborstige sektionäre Kader zu treffen, die von der Direktdemokratie nicht lassen wollten gleich Maler Bodson (Dok. 207), der sich,

> von mißtrauischem Charakter, sehr empfindlich und leicht zu verwirren, ereifern und Irrtümer begehen konnte, indem er hartnäckig Meinungen verfocht, die er für gut hielt und in denen er um so mehr aufging, als ein wenig Eigenliebe ihn dazu bringen konnte, seine Kräfte zu überschätzen. (Sansculotten, 365.)

Da mochte sich tausendmal die Sektion Révolutionnaire im Mai darauf berufen, daß

> Robespierre als Sprecher des Wohlfahrtsausschusses gesagt hat, die nationale Gerechtigkeit werde Irrtum von Verschwörung zu unterscheiden wissen, sie werde mit sicherer Hand alle Intriganten packen und keinen einzigen Anständigen, keinen einzigen Patrioten treffen. (Ebenda, 363.)

Mit dem Verbot von „Feiern einzelner Gruppen von Bürgern" am 22. Mai unterband die Regierung das Wiederaufleben des — schon unerwünschten — Marat-Kultes in der gleichnamigen Sektion. Anfang Juli mußten „brüderliche Festmähler" ein gestellt werden, die als sansculottische (aber freilich bald nicht *nur* sansculottische ...) „Ersatzeinrichtungen" aus dem Boden geschossen waren:

> Eines der gefährlichsten Geheimnisse der Aristokraten ist es, sprach Robespierre (am 16. Juli im Klub), etwas zu einem bestimmten Zeitpunkt zu tun, was nur zu einer anderen Zeit gut zu tun ist.
>
> (...) Die Verleumdungen gegen die Revolutionsregierung und auch gegen das Revolutionstribunal (...) stehen in enger Beziehung zu diesen Festmählern: Geschickte Intriganten wollten sich zu ihnen einschleichen und, wenn es möglich gewesen wäre, eine Amnestie für die Verschwörer herbeiführen. (Société des Jacobins, VI, 224.)

Indem die robespierristische Commune ankündigte, jeden festzunehmen, der den Handel behinderte, und urplötzlich entdeckte,

> daß kein Gesetz Privatleuten verbietet, Lebensmittel von auswärts kommen zu lassen,

öffnete sie Durchstechereien (und dem Lamento darüber) Tür und Tor. Als Preissprünge im Mai in verschiedenen Gewerbezweigen entsprechende Lohnforderungen hervorriefen, unterdrückte sie die robespierristische Commune unter Berufung auf das Gesetz Le Chapelier mit Strenge. Ärger noch verstimmte sie die Pariser Arbeiter durch die endliche Verkündung des für diese nachteiligen Lohnmaximums am 23. Juli, dem 5. Thermidor.

Die Bauern standen 1794 außerhalb der Schußlinie; sie griffen in die Endabrechnung nicht ein. Von ihnen kam aber auch keine Entlastung. Unmut hatte sich ebenfalls auf dem Lande angesammelt, örtliche Jakobiner — große Bosse und arme Schlucker — teilweise gegeneinander aufgebracht. Die Regierung, der es um reibungslose Versorgung von Armeen und Städten zu tun war, begünstigte im Zweifelsfall die Marktproduzenten; die Dorfarmut zog sie zwangsweise zur Einbringung der Ernte auf den Gütern ein.

Im Konvent sammelte sich Opposition um die abgehalfterten

„Prokonsuln". Sie liehen ihren Beistand einer Zweitauflage von „Nachsichtigen", auf deren Mühlen Fleurus Wasser trieb, und sie hofierten den Sumpf, der die Revolutionsregierung immer nur als zeitweilige Aushilfe ertragen hatte: Warum sollte sich die Nationalversammlung die Vormundschaft des Wohlfahrtsausschusses länger bieten lassen, nachdem die Feindkoalition am Boden lag — und andererseits keine Journée der Volksmassen mehr zu befürchten stand?

> Unsere (äußeren — W. M.) Feinde ziehen sich zurück und überlassen uns unseren inneren Zwistigkeiten:

So wird es Robespierre von seiner Warte aus formulieren (Dok. 192).

Zwischen einem Konvent, der ihres Kommandos überdrüssig wurde, und einer Sansculotterie, die sich von ihr teilweise genasführt fühlte, hing Robespierres im Grunde kleine Kampfmannschaft im luftleeren Raum. Nachdem sich der Sicherheitsausschuß — David und Lebas ausgenommen — gegen sie stellte, löste sich der „jakobinische Block" sogar im Wohlfahrtsausschuß selber gewissermaßen in seine natürlichen Bestandteile auf: in akkurate bourgeoise Verwalter gleich Carnot, Prieur (de l'Oise) oder Lindet, die soziale Demokratie bestenfalls als Beschwichtigungsmittel gelten ließen; und in Linke gleich Billaud und Collot, die umgekehrt an Robespierre einen Schuß Sansculottismus vermißten. Dessen theatralisches Fernbleiben hatte zur Folge, daß sie jetzt — mit unterschiedlichen Zielvorstellungen — gegen das „Triumvirat" um so ungehinderter zusammenfanden.

Daher mißlang der Versuch, Wohlfahrts- und Sicherheitsausschuß auf einer gemeinsamen Sitzung am 22. und 23. Juli auszusöhnen. Sie führte nur zu einer Annäherung der Frondeure in beiden Gremien, nachdem Robespierre einen von Saint-Just und Couthon befürworteten Vergleich als unwürdig zurückgewiesen hatte. Im Vertrauen auf die Überzeugungskraft seiner Argumente ging er das Risiko ein, den Konflikt vor dem Konvent auszubreiten, um eine sich anbahnende Allianz zwischen seinen Widersachern innerhalb der Bergpartei und dem Sumpf im Keim zu ersticken. Daß er sich eine Chance ausrechnete, sollte nicht verwundern, nachdem sogar der übervorsichtige Barère soeben noch, am 25., sein Lob gesungen hatte:

> Ein Volksvertreter, der sich eines patriotischen Rufes erfreut, den er sich durch fünf Jahre Arbeit und durch seine unerschütterlichen Grundsätze der Unabhängigkeit und der Freiheit verdient hat.

Am 26. Juli, dem 8. Thermidor, belud Robespierre vor gefüllten Rängen „Beuteterroristen,maskiert als Nachsichtige", mit der Verantwortung für die *Ausschreitungen* des Terrors.

> Die Revolutionen, die vor uns das Antlitz von Reichen geändert haben, hatten zum Ziel nur einen Wechsel der Dynastie oder den Übergang der Macht von einem einzelnen auf mehrere. Die Französische Revolution ist die erste, die auf die Theorie der Rechte der Menschheit und die Grundsätze der Gerechtigkeit gegründet wurde: Die anderen Revolutionen verlangten nur Ehrgeiz; die unsrige gebietet Tugenden.

Da er niemandes Namen nannte, zwang er die dennoch Angezielten zu ungesäumten Gegenmaßnahmen: Wer sich Verfehlungen vorzuwerfen hatte oder wem auch ohne solche etwas in die Schuhe geschoben werden mochte, verstand höchste Alarmstufe. Die Sitzung (Dok. 192) zeigte einen Konvent, der vom Sturm der Gefühle hin und her gerissen wurde. Sie ergab eine Pattstellung. Man erklärte sich für Druck und Versendung der Rede, widerrief, fand schließlich eine Kompromißformel.

> Bourdon de l'Oise bemerkt, daß die soeben zur Kenntnis gebrachten Tatsachen von solcher Bedeutung sind, daß sie (vor Drucklegung — W. M.) unbedingt eine davorige gründliche Prüfung verdienen.
> Ein anderes Mitglied besteht auf Drucklegung.
> Barère unterstützt es und bemerkt, daß in einem freien Land alles öffentlich sein soll;
> der Druck wird beschlossen. (Journal des hommes libres, 27. Juli 1794.)
> Bréard: Wenn der Konvent, indem er die Versendung der Rede anordnet, sein Siegel daruntersetzt, verschafft er der Rede einen Einfluß, der gefährlich werden kann. (...) Ich verlange vom Konvent, diesen Beschluß über die Versendung der Rede zu annullieren.
> Die Annullierung des Beschlusses wird verkündet. (Moniteur, 29. Juli 1794.)

Angriffe, auch persönlichster Art, fluteten hin und her. Klar trat aber schon zutage, daß eine Front gegen Robespierre von Legendre und Cambon über Amar und Vadier (vom Sicherheitsausschuß) bis zu Collot und Billaud reichte. Barère, der immer noch früher als andere die Flöhe husten hörte, machte gegen Ende die Schwenkung mit: böses Omen für den Unbestechlichen, den Pessimismus niederzudrücken, begann:

> Ich fühle mich berufen, das Verbrechen zu bekämpfen, und nicht, über das Verbrechen zu herrschen. Die Zeit ist noch keineswegs gekommen, wo die rechtschaffenen Menschen ungestraft dem Vaterland dienen können. Solange die Horde der Gauner die Oberhand hat, werden die Verteidiger der Freiheit weiter nichts als Geächtete sein.

Hatte es im Konvent auf des Messers Schneide gestanden, so entschädigte der Klub am Abend Robespierre mit herzerquickendem Beifall und einer letzten Genugtuung: dem Ausschluß von Billaud und Collot, derzeitiger Konventspräsident. Derweilen liefen seine Gegner um ihren Kopf. In der Nacht besprachen sich Abgeordnete des Berges mit dem Sumpf, dem sie die Einstellung des Terrors zusagten. Napoleons künftiger Polizeiminister Fouché bestand bei der Einfädelung dieses Gelegenheitsbündnisses der Opportunisten mit den prinzipiellen Antirobespierristen von rechts bis links die erste Probe seiner konspirativen Meisterschaft.

Der Verlauf der dramatischen Konventssitzung vom 9. Thermidor, dem 27. Juli (Dok. 193), ist oft wiedergegeben worden. Saint-Just begann gegen Mittag, etwa eine Stunde nach Eröffnung, statt — wie ursprünglich vorgesehen — als Berichterstatter des Wohlfahrtsausschusses aufzutreten, die von Robespierre angekündigte Anklage, ohne sie vorher seinen Amtskollegen gezeigt zu haben, „nur in seinem eigenen Namen" zu verlesen:

> Ich gehöre zu keiner Gruppierung, und ich werde sie alle bekämpfen.

Er wurde, wie die Regie es wollte, unverzüglich von Tallien unterbrochen, und Robespierres mehrfache Wortmeldungen ließ die verabredete Obstruktion der Verschworenen in ohrenbetäubendem Lärm untergehen. Beschuldigungen wurden vorgebracht und erste Verhaftungen beschlossen

von Dumas, Präsident des Revolutionstribunals; Hanriot,

> Befehlshaber der Nationalgarde; der Kommandeure Boulanger, Dufraisse, Lavalette, d'Aubigny, ferner der Generaladjutanten und persönlichen Adjutanten Hanriots. (Dok. 193.)

Die Dämme, die einige noch zurückgehalten hatten, brachen. Inmitten des Tumults beantragte und erlangte ein gänzlich unauffälliger Hinterbänkler des Namens Louchet das Anklagedekret gegen Robespierre ohne Gegenstimme. Zurufe fügten Saint-Just und Couthon hinzu. Maximiliens jüngerer Bruder Augustin und Lebas erboten sich, das Schicksal des Unbestechlichen zu teilen, der nun aufgab:

> Die Republik ist verloren, die Gauner triumphieren!

Konventspräsident Collot d'Herbois gelangte, ehe er die historische Sitzung auf den Abend vertagte, zu einer gegenteiligen Einschätzung:

> Die Freiheit ist gerettet durch die Ereignisse, die sich zugetragen haben, und der Aufstand, den die Ruchlosen im Schilde führten, wird nicht stattfinden. (Dok. 193.)

Der Kampf war, wie man weiß, damit noch nicht zu Ende. Die Commune erhob sich auf die Schreckensnachricht hin. Sie berief sich auf die Menschenrechte, deren Tafel Fleuriot-Lescot dem Volke zeigte:

> Wenn die Regierung die Rechte des Volkes verletzt, ist für das Volk wie für jeden Teil des Volkes der Aufstand die heiligste und nachdrücklichste seiner Pflichten.

Ihr Unternehmen war jedoch schlecht vorbereitet und noch erbärmlicher geleitet (Dok. 194). Um 3 Uhr nachmittags forderte sie die greifbaren Mitglieder des Generalrats auf, in ihren Sektionen die Sturmglocke zu läuten. Gegen 6 Uhr versammelten sich die meisten derselben in großem Durcheinander. Vom Zweifel zerrissen, auf welcher Seite das Vaterland lag (denn auch Konventsabgeordnete waren vorstellig geworden), entsandten nur 16 von insgesamt 48 Sektionen einige Abteilungen ihrer Nationalgarde zum Schutz des Rathauses.

Trotzdem besaß die Commune mehrere Stunden die Überlegenheit, weil sich ihr die militärische Elite der Sansculotterie (17 der 30 Geschützkompanien) unterstellte und dem Konvent nur die Wachkompanie. Während aber die fünf für verhaftet erklärten Abgeordneten, von den Stadtbehörden wieder in

Freiheit gesetzt, im Rathaus fruchtlos mit ihrem konsternierten Anhang berieten, schritt der zuerst vor seiner eigenen Courage nicht weniger erschrockene Konvent zu Taten. Er erklärte die zögernden „Rebellen" außerhalb des Gesetzes und sammelte seinerseits Truppen, währenddessen die auf dem Grèveplatz lagernde Streitmacht der Commune weder Verpflegung noch Anweisungen erhielt. Als sie die Kunde von der Ächtung der „aufständischen Commune" erreichte und von dieser dennoch keine Aufklärung über den Fortgang der Angelegenheit erfolgte, griff wachsende Unsicherheit um sich, und der weite Platz begann sich — auch ohne Zutun vielzitierter Regenschauer — zu leeren. Als zwei Konventsbataillone unter Léonard Bourdon und Barras — einem kaum verkappten Dantonisten und einem ehemaligen Grafen — gegen 2 Uhr morgens das Rathaus erreichten und im Handstreich nahmen, gab sich die Commune kampflos geschlagen.

> Kurzum, alle Verschwörer, die sich im Rathaus aufhielten, sind verhaftet worden, und das geschah vollkommen ruhig. (Dok. 195.)

Am 28. Juli, dem 10. Thermidor, wurden der schwerverwundete Robespierre, Couthon und Saint-Just mitsamt 19 ihrer Parteigänger enthauptet. Tags darauf folgten 71 ihrer Gesinnungsfreunde als größter „Schub" der Revolution. Eilig hatten es die „Thermidorianer" mit der versprochenen Beendigung des Terrors nicht.

Das klägliche Mißlingen des Aufstandes ging zu Lasten der Führung (Dok. 195). Robespierre und die Seinen sahen dem Gnadenstoß mit bitterer Gelassenheit, vielleicht gepaart mit Ekel vor so viel menschlichem Wankelmut und deshalb entschlußlos entgegen; sie gaben alle ihre Möglichkeiten aus der Hand. Sie stellten sich nicht an die Spitze ihrer in so vielen Kämpfen gestählten Streiter. Robespierre hatte schon lange davor mehrfach schwarzgesehen und dem Konvent am 26. Mai — nach dem merkwürdigen Anschlag der Cécile Renault auf ihn — enthüllt:

> Vor einigen Monaten sagte ich zu meinen Kollegen im Wohlfahrtsausschuß: Wenn die Waffen der Republik siegen und wenn es uns gelingt, die Faktionen zu zerschlagen, werden unsere Feinde versuchen, uns zu ermorden.

Sein Zagen, „in wessen Namen" er den Aufruf zur Erhebung des Volkes zeichnen solle, weist auf mehr hin als (nur) auf eine legalistische Verkrampfung des Jakobinerführers: auf die unaufhebbare innere Widersprüchlichkeit der revolutionär-demokratischen Jakobinerdiktatur, die den „Neunten Thermidor" — wenngleich nicht just an diesem Tage und nicht genau auf diese Weise — als historische Notwendigkeit begreifen läßt.
Die Revolutionsregierung hatte sich zwangsläufig auf verschiedene und sogar gegensätzliche Elemente gegründet. Die Jakobiner, die ihr Gravitationszentrum bildeten, vertraten keine einzelne Klasse und waren noch viel weniger eine disziplinierte Klassenpartei. Ihre Lösungen konnten infolgedessen nur transitorischer Natur sein, und sie vermochten das Gerüst ihres Gesellschaftsgebäudes nie auf festem Baugrund in die Höhe zu ziehen. Waren aber sie und alle, die ihnen — den „Pakt mit dem Tod" in der Tasche — oft in bewundernswerter Selbstverleugnung folgten, weiter nichts als Opfer kleinbürgerlicher Hirngespinste? Lösten sich diese mit dem „Neunten Thermidor" für immer in ein Nichts auf?

> Die Revolutionsregierung wurde in Robespierre und seinen Mitstreitern zu Tode getroffen. Jene humanitäre „Republik der Gleichheit", die ihnen vorgeschwebt hatte, entschwand ins Reich der edlen Träume. Das nimmt der revolutionär-demokratischen Jakobinerdiktatur indessen nichts von ihrer geschichtlichen Leuchtkraft: Bar einer festen Klassengrundlage konnte ein solcher von kleinbürgerlichen Radikalen gesteuerter Zwischenzustand nicht unbegrenzt andauern, und seine Fortentwicklung über eine kapitalistische Eigentumsordnung hinaus lag im 18. Jahrhundert noch gänzlich außerhalb des Bereichs der gesellschaftlichen Möglichkeiten. Dem damals im Kampf gegen die Feudalität Erreichbaren jedoch auf revolutionäre Weise, zu jedem Opfer furchtlos bereit, unwiderruflich und unumkehrbar zum alles entscheidenden Durchbruch verholfen zu haben, wird für immer die heroische Leistung der „Jakobiner mit dem Volke" bleiben. („1789", 386.)

Historische Verdienste, sagt Lenin, sind nicht danach zu beurteilen, was historische Persönlichkeiten, gemessen an den heutigen Erfordernissen, *nicht geleistet haben,* sondern danach, was sie im Vergleich zu ihren Vorgängern *Neues geleistet haben.* (Werke, II, 180.)

J. Vilate: Causes secrètes de la Révolution du 9 au 10 thermidor. Paris (1794).

B. Barère: Rapport à la Convention nationale, imprimé par son ordre. Paris (16. Juli) 1794.

(Anonym): Faits recueillis aux derniers instants de Robespierre et de sa faction, du 9 au 10 thermidor. Paris 1794.

S. T. Coleridge: The Fall of Robespierre. London 1794.

E. B. Courtois: Rapport sur les événements du 9 thermidor an II, précédé d'une préface en réponse aux détracteurs de cette mémorable journée, prononcé le 9 thermidor an III. Paris 1795.

J. N. Billaud-Varenne: Réponse aux inculpations. Paris 1795.

A. Mathiez: Robespierre à la Commune le 9 thermidor, in: AHRF 1924, 289—314. — Derselbe: Autour de Robespierre. Paris 1926.

G. Michaud: Les séances des 8 et 9 thermidor aux Jacobins, in: AHRF, 1924, 497—506.

L. Barthou: Le neuf thermidor. Paris 1926.

P. T. Dobroljubskij: Termidor. Odessa 1949.

Die Revolutionsregierung hat ihr Nahziel: den Ausbruch aus der „belagerten Festung“ durch Ballung aller verfügbaren Kräfte zu erzwingen, im wesentlichen erreicht. Das kostete seinen Preis. *Ein* Wille herrschte, und niemand, der seine *nationale* Mission im Kampf um Sein oder Nichtsein der Republik — vielleicht stirnrunzelnd — anerkannte, konnte sich seinem Druck entziehen. Wer den Versuch wagte, bekam von einem warnenden Saint-Just zu hören: Frankreich habe jetzt eine *starke Regierung.* Sie sei nicht kleinlich. Wer sich einreihe, dürfe manches erwarten; wer ihr dagegen drohe, den träfe ihr erbarmungsloses Schwert. In der Tat ging die Vernichtung der beiden Flügel, von denen sich das jakobinische Zentrum tödlich eingekreist wähnte, „Hébertisten“ links und Dantonisten rechts, müheloser vonstatten, als von vielen befürchtet. Übrig blieb Robespierres hauseigenes Team.
Das Volk wurde von ihm nicht mehr befragt; passive Gefolgschaft war erwünscht. Die Bürger schwiegen bis in ihre Tagebücher hinein. Wer vordem die Ereignisse auf seine Weise — vorsichtig zustimmend etwa — glossiert hatte, begnügte sich jetzt nicht selten damit, das amtliche Verzeichnis der unter dem Datum Geköpften einzutragen. Nicht viel anders verfuhr die große Mehrzahl der Zeitungen, immer noch mehrere Dutzend allein in Paris: kommentarlose Wiedergabe von Sitzungen des Konvents und des Jakobinerklubs, Petitionen, Frontberichte, dann und wann Lobgesänge, dazu farbloser Stadtklatsch mit einem Kulturteil, in dem sich allerdings auch „Spitzen“ verstecken ließen (zumal es eine Vorzensur nicht gab). Gewandte Journalisten drehten ihre Wetterfahne und kamen, Giftpfeile im Köcher verwahrend, unbehelligt davon. Als Quelle ist ihr Geschreibsel daher nur bedingt verwertbar.
Die Kaderpolitik der Revolutionsregierung hatte anfänglich dem Bedürfnis nach einem verläßlichen Massensockel Rechnung getragen. Fortgesetzte Auffrischungen, Säuberungen und Selbstreinigungen (die das sistierte Wahlverfahren ersetzen mußten), ließen die „Reichen“ aus Behörden, Vertreterkörperschaften und Volksgesellschaften nahezu verschwinden (ohne allerdings ihren ökonomischen Rückhalt nachhaltig zu

erschüttern). *Gevatter Schuster und Schneider* rückten nach: Handwerksmeister, Kleinhändler und Angestellte, die 1794 auf unterer Ebene in der Regel die Mehrheiten stellten. Sogar die davor betont mittelständische Muttergesellschaft gewann durch plebejischen Zuzug ein etwas breiteres Profil.
Seit dem Germinal waren indessen Anzeichen eines Wandels zu beobachten: Deuteten sie auf eine Störung im Grundverhältnis zur Sansculotterie und auf die Einleitung einer Bürgerblockpolitik? Setzte hier bereits, wie einige Autoren meinen, der *Rücklauf der Revolution* ein?
Obwohl sich der Graben zwischen Regierenden und Regierten vertiefte und die Fliehkraft divergierender Klasseninteressen eine zunehmende Erosion des *Felsens Sinai* bewirkte, nachdem die gemeinsam gefühlte Gefahr einer Wiederkehr des Ancien Régime dahinschwand, blieb der Unbestechliche persönlich populär. Die Reaktion auf den seltsamen Anschlag der Cécile Renault beweist, wieviel Verehrung er auch abzüglich der Kriecher genoß. Weil dem so war und er sein noch fast unversehrtes Ansehen in die Waagschale werfen konnte, keimte aber — bis in die Reihen der Emigranten und europäischen Kabinette — auch Hoffnung auf, er sei vielleicht der Mann, den *„Abgrund der Revolution“ zu schließen;* der Mann, der *Bonaparte überflüssig gemacht* hätte?
Als — wieder nach Saint-Just — die Revolution vereiste und sich sogar im innersten Kern der Revolutionsregierung Risse auftaten, zeigte sich Robespierre jedoch verunsichert. Kult des Höchsten Wesens als Geste metaphysischer Kommunion und Prairialgesetz auf Erden als undifferenzierter, bürokratisch schematisierter „Großer Schrecken“ bis zur *Austilgung* der (oder „des“?) Bösen stimmten nicht zusammen. Konvent und Wohlfahrtsausschuß, denen sich Robespierre, als die Meinungsunterschiede endlich an die Oberfläche quirlten, beleidigt versagte, ließen sich nicht (oder jedenfalls nicht mehr) von der Lehrkanzel des Jakobinerklubs in Schach halten. Postumer Triumph für Rabaut Saint-Etienne, der ihn zum *mißratenen Priester* abgewertet hatte? Wenn auch nicht gleich das, wurde Robespierre zu spät inne, daß er für die Revolutionsgewinnler zum — nach Fleurus durchaus *entbehrlichen* — Risikofaktor geronn. Dankbarkeit war nie eine ausgesprochene Schwäche der Bourgeoisie: Sollte sie sie dem Pedanten bezeigen, der sie

allzulange vom Pflücken der goldenen Früchte abhielt?
Nachdem die Verschwörung vom „Neunten Thermidor" durchschlug und die Robespierristen den Gang zum Schafott antreten mußten, fiel zwischen tausendfachen Freudenschreien kaum ein hörbares Wort des Bedauerns. Das Volk der Bauern und Handwerker verharrte in dem Abseits, in das sie selbst es zuletzt gezwängt hatten.
Saint-Just mag etwas von der letztlichen Unhaltbarkeit der jakobinischen Zwischenlösung, von der notwendigen Vergänglichkeit ihres geschichtlichen Mandats verspürt haben, wenn er am Manuskript seiner *Republikanischen Einrichtungen* arbeitete. Am *dies irae* redete er sich nicht gleich manchem bürgerlichen Historiker auf das Zaudern Robespierres vor dem Aufstand noch auf den nächtlichen Platzregen heraus, der die Verteidiger des Rathauses ins wärmende häusliche Bett getrieben habe. Er beschied sich, seinen Beitrag zur Geschichte abzurufen, auf die Tafel der *Menschenrechte* weisend: *Immerhin war ich es, der das da gemacht hat*...
„Thermidor" wurde zum Begriff und bei einigen zur mißbrauchten Legende. Die Verschwörer hielten bis über das Grab hinaus dicht. Die Aussagen der unmittelbaren Augenzeugen über die Hergänge in Konvent und Commune widersprechen sich in vielem. Sie alle, ruhmsüchtige wie alibibedürftige, sind unter dem überwältigenden Eindruck von Robespierres jähem Fall verfaßt und daher optisch verschoben. Einig sind sie sich in der Einschätzung, daß sie das Ende einer und den Anbruch einer anderen Epoche erlebten. Das „abschließende Buch" über den „Neunten Thermidor" ist indessen noch ungeschrieben.

E. B. Courtois: Rapport fait au nom de la commission chargée de l'examen des papiers trouvés chez Robespierre et ses complices. Paris 1795.

G. Duval: Souvenirs thermidoriens. Paris 1844.

A. Mathiez: La victoire en l'an II. Paris 1916. — Derselbe: Robespierre terroriste. Paris 1921.

G. Belloni: Le Comité de Sûreté générale de la Convention nationale. Paris 1924.

A. Ording: Le bureau de police du Comité de Salut public. Oslo 1930.

L. Jacob: Joseph Le Bon. 2 Bände, Paris 1934.

J. F. Barwisch: Fouquier-Tinville. Ein Charakter aus der Justiz. Zürich 1944.

G. Bouchard: Un organisateur de la victoire: Prieur de la Côte d'Or, membre du Comité de Salut public. Paris 1946.

A. P. Herlaut: Le colonel Bouchotte. 2 Bände, Paris 1946.

A. Ollivier: Saint-Just ou la force des choses. Paris 1954.

M. Bouloiseau: Robespierre. Paris 1957. — Derselbe: Le Comite de Salut public, Paris 1962.

M. Garaud: La Révolution et la propriété foncière. Paris 1959.

A. Soboul: Les soldats de l'an II. Paris 1959, ²1973, ³1975.

V. G. Revunenkov: Parižskie sankjuloty epochi Velikoj francuzskoj revoljucii. Leningrad 1971.

VIII. Der Krebsgang der Revolution

Thermidorianer und Sansculotten: Germinal und Prairial

Der „Neunte Thermidor“ schoß nicht als Blitz aus heiterem Himmel. Besorgten Beobachtern war nicht entgangen, daß die Revolution schon davor – seit dem Germinal in etwa – ihren toten Punkt ansteuerte. Dennoch ist die Kehrtwende unübersehbar: Der einsetzende Rücklauf der Revolution wird nach dem Bruch ihrer demokratischen Achse in Konsulat und Kaiserreich enden.

> Am 27. Juli fiel Robespierre, und die Bourgeoisorgie begann, äußerte Engels zu Kautsky. (MEW, XXXVII, 156.)

Dem war so, doch die Zeitgenossen empfanden es unmittelbar nach dem Ereignis zumeist anders. Jakobiner, die Robespierre nachtrauerten, gaben sich nicht zu erkennen. In der Öffentlichkeit wurde sein Sturz bis hin zur äußersten Linken einhellig begrüßt. Die Sektion Droits de l'Homme versicherte, daß

> der Bürger Varlet (vgl. Dok. 202 – W. M.) der erste war, der Robespierre, Collot, Billaud, Barère und ihre Clique anzeigte; der nur deshalb eingekerkert wurde, weil er seine Meinung ebensogut vor wie nach dem 9. Thermidor voller Verzweiflung zum Ausdruck gebracht hat. (A. N., F^7 4775^{40}, d. 2, n° 37.)

Babeuf schrieb:

> Es ist nur zu wahr, daß Frankreich während einiger Monate unter einem eisernen Joch geseufzt hat; der Tyrann hatte durch den Schrecken nicht allein die Meinungsfreiheit erstickt. Auch vor (...) den Klagen der bedrückten Unschuld machte er nicht halt. (...) Wer ihm zu widersprechen wagte, wurde denunziert, verhaftet, seinen Henkern ausgeliefert. Er ging so weit, seine Opfer sogar in der Klasse der ärmsten und unbekanntesten Menschen zu suchen. (Journal de la liberté de la presse, 3. September 1794.)

Allerdings wollte Babeuf die Errungenschaften des Jahres

1793 retten, ohne Robespierres Anteil daran zu verschweigen:

> Es ist nichtsdestoweniger wahr, daß unsere Erklärung der Rechte, mag sie immerhin nicht vollkommen sein, dennoch erhaben ist, obschon das Geschenk, das wir mit ihr empfangen haben, von Robespierre stammt. Wir werden das Werk hochachten und bewundern, den Urheber aber vergessen. Oder, wie ich es schon sagte, wir werden in Robespierre zwei Menschen unterscheiden, den Apostel der Freiheit und den verruchtesten der Tyrannen. (Ebenda.)

Barère hatte sogleich am 29. Juli mit der Portion Unverfrorenheit, die ihn auszeichnete, im Konvent von sich gegeben, daß die Revolutionsregierung nach geglückter Amputation beinahe wie gehabt weiterzumachen gedenke:

> Nach einer teilweisen Erschütterung, die die Regierung insgesamt unberührt ließ (...), wird sich die Kraft der Revolutionsregierung verhundertfachen, seit die an ihren Ursprung zurückgekehrte Herrschaft wieder über einen stärkeren Antrieb und richtig gesäuberte Ausschüsse verfügt.

Treffend kommentierte Babeufs Journal:

> Sie wollen nichts an einem System ändern, das seinen Hauptorganisator immerhin den Kopf gekostet hat. (Ebenda.)

Ein Robespierrismus ohne Robespierre zerschmolz indessen wie Schnee in der Märzsonne. Die von Barère beschworene kollektive Führung,

> die Einhelligkeit der Meinungen und aller Maßnahmen, die auch eine Macht ist (Moniteur, 1. August 1794).

hielt nicht vor. Linke Thermidorianer sahen sich Schritt für Schritt von rechten beiseite gedrängt. Aus Wohlfahrts- und Sicherheitsausschuß wurden sie in Raten abgewählt. Die Leitfunktion beider Ausschüsse wurde aufgehoben, das Prairialgesetz sogleich am 1. August widerrufen, Fouquier-Tinville inhaftiert, hingegen die Entlassung zahlreicher Verdächtiger verfügt. Am 24. August gingen die Revolutionskomitees in Kreis- und Distriktsausschüssen auf, deren Leitung meistenteils gutbürgerlichen Kräften anheimfiel. Die Commune von Paris wurde statutarisch liquidiert. *Robespierres Schweif*, eine Streitschrift von Mehée de la Touche vom

26. August, dehnte den Angriff auf alle verflossenen Träger des „Systems" aus.
Die Montagne bröckelte auseinander. Ein unentwegtes Hundert, als la Crête (der „Kamm") bezeichnet, versuchte jakobinische Ideale bei Distanzierung vom Unbestechlichen hochzuhalten. Der Rest des „Berges stieg", wie die Pariser witzelten, „zur Ebene herab". Im Bunde mit umgefallenen oder angepaßten Montagnarden beherrschte diese fortan die Nationalversammlung. Ihre parlamentarische Führung blieb unangefochten, zumal sie Prämien einkassierte, für welche die Jakobinerdiktatur die Voraussetzungen geschaffen hatte.
Die Armeen der Republik kündeten eitel Gloria und enttäuschten den *Hamburgischen unparteiischen Correspondenten*:

> Man ist sehr neugierig zu erfahren, welche Folgen die Hinrichtung Robespierres (sic) und seiner Anhänger bei den Armeen hervorbringen werde. Sie können vielleicht wichtig werden, da mehrere der kommandierenden Generals Kreaturen der hingerichteten herrschenden Partei waren. (Nr. 128 vom 12. August 1794.)

Sergeant Brault widersprach am 20. September:

> Die Armee hat mit Entrüstung vom Aufruhr Robespierres und seiner Mitschuldigen vernommen. Obwohl dieser Tyrann alle Herzen gewonnen hatte, wurde sein Plan dennoch entdeckt; der Genius Frankreichs wird immer (...) solche, die ein Sonderinteresse leitet, von denen zu unterscheiden wissen, die nur fürs Gemeinwohl arbeiten. Nach meiner Erfahrung glaube ich nicht, daß die Armee darunter gelitten hat; es wäre ein rechtes Unglück für Menschen, die sich für ihre Freiheit schlagen, wenn sie sich für ein paar Männer opfern sollten, die herrschen und uns unmerklich in die Sklaverei zurückfallen lassen möchten. Man hat Nachforschungen angestellt, um zu versuchen, ob man welche von ihren Parteigängern finden kann; es haben sich nur wenige gefunden. (Landauer, II, 333.)

Auch der Preußenkönig hoffte also vergeblich darauf, daß

> „die Königsmörder durch den Parteienkampf diese vorübergehende, aber furchtbare Stoßkraft, die durch die Tyrannei der Robespierres ermöglicht wurde, verlieren". (Friedrich Wilhelm II. an Lucchesini, ZStA Merseburg, Rep. 92, Nr. 12-III.)

General Hoche, Liebling der Armee, kannte die Realitäten des Lebens im Felde:

> Wenn die Soldaten Philosophen wären, schätzte er am 17. November (1794) nüchtern ein, würden sie den Krieg nicht mitmachen. (Landauer, II, 365.)

Zum Glück für die Republik waren sie es nicht, oder besser, sie hatten — gleich Sergeant Brault — ihre eigene „Philosophie":

> In den Armeen findet sich kein Parteigeist; hier herrscht die Einigkeit. (Ebenda. 333.)

Nach Belgien fiel das ganze linke Rheinufer (bis auf Mainz) in ihre Hand, und sogar der Rekordwinter war zu etwas gut: Über die gefrorenen Ströme setzend, erbeuteten sie das lokkende Gold der Bank von Amsterdam. Preußen, dem an Rückendeckung im Westen lag, um auch bei der dritten Teilung Polens mitzuhalten, schloß am 5. April 1795 in Basel Frieden.

Seine Blöße zu decken, hielt Ephraim seit langem ein passendes Feigenblatt parat:

> Hauptsächlich aber nimmt die Frechheit, die französischen Grundsätze und Freiheitsschwindeleien mehr und mehr auszubreiten, in dem Maße zu, als die Franzosen glückliche Fortschritte machen. Es gehört Friede und Muße dazu, um gehörige Pläne zur Ausschaltung dieses Unheils auszuarbeiten ...

Allerdings „überlasen" die Preußen die Fortsetzung

> ... und beinahe ganz neue Regierungsformen einzuführen.

Hingegen bestätigte ihre Verhandlungsführung Ephraims geeichten Tatsachensinn:

> Ich halte ein Zustandekommen des Friedens mit Frankreich für nicht so schwer, als man sich wohl einbildet, jedoch unter der einzigen Bedingung, daß die koalisierten Mächte die Allianz mit England aufheben müssen. (ZStA Merseburg, Rep. 92, Lucchesini Nr. 12, III, 1. August 1794.)

Was geschah. Am 16. Mai (1795) folgten die zur „Batavischen" Tochterrepublik gleichgeschalteten Niederlande, am 22. Juli tat es gar der Bourbonenhof in Madrid.

Die *innerfranzösische* Opposition verzweigte 1794 in Strömungen, die sich gegenseitig in die Quere kamen und dem Konvent ihre Niederhaltung erleichterten.

Die Royalisten sahen nach dem Umschwung ihren Weizen blühen, versagten sich indessen offene Aktionen, weil sie auf eine fortschreitende Selbstzerfleischung im republikanischen Lager setzten.

Schlagt euch den Tag der Rache aus dem Sinn, schrieb Puisaye am 24. Dezember an das Oberkommando der in der Bretagne noch operierenden Chouans:

> Wer bereuen wird, soll unser Freund werden. Ihr werdet gewiß einige unzufriedene Republikaner finden. Solche Leute werden die allernützlichsten sein.

In Paris gruppierte sich eine „neohébertistische" Linke um den „Wählerklub" (Club électoral). Schroffste Ablehnung der Wohlfahrtsdiktatur, der sie alle Schuld anlastete, trennte sie von Jakobinern, die sich nach Wiedereröffnung ihres Klubs (am 29. Juli) um Männer wie Chasles und Carrier scharten; ihr *Journal de la Montagne* richtete (ab Nummer 135) eine ständige Rubrik ein

> für Zuschriften an die Gesellschaft gegen die heimtükkischen Drohungen der Aristokraten und Gemäßigten.

Presse und Straße beherrschten indessen Gemäßigte aller Schattierungen. Von den Überläufern Fréron und Tallien organisierte Schlägertrupps, die „muscadins" (Moschusstinker, Stutzer), deren Kern die „Jeunesse dorée" (Goldene Jugend) aus meist „guter Familie" bildete, drangsalierten die Patrioten. Aus Dijon petitionierten die Jakobiner am 13. September:

> Die falschen Frömmler, die großen Grundbesitzer, die hochmütigen Bourgeois, bekannt unter den Namen Föderalisten oder Feuillants, diese ganze Masse von Heuchlern, die beständig die Vorhut der Aristokratie bildete, profitiert von der neuen Revolution, um auf dem Lande gegen alle wahren Republikaner einen offenen Krieg zu führen.

Die *armen* Bauern behandelte man in der Bourgogne als „Robespierristen",

> weil sie der Volkssache treu geblieben sind.

Die nach ihren — sie selbst überraschenden — Anfangserfolgen kühner auftretende Reaktion putschte nicht nur die öffentliche Meinung auf (Dok. 198). Sie setzte auch den Konvent unter

Druck, trieb ihn weiter und schneller nach rechts, als in der Absicht der Thermidorianer lag.

> Die Aristokratie und der Moderantismus suchen die Revolution, die soeben den neuen Tyrannen vernichtet hat, zu ihren Gunsten zu wenden. (Journal de la Montagne, Nr. 127, 4. September 1794).

Einen Überfall Frérons mit seiner Bande auf die Jakobiner in der Rue Honoré nahm die Nationalversammlung zum Anlaß, den Klub am 12. November endgültig zu schließen. Die *Annales patriotiques* vom 16. November fragten sich immerhin — fast prophetisch:

> Die heute „es lebe der Konvent!" schreien, weil er die Jakobiner vernichtet, sind sie wahrhaftig Freunde des Konvents? (...) Sitzt der Konvent oder sitzt er nicht dieser Speichelleckerei auf? Würden alle diese Leute ebenso freudigen Herzens „es lebe die Republik!" rufen? Wäre es nicht möglich, daß sie nach einiger Zeit „nieder mit dem Konvent!" schreien und der Konvent nicht umhinkommt, die Jakobiner wiederherzustellen?

Babeuf zog in seinem Pamphlet *Die Geschlagenen zahlen Bußgeld oder die gefoppten Jakobiner* ein Resümee:

> Also scheinen die Jakobiner dafür bestraft, daß sie beleidigt und gekränkt wurden. Und somit scheint sich bei ihnen das Sprichwort bewahrheitet zu haben, das besagt: Wer den Schaden hat, braucht für den Spott nicht zu sorgen.

Am 20. November berichteten die *Annales patriotiques*:

> Raisson, der das Amt des Präsidenten in der letzten Sitzung der Jakobiner ausübte, wurde soeben auf Weisung des Sicherheitsausschusses in Haft genommen. (...) Sicherheitsmaßnahmen sind an der Tagesordnung, nicht allein gegen die Jakobiner, sondern auch gegen alle Filialgesellschaften und insbesondere gegen den Wählerklub.

Dieser, aus seinem Versammlungslokal im Louvre vertrieben, wurde Ende des Monats zur Auflösung genötigt; das Gebein Marats und anderer Revolutionäre aus dem Pantheon, in das es im September erst verbracht worden war, mit fadenscheiniger Begründung im Februar 1795 wieder entfernt. Der ehrbare Bürger Célestin Guittard trug (unter dem 9. Februar 1795) in sein Tagebuch ein:

> Sosehr man Marat vergöttert hat (...), sosehr verachtet man ihn heute (...). So wurde also sein Leichnam aus dem Pantheon entfernt (...), seine Büste in allen Sektionen zerschlagen. So ist also Marat zum Teufel gegangen. (486, 487.)

Noch am 11. Oktober 1794 hatte er von sich gegeben:

> Voltaire, Marat, Jean-Jacques Rousseau, Seite an Seite im selben Grabgewölbe — das sind drei Männer, die in der Welt ein gewaltiges Aufsehen erregten und die nie sterben werden. (458.)

Dazwischen hatte er unter dem 16. Dezember wortkarg vermerkt:

> Carrier guillotiniert.

Wenn der Konvent Ausschreitungen — insbesondere in der Provinz — nicht ermutigte, so tat er auch nichts, sie zu unterbinden (Dok. 198). Er rief die überlebenden Girondins und andere ausgeschlossene oder zurückgetretene Mitglieder in seine Reihen zurück. Am 2. März 1795 ordnete er die Verhaftung von Billaud, Collot, Vadier (vom alten Sicherheitsausschuß) und Barère an. Letzterer entzog sich (man ist geneigt zu sagen: natürlich ...) weiteren Konsequenzen, als da war die Deportation, durch die Flucht. Er widerlegte damit nicht, daß die linken Thermidorianer, soweit sie nicht abschworen, selbst in die Grube fielen, die sie anderen gegraben hatten:

> Man beurteilt nun dieses Verbrechen:
> Tyrannei und Diebstahl und Mord
> läßt sich mit einem Worte aussprechen
> — und Jakobiner heißt dieses Wort. (Semmer, 245.)

Auch der Abbau der Wirtschaftslenkung erfolgte in Etappen. Rüstungsproduktion und Außenhandel wurden reprivatisiert. Die Aufhebung des Maximums, wovor der Arbeiterdeputierte Noël Pointe vergeblich warnte, öffnete am 24. Dezember 1794 dem Preiswucher die letzten Schleusen.

In schöner Offenheit instruierte der Sicherheitsausschuß am 8. Februar 1795 die Nationalagenten der Distrikte durch ein Rundschreiben:

> Die Regierung hat sich keineswegs verhehlt, daß die Abschaffung des Gesetzes über das Maximum und die

> Wiedereinführung der Handels- und Gewerbefreiheit einen ziemlich starken Anstieg der Preise für Lebensmittel und mehrere Verbrauchsgüter im allgemeinen sowie eine Erhöhung der Löhne bewirken würde. Nichts war natürlicher als diese Reaktion auf einen zu starken Druck, dem ein Ende gemacht werden mußte.

Der Assignat fiel entsprechend vom Thermidor bis Jahresende von 31 auf 20, bis April 1795 aber auf 8 und zum Juli gar auf 3 % seines Nominalwertes. Zu einer schwachen Ernte gesellte sich der grimmige Winter. Erneut ging das Hungergespenst um, und der freie Brotpreis kletterte auf 20 Livres.

> Seit Menschengedenken herrschte kein so starker Frost, alles in den Häusern ist eingefroren (...). Nie hat man einen solchen Mangel an Holz in Paris und in Frankreich gesehen (...). Man ist auf ein halbes Pfund Brot am Tag beschränkt. Alle Welt murrt und ist sehr unzufrieden (...). Wenn man Hunger und kein Brot hat, gibt es keine Vernunft mehr. (Célestin Guittard vom 23. Januar bis 31. März 1795, 482, 501.)

Die Segnungen der „befreiten Wirtschaft" bescherten hingegen Spekulanten, Aufkäufern von Nationalgütern, Heereslieferanten, Importeuren und Großlandwirten ein wahres Dorado:

> Nach dem Sturz Robespierres beginnt die *politische* Aufklärung, die sich selbst hatte *überbieten* wollen, die überschwenglich gewesen war, erst, sich *prosaisch* zu verwirklichen. (MEW, II, 129.)

Auch im äußeren Bild vollzog sich ein krasser Wandel. Jakobinisches Puritanertum wich protzendem Luxus und ausgefallenen Modetorheiten, republikanische Askese einer hochgejubelten Lebensgier. Zu ausgefallenen „Bällen der Opfer" wurde nur zugelassen, wer sich Geköpfter unter seinen nächsten Anverwandten rühmen durfte. Neureiche und Parlamentarier begegneten der alten Hochfinanz und davongekommenen Ehemaligen in den Salons vornehmer Kurtisanen, unter denen Josephine, Witwe des guillotinierten Generals Beauharnais, und Teresa Cabarrus, nunmehrige Madame Tallien — einerseits mit Beinamen „Unsere liebe Frau vom Thermidor", andererseits Adressatin des anonymen Pamphlets *Brief des Teufels an die größte Hure von Paris,* ihr gefälliges Zepter schwangen.

> Ihr seht nicht, warnte Babeuf, daß euch diese schamlosen Weiber, diese Abenteurerinnen edler Rasse, die euch heute die Ehre erweisen, sich in euren bürgerlichen Armen zu prostituieren, den Garaus machen werden, sobald es ihnen gelungen ist, die Dinge in das alte Fahrwasser zu lenken. (Tribun du peuple, Nr. 29.)

Der schneidende Kontrast zwischen zur Schau getragener Verschwendung und bitterster Not gab einer Patriotenpartei Auftrieb, die sich in überlebenden Volksgesellschaften wie den „Verteidigern der Menschenrechte" und den „Freunden der Freiheit und Menschlichkeit" traf. Babeuf widerrief am 18. Dezember 1794 in seiner Zeitung, seit dem 5. Oktober *Volkstribun* genannt, seine Verurteilung des „Systems von Robespierre":

> Ich bin wieder ich (...). Mit einem Wort, ich nehme meinen wahren Ton wieder auf!

Künftighin wollte auch er nur noch zwei Parteien anerkennen, aber:

> Erstere tritt für die Republik jener einen Million ein, die allezeit Feind, Beherrscher, Leuteschinder, Unterdrücker und Blutsauger der 24 übrigen Millionen gewesen ist (...). Letztere wünscht die Republik für jene 24 Millionen, die ihre Grundlagen gelegt und sie mit ihrem Blut gekittet haben, die das Vaterland versorgen, verteidigen und schützen, für seine Sicherheit und seinen Ruhm ihr Leben hingeben. (Dok. 197.)

Am 25. Januar 1795 rief er erstmalig zum Aufstand.

Die Polizei registrierte eine Häufung von Kundgebungen in vielen Sektionen. Die Regierung verbot im Zuge ihrer Gegenmaßnahmen am 8. Februar die Gesellschaft der Verteidiger der Menschenrechte und ließ vorbeugend mehrere bekannte Revolutionäre — worunter Babeuf — festnehmen. An verläßliche Bürger gab sie dagegen Gewehre aus. Einige Vorkämpfer der Sektionen zogen es daraufhin vor, unterzutauchen, und geheime Spendensammlungen erlaubten ihnen eine Plakat- und Flugschriftenkampagne zur Vorbereitung einer Volkserhebung. Delegationen notleidender Sektionen traten mit bitteren Worten vor den Konvent.

> Wir haben kein Brot und sind nahe daran, alle Opfer zu bedauern, die wir für die Revolution gebracht haben,

erklärten am 17. März die Faubourgs Saint-Marceau und Saint-Jacques. Saint-Antoine klagte am 21. die Verfassung von 1793 ein. Lebensmittelunruhen und Aufläufe mehrten sich. Die Sektion Gravilliers geriet am 27. und 28. außer Kontrolle, und zum 30. eroberten die Sansculotten die Führung in 10 Sektionen zurück. Am 31. März verlangte die Sektion Quinze-Vingts (in Saint-Antoine) vom Konvent eine frei gewählte Commune, Wiederzulassung der Volksgesellschaften und die Verfassung von 1793: Signal zum Aufstand, der am 1. April (12. Germinal III) ausbrach.

Eine gewisse organisatorische Anstrengung erfahrener Revolutionäre war ihm vorausgegangen. Jedoch offenbarte er die Schwächen einer Volksbewegung, deren Führungskader schon gelichtet beziehungsweise hinter Gefängnismauern immobilisiert waren; die weder eine einheitliche Leitung noch eine einleuchtende Zielsetzung aufwies. Sie brachte es zu einer massiven Demonstration. Ihre Teilnehmer besetzten den Konvent, heizten ihm — auf teilweise unfeine Weise — ein und stellten ihre Forderungen. Die beachtliche Geräuschkulisse konnte indessen nicht darüber hinwegtäuschen, daß sie sich in fruchtlosem Wortgefecht mit zungenfertigeren Abgeordneten verzettelten, denen der Zeitgewinn zustatten kam. Sobald die Streitmacht der wohlhabenden Bürgerviertel zur Stelle war, zogen sich die Eingedrungenen ohne greifbares Ergebnis zurück.

Kapital daraus schlug die Rechte. 16 Montagnarden, die mit dem Germinalaufstand nicht das geringste zu tun hatten — unter ihnen Amar und sogar Cambon —, wurden festgenommen, Fouquier-Tinville samt 14 Geschworenen des alten Revolutionstribunals am 6. Mai zum Tode verurteilt,

> weil ich meinem Vaterland mit zu großem Eifer und zu viel Aktivität gedient, mich nach dem Willen der Regierung gerichtet und nach bestem Wissen und Gewissen gehandelt habe. (...) Als ein Verschwörer sterben, ich, der ich rastlos Krieg gegen die Verschwörer geführt habe! Das also ist der Lohn für meinen patriotischen Eifer! (Dok. 196.)

Das Gesetz *war* so — er hatte es befolgt, nicht gemacht...

Die von den Sansculotten aufgewertete Jakobinerverfassung, die man bisher durch „organische Gesetze“ lediglich „entgitten" wollte, wurde amtlich verketzert als Machwerk der „Dezemvirn", dessen seinerzeitige Annahme „nur die Furcht diktiert" hätte.

Die Repression richtete sich auch unmittelbar gegen die Volkskräfte. Am 10. April beschloß der Konvent, gegen eine ganze Kategorie von Bürgern vorzugehen:

> Artikel 1: Der Sicherheitsausschuß wird beauftragt, alle nötigen Maßregeln zu treffen, um unverzüglich die Männer zu entwaffnen, die in ihren Sektionen dafür bekannt sind, daß sie an den Schreckenstaten teilhatten, die unter der Tyrannei, die dem 9. Thermidor vorausging, begangen wurden.

Das Dekret stempelte gerade die eifrigsten (nicht nur die übereifrigen) Patrioten zu Verdächtigen mit einer Personalakte, die nie wieder aus den Listen der Polizei verschwinden wird, sooft die Regierung noch wechseln mag...

Dem Hunger sah der Konvent hingegen mit verschränkten Armen zu.

> Auf den Straßen sieht man nur bleiche und abgemagerte Gesichter, in denen sich Schmerz, Müdigkeit, Hunger und Not widerspiegeln,

stand am 27. April im *Messager du soir* zu lesen. Es lag nahe, daß das Volk Zusammenhänge zwischen politischer und wirtschaftlicher Katastrophenlage erkannte. Ein Polizeibericht hielt die Äußerung eines Ungenannten dazu fest:

> Unter der Herrschaft Robespierres floß Blut, doch fehlte es nicht an Brot. Heute, wo kein Blut mehr fließt, fehlt es aber. Es müßte also wieder Blut fließen, damit es Brot gibt. (Soboul, Französische Revolution, 411.)

Die scharfe politische Gangart der Nationalversammlung führte keineswegs zur Beruhigung. Manch einer gab sich gleich dem Bürger Journet mit Projekten zufrieden, wie durch staatliche Eingriffe die Lebensmittelnot zu beheben sei.

> Und zwar sollen alle Bedürftigen, Arbeiter und Rentner, die aus ihrer Arbeit weniger als 1500 Francs Einkünfte haben, die Waren um die Hälfte dessen bekommen, was sie die Regierung gekostet haben, und die Reichen sollen sie zum vollen Preis bezahlen. (Dok. 200.)

In den Sektionen aber brodelte es.

Man sagt uns, Knechtschaft sei nicht schändlich,
da schlief manches Volk lange nun,
und das sei weise und verständig,
wir täten gut, es auch zu tun.
Mann, Mann!
Mann, das kann sein...
Doch ich hoffe, wartend auf die Raben,
haben wir Zeit,
sehen wir weit,
was wir zu tun werden haben. (Dok. 199.)

Montreuil in Saint-Antoine erklärte sich am 29. April in Permanenz. Wiederum tauchten Maueranschläge mit anonymen Aufrufen zum Handeln auf. Die Flugschrift

Aufstand des Volkes, um Brot zu erhalten und seine Rechte zurückzuerobern (Dok. 201)

gab den stürmisch verlaufenden Sektionsversammlungen vom 19. Mai die Losung:

Brot und die Verfassung von 1793!

Am nächsten Morgen, dem 20. Mai (1. Prairial), brach der „Prairialaufstand" los. Der Osten von Paris, Saint-Antoine und Saint-Marceau an der Spitze, erhob sich. Nach Entwirrung einiger Knäuel traten die Sansculotten an, und am frühen Nachmittag stürmten sie den Konvent. Féraud, ein Abgeordneter der Rechten, wurde dabei erschlagen. Im Tagungssaal verlas Kanonier Duval, anhaltenden Tumult übertönend, den zum Ultimatum erhobenen *Aufstand des Volkes* mit den in Artikel 1 zusammengefaßten Forderungen:

1. Brot;
2. Absetzung der Revolutionsregierung;
3. Sofortige Inkraftsetzung der demokratischen Verfassung von 1793;
4. Festnahme aller augenblicklichen Mitglieder der Regierungsausschüsse;
5. Einberufung der Urwählerversammlungen zum 25. Prairial und
6. einer neuen Gesetzgebenden Nationalversammlung zum 25. Messidor. (Dok. 201.)

Die Crétois — Romme und andere — bewogen, ohne sich mit den Aufständischen unmittelbar zu identifizieren, nach Debatten, in die sich die Massen einschalteten, die schlotternden Gesetzgeber zu einigen Zugaben: Befreiung verhafteter Patrioten, Permanenz der Sektionsversammlungen, Absetzung des Sicherheitsausschusses. Duroy ging so weit, die Einstellung der Montagnarden gegenüber dem „Neunten Thermidor" offen einer Revision zu unterziehen, denn

> wir können uns nicht verhehlen, daß seit dem 9. Thermidor die Vaterlandsfeinde zum Gegenschlag gegen die Patrioten ausgeholt haben. An die Stelle der Gerechtigkeit haben sie die Rache gesetzt.

Darüber verstrich der heiße Tag, und als kurz vor Mitternacht, wie schon im Germinal, die inzwischen mobilisierten „loyalen" Nationalgarden der Weststadt aufkreuzten, rückten die noch ausharrenden Aufständischen, fürs erste befriedigt von der erreichten „Anzahlung" und nicht auf Bürgerkrieg sinnend, in leidlicher Ordnung ab.

Danach wurden aber 14 der „letzten Montagnarden" festgenommen; 51 folgten ihnen später. Man hat gemutmaßt, daß die Regierung (die zu verhaften die Aufständischen versäumt hatten) mit Vorbedacht abwartete, bis sich die Linke ausreichend bloßstellte, um ihr daraus einen juristisch einwandfreien Strick zu drehen. Den Nerv dazu hatten Männer gleich Barras durchaus; beweisen läßt es sich nicht. Zudem: Solange sich das Volk im Gebäude befand, hätten sie es in gar keinem Fall wagen können.

Besiegelt wurde die Niederlage des Volkes am nächsten Tag. Die Bewegung nahm einen zweiten Anlauf; Bewaffnete strömten ins Rathaus und abermals in den Konvent, dessen Kanoniere diesmal vor den Tausenden ausrissen. Wiederum aber flogen nur Kraftworte und Versprechungen hin und her. Das Brot blieb Mangelware; weder vom Schicksal der mutigen Crétois noch von irgendwelchen Garantien eines Kurswechsels ging die Rede. Die Konfusion erreichte ihren Höhepunkt. Nach Erschöpfung der Lungen und Argumente beschieden sich die Demonstranten mit einem Bruderkuß des Konventspräsidenten für den Redner ihrer Abordnung.

Was er wert war, lehrte das Übermorgen. Am 22. hatte die Regierung — erstmalig seit Juli 1789 — reguläre Truppen aus der Bannmeile nach Paris geworfen. Gemeinsam mit konventstreuen Nationalgarden umzingelten sie Saint-Antoine,

„Herz und Seele" des Widerstandes, und veranlaßten den Faubourg am 23. Mai — dem 4. Prairial — zur Waffenstrekkung.
Von dieser Niederlage erholte sich die Pariser Sansculotterie nie mehr.

J. J. Cambacérès: Discours prononcé lors de la translation des cendres de J.-J. Rousseau au Panthéon, le 20 vendémiaire de l an troisième de la République. Paris 1794.

F. N. Babeuf: Les battus payent l'amende, ou les Jacobins jeannots. Paris 1794.

F. Boissy d'Anglas: Mémoire sur les limites futures de la République. Paris 1795.

A. J. Hofmann: Des nouvelles limites de la République française. Paris 1795.

E. Baconnière de Salverte: Journées des 12 et 13 germinal, et événements qui les ont précédées et suivies. Paris (12. April) 1795. — Derselbe: Les premiers jours de prairial. Paris 1795.

C. E. Kilmaine: Détails circonstanciés de ce qui s'est passé le 4 prairial au faubourg Saint-Antoine. Paris 1795.

G. de Staël: Réflexions sur la paix. Paris 1795.

F. P. Tissot: Souvenirs de la journée de 1er prairial an III. Paris 1799.

J. Clarétie: Les derniers Montagnards. Paris 1868.

A. Metzger: Lyon en 1795. Lyon 1886.

R. Guyot / L. Thénard: Le conventionnel Goujon. Paris 1908.

A. Mathiez: La Réaction thermidorienne. Paris 1929.

G. Lefebvre: Les Thermidoriens. Paris 1937.

E. V. Tarle: Germinal und Prairial. Berlin 1953.

R. Cobb / G. Rudé: Les journées de germinal et de prairial an III, in: Revue historique, Nr. 214, 1955.

W. Real: Von Potsdam nach Basel. Basel/Stuttgart 1958.

A. Galante Garrone: Romme. Torino 1959.

K. Tønnesson: La défaite des sans-culottes. Mouvement populaire et réaction bourgeoise en l'an III. Oslo/Paris 1959, Oslo 21978.

Gilbert Romme (1750—1795) et son temps. Actes du colloque tenu à Riom et Clermont. Paris 1966.

R. Aubert (Hrsg.): Journal d'un bourgeois de Paris sous la Révolution, J. de Célestin Guittard de Floriban. Paris 1974.

G. S. Čertkova: Babeuf vo vremja termidorianskoj reakcii. Moskva 1980.

Jakobiner und Sansculotten räumten nacheinander das Feld. Jene hatten ihr revolutionäres Mandat eingebüßt, sobald sie aufhörten, „Jakobiner mit dem Volke" zu sein. Die auf sich allein gestellte Sansculotterie war außerstande, der Bourgeoisie eine alternative, soziale Demokratie abzuringen. Herausgefordert, während Hunger und Not alle Vorstellung überstiegen, war sie mit dem Mut der Verzweiflung in ihren letzten Kampf gezogen. Geschlagen und zermürbt, wurde sie von den Thermidorianern endgültig „nach Hause geschickt".
Von den ersten Tagen der Revolution an hatte sie ihr vorwärtstreibendes, mitreißendes Element gebildet; als letzte räumte sie die Barrikade.

> Man sagt uns, Knechtschaft sei nicht bitter,
> da könnten wir auch glücklich sein (...).
> Aber das hoffe ich für später,
> die Enkel mein,
> werden froh sein
> über die Taten ihrer Väter. (Dok. 199.)

Die Abrechnung der thermidorianischen Bourgeoisie mit den „Rädelsführern der Plebs" erfolgte gründlich. Zwar wurde der „Kopf" des Prairialaufstandes, nach dem die Zeitgenossen und nach ihnen die Historiker eifrig fahndeten, nie so recht gefunden — auch nicht in Gestalt des mysteriösen Brutus Magnier: vermutlich deshalb, weil es weder ein solches „Hirn" noch einen „Generalstab" gab. Die Polizei neigte vom ersten Aufstandstag an zur Lesart,

> daß der Lebensmittelmangel der — leider nur zur plausible — Vorwand war, dessen sich die Agitatoren bedienten, um die leichtgläubigen Bürger irrezuleiten; daß aber die Ursache der — seit langem organisierten — Volksbewegung von der Faktion der alten Rädelsführer herkommt, die das Volk heute zusammen mit Brot die Wiederherstellung der Commune, die Verfassung von 1793, die Enthaftung aller montagnardischen Abgeordneten und aller Mitglieder der alten Revolutionskomitees fordern lassen. (Réaction thermidorienne, I, 733.)

Die eingesetzte Militärkommission hielt sich an die greifbaren unter den Anführern, von denen sie 5 — darunter Duval und den tapferen Mulatten Delorme — zum Tode verurteilte. 25 weitere Aufständische teilten ihr Schicksal; dazu 6 der Abgeordneten, die im Konvent für die Volksforderungen eingetreten waren. Sie erdolchten sich reihum auf „römische" Weise: Duquesnoy, Gujon und Romme, die sogleich verschieden; Bourbotte, Duroy und Soubrany, die man als Sterbende unter das Fallbeil legte. Maure und Rühl nahmen sich das Leben, als auch ihnen der Henker nahte.

Der stoische Freitod der „letzten Montagnarden" löschte die Linke im Konvent aus. Nicht minder hart traf es die Sektionen. Ob am Aufstand beteiligt oder nicht, wurden rund 3000 der erprobtesten Revolutionäre, vor allem ehemalige Kommissare aller Grade, festgenommen oder entwaffnet. Anzeigen und Vollzugsmeldungen gingen in gewünschter Menge und Güte ein. Bürger Fontaine aus der Sektion Indivisibilité fühlte sich am 29. Mai zur Anzeige gegen die Witwe Barbau gedrängt,

> da jeder Bürger, der ein Freund der Ordnung, der Gerechtigkeit und der Menschlichkeit ist, angeben muß, was er von den Ungeheuern, die zu der höllischen Sekte der Jakobiner, Terroristen, Blutsäufer und so weiter gehören, gesehen und gehört hat.

Besagte Wittib, eine der „Trikoteusen" auf den Tribünen des Jakobinerklubs „und von dorther dem Revolutionstribunal bekannt", sagte laut Fontaine jedem, der es hören wollte,

> sie habe auf ihre bloße Anzeige hin 35 Menschen auf die Guillotine gebracht (...). Wenn ein sogenannter Muscadin oder andere sauber gekleidete Leute an ihr vorübergingen, sagte sie laut genug: Da ist noch so ein Hundsfott für die Guillotine. (...) Sie hat nicht wenig dazu beigetragen, die Unglückstage des 1., 2. und 3. Prairial herbeizuführen. Als sie am 5. sah, daß die Schlacht verloren war, empfahl sie sich und zog noch am gleichen Tage aus. (Sansculotten, 491, 493.)

Die Berichterstattung aus den umgekrempelten Sektionen lief auf vollen Touren. Während die vordem rühmlich bekannte Sektion Brutus ein Verzeichnis a) der Verhafteten und b) der Entwaffneten mit Namen, Beruf, ehemaliger Funktion und Adresse der

> Terroristen, Mörder, Blutsäufer, Diebe und Agenten, die an Greueltaten, Willkürakten und Unterdrückungsmaßnahmen teilgenommen haben, die gegen die wahren Freunde der Republik unter der Tyrannei vor dem 9. Thermidor verübt wurden (ebenda, 495),

kommentarlos übermittelte, dafür aber öffentlich anschlagen und sogar drucken ließ, wertete der Überwachungsausschuß des (neugeschaffenen) 8. Arrondissements die Eingänge am 5. Juli bereits für die Anfertigung von Charakteristiken aus. Den „Häuptling" der Sektion Quinze-Vingts zeichnete er so:

> Im Grunde seiner Seele Despot, wird er gegen den Despotismus wettern, wenn sein Ehrgeiz es erfordert, und er wird sich als Gemäßigter geben, wenn sein Interesse es erheischt. Aber es muß gesagt werden, was er wirklich ist: ein Verderber der gesunden Einstellung des Volkes, ein geschickter Einbläser, ein Freund der Anarchie aus der Gewißheit heraus, daß allein die Anarchie seinen Plänen förderlich sein kann. Die Einstellung im Faubourg (Saint-Antoine — W. M.) ist gut, die anständigen Bürger haben jetzt das Heft fest in der Hand, aber sie sind verloren, die Haltung ist verdorben, wenn Castille nach Hause zurückkehrt. Es geschehe mit ihm, was das Gericht anzuordnen beliebt, aber er erscheine nicht wieder im Kreise der schwachen Seelen. (Ebenda, 511.)

Alle, die sich gleich diesem Castille

> vor Ratschlägen gehütet hatten, die eine alberne Vorsicht eingeben könnte: immer daran zu denken, daß der Wagen der Revolution im Rollen ist und daß der Teil des Rades, der gerade unten ist, auch mal wieder nach oben kommen kann (ebenda),

zahlten nun drauf. Hingegen wurden alle Urteile gegen Teilnehmer an der girondistischen Föderalistenrevolte von 1793 aufgehoben und das Revolutionstribunal (am 31. Mai) liquidiert.

In der Provinz drangen Totschläger in Gefängnisse ein und massakrierten einsitzende Patrioten. In Nîmes, Tarascon und der sansculottischen Hochburg Toulon kam es zu Hinrichtungen von Jakobinern. Die Thermidorianer mißbilligten die Formen, die solche Racheakte annahmen; sie fielen ihnen jedoch selten in den Arm. Lag ihnen doch selber daran, die Volkskräfte an der Wurzel zu treffen, um sie ein für allemal abzuschütteln.

Ihr müßt das Eigentum des Reichen garantieren,

beschwor Boissy d'Anglas, einer der Matadore der neuen rechten Mitte, den Konvent am 23. Juni:

> Die staatsbürgerliche Gleichheit ist tatsächlich alles, was ein vernünftiger Mensch verlangen kann (...). Die absolute Gleichheit ist weiter nichts als ein Hirngespinst.

Es hätte schon seltsam zugehen müssen, wenn in solcher Lage die unbelehrbaren unter den Royalisten weiter stillgehalten hätten. Unrealistisch in ihrer Einschätzung, hielten sie die Landung zweier bewaffneter Detachements (durch die englische Flotte) auf der Halbinsel Quiberon im Süden der Bretagne am 27. Juni für ausreichend, einem allgemeinen Aufstand als Fanal voranzuleuchten. Bis auf einige Freischaren des Chouans Cadoudal rührte sich indessen keine Hand zu ihrer Unterstützung, und der volkstümliche „Jakobinergeneral" Hoche (den der „Neunte Thermidor" aus Untersuchungshaft befreit hatte) erstürmte am 21. Juli die Feindstellung. Die in britischen Uniformen aufgegriffenen Getreuen des Grafen d'Artois, der sie feige im Stich ließ, wurden als Landesverräter standrechtlich abgeurteilt.

> Na schön, schrieb der Freiwillige Joliclerc am 31. August seiner Mutter, wir haben uns mit ihnen geschlagen und sie, was mehr zählt, besiegt. Sie blieben vom 8. Messidor, an dem sie landeten, bis zum 3. Thermidor, an dem sie sich wie in einer Mausefalle gefangen sahen. Ohne die Toten und Ertrunkenen zu zählen, haben wir 6000 und einige hundert Gefangene gemacht, die alle nacheinander füsiliert werden oder über die Klinge springen müssen.

Der royalistische Spuk spielte dem Konvent unfreiwillig einen wichtigen Trumpf zu, denn die Thermidorianer fanden daraufhin ihre Balance wieder. Noch am 5. Juni hatte der *Moniteur* eine Rückkehr zur konstitutionellen Monarchie (von 1791) für nicht undenkbar gehalten und sich darob kaum entrüstet. Anläßlich des 14. Juli aber erfreuten ihn

> die unerwarteten und seit langem vergessenen Klänge der Marseillaise

auf den Straßen von Paris. Die „Goldene Jugend" bezog jetzt

ihrerseits von Soldaten und Blusenmännern Prügel.
Die Thermidorianer nutzten die nationale Welle, um die *Verfassung vom Jahr III* durchzubringen. Dank ihrer erfolgreichen Außenpolitik und der relativen Befriedung der Departements im Umkreis der Vendée verfügten sie über eine abgesicherte Ausgangsposition und konnten es sich leisten, nach allen Seiten kleine Zugeständnisse zu träufeln. Den sparsamen Einsatz an Schweiß und Witz des seiner Auflösung entgegensehenden Konvents beim Regierungsgeschäft verraten auf köstliche Weise die *Erinnerungen* von Larevellière, Mitglied des einst so gefürchteten Wohlfahrtsausschusses (Dok. 204).
Das am 22. August (5. Fructidor III) ausgehandelte Produkt der Verfassungsdebatte ging aus einer Übereinkunft zwischen einer Mehrheit konservativer bürgerlicher Republikaner und einer — von den jüngsten Ereignissen angeschlagenen — Minderheit konstitutioneller Monarchisten hervor. Sie ließ sich von dem Geist leiten, von dem die programmatische Rede des Boissy d'Anglas am 23. Juni durchtränkt gewesen war:

> Wir müssen von den Besten regiert werden; die Besten sind die Gebildetsten und die an der Aufrechterhaltung der Gesetze am meisten Interessierten. Nun werdet ihr aber — mit sehr wenigen Ausnahmen — solche Männer nur unter denjenigen finden, die ein Eigentum besitzen, dem Lande verbunden sind, auf dem es sich befindet, den Gesetzen, die es beschützt, der Ruhe, die es erhält; Männer, die diesem Eigentum und dem Wohlstand, den es verschafft, die Erziehung verdanken, die sie befähigt hat, mit Scharfsinn und Genauigkeit Vorzüge und Nachteile von Gesetzen zu diskutieren, die das Schicksal ihres Vaterlandes bestimmen. Der Besitzlose im Gegenteil bedarf einer stetigen Inanspruchnahme von Tugend, um sich für eine Ordnung zu interessieren, die ihm nichts erhält, und um sich Bewegungen zu widersetzen, die ihm einige Hoffnungen geben.

Eine Präambel (Dok. 205) und 377 Artikel sprachen das Klassenanliegen des situierten Bürgertums ziemlich unverblümt aus. Die „Grundsätze von 1789" und gar die von 1793 mußten sich Abstriche gefallen lassen. Daß der Mensch von Geburt an frei und gleich sei und bleibe, fiel ebenso unter den Tisch wie die Festschreibung sozialer Rechte, insbesondere aber Recht und Pflicht zum Aufstand. Die Gleichheit bestand laut Artikel 3 der *Erklärung der Rechte und Pflichten des Menschen und Bürgers* lediglich

> darin, daß das Gesetz für alle das nämliche ist, sei es, daß es beschütze, oder daß es strafe.

Das Eigentum wurde in Artikel 1 unter den Menschenrechten aufgeführt und in Artikel 5 als uneingeschränkt zur Verfügung des Eigentümers verstanden:

> Das Eigentum ist das Recht, sein Vermögen, seine Einkünfte, den Ertrag seiner Arbeit und seines Fleißes zu genießen und darüber zu verfügen.

Unter den Pflichten — eine Neuerung gegenüber den beiden ersten Verfassungen — hoben Artikel 8 und 9 hervor:

> Auf der Erhaltung des Eigentums beruhen der Ackerbau, alle Produkte, alle Quellen der Arbeit und die ganze soziale Ordnung.
>
> Jeder Bürger schuldet dem Vaterland und der Erhaltung der Freiheit, der Gleichheit und des Eigentums seine Dienste, sooft ihn das Gesetz zu ihrer Verteidigung aufruft.

Das allgemeine Wahlrecht wurde zu einem Zensuswahlrecht abgeschwächt, nach dem zwar alle Steuerzahler Zugang zu den Urwahlen behielten, die 30 000 Wahlmänner, aus deren Abstimmungen der Gesetzgebende Körper hervorging, jedoch Vermögen und ein entsprechendes Einkommen nachzuweisen hatten.

Grundlage der Staatsordnung wurde die Gewaltentrennung.

> Der Gesetzgebende Körper setzt sich aus einem *Rat der Alten* (etwa einem Senat entsprechend — W. M.) und einem *Rat der Fünfhundert* zusammen (Art. 44),

der die Gesetze einbringt, die die „Alten" prüfen und in Kraft setzen.

> Die vollziehende Gewalt ist einem *Direktorium von fünf Mitgliedern* übertragen, die der Gesetzgebende Körper ernennt, der alsdann namens der Nation als Wahlversammlung fungiert. (Art. 132.)

Die Kompetenzen wurden mit einer geometrisch anmutenden Künstlichkeit ineinandergeschachtelt. Die Frage, wer Konflikte zwischen Legislative und Exekutive zu schlichten hatte, blieb unbeantwortet, da das Direktorium den Gesetzgebenden

Körper nicht auflösen durfte. Gerade dieser Punkt veranlaßte Larevellière als einen seiner Väter, das Werk der „Elferkommission", deren geistiger Kopf Daunou war, noch in seinen *Erinnerungen* kritisch einzuschätzen:

> Viele französische und ausländische Denker haben die Verfassung vom Jahr III als die beste unter allen bestehenden betrachtet, soweit es ihr Grundkonzept betraf (...). Den Umständen, die ihre Geburt begleiteten und ihre Vervollkommnung verhinderten (...), gesellten sich jedoch, wie man zugeben muß, Fehler hinzu, die zu berichtigen unerläßlich gewesen wäre.

Die Verfassungsschöpfer wußten, daß die von ihnen angestrebte Herrschaft bürgerlicher Notabeln einige Unsicherheitsfaktoren einbeziehen mußte. Krieg, Inflation und Hunger unter den Armen hielten an. Als gebrannte Kinder wollten die Abgeordneten eine Wiedereinschaltung von Volkskräften in den politischen Prozeß ebenso parieren wie die Diktatur einer Versammlung oder eines einzelnen. Sie bauten Sicherungen dagegen ein wie jährliche Teilwahlen auf allen Ebenen, die jedoch ihre Einrichtungen nur noch anfälliger machten.

Die Mißstimmung unter den Massen wohl kennend, nahm ihnen der Konvent durch ein Dekret vom 23. August ihr letztes selbständiges Organ:

> Jede Vereinigung, die unter dem Namen Klub oder Volksgesellschaft bekannt ist, gilt mit sofortiger Wirkung als aufgelöst. (Art. 1.)

Vor dem Wahlausgang dennoch bangend, bediente sich die Nationalversammlung eines Schlichs: Sie bestimmte, daß zwei Drittel der neuen Volksvertreter ihren Reihen zu entnehmen seien, was der gemäßigt-republikanischen Mitte unabhängig von — einkalkulierten — Stimmenverlusten eine Schlüsselstellung auch im Gesetzgebenden Körper erst einmal beließ. Während die Verfassung rund 1 Million Ja- gegen 50000 Nein-Stimmen erhielt, protestierte ein rundes Drittel der Wähler gegen das Zusatzdekret; in Paris lehnten es mit Ausnahme von Quinze-Vingts, wo 433 dafür und nur 139 dagegen stimmten, sämtliche Sektionen ab.

Sofort hakten Konterrevolutionäre ein, die Chance witternd, das gefoppte Wahlvolk durch eine demagogische Aktion gegen die Regierung doch noch um sich zu scharen. Es gelang ihnen,

7 Sektionen zu bewegen, sich am 3. Oktober im Aufstand zu erklären.

> Zuweilen — besonders in Jahren außerordentlicher Ermüdung und Überanstrengung durch übermächtige Mühsale — unterliegt eben auch die Masse Stimmungen, die ganz und gar nicht fortschrittlich sind. (Lenin, Werke, XXXIII, 19f.)

Der Militärkommandant von Paris, „Prairialsieger" Menou, deckte insgeheim die Zentralkommission der rund 20000 Insurgenten, die den größten Teil von Paris besetzten.

So schmählich gedachte der Konvent seine Amtszeit denn doch nicht zu beschließen. Er brachte einen Verteidigungsausschuß auf die Beine, widerrief die Entwaffnung der „Terroristen", stellte Schutzbataillone aus verläßlichen Patrioten auf und übertrug bisher kaltgestellten, weil des Jakobinismus verdächtigen Offizieren die operative Leitung.

> Der Wohlfahrts- und der Sicherheitsausschuß beschließen, daß General Buonaparte (anstelle Menous — W. M.) in der Armee des Inneren unter dem Befehl des Volksvertreters Barras, Oberkommandierender dieser Armee, eingesetzt wird.

Am 5. Oktober zerschlug der reaktivierte Brigadier, dessen Beziehungen zu Augustin Robespierre seine Karriere verdorben hatten, durch rücksichtsloses Kartätschenfeuer die gegen den Konvent anrückende Menge, in der viele des guten, aber irrigen Glaubens waren, für eine „saubere Demokratie" zu kämpfen.

Dieser „13. Vendémiaire" besiegelte den Bruch zwischen den konstitutionellen Monarchisten und dem Gros der thermidorianischen Bourgeoisie.

> Der Konvent stand vor seinem offenen Grab: *wir* haben es geschlossen,

bedauerte Mallet du Pan rückblickend. Weniger der Neigung als den Umständen gehorchend, optierte die siegreiche Partei nun für eine unverwässerte bürgerliche Republik, unterband die Repression von Demokraten in der Provinz (plötzlich „ging es"!) und verabschiedete sich am 26. Oktober mit einer politischen Amnestie (die sich nicht auf Konterrevolutionäre bezog) und der Abschaffung der Todesstrafe außerhalb der Militärgerichtsbarkeit.

Am 3. November 1795 traten die Direktoren, immerhin alle fünf „Königsmörder" mit geringer Eignung zum Gesprächspartner bourbonischer Gestriger: Barras, Larevellière, Letourneur, Reubell und Carnot (nachdem Sieyès dankend verzichtet hatte), ihr Amt an.

T. Paine: Age of Reason, Boston 1794—1796.

I. Kant: Zum ewigen Frieden. Königsberg 1795.

G. de Staël: Essai sur les factions. Paris 1795.

L. Lagrange: Essai d'arithmetique politique. Paris 1796.

S. T. Coleridge: A Comparative View of the English Rebellion under Charles the First and the French Revolution. London 1796.

H. Meister: Souvenirs de mon dernier voyage à Paris (1795). Paris 1910.

G. Rudé: Les sans-culottes parisiens et les journées de vendémiaire an IV, in: AHRF, 1959, 332—346.

W. R. Fryer: Republic or Restauration in France? 1794—1797. The Politics of French Royalists, with particular reference to the activities of A. B. J. D'André. Manchester 1965.

J. Godechot (Hrsg.): Les Constitutions de la France. Paris 1969.

G. D. Homan: Jean François Reubell. French Revolutionary, Patriot and Director, 1747—1807. 's-Gravenhage 1971.

A. Jovicevich: Le royaliste La Harpe au 13 vendémiaire, in: AHRF, 1971, 444—458.

M. Fajn: Le Journal des hommes libris de tous les pays. Paris 1975.

Babeuf oder Bonaparte?

> Unter der Regierung des *Direktoriums* bricht die *bürgerliche Gesellschaft* (...) in gewaltigen Lebensströmen hervor. Sturm und Drang nach kommerziellen Unternehmungen, Bereicherungssucht, Taumel des neuen bürgerlichen Lebens, dessen erster Selbstgenuß noch keck, leichtsinnig, frivol, berauschend ist; *wirkliche* Aufklärung des französischen *Grund* und *Bodens*, dessen feudale Gliederung der Hammer der Revolution zerschlagen hatte und welchen nun die Fieberhitze der vielen neuen Eigentümer einer allseitigen Kultur unterwirft; erste Bewegungen der frei gewordenen Industrie — das sind einige von den Lebens-

> zeichen der neuentstandenen bürgerlichen Gesellschaft. (MEW, II, 130.)

Die Regierungserklärung des Direktoriums vom 5. November (1795) gab denn auch durch ihr konkretes Maßnahmeprogramm als Marschrichtung an,

> an die Stelle des mit Revolutionen unzertrennlich verbundenen Chaos eine stabile Gesellschaftsordnung zu setzen; (...) den Royalismus aktiv zu bekämpfen; (...) alle Faktionen hart zu unterdrücken; jeden Wunsch nach Rache zu ersticken; Eintracht walten zu lassen und Frieden zu schließen; (...) Gewerbe und Handel zu beleben; (...) Überfluß und den Staatskredit wiederherzustellen.

Die „Zuckungen der Revolution" sollten (wie schon so oft!) der Vergangenheit angehören, ihre „brauchbaren" Ergebnisse übernommen und verteidigt werden.

Das hörte sich ganz passabel an für Leute, die wußten, wie sehr die Planken noch schwankten, die sie trugen. Dabei war der Gesetzgebende Körper für den Augenblick ihre geringste Sorge. Die alte „zentristische" Mehrheit der Thermidorianer war darin wieder zusammengeschoben worden, die Monarchisten blieben unter sich verzankt, und vorlaute Demokraten wiesen weder der Rat der Alten noch jener der Fünfhundert auf. Trotzdem hatte die Wählerschaft Warnzeichen gesetzt. Die hinzugekommenen Abgeordneten neigten mehrheitlich dem konstitionellen Königtum zu. Was also würden die nächsten Teilwahlen bei Wegfall der Sperrklausel bescheren?

Eine Basis unter den Massen, die parlamentarisches Defizit kompensieren konnten, fanden die Direktoren um so weniger, als ihre Wirtschaftspolitik jeder Rücksicht auf sie hohnsprach. Spekulanten erwarben auf dem Höhepunkt der Inflation (als sogar die Bettler „kleine Scheine" zurückwiesen!) Nationalgüter für einen Pappenstiel. Der Verbraucher hingegen mußte das Pfund Brot mit 150 Francs bezahlen, als (nach nochmals unbefriedigender Ernte) die preisgestützte Ration auf lachhafte 75 Gramm absank. Die Entbehrungen des einfachen Volkes übertrafen im Frühjahr 1796 noch diejenigen von 1795, und Polizeiberichte meldeten Arbeitsniederlegungen von Druckern, Setzern und Lastträgern, die über nichts als ihr entwertetes Lohneinkommen verfügten.

> Das Volk, schrieb G. F. Rebmann (am 16. September 1796), welches gelitten, gekämpft, gearbeitet, gefochten, gehungert hat, zahlt sein Brot nun (das heißt sogar noch im Sommer — W. M.) ein Drittel teurer in barem Gelde als im Jahr 1792 unter Robespierre in Papier oder um ein Viertel teurer als unter der alten Regierung. (Weber, 50.)

Ein zweiter „13. Vendémiaire" war unter solchen Umständen nicht auszuschließen.

Von den Direktoren beunruhigte namentlich ihren leitenden Kopf Barras — nacheinander Graf, „Terrorist", Regisseur des „Neunten Thermidor" und Sieger im Vendémiaire — der Vorsprung, den die hemmungslose Demagogie der Rechten gewann, die über die Mehrheit der Zeitungen in Paris wie erst recht in der Provinz gebot. Um ihn aufzuwiegen, gewährte er der linken Presse einen gewissen Spielraum:

> Duval mit der „Zeitung der Freien" *(Journal des hommes libres),*
>
> Marats Freund Lebois mit einem „Volksfreund",
>
> Réal und Mehée mit der „Zeitung der Patrioten von 89",
>
> Eve-Demaillot mit einem „Plebejischen Redner" *(L'Orateur plébéien ou le Défenseur de la République),*
>
> Antonelle mit einem „Redakteur" —

und Babeuf, durch die Amnestie der Freiheit wiedergegeben, der am 6. November (1795) mit Nummer 34 seines *Volkstribuns* sogleich einen Lesererfolg erzielte:

> Der Volkstribun ist frei. Die Regierung war ungeschickt genug, ihn aus der Haft zu entlassen. Die Folgen ihrer Torheit werden sich zeigen.

Gleichzeitig wurde die Zulassung politischer Klubs erleichtert. Der am 16. November von Lebois eröffnete Pantheonklub (nach der Lokalität so bezeichnet, eigentlich: Vereinigung der Freunde der Republik) zog alsbald Männer der Patriotenpartei in großer Zahl an.

Das Kalkül der Regierung, Satan durch Beelzebub auszutreiben, ging aber nur so lange auf, als sich die „ermutigten" Demokraten zur Rolle eines allzeit kontrollierbaren Gegengewichts zu den Royalisten hergaben. Fürs erste sah es danach aus. Fouché spielte als Vertrauensmann von Barras den gewandten Vermittler bei dem Experiment, den Linken das Direktorium schmackhaft als „kleineres Übel" zu servieren. Bei seinem alten Freund Babeuf aber biß er auf Granit und mußte sich von ihm vorhalten lassen:

> Du hast Beziehungen zum Für und zum Wider. Du schleichst Dich bei allen Parteien ein. In Augenblicken der Gefahr hast Du nicht Farbe bekannt. Du hast alle Ächtungen überstanden, und man hat sich nur den Anschein gegeben, Dich zu verfolgen: Man weiß nicht, was man von Dir halten soll. (Babeuf an Fouché, 8. November 1795.)

Was Fouché nicht wissen konnte: Babeuf hatte inzwischen seine Wahl getroffen. Er war kein anderer geworden. Seine („rohe") kommunistische Lehre hatte sich schon davor geformt, und er hat sie auch schon davor — so in seinem Brief vom 28. Juli an Germain — ausführlich dargelegt. Jetzt aber sah er die Zeit gekommen, den Weg auszumitteln, auf dem seine Ideen in Wirklichkeit zu überführen wären.

Die Einheitsfront aller Republikaner verwarf der Volkstribun als Klassenlüge.

> Wir — hielt besagte Nummer 34 der bürgerlichen Linken entgegen — versammeln um uns alle Demokraten und Proletarier: Bezeichnungen, die unzweifelhaft einen klaren Sinn ergeben. Unsere Dogmen sind die reine Demokratie, die Gleichheit ohne Fehl und Abstrich.

Die Trennungslinie verläuft zwischen Patriziern und Plebejern, zwischen Reichen und Armen. Ja, das Volk ist der Revolution müde; es verabscheut eine Republik, die ihm nur Leiden und Nöte einbrachte.

> Um den Volksmassen wieder Liebe zur Republik einzuflößen, empfand ich die Notwendigkeit eines neuen revolutionären Hebels. Ich hatte festgestellt, daß die alten abgenützt waren.

Und er glaubte ihn gefunden zu haben:

> Der Gegenstand dieser Revolution ist Wohlstand für alle, Unterricht für alle, Gleichheit, Freiheit, Glück für alle. Das ist unser Ziel.

Damit war eine Umbewertung der Jakobinerdiktatur und Robespierres verbunden:

> Sprechen wir es offen aus: Bis zum 9. Thermidor ging es

> auf dieses Ziel zu. Seitdem ist der Gang der Revolution in entgegengesetztem Sinn verlaufen, gegen das Ziel der Gesellschaft, gegen das Ziel der Revolution. An die Stelle des *Glücks für alle* ist das *gemeinsame Unglück* getreten.

Ferner ergab sich daraus eine Verwerfung der Direktorialverfassung:

> Die Verfassung von 93 hat eine Million Stimmen mehr erhalten als die vom Jahr III. Nachdem die Verfassung des Jahres 1793 vom Volk angenommen war, konnte sie der Konvent, ohne seine Befugnisse zu überschreiten, nicht mehr für ungültig erklären und durch eine andere ersetzen. Demzufolge bleibt, rechtlich gesehen, die Verfassung von 93 nach wie vor in Kraft.

Babeuf machte indessen klar, daß auch sie nur insofern Anerkennung verdiene, als sie die Bahn zu einer neuen Gesellschaft frei mache. Er lobte Saint-Just und trat dafür ein, den „historischen Irrtum" des „Neunten Thermidor" ungeschehen zu machen, sagte aber zugleich:

> Arbeiten wir zunächst daran, einen guten Grund zu legen, Einrichtungen im Sinne des Proletariats, und wir dürfen sicher sein, daß eine brauchbare Verfassung folgen wird.

In dieser Nummer 35 vom 30. November entwarf er eine — verschwommene — Skizze seiner Zukunftsgesellschaft: Das *Manifest der Plebejer*, dem das Volk die „wahre erste Idee der vollkommenen Gleichheit" entnehmen möge. Und Babeuf, der sich 1795 beziehungsvoll Gracchus nannte, wollte mit der Ausführung nicht warten: Der Bürgerkrieg sei ohnehin schon in vollem Gange.

> Man verschwöre sich gegen die Unterdrückung, im großen oder im kleinen, geheim oder offen, in 100 000 Zusammenkünften oder in einer einzigen, ganz gleich, Hauptsache, man verschwört sich (...). Wir haben offen das Zeichen gegeben, damit es viele bemerken (...). Alle Leiden sind auf dem Gipfel, schlimmer können sie nicht mehr werden. Sie können nur durch eine vollständige Umwälzung beseitigt werden.

Das Direktorium empfand umgekehrt Babeufs Kühnheit als „Gipfel": Am 5. Dezember erließ es Haftbefehl gegen ihn. Er

wich ihm aus, indem er seine Zeitung aus sicherem Versteck fortsetzte.
Sein Katze-und-Maus-Spiel mit der Linken trieb das Direktorium weiter. Ihr zahmerer Teil wurde gut behandelt und mit der Erhebung des 21. Januar — in Erinnerung an die Köpfung des Königs — zum öffentlichen Feiertag erfreut. Babeuf damit zu kirren aber schlug fehl, und die „Partei der Gleichen" (die Bezeichnung kam im Januar 1796 auf) machte auf sich aufmerksam. Der glänzend redigierte *Volkstribun* wurde ob seiner Unerschrockenheit vielen Gegnern der Fünf Weisen unentbehrlich. Dazu verstanden die „Gleichen" sich im — vorwiegend jakobinisch gestimmten — Pantheonklub Gehör zu verschaffen. Um sie dieser Plattform zu berauben, nahm die Regierung eine Verlesung der aggressiven Nummer 40 des *Volkstribun* im Klub durch Darthé zum Anlaß, ihn am 26. Februar 1796 zu schließen. Sie bemühte zur Vornahme der Amtshandlung keinen geringeren als den neuen Oberbefehlshaber der Armee des Inneren — mit Namen Buonaparte, der seit dem Vendémiaire im Gespräch war.

> Wo den Dreh finden, kommentierte der „Eclaireur" am 9. März 1796, um die Gesellschaft aufzulösen? In der Verfassung natürlich. Dort findet sich alles bedarfsgerecht, ganz wie im Koran oder im Evangelium der Christen. Man sucht und findet im Codex Anglas nicht weit vom Artikel, der die Eröffnung von Klubs gestattet, vorausgesetzt, sie seien aus Eunuchen und Lakaien der Großwesire zusammengesetzt; man findet, sage ich, nicht weit von dieser Stelle jenen Artikel, der die Möglichkeit gibt, sie zu schließen, sofern sie sich selbständig machen.

Das Direktorium zog unter dem langlebigen Gemeinplatz „wider Royalisten und Anarchisten" ins Feld. Am 17. März erließ es eine Instruktion, allen noch in der Verwaltung beschäftigten „Anhängern der Verfassungen von 1791 und 1793" den Stuhl vor die Tür zu setzen.
Auch Babeuf legte daraufhin einen Schritt zu. Gemeinsam mit Buonarrotti schuf er in der „Verschwörung der Gleichen" die erste kommunistische Aktionspartei der Geschichte, um deren inneren Kreis sich mit dem (ausschließlich politischen) Ziel der Vorbereitung eines Machtwechsels Revolutionäre aus allen Lagern der Linken scharten (Dok. 207). In den am

30. März gegründeten Insurrektionsausschuß, das „Geheime Direktorium der öffentlichen Wohlfahrt", traten neben Babeuf, Buonarrotti, Darthé und Sylvain Maréchal, dessen *Manifest der Gleichen* (Dok. 206) anarchoide Auffassungen vertrat, die Jakobinerführer Antonelle und Félix Lepeletier, der jüngere Bruder des 1793 gemordeten Michel, ein.
Babeufs kunstvollen „Schlachtplan", in den Buonarrotti kombinatorische Erfahrungen der Freimaurerei einbrachte, verband nichts mehr mit der spontanen Volksbewegung. Die breiten hauptstädtischen Massen hoffte er über deren alte Anführer in den Sektionen „mitzuziehen". Für die *Einsetzung* einer revolutionären Diktatur blieben sie — gleich den Bauern — zunächst außer Betracht. Die „Gleichen" gedachten mit einer Minderheit untadeliger Revolutionäre so lange ohne Nationalversammlung zu regieren, bis sie die ihnen vorschwebende Gesellschaft auf die Gütergemeinschaft gegründet hätten.
Ob die jakobinisch-hébertistische Majorität der Verschworenen — und mehr noch das Heer der Kleineigentümer in Stadt und Land — den verschwindend wenigen „theoretischen" Babouvisten (Dok. 208) darin zu Gefallen gewesen wäre, muß auch bei Gelingen des geplanten Handstreichs sehr bezweifelt werden. Dazu kam es indessen nicht. Während Barras trotz allem zögerte, einen möglicherweise immer noch nutzbaren linken Stein in seiner komplizierten Partie ohne weiteres zu opfern, drängte Carnot zum Gegenschlag, zu dem ihm der Spitzel Grisel einen Weg aufzeigte. Eile schien dem „Vater des Sieges" geboten, weil Babeuf am 7. Mai ein Geheimkomitee ehemaliger Montagnarden mit weitreichenden Beziehungen zum Anschluß an die Konspiration hatte bewegen können, die ebenfalls in Polizei- und Militärkreise Eingang gefunden hatte. Am 10. Mai wurde man Babeufs und seiner Mitverschworenen habhaft. Erschrocken und zugleich mit Genugtuung vertraute Célestin Guittard am 11. Mai seinem Tagebuch an:

> Gestern, Dienstag, den 10. Mai, deckte man eine große Verschwörung auf. Sie war gegen die Nationalversammlung (sic! — W. M.) gerichtet, die in dieser Nacht von Dienstag auf Mittwoch vernichtet und gemordet werden sollte. Doch hat Gott erlaubt, daß die Mörder in dem Augenblick, als sie zur Tat schreiten wollten, aufgespürt

und verhaftet wurden. Mögen sie mit dem Tode bestraft werden, wie sie es verdienen! Das sind Leute, die aus dem Nichts kommen, unsere Herren werden und uns regieren wollen, (...) die Verfassung von 1793 ausrufen, danach Geschäfte und Läden plündern und jedermann umbringen möchten. (614 f.)

Ein — ebenfalls verratener — Versuch jakobinischer Kräfte, Soldaten des Lagers von Grenelle zur Erhebung zu bringen, brach am 10. September zusammen. Die „Gleichen" wurden zur Aburteilung nach der entlegenen Provinzstadt Vendôme verbracht. Der dort absichtlich zerdehnte Prozeß vor einem Militärtribunal endete erst am 27. Mai 1797 mit der Hinrichtung von Babeuf und Darthé. Die Guillotine kam zu diesem Zweck aus Blois und Scharfrichter Sanson von Paris angereist.

Über mangelnde Publizität hatte Babeuf nicht zu klagen. Seit der Enttarnung der Konspiration überschlugen sich die Blätter, und die von ihnen aufgetischte Schauermär durchlief ganz Europa.

Rossignol sollte es auf sich genommen haben, den Direktor Barras zu erschießen. Andere Mörder sollen zur Ermordung der übrigen Direktoren, der vornehmsten Glieder der beiden Senate und der Minister angestellt worden sein. (Leipziger Zeitungen, Nr. 99, 24. Mai 1796.)

Man forderte den Tod der öffentlichen Beamten, welche die mindesten Befehle gegen die Insurrektion erteilen würden, den Tod derer, welche Generalmarsch schlügen, den Tod der reichen Bürger und aller Ausländer. Die Listen der Geächteten waren schon fertig sowie auch der Häuser, Magazine und Kramläden, welche geplündert werden sollten. (Ebenda, Nr. 102, 28. Mai 1796.)

Wenige räumten mildernde Umstände ein. Die „30 000 Mann" aus dem plebejischen Stammkader der Revolution, die Babeuf allzu optimistisch in Bewegung zu setzen gehofft hatte, werden auf lange Zeit als „schwarze Rotte" durch die Druckerzeugnisse der Eigentumsschützer jedweder Couleur geistern.

Gleich dem davorigen Hausfreund der Familie Buonaparte, Filippo Buonarroti, dem er zu guter Stunde im Gefängnis begegnet war (und der in Vendôme mit „lebenslänglich" davonkam), hatte Babeuf aus dem Thermidor die Lehre von der letztlichen Unvereinbarkeit bourgeoiser und kommunistischer Endziele nicht nur im Geiste gezogen, sondern danach gehandelt. Auch nach seinem unvermeidlichen Scheitern verlor er — darin mit Maréchal übereinstimmend — die Gewißheit nicht, daß eine „zweite, andere und letzte" Revolution mit Notwendigkeit kommen müsse. Unter ihren unvergessenen Anregern lebt er fort.

Für das Direktorium hingegen bedeutete die „Verschwörung der Gleichen" lediglich eine peinliche Entgleisung. Die ihm nachfolgenden Sanktionen gegen Demokraten stärkten unweigerlich die Positionen der Rechten; dem Schweizer Bilderbuchliberalen Benjamin Constant gelang es nicht, gemäßigte Royalisten (im Mai 1796) mit seiner Schrift

> Über die Gewalt der gegenwärtigen Regierung Frankreichs und die Notwendigkeit, sich ihr anzuschließen,

davon zu überzeugen, daß

> nur die Republik die Revolution beenden kann (...), die einzig mögliche konstitutionelle Monarchie — die Direktorialregierung ist.

In den Augen der allermeisten Mitlebenden verblich die Affäre rasch vor der jähen Wende, die das Kriegsglück 1796/97 nahm. Der Name des Mannes, der dem Direktorium den Tagesruhm stahl, lautete nicht Babeuf, sondern Bonaparte.

Von der Gnadensonne eines Barras beschienen, hatte der siebenundzwanzigjährige „kleine Korse mit straffem Haar" im März 1796 Josephine Beauharnais — „das süßeste Popöchen der Welt" — zur Frau und den verfahrenen italienischen Nebenkriegsschauplatz zum Exerzierfeld für seine Talente bekommen. Bei Übernahme des Oberbefehls strich er das italienische „u" aus seinem Namen und feuerte die dank den knausernden Direktoren heruntergekommene Truppe mit einer Proklamation an, die ihr die Schätze der reichen Lombardei verhieß, wenn sie nur zuschlagen und zugreifen wollte:

> Ich will euch in die fruchtbarsten Ebenen der Welt führen. Reiche Provinzen und große Städte werden in eure Hände fallen; hier werdet ihr Ehre, Kriegsruhm und Reichtümer ernten. (Dok. 209.)

Der anschließende Feldzug verschlug Freund und Feind den

Atem. Was in Paris als Entlastungsunternehmen für die in Deutschland wenig glückhaft operierenden Hauptkräfte gedacht war, riß Österreich glatt zu Boden. Die Italienarmee jagte auf den Beinen ihrer Muschkoten von Erfolg zu Erfolg, ernährte sich — und nicht zu knapp — von der Beute, beglückte obendrein die arme Exekutive in der Heimat mit Fässern eingetriebenen Goldes. Wann hatte selbst Marie Joseph Chéniers „Große Nation, gewohnt zu siegen", dergleichen je vernommen? Ohne sich um Weisungen — außer allenfalls um solche von Carnot — zu kümmern, entfaltete sich ein Heerführer, der revolutionären Fortschritt wie kein anderer in Kriegskunst umzusetzen wußte.

Im März 1797 näherte sich die Italienarmee in halsbrecherischem Vorstoß bereits dem Semmering und bedrohte die Kaiserstadt Wien. Daraufhin schloß der entnervte Gegner mit Bonaparte am 18. April den Vorfrieden von Leoben, der die Erste Koalition einsargte. Dem Direktorium verblieb, sich in die irregulären Initiativen seines selbstherrlichen Schlachtengottes zu schicken: Hatten

> nach so vielen Jahrhunderten Alexander und Cäsar einen Nachfolger gefunden,

wie ein tief beeindruckter Stendhal in der *Kartause von Parma* schreiben wird?

Erstmalig war das *Schwert* entscheidend in die Waagschale der abflauenden Revolution geworfen worden. Noch war Sergeant Petitbon felsenfest davon überzeugt, daß es *für* die Republik geschah:

> Es war ein ganz gewaltiges Schauspiel für Europa, eine der schwächsten Armeen der Französischen Republik zu sehen, die sich, bedrückt vom Mangel und nur mit jener Energie ausgestattet, die das Gefühl der Freiheit und des Ruhmes verleiht, über 9 oder 10 Monate gegen den Feind in Marsch setzt, alle natürlichen und künstlichen Hindernisse überwindet und Triumphe vorbereitet, die ihr ewigen Ruhm verbürgen.
>
> So war die Italienarmee in ihrer letzten Kampagne gezwungen, gegen eines der kriegerischsten Völker zu kämpfen, das die Unabhängigkeit ihres Vaterlandes nicht anerkennen wollte, aber geführt von einem Mann von Genie, der ihre Tapferkeit unbesiegbar machte.

Er hat bewiesen, daß alle Anstrengungen des Despotismus vergeblich sind, wenn sie sich gegen ein Volk richten, das seine Ketten zerbrochen hat, und daß der Wille eines Tyrannen dem Willen des freien Menschen unterlegen ist. (Carnet de route, 37.)

Da und dort aufkommende Zweifel an Bonapartes Loyalität schien der Wortlaut seines Tagesbefehls zur Jahresfeier des 14. Juli (1797) zu widerlegen:

Berge trennen uns von Frankreich. Ihr würdet sie mit Adlerflügeln überqueren, wenn es nötig sein sollte, die Verfassung aufrechtzuerhalten, die Freiheit zu verteidigen, die Regierung und die Republikaner zu schützen (...). Den Feinden von Republik und Verfassung des Jahres III Krieg ohne Gnade! (Dok. 211.)

Noch bemühte sich also ein Carnot, trotz des märchenhaften Höhenfluges „seines" Feldherrn an das „Gute in ihm" zu glauben. Jedoch mischte sich in seine Epistel an den General vom 17. August bereits ein unverkennbar beschwörender Unterton:

Man schreibt Ihnen tausend Projekte zu, eins unsinniger als das andere. Man will nicht glauben, daß sich ein Mann, der so große Dinge vollbracht hat, darauf beschränken könnte, als einfacher Bürger zu leben. Was mich betrifft, so glaube ich, daß nur ein wieder zum einfachen Bürger gewordener Bonaparte den *General* Bonaparte in seiner ganzen Größe zeigen könnte.

Der auf Schloß Montebello im Mailändischen Residierende hörte die Botschaft wohl, allein er folgte „seinem Stern"...

Analyse de la doctrine de Babeuf. Paris (9. April) 1796.

L. Hoche: Mémoire sur la réorganisation de l'armée en l'an V. Paris 1797.

P. Buonarroti: Histoire de la Conjuration pour l'Egalité, dite de Babeuf. Brüssel 1828, (Hrsg. G. Lefebvre) Paris 1957.

M. Dommanget: Pages choisies de Babeuf. Paris 1935. — Derselbe: Babeuf et la Conjuration des Egaux. Paris ²1970.

A. Saitta: Filippo Buonarroti. 2 Bände, Roma 1951–1952, ²1972.

G. u. C. Willard (Hrsg.): Babeuf. Ausgewählte Schriften. Berlin 1956.

E. Eisenstein: The First Professional Revolutionist. Filippo Michele Buonarroti (1761–1837). Cambridge (Mass.) 1959.

K. H. Bergmann: Babeuf. Gleich und Ungleich. Köln/Opladen 1961.
C. Mazauric: Babeuf et la Conspiration pour l'Egalité. Paris 1962. — Derselbe (Hrsg.): Babeuf, Textes choisis. Paris 1965, ^{2}1976.
Babeuf et les problètmes du babouvisme. Actes du colloque de Stockholm (1960). Paris 1963.
P. Fischer (Hrsg.): Babeuf. Der Krieg zwischen Arm und Reich. Berlin (West) 1975.
Grakch Babef: Sočinenija. Hrsg. V. Dalin / A. Saitta / A. Soboul, 4 Bände, Moskva 1975 ff. (Œuvres de Babeuf. 4 Bände, Paris 1977 ff.)
J. Bruhat: Gracchus Babeuf et les Egaux ou «le premier parti communist agissant». Paris 1978.
V. M. Dalin: Babeuf-Studien. Hrsg. W. Markov, Berlin 1961.
R. B. Rose: Gracchus Babeuf, the First Revolutionary Communist. London/Stanford 1978.
J. Godechot: Le carnet de route du sergent Petitbon sur la campagne d'Italie de 1796—1797, in: Rivista italiana di studi napoleonici, Nr. 2, XV, 1978 (1979).
R. Legrand: Babeuf et ses compagnons de route. Paris 1981.
G. F. Rebmann: Holland und Frankreich in Briefen. 1796. (Hrsg. Hedwig Voegt) Berlin 1981.

Trittsteine zum 18. Brumaire

1797 schwanden Hunger und äußere Gefahr. Nichts vermochte indessen die rasche Abnutzung des Direktoriums aufzuwiegen. Sorglosigkeit aus Unfähigkeit oder aus Absicht gegenüber der mit englischer Beihilfe mehrschichtig organisierten Wühlarbeit royalistischer Agenturen erhielt ihre Quittung: Mit den Aprilwahlen ging die Arbeitsmehrheit im Gesetzgebenden Körper verloren.

> So sind unsere Franzosen! Hintereinander mit dem Hof konstitutionell, mit Brissot gemäßigt, unter Robespierre jakobinisch, mit André Dumont thermidorianisch und royalistisch, wie es ein paar extreme Demagogen geworden sind, das sind die Grundsätze dieser Hammelklasse, die sich aus der Mehrheit der Rentiers, der gegenwärtigen öffentlichen Beamten, Advokaten, Sachwalter und Bourgeois zusammensetzt, für die die Rückkehr zur alten Ordnung der Dinge eine Art Auferstehung

> ist — und deren dauernde Meinung ist, daß es auf die Meinung der Nation, die öffentliche Wohlfahrt, Handel und Handwerk, die durch fortwährende Reaktionen gefährdet sind, wenig ankommt, wenn nur die Suppe recht heiß ist und man keine Steuern von ihnen haben will. Unglückliches Volk! Du verdienst dein Los. (Hoche an Debelle, 14. Februar 1797.)

Während die beiden Gruppierungen der Monarchisten an der Art ihres ferneren Vorgehens noch herumdokterten, fuhr das Triumvirat Barras — Reubell — Larevellière am 18. Fructidor des Jahres V (4. September 1797) mit einem Staatsstreich dazwischen. Die Wahlergebnisse wurden größtenteils annulliert, 177 Mandate kassiert, 65 Mißliebige gar deportiert, 42 Zeitungen verboten, hingegen die Vollmachten der Exekutive erweitert und Klubs wieder zugelassen. Der konservativ gewordene Carnot wurde durch den Girondin François de Neufchâteau ersetzt.

Die Väter der Verfassung hatten als erste an ihr arg drechseln müssen, um unter Verletzung der Spielregeln ihre künstliche Majorität zu retten. Da ihnen Klassenborniertheit verbot, das Volk auf den Kampfplatz zurückzurufen, hielten sie sich an das Militär. Ihr Putsch konnte über die Bühne gehen, weil es die beiden angesehensten Heerführer, Hoche und Bonaparte, in ihrem Interesse befanden, gegen eine Restauration für die Republik einzustehen. Beider Feldtruppen hatten, um keine Mißverständnisse über das Kräfteverhältnis aufkommen zu lassen, um und in Paris Quartier bezogen.

> Die Tribünen widerhallten tagtäglich von Beschimpfungen und Drohungen an die Adresse des Direktoriums, das auf sie nie anders antwortete, als daß es Truppen an Paris heranzog und sich der Einstellung der Generäle vergewisserte. (Molé, 73.)

Ein böses Omen trotzdem. Hatten Marat, Robespierre und manch anderer nicht fortgesetzt vor dem „ehrgeizigen General" gewarnt? Ging nicht auch die waffenstarrende Französische Revolution mit einem Cromwell schwanger — ob dieser nun Lafayette, Dumouriez oder Bonaparte hieß? Die Artilleristen der 4. Division hatten ihm geschrieben:

> Sie sind Republikaner, Bürger General, und wir sind es. Wir erneuern in Ihre Hand den Schwur, mit Ihnen bis zum

Tode die Verfassung des Jahres III gegen alle Feinde zu verteidigen, wer sie auch sein mögen. (Bertaud, La Révolution armée, 328.)

Er aber sah die Dinge bald schon mit beträchtlich anderen Augen:

In der Bestimmung dessen, was als konstitutionell gilt, hatten wir keine glücklichere Hand als bei der Teilung der Staatsgewalten. Die verfassungsmäßige Organisation des französischen Volkes ist in Wirklichkeit nicht mehr als ein erster Entwurf. (Bonaparte an Außenminister Talleyrand, 19. September 1797.)

Das „zweite Directoire vom 18. Fructidor" fand keinen anderen Ausweg, als die Demokratur fortzuführen. Da die in „Verfassungszirkeln" zusammengefaßten Neujakobiner aus der Schwenkung Nutzen zogen, halfen alle Tricks nicht: Die Direktoren verloren auch die Teilwahlen von 1798, diesmal mehr an links als an rechts. Einfallsreich „entdeckte" das Gesetz vom 22. Floréal VI (11. Mai 1798) eine „Verschwörung mit doppelter Auszweigung", was die Handhabe bot, 106 unerwünschte Abgeordnete zu „floréalisieren" und 191 regierungstreue in die vergewaltigte Legislative zu bugsieren, deren Widerspenstigkeit damit erlahmte.

Die Exekutive festigte ihr Übergewicht, und ein Silberstreif erglänzte vorübergehend am Horizont: Verabschiedung des Papiergeldes, Einführung der Staatsrente, erste Industrieausstellung, erste Volkszählung, eine brauchbare Gemeindeordnung, Bilder von idyllischer „Klassenversöhnung":

Ich fand die Revolution in meiner Hochzeitszeremonie wieder. Es war der Koch meiner Mutter, der in seiner Eigenschaft als Bürgermeister unsere Ziviltrauung vornahm. Sobald er uns im Namen des Gesetzes zu legitimen Gatten erklärt hatte, kehrte er eiligst zu seinen anderen Obliegenheiten zurück, das heißt zur Bereitung des Mittagmahles. (Molé, 73.)

Ein neuralgischer Punkt blieb indessen die Instabilität der Wirtschaftslage. Einschränkungen des Verbrauchs oder gar des Gewinnstrebens standen für eine Bourgeoisie an der Macht nicht mehr zur Debatte. Ihre Passiva suchte sie möglichst den eroberten Ländern aufzubürden. 1798 ließ sich das vielver-

sprechend an. Sobald jedoch diese Erwerbungen wieder verlorengingen, mußten die Direktoren die Lasten auf die eigenen Steuerzahler zurückwälzen, womit das ökonomische Problem erneut in ein politisches hinüberwuchs. Einen zweiten Koalitionskrieg überstanden sie nicht.
Verantwortlich zeichneten für diesen beide Seiten. Der am 17. Oktober 1797 mit Österreich geschlossene Frieden von Campoformio erwies sich lediglich als Atempause. Eine Offensivpolitik, mit der das Direktorium aus der Konstellation in Italien und der Schweiz ein Höchstmaß herauszupressen suchte, trug dazu bei. Nicht eine heilige Allianz befreiter Völker, sondern Unterwerfung oder Einverleibung, Schatzsuche und das Vorschieben von Stützpunkten erhob es zu seinen Leitsätzen.
Die britische Diplomatie ihrerseits rang schlicht mit einer anderen kapitalistisch organisierten Nation um die Vorherrschaft. Sie wurde um so mißtrauischer, als das Direktorium Bonapartes Projekt absegnete, Ägypten zu besetzen, um von dort aus Englands Stellung im Mittelmeer und in Indien zu erschüttern. Daß es den Hochmögenden in Paris gleichzeitig nicht unlieb war, den tatendurstigen Feldherrn weit vom Schuß zu wissen, war demgegenüber ein innerfranzösisches Problem.
Die französische Orientpolitik trieb aber auch Zar Paul I. an die Seite der Türkei und Englands. Österreich, vom französischen Griff nach Rom und Neapel aufgescheucht, gewährte den russischen Truppen Durchmarsch, worauf das Direktorium (am 12. März 1799) mit der Kriegserklärung antwortete.
Die Ermordung der vom Rastatter Friedenskongreß abreisenden Gesandten der Republik setzte die Vorzeichen eines Krieges

zur Ausrottung des französischen Übels,

wie Sieyès im anzüglichem Wortspiel sarkastisch bemerkte.
Der Unwille der Fürsten, die vollzogene Revolution zur Kenntnis zu nehmen, zwang die Direktoren, die sich darum wahrlich nicht rissen, zur Verteidigung derselben. Die Nation begehrte auf. Als Rückschläge auf sie niederprasselten und sogar der Buschkrieg in der Vendée wiederaufflammte, brach sich ein Verlangen nach *revolutionärer* Kampfführung Bahn.

Bei den Erneuerungswahlen im März 1799 fielen zwei Drittel der Regierungskandidaten durch. Gleichzeitig nahmen die Jakobiner den Monarchisten Mandate ab, und das Gros der Thermidorianer rückte unter dem Eindruck der Niederlagen näher an sie heran. Diese neue Mehrheit einer *linken* Mitte schritt gegen die Direktoren zum Angriff: Der Gesetzgebende Körper zahlte ihnen seine Entmachtung im Floréal heim. Die Fünfhundert und der Rat der Alten erklärten sich in Permanenz, wählten Sieyès und Gohier ins Direktorium. Barras lief zu den Siegern über, und ein dritter — diesmal von der Legislative „parlamentarisch" geführter — Staatsstreich („vom 30. Prairial", 18. Juni 1799) drängte das Direktorium vollends in die Ecke.

> Die Bürgertugend habt ihr zerstört, die Freiheit geknebelt, die Republikaner verfolgt,

erboste sich jetzt der „Königsmörder" Bertrand.

> Seit am 18. Fructidor die Diktatur eingerichtet wurde, hat man den Gesetzgebenden Körper in unaufhörlicher Knechtschaft gehalten,

sekundierte der Abgeordnete Boulay. Und Bonapartes Bruder Lucien verkündete mit großer Geste vor dem Rat der Fünfhundert:

> Der Gesetzgebende Körper hat den ersten Rang im Staate, der ihm zukommt, wieder eingenommen!

„Demokraten von 1793" übernahmen in der Stunde der Gefahr das Ruder: Fouché als Polizeiminister, Cambacérès als Justizminister, Robert Lindet als Finanzminister, Bernadotte als Kriegsminister. Am 6. Juli berief die Gesellschaft der Freunde der Gleichheit und der Freiheit, nach ihrem Tagungsort Manegeklub benannt, auf ihrer Gründungssitzung Drouet, Held von Varennes und Wegbegleiter Babeufs, zu ihrem „Regulator".

In der heiklen Situation überließen die Gesetzgeber der tatkräftigen jakobinischen Minderheit den Vortritt. Ein Aufgebot von fünf Jahrgängen wurde (erstmals wieder seit 1794!) ins Feld geschickt, den Wohlhabenden eine Zwangsanleihe auferlegt und ein Geiselgesetz zur Bandenbekämpfung angenommen. General Jourdan brachte zum Jahrestag des Bastillesturms einen Trinkspruch aus

> auf die Wiederauferstehung der Piken!

Als sich die bürgerlichen Notabeln über den Rückgriff auf solche Methoden des „Jahres II“ ernste Gedanken zu machen begannen, rückten die Thermidorianer von ihren „unheimlichen“ Bundesgenossen jedoch wieder ab. Am 10. August warnte Sieyès vor Leuten,

> die im Rausch ihrer Provokationen die Quellen des gesellschaftlichen Reichtums austrocknen, den Kredit ruinieren, den Handel zur Strecke bringen und jegliche Arbeit lähmen.

Am 13. August ließ Fouché den Manegeklub schließen, und das Ausbleiben von Einsprüchen signalisierte, daß es den „Jakobinern ohne Volk“ nicht gelungen war, die Massen nochmals ins Gefecht zu führen.

Sie unterlagen auch im Rat der Fünfhundert. Als Jourdan am 13. September den Antrag einbrachte, angesichts einer anglorussischen Landung in Holland das Vaterland in Gefahr zu erklären, äußerte Lucien Bonaparte in der hochbewegten Debatte, es sei

> besser, die verfassungsmäßigen Vollmachten des Direktoriums zu erweitern, als sich von einer revolutionären Gewalt fortreißen zu lassen.

Hier genau lag das Problem. Von zwei Dingen eins, wie man damals gern sagte: Wollte man der Katastrophe begegnen, mußte man zwischen den beiden begehbaren Wegen wählen: sich auf die Massen stützen oder die Exekutive verstärken.

Jourdans Motion wurde mit 245 gegen 171 Stimmen abgewiesen. Der Wunsch der Bourgeoisie nach Zementierung der Regierung half jedoch dem ins Straucheln geratenen Direktorium nicht mehr auf. Zum Frühjahr 1800 standen schon wieder Wahlen ins Haus. Ob sie die Monarchisten oder die Jakobiner gewannen: die Fünf hingen weiter am seidenen Faden. Bisher Privileg von Besserwissern gleich Madame de Staël, deren (handschriftlicher) Entwurf von 1798

> Über die gegenwärtigen Umstände, die die Revolution beendigen können, und die Prinzipien, auf die sich die Republik in Frankreich gründen soll,

erst 1906 an die Öffentlichkeit gelangte, wurde der Ruf nach einer Verfassungsrevision somit jetzt allgemein.

Schon seit Sommeranfang hielt Sieyès nach einer dauerhafteren Lösung Ausschau. Es galt, den geeignetsten Ausführenden zu finden. Hoche war 1797 jung gestorben, Joubert gegen Suvorov am 15. August (1799) bei Novi unterlegen und gefallen, Pichegru längst als Feind der Republik entlarvt, Bernadotte ohne „Hausmacht"; der zaudernde Moreau fühlte sich überfordert.

Bonaparte, der von der Zuspitzung Wind bekam, brach sein vor Akkon ohnehin zu einem Strohfeuer verpufftes Zwischenspiel am Nil brüsk ab und landete am 9. Oktober unerwartet für jedermann in Saint-Raphaël bei Fréjus. Der *Moniteur* vom 15. Oktober schnupperte:

> Alle Welt steht kopf. Der Sieg, der sonst Bonaparte begleitet, war ihm diesmal vorausgeeilt, und er kommt, um der sterbenden Koalition den letzten Stoß zu versetzen.

In Paris angelangt, lief er — durch Vermittlung Talleyrands, des anderen „Großen Mannes hinter den Kulissen" — in die Kombinationen der „Republikerneuerer" geradezu hinein. Nach kurzer Auslotung der Kräfteverhältnisse nahm er an, als Degen der Bourgeoisie zu figurieren:

Nach der Beschreibung Reichardts

> klein, kaum fünf Fuß hoch und äußerst mager: dünnere Lenden, Beine und Arme kann man nicht leicht sehen. (...) Die Stirn (...) ist von dem schwarzen Haare bedeckt, welches er rund um den Kopf trägt, ihm aber sehr unbildlich steht, da es überall dünn ist und ganz schlicht, wie naß, anliegt. (Weber, 61.)

Die Vorbereitungen finanzierten um ihr Geld bangende Heereslieferanten. Die Propaganda der Konspiratoren verband Sehnsucht nach dem „Großen Frieden" mit dem Versagen der Direktorialverfassung auf der einen und dem Bürgerschreck eines „egalitären Terrorismus" auf der anderen Seite: Bonaparte brauchte sich sein Schlagwort „weder Höflinge noch rote Mützen!" nicht erst auszudenken.

Schnitzer bei der Durchführung des Staatsstreiches am 18. und 19. Brumaire des Jahres VIII (9./10. November 1799) bereinigte das Eingreifen der Bonaparte ergebenen Truppen. Nach anfangs heftiger Gegenwehr und dem Ausschluß von 62 „Haarspaltern" beugten sich beide Räte und erklärten das Direktorium für erloschen. Mit der Leitung der Staatsgeschäfte wurde bis zur Erstellung einer — nunmehr vierten

— Konstitution eine Exekutivkommission aus drei provisorischen *Konsuln* — Bonaparte, Roger Ducos und Sieyès — betraut.

In Paris hing ein Plakat aus:

> Frankreich wünscht etwas Großes und Dauerhaftes. Die Unbeständigkeit hat es ins Verderben gestürzt; es ruft die Beständigkeit an. Es will nicht das Königtum; dieses ist in Acht getan. Es wünscht jedoch Einheitlichkeit in den Handlungen der Gewalt, die die Gesetze ausführt. Es wünscht einen freien und unabhängigen Gesetzgebenden Körper. (...) Es wünscht als seine Vertreter friedliche Konservative, nicht turbulente Neuerer. Es möchte endlich die Frucht von zehn Jahren Opfer ernten. (Moniteur, 14. November 1799.)

Die eingestandene Bürgerlichkeit des letzten Absatzes hatte es in sich. Nicht der *Moniteur* allein akzeptierte ihn. Bonaparte selber setzte seine Worte (an Miot de Mélito) in der Sache ähnlich:

> Den *Roman* der Revolution haben wir beendet; man muß ihre *Geschichte* beginnen und sehen, was es an Wirklichem und Möglichem in der Anwendung ihrer Grundsätze gibt. (Massin, Empire, 122.)

Einen Teil — freilich nur einen Teil — der Antwort nahm Herders Fragment der geplanten Zeitschrift *Aurora* — auch 1799! — vorweg:

> Seit 1789 geschahen Dinge, die sonst in Jahrhunderten nicht geschahen (...). Auf der Tafel der Zeiten stehen sie unauslöschlich, unwiederbringlich gezeichnet; die Früchte davon werdet ihr und eure Nachkommen ernten. (...) Ungeheuer viele sonst schlafende Kräfte hat sie geweckt und Gedankenverbindungen gewagt.

Benjamin Constant hatte schon 1797 *(Über politische Verhaltensweisen)* herausgestrichen, daß

> nur eine starke und beständige Regierung die Sicherheit der Person und die Unverletzlichkeit des Eigentums verbürgt.

Da die Bourgeoisie die Souveränität der Nation nicht opfern konnte, ohne ihre eigenen Stellungsgewinne aufzugeben, lief sie einer Kombination ihrer materiellen und ideellen Klassenherrschaft mit einer handlungsfähigen Exekutive hinterher.

Wie die Aktien standen, konnte das nur die Übergabe der Schlüsselgewalt an einen Heerführer meinen, dessen Siegerkranz Autorität ausstrahlte.
Der Hintergedanke, den auf politischem Rutschparkett unbewanderten Haudegen an der langen Leine zu führen, stellte sich jedoch als Trugbild heraus. Wer vermochte dem Säbel, nachdem er den Gordischen Knoten zerhauen, in den Arm zu fallen, zumal er sich noch dazu verbindlich gab? Bonaparte versprach „gutes Regiment für gute Bürger", weit entfernt von Gamaschendiktatur:

> Ich habe den Militärs, die einige Bedenken hatten, vorausgesagt, daß in Frankreich niemals eine Militärregierung Platz greifen wird (...). Ich regiere nicht als General, sondern weil die Nation glaubt, daß ich die staatsbürgerlichen Eigenschaften besitze, die man zum Regieren braucht. (Thibaudeau, II, 79.)

Eine Halbwahrheit. Daß sich Bajonette zu allem eignen, nur nicht, um darauf zu sitzen, war in der Tat Bonapartes Überzeugung. Zur Ausbildung einer Militärpartei gegen das Zivil kam es nie. Das bedeutete dem General indessen nicht, sich in eine Machtteilung zu schicken. Die in seinem Privatsalon entbundene „Verfassung vom 22. Frimaire des Jahres VIII" (13. Dezember 1799) aus 95 kurzen, teilweise bewußt nichtssagenden oder verschwommenen Artikeln schnitt er eigenmächtig auf seine Person zu. Der auf 10 Jahre ernannte (und wiederwählbare) „Erste Konsul, der Bürger Bonaparte" (Art. 39),

> verkündet (laut Art. 41 — W. M.) die Gesetze. Er ernennt und enthebt nach Ermessen die Mitglieder des Staatsrates, die Minister, die Gesandten und andere Auslandsvertreter, die Offiziere der Land- und Seestreitkräfte, die Mitglieder der örtlichen Verwaltungen und die Regierungsvertreter bei den Gerichtshöfen. Er ernennt mit Ausnahme der Friedens- und Kassationsrichter alle Straf- und Zivilrichter, die er indessen nicht absetzen kann.

Er stellte außer Barras (der über den „Undankbaren" bittere Klage führte) auch „Mentor" Sieyès kalt, der viel zuviel Gewaltenteilung in die Urkunde packte und ihn selber zur hochdotierten Galionsfigur herausstaffieren wollte. Mit Lebrun zur Rechten und Cambacérès zur Linken erkor er sich

Männer aus dem zweiten Glied zu unbedenklichen „Mitkonsuln". Wieviel sie dreinreden durften, stand geradezu lausbübisch in Artikel 42:

> In den übrigen Regierungshandlungen (außer den in Art. 41 dem Ersten Konsul allein vorbehaltenen — W. M.) besitzen der Zweite und der Dritte Konsul beratende Stimme. Sie unterzeichnen die Verhandlungsprotokolle, um ihre Anwesenheit nachzuweisen, und sie können, wenn sie es wünschen, ihre Meinung darin eintragen, wonach die Entscheidung des Ersten Konsuls genügt.

Die ausgesparten Menschenrechte wurden durch eine technische Anleitung zur Ausübung des französischen Bürgerrechts kompensiert (1. Abschnitt der Verfassung, Artikel 1—14, aus Bonapartes Feder). Von den drei (!) Kammern — Senat, Tribunat und Gesetzgebender Körper (Abschnitt 2 und 3, Artikel 15—38) — hatte keine etwas zu melden.

Am 15. Dezember gaben die Konsuln die Verfassung öffentlich bekannt, begleitet von einem Aufruf, der Bonapartes Handschrift ebenfalls nicht verleugnete. Sein letzter Absatz lautete soldatisch straff:

> Bürger, die Revolution ruht fest auf den Prinzipien, von denen sie ausging. Sie ist beendet. (Dok. 212.)

Am 24., dem Weihnachtstag, trat sie in Kraft. Das Mittel der (nachträglichen ...) direkten Volksbefragung bewährte sich über alle Erwartung: Die den Wahlberechtigten zur *Bestätigung* vorgelegte Verfassung vom Jahr VIII erhielt 3 Millionen Stimmen gegen 1 562 (worunter diejenige Carnots).

Die Klassenlage erklärt, warum den „Brumairiens" der Erfolg gewissermaßen in den Schoß fiel.

Die Thermidorianer hatten einem nunmehr ganz auf Bewahrung eingestellten Besitz- und Bildungsbürgertum gesellschaftlichen Vorrang und ungeschmälerte politische Macht verschafft; das Direktorium hatte sie ausgebaut. Die steifen Brisen von 1799 lehrten jedoch, daß der Schoß, der Revolutionen gebar, noch fruchtbar war; wenn dawider nichts geschah, mochten sie den „Ozean Volk" erneut aufpeitschen. Gingen nicht jakobinische Verschwörer um mit Plänen,

> beide Kammern zu einem Nationalkonvent zu vereinen und aus ihm alle jene zu entfernen, die ihnen nicht genehm

waren, wonach die Regierungsgewalt einem Wohlfahrtsausschuß übergeben werden sollte? (Moniteur, 10. November 1799.)

Die errungene Hegemonie konnte demzufolge an der inneren wie an der äußeren Front immer noch nicht als unerschütterlich gelten. Nichts war, glaubte man demselben *Moniteur*, schon „garantiert":

Die Freiheit nicht und nicht das Eigentum, auch nicht die Verfassung, die beides gewährleistet.

Der kapitalistisch orientierten Geschäftswelt war mit einer fortgesetzt schaukelnden Regierung und unabsehbarer Kriegsverlängerung ebensowenig gedient wie mit dem Wiederaufleben kleinbürgerlich-demokratischer Impulse. Nach einer Dekade der Unrast und halsbrecherischer Spekulationen drängte es sie zur Investition in eine erholte Wirtschaft. Sie rief nach dem „Ordnungsfaktor" Staat.

Seine Massenbasis bildeten 3 Millionen Parzellenbauern, die sich gegen die Wiederkehr von Feudallasten und Zehnt sperrten; insofern hingen sie dem neuen Regime mit Leib und Seele an. Nicht, daß auf dem Dorf „alles lief". Wirkliche Gewinner waren die potenten Landwirte, war die „Dorfbourgeoisie". Auf ein anderes Manko hatte der Exkonventsmann Lecomte aus Rouen den Gesetzgebenden Körper schon am 10. Januar 1796 hingewiesen:

Das große Ziel der Revolution war es, Landwirtschaft und Gewerbe von den Fesseln der Feudalität und von den Vorurteilen zu befreien, die sich während einer langen Abfolge von Jahrhunderten eingewurzelt hatten. Die Feudalität ist vernichtet; die Vorurteile aber müssen erst noch besiegt werden (...).

Das *Gemeindeland* ist so geblieben, wie es vor nunmehr zehn Jahrhunderten gewesen ist. (A. N., F^{10}, 334.)

Letztlich war indessen kleinen wie großen Bauern diejenige Staatsverwaltung recht, die ihnen erlaubte, den befreiten Acker auf niedrigem Steuerfuß zu bestellen und nicht nebenher, wie unter dem Direktorium, von unaufhörlichem Kurswechsel verunsichert und von Räuberbanden beunruhigt zu werden. Auch ihnen schien ein „starker Mann" von Vorteil.

Das Instrument, sich in Pose zu setzen, bot diesem ein Heer, das seit 1794 nicht aufgefüllt worden war, so daß es immer noch die unter dem Volksaufgebot Einberufenen unter seinen Fahnen vereinigte: eine Truppe, die sich deshalb dem Volk bei weitem verbundener fühlte als der Durchschnittsbürger hinter seinem Mustopf. Für manchen Revolutionär, der die Windungen und Krebsgänge des Thermidor, Prairial, Vendémiaire und an ihrem Ende die „Goldene Mitte" der — oft uneinigen — fünf Direktoren schwer verdaute, bedeutete es eine letzte Zuflucht.

Die Soldaten gaben ihren Haß auf Krone, Adel und Pfaffen nicht preis. In dem Maße jedoch, in dem ihr demokratisches Hinterland ausdorrte, das Bild der Gleichheitsrepublik nachdunkelte und entschwand, klammerte sich ihre Loyalität mehr und mehr an Heerführer, die ihnen Aufstieg verhießen. Verkörperten nicht sie an der Spitze ihrer Truppen in fernen Feldlagern die wahre, die siegreiche Nation?

> General, hatte in Mailand ein Korporal zum 14. Juli Bonaparte zugerufen, du hast Frankreich gerettet. Deine Kinder sind stolz, dieser unbesiegbaren Armee anzugehören. Sie werden dich mit einem Wall aus ihren Leibern umgürten. (Courrier de l'Armée d'Italie, 20. Juli 1797.)

Ein seines humanitären Gehalts beraubter Patriotismus schlug um in nationale Eitelkeit, Abenteurertum und die Jagd nach Kriegsruhm.

> In Italien, stellte der Offizier Drouault fest, haben wir weder Gesetz noch Regierung. Die Generäle sind Souveräne. (Bertaud, La Révolution armée, 327.)

So bildete sich parallel zur offiziellen Staatsgewalt eine Gegenmacht heraus. Mit Notwendigkeit, wie Hauptmann Simon meinte, wird sie sich damit auf die Dauer nicht begnügen können:

> Wenn ein Volk den Weg der Eroberungen beschreitet, ist es unerläßlich, daß der militärische Geist die anderen Sphären beherrscht. (Vérités et idées d'un militaire, 1799.)

Deshalb schlug allen Vorbeugungsmaßnahmen zum Trotz die Stunde Cäsars. Die „Grognards" werden ihrem „kleinen Korporal" blindlings an den Fuß der Pyramiden, auf die Stufen des Kaiserthrons, in Moskaus Kreml — und nach Waterloo folgen.

Mit dem — zweifellos bedeutsamen — Reformwerk des Konsulats hebt eine andere Geschichte an. Der Citoyen ist dem Bourgeois, die Demokratie einer autoritären Exekutive unwiderruflich gewichen. Was nachfolgt, vollzieht sich ohne und gegen sie.

> Wir brauchen einen König, wird Champagny am 21. August 1801 an d'Antraigues schreiben, weil ich Eigentümer bin; einen König, der eine Krone hat, weil ich eine Stellung habe. Wir brauchen also, um die Revolution zu beenden, einen König ihrer Schöpfung, der seine Rechte von den unsrigen herleitet.

Kontinuität der Revolution indessen noch in der Diskontinuität des Kaiserreiches: Es mag wie ein historischer Treppenwitz klingen, daß sie ausgerechnet ihr ungetreuer Erbe Napoleon — spät zwar, aber doch — in Gefangenschaft auf Sankt Helena „entdeckte“:

> Nichts wird fortan die großen Grundsätze unserer (! — W. M.) Revolution zerstören oder auslöschen können.

Auch für solches Fortleben, für ihre fernere Weltwirkung ließe sich eine Dokumentation bereitstellen. Begnügen wir uns für diesmal mit einem Wort Lenins:

> Jeder, der die Geschichte bewußt betrachtet, wird sagen, daß die Französische Revolution, obwohl man sie zerschlug, trotzdem gesiegt hat. (Werke, XXVI, 361.)

Corps législatif: Procès-verbal des séances du Conseil des Cinq Cent. 50 Bände, Paris (o. J.).
Corps législatif: Procès-verbal des séances du Conseil des Anciens. 49 Bände, Paris (o. J.).
J. de Maistre: Considérations sur la France. St. Peterburg 1796.
B. Constant: De la force du gouvernement actuel de la France et de la nécessité de s'y rallier. Paris 1797.
I. Kant: Der Streit der Fakultäten. Königsberg 1798.
S. Maréchal: Culte et lois d'une société d'hommes sans dieu. Paris 1797/98.
S. Rousset: L'ombre de Voltaire et de J.-J. Rousseau aux Champs-Élysées. Rencontre de ces deux grands hommes. Leur entretien sur la fête du 14 juillet. Paris 1801.
L. M. La Revellière-Lépeaux: Mémoires, publiées par son fils. 3 Bände, Paris 1895.
J. Bourdon: La Constitution de l'an VIII. Paris 1942.
M. comte de Molé: Souvenirs d'un témoin. Genève 1943.

C. Zaghi: Bonaparte e il Direttorio dopo Campoformio. Napoli 1956.
A. Ollivier: Le 18 Brumaire. Paris 1959.
F. R. Papillard: Cambacérès. Paris 1961.
A. S. Rodgers: The War of the Second Coalition. London 1964.
I. Loiseau: 1797 ou la Révolution réussie. Paris 1965.
H. S. Wickham: The Underground War against Revolutionary France. The Mission of William Wickham. London 1965.
J. R. Suratteau: Les élections de l'an VI et le «coup d'Etat» du 22 floréal. Paris 1971.
M. Adler-Bresse: Sieyès et le monde allemand. 2 Bände, Paris 1977.
W. Giesselmann: Die brumairianische Elite. Stuttgart 1977.
J. Tulard: Napoléon ou le mythe du sauveur. Paris 1977, dt. Tübingen 1978, ²1979.
G. de Staël: Des circonstances actuelles qui peuvent terminer la Révolution et des principes qui doivent fonder la République en France (1798/99). Hrsg. L. Omacini, Paris/Genève 1979.

Quellen und Standpunkte

Wer die Revolution nach einheitlichen Gesichtspunkten zu periodisieren unternimmt, schwankt zwischen einer Hauptzäsur 1794 oder 1795: Noch stand ja nach dem 9. Thermidor das Volk von Paris aufrecht unter den Waffen. Hinwiederum zogen die „Sansculotten ohne Jakobiner" im Germinal und Prairial 1795 gegen eine sich festigende Klassenherrschaft bürgerlicher Eigentümer ebenso chancenlos in ihre letzten Schlachten wie die „Jakobiner ohne Sansculotten" im Jahr 1799.

In der Thermidorianerherrschaft und im sie fortsetzenden Directoire weiter nichts zu sehen als den Übergang von der Revolution zu Konsulat und Kaiserreich, hieße einer einseitigen Betrachtungsweise huldigen. Ihre *gewaltigen Lebensströme* besaßen, wie F. Brunel für erstere und Suratteau für letzteres geltend machen, ein schon von Marx zugestandenes Eigengewicht. Die allmähliche Rückfindung von verpönter „Einmanndiktatur" (in die sich nach Auffassung der Zeitgenossen die Revolutionsregierung verheddert hatte) zu einer — freilich blassen — Spielart parlamentarischen Pluralismus entband einen vielstimmigen Chor von Meinungen und Meinungskündern. Verstummte wie Sieyès fanden ihre Sprache wieder, Girondins gleich Lanjuinais tauchten aus dem Untergrund empor; leise Taktiker des Sumpfes wie Boissy d'Anglas oder Barras schwangen jetzt das große Wort; Talleyrand und Madame de Staël kehrten in die Arena zurück. Junge Schriftsteller gleich Benjamin Constant begannen sich einen Namen zu machen. Der Marquis de Sade versuchte nochmals — vergeblich — sein literarisches Glück, und mit Chateaubriand hielt die Romantik ihren schwermütigen Einzug. Ein Stil wurde geboren: das *Directoire.* Großspekulanten der Preisklasse Ouvrard „machten" — oder verloren — über Nacht Millionen. Fremde strömten nach Frankreich wie einst und veröffentlichten ihre Reiseeindrücke: Es war wieder etwas los in der attraktiven Lasterhöhle an der Seine.

Dem Historiker fließen so von allen Seiten Informationen zu — nicht zu vergessen die nie versiegenden der nie abwrackenden Konterrevolutionäre französischer wie fremder Zunge.

Inwiefern klang die Revolution ab? Nur wenige bestreiten mit

Cobban, daß die Bourgeoisie als Klasse sie unzweideutig gewonnen hat. Nach dem Thermidor begann sie sich wohnlich einzurichten. Kein noch so folgenreicher politischer Unfall wird die von ihr aufgebaute — bürgerliche — Gesellschaftsordnung, die von ihr betriebene — kapitalistische — Produktions- und Austauschweise, ihre Verwaltungs-, Rechts- und Bildungsnormen wieder zurückspulen können. Der Bauer behauptete immerhin seine freie Parzelle, um die er so hart gestritten hatte. Auf der Strecke blieb hingegen die andere säkulare Errungenschaft des revolutionären Massenkampfes: die politische Demokratie. In ihrer Wiederherstellung hatten nicht nur auf Rechtfertigung erpichte linke Thermidorianer den tieferen Sinn von Robespierres Sturz erblicken wollen, und wie bald sahen sie ihr Traumgespinst zerfließen!

Selbst der beschnittene Liberalismus des fünfzackigen Direktoriums funktionierte nie. Zwei Alternativen boten sich gegen ihn an. Zum einen die Einlassung der politischen in eine soziale Demokratie, die die Schranken kleinbürgerlichen Eigentumsfetischismus durchbrach: kommunistischer Egalitarismus, von Babeuf und Buonarroti entwickelt und in eine zum Handeln aufgerufene Kaderpartei eingebracht. Ihre Denkanstöße zur *Idee des neuen Weltzustandes* (Marx/Engels: *Die heilige Familie*) strahlten weit in das kommende Jahrhundert aus, wohingegen sich ihrer auch nur heuristischen Erprobung alle gesellschaftlichen Realitäten der Zeit widersetzten.

Zum anderen stand der „Ordnung" schaffende und sichernde Staatsstreich zur Wahl — Appell an den Stabilisierungsfaktor Armee und damit, wie die Dinge lagen, an den Säbel des Feldherrn: nicht „Retter", doch Teilvollstrecker. Bonapartistische Entwicklungshilfe für die junge herrschende Klasse wird der Republik das Grab schaufeln, ohne sich aus der Nachfolge der Revolution zu lösen: In dem von ihr entfesselten Orkan, der nunmehr über das alte Europa hinwegbraust, werden auch *dessen* feudale Stützpfeiler bersten. Ist die Behauptung zu kühn, daß die Große Revolution der Franzosen somit den weltgeschichtlichen Epochencharakter eines Saeculums bestimmte?

Das *Interesse* der Bourgeoisie in der Revolution von 1789, weit entfernt, „*verfehlt*" zu sein, hat alles „*gewonnen*" und hat „*den eingreifendsten Erfolg*" gehabt, sosehr der „*Pathos*" verraucht und sosehr die „*enthusiastischen*" Blumen, womit dieses Interesse seine Wiege bekränzte, verwelkt sind. Dieses *Interesse* war so mächtig, daß es die Feder eines Marat, die Guillotine der Terroristen, den Degen Napoleons wie das Kruzifix und das Vollblut der Bourbonen siegreich überwand. (MEW, II, 85 f.)

F. P. Thibaudeau: Mémoires sur la Convention et le Directoire. 2 Bände, Paris 1824.

A. Babeau: La France et Paris sous le Directoire. Lettres d'une voyageuse anglaise, 1796—1797. Paris 1888.

P. F. Barras: Mémoires. Hrsg. G. Duruy. 4 Bände, Paris 1895—1896.

L. Sciout: Le Directoire, 4 Bände, Paris 1895—1897.

A. Aulard (Hrsg.): Paris pendant la Réaction thermidorienne et sous le Directoire, 5 Bände, Paris 1898—1902.

A. Debidour (Hrsg.): Recueil des actes du Directoire exécutif. 4 Bände, Paris 1910—1917.

A. Meynier: Les coups d'Etat du Directoire. 3 Bände. Paris 1927—1929.

G. Lefebvre: Le Directoire. Paris 1946, ²1970. — Derselbe: La France sous le Directoire (1795—1799). Hrsg. J. R. Suratteau, Paris 1977.

G. Dejoint: La politique économique du Directoire. Paris 1951.

H. Joneau: Le Vendéen La Revellière-Lépeaux, membre du Directoire. Poitiers 1951.

J. Massin: Almanach du Premier Empire (1794—1815). Paris 1965.

J. R. Suratteau: Le département du Mont-Terrible sous le régime du Directoire. Paris 1965.

J. Kitchin: Un journal philosophique: La Décade (1794—1807). Paris 1966.

A. Soboul: Le Directoire et le Consulat (1795—1804). Paris 1967, ²1972.

G. Jacquemyns (Hrsg.): Occupants-Occupés, 1792—1815. Bruxelles 1969.

J. P. Garnier: Barras, roi du Directoire. Paris 1970.

I. Woloch: Jacobin Legacy. The Democratic Movement under the Directory. Princeton (N. J.) 1970.

D. Woronoff: La République bourgeoise, de Thermidor à Brumaire. Paris 1972.

R. Anchel/H. Patry/J. Chaumié: Les Papiers des Assemblées du

Directoire aux Archives Nationales. Inventaire de la série C (Conseil des Cinq-Cent et Conseil des Anciens). Paris 1976.

A. Kuhn (Hrsg.): Linksrheinische deutsche Jakobiner. Aufrufe, Reden, Protokolle, Briefe und Schriften 1794—1801. Stuttgart 1977.

L. Bergeron: Banquiers, négociants et manufacturiers, du Directoire à l'Empire. Paris 1978.

ANHANG

ZEITTAFEL

1762	Rousseau: *Du contrat social*
1763	Friede von Paris: Verlust Kanadas und Louisianas
1766	Angliederung Lothringens
1768	Erwerbung Korsikas
	Mably: *Doute sur l'ordre naturel*
1770	Holbach: *Le système de la nature*
	Raynal: *Histoire des établissements et du commerce des Européens dans les deux Indes*
1772	Diderot/d'Alembert: Letzter Band der *Enzyklopädie*
1773	Gründung des „Großorients" der französischen Freimaurer
1774	Regierungsantritt Ludwigs XVI.
1774—1776	Reformministerium Malesherbes-Turgot
1775	Hungersnot und Pariser „Mehlkrieg"
1776—1781	Erste Amtszeit Neckers
1778	Tod von Voltaire und Rousseau
1778—1783	Teilnahme Frankreichs am Amerikanischen Unabhängigkeitskrieg
1781—1790	Mercier: *Tableau de Paris*
1782—1789	Rousseau (+): *Confessions*
1783—1787	Calonne Generalkontrolleur der Finanzen
1784	Aufführung des *Figaro* von Beaumarchais
1785	David: *Der Schwur der Horatier*
1786	Handelsvertrag („Eden-Vergennes") mit England
	Calonne: *Mémoire au Roi*
1787	Erste ergebnislose Notabelnversammlung
1787/88	Loménie de Brienne Nachfolger Calonnes

1788

8. Mai	Lamoignons Justizreform
Mai—Juli	Höhepunkt des Konflikts zwischen Regierung und Parlements, Aufruhr in vielen Städten
21. Juli	Versammlung von Vizille im Dauphiné
Sommer	Schwere Mißernte im größten Teil Frankreichs
8. August	Beschluß über die Einberufung der Generalstände
26. August	Zweite Berufung Neckers

6. November bis 12. Dezember	Zweite ergebnislose Notabelnversammlung
27. Dezember	Verdoppelung der Kopfzahl des Tiers

1789

14. Januar	Einberufung der Generalstände und Erlaß der Wahlordnung
Januar	Sieyès: *Qu'est-ce que le Tiers-Etat?*
Februar—Mai	Hungerrevolten
27. April	Zerstörung der Manufakturen von Réveillon und Henriot
30. April	Anfänge des Club breton, Keimzelle des Jakobinerklubs
5. Mai	Eröffnung der Generalstände
17. Juni	Konstituierung zur Nationalversammlung
20. Juni	Der Ballhausschwur
23./27. Juni	Zurückweichen Ludwigs XVI.
9. Juli	Erklärung der Nationalversammlung zur Konstituante
11. Juli	Entlassung Neckers
14. Juli	Sturm auf die Bastille
20. Juli	Beginn der „Großen Furcht"
Juli—August	Die „Munizipalrevolution"
4. August	Die „Nacht des Vierten August": Abschaffung der Privilegien
11. August	Ende des grundherrlichen Feudalregimes
26. August	Erklärung der Menschen- und Bürgerrechte
12. September	Marat: *Le Publiciste*, danach *L'Ami du peuple*
5. Oktober	Zug der Frauen nach Versailles
6. Oktober	Rückkehr des Königs nach Paris
2. November	Nationalisierung des Kirchengutes
24. November	Erste Nummer des *Moniteur*
14. Dezember	Erlaß der Gemeindeordnung
19. Dezember	Gesetz über die Assignaten

M. J. Chénier: *Charles IX*

1790

Januar	Bauernunruhen in Mittel- und Westfrankreich
	Gründung des Cercle social durch Bonneville und Fauchet

2. Februar	Gründung der ersten „Brüderlichen Gesellschaft“
13. Februar	Aufhebung der Klöster
26. Februar	Einführung der Departementsverfassung laut Dekret vom 22. 12. 1789
27. April	Erste Erwähnung des Klubs der Cordeliers
21. Mai bis 4. Juni	Umwandlung der 60 Pariser Distrikte in 48 Sektionen
19. Juni	Abschaffung des Adels
12. Juli	Zivilverfassung des Klerus
14. Juli	„Föderationsfest“ am Jahrestag des Bastillesturmes
16. August	Abschaffung der Feudalgerichte
31. August	Blutbad von Nancy
4. September	Rücktritt Neckers
6. September	Abschaffung der Parlements
21. Oktober	Frankreichs neue Nationalflagge: die Trikolore
29. Oktober	Erhebung der freien Mulatten auf Haiti
31. Oktober	Abschaffung der Binnenzölle
23. November	Einführung der allgemeinen Grundsteuer

Burke: *Reflections on the Revolution in France*
Radiščev: *Putešestvie iz Peterburga v Moskvu*

1791

2. März	Gesetz d'Allarde über Gewerbefreiheit: Aufhebung der Zünfte und Korporationen
10. März und 13. April	Verdammung der bürgerlichen Kirchenordnung durch Papst Pius VI.
2. April	Tod Mirabeaus
14. Juni	Gesetz Le Chapelier: Streik- und Koalitionsverbot
16. Juni	Auflösung der Nationalwerkstätten
20./21. Juni	Gescheiterter Fluchtversuch der königlichen Familie
11. Juli	Überführung von Voltaires Gebein in das Pantheon
16. Juli	Spaltung des Jakobinerklubs
17. Juli	Blutbad auf dem Marsfeld
22. August	Beginn des großen Sklavenaufstandes auf Haiti
27. August	Österreichisch-preußische Deklaration von Pillnitz
14. September	Eidesleistung Ludwigs XVI. auf die Verfassung vom 3. September
1. Oktober	Zusammentritt der Gesetzgebenden Nationalversammlung
20. Oktober	Eröffnung des Propagandafeldzuges für den Krieg durch Brissot

12. November und 19. Dezember	Einsprüche des Königs gegen Dekrete wider Emigranten und eidverweigernde Priester
3. Dezember	Geheimersuchen Ludwigs XVI. um eine militärische Intervention des Auslandes
29. Dezember	Bewilligung der ersten Kriegskredite

(Marquis de) Sade: *Justine*
Thomas Paine: *The Rights of Man,* Teil I

1792

2. Januar	Dritte Antikriegsrede Robespierres
23./24. Januar	„Zuckerunruhen" in Paris
26. Januar	Sieg der Kriegspartei im Jakobinerklub
Februar—März	Wiederaufleben der Bauernunruhen
23. März	Berufung der Girondins Roland und Clavière zu Ministern
20. April	Französische Kriegserklärung
25. April	Rouget de L'Isle: *Chant de guerre pour l'armée du Rhin („Marseillaise")*
1. Mai	Petition von Pierre Dolivier für die Bürger von Etampes
30. Mai	Auflösung der königlichen Garde
4. Juni	Beschluß über ein „Lager der Föderierten" in Paris
6. Juni	L'Ange: *Moyens simples et faciles de fixer l'abondance*
13. Juni	Entlassung der Girondeminister
20. Juni	Massendemonstration gegen die Obstruktionspolitik des Königs
11. Juli	Erklärung des Vaterlandes in Gefahr
25. Juli	*Manifest* des Herzogs von Braunschweig
10. August	Bildung der Revolutionären Commune und Erstürmung der Tuilerien, Suspendierung des Königs
11. August	Bildung eines Provisorischen Vollzugsrates, Einberufung eines Konvents
14.—28. August	Agrargesetze zwecks Gewinnung der Bauern für die Republik
19. August	Flucht Lafayettes zu den Österreichern
26.—28. August	Erteilung des französischen Bürgerrechts an Klopstock, Campe, Schiller und andere Fortschrittsfreunde
2. September	Kapitulation der Festung Verdun
2.—5. September	Septembrisaden in Paris

20. September	Kanonade von Valmy
20./21. September	Zusammentritt des Konvents, Abschaffung der Monarchie
25. September	Ausrufung der „einen und unteilbaren" Republik
10. Oktober	Ausschluß Brissots aus dem Jakobinerklub
23. Oktober	Gründung eines Jakobinerklubs in Mainz
6. November	Sieg bei Jemappes
November/Dezember	Höhepunkt der Bauernunruhen in der Beauce
2. Dezember	Wahlen zum Generalrat der Pariser Commune: Chaumette Generalprokurator, Réal und Hébert seine Stellvertreter
11. Dezember	Beginn des Königsprozesses

Barnave: *Introduction à la Révolution française* (Manuskript)
Boissel: *Catéchisme du genre humain*, verschärfte 2. Ausgabe
Thomas Paine: *The Rights of Man*, Teil II

1793

21. Januar	Hinrichtung von Louis Capet
1. Februar	Kriegserklärung an England und die Niederlande
14. Februar	Wahl des Jakobiners Pache zum Maire von Paris
24. Februar	Dekret über die Aushebung von 300000 Mann
25./26. Februar	„Ladensturm" in Paris
7. März	Kriegserklärung an Spanien
9. März	Einrichtung der „Volksvertreter in Mission"
9./10. März	Agitation von Varlet und anderen für eine Erhebung in Paris
10. März	Einsetzung des Revolutionstribunals
10./11. März	Ausbruch des konterrevolutionären Aufstandes in der Vendée
18. März	Niederlage bei Neerwinden
18. und 29. März	Todesstrafe für Befürworter des „Ackergesetzes" und des Königtums
21. März	Einrichtung der Revolutionskomitees
	Erklärung des Rheinisch-Deutschen Nationalkonvents in Mainz (auf Antrag Georg Forsters) für den Anschluß an Frankreich
4. April	Flucht von Dumouriez zu den Österreichern
6. April	Bildung des Wohlfahrtsausschusses
19. April	Beschluß des Departements Hérault über eine Reichensteuer
4. Mai	Dekret über das („kleine") Maximum

Mai	Gründung einer „Gesellschaft revolutionärer Republikanerinnen“
20. Mai	Dekret über eine Zwangsanleihe von einer Milliarde
29. Mai	Antijakobinischer Aufruhr in Lyon und Verhaftung von Chalier
29./30. Mai	Bildung eines Revolutionären Zentralkomitees im Pariser Bischofspalais
31. Mai bis 2. Juni	Volksaufstand und Sturz der Gironde
3.—10. Juni	Demokratische Bodengesetze des Konvents
24. Juni	Annahme der „Jakobinerverfassung“
25. Juni	Petition von Jacques Roux: das *„Manifest der Enragés“*
27. Juni	Schließung der Börse
6. Juli	Beginn der bewaffneten „Föderalistenrevolte“
10. Juli	Ausscheiden Dantons aus dem Wohlfahrtsausschuß
13. Juli	Ermordung von Jean Paul Marat
16. Juli	Hinrichtung Chaliers durch die Aufrührer in Lyon
17. Juli	Dekret über vollständige und entschädigungslose Abschaffung sämtlicher „Feudalrechte“
23. Juli	Kapitulation des belagerten Mainz vor den Preußen
26. Juli	Einführung der Todesstrafe für Warenhortung
27. Juli	Zuwahl Robespierres in den Wohlfahrtsausschuß
8. August	Auflösung der Akademien
10. August	Nach Billigung durch die Urwähler Verkündung der Verfassung, die jedoch nicht in Kraft tritt
23. August	„Levée en masse“: Gesetz über allgemeine Wehrpflicht
24. August	Erstes Verbot von Aktiengesellschaften
4./5. September	Letzte Journée der Revolution: Durchsetzung energischer revolutionärer Maßnahmen
6. September	Zuwahl der Linken Billaud und Collot in den Wohlfahrtsausschuß
9. September	Dekret über die Pariser „Revolutionsarmee“
17. September	Gesetz über die Verdächtigen: Beginn der „Terreur“
29. September	Dekret über das Allgemeine Maximum
5. Oktober	Annahme des republikanischen Kalenders rückwirkend vom 22. September 1792
9. Oktober	Rückeroberung von Lyon
10. Oktober	Aufbau einer „Revolutionsregierung“
	Eröffnung der „Entchristlichungskampagne“ durch Fouché
16. Oktober	Sieg bei Wattignies

	Davids Zeichnung: *Marie Antoinette auf der Fahrt zum Schafott*
31. Oktober	Hinrichtung der Girondeführer
8. November	Hinrichtung von Manon Roland
10. November	„Fest der Freiheit und der Vernunft" in Notre-Dame
14. November	Das Gemälde *Der gemordete Marat* von David dem Konvent überreicht
22.—26. November	Eröffnung der Kampagne der „Nachsichtigen" durch Danton
4. Dezember	Dekret über die Institutionalisierung der Revolutionsregierung
5. Dezember	Camille Desmoulins: *Le Vieux Cordelier,* Nr. 1
19. Dezember	Rückeroberung von Toulon
23. Dezember	Niederlage der Vendéer bei Savenay und Auflösung ihrer „Großen Armee"
31. Dezember	Eröffnung der Hauptschlacht zwischen Citras und Ultras durch Héberts Angriff auf Desmoulins

Volney: *La Loi naturelle, ou Catéchisme Républicain*
Fichte: *Beitrag zur Berichtigung der Urteile des Publikums über die Französische Revolution*
Godwin: *The Enquiry Concerning Political Justice*

1794

4. Februar	Dekret über Abschaffung der Sklaverei
10. Februar	Freitod von Jacques Roux im Gefängnis von Bicêtre
12. Februar	Offensive der Cordeliers gegen die Revolutionsregierung
26. Februar und 3. März	Die „Ventôsedekrete"
24. März	Hinrichtung der „Hébertisten"
27. März	Auflösung der Pariser Revolutionsarmee
1. April	Abschaffung des Vollzugsrates, der Ministerien und der Kommissare zur Bekämpfung der Warenhortung
5. April	Hinrichtung der Dantonisten
13. April	Hinrichtung Chaumettes und Gobels
15. April	Verbot sämtlicher Handels- und Aktiengesellschaften
10. Mai	Robespierristische Säuberung der Pariser Commune
11. Mai	Fürsorgegesetz
23./24. Mai	Anschläge auf Collot und Robespierre
Mai—Juni	Streikwelle in Paris
8. Juni	„Fest des Höchsten Wesens"

10. Juni	Gesetz vom 22. Prairial: der „Große Schrecken“
25. Juni	Toussaint L'Ouverture verbrüdert sich mit dem Konvent
26. Juni	Sieg bei Fleurus
14. Juli	Méhul/Chénier: *Chant du Départ*
27. Juli	Neunter Thermidor: Sturz Robespierres
28./29. Juli	Hinrichtung Robespierres und seiner Anhänger
24. August	Einsetzender Abbau des Systems der Revolutionsregierung
1. September	Ausscheiden von Billaud und Collot aus dem Wohlfahrtsausschuß
6. Oktober	Ausscheiden von Carnot, Lindet und Prieur (de la Côte d'Or) aus dem Wohlfahrtsausschuß
12. November	Schließung des Jakobinerklubs
8. Dezember	Rückberufung der „73“ (tatsächlich 78) Girondisten in den Konvent
16. Dezember	Hinrichtung Carriers
24. Dezember	Aufhebung des Maximums

Condorcet: *Esquisse d'un tableau historique des progrès de l'esprit humain* (Manuskript)
Thomas Paine: *Age of Reason,* Teil I

1795

19. Januar	Einnahme von Amsterdam
8. Februar	Entfernung der Gebeine von Patrioten aus dem Pantheon
9. Februar	Erster Friedensschluß: mit Toskana
2. März	Haftbeschluß gegen Barère, Billaud, Collot, Vadier
3. März	Wiedereröffnung der Börse
1. April	Germinalaufstand
5. April	Friede von Basel mit Preußen
20.—23. Mai	Prairialaufstand
26. Mai	Deportation von Billaud und Collot nach Cayenne
31. Mai	Aufhebung des Revolutionstribunals
17. Juni	Selbstentleibung der zum Tode verurteilten „letzten Montagnarden“
21. Juli	Vernichtung der bei Quiberon gelandeten Royalisten
22. Juli	Friedensschluß mit Spanien
23. August	Auflösung der letzten Volksgesellschaften
23. September	Verkündung der Direktorialverfassung „vom Jahr III“

5. Oktober	Niederschlagung des royalistisch inspirierten Vendémiaireaufstandes
26. Oktober	Auflösung des Konvents
3. November	Regierungsantritt des fünfköpfigen Direktoriums
16. November	Eröffnung des „Pantheonklubs“

Kant: *Zum ewigen Frieden*

1796

30. März	Bildung eines Aufstandskomitees unter Babeuf
6. April	Maréchal: *Manifeste des Egaux*
9. April	Buonarroti: *Analyse de la doctrine de Babeuf*
10. April	Eröffnung von Bonapartes Italienfeldzug
19. April	Bündnisvertrag von San Ildefonso mit dem bourbonischen Spanien
10. Mai	Verhaftung Babeufs und der „Gleichen“
22. Juni	Unterwerfung (und Amnestierung) der Chouans unter Cadoudal
9. September	Niederschlagung einer demokratischen Erhebung im Militärlager von Grenelle

B. Constant: *De la force du gouvernement actuel de la France et de la nécessité de s'y rallier*
De Maistre: *Considérations sur la France*
Thomas Paine: *Age of Reason,* Teil II

1797

14. Januar	Bonapartes Sieg bei Rivoli
15. Januar	Erste Vereinigung der Theophilanthropen in Paris
4. Februar	Ende der Assignatenwährung
27. Mai	Hinrichtung Babeufs und Darthés in Vendôme
9. Juli	Gründung der Cisalpinen Republik
4. September	Staatsstreich des Direktoriums „vom 18. Fructidor“
30. September	„Zweidrittelbankrott“ zur Sanierung der Finanzen („Liquidation Ramel“)
17. Oktober	Friede von Campoformio mit Österreich
28. November	Eröffnung des Friedenskongresses von Rastatt

Chateaubriand: *Essai sur les révolutions anciennes et modernes, considérées dans leurs rapports avec la Révolution française*

Hölderlin: *Hyperion*
F. Schlegel: *Fragmente*

1798

15. Februar	Ausrufung der Römischen Republik, Exilierung des Papstes
15. Februar	„Kleiner" Staatsstreich des Direktoriums „vom 22. Floréal"
19. Mai	Beginn von Bonapartes Expedition nach Ägypten
15. September	Erste Industrieausstellung in Paris
22. Oktober	Räumung Haitis durch die französischen Truppen
16. November	Bildung der Zweiten Koalition gegen Frankreich

Mercier: *Le Nouveau Paris*
Madame de Staël: *Des circonstances actuelles qui peuvent terminer la Révolution* (Manuskript)
Coleridge: *France, an Ode*
Goethe: *Hermann und Dorothea*
A. W. und F. Schlegel: *Athenäum*

1799

12. März	Kriegserklärung des Direktoriums an Österreich und Toskana
18. April	Wahlsieg der Linken
28. April	Ermordung der französischen Gesandten in Rastatt
18. Juni	Staatsstreich „vom 30. Prairial" (der Legislative gegen das Direktorium)
6. Juli und 13. August	Gründung und Schließung des neojakobinischen „Manegeklubs"
20. Juli	Ernennung Fouchés zum Polizeiminister
14. September	Ablehnung des Antrags Jourdan im Rat der Fünfhundert, das Vaterland in Gefahr zu erklären
9. Oktober	Rückkehr Bonapartes nach Frankreich
9./10. November	Staatsstreich „vom Achtzehnten Brumaire", Absetzung des Direktoriums
15. Dezember	Verkündung der Konsulatsverfassung, Napoleon Bonaparte Erster Konsul

David: *Der Raub der Sabinerinnen*
Novalis: *Die Christenheit oder Europa*

DIE REGIERUNGEN FRANKREICHS 1789–1794

(Besetzung der sechs Ministerien)

Finanzen

1789	Necker (bis 11. Juli)
	—
	Necker (16. Juli)
1790	Lambert (4. September)
	Delessart
1791	Tarbé
1792	Clavière (23. März)
	Beaulieu
	Leroux de Laville
	———————
	Clavière (10. August)
1793	Destournelles (13. Juni)

Inneres

1789	Villedeuil
	Breteuil (12. Juli)
	Saint-Priest (3. August)
1791	Delessart
	Cahier de Gerville
1792	Roland (23. März)
	Mourgues (13. Juni)
	Terrier de Monciel
	Champion de Villeneuve
	———————
	Roland (10. August)
1793	Garat
	Paré (20. August)

Justiz

1789	Barentin
	Champion de Cicé (3. August)

1790	Duport-Dutertre
1792	Duranthon
	Dejoly
	Danton (12. August)
	Garat
1793	Gohier (20. März)

Krieg

1789	Puységur
	Broglie (12. Juli)
	La Tour du Pin (4. August)
1790	Duportail
1791	Narbonne (7. Dezember)
1792	De Grave (9. März)
	Servan (9. Mai)
	Dumouriez (13. Juni)
	Lajard (17. Juni)
	D'Abancourt
	Servan (10. August)
	Pache
1793	Beurnonville (4. Februar)
	Bouchotte (4. April)

Marine und Kolonien

1789	La Luzerne
1790	Claret de Fleurieu
1791	Thévenard
	Delessart
	Bertrand de Moleville
	Lacoste (15. März)
	Dubouchage (21. Juli)
	Monge (12. August)
1793	Dalbarade (10. April)

Auswärtiges

1789	Montmorin
1791	Delessart (28. November)
1792	Dumouriez (15. März)
	Naillac
	Chambonas
	Bigot de Sainte-Croix
	Lebrun (12. August)
1793	Deforgues (14. Juni)

Auf Beschluß des Konvents vom 1. April 1794 wurde der Vollzugsrat der Minister (Conseil exécutif des ministres) aufgelöst und am 18. April durch 12 Vollzugskommissionen ersetzt. Als einziger Exminister wurde der Seemann Dalbarade (zusamt David) mit der Leitung einer der Kommissionen (Marine und Kolonien) beauftragt.

FRANKREICHS 83 DEPARTEMENTS 1790

	Name	*Verwaltungssitz („Hauptort", Chef-lieu)*
1	Ain	Bourg
2	Aisne	Soissons
3	Allier	Moulins
4	(Basses-)Alpes	Digne
5	(Hautes-)Alpes	Gap
6	Ardèche	Privas
7	Ardennes	Mézières
8	Ariège	Foix
9	Aube	Troyes
10	Aude	Carcassonne
11	Aveyron	Rhodez
12	Bouche-du-Rhône	Marseille
13	Calvados	Caen
14	Cantal	Aurillac
15	Charente	Angoulême
16	Charente-Inférieure	La Rochelle
17	Cher	Bourges
18	Corrèze	Tulle
19	Corse	Ajaccio,
20	Côte-d'Or	Dijon
21	Côtes-du-Nord	Saint-Brieuc
22	Creuse	Guéret
23	Dordogne	Périgueux
24	Doubs	Besançon
25	Drôme	Valence
26	Eure	Evreux
27	Eure-et-Loire	Chartres
28	Finistère	Quimper
29	Gard	Nîmes
30	(Haute-)Garonne	Toulouse
31	Gers	Auch
32	Gironde	Bordeaux
33	Hérault	Montpellier
34	Ille-et-Vilaine	Rennes
35	Indre	Châteauroux

36	Indre-et-Loire	Tours
37	Isère	Grenoble
38	Jura	Lons-le-Saunier
39	Landes	Mont-de-Marsan
40	Loir-et-Cher	Blois
41	(Haute-)Loire	Le Puy
42	Loire-Inférieure	Nantes
43	Loiret	Orléans
44	Lot	Cahors
45	Lot-et-Garonne	Agen
46	Lozère	Mende
47	Maine-et-Loire	Angers
48	Manche	Saint-Lô
49	Marne	Châlons-sur-Marne
50	(Haute-)Marne	Chaumont
51	Mayenne	Laval
52	Meurthe	Nancy
53	Meuse	Bar-le-Duc
54	Morbihan	Vannes
55	Moselle	Metz
56	Nièvre	Nevers
57	Nord	Lille
58	Oise	Beauvais
59	Orne	Alençon
60	Paris	Paris
61	Pas-de-Calais	Arras
62	Puy-de-Dôme	Clermont
63	(Basses-)Pyrénées	Pau
64	(Hautes-)Pyrénées	Tarbes
65	Pyrénées-Orientales	Perpignan
66	(Bas-)Rhin	Strasbourg
67	(Haut-)Rhin	Colmar
68	Rhône-et-Loire	Lyon
69	(Haute-)Saône	Vesoul
70	Saône-et-Loire	Mâcon
71	Sarthe	Le Mans
72	Seine-et-Oise	Versailles
73	Seine-Inférieure	Rouen
74	Seine-et-Marne	Melun
75	(Deux-)Sèvres	Niort
76	Somme	Amiens
77	Tarn	Castres
78	Var	Draguignan
79	Vendée	La Roche-sur-Yon

80	Vienne	Poitiers
81	(Haute-)Vienne	Limoges
82	Vosges	Epinal
83	Yonne	Auxerre

1791—1793 hinzugekommen sind:
Vaucluse (Avignon)
Mont-Terrible (Delémont), 1800 zu Haut-Rhin
Alpes-Maritimes (Nice)
Mont-Blanc (Chambéry)

Es fanden Teilungen statt:
Rhône-et-Loire in:
Rhône (Ville-Affranchie/Lyon)
Loire (Saint-Étienne)
Mont-Blanc in:
Savoie (Chambéry) und
Léman bzw. Haute-Savoie (Annecy)
Corse in:
Golo (Bastia) und
Liamone (Ajaccio)

Andere wechselten ihre Bezeichnung:
Charente-Inférieure in:
Charente-Maritime (Saintes bzw. La Rochelle)
Paris in:
Seine (Paris)
Ein gutes Dutzend änderte auch seinen Verwaltungssitz, so z. B. Loire 1793—1794:
Feurs, dann Montbrison, schließlich Saint-Etienne

DIE 48 SEKTIONEN VON PARIS 1790–1793

1. Tuileries
2. Champs-Élysées
3. Roule; République (1793–1795); Roule
4. Palais Royal; Butte des Moulins (1792–1793); Montagne (1793–1794); Butte des Moulins
5. Place Vendôme; Piques (1792–1795); Place Vendôme
6. Bibliothèque; 1792 (1792–1793); Lepeletier
7. Grange Batelière; Mirabeau (1792); Mont Blanc
8. Louvre; Muséum (1793–1795)
9. Oratoire; Gardes Françaises (1792–1795)
10. Halle au Blé
11. Postes; Contrat Social (1792–1795)
12. Place Louis XIV; Mail (1792–1793); Guillaume Tell (1793–1795); Mail
13. Fontaine Montmorency; Molière et Lafontaine (1791–1793); Brutus
14. Bonne Nouvelle
15. Ponceau; Amis de la Patrie (1792–1795)
16. Mauconseil; Bon Conseil (1792–1795)
17. Marché des Innocents; Halles (1792–1793); Marchés
18. Lombards
19. Arcis
20. Faubourg Montmartre
21. Poissonnière
22. Bondy
23. Temple
24. Popincourt
25. Montreuil
26. Quinze Vingts
27. Gravilliers
28. Faubourg Saint-Denis; Faubourg du Nord (1793–1795)
29. Beaubourg; Réunion (1792–1795)
30. Enfants Rouges; Marais (1792–1793); Homme Armé
31. Roi de Sicile; Droits de l'Homme (1792–1795)
32. Hôtel de Ville; Maison Commune (1792–1794); Fidélité
33. Place Royale; Fédérés (1792–1793); Indivisibilité
34. Arsenal
35. Ile Saint-Louis; Fraternité (1792–1795)
36. Notre-Dame; Cité (1792–1793); Raison (1793); Cité
37. Henri IV; Pont Neuf (1792–1793); Révolutionnaire (1793–1794); Pont Neuf
38. Invalides
39. Fontaine Grenelle

40. Quatre Nations; Unité (1793—1795)
41. Théâtre Français; Marseille (1792—1793); Marseille et Marat (1793—1794); Marat (1794—1795); Théâtre Français
42. Croix Rouge; Bonnet Rouge (1793—1795); Bonnet de la Liberté; Ouest
43. Luxembourg; Mutius Scaevola (1793—1795); Luxembourg
44. Thermes de Julien; Beaurepaire (1792—1793); Régénérée (1793—1794); Chalier (1794—1795); Thermes (de Julien)
45. Sainte-Geneviève; Panthéon Français (1792—1795)
46. Observatoire
47. Jardin des Plantes; Sans-Culottes (1793—1795); Jardin des Plantes
48. Gobelins; Finistère (1792—1795)

In der Datierung von Namenswechseln stimmen die Quellen nicht immer überein. Auch auf den Wortlaut von Dokumenten ist kein unbedingter Verlaß. Eine Sektion kann sich aus alter Gewohnheit oder einfach, weil sie ältere Formulare benutzt, noch mit einem offiziell bereits abgeschafften Namen bezeichnen. Dieser selbst wird nicht in jedem Fall peinlich genau angewandt. So wechselt Rue Poissonnière mit Faubourg Poissonnière, Rue de Montreuil mit Montreuil usw.

DER WOHLFAHRTSAUSSCHUSS (COMITÉ DE SALUT PUBLIC)

vom 6. April 1793 bis 27. Juli 1794

6. April

Barère
Bréard
Cambon
Danton
Debry
Delacroix
Delmas
Guyton-Morveau
Treilhard

7. April

ausgeschieden
Debry
zugewählt
Robert Lindet

5. Juni

ausgeschieden
Bréard
zugewählt
Berlier
Couthon
Hérault de Séchelles
Mathieu
Ramel
Saint-Just

13. Juni

ausgeschieden
Lindet
Treilhard
zugewählt
Gasparin
Jeanbon Saint-André

22. Juni

ausgeschieden
Mathieu
zugewählt
Lindet

10. Juli

ausgeschieden
Berlier
Cambon
Danton
Delacroix
Delmas
Guyton-Morveau
Ramel
zugewählt
Prieur de la Marne
Thuriot

27. Juli

ausgeschieden
Gasparin
zugewählt
Robespierre

14. August

zugewählt
Carnot
Prieur de la Côte-d'Or

6. September

zugewählt
Billaud-Varenne
Collot d'Herbois

20. September

ausgeschieden
Thuriot

Fortan blieb der („Große") Wohlfahrtsausschuß — mit einer Ausnahme — bis zum 27. Juli 1794 (9. Thermidor, Jahr II) unverändert:

Barère
Billaud-Varenne

Carnot
Collot d'Herbois
Couthon
Hérault de Séchelles (die Ausnahme: am 17. März 1794 verhaftet, am 5. April guillotiniert)
Jeanbon Saint-André
Lindet
Prieur de la Côte d'Or
Prieur de la Marne
Robespierre
Saint-Just

Couthon
Robespierre
Saint-Just wurden am 27. Juli 1794 geächtet und am 28. guillotiniert

DER REPUBLIKANISCHE KALENDER

Monat	Jahr II	III	IV
1 vendémiaire	22. September 1793	22. September 1794	23. September 1795
10 vendémiaire	1. Oktober 1793	1. Oktober 1794	2. Oktober 1795
20 vendémiaire	11. Oktober 1793	11. Oktober 1794	12. Oktober 1795
1 brumaire	22. Oktober 1793	22. Oktober 1794	23. Oktober 1795
10 brumaire	31. Oktober 1793	31. Oktober 1794	1. November 1795
20 brumaire	10. November 1793	10. November 1794	11. November 1795
1 frimaire	21. November 1793	21. November 1794	22. November 1795
10 frimaire	30. November 1793	30. November 1794	1. Dezember 1795
20 frimaire	10. Dezember 1793	10. Dezember 1794	11. Dezember 1795
1 nivôse	21. Dezember 1793	21. Dezember 1794	22. Dezember 1795
10 nivôse	30. Dezember 1793	30. Dezember 1794	31. Dezember 1795
20 nivôse	9. Januar 1794	9. Januar 1795	10. Januar 1796
1 pluviôse	20. Januar 1794	20. Januar 1795	21. Januar 1796
10 pluviôse	29. Januar 1794	29. Januar 1795	30. Januar 1796
20 pluviôse	8. Februar 1794	8. Februar 1795	9. Februar 1976
1 ventôse	19. Februar 1794	19. Februar 1795	20. Februar 1796
10 ventôse	28. Februar 1794	28. Februar 1795	29. Februar 1796
20 ventôse	10. März 1794	10. März 1795	10. März 1796
1 germinal	21. März 1794	21. März 1795	21. März 1796
10 germinal	30. März 1794	30. März 1795	30. März 1796
20 germinal	9. April 1794	9. April 1795	9. April 1796

Monat	Jahr II	III	IV
1 floréal	20. April 1794	20. April 1795	20. April 1796
10 floréal	29. April 1794	29. April 1795	29. April 1796
20 floréal	9. Mai 1974	9. Mai 1975	9. Mai 1976
1 prairial	20. Mai 1794	20. Mai 1795	20. Mai 1796
10 prairial	29. Mai 1794	29. Mai 1795	29. Mai 1796
20 prairial	8. Juni 1794	8. Juni 1795	8. Juni 1796
1 messidor	19. Juni 1794	19. Juni 1795	19. Juni 1796
10 messidor	28. Juni 1794	28. Juni 1795	28. Juni 1796
20 messidor	8. Juli 1794	8. Juli 1795	8. Juli 1796
1 thermidor	19. Juli 1794	19. Juli 1795	19. Juli 1796
10 thermidor	28. Juli 1794	28. Juli 1795	28. Juli 1796
20 thermidor	7. August 1794	7. August 1795	7. August 1796
1 fructidor	18. August 1794	18. August 1795	18. August 1796
10 fructidor	27. August 1794	27. August 1795	27. August 1796
20 fructidor	6. September 1794	6. September 1795	6. September 1796
1er jour complre	17. September 1794	17. September 1795	17. September 1796
5er jour complre	21. September 1794	21. September 1795	21 September 1796
6er jour complre	—	22. September 1795	—

V	VI	VII	VIII
22. September 1796	22. September 1797	22. September 1798	23. September 1799
1. Oktober 1796	1. Oktober 1797	1. Oktober 1798	2. Oktober 1799
11. Oktober 1796	11. Oktober 1797	11. Oktober 1798	12. Oktober 1799
22. Oktober 1796	22. Oktober 1797	22. Oktober 1798	23. Oktober 1799
31. Oktober 1796	31. Oktober 1797	31. Oktober 1798	1. November 1799
10. November 1796	10. November 1797	10. November 1798	11. November 1799
21. November 1796	21. November 1797	21. November 1798	22. November 1799
30. November 1796	30. November 1797	30. November 1798	1. Dezember 1799
10. Dezember 1796	10. Dezember 1797	10. Dezember 1798	11. Dezember 1799
21. Dezember 1796	21. Dezember 1797	21. Dezember 1798	22. Dezember 1799
30. Dezember 1796	30. Dezember 1797	30. Dezember 1798	31. Dezember 1799
9. Januar 1797	9. Januar 1798	9. Januar 1799	10. Januar 1800
20. Januar 1797	20. Januar 1798	20. Januar 1799	21. Januar 1800
28. Januar 1797	29. Januar 1798	29. Januar 1799	30. Januar 1800
8. Februar 1797	8. Februar 1798	8. Februar 1799	9. Februar 1800
19. Februar 1797	19. Februar 1798	19. Februar 1799	20. Februar 1800
28. Februar 1797	28. Februar 1798	28. Februar 1799	1. März 1800
10. März 1797	10. März 1798	10. März 1799	11. März 1800
21. März 1797	21. März 1798	21. März 1799	22. März 1800
30. März 1797	30. März 1798	30. März 1799	31. März 1800
9. April 1797	9. April 1798	9. April 1799	10. April 1800

V	VI	VII	VIII
20. April 1797	20. April 1798	20. April 1799	21. April 1800
29. April 1797	29. April 1798	29. April 1799	30. April 1800
9. Mai 1797	9. Mai 1798	9. Mai 1799	10. Mai 1800
20. Mai 1797	20. Mai 1798	20. Mai 1799	21. Mai 1800
29. Mai 1797	29. Mai 1798	29. Mai 1799	30. Mai 1800
8. Juni 1797	8. Juni 1798	8. Juni 1799	9. Juni 1800
19. Juni 1797	19. Juni 1798	19. Juni 1799	20. Juni 1800
28. Juni 1797	28. Juni 1798	28. Juni 1799	29. Juni 1800
8. Juli 1797	8. Juli 1798	8. Juli 1799	9. Juli 1800
19. Juli 1797	19. Juli 1798	19. Juli 1799	20. Juli 1800
28. Juli 1797	28. Juli 1798	28. Juli 1799	29. Juli 1800
7. August 1797	7. August 1798	7. August 1799	8. August 1800
18. August 1797	18. August 1798	18. August 1799	19. August 1800
27. August 1797	27. August 1798	27. August 1799	28. August 1800
6. September 1797	6. September 1798	6. September 1799	7. September 1800
17. September 1797	17. September 1798	17. September 1799	18. September 1800
21. September 1797	21. September 1798	21. September 1799	22. September 1800
—	—	22. September 1799	—

Der republikanische Kalender trat am 10. Nivôse XIV (31. Dezember 1805) außer Kraft.

AUSWAHLBIBLIOGRAPHIE

Verzeichnis im Band nicht oder nicht vollständig ausgewiesener Titel
Referenzen, die sich nicht über den Autorennamen erschließen, sind durch Sperrdruck hervorgehoben

Abkürzungen:

A. D.	=	Archives départementales
AHRF	=	Annales historiques de la Révolution française
A. N.	=	Archives nationales (Paris)
A. P.	=	Archives parlementaires
B. N.	=	Bibliothèque nationale (Paris)
d.	=	dossier
dt.	=	Deutsche Übersetzung
EDHIS	=	Editions historiques (Reprints, Paris)
Lenin, Werke	=	W. I. Lenin: Werke. Dietz Verlag, Berlin 1961 ff.
MEGA[1,2]	=	Marx/Engels, Gesamtausgabe (1. Ausg. Berlin/Moskau 1927 ff. 2. Ausg. Berlin 1975 ff.)
MEW	=	Marx/Engels: Werke. Dietz Verlag, Berlin 1956 ff.
Ms(s)	=	Manuskript(e)
pl.	=	plaquette

1. *Nachschlagewerke und Hilfsmittel*

Archives Nationales: Etat général des fonds, Bd. II: 1789—1940. Hrsg. R. Matthieu, Paris 1978.

Archives Nationales: Guide du lecteur. Paris 1978.

M. Barroux: Inventaire sommaire des Archives de la Seine. Partie municipale. Période révolutionnaire (1789-an VIII). 2 Bände, Paris 1892—1901, Supplement 1935.

E. Boursin / A. Challamel: Dictionnaire de la Révolution française. Institutions, hommes et faits. Paris 1893.

F. Brunot: Histoire de la langue française des origines à 1900. Bd. IX: La Révolution et l'Empire, 2 Teile, Paris 1927—1937.

P. Caron: Manuel pratique pour l'etude de la Révolution française. Paris ²1947.

J. Décembre / E. Alonnier: Dictionnaire de la Révolution française 1789—1799. 2 Bände, Paris (1866—1868).

A. Martin/G. Walther: Catalogue de l'histoire de la Révolution française. 6 Bände, Paris 1936—1969.

B. Melchior-Bonnet: Dictionnaire de la Révolution et de l'Empire. Paris 1965.

A. Monglond: La France révolutionnaire et impériale. Annales de bibliographie méthodique et description des livres illustrés. 9 Bände, Grenoble 1930—1963.

J. L. Prieur: Collection complète des tableaux historiques de la Révolution française. 3 Bände, Paris 1802.

Procès-verbaux des séances de la Convention nationale. Table analytique. 3 Bände, Paris 1959—1963.

J. F. Robinet: Dictionnaire historique et biographique de la Révolution et de l'Empire 1789—1815. Paris (1898).

E. Schmitt: Einführung in die Geschichte der Französischen Revolution. München 1977, ²1980.

G. Six: Dictionnaire des généraux et des amiraux français de la Révolution et de l'Empire. 2 Bände, Paris ²1971.

A. Soboul: Les papiers des sections de Paris (1790-an IV). Répertoire sommaire. Paris 1950.

M. Tourneux: Bibliographie de l'histoire de Paris pendant la Révolution française. 5 Bände, Paris 1890—1913.

A. Tuetey: Répertoire général des sources manuscrites de l'histoire de Paris pendant la Révolution française. 11 Bände, Paris 1890—1914. — Derselbe: Les papiers des Assemblées de la Révolution aux Archives Nationales. Paris 1908.

G. Walter: Répertoire de l'histoire de la Révolution française. Travaux publiés de 1800-à 1940. 2 Bände, Paris 1941—1951.

2. *Dokumenten- und Textsammlungen*

Archives Parlementaires de 1787 à 1860. Première série (1787 à 1799). Bisher 94 Bände, Paris 1867 ff.

A. Aulard (Hrsg.): La Société des Jacobins. 6 Bände, Paris 1889-1897.

P. J. Buchez/P. C. Roux: Histoire parlementaire de la Révolution française, ou Journal des assemblées nationales depuis 1789 jusqu'en 1815. 40 Bände, Paris 1834—1838.

P. Caron: Paris pendant la Terreur. Rapports des agents secrets du ministre de l'Intérieur. 6 Bände, Paris 1910—1964.

E. Charavay (Hrsg.): Assemblée électorale de Paris (18 novembre 1790 — 17 frimaire an II). 3 Bände, Paris 1890—1905.

M. Chaulanges: Textes historiques, 1789—1799. L'époque de la Révolution. Paris 1959.

Collection générale des décrets rendus par l'assemblée nationale. (Collection Baudouin,) Paris 1790 ff.

Collection générale des lois, proclamations, instructions et autres actes du pouvoir exécutif. (Collection du Louvre,) 18 Bände, Paris 1792 ff.

E. Ducoudray: La Révolution française, les conquêtes des libertés. La Documentation Photographique n° 6047, Paris 1980.

J. B. Duvergier: Collection complète des lois, décrets, ordonnances, réglements, avis du Conseil d'Etat. Paris ²1834 ff. (Bd. I—XII: 1789—1799.)

H. Elsner: Umfassende Geschichte des Kaisers Napoleon mit vollständiger Sammlung seiner Werke. 10 Bände, Stuttgart 1835—1837.

G. Franz: Staatsverfassungen in Urtext und Übersetzung. München ²1964.

F. Gerbaux / C. Schmidt: Procès-verbaux des comités d'agriculture et de commerce de la Constituante, de la Législative et de la Convention. 4 Bände, Paris 1906—1910.

J. Godechot: La pensée révolutionnaire en France et en Europe, 1780—1799. Paris 1964.

W. Grab: Die Französische Revolution. Eine Dokumentation. München 1973, ²1975. (Enthält vollständig die 4 Verfassungen 1791—1799.)

I. Hartig / P. Hartig: Die Französische Revolution. Stuttgart 1979. (Quellenheft.)

J. Höppner / W. Seidel-Höppner: Von Babeuf bis Blanqui. 2 Bände, Reclam, Leipzig 1975.

G. Landauer: Briefe aus der Französischen Revolution. 2 Bände, Potsdam ²1948.

W. Markov / A. Soboul: Die Sansculotten von Paris. Dokumente zur Volksbewegung 1793—1794. Berlin 1957.

P. Mautouchet (Hrsg.): Le gouvernement révolutionnaire (10 août 1792 — 4 brumaire an IV). Paris 1912.

K. H. L. Pölitz: Die europäischen Verfassungen seit dem Jahre 1789 bis auf die neueste Zeit. 3 Bände, Leipzig ²1833—1835.

J. M. Roberts / R. C. Cobb: French Revolution Documents. Bd. I: 1787—1792 (J. M. Roberts), Oxford 1966; Bd. II: 1792—1795 (J. Hardman), Oxford 1973. (Die z. Z. beste Dokumentenauswahl in Originalsprache.)

D. Roche (Hrsg.): La liberté ou la mort. Les murs ont la parole. Paris 1969.

A. Schmidt: Tableaux de la Révolution française. 3 Bände, Leipzig 1867—1870. (Pariser Zustände während der Revolutionszeit, 1789—1800. 3 Bände, Jena 1874—1876.)

G. Semmer: Ça ira. 50 Chansons, Chants, Couplets und Vaudevilles aus der Französischen Revolution 1789—1795. Berlin 1958.

J. M. Thompson: French Revolution Documents, 1789—1794. Oxford ²1948.

J. Tiersot: Le fêtes et les chants de la Révolution française. Paris 1908.

M. Tourneux: Procès-verbaux de la commune de Paris. Paris 1894.

A. Tuetey (Hrsg.): L'Assistance publique à Paris pendant la Révolution. 4 Bände, Paris 1895—1897.

R. Weber (Hrsg.): Feuerwerk im Juli. Begegnungen in Paris 1789—1871. Berlin 1978.

Les yeux ouverts: Cent-vingt-et-une affiches révolutionnaires, 1789—1795. Paris 1967.

3. *Gesamtdarstellungen*

J. S. Alger: Paris 1789—1794. London 1902.

A. Aulard: Histoire politique de la Révolution française. 2 Bände, Paris 1901, dt. München/Leipzig 1924.

M. A. Baudot: Notes historiques sur la Convention nationale, le Directoire, l'Empire et l'exil des votants. Paris 1893.

L. Blanc: Histoire de la Révolution française. 12 Bände, Paris 1847—1862.

W. Blos: Die französische Revolution. Volkstümliche Darstellung der Ereignisse und Zustände in Frankreich von 1789 bis 1804. Stuttgart 1888/89.

F. Furet/D. Richet: La Révolution. 2 Bände, Paris 1965—1966, ²1973, dt. Frankfurt (Main) 1968.

M. Göhring: Geschichte der Großen Revolution. 2 Bände, Tübingen 1950—1951.

K. Griewank: Die Französische Revolution 1789—1799. Berlin (West) 1948, Köln/Graz ²1958 (u. Neuausg.).

D. Guérin: La lutte de classes sous la Première République. Bourgeois et ‚bras nus' (1793—1797). 2 Bände, Paris 1946, ²1968, dt. Frankfurt (Main) 1979 (Klassenkampf in Frankreich 1793—1795).

F. Hincker/C. Mazauric: Histoire de la France contemporaine, Bd. I: 1789—1799. Paris 1977 (1978).

J. Jaurès: Histoire socialiste de la Révolution française. 4 Bände, Paris 1901—1904. Hrsg. A. Soboul, 7 Bände, Paris 1968—1973.

K. Kautsky: Die Klassengegensätze von 1789. Stuttgart 1889, ²1908 (Die Klassengegensätze im Zeitalter der Französischen Revolution).

H. Koplenig: Geburt der Freiheit. Gestalten und Ereignisse. Frankreich 1789—1794. Berlin/Wien 1964.

P. Kropotkin: Die Französische Revolution. Deutsche Parallelausgabe, Hrsg. G. Landauer, Leipzig 1909, Leipzig 1982. (Russ. Ausg. Moskva ³1979.)

G. Lefebvre: La Révolution française. Paris 1951 (u. Neuausg.).

A. Z. Manfred: Velikaja francuzskaja buržuaznaja revoljucija XVIII veka (1789–1794). Moskva 1956.

W. Markov / A. Soboul: 1789 – Die Große Revolution der Franzosen. Berlin 1973, ³1977, Köln ²1980.

J. Massin: Almanach de la Révolution française. Paris 1963.

A. Mathiez: La Révolution française. 3 Bände, Paris 1922—1927, dt. Zürich 1940, Hamburg 1950.

W. Meyer: Revolution und Kaiserreich. Potsdam 1948.

J. Michelet: Histoire de la Révolution française. 7 Bände, Paris 1847—1853 (u. Neuausg.).

G. Pariset / P. Sagnac: La Révolution. 2 Bände, Paris 1920.

E. Quinet: La Révolution. 2 Bände, Paris/Bruxelles/Leipzig 1865.

M. Reinhard: Nouvelle histoire de Paris. La Révolution 1789—1799. Paris 1971.

J. M. Roberts: The French Revolution. London 1978.

G. Salvemini: La Rivoluzione francese. Milano 1905 (u. Neuausg.).

A. Soboul: Précis d'histoire de la Révolution française. Paris 1962 (u. Neuausg.), dt. Die Große Französische Revolution. Ein Abriß ihrer Geschichte, Frankfurt (Main) ²1976.

H. Taine: Les origines de la France contemporaine. 6 Bände, Paris 1876—1893 (u. Neuausg.).

J. M. Thompson: The French Revolution. Oxford 1943 (u. Neuausg.).

P. F. Tissot: Histoire complète de la Révolution française. 6 Bände, Paris 1834—1836.

V. P. Volgin / E. V. Tarle (Hrsg.): Francuzskaja buržuaznaja revoljucija 1789—1794 gg., Moskva/Leningrad 1941.

M. Vovelle: Die Französische Revolution – Soziale Bewegung und Umbruch der Mentalitäten. München/Wien 1982.

4. *Problemkreise*

A. V. Ado: Krest'janskoe dviženie vo Francii vo vremja Velikoj buržuaznoj revoljucii konca XVIII veka. Moskva 1971.

R. Balibar / D. Laporte: Le Français national. Politique et pratique de la langue nationale sous la'Révolution. Paris 1974.

M. Bouloiseau: Etude de l'émigration et de la vente des biens des émigrés (1792—1830). Paris 1963.

R. C. Cobb: Paris and its Provinces, 1792—1802. London 1975.

C. Brinton: The Jacobins. An Essay in the New History. New York 1930.

L. de Cardenal.: La province pendant la Révolution. Histoire du club des Jacobins. Paris 1929.
H. Cunow: Die Parteien der großen französischen Revolution und ihre Presse. Berlin 1912.
Daniel-Rops (d. i. H. Petiot): L'Eglise des révolutions, T. I: En face de nouveaux destins. Paris 1960.
J. Defranceschi: La Corse française (30 novembre 1789—15 juin 1794). Paris 1980.
M. J. Domnič: Velikaja francuzskaja revoljucija i cerkov'. Moskva 1960.
A. Douarche (Hrsg.): Les tribunaux civils de Paris pendant la Révolution (1791—1800). 2 Bände, Paris 1905—1907.
O. Festy: L'agriculture pendant la Révolution française. 3 Bände, Paris 1947—1950.
H. Fleischmann: Les prisons de la Révolution. Paris 1908.
M. Garaud: La Révolution et l'égalité civile. Paris 1953.
M. Garaud / R. Szramkiewicz: La Révolution française et la famille. Paris 1979.
J. Godechot: Les institutions de la France sous la Révolution et l'Empire. Paris 1951, ²1968. — Derselbe: La Contre-révolution, doctrine et action (1789—1804). Paris 1961.
D. Greer: The Incidence of the Emigration during the French Revolution. A Statistical Interpretation. Cambridge (Mass.) 1951.
J. Guillaume (Hrsg.): Procès-verbaux du Comité de l'instruction publique de la Convention nationale. 6 Bände, Paris 1891—1907.
H. Hintze: Staatseinheit und Föderalismus im alten Frankreich und in der Revolution. Stuttgart/Berlin/Leipzig 1928.
A. R. Ioannisjan: Kommunističeskie idei v gody Velikoj francuzskoj revoljucii. Moskva 1966.
K. Julku: Die revolutionäre Bewegung im Rheinland am Ende des 18. Jahrhunderts. 2 Bände, Helsinki 1965—1969.
A. Latreille: L'église catholique et la Révolution française. 2 Bände, Paris 1946—1950, ²1970.
G. Lefebvre (Hrsg.): Documents relatifs à l'histoire des subsistances dans le district de Bergues, pendant la Révolution (1788-an V). 2 Bände, Lille 1914—1921.
R. Manevy: La Révolution et la liberté de la presse. Paris 1965.
R. Marx: La Révolution et les classes sociales en Basse-Alsace. Paris 1974.
A. Mathiez: La vie chère et le mouvement social sous la Terreur. Paris 1927, ²1973.
E. Mellié: Les sections de Paris pendant la Révolution française. Paris 1898.

A. Metzger / J. Vaesen: Notes et documents relatifs à Lyon pendant la Révolution (1789—1795). 6 Bände, Lyon 1881—1888.

R. Monnier: Le Faubourg Saint-Antoine, 1789—1815. Paris 1981.

L. Mortimer-Ternaux: Histoire de la Terreur, 1792—1794. 7 Bände, Paris 1862—1869, Supplement 1881.

F. Muckle: Das Kulturproblem der französischen Revolution. 2 Bände, Jena 1921.

M. Ozouf: La Fête révolutionnaire. Paris 1976.

B. Plongeron: Théologie et politique au siècle des Lumières (1770-1820). Paris 1973.

J. Raubaum: Für Gott und die Freiheit. Von Meslier bis Lamennais. Berlin 1976.

G. Rudé: The Crowd in the French Revolution. London 1959, ²1967, dt. München/Wien 1961 (Die Massen in der Französischen Revolution).

A. de Saint-Léger (Hrsg.): Les Mines d'Anzin et d'Aniche pendant la Révolution. 4 Teile in 2 Bänden, Paris 1935—1939.

K. Scheinfuß (Hrsg.): Von Brutus zu Marat. Kunst im Nationalkonvent 1789—1795. Dresden 1973.

P. Schneider (Hrsg.): Reden der Französischen Revolution. München 1974.

E. Seligman: La Justice en France pendant la Révolution. 2 Bände, Paris 1901—1913.

J. Sentou: Fortunes et groupes sociaux à Toulouse sous la Révolution, 1789—1799. Essai d'histoire statistique. Toulouse 1969. — Derselbe: La fortune immobilière des Toulousains sous la Révolution. Paris 1970.

A. Soboul: Les sans-culottes parisiens en l'en II. Histoire politique et sociale des sections de Paris 2 juin 1793 — 9 thermidor an II. La Roche-sur-Yon 1958, Paris ²1961, dt. (gekürzt) Berlin 1962, Frankfurt (Main) 1979 (Die Sektionen von Paris im Jahre II. Hrsg. W. Markov). — Derselbe: Paysans, sans-culottes et jacobins. Paris 1966.

F. Stübig: Erziehung zur Gleichheit. Die Konzepte der „éducation commune" in der Französischen Revolution. Ravensburg 1974.

J. L. Talmon: The Origins of Totalitarian Democracy. London 1952.

E. V. Tarle: Rabočij klass vo Francii v epochu revoljucii. 2 Bände, Moskva 1909—1911, ²1957.

J. M. Thompson: Leaders of the French Revolution. New York ²1967.

J. Vidalenc: Les émigrés français. 1789—1825. Caen 1963.

G. Walter (Hrsg.): La Révolution française vue par ses journaux. Paris 1964.

G. A. Williams: Artisans and Sansculottes. London 1971.

5. *Personen*

Barère

B. Barère: Mémoires. 4 Bände, Paris 1842—1844.

L. Gershoy: Bertrand Barère, a reluctant Terrorist. Princeton (N. J.) 1962.

Billaud-Varenne

A. Begis: Billaud-Varenne, membre du Comité de Salut publie. Paris 1893.

J. Guilaine: Billaud-Varenne, l'ascète de la Révolution Paris 1969.

Bonaparte

Correspondance de Napoléon Ier. 32 Bände, Paris 1858—1869.

G. Lefebvre: Napoléon. Paris 1936 (u. Neuausg.).

E. V. Tarle: Napoleon. Moskva 1936 (u. Neuausg.), dt. Berlin 1959 (u. Neuausg.).

Napoléon Bonaparte: Œuvres littéraires et écrits militaires. Hrsg. J. Tulard. 3 Bände, Paris 1967—1969.

A. Z. Manfred: Napoleon Bonaparte. Moskva 1971, ²1973, dt. Berlin 1978.

Brissot

Mémoires de Brissot. Hrsg. F. de Montrol, Paris 1830—1832; Hrsg. C. Perroud, 3 Bände, Paris 1909—1911.

Correspondance et papiers de J.-P. Brissot, Hrsg. C. Perroud, Paris 1912.

Carnot

M. Reinhard: Le grand Carnot, 2 Bände, Paris 1950—1952.

Danton

J. F. Robinet: Danton. 3 Bände, Paris 1865—1889.

R. Rolland: Danton. Paris 1901.

H. Wendel: Danton. Berlin 1930, Königstein ²1978.

L. Barthou: Danton. Paris 1932.

R. Christophe: Danton. Paris 1964.

J. Baszkiewicz: Danton. Warszawa 1978.

David

A. Thomé: Vie de David, premier peintre de Napoléon. Paris/Bruxelles 1826, dt. Leipzig 1827.

J. David: Le peintre Louis David, 1748—1825. Souvenirs et documents inédits. Paris 1880.

D. L. Dowd: Pageant-Master of the Republic — Jacques-Louis David and the French Revolution. Lincoln (Nebr.) 1948.

J. A. Kuznecova: Louis David, monografičeskij očerk. Moskva 1965.

R. Verbraeken: Jacques-Louis David jugé par ses contemporains et par la postérité. Paris 1973.

D. u. G. Wildenstein: Louis David. Recueil de documents. Rouen 1973.

Georg Forster

K. Kersten: Ein europäischer Revolutionär. Georg Forster, 1754—1794. Berlin 1921. — Derselbe: Der Weltumsegler Johann Georg Adam Forster, 1754—1794. Winterthur 1957.

Georg Forster: Werke. Hrsg. Akademie d. Wissensch. der DDR. Berlin 1958 ff.

W. Rödel: Forster und Lichtenberg. Ein Beitrag zum Problem deutsche Intelligenz und Französische Revolution. Berlin 1960.

J. J. Moškovskaja: Georg Forster, nemeckij prosvetitel' i revoljucioner XVIII veka. Moskva 1961.

Georg Forster: Werke. Hrsg. G. Steiner, 4 Bände, Leipzig (1971).

M. Gilli: Georg Forster. Lille/Paris 1975.

G. Steiner: Georg Forster. Stuttgart 1976.

U. Enzensberger: Georg Forster, Weltumsegler und Revolutionär. Berlin (West) 1979.

Fouché

Stefan Zweig: Joseph Fouché. Bildnis eines politischen Menschen. Leipzig 1929.

L. Madelin: Mémoires de Fouché. Paris 1945.

L. Kammacher: Joseph Fouché, du révolutionnaire au ministre de la Police. Paris 1962.

Grégoire

P. Grunebaum-Ballin: Henri Grégoire, l'ami des hommes de toutes les couleurs. Paris 1948.

R. Necheles: The Abbé Grégoire, 1787—1831. The Odyssey of an Egalitarian. Westport 1971.

Œuvres de l'abbé Grégoire. 14 Bände, EDHIS, Paris (1977).

Hébert

G. Walter: Hébert et le „Père Duchesne". Paris 1946.

L. Jacob: Le Père Duchesne, chef des Sans-culottes. Paris 1960.

Jeanbon Saint-André

L. Levy-Schneider: Le conventionnel Jeanbon Saint-André. 2 Bände, Paris 1901.

Jourdan

J. Valentin: Le maréchal Jourdan (1762—1833). Paris 1957.

Rosalie Jullien

Madame Jullien: Journal d'une bourgeoise pendant la Révolution (1791—1793). Hrsg. E. Lockroy, Paris [2]1881.

Lacretelle
C. J. D. de Lacretelle: Dix années d'épreuves pendant la Révolution. Paris 1848.

Lafayette
La Fayette: Mémoires, correspondance et manuscrits. 6 Bände, Paris 1837—1838.
L. Gottschalk: Lafayette. 5 Bände, Chicago 1935—1969.
P. Olivier: Bibliographie des travaux relatifs à Gilbert du Motier marquis de Lafayette et à Adrienne de Noailles marquise de Lafayette. Clermont-Ferrand 1979.

Lebon
L. Jacob: Joseph Le Bon. 2 Bände, Paris 1934.

L'Ange (Lange)
François-Joseph L'Ange: Œuvres. Hrsg. P. Leutrat, Paris 1968.

Levasseur „de la Sarthe"
R. Levasseur: Mémoires. 4 Bände, Paris 1829—1831.

Mallet du Pan
N. Matteucci: Jacques Mallet du Pan. Napoli 1959.
F. Accomb: Mallet du Pan. Durham, N. C. 1973.

Marat
A. Bougeart: Marat l'Ami du peuple. 2 Bände, Paris 1865.
C. Vellay: La Correspondance de Marat. 12 Bände (u. Supplementa), Paris 1908—1910. — Derselbe: Les pamphlets de Marat. Paris 1911.
H. Rozbroj: Jean-Paul Marat, 1743—93. Berlin 1937.
J. P. Marat: Ausgewählte Schriften. Hrsg. C. Mosse, Berlin 1954.
Jean Paul Marat: Izbrannye proizvedenija. Hrsg. V. P. Volgin / A. Z. Manfred, 3 Bände, Moskva 1956.
J. Massin: Marat. Paris 1960.
A. Z. Manfred: Marat. Moskva 1962.
J. P. Marat: Textes choisis. Hrsg. M. Vovelle, Paris 1963.

Maréchal
M. Dommanget: Sylvain Maréchal. „L'égalitaire, l'homme sans dieu", Paris 1950.
K. Schnelle (Hrsg.): Das Jüngste Gericht der Könige. Berlin 1963.
M. Skrzypek: Sylvain Maréchal. Warszawa 1974.
F. Aubert: Sylvain Maréchal. Passion et faillite d'un égalitaire. Pisa 1975.

Merlin „de Thionville"
J. Reynaud (Hrsg.): Vie et correspondance de Merlin de Thionville. Paris 1860.

Monge
L. de Launay: Monge, fondateur de l'Ecole Polytechnique. Paris 1933.

Robespierre
Œuvres de Maximilien Robespierre. 10 Bände, Paris 1912—1967.
L. Jacob: Robespierre vu par ses contemporains. Paris 1938.
J. Massin: Robespierre. Paris 1956, dt. Berlin 1963 (u. Neuausg.).
Maximilian Robespierre: Habt Ihr eine Revolution ohne Revolution gewollt? Hrsg. K. Schnelle. Reclam, Leipzig (o. J.).
A. Mathiez: Etudes sur Robespierre (1758—1794). Paris 1958.
Maximilien Robespierre, 1758—1794. Hrsg. W. Markov, Berlin 1958, ^{2}1961.
Actes du Colloque Robespierre (1965). Hrsg. A. Soboul, Paris 1967.
Maximilian Robespierre: Ausgewählte Texte. Hrsg. M. Unger/ C. Schmid, Hamburg 1971.

Jeanne-Manon Roland
Lettres de Madame Roland. Hrsg. C. Perroud. 2 Bände, Paris 1900—1902.
Mémoires de Madame Roland. Hrsg. C. Perroud, Paris 1905.
M. Krell (Hrsg.): Aus den Tagen der Schreckensherrschaft. Memoiren der Frau Roland über die Französische Revolution. Dresden 1927.
H. Ribes: Madame Roland, une bourgeoise dans la Révolution. Lausanne 1966.

Jacques Roux
W. Markov: Die Freiheiten des Priesters Roux. Berlin 1967. — Derselbe: Exkurse zu Jacques Roux. Berlin 1970.
J. Roux: Scripta et Acta. Hrsg. W. Markov, Berlin 1969.

Marquis de Sade
G. Lely: Vie du marquis de Sade. 2 Bände, Paris 1952—1957.

Saint-Just
Saint-Just: Discours et rapports. Hrsg. A. Soboul. Paris 1957, ^{2}1972.
J. P. Gross: Saint-Just. Sa politique et ses missions. Paris 1976.

Sieyès
P. Bastid: Sieyès et sa pensée. Paris 1939, ^{2}1970.
Emmanuel Joseph Sieyès: Politische Schriften 1788—1790. Darmstadt / Neuwied 1975.

Germaine de Staël
G. E. Gwynne: Madame de Staël et la Révolution française. Paris 1969.
S. Balayé: Madame de Staël. Lumières et libertés. Paris 1979.

Talleyrand
Mémoires du prince de Talleyrand. 5 Bände, Paris 1891—1892, ^{2}1959.
G. Lacour-Gayet: Talleyrand. 4 Bände, Paris 1928—1934.
E. V. Tarle: Talleyrand. Moskva 1939 (u. Neuausg.), dt. Leipzig 1950 (u. Neuausg.).

6. Zeitungen

Les Actes des apôtres
Affiches de la Commune de Paris
L'Ami du peuple (Lebois)
L'Ami du peuple (Leclerc)
L'Ami du peuple (Marat)
L'Ami du roi
Annales françaises
Annales de la République française
Annales patriotiques (et littéraires)
Annales républicaines
L'Antifédéraliste
Berlinische Nachrichten
La Bouche de fer
Bulletin de l'Assemblée nationale
Bulletin national
Der Bürgerfreund (Mainz)
La Chronique de Paris
La Chronique du mois
Courrier de l'armée d'Italie
Courrier de Provence
Courrier (de Versailles et) des départements
Courrier français
Correspondance de Nantes
Correspondance politique
Le Creuset
Le Défenseur de la constitution
L'Eclaireur
Etats Généraux
La Feuille de Paris
La Feuille de Salut public
La Feuille du jour
La Feuille villageoise
Le Fouet national
(Montägige) Frankfurter Kaiserliche Reichsoberpostamtszeitung

Gazette de France
Gazette de Paris
Gazette historique et politique de la France et de l'Europe
Gazette nationale ou le Moniteur universel
Göttinger Staatsanzeigen
Hamburgischer unparteiischer Correspondent
L'Indicateur
Journal de la liberté de la presse
Journal de la Montagne
Journal de la République française
Journal de Paris
Journal de Sablier
Journal de Saintonge
Journal des débats (et des décrets)
Journal des Etats généraux
Journal des hommes libres
Journal du soir
Journal général
Journal politique-national
Le Junius français, journal politique
Leipziger Zeitungen
Lettres à ses commettants (Robespierre)
Mercure de France
Le Mercure national
Le Messager du soir
Nouvelles ecclésiastiques
L'Orateur du peuple
L'Orateur plébéien ou le Défenseur de la République
Der Patriot (Mainz)
Le Patriote français
Le Père Duchesne
Le Point du jour
Politisches Journal
Le Publiciste de la République française (Marat)
Le Publiciste de la République française (J. Roux)
Le Publiciste parisien
Le Rédacteur
Le Républicain
Les Révolutions de France et de Brabant
Révolutions de Paris
Le Sans-Culotte
Le Sapeur sans-culotte
Le Scrutateur universel
Straßburger Kurier

Le Thermomètre du jour
Le Tribun du peuple
Le Vieux Cordelier
Der Volksfreund (Mainz)
Vossische Zeitung

PERSONENREGISTER

INHALT

FISCHER
WELTGESCHICHTE

Das Zeitalter der europäischen Revolution 1780–1848

Band 26
Herausgegeben und verfaßt von
Louis Bergeron,
François Furet,
Reinhart Koselleck

Die drei Verfasser dieses Bandes haben sich durch ihre Publikationen als vorzügliche Kenner der hier behandelten Epoche ausgewiesen. Louis Bergeron (Centre National de la Recherche Scientifique, Paris) arbeitet den Sondercharakter der englischen Entwicklung heraus; zudem untersucht er das Verhältnis zwischen dem revolutionären, dann napoleonischen Frankreich und dem übrigen Europa. François Furet (Ecole Pratique des Hautes Etudes, Paris) gibt ein differenziertes Bild der Französischen Revolution von ihrem Aufkeimen in der Adelsrevolte der Jahre 1787/1788 bis zu dem Moment, in dem Napoleon an ihre Spitze trat und sie für beendet erklärte. Reinhart Koselleck (Universität Heidelberg) beschreibt die kontinentaleuropäische Geschichte seit 1815, dem Jahr, in dem der Wiener Kongreß Europa neu ordnete, bis hin zum Vorabend der Achtundvierziger Revolution. Sein besonderes Augenmerk gilt den Veränderungen in der agrarischen Grundverfassung, den erfolgreichen und den gescheiterten Verfassungsversuchen, der Herausbildung neuer sozialer Verhältnisse – dem Aufstieg der bürgerlichen Welt, der sich über den hier erörterten Zeitraum hinweg erstreckt und ›Das bürgerliche Zeitalter‹ heraufführt.

Fischer Taschenbuch Verlag

fi 537/1

Europäische Geschichte 1550–1779

Band 24

Herausgegeben und verfaßt von Richard van Dülmen
Mit diesem Band legt der Saarbrücker Historiker Richard van Dülmen eine umfassende Strukturgeschichte der europäischen Gesellschaft in der frühen Neuzeit zwischen 1550 bis 1648 vor. Die Darstellung ist weniger an politischen Ereignissen und an den Einzelentwicklungen der verschiedenen Länder orientiert und interessiert, sondern mehr an Problemen, die die Strukturprozesse unter den Bedingungen der Vielfalt unterschiedlicher Entwicklungen der Neuzeit wesentlich begründeten.

Band 25

Herausgegeben und verfaßt von Günter Barudio
Dieser Band behandelt den historischen Werdegang Europas zwischen 1648 und 1779 – das Zeitalter des Absolutismus und der Aufklärung. Der Leser wird anhand von sechs repräsentativen Fällen, denen noch ein Exkurs beigegeben ist, in die Mechanismen einer Machtstruktur eingeführt, aus deren Wirkungen das entstanden sein soll, was noch immer häufig der »moderne Staat« genannt wird.